아산재단 연구총서 제344집

자율운동과 주거공동체

윤 수 종

집문당

머리말

권력의 소유나 장악이라는 측면에서만 사회구조를 보는 사람들은 위만 보았지 아래에서 이루어지는 대중의 도도한 흐름을 보지 못한다.

흔히 혁명이라 할 때에는 권력 장악이라는 관점에서 파악해 왔다. 이러한 관점에서는 역사를 부르주아 혁명(상징은 1789년 프랑스 대혁명)과 러시아 혁명(1917년)을 분기점으로 하여 파악한다. 이 관점은 봉건 귀족을 물리치고 부르주아시가 권력을 장악하는 과정과, 부르주아지를 물리치고 프롤레타리아트가 권력을 장악하는 과정을 강조한다. 그러나 여기에는 여전히 권력 중심부와 대중이라는 대당(대립)이 있으며, 권력 중심부의 이념적 성향과 주체적 특징이 사회의 성격을 결정하는 것으로 설정된다.

그러한 구도 위에서 노동자운동을 중심으로 한 프롤레타리아트의 권력 장악이 현실에서 대중에 대한 또 다른 지배로 나아가면서, 부르주아 사회와 '프롤레타리아 사회'(현실사회주의 또는 자본주의사회 안의 좌파운동) 양자에 대한 대중의 공격이 나타나게 된 것이 바로 68혁명이었다. 68혁명은 프랑스 혁명이 제기한 '자유', '평등', '박애'(실은 '부르주아권력')와 러시아 혁명이 제기한 '노동자(프롤레타리아)권력'을 넘어서서, 혁명을 위임권력의 문제가 아니라 인민 자신의 문제로, 인민 대중의 삶(생활)의 문제로 가져왔다.

68혁명 주체들은 기존의 명확한 이해관계(노자대립)에 기초한 노동자운동이 포괄하지 못한 다양한 영역에서 욕망에 기초한 운동들을 폭발시켜 나갔다. 이들은 반권위주의와 자율성을 강조하고 패권(헤게모니)적인 주체 설정을 거부하며 다양한 주체들을 포괄해 나가려고 하였다. 또한 그 과정에서 기존의 조직 형태를 바꾸어 나가는 실험을 하였다.

물론 68혁명은 단기적으로는 대부분 투쟁 성과가 기존의 노조조직이나 좌파조직에게 흡수되어 진정되어 갔다. 또는 68혁명으로 대중의 공격에 처한 자본주의권력은 스스로를 재구조화하면서 그 공격에 대처하고 다양한 주체들을 포섭하면서 변화하였다. 그런 과정에서 당연히 노동자를 비롯한 대중의 주체적 구성요소와 성격도 변화하였다.

이러한 구도 속에서 이른바 새로운 사회운동들이 등장하였다. 사실 68혁명은 시작에 불과하였다. 주변적인 노동자들이나 이주노동자들은 왜 우리는 노조에 들어갈 수 없느냐고 항의하였다. 여성들이 빗자루를 들고 가사노동에 대해 임금을 지불하라고 소리치고, 동성애자들이 정체성을 드러내며 다르게 살겠다고 행진을 하며, 양심수나 정치범이 아닌 일반 죄수들이 자신들의 삶의 조건을 개선하라고 요구하며 자신들의 사랑권까지 박탈할 수 있는 것이냐고 항의하였다. 이제 성매매여성들은 자신들의 노동권을 지키고 자신들이 일하는 거리를 자율 관리하겠다고 나서고, 어린이들은 착취자가 되라는 교육기계의 톱니바퀴에서 빠져나가려 하며, 콧수염을 길게 기르고 집시나 히피같은 옷을 입은 생태운동가들이 지구에 초록색을 칠하겠다고 나선다. 또한 젊은이들은 전쟁보다는 섹스를 소리 높여 외치며, 청소년・청소녀들은 가족을 벗어나 색다른 공간들을 찾아 나선다. 이처럼 68혁명을 계기로 다양한 주체들이 사회 곳곳에서 자신들을 옥죄고 있는 사회제도들을 변형해 가려고 나서게 되었다. 이러한 운동들은 기존의 좌파운동이 집착해 왔던 집중화 모형에서 벗어나 자율적 조직화를 지향해 왔다. 자주관리와 내부 민주주의의 관철, 횡단성과 공개성을 지향하는 이러한 움직임(넓은 의미의 자율운동)은 바로 68혁명(미완의 혁명)에서 제기된 과제들을 수행해 나가는 것이라고 할 수 있다.

좀 더 구체적으로 살펴보자면, 68혁명을 계기로 노동자운동의 주류 경향은 기존의 노조–당–국가 모델에 집착하면서 노동자들을 훈육하는 장치로 되어갔지만, 노조운동에서도 자율적 흐름은 그간 노조로 대표되던 위임형식에 대해서 '기층위원회'(또는 평의회, 여성노조, 이주노조 등)를 중심으로 주변적인 노동자들(예를 들어 여성노동자, 이주노동자 등)을 포괄해 나가려고 하였다.

물론 68혁명 이후 사회운동은 주로 노동 이외의 영역에서 터져 나오게 된다. 68혁명 이후 프랑스에서는 여성운동, 자주관리운동, 생태운동 등이 등장하였다. 그 외에도 무수히 많은 운동들이 나타났다. 미국에서도 흑인시민권운동이 활발하게 전개되었고 블랙팬더당운동과 여성운동을 비롯하여 성소수자운동, 이주민운동, 원주민운동 등 다양한 소수자운동이 등장하였다. 독일에서도 자율적 여성운동, 반핵운동, 다양한 자조운동 그리고 하이델베르크 사회주의환자공동체(SPK) 같은 색다른 환자운동까지 나타났다. 다른 나라들에서도 68혁명의 여파로 당시까지는 나타나지 않았던 다양한 운동들이 분출되기 시작하였다.

이러한 운동의 흐름은 1970년대에 이탈리아에서의 자율(아우토노미아, Autonomia)운동(Lumley, 1990), 1980년대 독일과 중부 유럽으로 퍼져 나간 아우토노멘(Autonomen)운동(카치아피카스, 2000), 1990년대 이후 이탈리아, 영국 등에서의 사회센터(Social Center)운동으로 이어져 왔다.

68혁명 이후 이렇게 다양한 주체들의 다양한 운동이, 1999년 이후 활발하게 전개되어 온 대안세계화운동에서 결집하게 된다. 이질적이고 다양한 운동주체들이 제국화되어 가는 권력에 함께 대항하여 '다른 세계가 가능하다'는 것을 보여주면서 자본의 세계화에 대해 대중(민중, 노동)의 세계화를 제기하고 있다.

반권위주의와 자율성을 기치로 내건 68혁명 이후의 사회운동(넓은 의미의 자율운동)은 대중의 힘을 아래로부터 구성하여 권력을 변형시켜 가는 운동이라고 할 수 있다. 또한 대표제 방식이 아니라 다양한 조직방식과 운동방식을 다양한 영역에서 실천해 가면서 국가권력을 약화시켜 가는 운동이라고 할 수 있다. 또한 그 과정에서 다양한 영역에서 욕망 분출을 추진해 온 각 운동주체들은 각자 운동들 안에서 다양한 분자적 증식을 통해 자신들의 삶의 공간을 변형시켜 왔다.

이러한 방향이 바로 68혁명이 제기한 진정한 혁명의 방향이라고 생각한다. 혁명은 어느 날 국가권력 또는 제국권력을 장악하는 깜짝쇼로 이루어지는 것이 아니라, 대중의 대장정(Long March)을 통해서 스스로를 새롭게 만들어 가는 구성권력(constituent power)의 방향에 있을 것이다.

그러나 이러한 자율운동을 통해서 나타나는 열린 투쟁의 장은 현실의 잡종적인 참여 네트워크라는 새로운 메커니즘을 통해서는 잘 보이지 않는다. 사실 현실의 다양한 기능들과 기구들을 결합하는 접착제는 기 드보르(Guy Debord)가 스펙터클이라고 부른 것, 즉 공적 담론과 여론을 생산하고 조절하는, 통합되고 확산적인 이미지 및 관념 장치이다(Debord, 1994; 1990). 스펙터클 사회에서는, 한때 공공 영역이라고 생각된 것, 즉 정치적 거래와 참여의 열린 장은 완전히 사라진다. 스펙터클은 모든 집합적인 사회성[사교] 형태를 파괴하며—사회적 행위자들은 그들 각자의 자동차들 속에서 그리고 각자의 비디오 화면들 앞에서 개별화된다—동시에 새로운 대량(mass) 사회성, 행동과 사고의 새로운 획일성을 부여한다. 이러한 스펙터클의 영역에서는 사회구성을 둘러싼 전통적 투쟁 형태들을 상상할 수 없게 된다.

사회에 대한 공공 인식과 여론을 만들어 내는 수많은 메커니즘들이 이전에도 분명히 있었지만, 현대의 매체는 이러한 일을 하는 데 훨씬 더 강력한 도구들을 엄청나게 제공한다. 기 드보르가 말하듯이, 스펙터클 사회에서는 나타나는 것만이 실존하며, 주류 매체는 모든 주민에게 나타나는 것에 대해 독점적인 어떤 것을 가지고 있다. 이러한 스펙터클의 법칙은 매체가 주도하는 선거 정치의 영역에서, 조작 기술의 영역에서 분명하게 군림하고 있다. 선거철의 담론은 후보자가 어떻게 보이는가에만, 즉 이미지의 순간 포착과 순환에만 전적으로 초점을 맞추고 있다. 주류 매체 네트워크[방송망]들은 후보자들과 그들의 정당이 제시한 스펙터클을 반영하는 (그리고 분명히 부분적으로 만들어 내는) 일종의 이차적인 스펙터클을 관리한다. 정치 캠페인들에서 이미지에 대해서보다는 쟁점이나 내용에 초점을 맞추자는 요구는 오늘날 너무 순진한 것처럼 보인다. 마찬가지로 정치인들이 저명인사로 통하고 정치적 캠페인들이 광고 논리 위에서 작동한다는 생각이 오늘날 당연시되고 있다. 정치 담론은 정교화된 판매대이며, 정치 참여는 소비할 수 있는 이미지들 가운데 선택하는 것으로 축소된다.

물론 스펙터클이 여론과 정치 행동에 대한 매체 조작을 포함한다고 말할 때, 장막 뒤에서 모든 것을 통제하는 마법사가 있다고 주장하는 것은 아니다. 스펙터클을 명령하는 단일한 통제 장소는 없다. 그러나 일반적으로 그러한 중앙 통제 지점이 있는 것처럼 작용한다. 기 드보르가 말하듯이 스펙터클은 분산되어 있으면서 통합되어 있다. 특히 정치가 지닌 스펙터클은 마치 매체, 군대, 정부, 초국적 기업, 전 지구적 금융 제도 등이 모두 실제로는 그렇지 않음에도 불구하고 단일한 권력에 의해 의식적이고 분명하게 지도받는 것처럼 기능한다.

더욱이 스펙터클의 사회는 구시대의 무기인 공포를 통해 사회를 지배한다. 비록 욕망과 쾌락(생필품을 향한 욕망과 소비의 쾌락)을 통해서 기능하는 것처럼 보임에도 불구하고, 스펙터클은 공포의 소통을 통해서 실제적으로 작동한다. 더 정확히 말하자면 공포와 긴밀하게 결합되어 있는 욕망과 쾌락의 형태를 창조한다.

탈근대적·잡종적 현실 구성과 공적인 것 및 정치에 대한 매체 조작을 결합하는 공포의 스펙터클은 확실히 현실 구성을 둘러싼 투쟁의 근거를 빼앗는다. 마치 어떤 설 자리도 남아 있지 않고, 어떤 가능한 저항에 대한 압박도 없고, 무자비한 권력 기계만이 있는 것처럼 보인다.

그러나 스펙터클의 권력을 인식하고 전통적인 투쟁 형태가 불가능하다는 것을 인식하는 것은 중요하지만, 이것이 이야기의 끝은 아니다. 낡은 투쟁 장소들과 투쟁 형태들이 쇠퇴해 감에 따라 새롭고 더욱 강력한 투쟁 장소들과 투쟁 형태들이 나타난다(Hardt and Negri, 2000; 네그리·하트, 2001: 418-421).

이러한 발상에서 볼 때 자율운동의 흐름은 바로 새로운 투쟁 장소와 투쟁 형태들을 나타낸다고 할 수 있다. 그리고 이러한 자율운동과 더불어 스펙터클도 변화되어 왔다. 아니 스펙터클이란 개념 자체는 자율운동의 흐름 위에서 이야기될 수 있을지도 모르겠다. 먼저 자율운동을 통해서 그동안 피지배 대중으로서 지도받아야 한다고 여겨졌던 대중(multitude)의 모습이 부각되기 시작하였다. 위에서 내려다보는 스펙터클 속에 움직이는 대중의 스펙터클이 겹쳐지게 되었다.

나아가 자율운동은 기존의 지도부-대중이라는 틀 속에서 이루어지던 명령체계를 거부하고 수평적인 연대의 방식을 실천하였다. 위계적인 구도 속에서만 보이던 스펙터클이 이제는 수평적인 스펙터클의 모습을 보이기 시작하였다. 중심과 주변을 나누고 중심을 축으로 보던 것이 주변을 중요시하는 구도로 바뀌게 된 것이다. 종적 위계에서 횡적 연계로의 변화라고 할 수 있다. 그리고 이러한 대중과 횡적 연계를 보이는 움직임을 통해서 전에는 보이지 않던 것들이 보이게 된다. 분명한 금긋기를 통해서 나누는 것이 더 이상 불가능해지고, 분명한 종적 위계선 대신에 다양한 횡단선들이 그어지면서 네트워크 방식의 작용들이 발전하게 된다. 그리하여 이제 단일하고 고정된 지배적 스펙터클은 다양한 스펙터클의 경합과 투쟁(스펙터클의 정치)으로 변하게 되었다.

이러한 운동의 상 속에서 이 책에서는 서구의 자율운동을 살펴보고 그러한 기반 위에서 우리나라에서 나타나고 있는 자율운동에 가장 가까운 주거공동체(코뮌)적 실험을 탐색해 보았다.

먼저 '서론: 새로운 주체의 등장과 사회운동의 방향'에서는 '계약의 정치'의 패러다임을 버리고 '공포와 희망의 정치'의 사유노선에 서서 대중(multitude)의 등장과 그에 따른 사회운동의 방향 변화에 대해서 정리하였다. 대중 개념은 군중, 인민, '대중'(mass), 국민 개념과 대비되며, 상이한 문화, 인종, 인종성, 젠더, 성적 지향, 상이한 노동형태, 상이한 생활방식, 상이한 세계관, 상이한 욕망 등 수많은 내적 차이들로 이루어져 있어 통일적인 혹은 단일한 정체성으로 결코 환원될 수 없다. 그리고 맑스주의적 계급 개념이 배제적인 개념인 데 반해서 대중 개념은 포괄적인 개념이며, '자본주의 아래에서 살고 일하는 모든 사람'을 의미하는 것으로 확장된다. 특히 임금노동을 하지 않는 다양한 주민층인 빈민을 포함하게 된다.

이러한 대중은 서구에서는 68혁명 이후에, 한국에서는 1987년 노동자·농민 대투쟁 이후 다양한 욕망을 담은 채 나타났다. 노동자계급의 내적인 분화와 다양화 속에서 대중의 노동 형상은 다양화되고 더욱더 비물질적 노동의 특성을 띠어 간다. 이러한 새로운 주체로서의 대중의 등장과 함께 사회운동의 투쟁방식과 방향이 변하고 있다. 1960년대에 나타난 게릴라 투쟁모델은 집중제의 단말마를 보여주며 네트워크투쟁으로 나아가는 과도적 형식들이라고 할 수 있다. 1970년대 이탈리아의 자율운동에서 나타난 네트워크투쟁은 그 이후 사회운동의 방식으로서 널리 확산되며 대안세계화운동에서 절정에 달한다. 또한 네트워크투쟁으로의 변화과정 속에서 대중의 욕망투쟁과 주체성생산투쟁이 활발히 전개되기 시작한다. 기존의 이해투쟁과 대비되는 욕망투쟁의 전개 속에서 대중은 자본이 부과한 자본주의적 주체성생산에 대항하여 각종 시설들 속에서 다양한 일상적 파업을 통해 자본의 훈육을 거부하면서 색다른 주체성 생산(특이화)을 시도한다. 대중은 자신의 특이성을 확인하고 색다른 자유의 공간을 만들어 가려고 한다.

더욱 다양한 코뮌에 대한 실험이 이루어지고 자율운동들, 다양한 욕망투쟁들, 소수자운동들이 자율성에 기반하여 활성화되고 기존의 운동들과 접속되면서 거대한 변화를 가져올 수 있을 것이라고 전망하였다.

운동의 전망을 연 뒤, '제 I 부 자율운동'에서는 서구의 자율운동을 68혁명 이후 현재까지 두드러진 운동을 추적하는 방식으로 정리해 보았다. 서로 다른 나라에서 일어난 운동이지만 자율성을 제고하려는 흐름이라는 측면에서 일맥상통한다고 생각하였다.

'제1장 이탈리아의 68혁명과 점거운동'에서는 68혁명과 그 이후 전개된 점거운동을 이탈리아의 경험을 중심으로 기술하고 그 함의에 대해서 검토하였다. 이탈리아에는 68혁명 이전에 노동자의 독자성을 강조하는 노동자주의(operaismo)라는 운동 흐름이 있었다. 68혁명 당시에 학생들이 대학을 점거하면서 반권위주의와 자율성을 내세우며 투쟁에 나섰고, 학생들의 투쟁에 뒤이어 1969년 노동자들의 투쟁이 확산되면서 학생운동과 노동자운동이 결합해 나갔다. 이러한 결합으로 투쟁은 점차 공장에서 사회로 확산되어 갔다. 공장에서는 내부행진과 점거투쟁이 일어났고, 노조투쟁은 사회적 투쟁들과 결합해 나갔다. 공장점거의 움직임과 더불어 다양한 점거투쟁이 나타났다. 주택점거, 임차료파업, 자율축소운동, 자유라디오운동, 건강센터운동, 죄수운동 등은 인민의 직접적인 요구를 충족시키기 위한 것이었다.

이러한 운동에 기반하여 1970년대 중반 이후 사회센터운동과 여성센터운동이 나타나게 되었다. 사회센터운동은 청년들이 빈 건물을 점거하여 자신들이 원하는 다양한 활동을 벌여 나가는 공간점유운동이다. 이 운동은 1970년대 내내 불법적인 공간으로 남아 있었으며 1980년대 동안 이단적인 실험의 섬들로 존재했다. 여성센터운동도 여성주의자들이 빈 건물을 점거하거나 지방정부의 양해 아래 건물들을 접수하고 거기서 여성들을 위한 다양한 문화활동을 벌여 나갔다.

이러한 점거운동은 공장(생산 부문)과 그것을 둘러싼 사회(재생산 부문)에서 다양한 방식으로 반권위주의와 자율성을 실현해 가려는 움직임이라 할 수 있다. 다양한 집합체들과 사회센터들은 국가와 자본주의시장으로부터 독립적인 공간을 만들어 자주관리해 나가는 미시코뮌들이었다. 더 나아가 여성센터운동은 여성적인 자유의 공간을 창조하여 그 속에서 여성되기를 통해 기존의 남성적인 제도들을 변형시켜 가면서 사회의 지형도를 넓히는 것이었다. 더욱이 사회센터운동과 여성센터운동은 더 이상 집중화된 방식이 아니라 분산적인 방식을 통해 다양한 자유공간, 다양한 미시코뮌을 만들어 가는 방향을 제시한다.

이탈리아에서 자율운동이 활성화되던 시기에 미국에서는 반전운동과 시민권운동이 활발히 전개되었고 뒤이어 다양한 소수자운동이 터져 나왔다. 여기서는 시민권 운동을 주도한 흑인운동 안에서 가장 자율적인 성격을 강하게 지녔던 블랙팬더당에 대해서 추적해 보았다. '제2장 미국 블랙팬더당의 생존 프로그램 활동'에서는 미국 흑인권력운동에서 나타난 블랙팬더당의 생존 프로그램 활동을 설명하였다. 먼저 미국의 시민권운동의 통합주의적 흐름에 대립하면서 발전해 간 분리주의적 흐름을 강조하였다. 킹 목사 방식의 통합주의적 시민권운동은 법률적 개선을 가져왔지만 실질적인 변화는 오히려 분리주의적인 흑인권력운동에 의해 이루어져 왔다. 특히 이 장에서는 분리주의적인 다양한 실험을 했던 흑인권력운동의 대표적인 운동으로서 블랙팬더당에 주목하였다. 블랙팬더당의 활동을 무장저항이란 측면에만 맞추어 비방하는 것에 반대하면서, 주민들에게 봉사하는 활동을 통해서 실질적으로 제도를 바꾸어 나가려 했던 생존 프로그램에 주목하였다.

블랙팬더당이 실시한 생존 프로그램은 다양했으나, 여기서는 몇 가지로 분류하여 그 활동을 기술했다. 먼저 음식 프로그램으로 어린이들을 위한 무료아침급식 프로그램과 무료음식 프로그램이 있었다. 교육 프로그램으로 대안학교로서 해방학교(사무엘 나피르 범공동체청년학교, 나중에 오클랜드 공동체학교로 개명)가 있었고, 그 외에도 주민들을 위한 공동체 학습센터, 공동체 포럼, 그리고 어린이들을 위한 어린이발달센터 등이 있었으며, 법률도움 및 교육 프로그램도 있었다. 건강 프로그램으로 무료건강진료소가 있었고 흑인들에게 많이 나타나는 병인 겸상적혈구빈혈증 검사를 주도하여 실시했다. 보호 프로그램으로 경찰순찰과 노인안전 프로그램이 있었다. 그 외에도 다양한 생존 프로그램들이 있었다.

블랙팬더당 자체가 지닌 당 활동에서도 대안적 성격을 찾아볼 수 있지만 무엇보다도 공동체 서비스로서의 생존 프로그램에서 대안적 성격을 분명하게 확인할 수 있다. 생존 프로그램들은 국가나 지방정부들이 나서지 않지만 공동체 성원들이 필요로 하고 욕망하는 것을 찾아내서 실천해 나갔다. 그렇게 해서 국가나 지방정부, 다른 조직들이 생존 프로그램들을 따라 배우고 실천하는 양상이 나타났다. 블랙팬더당이 실행했던 생존 프로그램은 관료화되고 상투화된 틀에 따라서 움직이는 기존 제도에 대항하여 인민대중의 창의성, 주도성, 자율성을 잘 보여주었다.

이어서 '제3장 이탈리아의 자유라디오운동'에서는 1970년대 이탈리아의 자유라디오운동에 대해 기술하고 그 구체적 활동을 밝혔다. 다른 나라에서와는 달리 이탈리아에서는 68혁명이 학생운동과 노동운동이 결합하면서 1970년대 내내 자율운동으로 활성화되었다. 노동운동이 사회투쟁과 결합하고 청년학생들의 반문화운동이 활발히 전개되었으며, 다양한 점거운동과 분리주의적인 여성운동, 자율축소운동 등이 전개되면서 매체운동으로서 자유라디오운동이 전개되었다.

이탈리아에서 1976년부터 활성화된 자유라디오들은 1980년에 전국적으로 약 3천여 개였으며 그 가운데 사회주의적인 라디오들이 20% 정도 되었다. 자유라디오들은 라디오 매체의 변화뿐만 아니라 방송 자체에 대격변을 가져왔다. 그 가운데 가장 두드러진 사례로, 섬광처럼 나타나 운동인가로서 활동한 '라디오 알리체'와 대중의 횡단적인 포럼을 만들어 현재까지도 방송하고 있는 '라디오 뽀뽈라레'를 들 수 있다.

라디오 알리체는 볼로냐에서 1년 조금 넘게 방송하였으며 방송국 내부의 민주적 조직화를 시도하였다. 또한 표준화된 방송언어를 파괴하고 육체(욕망)의 소리를 내려고 하였다. 청취자집단을 조직하고 열린 방송을 하였으며 허위정보를 통해 진실한 정보를 드러내는 방법도 사용하였다. 더욱이 77년 운동 과정에서는 경찰과 시위대의 동향을 생방송 전화로 방송하기도 하였다. 단순히 사건을 보도하는 것이 아니라 선전 선동하기까지 하면서 운동의 정보국으로서 활동하였던 것이다. 결국 라디오 알리체는 국가권력에 의해 강제 폐쇄되었다.

라디오 뽀뽈라레는 1976년에 시작되어 현재까지도 방송하고 있으며, 대중의 포럼이 되고자 하였다. 다양한 후원자의 협동체에 의해 설립된 라디오 뽀뽈라레는 전문 방송으로 자리를 잡았음에도 불구하고 내부 민주주의를 유지해 가려고 하였다. 기존의 방송방식을 혁신하면서 다양한 실험을 하였고 단순한 사건보도를 넘어서 쟁점을 제기하고 청취자들이 논의를 전개하도록 하고 그것을 방송하기까지 하였다.

이 두 사례를 통해서 볼 때, 이탈리아 자유라디오운동은 자율성을 기반으로 하면서 대중의 다양한 표현양식을 확장해 나갔다고 볼 수 있다. 또한 소수자 주체를 포괄하는 방향으로 나아가면서 민주주의의 확장에 기여하였다. 자유라디오들은 1980년대에 들어서면서 상업화의 물결에 쓸려 들어갔지만, 일부 자유라디오들은 여전히 활동해 왔다. 이제 소통기술의 혁신과 더불어 새로운 매체운동(텔레스트리트운동)이 등장하고 있다.

자율운동은 이탈리아에서 국가의 억압에 의해 주춤하고 있던 시기에 독일을 비롯한 중부 유럽(네델란드, 덴마크 등을 포함하여)으로 확산되었다. '제4장 독일의 자율운동'에서는 1980년대 독일의 자율운동을 추적하여 정리하였다. 1980년대에 독일에서 등장한 자율주의자들인 아우토노멘(자율파들, Die Autonomen)은 68운동의 세대(신좌파)들이 제도에 편입되어가는 상황에서 여전히 국가와 대립하고 자신들의 독자적인 공간과 삶의 방식을 만들어가려고 하였다.

독일에서 아우토노멘이 중심이 된 자율운동은 학생들, 노동자들, 주변화된 계층들, 여성들, 생태주의자들 등 다양한 사람들로 구성되어 있었다. 이들은 독일 자본주의 사회의 표준화된 삶의 방식에서 밀려나거나 벗어난 사람들이었다. 전통적인 계급적 관점에서 볼 때는 룸펜들의 운동이라고 폄하할 수도 있겠지만, 현대사회를 보장된 계급과 비보장된 사람들로 이루어져 있다고 파악한다면 오히려 비보장된 사람들이 스스로 색다른 삶의 형태를 추구해나가는 운동이라고 할 수 있다.

여성운동, 반핵운동, 지역운동들 위에서 1980년대 초반에 형성된 자율파들은 그 후 자율운동을 주도해간다. 브로크도르프의 원자력발전소를 둘러싼 대결과 같은 평화운동이든 프랑크푸르트의 스타트반베스트(Startbahn West) 활주로 건설을 중단시키기 위한 정기적 시도이든 대규모 동원들에서 아우토노멘의 역할은 투쟁에 전투적인 예리한 칼날을 제공하였다. 1980년대 중반까지 아우토노멘은 공고화되었고, 단일 쟁점 캠페인들 및 지역적으로 규정된 집단들과는 분리된 조직 근거로서 복무했다. 아우토노멘은 베를린, 함부르크, 암스테르담, 그리고 코펜하겐에 도시 근거지들을 세웠으며 이처럼 독일을 넘어서 덴마크, 네덜란드 등으로까지 확산되었다. 그 후 자율운동이야말로 유일하게 신나치의 등장에 대응하는 모습을 보였다.

중부유럽에서 활발히 전개되던 자율운동은 1990년대 들어 이탈리아에서 다시 활성화된다. '제5장 이탈리아의 사회센터운동'에서는 1990년대 이탈리아의 사회센터운동에 대해 기술하고 그 의의를 찾아보았다. 이탈리아의 68혁명은 다른 나라에서와는 달리 학생운동과 노동운동이 결합하면서 1970년대 내내 자율운동으로 활성화되었다. 그 과정에서 '도시를 장악하자'는 운동이 전개되었고, 버려진 건물들이나 부지들을 점거하여 자신들만의 공간을 만드는 사회센터운동이 시작되었다. 1980년대 중반 이후, 특히 1990년대 들어서 공적 공간의 축소에 대항하여 다시 적극적으로 점거하여 자신들의 공간을 만드는 사회센터운동이 활발하게 전개되어 오고 있다.

이탈리아의 사회센터들은 점거를 통해서 자신들의 자유의 공간을 만들어 낸다. 사회센터들은 문화적 활동뿐만 아니라 정치적 캠페인, 다양한 사회서비스 등을 수행하며 자가생산과 자주관리를 조직원리로 삼고 있다. 자본주의시장과 국가로부터 독립적인 공간과 운영을 지향하고 있지만 나름대로의 시장과의 관계를 만들어 가며, 지역사회와도 긴밀한 협력을 하려고 한다. 최근 들어서는 점거지의 합법화와 지방정치에의 개입 등을 둘러싸고 의견이 분분하지만, 여전히 불법과 합법의 경계선에서 다양한 활동을 전개하고 있다. 더욱이 사회센터 성원들은 지역적 차원에서 더 나아가 전국적 차원과 전 지구적 차원에서의 운동에도 참여하고 있다. 사회센터활동가들은 '뚜떼 비앙께'와 '야 바스타 연합'과 같은 조직을 만들어 새로운 시위형태를 실험하고 전 지구적인 연대와 대안세계화운동에 개입해 왔다.

자율운동과는 거리가 먼 것처럼 보인 영국에도 자율운동의 본류라고 할 수 있는 점거운동이 있어 왔다. 특히 1990년대 반도로투쟁과 급진적 파티저항문화가 결합하면서 2000년대 들어 사회센터 및 자율공간을 만들어 내는 운동이 나타나고 있다. '제6장 영국의 사회센터운동'에서는 불법점거도 하지만 운동권에서 기금을 마련하여 급진적 서점, 정보상점, 자료센터와 같은 합법적이고 자율적인 공간과 사회센터들을 만들어 가는 영국의 자율운동의 특성에 대해서 파악하였다. 지속적이고 안정적인 근거를 마련하려는 의도 때문에 점거운동에서 항상 논란이 되어 왔던 합법적 임대 형식을 추구하는 특징을 보인다.

물론 그러한 합법적인 공간들은 여타 불법적인 점거집합체들을 지원하고 촉진시키는 기반으로 작용한다. 그러나 운동의 힘은 역시 불법 점거한 집합체들의 활동에서 나온다. 영국의 사회센터들 및 자율공간들은 특히 모임의 장소로 제공되거나 행사를 치르는 등의 방식으로 운동의 네트워크에서 거점으로 역할하는 것이 큰 특징이다. 여러 장소에서 열리며 상이한 시간에 걸쳐 이동식으로 이루어지는 운동방식 등은 새로운 운동형식으로 등장하고 있다. 영국의 사회센터들과 자율공간들은 활동가들의 허브로서 기능하려 하며, 사회센터 네트워크를 만들어 다양한 공간들을 서로 연결하고 조직해 나가기 위한 실험들을 전개하고 있다.

서구의 이러한 자율운동은 신자유주의 자본주의의 팽창 장소인 도시 속에서 대중의 수거와 삶을 확보해 나가면서 색다른 사회적 유대와 자주관리를 수행하려는 특성을 지니고 있다. 그리고 그 근간을 이루는 것은 바로 공간을 점거하여 다르게 활용한다는 점이다. 또한 자율운동의 주요 형태인 사회센터들은 일시적 자율지대로서 기능하기도 하지만 다양한 사람들(특히 주변자들)이 다양한 활동을 벌여가며 거주하는 공간의 특성을 보이기도 한다.

이러한 운동의 단초를 보이는 사례들을 우리 나라에서 찾아보려고 하였다. 그 결과가 바로 II부에 있는 넝마공동체, 더불어사는집, 빈집이다.

즉 '제II부 주거공동체'에서는 한국에서 나타나고 있는 자율운동의 싹을 살펴보았다. 흔히 주거공동체의 형식을 띠며 나타나고 있는데, 재활용품을 수집하고 선별하여 판매하며 공동생활을 하는 '넝마공동체', 청계천 변 삼일아파트를 점거하여 살다가 나중에는 정릉의 다세대주택을 점거하여 살던 노숙인 점거공동체 '더불어사는집', 그리고 최근 20−30대 젊은이들을 중심으로 임대주택에서 모여 살면서 대안적인 삶을 꾸려 나가려고 하는 주거실험공동체 '빈집'의 사례를 탐색해 보았다.

'제7장 넝마공동체'에서는 넝마주이들이 만들어 간 점거하는 삶에 대해 살펴보았다. 1980년대 후반 추렁(바구니)과 리어카, 경운기를 가지고 폐품을 수집하던 시절, 오갈 데 없는 사람들이 다시 올 수 있는 곳이었다. 성원들 중에는 이름이 없이 별명으로만 불리는 사람들도 있었다. 영동5교 다리 밑에 자리 잡은 넝마공동체는 혼자만을 위해서가 아니라 다 함께 잘 살기 위한 미래를 계획하며, 인생 종친 사람들이 모여 사는 곳이 아니라 다른 이의 인생까지도 받아들일 수 있는 사람들이 모여 사는 곳이 되었다. 그러나 넝마공동체는 트럭을 이용해서 폐품을 수집하고 쓰레기 분리수거가 진행되면서 크게 변화하였다. 특히 포이동 시유지(266번지)를 점거한 뒤에는 엄청난 물량의 재활용품을 관장해 나가게 되었다. 그와 함께 1980년대 후반에 지니고 있던 공동체적인 성격이 많이 변하게 되었다. 그럼에도 불구하고 넝마공동체는 여전히 내적인 규칙과 운영방식을 유지하고 있으며 사회의 다른 곳에서 배척당한 사람들이 모일 수 있는 장소이다.

재활용품 수집은 넓은 장소가 필요한데 이를 확보하는 것이 중요하다. 넝마공동체는 성원들을 늘리고 점거지를 지키려 노력하였다. 그러나 2005년 포이동 점거지가 강제철거된 뒤에는 크게 축소되었고, 그 후 다리 밑에서 옷을 수거하여 재활용옷판매점과 노점에서 판매하는 일에 전념하고 있다. 2006년부터는 넝마공동체의 성원들(15명 정도)은 아파트에서 수거해 온 옷들을 고르고 판매하는 일에 나서게 되었다. 현재는 과천에 매점이 있고, 서초구청과 뚝섬, 그리고 동묘 지역에서 노점을 개설하여 운영하고 있다. 사회가 배척하는 비행자들이 모여서 자신들의 삶을 가꾸어 가려는 노력을 엿볼 수 있다.

넝마공동체는 겨울에는 여러 사람들이 들어와 거주하다가 따뜻해지면 나가곤 한다. 2010년부터 사람들이 들어오기 시작하여 성원들이 늘어나고 있다. 최근(2012년 11월 5일) 다리 밑이 강제철거당하여 대치동 탄천운동장으로 거처를 옮겨갔다가 다시 강제철거당하여 거리에서 강남구청과 싸우고 있다.

'제8장 노숙인 점거공동체 '더불어사는집''은 2004년 7월 들어 청계천 변 삼일아파트가 철거 예정이었던 시기에 노숙인들이 잠입해 살면서 만들어 간 주거공동체 '더불어사는집'을 다루었다. 강력한 지도자가 주도하였지만 노숙인들이 노숙인들을 위한 무료급식을 하면서 큰 사회적 파장을 불러일으키기도 했다. 더욱이 그 당시 예술스쾃을 한국에 적용하면서 목동예술인회관 점거를 시도했던 팀과 연결되면서 더불어사는집 사람들은 스스로 점거에 대한 생각을 정립해 나갔다. 정보공개요구를 통해 얻어낸 자료들을 검토하고 정릉의 다가구주택을 의도적으로 점거하는 눈부신 활동을 하였으며, SH공사(도시개발공사)가 관리하는 매입임대주택을 점거하고 싸워서 사용권(5개월간)을 얻어 내고 자신들의 계획을 꾸려나가는 활동을 보여주었다. 노점활동을 통해 생계를 꾸려 가려고 하였으며, 자신들을 알리기 위한 무료급식활동도 계속하였다. 그러나 임대로 전환하는 과정에서 내부 성원들의 갈등과 지도자의 주도에 의해 노숙인 점거자들이 떠나 버리게 되어 해체되기에 이른다. 어쨌든 이 실험은 점거운동의 다양한 쟁점들을 제기하고 논의할 계기를 준다.

'제9장 수거실험 공동체 '빈집''에서는 누구나 손님, 주인, 가족이 될 수 있는 주거공동체 '빈집'에 대해서 살펴보았다. 열린 공동체를 지향하는 빈집에는 단기투숙객과 장기투숙객이 어우러져 살고 있으며 성원의 이동이 빈번하다. 빈집 사람들은 모든 것을 열고 소통하며 위계를 만들지 않으려는 생활방식, 모든 것이 고정되지 않고 그때그때 바뀌어 가는 흐름, 문명의 도구들에 대한 절제된 활용과 생태적 지향, 소유의 관념을 무르게 하는 공유방식 등을 통해 색다른 실험을 하고 있다. 몇 개의 집으로 늘어나면서 새로운 변화에 직면한 빈집의 주거실험은 천정부지로 솟는 주택가격과 거리로 밀려나는 사람들이 증가하는 현실에서 하나의 반짝이는 실험이 되고 있다.

이처럼 전 지구적인 차원에서 자율운동의 전개과정을 살펴보고 우리나라에서 일어나는 유사한 운동의 단초들을 탐색해 본 뒤, '결론: 제국시대의 대중운동'에서는 앞으로의 다양한 자율운동의 전개를 대중의 움직임과 연결시켜 생각해 보고자 한다. 특히 최근의 제국 논의와 관련하여 '제국에 대항하는 대중'이라는 문제설정에서 대중운동의 움직임과 방향에 대해서 생각해 보고자 한다. 제국의 지배만을 강조할 것이 아니라 제국에 대항하는 대중의 움직임에 초점을 맞추려고 한다.

전 지구적(제국) 권력은 국민국가들뿐만 아니라 다양한 국제기구와 초국적 기업들이 만들어 낸 네트워크들, 그리고 대의제를 통해 표현되는 민중과 그들을 대표하는 NGO와 같은 조직들로 이루어져 있다. 제국 권력은 훈육메커니즘, 포획메커니즘을 통해서 대중의 활동을 자신의 이윤 추구에 맞추어 가려고 한다. 대중은 이처럼 초코드화하려는 제국 권력에 맞서서 다양한 방식으로 투쟁해 나간다.

결론에서는 제국시대의 대중운동을 대안세계화운동, 자율운동, 소수자운동, 보이지 않는 운동 등으로 나누어서 고찰해 보았다. 대안세계화운동은 신자유주의적 세계화 공세에 반대하는 전 지구적 민중운동으로서, 세계화의 주도세력 및 국제기구에 대한 포위・타격 투쟁과 신자유주의적 세계화의 대안에 대한 토론과 논쟁의 장으로서 세계사회포럼이라는 양 축으로 전개되고 있다. 대안세계화운동은 9 · 11을 계기로 반전운동과 결합하여 전개되고 있는데, 대안적인 세계화에 대한 상을 모색하며 새로운 국제주의, 새로운 연대방식을 제기하고 있다.

자율운동은 기존의 노동운동에서는 노동자계급 내부의 자율성을 증대시켜 가고 불안정 노동층을 포괄해 나가려는 방향으로 전개된다(공공영역의 확보). 또한 사회적 공장에서 다양한 사회층들과 청년들이 점거운동, 반핵운동, 여성운동, 환경운동 등과 결합하면서 지배체제가 강요하는 것과는 다른 삶의 방식들을 실험해 나가고 있다.

소수자운동은 소수자들이 자기정체성을 확인하고 자신들의 색다른 자유의 공간을 만들어 가는 것으로 나타난다. 소수자운동은 색다른 공간과 삶의 방식을 실험해 가는 대안운동과 연결될 수 있다. 표준화를 거부하는 소수자들의 이러한 운동과 색다른 삶을 살아가려는 대안운동은 사회 전체의 다양성을 증대시켜 줄 것이고 권력의 지배력을 약화시킬 것이다.

보이지 않는 운동은 생체정치적 투쟁이라고 할 수 있는 것으로, 일상생활에서 대중이 자신의 욕망에 따라서 부과된 것들을 거부하거나 변형해 나감으로써 이것이 축적되어 커다란 변형을 가져올 수 있다.

이러한 운동들을 통해서 대중은 기존의 제도화된 틀을 넘어서서 제국 권력과 대결해 나가며 제국을 압박한다. 그러면서 자신들의 자유의 공간을 확장해 가는 것은 물론이다.

| 차 례 |

서론: 새로운 주체의 등장과 사회운동의 방향

제 I 부 자율운동

제1장 이탈리아의 68혁명과 점거운동

제4장 독일의 자율운동

제5장 이탈리아의 사회센터운동

| 표 차례 |

| 그림 차례 |

서론
새로운 주체의 등장과 사회운동의 방향

1절. 대중 개념의 계보
2절. 새로운 주체로서 대중의 등장
3절. 사회운동의 방향

서론: 새로운 주체의 등장과 사회운동의 방향

인간은 자유롭게 태어났다. 그런데 왜 인간은 마치 노예상태가 자신들의 구원인 것처럼 완강하게 자신들의 노예상태를 위해서 싸우는가? 왜 대중은 복종을 달게 받고 있는가? 왜 인민들은 자발적으로 억압을 자청하고 있는가?

대중의 권리를 대표자에게 양도한다는 계약론적 정치철학이 정치과학이라기보다는 지배를 은폐하는 합리적 이데올로기라면(Negri, 2007: 175-253), 위 질문들은 정치철학의 근본 문제라고 할 수 있다. 오히려 '공포와 희망의 정치'이라는 계보 속에 있는 사람들은 바로 그 질문을 통해 다른 정치를 구상해 나간다. 서구사상에서 볼 때에는 '홉스-루소-헤겔-하버마스'라는 지배적(관념론적) 사유노선의 계약론적 정치사상('계약의 정치')에 대립하여, '마키아벨리-스피노자-맑스-라이히-네그리'라는 유물론적 사유노선('공포와 희망의 정치')은 대중의 자유를 확장하는 정치사상을 전개해 나간다.

여기서는 '공포와 희망의 정치'라는 사유노선에 있는 마키아벨리와 스피노자에 근거하면서 대중을 새로운 주체로 설정해 나가고 있는 네그리의 논의를 중심으로, 대중의 등장과 그에 따른 사회운동의 방향 변화에 대해서 정리해 보고자 한다.

1절. 대중 개념의 계보

이미 오래전부터 '공포와 희망의 정치'의 노선에서 대중의 자유에 대해서 생각해 본 사람들이 있었다. 라 보에티(La Boetie)는 16세기 중엽에 『자발적 복종』이라는 텍스트 속에서 "과연 어째서 그렇게 많은 사람들, 그렇게 많은 마을과 도시, 그렇게 많은 국가와 민족들이 독재자의 전제정치를 참고 견디는 일이 항상 일어나고 있는가"라고 질문한다. 그는 인민들의 자발적 복종이 독재자를 지켜주고 있다고 말한다. 그리고 인민들에게 자신들의 자유를 느끼고 실천할 것을 권고 한다.(라 보에티, 2004: 14-29)

이러한 라 보에티의 문제제기와 권고는 이미 마키아벨리(마키아벨리, 1975)에 의해, 그리고 나중에는 스피노자(스피노자, 1978)에 의해 대중의 힘[역능](puissance)에 근거한 민주주의를 구성해 나감으로써 대중(multitude)의 자유를 확장해 나가려는 정치론으로 이어진다.

맑스주의 등장 이후 대중의 자유에 대한 문제제기는 실천의 문제로 제기되어 왔다. 노동자계급의 전위당에 의해 지도받는 '대중'(mass)[1] 이라는 그림이 그려지자 '대중'에 대한 논의나 민주주의의 구체화 과정에 대한 문제는 온전히 이념을 확보한 전위당에게로 위임되었다. 물론 전위당은 노조나 다른 대중조직(인민위원회나 소비에트)들과 연계를 맺으면서 대중과 접촉하였으나 이러한 조직들은 전달벨트가 되어 버렸다. 현실 사회주의에서 나타난 이러한 현상을 누구보다도 빨리 감지하고 대중에게 관심을 돌린 사람이 바로 라이히이다.

---

1) multitude와 구분하기 위하여 mass는 '대중'으로 표기한다. 그러나 명확한 구분이 의미가 없을 때는 일반적으로 대중이라고 쓴다.

라이히는 프로이트의 제자로서 정신분석에 입문하여 프로이트의 리비도이론을 부여잡고 오르가즘론으로, 에너지론으로, 생체발생학으로 나아갔다. 그 와중에 라이히는 맑스주의와 접하면서 대중의 정신건강이라는 문제를 제기했고 특히 치료보다는 예방이 중요하다고 생각하였다(라이히, 2000). '노동자계급'뿐만 아니라 '노동하는 모든 사람들'에 초점을 맞추면서, 권위주의적 가족과 성 억압이 대중의 성격구조를 비합리적으로 만들어서 파시즘에 복종하게 만든다고 주장하였다(라이히, 2006). 그는 대중의 성 억압을 철폐하고 오르가즘을 충만하게 함으로써 자율적인 인간구조를 만들어 내 파시즘과 같은 비합리적인 현상을 제거해 갈 수 있다고 생각하였다(라이히, 2005). 더욱이 그는 이러한 주체성 형성 위에서 '지배하는 정치'에 대립하는 '자연스런 노동민주주의'를 만들어 살 수 있다고 주장한다. 또한 맑스주의의 이데올로기(계급의식) 문제에 대해서도 지도부, 즉 혁명전위의 의식과 평균적 시민 다시 말해 대중의 의식을 구분하면서, 계급의식을 외부에서 주어지는 이념으로서가 아니라 대중의 자발적 의식과 결합해 나가는 것으로 고려한다(라이히, 2011). 그리고 당연한 귀결로서 '고위정치'가 아니라 대중과 결합하는 '일상의 정치'를 강조하게 된다.

물론 이러한 흐름과는 달리 군중(crowd)이나 대중에 대한 사회학적 연구도 있다. 이성의 시대에 감정과 선동에 의해서 움직이는 군중('대중')에 대한 불안한 시선이 있어 왔다. 르봉은 한 세기 전에 "현대는 군중의 힘을 중시해야 하는 군중의 시대다"라고 하면서 낡은 이념이 무너지고 새로운 이념이 태동하지 못한 공백기의 불가피한 현상으로서 군중이 지배세력이 되었다고 판단한다. 그런데 군중은 합리적이고 이성적인 사고에 따라 움직이는 것이 아니라 로봇처럼 비이성적인 힘의 지배를 받는다고 한다. 따라서 군중의 시대에는 대중의 격정과 원동력을 이끌어 내는 카리스마를 갖춘 지도자가 필요하다고 보았다(르봉, 2005). 사실 르봉은 대중의 자유를 생각하기보다는 통치자의 입장에서 대중을 어떻게 제압할 것인가를 군중이란 틀을 통해 분석하고 제시했다고 볼 수 있다.[2]

대중의 등장에 주목한 다른 사람으로는 오르테가 이 가세트가 있다. 가세트는 1920년대 말에 『대중의 반역』이라는 책에서 당시의 특징을 '대중'의 출현이라고 얘기한다. 대중은 특별한 자질이 없는 사람들의 집합체이며, 따라서 '노동대중'을 포함하는 '평균인'이라고 한다. 물론 이런 대중이 이전부터 있었지만 20세기에 들어서 이러한 대중이 스스로 지배하려든다고 하며 이른바 대중의 반역이라는 것이다. 그는 역사의 주체는 개별 영웅이나 대중이 아니라 세대와 세대를 거쳐 살아가는 당 시대의 소수와 대중이 엮어내는 역동적인 조합이라고 본다. 따라서 선택된 소수와 대중이 각각 자신의 정체성을 깨달아 제 위치에서 제 역할을 담당하는 길(참된 도덕을 회복하는 길)이 해결책이라고 제시한다. 그런데 대중은 도덕이 없다고 한다(가세트, 2005). 가세트는 대중의 공포를 느끼면서 도덕으로 진정시키려고 한다. 물론 대중의 자유에 대해서 얼마나 생각했는지는 의심스럽다.

군중('대중')에 대한 관심은 파시즘을 겪으면서 '군중(대중)과 권력'이라는 문제에 집중된다. 카네티는 군중과 권력은 서로 극히 밀접하게 관련되어 있어서 둘 중 어느 한편이 결핍되면 나머지를 이해할 수 없다고 하였다(카네티, 2002). 그는 군중을 다양한 종류로 구분하고 군중의 움직임을 분석하면서, 군중이 권력을 위협한다는 것을 느끼고 있었다.

---

2) 르봉 이외에도 군중의 움직임에 대해서 『모방의 법칙』이라는 책에서 세밀하게 분석한 Gabriel Tarde가 있다. 이에 대해서는 세르쥬 모스코비치(1996), 4–5부 참조.

이러한 군중('대중') 논의에 대해 미국식 '대중사회론'은 획일적이고 수동적인 대중과 대중매체에 의한 지배를 강조하는 쪽으로 간다. 물론 그 안에서 '고독한 군중'을 바라보면서 주체성 문제를 제기하는 사람도 있나(리스만, 1999). 독점자본주의 사회 안에서 자동인형처럼 되어 가는 일차원적 인간(마르쿠제, 1983)은 개인으로서는 군중 속에 있지만 고독함을 느끼는 주체라는 것이다. 이러한 논의에서는 대중 주체가 자유를 추구하는 모습을 볼 수는 없다.

최근에는 휴대폰과 인터넷으로 무장한 새로운 군중이 등장하였다. 새로운 도구들을 이용하여 여러 가지 쟁점들에 개입하는 영리한 군중(참여군중)이 등장한 것이다(라인골드, 2003). 그러나 인터넷 공간도 단순히 도구만의 문제가 아니라 참여군중의 또 다른 공간만들기의 과정으로서 중요하다(황규만, 2006: 115-121). 더욱이 융합미디어 환경에서 대중은 대안미디어를 활성화하고 대항공공영역을 확장할 수 있는 주체로 나설 수도 있다(조동원, 2006: 60-78).

이상과 같은 군중 혹은 '대중'에 대한 관심이 최근 네그리의 대중론에서는 서로 얽혀들어 가는 것처럼 보인다. 그렇지만 네그리의 대중론은 기본적으로는 마키아벨리와 스피노자의 논의에 기반하여 자유를 추구하는 대중을 강조하면서 맑스주의의 계급 개념을 확장해 나가려고 한다. 즉 네그리는 마키아벨리와 스피노자에게서 대중(multitude)의 힘[역능](puissance)[3]에 입각하여 민주주의를 구성해 나가는 정치론

3) 역능 개념은 대표제 모델에서 생각하던 권력 개념과 대비되고 모든 개별자(singularité, 특이성)가 지닌 잠재력을 말하며, 스피노자적인 욕망에 기초한 개념이다. 역능을 지닌 개별자들이 차이를 확인하면서 새로운 것을 구성해 나가는 방식을 통해 권력 대표가 아닌 새로운 사회(공동체)를 만들어 가자는 문제의식에서 사용되는 개념으로, 권력자의 지배 개념에서 벗어나 특이한 개별자가 지닌 새로운 것을 구성해 내는 능력을 말한다.

을 발견하고 그것을 변형하여 현 시대에 적용하려고 한다.

2절. 새로운 주체로서 대중의 등장

스피노자에게 대중은 공적인 무대에서, 집단적 행동에서, 공동체의 사태를 처리하는 데서 하나로 수렴되지 않은 채 운동의 구심점인 형태 내부에서 소멸하지 않고 그 자체로 존속하는 다원성(복수성)을 가리킨다. 즉, 대중이란 다수로서의 사회적 · 정치적 실존 형태라고 본다(비르노, 2004).

1. 대중 개념과 유사 개념들의 비교

이러한 대중 개념을 현 시대에 맞춰 좀 더 명확히 하기 위하여 다른 개념들과 비교해 보자. 앞에서 얘기해 온 군중 혹은 '대중'은 수동적 주체들로서 이성에 따라 움직이기보다는 감정과 격정에 따라 움직이는 것으로 생각한다. 군중을 이루는 상이한 개인들이나 집단들은 비일관적이고 공통의 공유된 요소들을 전혀 인식하지 않으며, 그들의 차이의 집적은 활성화되지 않은 채 있으며 쉽게 하나의 무차별적인 결집으로서 나타날 수 있다. 그러므로 군중, '대중', 무리(mob)로 표현되는 주체들은 스스로 행동할 수 없고 지도받아야 한다고 한다.

인민(people)은 전통적으로 통일적인(unitary) 개념이다. 물론 주민은 온갖 종류의 차이로 특징지어지지만 인민은 그 다양성을 하나의 통일체로 환원하며 주민들에게서 단일한 정체성을 만들어 낸다. 즉 '인민'

은 하나다. 인민은 자신에게서 벗어나 있는 것을 배제하고 그것과 자신의 차이를 설정하면서 내적으로는 정체성과 동일성으로 향하는 경향이 있다. 또한 인민은 주권을 위해 준비된 구성된 집합체이다. 그러므로 인민은 대표화되지 않는 대중의 의지들 및 행동들로부터 독립적이고 종종 그것과 충돌하기도 하는 하나의 단일한 의지 및 행동을 제공한다. 사실 인민 개념은 좌파의 민족해방운동을 통해서 국민국가의 진보성을 지닌 주체로서 인식되어 왔다. 흔히 인민민주주의로 표현된 정치체제에서 잘 드러나듯이 말이다. 예를 들어 인민은 매판자본가들을 제외하고 민족자본가들과 프티부르주아지를 포함하기도 한다. 또한 우파의 입장에서는 국민국가의 내실이 빈약할 때마다 인민 개념을 동원하여 채우려고 하였다. 그래서 사실 인민(민중) 개념은 주권국가(국민국가)의 토대로 여겨져 왔다.

'대중'(mass)은 통일성이나 동일성으로 환원될 수 없기 때문에 인민과 대비된다. '대중'은 확실히 온갖 유형과 종류로 이루어져 있지만, 그 본질은 무차별성(indifference)이다. '대중' 속에 모든 차이들이 가라앉고 빠져버린다. 주민(일정한 경계 안에 있는 모든 사람)의 모든 색깔은 회색을 띠게 된다. 이러한 '대중'은 구별되지 않고 동일한 형태의 혼합체를 이룰 때만 하나가 되어 움직일 수 있다. 미국식 대중사회론에서는 특히 대중매체에 의해서 획일화되고 수동적인 주체로서의 이러한 '대중'을 현대 사회의 구성원이 지닌 주요 특성이라고 분석한다.

'대중', 인민 개념과 관련하여 살펴볼 개념으로는 국민(nation) 개념이 있다(네그리·하트, 2001: 150-158). 18세기 말과 19세기 초 사이에, 서구에서 근대 국민국가의 형성과 더불어 국민 주권 개념이 출현하였다. 일정한 영토 안에서 언어적 · 생활적 · 인종적 공통성을 지닌 주민 집단으로서 국민(민족)은 국민국가의 토대로 생각되었다. 물론 그러한 국민개념이 국가권력의 구도 위에서 통일된 주민집단이라고 하지만 그 내적 역동성이 미약해지자 인민을 언급하게 된다.

인민이나 '대중', 국민에 비해 대중(다중, multitude)은 복수성, 특이성[4]들로 구성된 열린 집합이며, 그 자신과 동질적이거나 동일하지 않고 자신을 벗어난 관계들과는 불분명하고 포괄적인 관계를 지닌다. 대중은 상이한 문화, 인종, 인종성, 젠더, 성적 지향, 상이한 노동 형태, 상이한 생활방식, 상이한 세계관, 상이한 욕망 등을 지닌 집합(복수성)이다. 대중은 이 모든 특이한 차이들로 이루어진 복수성이다. 이러한 대중을 강조하는 것은, 대중을 구성하는 특이한 사회적 차이들은 항상 표현되어야 하며 동일성, 통일성, 정체성, 혹은 무차별성으로 평면화될 수 없다고 보기 때문이다.

이러한 대중은 내적으로 다른 상태로 있으면서 공통적으로 소통하고 활동하는 주체이다. 다시 말해서 대중이란 특이성들이 공통으로 지니는 것 위에서 행동하는 능동적인 사회적 주체를 가리킨다. 대중의 구성과 행동은 정체성이나 통일성(혹은 훨씬 덜 무차별성)에 근거하지 않고 자신이 공통적으로 가지고 있는 것(소통성)에 근거하고 있다. 따라서 대중은 군중이나 '대중'처럼 지도를 받아야 한다기보다는 스스로 공통성[5]을 만들어 가고 자신들을 조직화해 나갈 수 있다고 본다.

4) singularité. 들뢰즈와 가타리가 쓴 개념으로 네그리도 차용해서 쓰고 있다. 흔히 변증법적 논리에서는 보편성과 개별성의 연결고리로서 특수성을 이야기한다. 그에 반해 특이성이라는 개념은 일반적 법칙 혹은 보편적인 구조의 관념을 허물어뜨리고 특정한 시기와 장소에서 특정한 사회적 실천을 둘러싸고 구성되는 고유한 가치 또는 특성을 말한다. 개별성이 지닌 고유한 가치들을 인정하고 그 위에서 차이들을 없애려 하지 않고 오히려 차이들을 풍부화해 나가려는 것이 특이성에 근거한 대중의 구성 논리이다.

5) commonality. 상이한 개별자들 간에 동형성의 원리에 입각하여 도출해 내는 동일화하는 공통성 개념과는 반대로, 특이한 개별자들의 차이를 강조하면서 소통의 통로를 넓혀가는 공통성을 말한다. 차이들 안에서 같은 것을 추출해 내는 것

2. 맑스주의적 계급 개념과 대중 개념

자 그러면 대중 개념을 맑스주의적 맥락과 연관시켜 좀 더 파악해 보자. 맑스주의 논의에서는 자본주의사회의 기본계급이면서 새로운 사회의 담당자로 설정되는 노동자계급이 있다. 그런데 사실 노동자계급 개념은 배타적인 개념으로 사용되어 왔다. 노동할 필요가 없는 소유자들로부터 노동자를 구분하고 또한 노동자계급을 일하는 다른 사람들과 구분하는 식으로 말이다. 가장 좁은 의미에서는 노동자계급의 개념을 농업 · 서비스 · 다른 부문의 노동자들과 구분하면서 산업노동자들만을 가리키는 데 사용되었다. 가장 넓은 의미로는 가난하고 임금을 받지 않는 가사노동자들 및 임금을 받지 않는 다른 모든 노동자들과 구분되는 '모든 임금받는 노동자'를 나타낸다.

이러한 노동자계급 개념에 비해 대중은 열린 포괄적인 개념이다. 대중은 전 지구적 경제의 최근 전환들의 중요성을 포착하려고 한다. 한편으로 노동자계급은 그 수가 전 세계적으로 줄어들지는 않더라도 더 이상 전 지구적 경제에서 헤게모니적 역할을 하지 않는다. 다른 한편으로 오늘날 생산은 경제적 측면에서뿐만 아니라 더욱 일반적으로 사회적 생산으로서 받아들일 수 있다. 물질적 재화의 생산뿐만 아니라 소통 · 관계 · 생활형식의 생산으로서 받아들일 수 있다. 특히 생산의 정보화와 컴퓨터화, 그에 따른 노동의 비물질화(비물질적 노동의 지배) 경향이 지배적이게 되었다. 따라서 대중은 잠재적으로 사회적 생산의 온갖 다양한 형상들로 이루어져 있다. 인터넷같은 분산된 네트워크가 대중의 좋은 이미지이자 모델이다. 왜냐하면 다양한 노드

과 같은 보편성을 추구하는 추상원리에 입각한 공공성이 아니라, 특이성들 사이에서 제3의, n번째의 새로운 것을 만들어 내는 것을 의미한다.

(node)들은 서로 떨어져 있지만 모두 웹에 연결되어 있으며, 네트워크의 외적 경계는 각 노드들과 새로운 관계들이 항상 추가될 수 있도록 개방되어 있기 때문이다(Negri & Hardt, 2004: 14-15).

대중은 또한 인종, 성, 성 정체성 등의 차이들을 포함하는 개념이기도 하다. 자본주의사회는 자본과 노동, 소유자와 비소유자, 비노동자와 노동자 사이의 분할로 특징지어지기도 하지만, 특히 현대 자본주의 사회에서는 경제적 차이들뿐만 아니라 인종, 종족, 지리(입지), 성, 성 정체성, 그리고 다른 요소들에 근거한 잠재적으로 수많은 차이들이 나타나고 있으며, 대중 개념은 이러한 차이들을 체현한 집단들을 포괄하려고 한다.

그와 더불어 대중 개념은 맑스의 계급투쟁이란 정치적 기획을 확장해서 제기한다. 필연적으로 존속하는 수많은 특정한 노동유형들, 생활형식들, 지리적 입지 등에 따라 공통적·정치적 기획을 해 나가기 위해 소통과 협동을 촉진해 나갈 것을 제안한다. 적극적으로 규정한다면, 대중은 '자본 아래에서 일하는 모든 사람'이며, 그러므로 잠재적으로는 자본의 지배를 거부하는 사람들이라고 생각할 수 있다. 배제원리에 입각하여 구성된 노동자계급 개념을 사용할 경우, 노동자계급으로부터 다른 노동형식들을 배제하는 것은 예를 들어 남성산업노동과 여성재생산노동, 산업노동과 농업노동, 고용된 노동과 비고용된 노동, 노동자와 가난한 사람(빈민) 사이의 종류의 차이들이 있다는 관념에 근거하고 있다. 그리고 노동자계급은 일차적인 생산적 계급이고 직접적으로 자본 아래에 있다고 생각되며 따라서 자본에 효과적으로 대항해서 활동할 수 있는 유일한 주체라고 생각된다. 그래서 다른 피착취계급들도 자본에 대항해 투쟁할 수 있지만 노동자계급의 지도에 따라서 해야 하는 것으로 상정한다.

이에 반해 대중 개념은 노동형식들 사이에 어떤 정치적인 우선성도 없다는 주장에 근거하고 있다. 즉 오늘날 모든 노동형식은 사회적으로 창조적이며 공통적으로 생산하며 또한 자본의 지배에 저항할 수 있는 공통적인 잠재력을 지니고 있다고 본다. 산업노동이나 노동자계급이 중요하지 않다는 것이 아니다. 오히려 대중 안에서 다른 노동계급들과 관련하여 어떤 정치적 우선권도 지니지 않는다는 것을 의미할 뿐이다. 노동자계급 개념보다 좀 더 폭넓은 프롤레타리아트 개념(산업노동자 외에도 가사노동자나 여타 주변적 노동자들을 포함)에서 더 나아가 대중 개념은 자본의 지배 아래에서 살고 일하는 모든 사람들을 의미하는 것으로 확장된다. 그리고 이러한 개념을 제기하는 것은 이제 노동을 분할하는 데 사용된 종류의 차이들은 더 이상 적용되지 않는다는 것을, 달리 말해서 다양한 종류의 노동이 소통하고 협동하고 공통적인 것이 될 수 있는 조건들이 실존한다(Negri & Hardt, 2004: 101-106)는 것을 주장하고 싶기 때문이다.

3. 빈민

여기서 대중 개념의 중요한 구성요소인 가난한 사람(빈민)에 대해 좀 더 살펴보자. 먼저 네그리는 임금노동에서 배제된 사람들—빈민, 실업자, 비임금자, 홈리스 등—은 사회적 생산에 참여하고 있고 당연히 대중에 속한다고 본다. 거대한 위계 및 복종 메커니즘에도 불구하고 빈민은 끊임없이 생산의 엄청난 힘(역능)을 표현한다. 다양한 서비스노동에 빈민이 참여하는 것, 농업에서 빈민들이 더욱 중대되는 중심적 역할을 수행하는 것, 거대한 이주 등에서 볼 수 있는 빈민들의 이동성 등은 빈민이 사회적·생체정치적 생산의 순환 속에 있다는 것을 보여준다. 빈민은 전통적으로 노동하는 모든 계급과 함께 사회적 생산과정에 점점 더 포함되고 있다.

전통적인 공산주의자들이나 사회주의자들은 빈민이 자본주의적 생산에서 배제되어 있기 때문에 정치조직의 어떤 중요한 역할에서도 배제되어야 한다고 생각했다. 그러므로 일차적으로 당은 전통적으로 헤게모니적인 생산형식에 고용되어 있는 산업노동자계급 속의 전위노동자들로 이루어진다. 빈민은 정치조직의 성원이 될 수 없었고, 실업자 빈민은 더욱 더 될 수 없었다. 더욱이 빈민은 위험하다고 인식되었다. 비생산적인 사회적 기생충—도둑, 매춘부, 마약중독자 등—이기 때문에 도덕적으로 위험하거나 비조직화되어 있으며 예측 불가능하고 경향적으로 반동적이기 때문에 정치적으로 위험하다고 인식되었다. '룸펜프롤레타리아트'라는 용어는 종종 빈민 전체를 악마화하는 데 기능하였다. 게다가 빈민은 산업화 이전의 사회형식들의 잔여로, 일종의 역사적으로 거부된 형태라고 생각하곤 했다.

물론 이러한 흐름은 정당적 맑스주의의 편향이기도 했다. 대중파업을 강조하면서 룸펜프롤레타리아트의 자생성과 봉기적 성격을 강조한 로자 룩셈부르크가 있었고(룩셈부르크, 1995), 레닌조차도 정세에 따라서 소비에트('모든 권력을 소비에트로')와 농민들의 자생적 조직화를 강조하기도 하였다. 주류 공산주의적 흐름(정당적 맑스주의)에 눌려 버렸지만 다양한 코뮌들을 확산시킬 것을 강조하는 평의회 맑스주의 흐름도 있었다(윤소영, 2004). 당연히 대중 논의와 관련하여 이러한 흐름을 강조하고 복원할 필요가 있을 것이다.

맑스주의자들은 경제적인 측면에서 빈민을 '산업예비군'이라고 분석하기도 하였다. 일시적으로 실업상태이지만 언제든 생산에 투여될 수 있는 잠재적 산업노동자의 저장고로서 말이다. 산업예비군은 항상 현존 노동자계급을 위협하는 존재라고 생각하였다. 무엇보다도 산업예비군의 비참함은 노동자들에게 생길 수 있는 것을 보여주는 끔찍한 실례이며, 산업예비군이 나타내는 노동의 과잉공급은 노동비용을 낮추고 고용주에 대항하는 노동자들의 힘을 훼손한다고 보았다. 예를 들면 잠재적으로 파업파괴자로 기능한다고 분석하기도 하였다. 이러한 이론이 전 지구화 상황에서 다시 나타나기도 한다. 기업들은 일종의 노동'덤핑'을 통해 노동의 비용을 낮추기 위해서 직무들을 이동시키고, 상이한 나라들에 있는 노동 및 노동조건의 거대한 차이들을 이용한다. 지배국들의 노동자들은 끊임없이 그들의 작업장이 폐쇄되고 그들의 직무가 수출될 것이라는 압력 아래 살고 있다. 그러므로 가난한 선 지구적 남부는 전 지구적 북부에뿐만 아니라 전 지구적 남부의 다른 부분들에 있는 노동자들에 대항하여 전 지구적 자본이 지키는 산업예비군의 입지로 나타난다. 예를 들어 사업체들을 중국으로 옮기겠다는 위협이 남북 아메리카의 노동자들에게 사용되고 있다. 전통적으로 많은 공산주의적·사회주의적 정치기획들이 각 나라 안에 있는 산업예비군의 파괴적 압력으로부터 노동자계급을 구하려 노력했듯이, 오늘날 지배적인 나라들의 많은 노조들은 종속국들의 가난한 노동자들의 압박으로부터 자국 노동자들을 구하려는 책략들을 채택하고 있다. 자본가들의 노동자계급에 대한 분할 및 배제전략에 동조하는 꼴이 되어 버렸다.

그러나 빈민이나 선 지구적 남부를 산업예비군으로 생각하는 것은 잘못이다. 고용자와 실업자 사이의 사회적 구분이 더욱 더 흐려지고 있으며, 오히려 모든 노동자가 고용과 실업 사이를 불안하게 오가는 거대한 회색지대가 있을 뿐이다. 또한 어떤 노동력도 사회적 생산 과정을 벗어나 있지 않다는 의미에서 '예비'는 없다. 빈민은 자본에게 직접적으로 고용되거나 연계되지 않음에도 불구하고 다양한 영역에서 색다른 활동들에 개입하며 자본은 바로 이러한 부분을 이윤화하는데 열을 올리게 된다.

특히 이주자는 바로 빈민의 특정한 범주로서 이러한 부와 창조성을 보여준다. 이주자들이 지닌 부유함은 어떤 새로운 것에 대해 욕망하고, 사태를 있는 그대로 받아들이기를 거부하는 것이다. 대개의 이주자들이 폭력, 기아, 결핍이란 부정적 조건들을 피하기 위한 요구에 의해서 추동되지만, 또한 부, 평화, 자유를 향한 열망을 지니고 있다.

20세기를 통하여 빈민들의 운동은 고립분산성을 극복해 왔다. 오늘날 빈민들의 투쟁은 더욱 일반적이고 생체정치적인 성격을 띨 뿐만 아니라 전 지구적 수준에서 제기되는 경향이 있다. 전 지구적 남부에서의 투쟁, 제1세계 속의 제3세계화라는 현상 속에서 서구에서의 실업자, 이민노동자의 투쟁이 전개되어 왔다. 이들은 "우리는 모두 빈민이다!"라는 구호 아래, 빈곤의 공통적 조건에 대해 저항하면서 '보장된 소득'을 요구해 왔다(Negri & Hardt, 2004: 129-136). 빈민은 어떤 점에서는 영원한 탈근대적 형상, 즉 횡단적이고, 어디에나 현존하고, 다르고, 이동적인 주체의 형상이다(네그리 · 하트, 2001: 216-218).

4. 대중의 등장

네그리에 따르면 대중은 제국[6] 안에서 성장하는 살아 있는 대안이

---

6) 네그리는 마이클 하트와 함께 현 세계의 지배구도를 '제국'이라는 틀로 분석한다. 국민국가들이 주요 단위였던 제국주의 시대와는 달리 현대 세계자본주의 질서는 국민국가들을 넘나들고 그 위에 군림하는 전 지구적 주권의 모습을 띠어가고 있다고 한다.

다. 전 지구화(세계화)는 두 얼굴을 지니고 있는데, 하나의 얼굴로서 제국은 통제 및 항상적 갈등의 새로운 기제들을 통해 질서를 유지하는 위계들 및 분할들의 네트워크를 전 지구적으로 확산시킨다. 다른 얼굴로서 전 지구화는 협동과 협력의 새로운 순환들을 창조하기도 한다. 이 다른 얼굴이 대중이다. 즉 제국에 대항하는 새로운 주체로서 대중이다.

맑스주의자들은 한 국가 안의 노동자계급의 동질화 경향과 그에 따른 노동자계급의 통일을 통해 노동자계급을 조직화하고 더욱이 당을 매개로 국가권력을 장악한다는 새로운 사회건설에 대한 기획을 지녔고 이를 실험하기도 하였다(현실 사회주의). 그러나 지배국들에서도 68혁명 이후 노동자계급 내부의 분화와 더불어 계급구성이 단순화되기보다는 더욱 복잡해져 왔다. 게다가 새로운 사회운동과 욕망투쟁들이 확산되어 왔다. 그래도 여전히 맑스주의자들은 노동자계급을 주체로서 내세우며 국가권력 장악을 목표로 하고 있다. 국제적 노동자계급의 단결(만국의 노동자여 단결하라!)을 강조함에도 불구하고 일국사회주의의 경향이 잔존하고 있다. 따라서 전 지구화 상황에서도 제국이라는 상을 지니지 못하며 새로운 주체에 대한 상을 그려 나가지 못하고 있다.

한국의 경우에는 프티부르주아지의 분해 추세 속에서 노동자계급의 성장(양적 팽창)을 확인하는 계급구성에 대한 논의가 있었고(서관모, 1984; 1985), 1980년대 운동은 바로 이러한 계급구성론에 입각하여 노동자계급의 단결을 통한 새로운 사회의 건설이란 구상 속에서 진행되었다. 그러나 1987년 노동자·농민 대투쟁을 계기로, 특히 1997년 IMF 위기 속에서 한국의 계급구성은 완전히 다른 방향으로 전개되어 왔다. 노동자계급 내부의 분화는 정규직과 비정규직이라는 형상으로 두드러졌고, 여성들의 사회진출, 외국인노동자들의 진입, 실업자의 양산, 그리고 다양한 차이들에 입각한 노동자 각 범주 내부의 분화가 급속히 진행되었다. 이러한 상황 속에서 한국에서도 더 이상 노동자계급의 이해에 입각한 노동자통일, 그리고 당으로의 집중화를 통한 권력 장악이란 발상은 낡은 것이 되고 말았다. 이제 생산적 노동자를 강조하고 그 선각자인 전위노동자(전위당)를 강조하는 전통적인 좌파의 틀에서, 즉 노동자계급이란 주체의 틀 속에서는 파악할 수 없는 다양한 욕망을 지닌 대중의 등장을 보고 있다.

5. 대중의 욕망

1) 비물질적 노동과 대중

네그리는 푸코의 생체권력 개념과 들뢰즈의 통제[관리]사회 개념을 끌어들여 탈근대 시대의 생산 및 정치의 변화를 설명한다. 이와 함께 주체성의 변화로서 대중의 형상을 노동의 변화에서 찾으려고 하며 그 형상은 산업노동의 헤게모니에서 비물질적 노동의 헤게모니로 바뀌어 간다고 강조한다(Negri & Hardt, 2004: 108-115).

20세기의 마지막 수십 년 동안에 산업노동은 헤게모니적인 위치를 잃고 대신 비물질적 노동이 등장하였다. 자동기계화와 정보화로 요약되는 산업생산의 변화 속에서 비물질적 노동은 지식, 정보, 소통, 관계, 혹은 감정적 반응과 같은 비물질적 생산물을 창조하는 노동이다. 비물질적 노동은 두 가지 주요 형식으로 나누어 생각할 수 있다. 첫 번째, 문제해결, 상징적·분석적 과업, 언어적 표현과 같이 일차적으로 지적이거나 언어적인 노동이다. 이러한 종류의 비물질적 노동은 아이디어들, 상징들, 코드들, 텍스트들, 언어적 형상들, 이미지들 등등 다양한 것들을 생산한다. 두 번째 형식은 '정서적 노동'으로 편함, 행복, 만족, 흥분 혹은 정념의 느낌과 같은 정서들을 생산하거나 조종하는 노동이다. 물론 현실에서는 이러한 형식들이 섞이고 겹친 모습으로 나타난다. 그리고 이러한 노동형식들은 산업적 생산에서도 주요한 것들로 등장한다.

비물질적 노동이 지배적이게 되면서 대중의 사회적 구성과 기술적 구성이 변해간다. 현실에서 비물질적 노동자는 전 지구적으로는 소수이지만, 비물질적 생산의 질과 성격은 다른 노동 형태와 전체 사회를 바꾸는 경향이 있다. 더욱이 비물질적 노동은 엄밀히 경제적인 영역이라는 제한된 영역에서 벗어나 사회 전체의 일반적인 생산 및 재생산에 개입하는데, 이처럼 사회 생활양식들을 창조하는 경향이 있다는 점에서 생체정치적[7])이다. 여기에 포함된 생산은 주체성의 생산, 즉 사회에서 새로운 주체성들의 창조 및 재생산이다. 또한 비물질적 노동은 소통, 협력, 정서적 관계에 기반한 사회적 네트워크 형식을 띠는 경향이 있다. 이러한 특징들은 대중이 노동의 측면에서 공통성을 만들어 나간다는 것을 의미한다(Negri & Hardt, 2004: 66-67).

따라서 대중은 노동자계급을 포괄하는 개념이다. 대중 개념은 오히려 좁은 의미의 노동자계급(산업노동자계급)을 룸펜이나 실업자까지 포함한 '프롤레타리아트' 개념으로 확장한 후 더 다양한 주변층들을 포괄하는 개념으로서 제시된다.

7) 푸코가 사용한 개념으로 대중의 일상적 삶 자체에 접촉하여 그 삶의 방식을 움직여 나가는 것을 일컫는다. 보통 정치라 하면 대표를 만들어 가는 과정과 권력을 집중화하는 과정을 말하는데, 생체정치는 일상적인 삶의 변형 자체에 관심을 갖는다.

2) 욕망의 분출과 주체성 생산

노동 형상의 다양화라는 노동 범주로서 대중의 등장을 설명하는 경우 대중을 '노동자'의 형상으로 환원할 위험이 있다. 따라서 대중이 지니는 비노동의 영역을 소홀히 할 위험도 있다. 대중은 자본주의 생산 안에서는 만족할 수 없는 방식으로 자신들의 요구들, 열정들, 능력들, 욕망들을 증식시키고 확장하려고 한다(뽀르뚜나띠, 1997: 19). 이미 서구에서 68혁명 이후 새롭게 등장한 욕망과 관련한 요구들과 주체성 생산을 둘러싼 요구들은 기존의 이해관계에 입각한 계급투쟁과는 다른 색다른 투쟁들을 제시하고 실천해 왔다. 다시 말해서 특이성을 내세우는 대중의 욕망 분출을 보게 되었다. 한국의 경우도 1987년 노동자 · 농민 대투쟁 이후, 특히 IMF 위기 이후 새롭게 등장한 소수자운동은 이러한 흐름을 잘 보여준다고 생각한다(윤수종 외, 2005).

제국을 비롯한 자본세력(국가권력)들은 바로 대중의 욕망 분출과 주체성 생산을 둘러싼 요구에 대해 초코드화하는 방식을 취해 왔다. 일정한 틀에 가두거나 대중매체를 이용하여 특정한 흐름으로 관리해 나가거나 그래도 저항하면 절멸시키는 방식(미국에서 블랙팬더당을 절멸시킨 예를 볼 수 있다)으로 말이다.

이제 자본(제국)은 노동자들을 직접 통제할 뿐만 아니라 자신의 포획장치에 걸려드는 주체성들을 생산하는 방식으로 작용한다(가타리, 2000: 230-252). 그리고 주체성 생산영역 자체가 자본의 이윤 획득의 주요한 대상이 되었다. 주체성 생산영역에서 생산의 특징은 내부적으로는 직접 통제가 불가능하여 외부적으로, 예를 들면 국가권력(그 무서운 핵국가!)이나 도덕을 통해 또는 이윤획득 논리나 자수성가 논리로써 통제한다.

물론 이러한 자본주의적 주체성 생산에 대항하는 대중의 다양한 주체성생산투쟁이 나타난다.

3절. 사회운동의 방향

특이성을 지닌 대중은 비물질적 노동의 헤게모니 아래에서 특이화 과정을 통해 자신의 욕망을 분출하면서 동시에 점차 공통성을 만들어 나간다. 그러면 이러한 대중은 어떻게 공통적으로 (함께) 행동하는가? 대중은 어떻게 현재의 제국 권력 형식들에 항의하고 어떻게 대안을 제시해 나가는가? 투쟁형식의 변화를 정리해 보면서(Negri & Hardt, 2004: 70-85) 사회운동의 방향에 대해 생각해 보자.

1. 집중제의 단말마

식민권력에 대항한 모든 근현대 혁명투쟁은 무장대, 빨치산, 게릴라, 반도(叛徒)들을 인민의 군대로 형성해 나갔다. 좌파에게 시민전쟁이라는 혁명적 개념의 일차적 특성은 게릴라 무리에서 집중화된 군대 구조로의 이행을 포함한다. 게릴라 무리에서 인민군대로의 이행은 농민적 경험에서 산업노동자의 경험으로의 이행과 일치한다. 분산된 게릴라조직의 통일된 인민군대로의 변형은 두 가지 얼굴을 지닌다. 하나의 얼굴은 근대화라는 일반노선과 일치한다. 게릴라전쟁과 해방전쟁은 근대화의 구조적 동력으로 역할하였다. 그럼에도 다른 얼굴은 다양한 지역적 게릴라조직들과 반란적 주민 전체의 자율성이 극적으로 상실되는 것을 나타낸다. 어쨌든 근대 계급전쟁과 해방전쟁은 민주주의에 대한 열망을 지닌 비상한 주체성 생산을 가져왔다.

1960년대에 게릴라조직의 재등장은 인민군대의 집중화된 모델에 대한 거부의 표현이라고 할 수 있다. 인민군대와는 달리 당시 게릴라 구조는 탈중심화와 상대적 자율성의 모델을 제공했다. 쿠바모델의 새로움은 게릴라의 전투적 경험의 일차성(우선성)을 긍정하고 게릴라세력을 하나의 정당에 종속시키는 것을 거부하는 것이었다. 그러나 게릴라 포코(foco)[8]는 배아 형태의 전위당이었다. 결국은 단일한 권위, 단일한 개인의 지배 아래 들어가게 되었다. 중국의 문화혁명도 외부 세계에는 반권위주의와 급진적 민주주의의 이미지였으나, '모든 형태의 권위를 공격하라'는 마오의 요구는 오히려 그의 중심적 지위와 통제를 강화하는 것으로 귀결되었다. 이들 게릴라모델은 혁명조직이 더욱 민주적이고 독립적인 형태를 갖추어야 한다는 지속적인 열망을 나타내는 과도적 형식이라고 할 수 있다.

2. 네트워크투쟁(아우토노미아)의 발명

근대 혁명들과 저항운동의 계보를 돌아보면 인민 관념은 인민군대와 게릴라모델들에서 조직의 권위를 확립하고 폭력의 사용을 정당화하는 근본 역할을 수행해 왔다. 인민은 지배적인 국가권위를 대체하고 권력을 장악하려는 주권의 형식이었다.

1968년 이후 이러한 관념에 변화가 일어났다. 게릴라전쟁의 본성이 농촌에서 도시로, 열린 공간에서 폐쇄된 공간으로 전환되기 시작하였다. 1960년대 말, 1970년대로 들어서면서 게릴라투쟁은 거대 도

8) 게릴라 부대 무력의 거점 단위. 전통적인 좌파운동에서 조직상의 세포(cell)에 해당하는 것이다.

시적인 형상이 되었다(중국, 쿠바모델에서는 농촌이 우선시되었다). 물론 이탈리아의 무장조직인 '붉은 여단'처럼 집중화된 군사적 모델로 후퇴하는 것도 있었지만 탈중심화되고 다중심적인 도시운동들이 나타났다. 지배권력을 공격하기보다는 도시 자체를 변형시켜 나갔다. 1970년대 이탈리아의 자율(아우토노미아)운동이 두드러진 사례라고 할 수 있겠다(윤수종, 1996: 63-94).

전반적으로 투쟁의 공간이 도시공간들로 분명히 전환하는 것이 눈에 띄었다. 이 시기에 정보 · 소통 · 협동의 네트워크들이 새로운 게릴라운동을 정의하기 시작했다. 게릴라세력들은 쿠바모델에서 하나의 군대로 변형되어 갔다. 반대로 네트워크조직은 소통의 네트워크와 요소들의 다원성에 기반하고 있어, 집중화되고 통일된 명령구조를 지닐 수 없다. 게릴라모델의 다중심적 형식이 네트워크 형식으로 진전한 것이다. 네트워크 형식에는 중심이 없고 서로 소통하는 노드들의 환원할 수 없는 다원성이 있을 뿐이다.

이러한 대중의 네트워크투쟁의 한 가지 두드러진 특징은 투쟁이 생체정치적 영토에서 일어난다는 점이다. 즉 대중의 네트워크투쟁은 새로운 주체성과 새로운 생활형식을 직접 생산한다. 근대의 군대는 포드주의적 공장의 훈련[훈육]된 노동자처럼 명령을 따르는 훈련된 병사를 생산했다. 근대 게릴라 세력들에서 훈련된 주체의 생산과 매우 유사했다. 그러나 포스트 포드주의적 생산처럼 네트워크투쟁은 동일한 방식과 훈련에 의거하지 않는다. 창조성, 소통, 자기조직화된 협동이 일차적인 가치들이다. 이러한 새로운 종류의 힘은 적에 저항하고 공격하지만, 점차 그 저항과 공격의 조짐은 내부를 향한다. 즉 조직 자체 안에 새로운 주체성들과 색다른 생활형식들을 생산하는 데로 향한다.

20세기의 마지막 수십 년 동안 수많은 시민전쟁의 예들 가운데 거의 대다수가 여전히 낡은 모델들, 낡은 근대적 게릴라모델이나 전통적인 집중화된 군사(군대)구조에 따라 조직되었다. 이들 운동 가운데 다수가 패배했을 때에야 비로소 운동의 방향은 네트워크 형식으로 변형되기 시작하였다.

전통적인 게릴라조직모델에서 네트워크 형식으로의 변화를 보여주는 운동으로는 팔레스타인인의 인티파다(Intifada)(돌들의 혁명)가 있다.(마샬, 2001)[9] 남아프리카에서의 반인종차별(anti-Apartheid)투쟁도 마찬가지로 이러한 변화를 보여주는데, 여기서는 두 가지 기본적인 조직형식(게릴라조직 형식과 네트워크 형식)이 훨씬 오랫동안 공존하였다. 사파티스타민족해방전선(EZLN)(클리버, 1998)[10]은 네트워크 형식으로의 변화를 가장 분명하게 보여주는 사례이다. 인티파다와 사파티스타는 명령 중심이 없고 모든 참여요소(분자)들의 최대의 자율성을 지닌 분산된 네트워크 구조로 향한다. 그들의 중심은 오히려 지배에 대한 그들의 저항, 빈곤에 대항한 그들의 저항 그 자체이다. 즉 생체정치적 공통성들을 민주적으로 조직하기 위한 그들의 투쟁이며, 중심을 만들지 않고 색다른 생활형식들을 만들어 낸다. 그에 반해 알카에다나 콜롬비아마약조직들은 네트워크 형식을 취하지만 상당히 집중화된 조직들이다.(아퀼라와 론펠트, 2005)[11] 즉 네트워크 형식을 지닌다고 해도 밀수조직에서 주로 발견되는 사슬 네트워크 형식이나 카르텔에서 주로 발견되는 허브(스타) 네트워크가 아니라, 모든 구성원이 다른 모든

---

9) 필 마샬(Phil Marshall), 이정구 옮김, 2001, 『인티파다』, 책갈피.
10) 해리 클리버(Harry Cleaver), 이원영 · 서창현 옮김, 1998, 『사빠띠스따』, 갈무리.
11) 아퀼라와 론펠트(John Arquilla and David Ronfeldt), 한세희 옮김, 2005, 『네트워크 전쟁』, 한울.

구성원과 서로 연결되어 있고 소통할 수 있는 전 채널(full-matrix) 네트워크 형식이 민주적 내용을 담보해 낼 수 있는 것이다.

네트워크운동의 최고 발전된 모습은 대안세계화운동(반세계화운동)에서 나타난다(Negri & Hardt, 2004: 215-218). 대안세계화운동의 가장 두드러진 특징은 서로 다르고 심지어 적대적인 이해를 지닌 집단들이 함께 행동하게 된다는 것이다. 환경주의자들이 노조주의자들과, 아나키스트들이 교회집단들과, 게이와 레즈비언들이 감옥-산업복합체에 항거하는 사람들과 함께 행동한다. 각 집단들은 어떤 단일한 권위 아래 통합되지 않고 오히려 서로 네트워크 구조 속에서 관계한다. 사회포럼들, 친밀집단, 색다른 민주적 의사결정형식들이 운동의 토대이며, 그들이 공통으로 갖고 있는 것에 근거해서 함께 행동하게 된다. 각자의 자율성과 차이의 충분한 표현은 여기서 모두를 강력하게 집합시키는 것으로 작동한다.

네그리는 이러한 대중운동의 성격을 특징짓는 것으로 무리(떼)지성(swarm intelligence)모델을 제기하고 있다. 벌떼나 개미떼의 세계에서 무리들의 움직임처럼, 이 모델에서는 수많은 독립된 세력(힘)들이 특수한 지점에서, 모든 방향에서 공격하고 그리고 나서 배경(환경) 속으로 사라져 간다. 네트워크공격은 마치 무리/떼의 움직임과 같다(Negri & Hardt, 2004: 91)고 한다. 이러한 조직모델에 입각해서 움직였다고 할 수 있는 것을 대인지뢰금지운동이나 1994년 러시아에 대한 체첸의 분리독립(자치)운동에서 볼 수 있다.

3. 욕망투쟁과 주체성생산투쟁

20세기 마지막 수십 년 동안, 특히 미국에서 '정체성 정치'라는 이름 아래 분류되는 수많은 운동들이 등장하였다. 이러한 투쟁들과 관련해서 가타리는 기존의 이해투쟁에 입각한 계급투쟁과는 달리 욕망에 입각한 분자적 투쟁(분자혁명)으로 이해하려고 하였다(가타리, 1998). 페미니스트투쟁, 게이와 레즈비언투쟁, 인종에 기반한 투쟁들, 더욱이 주체성 생산을 둘러싸고 일어나는 다양한 투쟁들을 생각할 수 있다.

욕망투쟁은 기존의 이해대립에 입각하여 분명한 선을 긋고 적대적 전선을 만들어서 싸우는 운동과는 달리, 다양한 차이들이 차별화되는 메커니즘에 대항하여 자신들의 정체성을 강조하면서 새로운 자유의 공간들을 만들어 가려는 양상으로 나타난다. 그렇기 때문에 당연히 정체성을 확인하면서 다르게 되기를 시도하고 그 과정에서 자본주의적 주체성과는 다른 특이한 주체성을 생산해 나가게 된다.

그래서 가시적으로 드러난 각종 다양한 욕망투쟁(페미니스트투쟁, LGBT[12]운동, 인종투쟁, 종교투쟁, 생태투쟁 등등)의 배후에는 주체성 생산을 둘러싼 투쟁이 널리 이루어지고 있다.

주체성 생산을 둘러싼 긴장은, 공장(이나 회사)에서처럼 자본과 노동의 직접적 대결로서가 아니라 많은 경우에 그 주체들이 형성되는 공간인 각 설비(équipement, 제도) 안에서 위계제 내부의 갈등으로 나타나며, 그 갈등이 심각해지면 각 설비 안에 있는 다양한 주체들이 그 설비의 장(대표)이나 국가와 충돌하는 양상을 띤다(윤수종, 2000: 62-64).

이러한 주체성 생산 영역에서의 투쟁들에서 나타나는 특징은 개인의 특이성이 강조되고 개인적 활동이 곧바로 매개 없이 집단적 활동으로 전화할 수 있다는 점이다. 특히 새로운 소통수단(컴퓨터 네트워크)을 매개로 쉽게 결집되어 저항운동의 형태로 드러난다. 그러나 권력

12) 레즈비언, 게이, 바이섹슈얼, 트랜스젠더의 약자.

에 압력을 가하는 성격에 머무는 것이 아니라 전혀 다른 주체성을 만들어 낼 수 있는 (특이화, 되기) 가능성을 얼마나 가지고 있느냐 하는 것이 중요하다(윤수종, 1998: 152-163).

우리나라에서 최근 주목받고 있는 다양한 소수자운동도 바로 이와 맥을 같이 한다고 할 수 있겠다. 더 나아가 자율운동이나 대안운동들, 보이지 않는 운동(생태투쟁)들로 포함해야 할 것이다(윤수종, 2004b: 32-55).

당, 인민의 군대, 현대 게릴라세력 모두 네트워크투쟁의 관점에서는 파산한 것처럼 보인다. 이러한 조직들은 통일성을 강요하고 소수자들의 차이(특이성)들을 부정하고 그 차이들을 다른 사람(다수자)들의 이해에 종속시키려는 경향을 지니기 때문이다. 자율성을 유지하고 차이를 긍정하는 민주적인 정치적 결집형식이 없으면 소수자들은 분리를 주장한다. 민주적 조직과 독립에 대한 이러한 강조는 또한 운동들의 내부 구조들에서 생겨난다.

대중의 등장과 사회운동의 변화를 염두에 둘 때 훨씬 더 자율적이고 네트워크화된 조직이 필요하게 되었다. 그리고 사회운동의 흐름 속에서 대중의 욕망이 분출되어 나왔다. 이러한 변화에 비추어 볼 때, 역사적 맑스주의에서 실험되었던 것 이상의 다양한 평의회들, 코뮌들이 실험되어야 할 것이다(Shepard & Hayduk ed., 2002). 또한 노동운동은 비물질적 노동의 성격을 지니게 되는 다양한 노동형식들을 포괄할 수 있는 방향으로 나아가야 할 것이다. 그런 과정에서 다른 부문 운동들뿐만 아니라 다양한 욕망투쟁들, 소수자운동들과 접속될 수 있을 것이다. 그리고 각 실험들의 특이성과 자율성이 보장되면서 횡단성이 추구되어야 할 것이며, 각 실험들은 욕망의 흐름을 탐색해 나가야 할 것이다. 그러한 욕망투쟁들의 축적 위에서라야만 거대한 변화를 가져올 수 있을 것이기 때문이다. 이제는 계급 대 계급의 단일한 대결 속에서 권력을 장악하는 방식이 아니라, 영원한 개량을 향해 나아가는 다차원적이고 연속적이며 우라늄을 농축하듯 하는 영구혁명이 있을 뿐이다.

제 I 부 자율운동

제1장

이탈리아의 68혁명과 점거운동

1절. 이탈리아의 68혁명
2절. 다양한 점거운동
3절. 사회센터운동
4절. 여성센터운동

제1장 이탈리아의 68혁명과 점거운동

자율운동은 이탈리아에서 68혁명 이후 다양한 영역에서 이루어져 왔다.[1] 이탈리아에서는 1970년대에 기존의 노조와 좌파정당뿐만 아니라 새로이 결성된 조직들의 운동이 있었다. 특히 68혁명의 열기를 이어간 자율(아우도노미아)운동은 노조운동을 축으로 한 공장 중심의 운동을 사회로 확장시켜 나갔다. 따라서 사회의 구석구석에서 모든 것을 바꾸어 나가게 된다(윤수종, 1996).

여기서는 이탈리아 자율(아우토노미아)운동 가운데에서도 점거운동[2]에 초점을 맞추어 서술해 보고자 한다. 68혁명 과정에서 가장 두드러진 특징은 바로 기존의 대표제 모델을 거부하고 대중의 민주주의를 직접 실험해 나가는 것이었다. 그러기 위해서 일정한 공간을 점거하고 그 위에서 모두가 모여 논의하고 결정하고 살아가는 실험을 하였다. 이러한 실험을 이어간 것이 바로 점거운동이라고 할 수 있다.

---

1) 물론 그 이전에도 자율적 반란의 역사를 찾아볼 수 있다(프레미옹, 2003).
2) 전 세계적으로 다양한 점거운동(squatting)이 일어나고 있다(Corr, 1999).

1절. 이탈리아의 68혁명

1970년대에는 68혁명의 문제제기가 쉽게 가라앉지 않고 계속된 이탈리아에서 자율(아우토노미아, Autonomia)운동이 가장 활발하였다. 물론 미국에서도 블랙팬더당운동과 다양한 소수자운동이 등장하였고, 프랑스에서도 여성운동, 자주관리운동, 생태운동 등이 등장하였다. 다른 나라들에서도 68혁명의 여파로 당시까지는 나타나지 않았던 다양한 운동들이 분출되기 시작하였다. 그렇지만 이탈리아의 68혁명은 노동자와 학생의 융합이라는 특징을 띠면서 다른 나라들에서와는 달리 1970년대에 들어 자율운동으로 폭발하였다.[3)]

1950－1960년대 이탈리아 자본주의는 그 생산력을 급속히 증대해 갔고 이와 함께 남부의 노동자들이 북부지역으로 대거 옮겨 왔다. 기존의 노조는 이러한 노동자계급 구성의 변화를 반영하지 못하였고, 그런 와중에 노동자들의 불만이 폭발하였다. 이런 배경 속에서 자율적 노조운동이 남부에서 온 이주 노동자들의 주도 아래 기존 노조에 대립하면서 전개되었다.

공식노조와는 독립적으로 파업을 주도했던 집단들은 직접적인 정치적 행동 형태를 계급투쟁에 도입하고자 하였고, 그 형태로 '노동거부, 사보타주행위, 와일드캣 스트라이크, (황색)노조가 선언한 파업에의 참여거부' 등을 제시하였다(Tronti, 1979: 7-21). 68혁명 이전에 전개된 노동자계급의 독자성, 자주성을 강조하는 이러한 흐름을 흔히 노동자주의(Operaismo, workerism)라고 한다. 이 흐름은 기본적으로 공

---

3) 프랑스에서도 노동운동과 학생운동이 연대하여 전개되었지만 이탈리아처럼 지속되거나 자율운동으로 발전해 나가지는 못하였다.

장 안의 투쟁에 초점을 맞추고 공장 안의 명령[지배](command)체계를 깨트리는 데 주안점을 두고 있었다. 기존의 노조조직이 공장 안의 명령체계를 유지하려고 했기 때문에 노동자주의 흐름은 비노조화된 운동의 형태를 띠는 경향이 있었다. 그러면서 자본의 관점에 대항해서 '노동자의 관점'을 강조하였다. 이러한 노동자주의 흐름이 있었기에 68혁명 이후 노동운동과 학생운동이 결합해 나갔다고 생각된다.

1968년에는 프랑스, 독일, 미국 등지에서 신좌파운동이 폭발하였다(카치아피카스, 1999). 이탈리아에서도 학생들이 부적절한 교육시설과 낡은 지식수준, 대학의 권위 등에 대한 저항을 시작하였다. 학생운동은 이미 1967년 초 토리노대학에서 대학을 '점거'하는 방식으로 전개되었고, 1968년 봄에는 로마대학으로 확산되었다. 그 후 학생운동은 급속히 전국 대학으로 확산되었으며, 갈등은 대학 당국과의 대결뿐만 아니라 국가와의 대결로 확대되었다(Lumley, 1990: 47-139).

이러한 학생운동이 기폭제가 되어 1968－1969년에 북부 이탈리아의 공장노동자들의 대중적 저항이 시작되었다. 노동자들의 요구는 임금보다는 생산과정에 대한 통제에 초점을 맞추었으며, 자생성에 의해 특징지어졌다. 노조지도부를 위협하였으며, 일일스트라이크조직을 노조공식기구에 파견하는 것을 거부하고 학생모임 같은 총회(assembly)를 설치하였다.

정점에 달했던 1969년의 투쟁은 노동자들이 생산속도를 높이라는 경영진의 요구를 거부하면서 시작되었다. 노조는 도시에서의 고율 임치료(rent)에 대항한 파업을 지시하기도 하였지만 기본적으로 노동자들의 에너지를 공장에 한정하려 하였다. 그러나 노동자들의 저항은 대중적 가두투쟁로 발전하였고, 토리노와 밀라노 등에서는 총파업이 단행되었다. 10월에는 도시투쟁이 전국적인 현상으로 되었으며, 1969년 말 연금체계 개혁을 강요하는 총파업이 단행되기까지 하였다. 이 '뜨거운 가을'에 이루어진 노동자투쟁의 내용은 공장체계의 철저한 변화를 지향하고 있었다(Lotta Continua, 1971: 25-31).

이 기간에 이탈리아 노동운동의 주요 성과 가운데 하나는 새로운 작업장 대표 형태인 공동기층위원회(Comitato Unitario di Base)의 발전이었다. 운동 초기에는 모든 노동자에게 파업집회가 개방되었고, 투위조직들만 존재하였다. '우리는 모두 대표다'라는 슬로건 아래 대표(delegates)를 거부하는 방식을 취했고, 노조원과 비노조원이 모두 참여하고 노동자들의 직접적 통제를 받는 조직화로 나아갔다(Sorfi, 1973: 33-45). 그리고 이것은 공장평의회운동으로까지 발전해 나갔다(프레이저, 1999: 357).

이러한 저항의 결과 1969년과 1970년 초에 노동자들의 요구가 대폭 수용된 계약들이 체결되었고, 공장 안에서 권력 균형에 거대한 변화가 나타났다. 그런데 1969년에서 1970년에 걸친 협상들에서 경영진은 노조를 대표로 인정하는 방식으로 진행하였고, 노조들이 공동기층위원회를 대체해 나갔다. 1968년에 대학과 공장들에서 시작된 투쟁의 흐름 속에서 그리고 1969년의 '뜨거운 가을'에 노동자운동이 활성화되는 가운데, 정통 좌익과 자율적 노동자운동 사이에 분열이 생겨났다. 또한 이 시기에 만들어진 공동기층위원회, 학생자율총회 등에 기초하여 몇 가지 전국적인 운동조직이 생겨났다(Radical America, 1971: 3-9; 하먼, 2004: 273-289; Hellman, 1976: 257-265; Spini, 1972: 68-71).

특히 이 시기에 생겨난 '아우토노미아'집단은 맑스주의의 이탈리아 버전이라고 할 수 있는데, 노동거부와 대표거부, 그리고 보장임금 등을 내걸고 공장들과 시지역들에서 대항권력으로서 노동자의 자율성을 창조하고 건설하자고 주창하였다. 이 집단은 로마, 밀라노, 파도

바, 볼로냐 등지에 강하게 뿌리내리고 있었다. 이 집단은 작업장들, 대학들, 학교들에서 강력한 정치활동을 전개하였고 공산당과 공산당계 노조인 노동총동맹(CGIL)을 포함한 기존제도 전체에 반대하였다. 이러한 활동과 때를 같이하여 로마, 밀라노, 볼로냐에서는 수천 명의 주민들이 빈 곳을 점거하는 운동을 벌여 나갔다(Mudu, 2004: 920-921).

2절. 다양한 점거운동

1970년대 들어 이탈리아의 사회운동은 '공장에서 사회로' 나아갔고 다양한 투쟁 형태 및 운영방식들을 통해 대중의 창조성을 드러냈다(윤수종, 1996). 노동운동 안에서는 자율적 노조의 결성뿐만 아니라 노조가 사회투쟁에 개입하는 양상이 나타났다[4]. 또한 노조페미니즘으로 발전한 여성운동과 자율적 여성운동(여성센터 창출)이 전개되었으며, 청년들의 반문화운동, 자율축소운동, 자유라디오운동 등 다양한 운동이 전개되었다. 그 과정에서 또한 다양한 점거운동이 나타났다.

68혁명에서 노동자들의 자율적 투쟁 이후 노조를 매개로 협상이 이루어졌고[5] 노동시간, 성과급, 직업안정성 및 직무평가 등의 항목들에 대해서는 타결이 이루어지지 않은 상태에 있었다. 이런 상태에서 공산당과 노조는 이러한 쟁점들과 관련해서 작업장에서 공세를 강화하는 대신, 방어적인 직접적 요구에 한정해 나갔다(Magri, 1971: 47). 그

4) 노조운동과 관련하여 특히 '자율노조와 끼드르조합'을 참조(정병기 편저, 2000: 213-220).

5) 노조를 중심으로 한 노동운동사에 대해서는 Barkan(1984)을 참조.

에 비해 노동자기층에 의거한 자율적 노동운동은 노조운동에 한정하지 않고 사회투쟁과 결합해 나갔다.

공장 안에서는 노동자투쟁이 제도화되는 과정에서 노조대표제가 다시 부활하였고, 이에 대한 반발이 기층노동자에게서 나오기도 하였다. 피아트의 미라피오리 공장에서는 노조의 파업투쟁과는 전혀 다른 운동이 등장하게 되었다. 1972년 9월 토리노 총파업 이래 가을 동안 토리노의 피아트 미라피오리 공장의 노동자들은 '내부행진'(cortei interni)[6]에 들어갔다. 1973년에 들어서 노동자들이 연좌에 들어갔을 때 경찰이 진입하였고 경찰과의 충돌과정에서 한 노동자가 죽는 사건이 일어났다. 2월 들어 약 2만여 명의 노동자들이 공장을 점거하였다. 이것은 그 후 '공장점거' 투쟁 형태의 확산을 가져오는 계기가 되었다. '내부행진'과 더불어 '대량결근'(mass absenteeism)을 통해 노동자들은 일을 하지 않고도 상당한 임금을 전유하였다. 그리고 결근투쟁은 다른 투쟁 형태들(파업, 피케팅, 공장점거, 대중시위)과 결합되어 나갔다. 3월 말에 공장은 다시 점거되었다. 노조는 투쟁을 제어하려고 하였으나, 노동자들은 점거한 공장 안에 영구적인 '정치집회'를 만들었다. 노동자들은 파업참여자들에게만 임금을 지불하고 십장과 파업파괴자들에 대한 인민재판을 실시하였다. 곧이어 토리노 지역에 있는 대부분의 공장이 노동자들의 손에 들어갔다(Potere Operaio, 1973: 27-31). 이러한 점거투쟁은 노조와 자본가에 의해 작동된 억압적 조건에 반대하는 힘의 직접적 행사라고 할 수 있겠다(Negri, 1979: 61-65).

피아트 미라피오리 공장점거운동은 그 후 엄청난 반향을 불러일으켰다. 파업이 공장의 생산과정을 정지시키고 계약 타결을 변경해 가

6) 작업부서마다 다니면서 문과 출입구를 부수며 십장, 파업파괴자, 경호인들을 몰아내는 공장 내부의 군사적 행진을 말한다.

는 것이라면, 공장점거는 공간 전체에 대한 노동자들의 장악과 관리가 이루어질 수 있는 형태였다.

그러나 점거투쟁 형태는 이미 68혁명 과정에서 공장에 한정되지 않고 다양한 부문에서 전개되어 왔다. 1969년의 '뜨거운 가을' 이후 빈 공동주택의 대중적 점거, 광범하고 지속적인 임차료파업 등을 통해 노동자계급을 비롯한 대중은 자신들의 주거조건을 위해 투쟁하였다. 또한 식료품비 인상, 비싼 운송료, 부적합한 학교 및 간호시설, 비싼 의료시설, 감옥환경 등에 대항하는 투쟁을 전개하였다(Dowson, 1973: 12-14). 그렇게 함으로써 대중은 자본가들의 통제에서 벗어난 새로운 생활양식을 자신들의 공동체 안에 만들어 가기 시작하였다. 이러한 투쟁들은 공동체투쟁이라고 할 수 있는데 이것들은 노조적 전통을 넘어서는 것이었다. 68혁명을 통해 공장 안에서의 계약이 노동자들에게 유리하게 전개된 바 있지만, 자본은 점차 인플레 및 각종 국가정책, 투기 등을 통해 노동자계급을 공격해 나갔다. 이에 대응해 노동자계급의 투쟁은 공장에서 사회로 확장되었다. 공장이라는 공간 점거에서 공동체라는 공간을 점거하는 방향으로 확산된 것이다. 물론 이런 공동체투쟁은 노동자들이 직접 주도하기보다는 이웃공동체 수준에서 시작되었으며 노동자들이 합세하는 양상이었다.

이런 공동체투쟁이 활발해 지면서 로마에서는 '이웃공동체 위원회'(Neighborhood Committee)들이 만들어 지기도 하였다. 그러나 이 위원회들은 지역 정치제도들과 긴밀히 협력하면서 활동하였고 점거에 대해서 호의적이었지만, 집합적 정치체를 만들고 잃어버린 만남의 공간을 벌충하려는 데 머물렀다(Mudu, 2004: 921)

1970년대 초반에 전개된 이러한 운동들을 형태별로 나누어 살펴보자(Lotta Continua, 1973: 79-112). 먼저 전국에 걸쳐 수년 동안 수천여 명의 임차인들이 임차료파업을 전개하였다. 나쁜 주거환경에 대한 항의로 그리고 임차료를 내기가 힘들다는 이유로 임차료 미납 사태가 발생하였고, 임대인들은 임차인들을 쫓아내려고 하였다. 이런 상황에서 전개된 임차료파업은 구역별로, 층별로 조직되었고 임차인들은 다양한 회의와 선전물들을 통해 경찰과 임대인들에게 맞섰다. 반퇴각조(anti-eviction squad)가 만들어지고 즉각 달려올 수 있는 거리에 있는 근처 공장노동자들과 연결고리를 만들었다. 이러한 임차료파업의 조직화에서는 집에 있는 여성들의 역할이 필수적이었고 중요했다. 어린이들도 감시반차량의 타이어를 펑크 내는 등 함께하였다. 밀라노의 임차인조합과 같은 독자적인 조직들은 투쟁의 통제권이 임차인들 자신에게 있다는 것을 확신시켜 주었다.

주택점거투쟁은 수백 명이 빈 건물에 들어가 머무는 것이다. 점거 건물들은 대개 국가기관을 포함하여 투기꾼들이 비워 둔 채로 남겨 놓은 아파트였고 공공주택이 주를 이루었다. 어떤 경우에는 그 아파트를 건설한 노동자들이 점거에 참여하기도 하였다. 아파트의 관리 및 투쟁에 대한 결정은 전체회의에 있었으며, 투쟁과정에서 새로운 집합적 생활방식—일일보호센터, 공동취사, 인민건강센터 등—이 개발되었다. 1970년 밀라노에서는 일련의 점거 기간 중에 3만여 명이 시내에서 전투적인 대중시위를 하였다. 이러한 점거투쟁은 흔히 경찰과 충돌사태를 빚었으며, 주변 노동자들과의 연계를 통해 요구를 관철해 나갈 수 있었다. 볼로냐에서는 실업노동자들, 이민노동자들, 학생들이 '무주택자조직위원회'를 구성하여 활동하기도 하였다. 이 위원회는 한 다국적 기업이 건물을 부순 뒤에 그 자리에 일급 호텔을 지으려고 계획한 볼로냐호텔을 점거하고는, 시와 시의회가 그 건물을 인수하여 숙소가 없는 자신들을 위해 사용하도록 요구하였다. 그리고 주거에 대해 사람들이 지불할 수 있는 가격('정치적 가격')을 요구하였다.

볼로냐호텔 사건 이후 주택점거투쟁은 다른 점거들로 계속되었다(Red Note, 1978: 29). 1976년까지 1천 5백 건의 공공주택 점거와 57건의 사유주택단지 점거가 있었을 정도였다(Lumley, 1990: 263). 빈집 점거의 경우에 그 대상이 공공주택인 경우 억압이 덜 직접적인데 비해 사유주택인 경우 억압이 매우 직접적이었기 때문에(Cherki & Wieviorka, 1980: 78), 점거운동은 공공주택에 집중되었다.

점거투쟁은 1974년 들어서는 전체 운동에서 중심적인 역할을 차지하게 되었다. 임차료파업투쟁과 점거투쟁은 같은 투쟁의 부분투쟁이었고, 많은 경우에 동일 조직이 임차료파업을 하면서 점거를 준비하였다. 주택을 둘러싼 이러한 투쟁은 운송요금, 건강, 필수품가격 등 다른 부문들로 투쟁을 확산시키는 계기가 되었다. 그런데 이런 투쟁은 모두 '직접행동'에 의거하였다. 노조나 어떤 대표를 필요로 하지 않고 직접성에 의거하면서 자본가들의 통제에서 벗어난 생활방식을, 자신들에 대한 새로운 정체성을 확인해 갈 수 있었다. 자신들이 빼앗긴 것을 되찾고, 자신들의 삶을 스스로 통제하고 자신들의 도시를 장악하기 시작한 것이다.

'도시를 장악'하는 투쟁들은 다양하게 전개되었다. 전투적인 여성들은 슈퍼마켓 앞에서 피켓 시위를 하였고 밀라노에서는 경찰과 충돌하기도 하였다. '붉은 시장'(Red Market), 버스의 높은 요금과 나쁜 서비스에 반대하는 캠페인과 자율버스운행, 공장통근노동자들의 (자신들의 임금이 너무 낮다고 하면서) 버스요금 거부 등 이러한 다양한 운동은 자율축소(인하, 고정, 재전유)운동으로 발전해 나갔다(Ramirez, 1975: 143-150). 공연장에의 입장요금의 인하 요구에서 더 나아가 공연장을 다르게 사용하려는 운동으로 발전해 나갔다. 구체적으로 보면, 1976년 가을에 '자율가격결정'운동이 전개되었다. 프롤레타리아청년클럽들로 조직된 수천 명의 젊은이들이 밀라노, 로마, 볼로냐의 교외로 모여들어 로마 시청을 점거하고 보석상점들에서 상품을 징발하고, 영화관, 극장, 식당의 가격을 '자율적으로—그들이 정치적 가격이라고 한 통상 가격의 3분의 1 내지 4분의 1 가격으로—줄였다'. 이 자율가격결정운동은 상당한 충돌을 가져왔고 1977년 운동에서의 격한 충돌의 전조였다 (Bifo, 1980: 156-157).

또한 전파와 관련하여 대형방송매체와는 달리 인민들이 쉽게 지니고 다니는 소형 라디오의 네트워크체계로서 자유라디오운동이 활발하게 전개되었다(이 책의 제3장 참조). 송출자들은 아파트나 점거지의 한 장소에서 소형출력기를 이용하여 송출하였고, 청취자들은 일정 가청지역 안에서 소형 라디오를 가지고 다니며 들었다. 자유라디오들은 기존의 코드화된 내용을 거부하고 통제된 소리가 아닌 직접적인 소리를 방송하였으며 육체의 소리[7]도 그대로 내보냈다(Collective A/Traverso, 1980: 130-135). 경찰의 수색이나 공격에 이동하면서 방송하기도 하였으며, 시위자들이 방송국에 전화를 걸어서 시위현장을 생중계하기도 하였다(Bifo, 1980: 156). 자유라디오운동은 소형매체의 연결망을 통해서 색다른 표현방식들을 인민이 직접 만들어 내고 소통할 수 있다는 것을 보여 주었다(가타리, 2004: 288-294).

그리고 모든 주요 도시에서 초중등학교 및 대학의 점거 및 파업이 있었는데, 노동자들과 학생들이 서로 연대하여 싸우는 경우가 많았다. 학교에서 어린이들은 '책 무상제공, 무료승차, 시험 없애기, 교육에서

7) 표준어가 아닌 사투리로 말한다든가, 물건을 떨어뜨리거나 마이크를 움직일 때 나는 잡음 등을 그대로 내보내고, 신체의 상태에 따라 나오는 기침이나 신음소리를 그대로 내보냈다.

계급편견 배제하기, 지역공동체에 학교 개설하기' 등을 위해 싸웠다.

로마에서는 무료진료를 제공하는 '붉은 건강센터'(Red Health Center)가 설립되었다. 이것은 건강악화의 실제 원인인 생활 및 작업조건을 둘러싼 투쟁을 조직하는 중심지가 되었다. 전국에 걸쳐 좌파의사들이 계급편향적인 의료에 대한 투쟁에 참여하였고, 특히 의사들은 법정에서 노동환경으로 인해 병이 생겼다는 증거진술을 하기도 하였다. 이러한 활동은 자본가의 공세에 대해 싸우는 데 중요한 것이었다.

더 나아가 이탈리아의 많은 감옥들에서는 죄수들이 자신들의 환경에 대항해 투쟁하였다. 밀라노와 나폴리에 있는 감옥에서는 감방에 방화를 하거나, 깃발을 들고 지붕에 올라가 항의하기도 하였다. 밖에서는 이러한 투쟁을 지지하기 위하여 '붉은구조대'(Red Help organization)가 조직되었다. 이러한 죄수운동의 배경 위에서 나중에 남부의 죄수들이 무장조직(Nuclei Armati Proletari: NAP의 경우)에 충원되기도 하였다 (Lumley, 1990: 264-265).

이처럼 이탈리아에서는 68혁명 직후 1970년대 초반까지 다양한 점거운동이 일어났다. 공장점거, 공동주택의 대중적 점거, 임차료파업, 자율축소운동, 자유라디오운동 등은 대중의 자율적 공간을 창출하고 새로운 수단들을 전유하는 투쟁들이었다. 1970년대 초반까지의 이러한 다양한 점거운동은 인민의 직접적인 욕구를 관철시키기 위한 것이었고, 운동이 고조됨으로써 사회의 모든 톱니바퀴로 퍼져나갔다. 이러한 투쟁과정에서 인민들은 사회의 구석구석에서 기존 제도들을 깨기 위해 특정 장소를 점거하여 새로운 집합체들을 설립해 나갔다.

3절. 사회센터운동

점거운동은 1970년대 중반에 와서 주택에 한정되지 않고 점차 정치문화적 센터로 사용될 수 있는 것들에 대한 점거로 확산되었다. 1970년대 초반의 점거운동이 주택 확보의 의미가 컸다면 1970년대 중반 이후의 점거는 재전유를 위한 투쟁이라는 측면을 강하게 지니고 있었다. 이것은 사회센터로 나아가는 단초들을 보여 주었다.

물론 다양한 점거운동의 흐름 속에서 사회센터들의 단초가 이미 나타나고 있었다. 노조와 연계된 주택점거와 임차료파업 과정에서 '주택투쟁위원회'(Comitati di Lotta Per la Casa)가 종종 조직되었고 이 조직들은 이웃공동체에서 노동자가족의 추방이나 공공서비스(전기)의 중단을 막는 역할을 했다. 또한 대도시의 주변 구역들에서는 수천 명의 빈민들이 불법점거지(무허가정착지)에 살았으며, 나중에 사회센터들이 많이 생긴 밀라노, 볼로냐, 로마 등에서는 소규모의 점거 시도들이 계속되어 왔다.

이런 와중에 1975년과 1976년 사이에 밀라노에는 50여 개의 '프롤레타리아청년서클'(Circoli di Proletariato Giovanile)이 생겨났다. 이들은 (나중의 사회센터들처럼) 주변적인 노동자계급 구역들에 집중되어 있었지만 하나의 방에서 활동을 전개했다. 이들은 '아우토노미아' 집단의 주변적인 일부를 이루고 있었다. '아우토노미아'의 중심부가 정치투쟁에 집중하고 있을 때 이들 급진적인 활동가들은 1975년 밀라노의 빈민이웃지역에 버려진 건물에 들어가 그곳을 청소하고 자신들이 달성하고 싶은 것을 선언문을 통해 발표하였다. 이것이 최초의 사회센터인 '레온카발로'(Leoncavallo)의 시작이었다. 그 이웃지역은 유치원이나 도서관, 방학(계절)학교, 진료소 그리고 회의 및 콘서트를 조직할 공간이 없었다. 점거자들은 시공무원들과 지역주민들을 자신들의 사회센터로 초대하였다. 레온카발로 사회센터는 목공작업소, 톱질학교, 영화관 그리고 다른 시설들을 열었다. 그러나 이후 레온카발로는 여러 번 축출되고 다시 재점거하면서 옮겨 다녀야 했다(Bregman 2001: 1).

1975년 초 밀라노에서 건물점거에 들어간 청년집단들은 1977년 말까지 시내에 50개의 센터를 세웠고 2천여 명의 핵심 무단거주자들과 3－5천여 명의 일시적 참여자들을 포괄하고 있었다(Lumley, 1990: 296). 이들은 가족과는 다른 생활을 하고자 했고 기존의 관계 속에서 사는 것을 거부하였다.

그런데 사회센터를 설립한 점거자들은 68혁명 세대와 접촉하기도 했지만 그들과는 다른 새로운 집단들이었다. 이들은 도시 안에서 특정한 장소들과 공간들을 공유하면서 활동해 왔다. 그런 장소들로는 소규모 '대안' 식당, 커피숍, 서점, 술집, 광장 등이 있었다. 사회센터 운동이 활발했던 밀라노의 경우, 특히 대안적인 서점이며 정치활동을 위한 소통과 조정의 센터로서 활동하던 '리브레리아 칼루스카'(Libreria Calusca)가 있었다.[8] 이곳에는 맑스주의적 고전텍스트들뿐만 아니라 언더그라운드 집단들이 만든 팸플릿들과 사회센터들이 간행한 잡지들이 있었다. 정치범들이 출감하면 이곳으로 와서 환영받았고 아나코-펑크들도 기웃거렸다(Ruggiero, 2000: 172).

사회센터 안에서의 운영은 68혁명과정에서 학생총회에서처럼 만장일치의 의견조율 과정을 거친다. 정부나 다른 제도의 재정지원을 거부하고 사유물이나 공유물을 불법 점거하여 자신들의 다양한 활동공

8) 이 서점은 1993년에 Calusca City Lights로 이름을 바꿨다.

간으로 만들어 나간다. 여러 가지 활동을 하기 위해서는 보통 몇 층짜리 빌딩을 점거한다. 사회센터에는 외부에 흩어져 있던 주변환경이 안으로 들어오게 된다. 즉 공연장, 회의실, 소규모 '대안' 식당, 커피숍, 서점, 술집, 서점, 체육관, 극장 등이 건물 안 여기 저기에 자리잡는다. 정치적 논쟁과 토론이 벌어지고 콘서트가 열리며 지역주민들을 위한 각종 서비스가 이루어진다. 재정은 완전히 자가 조달한다(Mudu, 2004: 926).

점거지의 대부분은 평온했지만 일부는 경찰과 계속 충돌하였고 퇴거위협에 시달렸다. 또한 내부 위험들이 있었는데, 특히 마약복용은 많은 도시의 젊은이들에게서 주요한 사회문제가 되고 있었다. 사회센터들에서는 당국이 약물복용에 대해 가하는 억압조치들에 대항하여 마리화나(삶마약)의 합법화 등을 주장하면서 헤로인이나 코카인 등 죽음마약을 퇴치해 나갔다.

또한 사회센터운동은 청년들의 반문화운동과 결합하는 양상을 보였다. 사회센터 안에서 음악활동을 하는 사람들은 사회센터의 주요한 활동인자들이었으며 주위의 사람들을 끌어들이는 역할을 하였다.9)

그러나 1979년까지 운동의 퇴조와 경찰의 공격, 파시스트들의 준동(물론 내부의 위협으로 마약문제 등)으로 1970년대에 설립된 사회센터들 가운데 일부만이 살아남았다. 그래도 살아남은 사회센터들은 1970년대 후반 동안 지역라디오들, 서점들, 정치집합체들의 네트워크를 만들어 냈고 그것에 기반하여 활동하였다.

1970년대 말 운동 속에서 붉은 여단의 무장행동과 국가의 억압으로 자율운동의 영역이 극도로 축소되었다. 그럼에도 살아남은 사회센

9) 1990년대 재활성화된 사회센터들에서는 음악 레코드나 시디를 자가생산하는 것이 사회센터의 주요한 활동이 된다.

터들은 대안적인 생활방식의 보루로서 1980년대 초중반 근근히 생존하였다. 1980년대 초반까지 설립된 사회센터 가운데 레온카발로 같은 몇 개의 센터는 1977년 운동을 거치면서도 존속되었고, 다른 사회센터들은 1980년대 초에 아나키스트 펑크족들에 의해 점거되었다. 이 시기에는 자신들의 육체를 강력한 저항수단으로 사용하는 펑크운동의 지지자들을 포함한 비맑스주의적인 집단들이 능동적으로 참여하였다. 이 시기의 사회센터들은 어두운 메트로폴리탄 게토들에서 생겨난 대안적 사회성의 진정한 섬들이었고, 1980년대의 사적 영역에로의 퇴조에 대항해 저항적이었다. 결코 동질적이지 않으며 시간이 지나면서 다양화되고 종종 겹치는 지역실험들의 성격을 지니고 있었다. 이들은 1980년대 후반, 특히 1990년대 들어 사회센터들이 생겨날 수 있는 토양을 제공하였다(Mudu, 2004: 921).

사회센터운동은 1980년대 중후반에 들어서면서 다시 활성화되기 시작하여 1990년대 들어서는 전국에 약 150여 개가 활동하게 된다. 물론 이때에 '레온카발로를 따라서' 새로운 사회센터를 설립하는 운동이 벌어진다. 공적 공간의 사유화와 축소에 대항하여 학생들과 노동자들(특히 기존의 노조와는 차별화하면서 새로이 등장한 기층위원회들(Cobas))이 점거를 확산해 나갔고 그에 따라 사회센터운동이 활발해진 것이다. 1990년대의 사회센터들은 '뚜떼 비앙께'와 '야 바스타 연합'이라는 네트워크 조직을 만들어 대안세계화운동에 나서기도 하였다(이 책의 제5장 참조).

4절. 여성센터운동

1. 여성집합체들의 발전

2차 대전 직후부터 68혁명까지 이탈리아 여성운동은 여성에 대한 '보호'를 주요한 내용으로 하여 활동한 (공산당과 연계된) 이탈리아 여성연맹(Unione Donne Italiae: UDI)[10]에 의해 수행되었다. 그리고 노동조합과 좌파정당의 정부에 대한 압력은 여성을 위한 정치적 이니셔티브의 중요한 원천이었고, 입법에서의 두드러진 결과를 가져 왔다(Beccalli, 1994: 90-93).

68혁명을 계기로 1970년대에 들어 중간층과 노동자계급을 포함하는 급진주의적 여성운동이 확산되었다. 운동의 흐름은 처음에는 학생, 지식인, 중간층 여성으로 형성되었다(이들은 대부분 68혁명에 참가했던 여성들이다). 1967－1970년의 시기에 가장 영향력 있는 집단은 '권위주의탈신비화 Demau'(Demystification of Autoritarianism) 집단이었다. 이 집단은 권위주의에 대한 비판을 수행하였고 여성연구집단을 만들어 냈다. 이 집단은 1970년대 자율적 여성조직의 원천이 되었다.

그리고 68혁명을 겪으면서 1970년대 초에 여러 여성조직이 출현하였는데[11], 이들은 지식인과 정치활동가로 구성되었으며 좌파의 사상과 정치활동을 직접 비판하였고, 미국운동으로부터 새로운 페미니스트 이론과 실천을 배우고자 하였다. 그리고 작업장과 교육제도 속

---

10) UDI는 1943년 반파집단으로 생겨난 '방어집단들'(여성방어와 자유의용군보조를 위한 집단들)의 베테랑들에 의해 1944년 창립되었다. UDI는 1950년 약 1백만 명의 여성을 회원으로 지닐 정도로 정점에 이르렀다.

11) Rivolta Femminile, Movimenntode Liberazione della Donna, Lotta Femminista 등.

에서 자생적으로 소규모 비공식 집합체들이 생겨났는데, 여성조직들은 이 집합체들과 연계를 맺어 갔다(Lumley, 1990: 315-16).

1974년경까지 초기 조직들은 주로 의식향상을 실천하는 소그룹의 중요성에 집중하였다. 그 결과, 1970—1974년에 주요 조직 형태로서 의식향상(consciousness raising)집단들이 출현하였다. 의식향상집단을 통해 여성들은 가족생활, 성애(sexuality)와 성 경험, 다른 남녀와의 관계, 다른 제도와의 관계들을 분석하는 방법을 통해 서로의 인식을 확장해 나갔다. 의식향상은 이른바 이념교육식의 의식화를 말하는 것이 아니라 자기의식(autocoscienza)의 고양을 의미하였다. 자기의식화 작업은 여성들의 일상 경험을 발견하는 데 초점을 두었고, 점차 개인적인 시간을 다른 여성들과 만나는 정치적 시간으로 전환시켜 갔다. 이를 통해 '집합적 정체성'(주체성)을 형성하였고, 이를 기반으로 집합적 실천으로 나아갈 수 있었다. 이 작은 의식향상집단들은 대개 단명하였지만, 그 이후 다른 집합체들이 등장하는 밑거름이 되었다.

또한 1970—1974년에는 여성운동 관련 자료와 책들이 대량으로 출판되었다. 이 기간에 이탈리아 페미니즘은 국제 연대조직에 참가하고, 미국과 프랑스의 페미니스트 문화에 영향을 받았다.

이러한 자기의식화의 기초 위에서 나중에 여성건강집합체(진료소), 낙태집단, 자기분석집단, '가사노동을 위한 임금'위원회, 병원과 공장 주위의 개입집단, 여성서점 등을 만들어 갔다(Red Note, 1978: 114). 이러한 실천 형태들은 남녀의 '평등' 개념에 기초한 것이 아니라 남녀의 '차이'를 강조하는 인식 위에서 나타난 것들이다.

1970년대 초반의 이러한 인식제고 위에서 중반에 접어들수록 여성운동의 대중적 진출이 두드러지게 된다. 이혼법과 낙태법 그리고 성폭력을 둘러싼 대중적인 투쟁이 전개되었다. 특히 이러한 투쟁과정에서 여성운동은 대중운동으로서 성장하였고, 더욱이 여성의 독자성을 강조하는 여성운동이 등장하였다. 또한 이 흐름의 여성운동은 소집단들의 네트워크(연결망)를 발전시켜 나갔다.

낙태를 금지하는 또는 의사의 허가 속에서 하도록 통제하려는 정책에 대항하여, 여성들은 '불법적인' 낙태(자율낙태, autodenuncia)를 조직해 나갔다. 낙태집단과 같은 다양한 '자조(自助)집단'들은 절대적인 자기결정권을 주장하면서 자신들의 고유한 방식을 관철시켜 가려고 하였다(Barkan, 1984). 특히 '로마 낙태피임센터'는 이탈리아 전역을 통해서 그러한 자조집단들의 모델이 되었고 낙태법 관련 대중시위를 조직하는 데 중요한 역할을 하였다(Hellman, 1987: 43).

좀 더 전진적인 자조집단 활동으로서 '여성진료소(consultori)'운동이 있었다. 특히 자유롭고 쉽게 접근할 수 있는 피임, 낙태, 산부인과 치료를 위해서 여성들은 여성진료소를 요구하였다. 여성진료소 운동은 1970년대 초반 토리노의 노동자구역에서 여성주의자들이 주도하여 시작되었다.

종종 여성진료소운동은 여성주의자들이 빈 건물을 점거하여 진료소로 바꾸는 것으로 시작되었다. 일단 건물을 청소하고 정비하면 여성활동가들은 지역여성들을 초청하여 모임, 강연, 토론 등을 개최하였다. 산부인과 의사의 자원서비스를 통해 정보를 제공하고 직접 의료검진을 실시하기도 하였다. '검사에 앞선 토론'(pre-examination discussion)을 통해 참석 여성들의 의식향상을 꾀했고 이것을 거쳐 무료 검진을 받을 수 있도록 하였다(Hellman, 1987: 69-70).

1974년에 파두아에서는 자율적 여성주의자들이 자주관리 사회센터 형식의 '여성건강센터'(Centro per la salute della donna)를 세웠다. 이것은 여성과 의료의 관계, 특히 산부인과 영역에서 관심을 폭발시키는 계기가 되었고 이어서 전국적으로 여러 여성건강센터가 만들어 졌다(dalla Costa, 2002: 5).

이러한 것은 '인민진료소'라고 할 수 있는 것이었다.[12] 물론 이러한 성격은 이후 법제화되면서 변하게 된다. 여성진료소운동은 정부에 공공진료소(consultori pubblici)법의 입법을 강요하였고 1975년에 법제화되었다. 그 이후 공공자금으로 만든 진료소들이 등장하게 되었다. 이것은 여성주의자들의 운동 성과였다. 이렇게 되면서 그 진료소들을 움직이는 데 여성주의자들이 개입하려고 하였다. 그러나 역시 제도화되면서는 독자적인 자율적 여성주의자들보다는 노조여성들과 UDI(공산당과 연계된 '이탈리아 여성연맹')여성들이 더 개입하게 되었다(Hellman, 1987: 106).

이상과 같은 다양한 여성집합체의 출현은 기존의 정치방식을 비판하였고 기존의 정당정치나 조직운동의 변형을 가져왔다. 특히 UDI는 기존의 레닌적인 조직론에 입각한 전통적인 조직운동을 답습하다가 여성집합체들의 움직임과 여성운동에 자극받아 변해 갔다. 페미니스트들이 들어오기도 하는 등 점차 이탈리아공산당의 명령에서 벗어나 자율성을 획득하였고 독자적인 활동공간을 만들어 갔다.

평등보다는 차이를 강조하고 여성의 독자성을 강조하는 여성운동의 흐름은 노동조합 안에서 더욱 구체적인 형태들로 전개되었다(Beccalli, 1984). 여성조합원들은 자신들의 노동력 참여 비율에 비해 노동조합 체계(위계)에서 자신들이 매우 낮은 비율을 차지하고 있다는 생각에서 시작하였다. 여성조합주의자는 그동안 활동을 통해 평등을 상소했지만, 여성활동가들에 의해 경험된 현실은 노조 안에서조차 (평등이라고

12) 이미 1971년 로마의 빈민지역에서 임차료파업을 하던 사람들이 건물을 점거하여 인민진료소를 만들어 운영한 바 있다(Lotta Continua, 1973: 99-105).

는 하지만) 위계와 불평등한 노동분업이었다. 이러한 문제를 타개해 나가고자 여성운동의 사고를 공장에 도입하여 생겨난 것이 바로 여성대표들이었다. 이들은 노조 안에 여성집합체(여성조정위원회)를 만들고 공장위원회에 여성소위원회를 만들었으며 노조연합체들(CGIL, CISL, UIL 등 각 정당에 연결된 전국적 노조연합체들)을 횡단하는 여성조직기구(범주횡단(inter-category) 집단)들을 만들었다. 1976—1977년에 많은 여성집단들이 이런 방식으로 노조 안에 만들어 졌다. 이러한 운동이 바로 노동운동과 페미니즘이 결합된 '노조페미니즘'으로 불리며, 맑스주의와 페미니즘의 불행한 결혼의 역사 속에서 유일하게 행복한 결혼이라 할 수 있겠다.

나아가 노조페미니즘의 활동은 공장 안에서의 요구뿐만 아니라 사회에서의 여러 가지 요구들을 제기해 나갔다. 학교의 수업시간 조절, 유치원, 모든 어른을 위한 더욱 유연한 노동시간 등을 요구하였다. 이 연장선상에서 '여성통제'와 '여성아우토노미아'와 같은 집단들은 여성들이 공장 바깥의 영역에서 착취당하는 것을 드러내기 위해 '가사노동에 대한 임금요구' 운동을 벌였다. 이것은 이혼과 낙태 문제와 더불어 대중적으로 전개된 운동이었다. 여성들은 사회의 주변에서 자신들의 지불받지 못하는 지위(노동)를 받아들이기를 거부했으며, 이러한 요구는 그들이 얼마나 일상생활을 변화시키려 하는지를 드러냈다 (카치아피카스, 2000: 99-100).

또한 노조페미니즘운동에서 중요한 항목 가운데 하나는 '150시간 교육기획'[13]의 활용이었다. 여성들이 교육수준이 낮고 미숙련직에 많

---

13) 68혁명 이후 학업을 마치지 못한 노동자들에게 150시간 동안 유급휴가를 주어 학업을 하도록 하고 졸업장을 주는 기획으로, 68혁명에 참여했던 활동가들과 지식인들이 강의 계획을 짜고 노조가 주관하여 운영하였다.

이 편제되어 있었기 때문에, 이 기획을 기반으로 하여 여성들의 다양한 활동이 전개되었다. 다양한 강좌들이 개설되었고, 노동여성뿐만 아니라 지역의 비취업 여성들도 들을 수 있었고 학생들도 참여할 수 있었다. 또한 전문가–고객, 교사–학생이라는 기존 관계를 변형시키는 실험들이 전개되었다. 이 기획은 공적 영역에서 여성들을 위한 '지적 공간'을 창조하였다. 이를 통해 노동여성들은 다른 계층의 여성들과 만나고 학생층을 만날 수 있었다.

이처럼 68혁명 이후 이탈리아 여성운동은 참여자들 자신의 물질적인 그리고 다양한 욕구에 기초하고 있었다. 개인적인 것과 정치적인 것을 통합하고 '위임(delegation) 원리'에 반대하면서 '여성주체'를 직접적으로 제시하기에 이르렀다. 그리고 자율적인 여성들의 결집 위에서 다양한 여성집합체(미시코뮌)들, 나아가 여성센터를 만들어 갔다(윤수종, 2001).

2. 여성센터의 등장

앞에서 말한 다양한 여성집합체들뿐만 아니라, 여성서점들, 여성출판사들, 여러 여성소집단들의 네트워크로서의 집합체들이 생겨났다. 이런 다양한 활동들이 분산되어 이루어지면서, 여성들 사이에서는 넓은 공간에서 다양한 활동을 해 나갈 수 있는 방식을 생각하게 되었다. 개별 여성집합체들을 넘어서서 좀 더 종합적이고 복합적인 활동을 하기 위해 만든 것이 바로 여성센터였다.

여성센터는 이미 1970년대 초반부터 싹이 보이기 시작했지만 1976년에 처음으로 생긴 뒤, 1978년 이후 그리고 1980년대 접어들어 여러 지역에 생겨나기 시작하였다. 다양한 여성집합체들이 점차 자신들의 고유한 생활공간을, 다양한 문화활동을 전개하는 공간을 만들어 갔다. 남성들과 분리된 공간 속에서 여성들만이 가지는 다양한 문제들을 논의하고, 서로 다른 여성들과 만나고, 나아가 다른 활동을 함께 해 나가게 되었다.

1979년 토리노에서는 여성주의자들이 사용하지 않는 정신병원을 점거하여 여성센터(casa delle donne)를 만들었다. 이 여성센터는 1980년에 시정부가 제공한 좀 더 적당한 장소로 옮겨갔다(Hellman, 1987: 69). 1978년 레지오 에밀리아에서는 20여 명의 여성주의자들이 레지오 중앙에 있는 역사적인 아리오스토 극장(Teatro Ariosto)을 점거하였다. 그 건물의 2층은 건물구조로 인해 소리가 들리지 않아서 수년 동안 비어 있었다. 여성주의자들은 시에 그 층을 개조하도록, 그곳을 여성센터로 사용하게 해 주도록 요청하였다. 이 당시에는 이러한 종류의 점거가 특별히 급진적이라고 할 수는 없었다. UDI의 캠페인의 항목에도 '공공건물의 점거'가 있었다. 그런데 문제는 이 여성주의자들이 이 공간을 여성들에게'만' 사용할 수 있어야 한다고 주장했다는 점이다. 더욱이 당이나 노조와 UDI 같은 조직들에 연계된 모든 여성을 여성센터에서 분명히 배제하려고까지 하였다(Hellman, 1987: 126).

어쨌든 여성들이 점거하여 설립한 여성센터들은 지방정부와 충돌하기도 하고 축출되기도 하였다. 1970년대 중반 UDI가 주도하여 로마의 중심가 나보나 광장에 연결되어 있는 '비아 델 고베르노 베키오' 거리의 구청사 건물을 점령하였었지만, 3−4년에 걸친 협상에도 불구하고 시 당국은 경찰을 동원하여 여성들을 축출하였다.[14] 그럼에도 여성센터들이 비교적 일찍 합법화되거나 점거지 소유자나 당국에 임

---

14) "다국적 여성들의 수다 '우리나라 성문제는 ……'", 〈한겨레〉, 2005년 11월 1일자.

차료를 내는 것으로 협상해 나간 것은, 사회센터들이 1990년대 중반에 가서야 합법화되어 가기 시작한 것(현재도 합법화에 대한 논쟁이 진행 중이다)과는 대조되는 측면이다.

1986년에 첫 여성센터전국회의가 열렸을 때 이탈리아 전역에는 약 1백 개의 여성센터가 있었다. 그 가운데 약 3분의 1가량이 공식적인 법적 구조를 지니고 있을 정도였다. 이 집단들은 조사연구를 목적으로 문화적 교류를 하였고 정보를 교환하고 쟁점을 토론하며 필요한 기획을 추진하였다. 대개 회원들의 기부로 자금을 자체 조달하였으며 일부를 지방제도나 국가제도에서 충당하였다. 시의회 등과 연결된 것도 있었다. 외모와 특정 활동에서는 달라도 이들 센터들은 모두 도서관을 만들고 세미나와 논쟁을 조직하였다.

여성들은 여성센터 활동을 통해 여성의 자기의식을 강조하고 신체의 발견에까지 이르고 대안적인 생활방식을 만들어 갈 것을 강조하였다. 여성적 주체성을 강조하면서 남성들 및 남성적인 제도들과 접촉하지 않고 여성들끼리 살아가는 방식을 만들어 갈 것을 주장하기도 하였다.

1970년대 말에 생겨서 계속 존속했고 1980년대 들어 새로 생긴 여성집합체들 가운데 지속된 것은 특정한 서비스를 제공하거나 '대안적인 제도'로서 기능하는 것들이었다. 1980년대에 전개된 여성집합체들과 여성센터의 활동을 몇 가지 사례를 통해 살펴보자(Bono & Kemp, 1991: 82-202).

자기의식(의식향상)집단 가운데 1980년대에도 계속 활동하던 것들이 있었다. 특히 밀라노에 있던 '무의식 실천 집단'은 억압메커니즘에 대한 관심에서 여성들 사이의 관계, 상이한 사교성에 대한 탐구로 나아갔다. 이 집단은 프랑스의 '정신분석과 정치'집단(들뢰즈와 가타리가 관여함)의 경험을 참고하면서 분석제도들에 대한 비판을 전개해 갔다. 즉 분석제도(정신병원 제도와 기존의 의사—간호사—환자 관계)는 권력과 특권을 지닌 위계적 제도이며, 분석관계에서 분석가는 환자가 생산한 것을 전유한다고 지적하였다. 나아가 분석지식을 공유하면서 기존의 관계(가족관계, 환자—의사 관계, 딸—어머니 관계 등)를 분석 비판하고 자기 자신의 욕망을 표현할 수 있는 관계를 색출해 내려고 하였다.

밀라노에 있던 '여성의 자유'라는 집합체는 1975년에 설립된 책을 파는 협동체였는데 여성집단들의 모임장소, 여성운동 자료실, 페미니스트문학 토론장으로 기능하였다. 여성서점, 여성식당, 여성술집, 그리고 다른 여성기구들과 함께 이러한 집합체들은 '대안적인 서비스 복합체'를 형성하였고, 이것에 기반하여 여성들은 '남성적 제도들'과 접촉을 피할 수 있는 여성적인 삶의 공간을 꾸릴 수 있었다. 의식향상은 오랫동안 응집된 집단을 유지할 수 있는 활동이 아니었다. 자기의식화를 통해 집단적 주체성을 인식하고 그에 기반하여 새로운 공간을 만들어 가야 지속될 수 있었다. 광범한 성차별 사회 안에서 여성을 위한 대안들을 창조한다는 기획은 여성집단들을 함께 만족스러운 창조과정에 끌어들일 수 있는 활동이었다.

여성공간을 창출했던 집단 가운데 가장 두드러진 것은 '여성문화센터'였다. 1976년에 처음 만들어진 뒤, 여성을 위한 문화를 보존하고 이전하고 생산하기 위해서 성적인 관련 연구를 위한 분리되고 자율적인 장소로서 수많은 집단들 속에서 급속히 생겨났다. 여성문화센터 가운데 가장 유명한 것은 1979년에 로마에 설립된 '버어지니아 울프 문화센터'였다. '여성대학'이라고도 알려진 이 문화센터는 매년 광범한 주제들에 관한 강의, 세미나, 회의를 조직하였다. 다양한 경력을 지닌 3백 명이 넘는 여성들이 매년 센터에 참여하였다. 1981년 이래 대개의 강의는 단일한 주제 아래 조직되었다. 다른 문화센터들과 마찬가지로 이 문화센터의 문제 가운데 하나는, 조직가들 및 선생들과 '학생들' 간의 간격을 어떻게 좁히느냐 하는 것이었다.

이처럼 1980년대 들어 이탈리아 여성운동은 분리주의적 관점 속에서 여성집합체들과 여성센터들을 만들어 여성들의 자율적인 활동 공간을 넓혀 갔다.

이상에서 68혁명 이후 이탈리아에서 나타난 점거운동을 살펴보았다. 68혁명에서 나타난 대학과 공장과 거리(또는 광장)의 점거운동은 이후 사회의 구석구석으로 퍼져 나갔다. 공장점거, 임차료파업, 주택점거투쟁, 도시장악투쟁, 자율축소운동, 자유라디오운동, 건강센터운동, 죄수운동에 이르기까지 다양한 영역에서 점거운동이 이루어져 왔다. 나아가 사회센터와 여성센터처럼 복합적 활동공간을 만들어 나가기에 이르렀다. 이러한 점거운동은 공장(생산 부문)과 그것을 둘러싼 사회(재생산 부문)에서 다양한 방식으로 반권위주의와 자율성을 실현해 가려는 움직임이라 할 수 있다. 즉, 국가와 자본주의적 시장으로부터 독립적인 공간을 만들어 자주관리에 입각하여 운영해 나가는 미시코뮌이었다. 더 나아가 여성센터운동은 여성적인 자유의 공간을 창조하여 그 속에서 여성되기를 통해 기존의 남성적인 제도들을 변형시켜 가면서 사회의 지형도를 넓히는 것이었다고 생각된다. 사회센터운동과 여성센터운동은 더 이상 집중화된 방식이 아니라 분산적인 방식을 통해 다양한 자유공간, 다양한 미시코뮌을 만들어 가는 방향을 제시한다고 할 수 있겠다

이러한 점거운동의 흐름은 1980년대에 독일을 비롯한 중부 유럽으로 확산되어 나갔다(카치아피카스, 2000). 또한 1990년대 들어 이탈리아에서는 공적 공간의 사유화에 반대하여 새로운 사회센터들이 다

수 생겨나서 활발하게 움직이고 있다. 영국, 네덜란드, 덴마크 등을 비롯한 유럽 여러 나라들에서 점거운동은 자본주의적 시장 회로를 차단하는 점들의 네트워크로서 활동하고 있다. 물론 합법과 불법의 경계선에 있으면서 항상 점거—퇴거(축출)—재점거를 되풀이 하면서 말이다.

점거운동 활동가 및 참여자들은 자신들을 주변화하고 범죄시하려는 국가와 자본에 대항하여 색다른 삶의 형태를 추구함으로써 표준화하고 획일화하려는 지배권력에 맞서 격렬하게 싸운다. 그렇기 때문에 많은 운동이 제도화되고 운동들이 제기하는 것들을 권력이 국가장치 안에 포획하려고 하는 상황에서, 점거운동은 국가장치를 벗어나도록 운동의 지형도를 넓혀줌으로써 다른 다양한 운동들이 전개될 수 있도록 해준다.

제2장

미국 블랙팬더당의 생존 프로그램 활동

제2장 미국 블랙팬더당의 생존 프로그램 활동

최근 한국에서는 대안운동이 활발히 전개되고 있다. 1987년 노동자대투쟁 이후, 특히 1997년 IMF를 겪으면서 기존에 당연하게 여기던 삶의 방식과 형식에 대해 문제를 제기하는 다양한 실험들이 이루어지고 있다(강수돌, 2007; 윤수종, 2007a).

다른 나라들에서도 다양한 대안운동이 일어나고 있다. 특히 새로운 사회운동이 확산되어 왔던 미국에서 흑인운동 안에 지배권력에 맞서서 자신들의 공동체를 스스로 관리해 나가려는 움직임이 있었다. 권력에 대항하는 것에 머물지 않고 공동체 주민들과 색다른 실험들을 하면서 기존 제도에 충격을 주고 새로운 제도화를 가져온 흐름이었다. 국가 쪽에서는 이러한 운동을 중앙권력에 대항한 운동으로서 이단적인 흐름이라고 보고, 가능한 한 역사의 이미지화 속에서 지워 버리려고 한다. 그러나 실제로 현실을 바꿔간 것은 킹 목사 방식의 통합주의적 시민권운동이 아니라 분리주의적인 흑인권력운동이었다고 생각된다.[1)]

1) 미국의 흑인운동을 통합(주의)과 분리(주의)라는 두 축에서 분석한 연구로는 이신행(1994)을 참조. 말콤과 킹을 대비시켜 재미 있게 설명한 것으로는 콘(2005)을 참조.

그 대표적인 운동이 흑인민족주의의 흐름 속에서 흑인권력을 실현하고자 했던 블랙팬더(흑표범)당이다. 여기서는 블랙팬더당의 생존 프로그램(survival program)을 기술하면서 흑인권력운동의 대안적 성격을 강조해보고자 한다.

1절. 흑인권력운동의 등장

1955년 12월 앨라배마주 몽고메리의 버스 보이콧운동으로 시작된 미국의 시민권운동은 10여 년의 전개과정 속에서 킹 목사 방식의 통합주의적 방향의 운동에도 불구하고 백인이 흑인에 가하는 엄청난 폭력이 난무했다. 이러한 상황 속에서 인종폭력의 증인으로 성장했던 분노한 젊은 흑인들에게 새로운 말을 거는 사람들이 있었다(Breitman, 1965). 그 가운데 '이슬람 민족'(The Nation of Islam)[2]과 이 운동의 주요한 전도사였던 말콤 X가 있었다. 말콤 X는 기존 시민권운동에 대해서 백인과의 동맹을 거부하고 어떤 수단을 사용해서라도 흑인들이 단결하고 자신들의 토지, 생활, 문화에 대한 통제권을 확보하자는 '흑인민족주의'[3]를 제시했다. 또한 인종차별 철폐와 투표권 획득이라는 기존 시민권운동의 당면 목표는 2등 시민인 흑인들을 기성 미국 사회에 통합하는 것을 목표로 한다고 비판하고, 흑인민족주의에 기반한 분리주의 및 방어를 위한 폭력을 옹호하면서 혁명을 주장했다. 그는

2) 엘리야 무함마드가 이끌던 이슬람에 입각한 흑인민족주의 집단. 백인을 악마로 규정하고 흑인의 우월성을 강조했다(Lee, 1996).

3) 미국에서 흑인민족주의는 19세기 초에 기원을 두고 있으나 과격한 분리주의 형태로 표출된 것은 제1차 세계대전 이후와 1960년대이다(황혜성, 1997: 413).

기성 언론과 시민권운동 내부의 일부에게 비판을 받았지만, 흑인 빈민층과 주변자들로부터 열렬한 지지를 받았다. 말콤 X는 종교라는 한계를 벗어나려는 시도를 하면서 흑인문제를 더 커다란 갈등, 즉 억압자와 피억압자의 갈등의 한 양상으로 보기 시작했고 사회주의에 대해 긍정적인 태도를 취하게 됐다(백수남, 1998; Malcom X, 1965).

말콤 X는 대도시 흑인 청년들의 분노를 급진적인 방식으로 읽어내면서 흑인운동의 새로운 방향을 제시했다. 흑인의 자기결정권이라는 전제 위에서 흑인들의 삶에 영향을 미치는 공적 결정에 대해 흑인들이 행사할 수 있는 통제권을 확대해 가려는 방향을 제시했다(백수남, 1998: 48-54). 이러한 방향은 학생비폭력조정위원회(SNCC)[4] 내부에서 분리주의를 공개적으로 제기한 애틀랜타 그룹에 의해 실행됐다. 애틀랜타 그룹은 프란츠 파농의 주장에 근거하면서 백인 활동가들을 배제하고, 흑인 활동가들이 운영하고 통제하며, 흑인이 돈을 대는 조직에 근거한 흑인 지도력을 창설할 것을 주장했다. 이른바 '흑인권력'(black power)이라는 새로운 구호와 활동 방향이 등장하게 되었다(안효상, 2003: 75-97).

애틀랜타 그룹과는 다른 각도에서 흑인권력을 대중화하는 데 앞장선 사람은 카마이클(Stokley Carmichael)이다. 1965년과 1966년에 카마이클은 마르틴 루터 킹과 주로 법적 청원을 통해 흑인들의 지위 향상을 꾀했던 전국유색인지위향상협회(National Association For the Advancement of Coloured People: NAACP)의 이념과 공개적으로 결별했다. 카

---

4) 1960년 흑인학생들의 저항운동이 확산되는 가운데 새로운 시민권운동소식인 학생비폭력조정위원회(Student Non-Violent Coordinating Committee)가 탄생하게 됐다. 이 조직은 사랑과 비폭력을 통해 자멸을 종식시키고 인종적 통합을 이루하겠다는 목표를 지니고 있었다. 이 조직은 마틴 루터 킹과 같은 명망가들에 의존하는 다른 시민권운동과 달리 '집단중심적인 지도부'라는 정책을 채택했다.

마이클은 대학 시절에 SNCC에서 활동하고 투표권 등록 운동을 벌여 나갔다. 그 과정에서 이 운동을 지지하는 전투적이고 자조적인 지역 주민들을 하나의 집단으로 조직할 수 있었고 방어적인 차원의 폭력에 대해서 적극적으로 사고할 수 있었다. 그러면서 지역 주민에 기반을 둔 독자적인 정치세력을 건설하려는 생각으로 나아갔다. 앨라배마주의 로운디스군 자유조직(Lowndes County Freedom Organization: LCFO)에서의 활동을 통하여 카마이클을 비롯한 SNCC 활동가들은 흑인 정체성에 기반을 두고 능동적으로 자기주장(자기결정권)을 하는 '흑인권력'이라는 구호와 목표를 제시하게 됐다(백수남, 1998: 55-63; Ture & Hamilton, 1967).

2절. 블랙팬더(흑표범)당

흑인권력의 흐름 속에서 무장자위와 흑인의 세력화를 표방하면서 등장한 것이 '자위를 위한 블랙팬더당'(Black Panther Party for Self-Defence, 줄여서 블랙팬더당)이다.

1966년 10월 오클랜드의 메리트대학 출신의 휴이 뉴턴(Huey P. Newton), 바비 실(Bobby Seale), 데이비드 힐리어드(David Hilliard) 등은 백인 경찰의 활동을 감시하고 흑인의 권리를 지키는 조직을 결성하기로 하고 조직의 개략적인 10대 강령을 작성한다.[5] 당 강령은 사회주의적인 내용을 담고 있었으며, 당 스스로 혁명조직이라고 생각하였

5) 10대 강령은 자유, 즉 흑인의 자기결정권, 흑인의 완전고용, 경제적 착취 종식, 좋은 주거와 교육환경, 무상의료, 경찰의 폭력 금지, 모든 공격전쟁 종식, 모든 흑인 수감자의 석방, 다양한 권리와 테크놀로지의 인민통제 등을 요구하는 내용으로 되어 있다.

고, 궁극적인 목적은 미국의 총체적인 정치적·경제적 변혁이었다. 당의 공동 창설자들은 파농, 체 게바라의 게릴라 전쟁, 마오의 저작들 등 광범한 혁명이론가들의 저작들에서 자신들의 이론을 끌어냈다. 뉴턴과 실은 앨라배마에서 흑인 투표권을 확보하기 위해 설립된 학생비폭력조정위원회의 지부였던 로운디스군 자유조직에서 조직을 나타내는 흑표범의 상징(먼저 공격을 당하지 않으면 공격하지 않는 흑표범의 특징을 상징)을 채택했다.

블랙팬더당은 오클랜드에 기반을 두고 50여 명이 채 안 되는 작은 조직에서 시작하였지만, 28개 주와 워싱턴뿐만 아니라 알제리의 국제지부까지 5천여 명이 넘는 당원들을 둔 조직으로 성장했다(Jones, 2006: 138).

당이 존속했던 1966–1982년 동안 블랙팬더당은 다섯 단계를 거쳤다고 할 수 있다. 1966년 10월부터 1967년 12월까지의 1단계에서 당은 오클랜드만 지역과 LA에서 풀뿌리 활동에 참여하며 캘리포니아에 근거를 둔 혁명조직이었다. 두 번째 단계인 1968년 1월부터 1971년 4월까지는 블랙팬더당의 전성기였다. 이 기간에 미국 전역에 걸쳐 블랙팬더당 지부들의 대부분이 만들어졌다. 이러한 빠른 팽창은 강한 정치 탄압과 내부의 분파적 갈등을 가져왔다. 1971년 5월부터 1974년 6월까지의 3단계에서 당지도부는 정부에 대한 무장대결보다는 공동체 아웃리치 프로그램(community outreach program: 생존 프로그램)과 선거정치를 강조했다. 이러한 탈급진화 시기는 오클랜드 정치단체에 진출하기 위한 바비 실-엘렌 브라운(Bobby Seale-Elaine Brown) 캠페인으로 특징지어졌다. 1974년 8월부터 1977년 6월까지의 4단계는 뉴턴의 쿠바로의 망명으로 특징지어진다. 그가 없을 때 정보장관으로 일했던 중앙위원인 브라운이 당지도부를 맡았으며, 당지도부는 오클랜드 정치에서 자신의 영향력을 성공적으로 지켜냈다. 1977년 7월부터 1982년 6월까지의 5단계에 당원은 50명도 채 안 되었으며, 생존 프로그램 가운데 많은 것을 수행할 자원조차 부족했다. 그럼에도 생존 프로그램이 당을 유지하게 했으며, 1982년 6월 오클랜드 공동체 학교의 폐교로 블랙팬더당도 해체하게 됐다(Jones, 2006: 140).

비교적 짧은 기간 동안 존속하면서 블랙팬더들은 역동적인 이미지—베레모, 검은 자켓, 무기와 혁명적 열정—로 전국을 감전시켰다. 블랙팬더들은 공동체들을 활성화시켰고 백인 좌파집단들과 다른 급진적인 소수자집단과의 제휴(coalition) 활동에 참여했다. 그들의 공동체 아웃리치 활동은 나중에 '생존 프로그램'으로 불렸다.

생존 프로그램은 첫 번째 단계에 이미 시작됐지만 두 번째 단계에서 더욱 확산됐는데, 휴이 뉴턴의 석방 이후 인민에 봉사하는 활동을 강조하면서 당의 토대를 강화하기 위한 것이었다. 물론 이런 방향에 대해서 블랙팬더당의 대변인인 엘드리지 클리버(Eldridge Cleaver)는 무장저항을 강조하여 내분이 일기도 했다. 한편으로는 부르주아 선거정치에 개입하여 권력의 장에 진입하려고 시도하면서도 다른 한편으로는 인민에 봉사하면서 당의 풀뿌리 기반을 확대해 나가려고 했다. 그러나 권력의 장에 진입하려던 것이 실패하면서 블랙팬더당의 기반이었던 생존 프로그램이 약화되고 당의 전반적 토대 또한 급속히 약화됐다.

당의 사회주의적 지향, 무장저항에 대한 지지, 효과적인 공동체 조직화, 불꽃 튀는 언사는 정부의 강한 감시와 정치적 탄압을 불러일으켰다. 12명이 넘는 당원들이 경찰과의 충돌에서 죽었으며, 블랙팬더들은 종종 체포됐고 FBI의 역정보 프로그램, 즉 COINTELPRO(counter-intelligence program)의 표적이 됐다(Newton, 1996).

그럼에도 불구하고 소란스러웠던 1960년대에 자신들의 구호(모든 권력을 민중에게), 정치적 모임, 혁명적 예술을 통해 보여준 블랙팬더당의 용기, 공동체 서비스, 비타협적인 지도부는 전 세계적으로 피억압 인민들의 상상력을 사로잡았다. 팬더연대위원회가 영국, 덴마크, 스웨덴, 독일, 프랑스에서 만들어졌다. 오스트레일리아 원주민들은 오스트레일리아 블랙팬더당을 만들었고, 이스라엘에는 블랙팬더당 지부까지 있었다(Smith, 1999). 이처럼 블랙팬더는 많은 사람들에게 흑인 전투성의 아이콘이 됐다. 물론 반백인, 극좌파, 개혁을 싫어하는 총 든 건달들의 조직으로 보는 입장도 여전히 존재한다. 미국의 공영방송에서는 킹의 모습만 비출 뿐 블랙팬더당의 이야기는 가능하면 감추려고 한다.

어쨌든 블랙팬더당은 총을 들고 행진하는 모습, 검은 베레모에 가죽자켓을 입고 검은 구두를 신은 모습에서 전투적인 남성 조직으로 각인됐다.[6] 이러한 이미지는 블랙팬더당을 탄압하는 무기가 되기도 했으며, 매체와 일반인들로 하여금 생존 프로그램을 평가 절하하게 만들었다(안효상, 2004: 136).

인종차별과 자본주의적 억압을 뚫고 나가려는 목표 아래 주민들과

6) 1965에 LA에는 와츠 폭동(Watts Riots) 이후 법률서적과 녹음기를 손에 들고 경찰을 관찰하기 시작한 '공동체 경계순찰'(Community Alert Patrol: CAP)이라는 집단이 있었다. 캘리포니아주 최고재판소가 이들의 활동을 검토하고 시민은 경찰들을 순찰할 권리를 갖는다고 판결했다는 점에 착안하여, 블랙팬더들은 총을 숨기지 않은 채 경찰을 순찰했다. 6개월 정도 경찰 순찰을 한 뒤에 블랙팬더들은 무장과 관련한 논쟁을 벌였다. 그해 말 주의원인 멀포드(Don Mulford)가 시민들이 장전한 무기를 가지고 다니도록 허용한 법률을 없애는 법안을 도입하려고 했다. 이 법안에 반대하여 1967년 5월 2일에 바비 실은 무장한 블랙팬더들을 이끌고 주 수도에 들어갔다. 수도로 행진했을 때 언론매체의 집중적인 관심을 받았고, 이때 언론매체는 블랙팬더들을 총을 든 전투적인 흑인 전사로 특징화했다(Seale, 2006: Preface).

함께했던 블랙팬더당의 생존 프로그램을 몇 가지로 분류하여 살펴보자(Chaifetz, 2005: 19-38).

3절. 생존 프로그램의 종류와 특성

블랙팬더당은 공동체 서비스라는 제목 아래 많은 프로그램들을 시작했다.[7] 공동체 서비스(아웃리치) 프로그램을 실시하기 전에 바비 실과 휴이 뉴턴은 자신들이 근무하던 빈곤 프로그램 사무실을 공동체 개선과 보조를 위한 발판으로 사용했다(Seale, 1991: 99-101).

1967년에, 오클랜드의 혼잡한 교차로에서 교통신호가 없어서 어린이들이 자동차에 치어 숨지곤 했다. 교통사고가 끊이지 않았고 차 한 대가 빈곤 프로그램 빌딩에 처박히기도 했다. 이웃 주민들도 불만이 많았다. 나중에 젊은 팬더(Young Panthers)라고 이름 붙여진 한 어린이 집단이 뉴턴에게 접근했는데, 교통신호등과 관련하여 뉴턴이 무엇을 할 수 있는지를 알고자 했다. 실과 함께 뉴턴은 자신들이 일하는 북오클랜드 빈곤 센터의 보조위원회에 갔다. 그들은 신호등을 달도록 위원회가 나서달라고 청원했다. 위원회가 그 다음 해까지는 아무것도 할 수 없다고 이야기하자, 뉴턴은 교차로 보호대로 행동하기 위하여 총을 든 블랙팬더 집단을 조직했고 어린이들이 거리를 안전하게 건널 수 있도록 했다. 전투적인 블랙팬더들의 개입으로 세 달이 채 지나지 않아서 신호등이 세워졌다. 아주 작은 것이지만 매우 신속하고 긍정

7) 블랙팬더당이 실시하거나 계획한 각종 프로그램들에 대해서는 르블랑-에르네스트(LeBlanc-Ernest, 1999)와 The Black Panther Party(Guest Editors)(1974)를 참조

적으로 이룩한 성과였고 이로 인해 블랙팬더당은 공동체는 물론 당의 전투성을 좋아하지 않는 사람에게까지 신뢰를 얻었다.

이러한 대주민 사업을 하게 되면서 블랙팬더당은 '인민(주민)을 위해 봉사한다'는 자신들의 원칙을 시행해 나가게 된다. 블랙팬더당은 도시 흑인 빈민층의 직접적인 물질적 요구들에 맞추어 광범한 공동체 아웃리치 프로젝트들을 운영하게 된다. 1969년 11월에 당의 아웃리치 노력은 '인민에 이바지하는 전국적인 프로그램'(the Nationwide Serve the People Program)으로 정식화됐고, 1971년 뉴턴에 의해 '생존 프로그램'으로 다시 명명됐다(Jones, 2006: 142). 물론 당이 이렇게 포괄해 나가기 전에도 이미 여러 가지 서비스 프로그램들이 시행됐다. 1966년 8월에 시작된 경찰순찰 활동이 그랬고 시애틀 지부에서는 1968년에 이미 무료아침급식 프로그램을 시작했다(Abron, 1998: 178). 블랙팬더 당원들은 자신들의 생존 프로그램들을 혁명의 일부라고 생각했고(Seale, 1991: 379) 적극적으로 참여했다.[8)]

여기서는 생존 프로그램을 애브론(Abron, 1998)과 차이페츠(Chaifetz, 2005)의 분류를 참고하여 다음과 같이 분류해 보았다.

1. 음식 프로그램

음식 프로그램에는 어린이들을 위한 무료아침급식 프로그램(Free Breakfast for Children)과 무료음식 프로그램(Free Food Program)이 있었다.

여러 지부 지도자들은 당의 10대 강령을 스스로 해석했고 오클랜

8) 1971년 당의 운영 방향과 관련하여 생존 프로그램을 강조하는 뉴턴과 공격적인 군사정책을 선호하는 엘드리지 클리버를 포함한 당원들 간에 내부 조직 갈등이 있었다. FBI에 의해 조장되기도 했지만 어쨌든 몇몇 당원이 희생됐다.

드(당 중앙)로부터 압력을 받지 않은 채 각 지부의 의견을 개진하고 그 가운데 최선책을 택하여 자신들의 일을 했다. 그 과정에서 어린이들에게 아침을 먹이는 것이 주요한 초점이 됐다. 억압의 가장 커다란 형태가 배고픔(굶주림)이라고 생각했기 때문이다. 그래서 결국 당에서도 각 지부에 어린이를 위한 무료아침급식 프로그램을 하도록 요구했다. 이 프로그램을 실시하는 데는 많은 비용이 들지 않았고 가난한 아이들이 무료급식을 받는다는 생각에 대해서 반대하는 사람들이 거의 없었기 때문에, 곧 가장 광범하고 가장 성공적인 프로그램으로 우뚝 섰다. 1968년에 몇몇 만(Bay) 지역 지부들과 시애틀, 워싱턴 지부에서 시작됐고, 그 다음 해에는 당이 다른 당 지부들에게 채택하도록 했다. 특히 오클랜드와 뉴욕의 당 지부에서는 여러 군데에서 무료아침급식 프로그램을 실행했다(Chaifetz, 2005: 21-25).

팬더의 경찰순찰 활동이라는 전투적 행동에 대한 여론이나 신문들의 보도 태도가 이 프로그램의 실시 이후 상당히 달라졌다. 학교 교장들도 이 프로그램을 좋아하게 됐고, 이 프로그램이 실시된 지 두 달 뒤에 버클리에서 필모어 거리의 한 교회는 대부분의 흑인 젊은이들에게 무료아침 프로그램을 실시했다. 블랙팬더당은 초등학교와 중·고등학교에 다니는 흑인 어린이들이 이 프로그램에 참여하도록 촉구했고 결국에는 모든 나이, 모든 인종의 어린이들에게 급식하고자 했다. 블랙팬더당 새크라멘토 지부는 1969년 9월 이 프로그램을 시작할 때 "지난해 전국적으로 2만여 명의 어린이에게 급식을 했는데 올해는 10만 명에게 급식하기를 희망"했다.[9] 블랙팬더당과 영 로즈(Young Lords)[10]의 뉴욕 연합체는 뉴욕의 여러 곳에서 매일 아침 정규적으로

---

9) 블랙팬더당의 기관지, *The Black Panther*, 1969.9.27.

10) 이 조직은 1969년 일군의 라틴계 젊은이들이 푸에르토리코인들과 라틴 공동체

무료급식을 하는 9개의 교회가 있다고 밝혔다. 두 개의 지부는 기부를 요청했으며 사람들이 좀 더 많은 급식 프로그램을 각자의 지역에서 조직하도록 촉구했다. 많은 지부에서처럼 오클랜드 지부는 처음부터 부모들이 어린이들과 함께 프로그램에 참여하여 필요한 물품들을 기부할 뿐만 아니라 아침을 제공하는 것을 돕도록 요구했다.[11] 블랙팬더당은 공동체가 결국은 그 프로그램을 스스로 맡아서 운영하도록 의도했기 때문에 이웃의 참여가 중요했다. 프로그램이 이웃을 포괄하면서 잘되어 나가자, 경찰은 그 프로그램을 중지시키려고 했고 프로그램의 브루클린 담당자를 체포했다.[12] 지도자가 없이도 브루클린에서 홉킨스 거리(Hopkinson Avenue) 프로그램은 매일 80명의 어린이들에게 급식을 했다. 1970년 1월에는 좀 더 확장되어 캔자스시 지부에서 노동자들에게 무료 아침을 제공하는 프로그램을 시작했다. 매일 2백여 명 이상을 먹이고 11월 추수감사절에는 8백여 명에게 풀코스 식사를 제공했다.[13] 페어헤븐, 뉴저지에서 무료아침급식 프로그램은 식사 장소까지 무료 운송해주는 것으로 시작했고 미국 전역에서 가장 크고 성공적인 것이었다.

연방정부는 '위대한 사회 프로그램'으로 공동체 급식을 시도했지만, 블랙팬더당이 운영하는 시설들을 거부했고 블랙팬더당이 주도하는 것을 싫어했다. 그럼에도 결국은 블랙팬더당 무료아침급식 프로그램은 미국 전역에 걸쳐 공립학교에서 무료아침급식 프로그램을 하도록 유

의 강화를 위해 투쟁하고자 결성한 것이다. 푸에르토리코인들의 해방을 위한 대중집회를 주도하는 등 활발하게 활동했으나 곧 강제 해산당했다

11) *The Black Panther*, 1969.1.4.

12) *The Black Panther*, 1971.4.10.

13) *The Black Panther*, 1970.1.10.

도했다.

블랙팬더당은 무료급식 프로그램을 성인들에게까지 확대했다. 안젤라 데이비스 인민 무료음식 프로그램(The Angela Davis People's Free Food Program), 오클랜드의 공동식품점은 사람들에게 묻지 않고 음식을 나눠 주었다. 정부의 보조 프로그램은 가족 수, 가족원 개인별 수입, 가구 성원 가운데 어린이가 얼마나 되고 4살 이하가 얼마나 되는지에 관해 많은 질문을 하고 보조 자격을 결정했다. 블랙팬더당은 공동체(성원들)가 당황하지 않고 보조를 받기를 원했다. 처음에 한 가족의 어떤 성원이라도 당사에 가방을 보여주면 그것에 음식을 채울 수 있도록 했으나 나중에는 용기와 내용물을 제공했다. 이것은 오클랜드에서 잘 진행됐고, 여기서 당원들은 그 프로그램을 유지하기 위해 기부 물품들을 모으려고 애썼다.

남녀 당원들, 부모들, 자원봉사자들이 부엌에서 일하고 식료품을 담았으며, 어린이들은 아침식사를 받으려고 줄을 서 있었다. 그러다 아침을 먹으러 온 어린이들이 옷도 제대로 못 입고 추위에 떨고 있는 상황을 보고 음식, 옷, 신발 등을 무료로 나눠 주는 프로그램을 생각해냈다. 1972년 오클랜드 블랙팬더들은 계속 성장하던 프로그램을 더욱 확대했다. 생존 컨퍼런스(survival conference)를 조직하고, 거기서 참여자들에게 1만여 개의 무료 식료품을 나눠 주었고 유전병 감염(sickle cell anemia) 테스트를 해주었으며 수천 명을 투표권을 행사하도록 등록하게 했다. 결국 블랙팬더들은 정기적인 대규모 음식 분배에 필요한 음식을 저장하기 위해 음식은행(food bank)을 설립했다. 그리고 더 나아가 무료 신발주기와 무료 옷주기 행사들(giveaways)을 대규모로 열었다. 이러한 대규모 나눠 주기 행사는 그 이후로도 몇 번 열렸지만 계속되지는 않았다.

이렇게 어린이를 위한 무료아침급식 프로그램과 음식 프로그램은 성공적이었지만 문제가 없지는 않았다. 무료아침급식 프로그램은 지속됐으나 다른 무료음식 프로그램들은 곧 사라졌다. 한참 뒤인 1976년에 FBI 국장인 후버(J. Edgar Hoover)는 무료아침급식 프로그램이 블랙팬더당을 쓸어내려는 데 가장 큰 장애물이라고 했고, 때문에 FBI는 아침급식 프로그램의 자금 조달을 막으려고 분주했다(Newton, 1996). 그럼에도 정부는 무료아침급식 프로그램을 중지시키지 못했고, 블랙팬더당은 FBI의 역정보 프로그램으로 당원들을 상실했음에도 불구하고 무료아침급식 프로그램을 계속해 나갔다.

2. 교육 프로그램

1) 해방학교(Liberation School)

무료아침급식 프로그램 외에 블랙팬더당은 학교들을 세우는 데서도 커다란 성공을 거두었다. 해방학교는 무료아침급식 프로그램과 함께 그리고 더 일찍 시작됐고 종종 무료아침급식 프로그램과 결합되어서 이루어졌다. 많은 학교에서 어린이들에게 하루에 한 끼 이상 식사를 제공했다. 첫 번째 해방학교는 캘리포니아의 버클리에서 1969년 6월 25일에 문을 열었다. 후속 학교들이 LA, 시애틀, 그리고 오리건의 유진(Eugenee)을 비롯해 미국 전역에 걸쳐서 문을 열었다. 이 학교들은 번성했고 오클랜드 학교는 당이 해체될 때까지 지속됐다(Chaifetz, 2005: 26-27).

블랙팬더당은 공립학교체계가 젊은이들을 잘못 교육하고 있다고 보았고, 흑인 공동체가 흑인학교들을 통제해야 한다고 생각했다. 블랙팬더당은 "교육체계의 공동체 통제를 통해서만 우리는 우리의 아이들이 자신들의 생존에 필요한 정보를 얻는 것을 보기를 바랄 수 있을 뿐이다"[14]라고 했다. 아이들이 아직 영향을 받을 수 있는 나이에 흑인의 역사를 배울 기회를 가지고 또한 "돼지[백인] 권력구조에 대항하는" 법을 배우고 흑인 공동체에서 경찰의 살인과 잔인함에 어떻게 반응해야 하는지에 대해 배울 기회를 갖도록 계획됐다.[15]

블랙팬더당은 자신들의 교육제도에서 사회의식과 문화를 강조했다. 그런데 많은 흑인들이 읽을 수 없었고 반(半)문맹이었다. 블랙팬더들은 젊은이들에 대해 신뢰를 가지고 학급체계, 문화적 민족주의, 자본주의를 포함하여 '혁명원칙들'을 이해하며 자라도록 어린이들을 교육하였다. 해방학교의 교육과정은 당 활동, 흑인 역사, 현재의 사건들에 대한 설명들을 포함하고 있었다. 학생들은 보통 해방학교에 참가하는 동안 무료급식 프로그램으로 아침과 점심을 먹었다(Abron, 1998: 185).

교육은 블랙팬더들의 공동체 아웃리치에 중심적이었고, 1971년 1월에 초기의 블랙팬더 해방학교들에 기반한 '사무엘 나피에르 범공동체청년학교'(Samuel Napier Intercommunal Youth Institute)가 설립됐다. 당은 조직 안에서 경찰과의 갈등으로 죽은 당원인 사무엘 나피에르(Samuel L. Napier)[16]를 기리는 이름을 그 학교에 붙였다. 처음 시작할 때 그 학교에는 28명의 학생들이 있었는데 그 가운데 대다수가 당원의 자녀였다. 학교들은 혁신적이었고 아이들은 나이에 따라서가 아니라 수준에 따라서 구분됐다(나이는 2살 반에서 11살까지 있었다). 한 학생은 4단계 수학교실에 참여하지만 1단계 영어 혹은 언어교실에 참여하기

14) *The Black Panther,* 1970.4.29.

15) *The Black Panther*, 1970.2.7.

16) 나피에르는 일찍이 블랙팬더당에 가입했고 투쟁 과정에서 1971년 살해당했다.

도 한다. 선생님이 모든 아이들을 하나의 수준에 연계시킬 수 없으면 종종 학생들이 함께 집단을 이루었다.17)

오클랜드에 있는 범공동체청년학교와 같은 블랙팬더당 학교들은 다재다능한 교육을 제공하는 데 초점을 맞추었다. 블랙팬더들은 책을 통한 학습만이 유일한 교육(훈련)은 아니라고 생각하여 음악, 춤 그리고 체육 등의 수업을 해야 한다고 확신했다. 학생들이 규칙을 어기면 선생님들이 훈육을 책임지는 대신에 '정의위원회'라 불리는 작은 학생 집단이 처벌을 결정했다. 1974년 6월에 첫 졸업생을 냈는데, 한때 4백 명의 어린이들이 입학대기자 목록에 이름을 올려놓고 있었다.

1974년에 범공동체청년학교는 공동체의 동참을 확대하기 위해서 오클랜드 공동체학교(Oakland Community School: OCS)로 개명됐고, 이 대안학교는 1982년까지 11년 동안이나 지속됐다. 오클랜드 공동체학교의 시설은 학교로도 사용됐지만 공동체 학습센터와 공동체 포럼 같은 블랙팬더당의 다른 중요한 공동체 생존 프로그램들을 위한 공간으로 사용되기도 했다. 오클랜드 공동체학교 건물은 전에 교회였던 건물로 크고 쭉 뻗어 있는 1층 구조였다. 건물의 반은 열린 뜰로 거기에 거의 15개의 모임실과 교실, 커다란 부엌과 식당이 있었다.

오클랜드 공동체학교에서는 교육 경험으로 인해 어린이들이 동료들로부터 고립되지 않도록 하기 위하여, 오클랜드 지역에 있는 다른 학교에 다니는 어린이들이 오클랜드 공동체학교에서 방과 후 활동 및 주말 활동에 매주 참여하도록 했다. 또 교직원들은 16명의 자격 교사와 13명의 자원봉사자 및 보조자로 이루어져 있었고, 두 팀으로 나뉘어 각각 8개 그룹(학급)에서 일했다.

---

17) *The Black Panther*, 1969.11.15.

교실의 풍경을 잠깐 들여다보면, 한 교실에서 한 학생과 교사가 경찰 이야기 텔레비전쇼에 대해서 토론을 하고 있다. 12살가량의 그 어린이는 그 쇼에 꽤 인상을 받았고 그것의 장점들에 대해서 설명하고 있었다. 흑인 교사는 현실적으로 블랙팬더당은 경찰의 박해 대상이었고 피를 흘리거나 죽기까지 했다고 설명하고 있었다.

여러 가지 점에서 오클랜드 공동체학교는 공개교실(공개강좌)과 유사했다. 학생과 교사 사이에 많은 정서적 교감이 있었으며, 교실에는 한 흑인 남성이 8살이나 9살 된 작은 어린아이를 안고 있었다. 학교에서 몇몇 나이 든 시민들이 어린이들과 이야기하고 그들과 공예 같은 다양한 프로젝트들을 수행하기도 했다(Willis, 1977: 74) 학교를 통해서 학생들, 교사들, 부모들은 새로운 역할 속에서 자신들을 집합적으로 보게 된다. 그들은 자신들 모두가 서로에게 기여하고 공동체 전체에 기여할 수 있는 독특한 재능들을 가지고 있다는 것을 생각하고 이해하게 됐다. 더욱이 그들은 자신들의 재능을 발전시키고 공유하도록 권유받았다. 이러한 과정을 유도함으로써 참여자들은 공동체 생활의 다른 영역에서 자신들의 상황을 바꾸어 나갈 수 있을 것으로 기대되었다(Willis, 1977: 67-68, 72-75).

1977년에 주지사와 주입법자들은 오클랜드 공동체학교에, 지역 초등학교 가운데 가장 높은 교육 수준을 지니고 있다고 상을 주었다. 1978년에도 블랙팬더당의 오클랜드 공동체학교에 등록한 어린이들은 공동체 안의 다른 학생들 이상으로 학습을 수행했다. 학생들은 또한 고학년들의 경우 학교에서 치과 치료 등 의료 혜택을 받을 수 있었고 부모의 요청으로 기숙사에서 밤새울 기회도 있다. 학교는 결국 학비를 무료에서 한 달에 25불을 내는 것으로 전환했지만, 그 학비를 낼 수 없는 부모들은 돈을 내는 대신 도우미로서 학급 일을 돕는 것을 택했다. 오클랜드 공동체학교는 1982년 6월에 마지막 학급을 졸업시켰고 이것이 블랙팬더당의 마지막 생존 프로그램이었다.

2) 공동체 학습센터 등

오클랜드 해방학교 건물의 다른 쪽 끝에는 3백 명을 수용할 수 있는 강당이 있었다. 이 강당에서는 매주 공동체 포럼이 열렸다. 건물 뒤에는 커다란 주차장이 있어서, 오클랜드 공동체학교와 공동체 학습센터 프로그램을 위한 운동장으로 사용했다. 소유지의 뒤편에는 몇몇 작은 집들이 있는데, 당은 이미 이 집들 가운데 하나를 샀다. 그것은 오클랜드 공동체학교와 공동체 학습센터 프로그램들에 의해 '과학센터'로 사용되었다. 과학센터의 일부는 정원인데, 거기에 프로그램들에 참여하는 어린이들이 식물도 심고 공부도 했다. 당은 나머지 집들도 사서 유사한 특정 연구에 사용하려고 했다(1976년의 상황)(Willis, 1977: 67-70).

(1) 공동체 학습센터

기금모집을 한 지 2년 뒤인 1973년에, 범공동체청년학교 아이들의 부모들은 오클랜드 공동체학교 옆에 건물을 하나 사서 그것을 공동체 학습센터(Community Learning Center)로 사용했다. 공동체가 통제하는 이 시설은 방과 후 프로그램, 성인교육교실 그리고 '인간의 아들' 사원(Son of Man Temple)[18]을 수용했다.

공동체 학습센터는 그것이 위치한 오클랜드 이웃에 진보적인 교육,

18) 기존의 교회 대신 지역 주민들이 함께 모여 기도하고 교류하는 장이었다.

문화, 사회활동들을 제공하는 복합적 조직이었다. 물리적으로 공동체 학습센터는 많은 동시 활동을 위한 공간을 제공하는 커다란 구조물이었다. 이 프로그램들은 문화예술 프로그램(Cultural Arts Program) —음악, 춤, 드라마에 대한 기술적인 교육을 하는—과 성인교육 프로그램을 포함하고 있었다. 매주 무료영화상영도 있었다. 덧붙여 공동체 학습센터는 모임에서 전문적 연예, 지역의 풀뿌리 정치조직들의 결집에 이르기까지 다양한 공동체 행사를 주관했다(Chaifetz, 2005: 28-29).

공동체 학습센터의 주요 초점은 공동체의 청년들이었다. 방과 후와 주말에는 젊은이들을 위한 광범한 활동들이 있었다. 잘 계획된 스포츠 프로그램이 제공됐고, 호신술 강좌들도 있었다. 방과 후 프로그램에서는 오클랜드 공동체학교의 학생들과 오클랜드의 다른 학교에서 온 학생들 사이에 상호 교류가 있었다. 아주 다른 교육 형식들을 경험하고 있는 두 집단의 어린이들이 자신들이 배운 서로 다른 생존 기술들을 서로에게 가르쳐주고자 했다.

청년들을 위한 프로그램들 외에도 공동체 학습센터에서는 많은 지속적인 프로그램들이 제공됐다. 법률 도움 및 교육 프로그램(Legal Aid and Education Program)은 법률 상담, 변호사 소개 서비스, 무료감옥버스 운행, 수감자들을 위한 무료변론 등을 제공했다. 이 프로그램은 수감자들과 가족 및 공동체 성원들을 포괄하며 서로 접촉하도록 도왔다. 다른 서비스들은 일상생활에서 부딪치는 문제들과 장애물들을 처리하는 데 주민들에게 도움을 주고 있었다(Willis, 1977: 74-75).

(2) 공동체 포럼(이전의 '인간의 아들' 사원)

공동체 포럼은 일요일 오후에 공동체 학습센터에서 열렸다. 공동체 문제들을 논의하고 그러한 상황 속에서 변화를 가져오기 위해 사람들이 모이는 장소였다. 포럼에서는 강사들을 초청하기도 했으며, 청중은 포럼의 모든 쟁점(지역 정치인들에게 문제를 제기하고 자신의 의견을 제시하는 것을 포함하는)에 참여하도록 권유받았다. 보통 지역의 전문 엔터테이너들에 의한 문화행사가 함께 열렸다.

1976년 부활주일에 열린 한 공동체 포럼에는 약 1백여 명의 성인들과 어린이들이 참여했다. 휴일이라 참석자들이 좀 적었는데 보통 2백50－3백 명이 참석했었다. 이 특별한 주일에 열린 그 포럼은 자신들의 상황과 관련하여 이야기하는 사람들의 비공식적인 모임이었다. 추첨을 하여 기념품으로 텔레비전을 선물했고 공동체 학습센터와 공동체에서의 다음 행사들이 공고됐다. 또한 지역 재즈밴드가 여흥을 제공했으며 참석한 어린이들은 많은 관심을 받았다. 3시간 가까운 프로그램이 끝날 즈음에 음료수가 제공됐고 책과 카드를 판매했다(Willis, 1977: 80).

(3) 어린이발달센터

해방학교들은 공교육제도들보다 더 포괄적이었다. 유아들을 위한 센터를 만들고 새로운 프로그램을 개발하기도 했다. 블랙팬더 당원들은 오클랜드 지역에 있는 일일보호센터들이나 간호학교들이 어린이의 발달 과정을 무시한다고 느꼈기 때문에 어린이발달센터를 만들어 유아를 위한 프로그램들을 수행했다.

어린이발달센터에서는 1974년에 유아를 위한 두 가지 프로그램을 새로 개발했다. 유아자극[격려](Infant Stimulation) 프로그램은 1살 아래의 어린이들을 위한 학급이었고, 감각운동발달(Sensor Motor Development) 프로그램은 2살 반까지의 어린이들을 위해 계획됐다. 유아자극 프로그램에서 각 어린이는 어린이발달센터가 고안한 발달 스케줄에 따라 관찰되고 평가됐다. 평가를 안내서로 삼아 각 어린이에게 그/그녀의 특정한 욕구에 따라 기획된 개인자극 프로그램을 수행했다. 발달 스케줄은 운동 기술, 문제해결 기술, 자의식과 반응을 표현하기를 포함했다(Chaifetz, 2005: 28).

더 나이든 어린이들은 감각·운동 기술 커리큘럼에서 개인화된 자극 프로그램을 계속하고 더 진전된 기술들로 이동했다. 이 프로그램은 기본적인 신체운동, 리듬, 건강, 정치교육, 언어, 수학, 체육을 포함했다(Willis, 1977: 80-81). 아기의 특정한 욕구에 맞는 프로그램을 해나가기 위해서 각 영·유아를 매달 평가했다.

3. 건강 프로그램

1) 무료건강진료소(Free Health Clinic)

블랙팬더당은 흑인 공동체를 교육했을 뿐만 아니라 건강하게 유지하려고 했다. 존슨 행정부는 빈곤퇴치 프로그램에서 더 나아가 건강보호를 강조했으나, 1972년 여름 빈곤기금이 오클랜드에 내려왔지만 블랙팬더당에게는 오지 않았다.

공공건강시설들은 병원에서의 서비스 거부에서부터 응급환자를 잘못 대처하는 것에까지 많은 문제들을 갖고 있었다. 이러한 문제들은 분노를 일으켰고 블랙팬더당은 일반적인 응급조치에서부터 산부인과 검사, 겸상적혈구빈혈증(sickle cell anemia)검진까지 하기 위해 자신들의 건강진료센터를 만들기로 했다(Chaifetz, 2005: 29-30). 몇몇 장소에서는 응급조치 강좌와 실험실 기술훈련(lab technician training)을 열기까지 했다.[19] 이러한 진료소들은 아주 절박하게 만들어졌다.

미주리주의 캔자스시 지부는 1969년 8월 20일 '바비 허턴 공동체 진료소'(the Bobby Hutton Community Clinic)를 개원하여 당의 무료건강진료소를 처음 시작했고 여러 지부들이 따라 했다. 뒤이어 시카고, 시애틀, 볼티모어, 오클랜드, 보스턴, 클리블랜드, 필라델피아 지부도 무료건강진료소를 만들었다(Jones, 2006: 143).

블랙팬더들은 의료인들이 치료를 필요로 하는 주민들을 돕고 제약회사의 기부를 받아 기꺼이 시간을 내서 진료해주려 한다는 것을 알았다. 오클랜드의 의사 톨베르트 스몰(Tolbert Small)과 같은 건강전문가들의 도움을 받아서 주민들을 무료로 치료해주었다. 무료건강진료소는 응급조치, 신체검사, 태아 건강, 납중독 검사, 고혈압 검사, 겸상적혈구빈혈증 검사 등 다양한 서비스를 제공했다. 모범적인 당 건강진료소로는 1970년 일리노이 지부가 세운 '스퍼전 제이크 윈터스 인민무료의료센터'(the Spurgeon "Jake" Winters People's Free Medical Care Center)였는데, 설립된 처음 두 달 동안에 2천 명이 넘는 사람들을 진료했다. 윈터스 진료소의 의료진들(산과의사, 부인과의사, 소아과의사, 일반의사)은 건강 문제를 지닌 사람들을 도우러 직접 집으로 방문하기까지 했다.

이상과 같이 블랙팬더당은 건강진료소를 많이 세웠고, 그 가운데 몇 개는 오늘날까지 존속하고 있다.[20)]

또 다른 서비스 형태로는 인민무료앰뷸런스 서비스가 있었다. 1974년에 노스캐롤라이나의 블랙팬더들은 성공회(the National Episcopal Church)가 지원하는 자금으로 만든 기금을 가지고 윈스턴세일럼에 '조지프 와들 인민무료앰뷸런스 서비스'(the Joseph Waddell People's Free Ambu-

19) *The Black Panther*, 1970.6.13.

20) 포틀랜드, 오리건, 시애틀, 워싱턴에는 블랙팬더당이 세운 진료소들이 오늘날까지 남아 있다.

lance Service)를 만들었다. 이 서비스는 24시간 가동됐으며, 20명의 자원 당원들로 이루어진 팀에 의해 운영됐다. 이 사람들은 광범한 응급조치 기술을 훈련받았으며, 이 앰뷸런스 서비스는 2년 동안 시행됐다(Abron, 1998: 185).

2) 겸상적혈구빈혈증(Sickle Cell Anemia) 검사

겸상적혈구빈혈증 검사는 블랙팬더당이 제공한 또 다른 주요한 건강 프로그램이다. 블랙팬더들은 그 병을 근절시키는 의료교육 캠페인을 실시했고 정부가 그 병에 대한 연구를 하지 않는다고 비난했다. 곧 블랙팬더당은 그 병에 대한 무료 검사를 하기 시작했다(Chaifetz, 2005: 31-32).

먼저 시카고 지부의 바비 러시(Bobby Rush)가 겸상적혈구빈혈증과 관련하여 전국적인 쟁점을 불러일으켰다. 이 병은 대부분 흑인들에게 영향을 주는 혈관유전병이었다. 러시는 이 병의 쟁점들을 당에 가지고 왔고 당은 1971년 5월에 이 병에 대한 검사를 하는 프로그램을 시작했다. '제이크 윈터스 진료센터'가 제일 먼저 프로그램을 진행했고, 3일 만에 6백 명을 검사했다(Abron, 1998: 185). 심지어 의사와 간호사들이 진료소에서 나와 사람들을 검사하기 위해 이웃 속으로, 집으로 찾아갔고 (시카고에서는) 초등학교에도 찾아갔다. 1973년 4월에 바비 실은 같은 해 3월 29일 이래 샌프란시스코 · 오클랜드 지역에서 블랙팬더들이 3만 5천 명을 검사했다고 했다.

더 나아가 블랙팬더들은 그 활동을 공동체에 넘기려고 했고, 지역공동체 성원들에게 그 검사를 관리하고 현미경 아래에서 결과를 읽을 수 있도록 훈련시켰다. 텍사스의 휴스턴에서 블랙팬더당은 텍사스 남부대학 학생들과 공동체 거주자들을 훈련시켜서 겸상적혈구빈혈증, 고혈압, 당뇨 등을 검사할 수 있게 했다.

그리고 블랙팬더당은 예방의학 차원에서 겸상적혈구빈혈증을 다루었다. 전에는 의사가 특정 환자가 이미 그 병의 특색을 지녔다고 판단할 경우에만 검사를 했지만, 블랙팬더당은 모든 흑인을 예방차원에서 검사하고자 하였다.

블랙팬더당은 또한 겸상적혈구빈혈증을 검사하고 치료하기 위한 재단을 창립했다.[21] '인민 식클셀아네미아 재단'(The People's Sickle Cell Anemia Foundation)은 당이 그 병의 특질에 대해서 무료 검사와 치료를 위한 연구를 계속할 수 있도록 설립됐다. 존슨 연방정부가 추진한 '위대한 사회' 정책의 의료연구 프로그램은 이 병을 다루지도 않았다. 팬더들의 식클셀아네미아 프로그램은 가장 혁신적인 프로그램 가운데 하나였다. 블랙팬더당의 성공 직후 많은 조직들이 검사를 하기 시작했지만, 미국 당국은 이 시점에서도 광범위한 겸상적혈구빈혈증 검사를 하지 않았다.[22] 이러한 움직임에 닉슨 대통령은 92회 의회 건강 메시지 연설에서 그 병을 언급하지 않을 수 없었다. 이처럼 정부로 하여금 새로 태어나는 모든 흑인이 그 병에 대해서 검사를 받게 하도록 압박했다.

겸상적혈구빈혈증 검사 이외에도, 블랙팬더당 샌프란시스코 지부의 진료소에서는 건강보호 강좌와 영양 강좌를 개설했다. 대부분의 주민들은 특정 종류의 음식의 중요성을 이해하지 못했다. 블랙팬더들의 생각은 주치의에게서 받는 서비스와 동일한 것을 제공하는 것이었다. 그리고 약물 사용이 공동체 안에서 상당히 늘어나서 약물 사용의

21) *The Black Panther*, 1971.10.9.
22) 이윤을 목적으로 검사를 실시하는 곳도 많았다.

효과에 대해 공동체에 정보를 제공하는 교육도 실시했다. 건강진료센터들은 공동체 안에서 일할 사람들을 고용했고, 블랙팬더당의 활동은 처음에는 비영리였지만 오클랜드 지부는 결국 활동 노동자들과 의사들에게 임금을 지불했다.

4. 보호 프로그램

1) 경찰순찰(Police Patrols)

블랙팬더당이 수행한 첫 번째 공동체 서비스 프로그램은 경찰을 모니터하는 프로그램이었다. 빈곤 프로그램 사무실에서 실과 뉴턴은 법률을 공부했고 무기를 숨기지 않고 가지고 다니는 것이 합법적이라는 것을 알았다. 처음에 실과 뉴턴은 무장한 채 자신들의 차를 타고 경찰을 따라다녔다. 그 후 그들은 곧 공동체 성원들(대개 남자들)을 조직했고 이들은 경찰이 거리를 순찰할 때 따라다녔다. 경찰들을 뒤따르는 각 차량에는 자신들이 선택한 무기로 무장하고 적어도 두 사람의 블랙팬더들이 탔다. 인종차별적인 경찰의 탄압과 잔인함에 대응하기 위해서 무장자위집단을 만든 것이었다. 압도적으로 다수가 백인인 경찰들은 오클랜드에서 흑인들을 끊임없이 괴롭혔기 때문에, 블랙팬더들은 난투극을 벌이는 사람에게 법적 권리를 기꺼이 읽어주었고 그 상황에 적절한 미국 헌법의 부분들을 인용해 알려주었다. 이러한 시위는 오클랜드 사람들에게 경찰이 강력한 이유 가운데 하나는 주민들이 그들에게 대들지 않기 때문이라는 것을 보여 주었다. 그리고 이 경찰순찰 활동은 당의 초기 형성기에 당원들을 충원하는 메커니즘으로도 기능했다(Chaifetz, 2005: 20-21).

블랙팬더당은 경찰순찰 활동을 하면서 주민들에게 자신들의 권리들을 깨닫도록 도와주었다. 많은 사람들은 자신들의 자유에 대해서 의식하지 못했으며 블랙팬더당은 그 사실을 바꾸려고 했다. 무장한 블랙팬더들이 경찰을 모니터한다는 사실은 혁명적이었다.

1973년에 당은 시카고에서 공동체의 경찰통제에 관한 이틀 간의 회의(conference)를 열었다. 당 창설 7년 뒤에도 경찰순찰은 거의 변하지 않은 채 여전히 당 활동의 주요 분야였다. 이 회의에서 블랙팬더들은 경찰을 순찰하는 새로운 방식들을 정식화했다.[23] 풀뿌리정치, 공동체 통제, 구역 재구분, 경찰에 대한 공동체 통제의 정의, 투표자 등록과 같은 쟁점들에 대한 워크숍이 열렸다. 이러한 성공적인 이벤트는 일리노이 지부가 경찰순찰 프로그램을 더욱 부드러운 방식으로 운영하는 데 도움을 주었고, 경찰순찰 활동을 통해 더 많은 지지자들을 모으는 방법에 대한 생각들을 발전시켰다. 경찰순찰은 오클랜드에서는 이미 성공적이었다.

2) SAFE 프로그램

블랙팬더당은 가난한 사람들, 병든 사람들, 젊은이들을 도우면서 또한 공동체의 노인들을 위한 프로그램들을 기획했다. 노인들은 공동체 안에서 특히 사회안전수표(Social Security checks)와 연금을 받는 날에는 노상강도를 당했다. 노인들은 오클랜드 경찰국에 찾아가서 자초지종을 이야기했으나 오클랜드 경찰국의 반응은 노인들에게 "보노에디 가깝게 걸어라"라고 조언하는 것뿐이었다.

---

23) *The Black Panther*, 1973.6.9.

1972년 10월, 오클랜드의 노인(senior citizens)들이 블랙팬더당에게 도움을 요청했다. 그들은 당의 전투성과 보호적 성격이 노인들인 자신들에게 유리할 수 있다고 생각했다. 블랙팬더당은 도울 기회임을 알았고 다섯 대의 밴을 사고 운전사들을 고용하여 노인 공동체 성원들을 태워 어디든지 가고 싶은 곳에 데려다 주는(에스코트하는) 운송 서비스를 시작했다. 프로그램은 하루에 18시간씩 하도록 준비됐다. 블랙팬더들은 그 서비스를 노인공동체 도움 프로그램(Senior Citizens Community Aid Program)이라고 부르려고 했는데, 결국에는 SAFE(Seniors Against a Fearful Environment, 위해환경에 대한 노인안전) 프로그램으로 명명하였다(Chaifetz, 2005: 33-36).

이 프로그램은 대단한 성공을 거두었다. 블랙팬더들은 노인들을 돕는 추가적인 방식으로 서비스를 확장했다. 그들은 수많은 사회적 활동을 지원하고 성원들에게 할인 가격으로 과일과 채소를 살 기회를 제공하는 'SAFE 클럽'을 기획했다.[24] 버클리에 있는 '인민무료의료연구진료소'(The People's Free Medical Research Clinic)는 진료소에 올 수 없는 사람들에게 감기예방주사를 무료로 놓아주기 위해 오클랜드에 있는 노인들의 집을 방문했다.[25] 블랙팬더당은 SAFE 프로그램 참여자들에게 무료법률 도움을 제공했다. 참여자들은 나중에 오클랜드에 있는 코이트 램지(Coit Ramsey) 거주 지역에서 자신들의 생활조건을 개선하기 위해서 스스로를 조직했다.[26] SAFE 프로그램 활동가들은 프로그램 참여자들의 집에 음식과 의약처방을 배달했으며 앨라미다(Alameda)군에 있는 노인들의 집을 방문하면서 도왔다. 당은 또한 오

24) *The Black Panther*, 1978.8.11.

25) *The Black Panther*, 1974.10.26.

26) *The Black Panther*, 1975.1.25.

클랜드시 주거 당국이 오클랜드 시내에 있는 저소득 노인들의 집들을 보수하고 청소하도록 만들었다.

SAFE 프로그램은 1977년에도 여전히 제대로 작동하고 있었고, 그때 남부 캘리포니아 블랙팬더당은 SAFE 프로그램을 위해 모금하는 노인들을 위한 『노인권력』(*Senior Power*)이라는 잡지를 발간했다. 그 잡지는 노인 공동체 안에서 노인 공동체가 부딪치는 문제들에 관해서 대화를 촉진하려고 했다. 블랙팬더당은 노인들이 원한다면 자신들의 공동체 안에서 더욱 능동적일 수 있도록 노인 에이전시들과 노인 클럽들의 목록을 갖고 있었다. 게다가 1977년에 오클랜드 공동체 학습센터의 학생들은 방과 후 활동 시간의 일부를 앨라미다군 노인들을 차에 태워드리는 데 썼다.

더욱이 이 프로그램에 참여하는 노인들은 다른 공동체 생존 프로그램들에도 참여했다. 몇몇 노인들은 오클랜드 공동체학교에서 일하고 있었다. 특히 한 여성은 어린이 집단을 위한 공예교실을 꾸리고 있었는데 그 여성은 60대 후반에 어린이들과 함께 일하는 것이 다시 젊어지게 느끼도록 만들며 자신에게 무엇인가 긍정적인 것을 주었다고 말했다(Willis, 1977: 76-77).

이 프로그램은 노인들로 하여금 자신들이 새롭게 변화될 수 있다는 자각을 갖게 했다. 이 프로그램에 참여하면서 노인들은 자신들이 사회에서 어떤 위상을 가지고 있는지와 자신들에게도 할 일이 있다는 것을 깨달았다. 이 프로그램은 또한 노인들이 공동체 학습센터에서의 다양한 활동에 참여할 수 있는 방식을 창조해왔다. 그 예로 노인들은 포럼들에 참여하고 사회활동(예를 들어 저녁식사, 춤, 패션쇼)을 유지할 수 있게 되었다.

SAFE 프로그램의 참여자는 남성보다 여성이 많았다. 프로그램에 참여하는 사람은 매주 차이가 있었지만, 1977년경에도 남성들보다 여성들이 점차 더 많아졌다. 실과 브라운이 지역의원 캠페인에서 실패한 이후 많은 사람들이 당을 떠나는 상황에서도 말이다. SAFE는 특히 공동체 주민들의 요청에 의해 이루어진 몇 안 되는 프로그램들 가운데 하나이며 한 여성에 의해 기획된 유일한 프로그램이었다.

SAFE 프로그램은 오클랜드에서는 당이 해체될 때까지 지속되지는 않았다. 왜냐하면 프로그램을 유지하기 위해서는 상당한 비용이 들었는데 기금조성이 잘 되지 않아 1979년 여름까지 지속되고 그 뒤로는 사라졌다. 당은 그 후 운송수단을 오클랜드 공동체학교의 활동을 위해 사용하도록 했다. 또 이와는 조금 다르지만 많은 블랙팬더들이 투옥되는 상황에서 감옥으로 면회를 가는 날에는 당에서 버스를 운행하는 '감옥버스 무료운행 서비스'를 하기도 했다. 이 서비스는 여러 감옥별・시기별로 나뉘어 실행됐다.

SAFE 프로그램은 공동체를 위한 블랙팬더당의 가장 중요한 프로그램 가운데 하나였다. 그것은 지역 공동체 성원들로 하여금 그 프로그램과 당 모두에 참여하도록 촉진했다. SAFE 프로그램은 모든 연령의 사람들이 참여할 수 있다는 것과 젊은이 공동체들과 노인 공동체들이 긍정적인 방식으로 상호작용할 수 있다는 것을 증명했다. 이 공동체 프로그램은 그 성공이 알려지자 전국에 걸쳐 다른 조직들이 따라 하기 시작했다.

5. 기타 생존 프로그램들

이상 정리한 것들 이외에도 다양한 생존 프로그램들이 있었다. 물론 성공적인 프로그램들도 있었지만 짧은 기간에만 시행되거나, 계획됐지만 전혀 시행되지 않은 프로그램들도 있었다. 어떤 프로그램들은 한 도시에서만 진행됐거나 더 큰 프로그램의 일부가 되기도 했다(Willis, 1977: 83-85). 생존 프로그램들이 지속되지 않은 데에는 몇 가지 이유가 있다. 식클셀아네미아 연구재단 같은 경우 블랙팬더당의 가장 잘 알려진 프로그램 가운데 하나인데, 관련 쟁점들을 둘러싸고 충분한 사람들을 조직할 수 있었고, 그 다음에 기존 대행기관들에 충분한 압박을 가했다. 그래서 다른 공적 조직들과 사적 조직들이 그 기금을 마련하는 데 책임을 지게 됐고, 자연스럽게 블랙팬더당의 활동은 다른 것에 집중되게 됐다.

일부 생존 프로그램들이 지속되지 않은 또 다른 이유는 프로그램들이 비경제적이었고 그래서 효과적이지 않다고 판단됐기 때문이다. 몇몇 경우에 처음에는 성황리에 개최됐으나 프로그램을 부각시키는 데 기여하지 못했고 그래서 프로그램은 포기됐다. 지속되지 않은 프로그램들 가운데 몇몇은 무료음식 프로그램, 무료신발 프로그램, 무료배관 공사 및 유지 프로그램 등이었다.

'무료음식' 프로그램, '무료의류' 프로그램, '무료신발' 프로그램은 비슷한 이유로 중단됐다. 이 세 프로그램의 기본적인 생각은 누구나 무료로 적절한 영양가 있는 음식을 먹고 무료로 잘 만들어진 적합한 옷을 입고 무료로 질 좋은 신발을 신을 권리가 있다는 것이었다. 이러한 프로그램들을 시행하기 위해서는 당은 지역 소매상들로부터 기부를 받아야 했다. 일정 기간이 지난 뒤에 이 기부들을 얻기가 점점 어려워졌고 당은 이 프로그램들에 너무 많은 비용을 지불하는 상황에 직면했다. 이러한 경제적 현실에 덧붙여 당은 불완전한 생존 프로그램들을 주민들에게 제공하기를 원하지 않았다. 그래서 이 프로그램들을 중단하기로 결정했고 좀 더 성공적이고 그래서 더욱 효과적인 프로그램들에 당의 에너지를 집중하게 됐다.

그리고 어떤 프로그램은 특정 지역에서만 실시됐다. 한 생존 프로그램을 계속 수행할 것인가를 결정하는 데 있어 결정적인 요소는 특정한 시나 공동체 안에 존재하는 요구이다. '무료인민앰뷸런스' 프로그램은 노스캐롤라이나의 윈스턴세일럼에서만 시행됐다. 이 서비스는 흑인 공동체에 24시간 무료 앰뷸런스를 제공하는 프로그램으로 훈련된 응급 의료 기술자들에 의해 이루어졌다. 사설 앰뷸런스 업체들은 의료보험이나 현금으로 지불받지 못하면 환자를 운송하지 않으려고 했다. 흑인과 빈민 주민들은 일반적으로 제한된 범위의 의료보험과 현금을 가지고 있었으므로, 이 프로그램은 공동체에서 매우 현실적인 필요를 충족시켰다. 이것을 통해 블랙팬더당은 주민들에게 사회화된 의료, 예방건강보호, 기본적인 응급처치법을 교육하였다.

어떤 프로그램들은 다른 프로그램에 흡수되기도 했다. '무료아침급식' 프로그램은 나중에 오클랜드 공동체학교에 의해 흡수되고 확대됐다. 학교에서 어린이들은 매일 잘 차려진 세끼 식사를 제공받았다. 흡수된 프로그램의 또 하나로는 '인민무료고용' 프로그램이 있었다. 집을 청소하는 직업에 주로 고용하는 프로그램이었는데, 좀 더 작은 규모로 공동체 학습센터에 의해 운영됐다(Willis, 1977: 84-85).

또한 작은 아이템을 가지고 활동하다가 더욱 커다란 쟁점들에 대해 인식하게 되는 프로그램도 있었다. 텍사스의 댈러스에서 시행된 '인민무료해충통제' 프로그램은 개미, 쥐와 같은 해충들을 제거하고 다시 나타나지 않도록 하는 방법을 교육했다. 그러면서 이 프로그램은 해충의 통제, 관련된 건강 쟁점들, 더 큰 정치적 쟁점들(예를 들어, 왜 해충들이 있는가?)에서 공동체를 교육시키는 수단으로서 기능했다.

물론 계획했지만 전혀 시행하지 못한 프로그램도 있었다. 공동체 성원들이 편리하게 이용할 수 있는 것으로 구상했던 '토지은행'(Landbanking) 프로그램은 실행되지 못했다. 자산을 살 만큼 돈을 마련하지 못했기 때문이다.

이처럼 생존 프로그램들은 해당 공동체의 상황에 따라 잘되기도 하고 중단되기도 했다.

4절. 당 활동 및 생존 프로그램의 대안적 성격

자본주의 사회에서 대안이나 대안운동이라고 할 때에는 자본주의 내지는 사본주의 사회 질서와 경제 질서의 한계에 대한 대안을 말한다(강수돌, 2007: 194). 그런데 현실 속에서 자본주의의 대안을 추구하는 노동자운동은 기존 체제의 모습을 닮아가면서 대안보다는 오히려 자본주의의 파트너가 되어가고 있다. 이러한 상황에서 대안이란 단순히 자본주의를 극복한다는 추상적인 규정보다는 현재 지배체제의 표준적인 또는 주류적인 방향에 대해서 얼마나 색다른 방향들을 실험해 나가느냐에 달려 있다고 생각된다. 그러한 점에서 미국의 흑인권력운동, 특히 블랙팬더당의 활동은 소수자운동의 성격을 띠면서(윤수종, 1998; 윤수종 외, 2005) 그 실천 방식에서는 대안운동의 방향으로 나아갔다고 생각된다.

여기에서는 그러한 방향에서 블랙팬더당의 당 활동과 생존 프로그램이 지닌 대안적 성격을 언급해보고자 한다.

1. 당 활동의 대안적 성격

이전의 미국 흑인운동이 인종차별에 초점을 맞추어 시민권운동에 치중해왔던 것에 비해, 블랙팬더당은 인종차별 철폐를 주장할 뿐만 아니라 사회주의적 지향을 지니고 있었다. 말콤 X가 후반부에 인종차별을 넘어서 사회적 차별 일반에 대한 문제의식을 갖고 사회주의로 기울어 가던 경향이 있었던 정도라면, 블랙팬더당은 사회주의적 실험들을 공동체 수준에서 시행해 나갔고 다양한 좌파운동세력과 제휴했다.

1967년 10월 28일 경찰과의 총격전으로 비무장 상태였던 뉴턴이 살인죄로 피소되어 3년의 형기 뒤에, 전국적인 휴이 석방 운동으로 감옥에서 나왔다. 그런데 역설적이게도 당의 공동 창건자를 석방하려는 당의 강렬한 합법적 동원 노력은 뉴턴을 아이콘적인 지위로 격상시켜서 결국은 블랙팬더당을 훼손하는 개인숭배 현상을 만들어 냈다. 그럼에도 휴이 석방 캠페인(Free Huey Campaign)은 감옥에 갇힌 블랙팬더들의 자유를 확보하는 블랙팬더당의 법적 방어 캠페인들의 성공의 전조였다(Keating, 1971).

그렇지만 당은 기본적으로 각 지부에 대해서 명령하기보다는 문제제기를 받아들이는 자세를 취했다. 그래서 어떤 정책을 일률적으로 하도록 명령하지 않고 각 지부의 상황에 따라서 다양한 방식으로 대처하도록 했다. 생존 프로그램도 각 지부에 따라 다른 종류의 것을 하기도 했다.

또한 당은 협력 정책(coalition politics)을 적극적으로 펼쳤다. 종종 반백인적이었다고 인식되는 다른 흑인권력 조직들과는 달리 블랙팬더당은 백인 좌파와 기꺼이 협력했다. '평화와 자유당', '민주사회를 위한 학생연합'(SDS), 반전집단들, 다른 다양한 급진적 조직들과 제휴·

연대했다. 시카고 지부의 무지개연합(Rainbow Coalition)은 1969년 12월 4일 시카고 경찰의 공격으로 죽은 전설적인 블랙팬더당의 지도자인 프레드 햄턴(Fred Hampton)에 의해 조직됐다. 무지개연합은 블랙팬더당을 포함해서 젊은 애국자들(the Young Patriots), SDS, 그리고 푸에르토리코 저항집단인 영 로즈 등으로 결성됐다.

블랙팬더들은 마초적이고 남성지배적인 이미지로 고정되고 국가로부터 탄압받았지만, 당 활동에서는 여성들이 본질적인 역할을 수행했다.[27] 쇼비니즘적인 조직이라는 대중매체의 묘사와는 반대로 블랙팬더당에서 남성과 여성은 자신의 능력과 활동성에 따라 일하고 평가됐다.[28] 실제로 당의 조직 활동에서도 여성 당원들의 활동이 활발했다.

1973년에, 블랙팬더당은 바비 실(Bobby Scale)을 오클랜드 시장으로, 엘렌 브라운(Elaine Brown)을 시의원으로 선출하는 캠페인에 돌입했다. 선거를 위한 실-브라운 캠페인은 조직의 다면적인 전략을 보여주었다. 물론 무장저항을 지지하는 당의 집착으로 종종 흐려지긴 했지만

---

27) 캐틀린 클리버(Kathleen Cleaver: 첫 번째 블랙팬더당 여성지도자)와 여성들은 1968년 정치 모임에서 역할을 수행했다. 아티 실(Artie Seale)과 팻 힐리어드(Pat Hilliard)는 바비 실(Bobby Seale)과 데이비드 힐리어드(David Hilliard)의 부인으로서 초기부터 활동했다. 조안 타리카 루이스(Joan Tarika Lewis)는 남성 블랙팬더와 결혼하지 않은 여성당원 가운데 한 사람인데, 뉴턴과 실이 1967년 1월 1일, 캘리포니아 주의 오클랜드에서 공식적인 사무실을 연 직후부터 활동했다.

28) 6명의 여성 블랙팬더가 새크라멘토 입법부에서 벌인 1967년 5월 항의에 참여했다. 당 중앙위원으로 이바지한 첫 번째 여성인 캐틀린 클리버는 1967년 10월 뉴턴이 체포된 직후 참여했다. 여성들은 조직이 존립하는 내내 우세한 지도적 지위를 차지했다. 에리카 허긴스(Ericka Huggins)는 오랫동안 오클랜드 공동체학교의 교장을 맡았고, 오드리아 존스(Audrea Jones)는 보스턴 블랙팬더당 지부의 지부장이었다. 아이오와주 디모인 지부의 창건자인 메리 렘(Mary Rhem)은 여성 당 지도부의 예들 가운데 일부일 뿐이다. 1974년 8월부터 1977년 7월까지 당 의장을 지낸 엘렌 브라운(Elaine Brown)은 흑인권력 시기 동안에 저항조직을 이끈 여성이다.

말이다. 필라델리파아 블랙팬더인 스미스(Herman Smith)의 지도 아래 블랙팬더당은 바비 실의 개인적 등장에 의지하는 풀뿌리 캠페인 전략을 고안하고 수행했다. 블랙팬더당은 이웃 조직화(door-to-door organizing)와 거대한 정치적 모임들을 통해서 수천 명의 잠재적인 투표자들을 동원하고 등록했다.29)

더욱이 블랙팬더당이 펼쳤던 인종, 젠더, 성적 지향과 상관없이 모든 주민의 자기결정, 다인종적 정책, 공동체 서비스에 대한 개입(정책)은 피억압 인민의 해방에 기여하는 현대 정치조직에 하나의 모델을 제공했다(Jones, 2006: 145). 그리고 실제로 블랙팬더당이 시행한 자기정체성에 근거한 이러한 흑인투쟁은 1960년대 후반 이후 여성해방운동을 비롯하여 다양한 소수자운동이 갈 길을 미리 보여주었다(안효상, 2003: 97).

그렇지만 무엇보다도 블랙팬더당의 대안적 성격을 분명하게 확인할 수 있는 것은 바로 공동체 서비스로서 생존 프로그램이었다.

2. 생존 프로그램의 대안적 성격

생존 프로그램은 국가에 의지하지 않고 블랙팬더당이 공동체 성원들의 지원 아래 자체적으로 해나간 것이었다.

먼저 프로그램의 기금조성을 위해서 블랙팬더들은 기부를 받았다. 그들은 어느 누구에게나 현금, 약품들과 사무실 및 의료설비 등을 기부 받았고, 수백 명의 식료품상, 제빵사, 정육사들에게도 기부를 받았

29) 블랙팬더당이 1973년에 선거에서 승리하는 데에는 실패했지만 그 노력은 1977년 역사적 선거에서 라이오넬 윌슨(Lionel Wilson)이 최초의 시장에 당선되도록 하는 데 기반이 되었다.

으며 음식과 음료를 위해 음료상점 소유자들에게 기부를 요구하기도 했다. 그들은 자신들의 신문(*The Black Panther Party*)과 『모택동어록』(The *Quotations of Mao Tse Tung*), 그리고 말콤 X의 자서전(*Malcolm X*)을 팔아서 돈을 모았다. 블랙팬더들과 그들의 지지자들은 생존 프로그램에 기부를 하지 않거나 충분히 하지 않는 상점들에 대해서 불매운동을 하기도 했다. 그리고 바비 실과 같은 당원들이나 장 주네 같은 다양한 인사의 강연회를 통한 수입도 이러한 프로그램을 운영하는 데 충당됐다(Standarg, 1986: 269-282).

'빈곤과의 전쟁'(War on Poverty, 존슨 정부의 정책)의 일환으로 1960년대 말과 1970년대 초에 연방기금이 분배됐지만, 블랙팬더당은 기금을 원하지 않았다. 그러나 블랙팬더들은 자신들의 프로그램에 대한 정부의 기금을 영원히 거부하지는 않았다. 해가 지남에 따라 세상은 변했고 당도 변했다. 많은 당원들이 당에서 상근 활동가로 일하느라 직업을 갖지 못했다(시애틀 지부와 캔자스시티 지부가 당원들에게 주거를 제공했지만 이것도 일부에 지나지 않았다.) 그래서 그들은 자신들의 활동을 지속하기 위해서 일부 프로그램 재정지원에 의지할 수밖에 없었다.30)

기부품들이 기금조성의 가장 큰 원천이었고 특히 실의 오클랜드시장선거캠페인 이전에는 그랬다. 그리고 실제로 1970−1971년 동안 무료아침급식 프로그램의 기부자 목록은 30명도 안 되는 이름을 포함하고 있었고, 특히 전체 현금 기부금은 부족했다. 많은 사람들이 현물로 기부했기 때문이다. 1971년 1월부터 주요 기부자들의 목록을 보면 대개 캘리포니아에 주소를 가진 사람이 250명 이상이었다. 블

30) 1974년 초에 브라운이 블랙팬더당의 여성 당수가 됐다. 그리고 1972년 선거캠페인 이후 기금 조성에 어려움을 겪었던 블랙팬더당은 자신들의 프로그램을 위해 연방정부의 교부금을 받기에 이르렀다.

랙팬더당은 생존 컨퍼런스(Survival Conference)를 임금을 받는 노동자들이 아니라 자원봉사자들의 지원만으로 실시했고, 자원봉사자들은 겸상적혈구빈혈증 검사부터 무료음식분배, 선거인 등록까지 모든 것을 보조하기 위에서 길을 따라 수백 명이 늘어선 채 사인했다고 한다. 블랙팬더당 역사의 이 시기(1969–1971년)에 공동체 성원들은 물품들과 사무실 공간의 현물 기부를 통해서 생존 프로그램을 지지했으며 현금 기부로 부족액을 메워 나갔다.

이러한 기부는 1972년부터 줄어들기 시작했고 1972년 선거 캠페인 이후에는 버클리시나 연방정부에 기금을 요청하기도 했다. 이러한 일이 제대로 되지 않아서 개인에게서 자금을 빌리기도 했다. 블랙팬더들은 또한 있는 것으로 장만한 저녁(pot luck dinners), 음악회, 춤판과 같은 혁신적이고 새로운 기금조성 방식을 사용하기도 했다. 하지만 이러한 이벤트로 많은 공동체 프로그램들을 실행하는 데 필요한 모든 기금을 만들어낼 수는 없었다. 거기다 FBI의 파괴 공작으로 어려움을 겪게 됐다.

그리고 생존 프로그램들은 주민들을 교육시키고 공적인 인식을 확대시켰다. 무료급식 프로그램과 기타 음식 프로그램은 미국 사회에서 빈곤과 굶주림에 대한 공적 인식을 일깨웠으며 공동체 자조의 모델을 제시했다. 경찰순찰 활동은 대중들에게 경찰의 잔인함에 대해 교육했고, 경찰의 역할과 행동에 대한 공적인 인식을 증대시켰다. 1981년에는 오클랜드 시의회에 의해 경찰의 권력 남용에 대한 진정을 듣는 시민불평위원회가 설립됐다. 도시에서 공교육이 위기에 처한 상황에서 블랙팬더당이 실시한 대안학교운동은 저소득 노동자의 자녀들을 위한 교육 형태로서 뚜렷이 빛났다.

다음으로 생존 프로그램에서 적극적으로 활동한 사람들은 여성들이 대부분이었다. 블랙팬더당의 많은 당원이 여성이라는 것을 매체가 보고하지 않았을지라도 여성들은 소수자들에게 봉사하지 않는 미국 체계로부터 주민을 보호하면서 자신들의 공동체를 위해서 열심히 일했다. 남성 블랙팬더들처럼 활기차고 호전적인 여성들은 자신들의 시간 대부분을 아이들에게 아침을 제공하고 진료소에서 일하고 노인들을 은행에 데려가는 데 사용했다. 성 구분 없이 모두가 같은 일을 했고 같이 총을 들었다. 당의 전투성과 대결적 본성으로 인해서 매체에 의해 당이 남성화됐음에도 불구하고 당 활동은 사실상 성평등적이었다. 당연히 매체에는 남성들의 사진이 주로 실려 있고 여성 참여자들은 배제됐다. 그와 함께 생존 프로그램들과 모든 다른 잠재적으로 여성화된 활동은 옆으로 제껴졌다. 공격적인 전투성이 혁명적인 것처럼 보이고 그러한 성격을 지닌 조직이 남성에 의해 고안되고 건설됐지만, 여성들에 의해 평등하게 활성화됐다는 사실이 또한 혁명적이다. 블랙팬더당의 힘, 현실을 바꾸어나가는 힘은 실은 매체가 과장하는 남성적인 모습에서보다는 생존 프로그램이라는 여성적인 활동들에서 나왔다.

다른 대안적 성격을 볼 수 있는 것으로는, 버클리의 '인민무료진료소'의 사례에서 볼 수 있듯이 진료소가 의료문제뿐만 아니라 더 광범한 문제들에 개입하고 개선하려고 나섰다는 점이다. 간호사들이 투쟁하면서 환자의 문제나 의약품의 문제까지 제기하고 그 문제들을 해결하는 과정에서 다른 사안들(의사의 의료행위)과 사회적 관계(병원 전체의 관리와 지역사회에서의 역할)까지 인식해가는 주체성의 변화 과정을 보여주듯이 말이다. 그 진료소는 공동체에 포괄적인 보건체계를 제공하였다. 의사들은 환자들의 통상적인 신체적 병을 치료하고 필요하면 전문가들에게 연결시켜주고, 지역 병원과 협력하여 검사를 실시하였다.

진료소는 예방의학 프로그램들을 발전시키는 데에도 관여하였다. 예를 들어 무료진료소는 오클랜드 지역에서 무료 겸상적혈구빈혈증 검사와 고혈압 검사를 시작했다. 이 검사는 쇼핑몰에서, 공동체 교회들에서, 공동체 안의 다른 모임들에서 이루어졌다. 어린이나 성인이 공동체 학습센터에서 진료를 필요로 하는 상황에 있다고 관찰되면, 인민무료진료소로 보내졌다. 덧붙여 진료소는 과학적·의료적 정보의 신비를 벗기려고 노력하고 있었다. 공동체 성원들이 스스로에게 적절한 진료 관심을 갖고 스스로를 보호하도록 하기 위해서 말이다.

물론 이런 대안적인 활동을 공적인 제도들이나 사적인 기구들이 실행해 나가게 되면, 블랙팬더들은 또 다른 사안들을 찾아내서 활동하곤 했다. 예를 들어 진료소가 시작되고 수년 동안의 직접적 목표는 식클셀아네미아연구재단을 세우는 것이었다. 이 연구에 공공기금과 사적인 자금이 개입하게 됐다. 그러면서 진료소는 이러한 문제에 더 이상 관심을 갖지 않게 됐다. 이제 진료소의 다른 목표는 거대하고 비개인적이고 과밀한 병원들보다는 각 공동체 안에 위치한 진료소들을 세우는 것이었다. 이 목표도 상당 정도 정부기금으로 된 공동체 건강센터들이 생겨남으로써 이루어졌다. 결국 무료진료소의 시행은 공동체 성원들이 지역 수준에서도 전문적이고 예방적인 의료 관심을 받을 수 있고 더욱이 그에 대해서 터무니없는 비용을 지불할 필요가 없다는 것을 공동체에 증명했다(Chaifetz, 2005: 78).

또한 지역 공동체의 요구와 지역 당원들의 특성에 따라 각기 다른 조직 방식과 프로그램들이 실행됐다. 한 지부에서 실행된 것이 다른 지부에서 반드시 같은 방식이나 형식으로 실행되지는 않았다. 당이 어떤 프로그램을 촉구하기는 했지만 근본적으로 각 지부는 자신들의 조건에 따라서 상이한 프로그램을 운영했다. 이것은 당이 집중화된 형태를 띠었음에도 불구하고 생존 프로그램처럼 공동체와 결합하여 움직이는 활동은 '각자의 필요에 따라 다르게' 이루어졌음을 말한다.

간단히 말하자면, 공동체 성원들을 해방시키기 위해서 그들과 일상 투쟁에서 함께한다는 것이 중요했다. 생존 프로그램들은 주민들을 모이게 하고 교육시키고 청원하고 광범한 활동들에 개입하게 하는 데 사용됐다. 또한 이들 공동체 프로그램들에서 사람들은 대상이 아니라 자신들의 삶을 관리하는 주체로서 참여할 기회를 가졌고, 자신들을 새로운 정치적 전망 속에서 볼 수 있는 기회를 가졌다(Chaifetz, 2005: 86). 주민들은 공동체가 통제하는 제도를 만들어 가는 방법을 알게 되었고(Abron, 1998: 178), 기존의 제도와는 다른 제도들을 함께 만들어 가면서 기존 사회를 바꾸어 나가고 자신들 자체의 변화를 가져올 수 있었다.

블랙팬더당이 실시한 교육 프로그램은 최근 한국에서 활성화되고 있는 대안학교를 떠올리게 한다. 기존의 공교육 학교들에서 공부만 집중하여 가르치는 것에 비해 다양한 측면을 발달시킬 수 있도록 도우며 '서로 가르치기'를 해 나가려는 교육 방식은 여전히 따라할 만하다. 또한 오클랜드 공동체학교는 지역 공동체의 성인들과 청소년들, 유아들을 다양한 프로그램들을 통해서 끌어들이고 연결시켜 나가고 있었다. 학교라는 시설[제도]이 고립된 것으로서가 아니라 지역사회에서 다양한 네트워크를 만들어 감으로써 대안적인 삶의 틀로 전환될 수 있다는 것을 보여주고 있다.

무엇보다도 생존 프로그램들은 국가나 지방정부들이 나서지 않지만 공동체 성원들이 필요로 하고 욕망하는 것을 찾아내서 실천해 나갔다. 그렇게 해서 국가나 지방정부, 다른 조직들이 생존 프로그램들을 따라 배우고 실천하는 양상이 나타났다. 생존 프로그램의 활성화는 관료화되고 상투화된 틀에 따라서 움직이는 기존 제도에 내항하여 인민대중의 주도성을 잘 보여주었다고 생각된다.

이상의 설명에서 보아온 것처럼, 흑인 공동체에 대한 블랙팬더당의 비타협적인 방어는 전 세계에 걸쳐 인민들을 자극했고 역량을 강화시켰다. 통합을 강조하던 시민권운동은 인종차별을 금지하는 법률의 제정을 이끌어냈지만, 인민대중 수준에서의 차별을 없애 나가는 데에는 한계가 있었다. 겉보기로 나타나는 인종차별을 넘어서 제도화된 인종차별을 개선해 나가기 위해서는 오히려 분리주의적인 공동체 실험이 필요했다. 이러한 실험은 국가장치뿐만 아니라 각종 제도들에도 충격을 주어 변화하도록 자극했다. 비록 국가가 포섭하여 제도화해 나간다 하더라도 변화의 동력 및 축은 바로 분리주의적 운동 실천에 있었다. 진정으로 제도를 바꾸어 나가는 힘은 바로 흑인권력의 계보 위에서 있던 블랙팬더당의 비타협적인 공동체 실험이었다.

흑인 공동체의 문제들은 흑인들과 권리를 박탈당한 사람들(시민권이 없는 사람들)이 자신들의 공동체들에 대한 통제를 결여하고 있다는 징후들이었다. 블랙팬더당이 실시한 생존 프로그램들은 이렇게 느껴지는 통제 결여에 대한 주체적 반응이었다. 블랙팬더당의 생존 프로그램의 목표는 다양한 공동체들에 필요한 서비스들을 제공하고 이러한 문제 영역들에 정부가 반응하도록 강요하여 이 서비스들이 사치가 아니라 정부에 의해 후원받아야 하는 필요한 서비스라는 것을 해당 공동체들에 증명해주는 것이었다. 생존 프로그램들을 통해서 인민은 우선 어떤 조건들을 변화시키는 가능성들을 볼 수 있었고 직접 관련 문제들을 풀어나갈 수 있다는 것을 정부에 능동적으로 보여주었다.

공동체 생존 프로그램을 통해서 블랙팬더당은 주민이 자신들의 제도를 창조하고 유지할 수 있다는 것을 효과적으로 증명했다. 재정적으로나 기술적으로 더 많은 자원과 지원이 있었다면 그 프로그램들은 훨씬 더 효과적이었을 것이지만, 가난한 공동체들 안에서 인민대중은 가용한 자원을 사용하면서 프로그램들을 실험해 나갔다. 이 생존 프로그램들은 성공 여부보다도 기존 사회에 준 충격과 인민대중의 자율성, 창의성을 보여줬다는 데서 커다란 의미를 지닌다.

제3장

이탈리아의 자유라디오운동

1절. 자율운동과 자유라디오운동
2절. 라디오 알리체와 라디오 뽀뽈라레
3절. 자유라디오의 특성
4절. 자유라디오운동의 전망

제3장 이탈리아의 자유라디오운동

매체는 제4의 권력이란 말이 있다. 그만큼 현대사회는 매체정치를 통해 작동한다고 할 수 있겠다. 특히 매체는 억압적 권력기구들처럼 드러난 형태를 취하지 않고 이데올로기적 작동을 통해 청취자 대중을 포획해 나간다. 이러한 매체 가운데 비교적 일찍 등장한 라디오는 이데올로기적 국가장치로서 기능해 왔다. 억압적 권력체제들이 자기유지 수단으로서 라디오 매체를 활용해 왔으나, 다른 한편으로는 라디오가 그러한 억압권력에 저항하는 수단으로서 기능하기도 하였다.

정말 라디오는 해방기계로서 기능할 수 있을까? 라디오 자체가 해방기계일 수는 없지만 그것을 어떻게 활용하느냐에 따라서 해방기계로서의 기능을 할 수도 있을 것이다. 이러한 맥락에서 라디오운동이 있어 왔다.

우리나라에서는 최근에 공동체라디오라고 하여 소출력라디오의 송출을 둘러싸고 논의가 있었고 다양한 형태의 공동체라디오 방송이 등장하고 있다. 서구에서도 다양한 라디오운동이 있었고, 국가가 독점한 국영(혹은 공영)라디오 외에, 자유라디오, 지역라디오, 독립라디오, 공동체라디오, 독립지역라디오 등의 용어들이 사용되곤 하였다(Lewis, 1984: 137-139). 이들 라디오들은 대개 송출출력 범위가 지역에 한정되고 있어서 통칭하여 지역라디오라고 하기도 한다. 그중에 1970년대 말과 1980년대 초반에 이탈리아와 프랑스에서 사회운동의 성격을 강하게 띠고 나타난 라디오들을 '자유라디오'(Radio Libri, Radio Libre)라고 한다.

'자유라디오'라는 말은 2차 세계대전 중에 나치 독일에 대항하여 연합국 측이나 프랑스의 레지스탕스가 송출한 게릴라적인 방송에 대해 사용되기도 하였다. 그러나 이 시기에는 억압체제에 대항하는 저항의 의미가 강하였다. 그 후 알제리해방전쟁 당시에 알제리민족해방전선이 송출한 '알제리의 소리 방송'에 대해서도 자유라디오라는 말이 사용되었다. 물론 여기에서도 여전히 저항의 의미가 강하였다. 그러나 알제리에서는 1950년대 들어 식민지해방운동 과정에서 라디오를 해방의 무기로 사용하면서 단순히 저항한다는 의미를 넘어서 나아갔다. 1954년 11월에 시작된 알제리해방전쟁은 5년 동안 이어졌고, 그 과정에서 1956년 말 '투쟁하는 알제리의 소리'가 방송되면서 알제리 민중은 적극적으로 라디오를 구입하게 되었다(Fanon, 1979: 66).

알제리인들에게 라디오가 기본적인 저항수단이 되어 가자 프랑스군은 라디오의 판매를 제한하고 방송국을 폐쇄하려고 하였으며 전파방해공작을 하기도 하였다. 이때 새로운 투쟁이 전개되었다. 첫 번째 송신소에서 단일한 프로그램을 방송하다가 전파방해를 받으면 두 번째 송신소에서 다른 주파수로 그 방송을 이어받는 방식으로 방송을 계속하였다. 그러다 보니 분리된 조각의 형식으로 들은 내용들을 알제리 민중이 재조립하고 전파하는 양상이 나타났다(Fanon, 1979: 70-72). 이렇게 알제리 민중이 식민지 시기에는 라디오를 이데올로기장치로서 기피하다가 식민지해방운동 과정에서 해방기계로서 적극적으로 전유해 나간 모습은 단순히 저항의 소리로서뿐만 아니라 해방기계로서의 라디오의 가능성을 보여주었다.

1970년대에 이탈리아나 프랑스에서 생긴 자유라디오는 처음부터 정치적인 방송국은 아니었으며, 오히려 '해적방송'에 가까웠다. 해적방송의 경우 '자유'는 국가의 전파규제로부터 자유로이 전파를 송출하는 정도의 의미이며, 그 주요한 목적은 국영방송의 심심한 프로에 식상한 청취자들의 욕구에 맞춰 오락 지향의 프로그램을 만드는 것이었다. 실제로 첫 번째 해적방송은 1958년에 코펜하겐 항 앞에서 국제해역에 있는 배에서 송출한 '라디오 머큐리'(Radio Mercury)였다. 이러한 해적방송들은 자유를 추구하였지만 24시간 동안 로큰롤을 틀었다. 그리고 이들 해적방송들은 미국의 레코드회사의 지원을 받았으며 AM방송으로 넓은 범역을 포괄하였다. 지역을 포괄하던 자유라디오의 FM방송과는 아주 달랐던 것이다. 해적라디오들은 1950년대 말에 생기기 시작하여 1960년대에 성행하였고 1970년대에는 히피운동에 개입하기도 하였다(Misuraca, 2006: 31-32).

이탈리아나 프랑스에서도 자유라디오 이전에 해적라디오들이 등장하였다. 그런데 이 해적라디오들은 불법라디오라고 할 수 있는 것으로 바다의 선박에서 송출되던 것과는 달리 지역에 한정된 것이었다. 프랑스의 경우는 1970년대 말부터 자유라디오운동이 시작되었는데, 국영방송밖에 허용되지 않는 방송대에 파리에서만도 수십 개의 해적방송국(불법라디오)들이 있었다(Dalle, 2002).

이 장에서는 라디오를 해방기계로 활용한 운동의 사례로서 1970년대 이탈리아의 자율운동 속에서 나타난 자유라디오운동을 검토해 보고자 한다.

1절. 자율운동과 자유라디오운동

이탈리아에서는 68혁명의 여파가 가라앉지 않고 1970년대 내내 자율운동으로 활성화되었다. 자율운동은 1970년대 동안 공장 영역에서 사회 영역으로 다양하게 확산되었다. 그런 상황 속에서 1970년대 후반에 자유라디오운동이 활발하게 전개되었고 1977년 반란운동에서는 상당한 사건이 되었다.

1. 자율운동

이탈리아에서 68혁명을 계기로 노동자운동의 주류 경향은 기존의 노조-당-국가 모델에 집착하면서 노동자들을 훈육하는 장치로 되어 갔지만, 노조운동에서 자율적 흐름은 그간 노조로 대표되던 위임형식에 대해서 '기층위원회'(또는 평의회, 여성노조, 이주노조 등)를 중심으로 주변적인 노동자들(예를 들어 여성노동자, 이주노동자 등)을 포괄해 나가려고 하였다. 물론 68혁명 이후 사회운동은 노동 이외의 영역에서 주로 활성화되었다.

자율(아우토노미아, Autonomia)운동은 1970년대에 68혁명의 문제제기가 쉽게 가라앉지 않고 계속된 이탈리아에서 가장 활발하였다(Lumley, 1990). 노동자계급의 독자성을 강조하는 노동자주의라는 흐름 위에서 학생과 노동자가 결합하는 양상이 나타났다. 68혁명의 성과들이 기존 조직들에게 흡수되어 가는 와중에 기층위원회와 학생자율집회 등에 기초하여 전국적인 운동조직들이 만들어졌으며 투쟁은 점차 '공장에서 사회로' 옮겨 갔다. 주변층(학생, 여성, 실업자 등)을 포괄해 나가면서 자율운동은 다양한 형태로 전개되었다(윤수종, 1996: 71-93). 이어서 중부유럽에서 1980년대에 자율운동이 확산되었다(Katsiaficas, 2000).

특히 자율운동의 흐름 속에는 68혁명에서 나타났던 전형적인 운동 방식인 '점거하여 다르게 살기' 방식이 확산되었다. 이탈리아의 자율적 노동자운동은 투쟁의 제도화 속에서 공장점거를 비롯한 다양한 투쟁 형태를 개발해 나갔으며, 투쟁은 공장을 넘어서 재생산영역으로 확장되었다. 주택과 관련해서는 임대료투쟁, 주택점거투쟁 등을 하였으며 이러한 투쟁들을 주변의 노동자들과 연계하여 이루어 나갔다. 특히 자율주의적 노조들은 '150시간 기획'[1)]이라는 교육 프로그램을 통해서 대안교육적인 실험들을 하였다.

그리고 무엇보다도 여성운동은 분리주의에 입각하여 다양한 여성 집합체들을 만들어 갔고 1980년대 들어서서도 여성센터들을 만들어 여성들의 자유의 공간을 만들어 갔다(윤수종, 2001). 또한 학생들이 주도하였던 반문화운동은 반노동적인 행동 형태들을 만들어 냈고 시민 불복종 형태들을 개발하기도 하였다(Lumley, 1990: 297-298). 그리고 작업장 안에서 반대운동의 일환(산출량축소)으로 68혁명 당시 시작된 자율축소운동은 사회적 소비의 영역으로 확산되었다. 자율축소운동은 공공운송, 전기, 주택난방 등에서 더 나아가 필수적인 사회적 소비의 다른 부문들로 확산되었고, 이 운동에서는 특히 이웃공동체 수준에서 여성들의 활동이 두드러졌다(윤수종, 1996: 85-89).

이러한 자율운동과 함께 매체운동으로서 나타난 것이 자유라디오운동이었다. 대형방송매체에 대항하는 자유라디오운동은 인민대중이

---

1) 1973년에 시작되었고, 공부를 하도록 하여 자격증을 따는 유급휴가제도였다. 노조가 주도하여 강의계획을 짜고 68혁명의 활동가들이 많이 참여하였으며 대안교육적 실험이 진행되었다(윤수종, 1996: 77).

직접 색다른 표현방식들을 만들어 내고 소통할 수 있다는 것을 보여 주었다.

2. 자유라디오운동[2)]

이탈리아 대중매체의 발전은 항상 정치적 변화와 함께 이루어졌다. 기독교민주당(CD)은 2차 세계대전 이후 무솔리니의 파시스트들로부터 정권을 넘겨받았을 때, 이탈리아 국가기구의 모든 다른 부문을 지배했듯이 곧 공영방송사인 라디오 오디지오니 이탈리아나(이탈리아국영라디오, Radio Audizioni Italiana: RAI)를 지배했다.

결국, 사회당이 1968년 연립정부에 들어가고 다른 당들 역시 자신들의 방송시간 몫을 요구하기 시작한 이후, RAI를 개혁하자는 캠페인이 표면화되었다. 그럼에도 불구하고 즉각적인 개혁이 거의 이루어지지 않았고 방송이나 신문은 여전히 전통적인 방식으로 운영되었다. 전쟁 기간의 저항운동과 반파시즘운동은 강력한 노동자조직들, 서구 유럽에서 최대의 공산당, 정당 자체보다 훨씬 더 넓은 좌파문화를 생산해 왔었다. 그럼에도 그것은 강력한 공적 목소리를 지니지 못한 채 머물렀다(Lowe, 1983: 58).

그렇게 된 중요한 요인은 전쟁 이후 여당에서 밀려난 공산당이 1976년 선거 때까지, 볼로냐와 같은 다수의 핵심 시의회의 통제를 통해 지역적 수준에서 지닌 영향력 때문에 매체의 현상태(status quo)에 매달리게 되었다는 것이다. 즉 기존 방송시스템에서 일정한 몫을 차지하기를 기대했던 것이다. 그래서 공산당이 자신의 신문을 발행했음에

---

2) 이 소절의 전반부의 내용은 윤수종(1996)의 '자유라디오운동' 부분(89-90)과 상당부분 일치한다. 글의 전개상 그 글의 내용을 다시 여기서 사용하였다.

도 불구하고, 대중매체를 전국적으로 어떤 커다란 수준으로까지 퍼뜨리는 데 실패했고 다른 사회주의 집단들도 별로 성공하지 못하였다.

1970년대에 이탈리아에는 3개의 국영방송이 있었는데 각자 자신들의 뉴스 프로그램을 가지고 있었으며, 집권 정당들이 이 방송국들을 분할하여 방송을 독점하고 있었다. 물론 1970년대 초반, 몇몇 자유(독립)라디오방송국들과 TV 방송국들이 방송하기 시작했고 경찰에 의해 폐쇄되곤 하였다. 이러한 독점상황 속에서 1975년 7월 피드몬트(Piedmont)에서 (불법적으로) 방송을 했던 '붉은 전파'(Onde Rossa)[3] 사건이 있었다. 이 방송국은 혁명을 지지하며 붉은 여단 무장활동가들의 석방을 요구하기도 하였다. 이 방송국 성원들은 경찰의 습격으로 피신하였고 일부 장비를 몰수당하였다. 그런데 1976년에 대법원은 '붉은 전파' 사건에 대해서 국가가 몰수하는 것은 헌법에 이긋난다고 판결하였다. 즉 방송의 국가독점은 불법이며 자유라디오들과 TV들이 지역적인 것인 한 합법적이라고 평결했다. 이러한 전파의 '해방'으로 즉각 1977년 한 해에 8백 개가 넘는 자유라디오방송국들과 약 1백 개의 자유텔레비전방송국들이 전국에 걸쳐 생겨났다(Red Note, 1978: 33).

라디오방송국은 비교적 싼 비용으로 설립 가능했고 운영비용도 신문에 비해 매우 쌌다. 스태프들의 비용은 최소한이었고 자원자들에 의해 운영되었다. 그런데도 신문과는 달리 듣는 것은 자유였다. 물론 재정은 여전히 문제였다. 자금의 원천은 방송국이 요청한 공공기부

3) 그 방송의 시그널은 유명한 칠레의 노래 '통일된 인민'(El Pueblo Unido)이었다. 이 방송은 혁명가요를 곁들이면서 유명한 활동가들과의 인터뷰를 방송하였다. 또한 매일 아침 붉은 여단 무장활동을 주도한 혐의로 수감된 한 활동가의 조속한 석방을 요구하는 방송도 하였다. 송신장치는 프롤레타리아통일당/메니페스토 그룹 30여 명의 아파트 2층에 설치되었다. 일주일 정도 방송 후에 경찰의 습격으로 방송국 성원들은 장비를 가지고 피신하였다.

금, 약간의 제한된 광고, 정치집단이나 정당 또는 다른 이해집단들의 후원 등이었다. 1970년대 후반에 자유라디오방송국들 가운데 약 50—60%가 하루 종일 록음악을 내보내면서 상업광고를 하였다. 다른 30% 정도는 라디오무선가들이나 소수집단성원들이 적은 예산으로 꾸린 것들이었다. 그리고 20% 정도는 자유라디오의 '사회주의' 분파라고 할 수 있는 방송국들이었다. 사회주의 라디오들은 정치화된 라디오라고도 할 수 있는데, 이 라디오들은 지역적으로는 어떤 한 지역의 일부만 포함할지 모르지만 정치적 협력관계는 광범하여 전국적 쟁점과 국제적 쟁점을 방송하였다. 또한 그 방송국들의 방송내용이 다른 도시에 있는 라디오방송국들에 의해 공유되기도 하였다. 밀라노, 로마, 볼로냐 등에 있는 극좌파 라디오방송국들이 이에 속하였다(Red Note, 1978: 34). 이탈리아 공산당은 형식적으로는 이런 방송국들과 아무런 관계를 맺지 않았다. 공산당은 정부에 들어가면 국영방송채널에 참여할 것이라고 확신하고 있었기 때문이다.

1977년 볼로냐에서 3월 소요 및 시위 때에 자유라디오는 아주 새로운 방식으로 이용되었다. 경찰과 무장차량이 볼로냐 대학에 진입하자, '라디오 알리체'는 공중전화박스에서 시내의 동향을 알리는 동지들 및 시민들의 '생방송' 전화걸기(phone-in)를 방송하였다. 시위 중에 경찰들의 움직임을 추적하고 그것을 시위대들에게 연결해 주어 라디오방송을 직접적으로 공격적인 무기로 사용했다.

이를 계기로 1977년 여름까지 자유라디오방송국은 엄청나게 확산되었다. 1977년에 밀라노에만 112개의 라디오방송국이, 로마에만 110개의 라디오방송국이 있었다. 도시의 언덕 변두리에 있는 로마 호텔은 평평한 지붕에 경쟁하는 지역라디오들의 전송기로 가득 차 있어서 유명해졌다(Lowe, 1983: 58). 이어서 소규모 '와일드캣츠'방송국들의 연결망이 만들어 졌다. 자유라디오를 통해 기층조직이나 혁명조직들의 결정이나 약속이 신속히 소통될 수 있었다. 그리고 이러한 방송채널들을 통해 대중은 조정되고 통제된 소리가 아닌 직접적인 소리들을 들을 수 있게 되었다(Bifo, 1980: 156).

1978년에는 이탈리아에 전국적으로 2,275개의 자유(지역)라디오방송국과 503개의 지역TV방송국들이 있었다. 물론 이것은 정규적인 방송을 하지 않는 방송국들(약 10%)을 포함한 수치였다(Richeri, 1979: 1). 이러한 수치는 세계적으로 인구밀도당, 면적당 가장 많은 라디오와 텔레비전을 가진 기록이었다. 1980년 이탈리아에는 거의 3천 개의 자유라디오들과 5백 개 이상의 지역TV방송국들이 있었다(Lowe, 1983: 58).

자유라디오들의 출현은 매체에 온갖 종류의 혁신을 가져왔다. 사람들이 스튜디오를 필요로 하지 않고 견해들과 경험들을 교환할 수 있게 하는 '전화걸기'의 탄생을 가져왔으며, 뉴스·특집기사·역정보·정치적 논평을 끊임없이 바꿔 넣는 방식을 생산했다.

또한 자유라디오운동은 라디오매체의 혁신뿐만 아니라 커다란 방송 대격변을 가져왔고 모든 것을 변화시켰다. 공산당을 압도하고 1970년대를 뒤흔들던 여성, 청년, 학생 그리고 젊은 노동자가 주도하던 자율운동과 동시에 일어났기 때문이었다. 자율운동은 독자적인 신문, 책, 시, 노래들을 생산하기 시작했다. 그리고 사회주의 라디오를 발명함으로써 새로이 발견된 전파의 자유를 충분히 이용해 나갔다. 지역라디오 가운데 이러한 라디오들은 전체의 20% 정도에 불과하였으나, 국가방송장치의 단순히 지역적이고 자발적이고 참여적인 판본을 넘어서 소통이 무엇을 향하는지에 대해 전적으로 다른 이해에 근거하고 있었다. 로마의 '라디오 시타 푸투라'(Città Futura, 미래도시)[4]가

4) 이 라디오는 '노동자전위' 및 '프롤레타리아통일당'의 자금으로 설립되었지만, 그

설정한 라디오의 목표[5]는 이것을 잘 드러내 준다.

자유라디오들은 십수 명이 집합체를 이루고 있기도 하였으나 단지 몇몇 사람, 하나의 턴테이블 그리고 하나의 마이크일 수도 있었다. 일부는 특수한 집단의 정치적 대변자로 봉사하기도 하였지만, 일부는 근린공동체에 있는 조직들에게 방송시간을 제공하는 완전히 '열린 공간'의 방식을 취하였다(Lowe, 1983: 59).

물론 자유라디오들은 방송국 자체 내부의 민주주의를 실현해 나가려고 노력하였다. '전문가화'를 경계하면서 다양한 사람들이 움직여 가는 방식을 실천하려고 하였다. 그러다 보니 자유라디오들은 평범한 사람들(사실은 주변층 또는 소수자들)—홈리스, 무직자, 공장노동자, 여성, 청년, 게이 등—이 자신들의 욕구를 표현하고 정보를 공유하게 되는 대중적 현상을 만들어 냈다. 고위층의 부패, 파시스트적 활동과 경찰의 잔인성과 같은 주류 매체들이 보통 경시했던 쟁점들이 처음으로 라디오에서 공개적으로 토론되게 되었다. 성(섹슈얼리티), 이혼, 피임, 낙태,

---

조직들은 방송에 대한 어떠한 통제도 하지 않았다. 이 라디오는 혁명적 좌익들과 노동자운동 전체의 충분한 의견표현의 장이었다.

5) 그 가운데 일부 항목으로 다음과 같은 것이 있었다(Lowe, 1983: 59).

1. 일상적인 정보와 문화의 지형에서, 주류 매체를 통한 지배계급의 작동과 싸우는 것.
2. 경제적 생산관계를 변형하려고 의도할 뿐만 아니라 문화, 도시환경, 여가활동의 패턴, 근린공동체, 교육 등의 영역에서 직접적인 개입과 같은 즉각적인 목표들을 설정하기도 하는 사회투쟁들에서 제기된 쟁점들에 대해 발언하는 것.
3. 독자적인 소통수단을 가지지 못한 대중운동들(여성, 학생, 실업자)에게 정보의 장에서의 준거점을 제공하는 것. 이것은 어떤 걸러내기 과정도 없이 이러한 새로운 세력들의 목소리를 사회에서 작동하는 사회세력들의 전반적 그물망과 연결하는 것을 의미한다.
4. 도시적이고 전국적인 사회생활과의 대중적 관계에 기반하여 정보를 수평적으로 생산하는 것. 이것은 인민이 자신의 역할을 평범한 수동적 소비자에서 라디오방송국의 작동에서의 능동적 주체로 변형하는 것을 포함한다.

약물과 같이 가톨릭 이탈리아에서 '금기'시하는 주제들도 토론되게 되었다.

이러한 경향은 몇몇 구역들에서 위협을 받기도 하였다. 시실리의 한 방송국에서 어떤 노동자는 방송에서 유명 마피아 멤버의 이름을 말한 며칠 뒤에 살해당했다. 1979년에는 피임에 관한 프로그램을 방송한 '라디오 도나'(여성)의 다섯 명의 로마 여성들이 스튜디오에 침입한 마스크를 쓴 파시스트 집단에 의해 다리와 성기에 기관총으로 난사당하는 일이 벌어지기도 했다.

1981년에 들어 자유라디오의 수는 약 2천 8백 개로 약 820만 명의 청취자를 지니고 있었다. 그러나 사회주의 라디오의 비율은 8퍼센트로 감소했다. 경쟁이 심해지면서 더 강력한 송신기를 마련하기 위해 막대한 양의 돈을 써야 했고 그에 따른 비용 증가는 거대 법인체들에 유리하게 작용해 왔다. 이미 1981년에 매체 거물들이 라디오 광고수익에서 엄청난 액수를 취하면서 독립TV와 자유라디오 모두를 지배하였다. 평균적으로 상업라디오방송국이 시간의 70%를 음악을 트는 데 비해, TV방송국은 주로 2류 오락물과 옛날 영화, 몇 가지 포르노그래피를 방송하였다. 사회주의 라디오의 쇠퇴와 더불어 자유라디오들은 상업화의 물결 속에 휩쓸려 들어갔다.

생존급여를 받고 기꺼이 일하려는 노동자들이나 자원자들에 의존하는 사회주의 라디오들은 이러한 치열한 상업적 분위기에서 살아남는 것 자체가 투쟁이었다. 사회운동이 활발한 조건에서는 즉 자신들이 지지하고 자신들을 지지하는 운동에 속했을 때는 생존할 수 있었다. 그러나 무장투쟁(도시 테러리즘)의 발흥과 그에 대응한 정권의 탄압은 전반적으로 자율운동을 위축시켰다(윤수종, 1996: 72). 이에 따라 모든 수준의 노동자들과 사회활동가들은 점차 방어자세를 취하게 되었다.

그렇다고 하더라도, 자유라디오의 사회주의 분파들이 속해 왔고 개척했던 경험은 광범위한 영향을 끼쳤다. 국가방송장치는 사회주의 라디오들이 처음 다룬 종류의 지방 쟁점들과 소수자적 쟁점들을 다루는 지역적 단위들과 함께 제3TV 채널을 시작했다. 사회주의 라디오의 경험은 급진적 변화를 위해 계속 싸우고 그러한 과정에서 소통을 도구로서 사용하려는 이탈리아 내외부의 많은 사람들의 노력들에 자극을 주었다(Lowe, 1983: 61).

이탈리아 자유라디오운동은 1970년대 후반에서 1980년대 초반에 가장 활성화되었다. 특히 사회주의 라디오들이 혁신을 주도하였다. 그런 자유라디오들 가운데 가장 두드러진 사례로, 섬광처럼 나타나 운동인자로서 활동한 '라디오 알리체'와 대중의 횡단적인 포럼을 만들어 현재까지도 방송하고 있는 '라디오 뽀뽈라레'를 들 수 있다. 대비되는 이 두 사례의 당시 활동을 통해서 이탈리아 자유라디오운동의 내용을 좀 더 구체적으로 살펴보자.

2절. 라디오 알리체와 라디오 뽀뽈라레

1. 라디오 알리체(앨리스)

1) 섬광 같은 라디오 알리체

라디오 알리체는 자율운동의 흐름 속에 있던 '노동자권력'6) 집단에

6) Potere Operaia. 이것은 전투적인 자율주의적 좌파조직으로 1968-1969년의 운동에서 중요한 역할을 수행했고 정부의 폭력적인 억압 및 박해 캠페인의 결과

서 출발하였다. 그 안에서 다양한 정치문화적 서클들이 생겼는데 그 가운데 '들고양이'(Gatto Selvaggio)라는 소집단이 1972년에 잡지 『횡단』(*A/Traverso*)[7]을 냈다(Lefebvre, 2008: 111). 그 잡지는 특히 소통, 정보, 언어형식 사이의 관계라는 문제들에 연결되어 있었다. 그것은 시, 문학, 정치 문학의 잡지였다. '들고양이'의 활동가들은 잡지에서 좀 더 발전된 의사소통 양식으로 이행하기 위해 라디오를 설립하게 되었다(Bifo, 1981: 4).

라디오 알리체는 이탈리아 북부의 에밀리아-로마냐(Emilia-Romgna) 지역의 주요 도시인 볼로냐에서 FM방송으로 100.6MHz의 주파수를 가지고 일주일 중 대부분의 날에 간헐적으로 방송하였다. 라디오 알리체의 프로그램들은 우파인 기민당뿐만 아니라 좌파인 공산당과도 거리를 두었고 그들을 비판하였다. 라디오 알리체의 방송은 음악(록, 재즈, 몇 가지 고전음악, 많은 포크송과 정치적 저항가요들), 뉴스(이탈리아와 해외에 있는 좌파와 노동자계급투쟁에 관한 보고, 지역학생운동에 관한 보고, '비의회' 좌파집단들이 발간한 신문들 읽기, 페미니스트들 · 동성애자들 · 급진적인 시민권활동가들이 조직한 활동에 대한 간단한 설명) 그리고 전화걸기나 방송국 본부에 들르는 누구나에 의한 광범위하게 다양한 주제들에 대한 논평들의 혼합물이었다. 방송국의 본부는 볼로냐의 다소 황폐한

해체되었다. 같은 이름의 잡지를 내기도 하였다.

7) 라디오 알리체와 연결되어 있던 잡지 『횡단』(*A/traverso*)은 당시 조직화된 아우토노미아의 주요 발간물인 『로소』(*Rosso*)의 부록(보완물)으로 1975년 볼로냐에서 발간되었다. 『횡단』은 정치조직들의 엄격한 이념적 도식을 넘어섬으로써 권력과의 대결에서 언어, 사적 영역, 지식이란 일반문제들에 관해 지속적이고 공개적인 조사연구 기관이 되려고 하였다. 의식적인 연구로 언어를 혁신하였으며 지하문화의 인쇄방법들을 정정하였다. 신문조각들, 손으로 쓰기, 타이프로 친 흰 종이를 사용함으로써, 상상력 넘치는 새로운 인쇄형식을 창조하였다(Cuninghame, 2007: 167).

주거구역에 위치한 한 아파트의 지붕에 있는 방치된 두 개의 방이었다(Cowan, 1977－1978: 67).

라디오 알리체는 1976년 2월 9일 방송을 시작했다. 방송국의 이름 앨리스(이탈리아어 발음으로는 알리체)는 루이스 캐럴(Lewis Carroll)의 소설 『이상한 나라의 앨리스』와 『거울 나라의 앨리스』에서 따왔다(Carroll, 2003a; Carroll, 2003b). 특히 『거울 나라의 앨리스』에서 앨리스는 거울을 통과해 관습적인 사물질서에서 벗어나 모든 것이 반대로 움직이는 '색다른' 세계로 들어간다.[8] 고정된 정체성을 거부하고 전혀 다른 세계로 진입하려는 라디오의 취지를 나타낸 이름이라고 하겠다.

1976년 2월 라디오 알리체는 볼로냐에서 낡은 군사시설에 남겨진 송신기를 약 3백 달러에 사고 지방의 할인 레코드 상점에서 산 녹음기를 사용하여 방송을 시작하였다(Cowan, 1977－1978: 68). 1977년 3월까지 1년 조금 넘는 짧은 기간 동안 볼로냐에서 방송한 라디오 알리체의 경험은 그 섬광 같은 번쩍임 때문에 이 시기 운동에서 지성적·조직적·정치적·창조적 에너지를 축적하고 실험한 것의 상징으로 남아 있다.

2) 라디오 알리체의 조직

방송을 시작한 초기에 라디오 알리체 집합체는 자신들이 정치적으로 '자율적'이며, 좌파의 어떤 특정 집단이나 당과 연결되어 있지 않지만 전체 운동에 복무하기 위해 조직되었다고 선언하였다. 이러한 입장을 채택하면서 라디오 집합체는 1974년 이래 적어도 이탈리아의

8) 많은 활동가들은 이러한 상황을 마약과 연관시켜 상상한다고 한다(조지 카치아피카스의 언급).

급진 좌파 안에 성장해 오고 있던 경향, 즉 '개량주의적' 정당들뿐만 아니라 비의회 좌파의 소집단들이 집착하던 조직 모델들과 전략들을 거부하였다. 비록 그 집합체는 이 집단들의 일부와 사안에 따라서 상호 지지 및 연대 관계를 유지하였지만, 분파적이기를 거부하였고 또한 대부분의 전통적인 내부조직 유형들(선출직, 민주집중제, 위임된 책임, 전략정식화, 입장문서, 위원회, 회의)을 거부하였다. 그와 반대로 가장 역동적이고 반역적이며 창조적인 세력들, 즉 젊은 노동자들, 여성들, 학생들, 죄수들, 실업자들 그리고 현존 체계에 충분히 생산적인 인간으로서 통합된다는 어떤 현실적인 전망도 없는 주변화된 모든 사람을 포괄하려고 하였다(Cowan, 1977-1978: 69).

처음부터 라디오 알리체는 좌파운동에 필수물인 소통수단을 변형하려고 하였다. 당시 역정보운동이 있었고 기존의 좌파들은 그것에 집착하였다. 기존의 주류 정보를 거짓으로 보고 역정보를 진실로 보는 식으로 정보내용의 진위에 집착하였다. 그러나 라디오 알리체는 그러한 역정보운동에서 벗어나고자 하였다. 고정된 조직과 동일시하는 '역'정보・선동・정치투쟁의 어떤 수단도 대중운동 전체를 위해서보다는 해당 조직 자체의 생존과 지속을 위해 일하게 될 것이라고 보았다. 라디오 알리체는 당시의 '정보전쟁'에서 코드와 메시지, 청취자(수신자)와 송신자(편집자) 사이의 관계방식 자체를 바꾸어 나가면서 정보를 집합적으로 생산하고자 하였다(Gruber, 2002: 2). 그래서 라디오 알리체 성원들은 '자유라디오'를 운동세력에게 열어 이용할 수 있도록 하는 것이 결정적이라고 느꼈다. "백 송이의 꽃이 피도록, 백 개의 자유라디오를 방송하도록 하자"(Misuraca, 2006: 5)가 라디오 알리체 집합체가 종종 사용한 구호였다.

라디오 알리체는 과업들을 위임하거나 고정된 위원회들을 만드는 것을 거부하면서 다소 자생적으로 매일 방송을 조직해 나가는 열린 조직 유형을 발전시켰다. 독립적이지만 서로 연결된 많은 작업팀들이 생겨났다. 학생집합체, 몇몇 페미니스트 집단들, 지역과 전국의 노동 투쟁들에 관한 정규 프로그램을 책임진 노동자 스태프들, 낮 동안이나 저녁에 거의 언제든 자신들의 조직문제들에 대해 말할 수 있는 비공식적인 젊은 노동자집단들 그리고 라디오 집합체로 출발하여 나중에 자주관리된 '청년프롤레타리아센터'로 진화한 스태프 등이 있었다. 청취자들은 방송국에 끊임없이 전화했고 자신들의 개인적인 또는 집합적인 문제들을 방송에서 토의할 기회를 가졌다. 사람들은 시를 읽었고 악기를 연주했으며 장광설(연설)을 내보냈다. 성 문제가 공개적으로 그리고 사실적으로 청년노동자계급 사람들의 솔직한 용어로 방송에서 논의되기도 했다(Cowan, 1977−1978: 69).

라디오 알리체 성원들은 종종 스캔들을 일으킬 만한 일들을 벌였다. 예를 들어 그들 중 하나는 이탈리아 총리에게 피아트 사장인 척하면서 전화를 걸어, 노동자들이 물건을 부수고 있으며 그에 대해 즉각 무언가 해야 한다고 주장하였다. 물론 그 반응을 방송하기 위해서였다. 또 1977년 2월 25일에, 라디오 알리체가 요청한 공개적인 '잼세션'(jam session)은 추정컨대 2천 명의 탬버린, 기타, 피리, 색소폰, 연, 깃발로 무장한 젊은이들을 끌어당겼다. 그들은 도시의 중앙 광장에 모인 뒤 도시의 거리를 통과하는 즐겁고 자율적인 행진을 하였다(Cowan, 1977−1978: 70). 색다른 결집문화를 보여주었던 것이다.

3) 라디오 알리체의 표현양식

라디오 알리체는 첫 방송을 다음과 같이 시작했다. "라디오 알리체는 다음의 것들을 방송합니다. 음악, 뉴스, 꽃이 있는 정원, 요점을 벗어난 대담, 발명, 발견, 요리법, 점성술, 마술, 사랑, 전쟁 게시판, 사진, 메시지, 마사지, 거짓말."(Eco, 1978: 127).

방송 스타일과 분위기가 기존 방송과는 아주 달랐다. 봄에 벌어진 파업에 대해 이야기할 때, "4월은 가장 잔인한 달입니다"라고 말하며 적에게 "당신, 위선자 선생, 나의 친지, 나의 형제"라고 공격하곤 하였다. 라디오 알리체가 사용하는 인용들은 사드(Sade), 마야코프스키(Mayakowsky, 러시아 미래주의자), 맨드레이크(Mandrake, 연재만화가), 아르토(Artaud) 그리고 가타뢰즈(Guattareuze, Deleuze와 Guattari)를 주저하지 않고 혼합하였다.

라디오 알리체의 방송을 장식하는 철학적 진술 또한 특수한 스타일을 지녔다. 즉 "욕망은 자기 자신의 목소리를 지닌다", "욕망을 해방하는 횡단적 글쓰기", "양식 · 도덕 · 정치의 거부", "젊은 프롤레타리아들, 결근노동자들, 문화적 소수자들과 성 소수자들 삶에서의 혁명적 욕망", "모든 사람의 피부 아래에 있는 비이성적인 것에 대해 말하라", "삶의 형식을 빨간색으로 칠해라" 등으로 표현되었다.

라디오 알리체의 방송은 문학 인용, 클래식 음악, 정치적인 노래, 비구조화된 대화, 자유로이 발설하는 말 그리고 파업 · 점거 · 데모 · 축제 같은 그러한 다양한 사건들에 대한 직접보고로 이루어졌다. 그 결과 라디오 알리체의 전형적인 방송은 진행 중인 파업에 관한 5분 동안의 고도로 정치화된 이야기, 이어서 자신의 개인적인 문제, '미국' 음악에 관해 이야기하는 마약중독자와의 대담, 그리고 무의미와 비상식적인 것을 칭송하는 (루이스 캐럴로부터 온) '앨리스적인[도취적인, 마약에 취한]' 것으로 규정될 수 있는 대화들로 이루어졌다.

라디오 알리체의 성원들은 전통적인 좌파당들이 자신들에게 기대하는 명확하게 정의된 입장을 지니는 것을 거부하였다. 이념적인 입장에 따르는 것이 아니라 신체·쾌락·욕망의 문제들을 정치적으로 중요한 실체들로서 제출하려고 하였던 것이다.

그래서 라디오 알리체의 방송은 유토피아적 전망과 다다이스트적 경향을 드러내게 되었다. 라디오 알리체에서는 몇 년 전까지만 해도 방송전파에서뿐만 아니라 교육받은 사회성원 사이에서 금기였던 '불경스러운 것'과 욕설 등이 자유롭게 방송되었다. 덧붙여 젊은 이탈리아 급진주의자들 사이의 번역할 수 없는 용어나 속어, 몹쓸 말들, 다시 말해 부분적으로는 아이러니하고 추상적인 말들이 상당히 사용되었다. 라디오 알리체의 언어는 과거 많은 아방가르드운동, 즉 이탈리아와 러시아 미래주의, 다다, 초현실주의, 1950년대 미국 '히피들'의 언어와 연관된 종류의 즉석의 담론으로, 전화전신—시—상상의 담론으로 넘쳐났다(Collective A/Traverso, 1977). 라디오 알리체 성원(콤파니)들은 대중매체의 밋밋하고 정적이고 과시적 성향을 띤 중립적 언어를 전환하고 대신 느낌의 즉각적인 소통 위에서 자유로운 상상력을 발휘하는 담론형식을 채택하였다(Cowan, 1977—1978: 68).

그러다 이러한 언어형식과 관련하여 라디오 알리체는 외설적이라고 피소되었다. 그때 라디오 콤파니들은 이렇게 말했다. "외설이라는 고소가 우리에게 닥쳤을 때, 우리는 약간 당황하였다. 우리는 해적방송국, 파괴자들, 공산주의자들, 전복자들이라는 그럴듯한 고소들에 대해 생각했었다. 그러나 우리는 이러한 고소를 예상하지 못했다. 그러나 이것은 자연스럽고 적절하다. 언어는 자신을 코드로 축소하는 승화들로부터 벗어나서 욕망을 만들고 신체가 말하게 만들 때 외설적이다."(Collective A/Traverso, 1980: 130) 즉 질서 안에 한정되지 않는 모든 것은 외설적이라고 피소되었다. 그것은 운동을 위한 '더러운' 언어를 판정하는 방식이었다. 또한 그러한 언어는 '옆으로 밀려난 사람들의 목소리'였다. 이러한 언어표현을 통해 욕망의 언어, 신체의 언어를 말하면서 라디오 알리체 집합체는, "행복의 실천은 집합적이게 될 때 전복적이다", "공모하는 것은 함께 호흡하는 것을 의미한다"라고 주장하였다.(Collective A/Traverso, 1980: 133)

'더러운' 언어를 말하는 것은 서로 다른 스타일과 문화 사이의 오염[전염], 언어와 실천 사이의 오염이라고 할 수 있으며, 언어 및 의사소통이 사회적 실천에서 분리될 수 없다는 것을 주장하려는 것이었다. 1970년대에는 사회적 실천과 언어 사이의 오염이라는 바로 그 생각이 스캔들이었다. 그리고 라디오 알리체는 음악과 혼합된 특이하고 서정적인 시적 언어를 사용하였다. 로트레아몽, 사드로부터의 발췌문들, 초현실주의 등에 대한 토론들이 그것이었다. 이러한 다다이즘적 시도들은 예술과 삶의 분리를 부수고자 하는 것들이었다(Bifo, 1981: 3-4). 특징적인 것은 이탈리아의 신세대와 운동의 선도자들이 사용하는 언어가 젊은 하위 프롤레타리아 대중에 의해 받아들여지고 채택되었다는 것이다(Eco, 1978: 128). 전위언어를 말하는 사람들이 전위인지 대중인지 구분이 안 되었던 것이다.

결국 라디오 알리체는 표준적인 방송언어 그리고 언어 자체를 전복하고자 했으며 신체의 목소리를 내고자 하였다. 나아가 자신이 횡단하고자 했던 정치행동에 직접 뛰어들었다(Guattari, 1998: 414-415).

4) 방송의 내용과 방식

라디오 알리체는 점심 시간마나 한 시간 동안 정치 게시판을 열었고, 그 뒤에 전화를 거는 사람들로부터 직접적인 정치 정보를 얻었다.

또한 '청취자집단'들을 조직하였고, 이것은 많은 소규모 청취자집단들을 통해 이루어지는 지속적인 피드백의 가능성을 창조하였다. 예를 들어, 학생들로 이루어진 청취자집단 하나가 기술학교를 점거하였고 그 점거에 대해서 말하기 위해 라디오 알리체에게 즉각 전화를 걸었다. 바로 뒤에, 라디오 알리체는 그 집단이 직면한 문제에 대한 정보 및 질문을 요청하는 다른 학교로부터 많은 전화를 받았다(Bifo, 1981: 2). 이것은 정보의 유통뿐만 아니라 투쟁의 순환 가능성을 불러일으켰다.

라디오 알리체는 라디오에 방송된 어떤 것에 동의하지 않는 그 어떤 집단이라도 와서 자신의 관점을 제시할 수 있는 방식으로 열려 있었다. 한때 어떤 방송이 맘에 들지 않았던 여성주의집단이 와서 자신들의 방송을 하기 위해 반나절 동안 방송국을 점거하기도 하였다(Bifo, 1981: 3).

또한 라디오 알리체는 시뮬레이트된 정보(허위 정보)를 방송하기도 하였다. 한 번은, 경찰이 젊은 사람들이 만나는 볼로냐의 가장 큰 광장에 가서 그들이 마약거래를 하고 있었다는 핑계로 그들 가운데 많은 사람을 체포했다. 그것은 이 젊은이들을 제거하는 청소작업을 원한 볼로냐 중심부에 있는 기업주들로부터의 압력으로 인해 경찰이 공격한 것이었다. 라디오 알리체의 창립멤버인 비포(Bifo)는 그때 라디오에서 방송을 하고 있었는데, 볼로냐에 있는 큰 신문사의 기자라고 말하면서 경찰청장에게 전화를 했다. 비포는 그가 35명을 체포했다는 것을 알면서 "오랫동안 시가 그[경찰청장]에게 더러운 사람들을 그 교차로에서 제거하도록 요청했기 때문에 이 정책을 계속 밀고 나갈 것인지를 알고 싶다"고 그에게 말했다. 그는 "그렇다"고 말했으며 또한 "자신이 그것을 하기 위해 오랫동안 기다려 왔으며 내일 더 많은 사람을 체포할 것"이라고 말했다. 그러고 나서 비포는 "마약 딜러를 체포하는 것만으로는 충분치 않다면 마약 딜러나 극단주의자들까지 체포할 생각이냐"고 물었다. 그는 동의했고 큰 신문사의 기자에게 얘기하게 돼서 아주 행복해하였다. 하지만 그때 라디오 알리체를 듣고 있던 경찰의 다른 분견대원이 경찰청장의 사무실에 와서 무슨 일이 일어나고 있는지(대화가 생방송되고 있었다)를 말해 주었고, 그래서 전화가 끊어졌다(Bifo, 1981: 2).

그러나 이것은 실제 정보의 형식이었다. 약간의 거짓말을 함으로써 경찰청장이 진실을 말하도록 하였던 것이다. 라디오 알리체 집합체는 진실한 뉴스와 거짓 뉴스의 개념에 대해서 이론적 논의를 했고, 뉴스는 현실의 재생산이 아니라 사건들·사실들·반응들 등의 생산이기 때문에, 분명히 또는 명증하게 허위인 어떤 것을 말하는 것이 진실과 연결된 효과를 만들어낼 수 있다고 보았다.

5) '77년 운동'(볼로냐 3월 봉기)과 라디오 알리체

공산당 관계자들은 처음에는 라디오 알리체의 활동을 묵인하면서 신경질적인 무관심을 보일 뿐이었다. 그러나 1977년 3월에 시작된 '77년 운동'으로 라디오 알리체는 관심과 억압의 대상이 되었다.

사태는 3월 11일 금요일 아침 비교적 작은 사건으로 시작되었다. 한 회의가 기독교민주당과 친밀한 청년조직인 '코뮌과 해방'(Comunione a Liberazione: CL)의 후원 아래 볼로냐 대학 건물들 가운데 하나인 대강연장에서 열리고 있었다. 그 조직은 전투적으로 들리는 수사와 조합주의를 내세웠음에도 불구하고 청년들과 대학생들 사이에서 극히 반동적인 역할을 하고 있었다. 대여섯 명의 좌파활동가들이 강당에 들어가려고 했는데, CL의 보안요원에 의해 확인되어 두들겨 맞고 쫓겨났다. 그 소식은 신속하게 대학 전체에 퍼져나갔고, 일단의 전투적 학생들이 건물 앞에 모여 구호를 외치기 시작했다.

어떤 물리적 폭력도 발생하지 않았음에도 불구하고, 대학 학장은 전화로 경찰에 투입요청을 하였다. 경찰이 교내에 들어와 학생들을 무차별적으로 때리기 시작했고 학생들이 도망가려고 하자 최루탄을 쏘았다. 더욱이 경찰은 돌과 화염병으로 대응하는 학생들을 향해 총까지 쏘았다. 이 상황에서 '투쟁지속'(운동조직)의 활동가인 한 대학생이 경찰이 쏜 총에 맞아 죽는 사건이 발생하였다(Cowan, 1977−1978: 70). 이 사건을 계기로 거의 3일간 억제할 수 없는 무차별적 폭력행동이 일어났다. 대중시위, 경찰과 청년 사이의 충돌, 상점의 파괴, 대규모 체포는 이틀 내내 계속되었다.

라디오 알리체는 사건의 처음부터 매분마다 뉴스와 목격보고를 방송했다. 라디오 알리체는 투쟁과 갈등의 주도자들이 스스로 말하도록 하는 방식을 취하였다. 사람들이 전화를 하거나 방송국에 와서 청중에게 직접 설명하게 하였다. 갈등장소에서 벗어나 있던 사람들뿐만 아니라 거리행동에 참여하고 있던 사람들도 자신들의 집에서 라디오를 듣고 이러한 설명을 따랐다(Cowan, 1977−1978: 71).

특히 라디오 알리체는 청년들과 경찰의 움직임 및 전술에 대한 자세한 정보를 제공하였다. 전화를 하거나 방송국에 온 일부 사람들은 일어나고 있는 것을 단순히 보고하는 것 이상을 했다. 그들은 중립적인 관찰자가 아니라 분노한 시위자들이었고, 가끔 자신들의 동지들이 경찰에 대항하여 시위하기 위해 어떤 것으로 무장하고 특정 장소에 나타날 것을 요청하였다. 또한 비공식적인 '동전리포터'는 항상 자신들을 보고라는 엄격한 과제에 한정하지 않고 때때로 무슨 행동을 취해야 하는지를 제안하였다(The Red Menace, 1978: 2-9). 그러한 방식 속에서, 라디오 알리체는 일반 시민이 선동가로 변하는 모습을 보여주었다. 새로운 매체 사용방식을 통해서, 어떤 분파그룹과도 연결되어 있지 않고 거리 전투에 참가하지도 않은 사람들조차 매우 흥분해서 선동가가 되었다(Eco, 1978: 129).

물론 '77년 운동' 과정에서 라디오 알리체는 폭동의 워키토키의 역할만 하는 것은 아니었다. 일부 사람들은 라디오 알리체 성원들이 극단주의자들이나 살인자들이라고 하거나 또는 라디오 알리체가 거리에서 벌어지고 있는 운동을 비판해야 한다고 말하려고 전화를 하기도 하였다. 이렇게 하루 20시간 동안 거리에서 무슨 일이 벌어지고 있는지에 대해 누구든지 '자유발언'을 할 수 있었다.

이렇게 되자 라디오 알리체는 폭력을 선동하는 주범으로 낙인 찌혔으며 가두투쟁를 지시한다고 고소당했고 결국 경찰의 공격을 받았다(Cowan, 1977−1978: 71). 최초의 공격은 3월 12일 저녁에 있었는데, 그때 폭동 진압 장비를 갖추고 기관단총으로 무장한 군인들이 라디오 알리체가 위치해 있는 지역을 점령하여, 부근 카페 및 술집을 모두 폐쇄하고 거리의 양쪽 끝에서 최루탄을 터뜨렸다. 그리고 나서 스튜디오에 침입하여 폭력을 선동하고 '범죄행동 계획을 목적으로 한 결사체'(associazione a delinquere)인 비행결사체라는 죄목으로 장비를 부수고 압수해 갔다. 또한 주류 언론은 라디오 알리체가 허위정보를 사용하여 폭동을 사주하고 있다고 말함으로써 경찰행동을 지지하였다(Bifo, 1981: 2).

물론 라디오 알리체는 그 폐쇄과정을 생방송하였다. 경찰이 문을 부수고 들어와 총을 겨누사 손을 들고 마이크를 뺏길 때까지 그리고 마이크가 떨어지는 소리까지 생생하게 방송하였다(Red Note, 1978:

31-32).

다음날 아침, 라디오 알리체 집단의 다른 성원들은 일부 낡은 장비를 모아 방송을 다시 시작했다. 이때는 라디오 알리체가 불법적인 결사체라고 선고되어서 '3월 12일 집합체'라는 이름으로 방송하였다. 몇 시간 후 당국은 인근 지역 전체에 전기를 끊었고, 집합체는 다른 주파수로 배터리를 충전하는 방식으로 방송을 하였다. 경찰이 다시 나타나서 문을 부수기 시작했을 때, 스튜디오에 있는 사람들은 체포를 피하기 위해 인접한 건물 지붕 위로 탈출했다(Red Note, 1978: 22-25; Cowan, 1977−1978: 71).

이렇게 해서 결국 라디오 알리체는 1977년 3월에 폐쇄되었다. 거리에서의 폭동의 조직자이자 조정자라고 고소당했기 때문이었다. 하지만 현실에서 권력, 특히 공산당과 기독교민주당이 두려워 한 것은 동네, 학교, 공장, 대학에서 자율적인 의사소통 네트워크와 반권력 네트워크를 창조할 수 있는 주민의 힘[역능]이었다(Bifo, 2008: 3). 라디오 알리체가 바로 그러한 힘을 드러낼 수 있게 해주는 수단이 되었기 때문이다. 그러니 권력으로서는 라디오 알리체가 참을 수 없는 공포였던 것이다.

라디오 알리체가 폐쇄되고 활동가들은 수감되었지만, '라디오 알리체가 수행했던 혁명적 탈영토화 작업은 약해지지 않은 채 그 박해자들의 신경 속에서 계속되고 있다.' 라디오 알리체를 통한 자유라디오운동은 거대한 자본주의적 · 관료적 기계를 파괴할 수 있으며 더 나아가 또 다른 세계를 건설할 수 있다는 것을 보여주었다(Guattari, 1998: 421).

2. 라디오 뽀뽈라레

1) 라디오 뽀뽈라레의 역사

라디오 뽀뽈라레는 밀라노 최초의 사회주의 방송국들 가운데 하나인 '라디오 밀라노 첸트랄레'(밀라노중앙라디오, Radio Milano Centrale)에서 일하던 5명의 집단에 의해 1976년에 시작되었다. 그 5명은 라디오 밀라노 첸트랄레에 대한 이탈리아 공산당의 지속적인 침해에 대해 점점 불안을 느꼈다. 그들은 처음부터 공산당뿐만 아니라 좌파의 모든 사람이 서로 소통할 수 있도록 하겠다고 공약했다. 이런 이유로 방송국의 이름을 라디오 뽀뽈라레(민중 라디오)라고 하였다. 그들은 방송국을 가동하기 전에 실제로 1년 동안 조심스럽게 준비작업을 했고, 밀라노 시의회의 2대 정당인 공산당 및 사회당과 논의하였다. 그래서 그 정당들과 대립하기보다는 그들을 지지자로 끌어들였다. 그렇게 해서 정당들이 자신들을 RAI의 유형에 따라 '경쟁적으로 식민화'하려는 것을 막기도 하였다. 실질적으로 라디오 뽀뽈라레는 여러 좌파 정당들과 좌파 노조들의 대표들로 결성된 '라디오 뽀뽈라레 협동체'에 의해 구성되고 운영되었다(Radio Popolare, 2009: 1). 결국 라디오 뽀뽈라레는 특정 정파에 기울지 않고 자율성을 지닌 채 운영될 수 있었다(Dawning, 1988: 310).

라디오 뽀뽈라레는 1981년에 라디오 경쟁에서 살아남기 위해 송신기 출력을 400kW에서 5,000kW로 올렸다. 그로 인해 운영비용이 거의 세 배 가까이 늘어났고 직원들이 각출하기까지 하였다. 공간 역시 지하실을 포함한 3층 건물을 사용하였지만 비좁았다.

그러나 라디오 뽀뽈라레는 이탈리아의 자유(독립 좌파) 라디오의 성공사례로 간주되었다. 1980년대 초반 두 개의 주파수를 가진 라디오 뽀뽈라레는 도시의 30마일 반경 안에서 청취되고, 1일 7만 명의 정기적인 청취자에 더해 최소 한 주에 한 번은 주파수를 맞추는 10만 명의 청취자를 보유하고 있었다. 더욱이 라디오 뽀뽈라레의 프로그램 가운데 일부는 롬바르디아 지역에 있는 6개의 자유라디오에 의해 재방송되었다. 라디오의 수입은 라디오의 기금조성 콘서트나 페스티벌을 지지하거나 특정한 가게와 영화관에서 소액 할인을 해주는 라디오 뽀뽈라레 클럽 카드를 산 지지자들로부터 들어왔다(Lowe, 1983: 66). 그 회원권을 사용하여 사용액에 따라 기부하는 후원 지지자들이 1만 명에 달하였다. 또한 기부를 하고 기금증진 이벤트를 후원하는 사람들의 메일링 리스트는 5만 명의 이름을 포함하고 있었다(Lowe, 1983: 62). 1990년에는 협동체를 기반으로 주식회사를 설립하였고 후원자들과 지지자들 약 1만 2천여 명이 주식을 소유하고 있었다(Radio Popolare, 1990, 1-3). 이러한 재정적 기반을 확보하여 이후 라디오 뽀뽈라레는 계속 자율적으로 운용될 수 있었다.

1992년 이래 라디오 뽀뽈라레는 다른 라디오들과 '뽀뽈라레 네트워크'를 만들었다. 그리하여 라디오 뽀뽈라레의 방송이 다른 방송들에 연결되어 방송되고 있다. 2001년부터는 위성을 통해서 유럽 전역과 아프리카의 일부, 중동에서도 들을 수 있게 되었다. 라디오 뽀뽈라레는 여전히 회원권 사용자들과 후원자들에게 의존하는데 1995년에는 각각 1만 3천 명과 1만 5천 명이었다. 성쇠를 거듭하지만 그 수준에서 유지되고 있다. 1998년 라디오 뽀뽈라레는 제7회 세계공동체라디오대회를 주관하여 개최하였으며 전쟁이나 어떤 사건들에 대해서 독자적인 견해와 방송을 하고 여전히 민중의 다양한 의견을 표현하는 색다른 방식들을 실험해 오고 있다(Radio Popolare, 2009: 2-5).

2009년 현재 네 곳에 라디오 뽀뽈라레 방송국이 있으며, 22개의 라디오들이 '뽀뽈라레 네트워크'를 이루고 있다. 여기서는 1980년대 초반의 활동을 중심으로 기술해 보고자 한다.

2) 광범위한 포럼으로서의 라디오 뽀뽈라레

자유라디오 가운데 '라디오 뽀뽈라레'(Radio Popolare, 민중 라디오)는 1980년에 들어 가장 좋은 이미지를 가지고 있었고, 통상 신문이나 주간지의 기자들은 밀라노에서 일어나고 있는 일에 관해 기사를 쓸 때 라디오 뽀뽈라레를 언급했다. 라디오 뽀뽈라레가 자리 잡고 있던 밀라노는 이탈리아 북부의 수도라고 불리는 대도시(metropolis)로서 북유럽의 많은 도시들과 비슷한 공업도시였고, 시의회는 좌파(공산당원과 사회당원 그리고 일부 극좌파)가 지배하였다(Dawning, 1989: 304).

이러한 환경 속에서 라디오 뽀뽈라레는 사람들(청중)을 철저히 성, 나이, 당원, 정치활동, 교육배경 등의 사회적 범주들로 구분하는 기존 커뮤니케이션의 통로 밖에서 횡적 커뮤니케이션을 고무하고 개발하려고 시도했다[9](Dawning, 1989: 305-306). 즉 라디오 뽀뽈라레는 '새로운 종류의 소통을 추구하려고' 할 뿐이지 특정 집단이나 분파의 대변인이나 기관이 되지는 않으려고 하였다. 예를 들어 라디오 뽀뽈라레는 낙태 및 의무군복무를 둘러싼 투쟁과 공장에서 벌어진 밀라노의

---

9) 이러한 라디오 뽀뽈라레의 입장에 대해서 익명적 좌파는 라디오 뽀뽈라레가 청취자 수를 늘리려고 일관성 있는 정치적 입장을 갖지 못하고 정치세력과 타협하며 더 나아가 점차 작은 제도로 되어가면서 기존의 틀 안에서 전문가화(유급지원을 둠)된다고 비판하였다. (특정 정치집단의 목소리로서) 정치적 명쾌한 혹은 일관성과 (전문가주의에 대비되는) 자생성에 관한 이러한 쟁점은 자유라디오의 운영과 관련하여 계속 논쟁되곤 하였다.

수많은 투쟁에 관여하면서 단순히 특정 집단의 목소리가 되지 않으려고 하였다. 또한 사회주의적인 공중 구성원 일반이 스스로를 표현하고 서로 소통할 수 있는 가장 넓은 포럼을, 밀라노의 광범위한 좌파를 위해 살아 있는 포럼을 제공하려고 하였다. 그리고 밀라노에는 그러한 사회주의적 공중(public)이 있었다[10](Lowe, 1983: 62-63).

라디오 뽀뽈라레는 지배적인 주류 매체의 조직화된 전문적 기자직을 거부했지만, 그럼에도 불구하고 어떤 종류의 전문가주의가 필요하다고 보았다. 자신들의 인기 있는 포럼을 제공하고 현존하는 채널 외부에 수평적인 대중소통을 성공적으로 만들기 위해, 성원들이 라디오에 대해 전문적이 되어야 한다고 생각했고, 이것은 노련한 전일제 노동자의 핵을 갖는 것을 의미했다(Lowe, 1983: 62-63).

또한 활동을 '전문화'하면서도 관행 언론과 다른 방식을 취하려고 노력하였다. 예를 들어 라디오 뽀뽈라레는 기존 통신사들에 전적으로 의존하지 않으려고 공장, 근린지역 그리고 학교에 통신원들의 연락망을 개발하였다. 이 연락망과 라디오 뽀뽈라레가 지역별로 조직한 집회들은 매체정보에 대한 공중의 통제를 의미하였다. 이처럼 라디오 뽀뽈라레는 일반 공중[청중] 속에서 수평적 커뮤니케이션을 개발하면서도 이 커뮤니케이션을 가능한 한 '전문적으로' 조직하려고 하였다(Dawning, 1989: 307-309).

어쨌든 라디오 뽀뽈라레 성원들은 성, 나이, 교육배경, 당 충성도의 구분을 가로질러 공중 수준에서 사람들이 소통하는 것을 도움으로

---

10) 밀라노는 사회당원과 공산당원이 다수를 차지하는 의회, 투쟁적이고 조직화되지 않은 노동력, 그리고 좌파정치문화를 지니고 있었다. 라디오 뽀뽈라레는 이러한 환경으로부터 공식적 승인의 신호를 원했고 원만한 관계를 맺어가려고 노력하였다.

써, 근본적인 변화에 대한 사람들의 공통된 욕망을 강조하여, 사회변화를 가져올 수 있는 매체를 만들어 나가고자 하였다(Lowe, 1983: 66).

3) 라디오 뽀뽈라레의 조직

라디오 뽀뽈라레가 비교적 안정적으로 지속될 수 있었던 것은 이 매체가 '라디오 뽀뽈라레 협동체'에 의해 운영되면서 자율성을 가졌고 후원자들과 카드사용 기부자들이 있었기 때문이다. 그러나 라디오 집합체 자체의 내적인 측면에서 주목할 만한 것은 방송국의 직원들이 누리는 안정의 정도였다. 원래의 조직가 5명은 1980년에 모두 떠났지만, 1980년 여름에 있던 상근직원 11명 가운데 9명이 방송국이 실제로 전파를 내보내기 시작한 순간부터 참여한 사람들이었다.[11] 봉급은 재정적으로 곤란한 시기에는 제일 궁한 사람에게 먼저 지급하는 방식을 취했다. 궁한 정도는 집합체의 논의를 통해 최선의 방식으로 정해졌고(Dawning, 1988: 310) 덜 곤란한 시기에는 동일한 봉급을 받는 것으로 하였다. 라디오 노동자들의 고정된 유급의 핵심부를 조직하게 되자, 재정문제가 갑자기 그들의 에너지의 큰 부분을 차지하게 되었다.[12]

라디오 뽀뽈라레가 조직적으로 안정되었던 것은 또한 성원들의 작

11) 아마 봉급을 정기적으로 지급한 것과 관계가 있었을 것이다. 대단한 액수는 아니었지만 유급제는 다른 자유라디오방송국에는 전혀 나타나지 않았다.

12) 예를 들면 1980년에 방송국은 한 해에 1억 2천만 리라를 필요로 했다. 이 가운데서 약 5천만 리라는 광고를 통해, 2천 2백만 리라는 개별 기부를 통해, 1천만-1천 2백만 리라는 조직적 기부를 통해, 1천 5백만 리라는 모금행사들을 통해, 그리고 8백만 리라는 방송국이 주관하는 연례 복권추첨을 통해 모았다. 그러나 1천 5백만 리라를 더 구해야 했다. 이 개략적 수치들은 재정문제에 대처해 간 라디오 뽀뽈라레의 부단한 싸움을 아주 뚜렷이 보여준다(Dawning, 1988: 311).

업시간의 대부분이 극히 일반적인 업무에 소비되었지만 그 업무는 아주 공평하게 분담되었기 때문이었다. 마이크를 통해 방송을 하는 구체적이고 보다 신나는 활동은 하루의 활동 가운데서 아주 적은 비율을 차지했다. 따라서 라디오 뽀뽈라레는 방송하는 사람들과 방송하지 않는 사람들 사이에 분업이 일어나는 것을 피할 수 있었다. 그리고 내부 논의에서 어떤 문제에 대해 정해진 입장을 제시하던 (혁명정당의 중앙위원회식) 표현스타일이 3년 차에 접어들면서는 보다 개방적이고 유연한 방식으로 변하였다(Dawning, 1988: 314). 또한 라디오 뽀뽈라레는 방송정책상 조직노동자 중심에서 다양한 사회층을 포괄하는 방향으로 나아갔고 독자적인 자금조달방식을 만들어 감으로써, 정당들과의 관계에서 독립적으로 운영해 나갈 수 있는 토대를 마련해 나갔다.

1980년대 초반 동안 라디오 뽀뽈라레에는 30명의 전일제(상근) 노동자, 사무직 노동자, 기술자들이 있었고, 이들 가운데 대부분은 주일의 몇몇 프로그램에서 마이크를 잡았다. 그들은 매달 일정한 봉급(한 달에 40만 리라, 당시 동일 노동자들에게 지불된 액수의 약 3분의 1)을 받았고, 서로 다른 범주의 프로그램—뉴스, 문화, 노동, 청년, 교육 등—을 다루는 팀들로 조직되었다. 그들은 팀장, 편집장, 라디오 전체를 조율하며 공적 대변인으로서 행동하는 국장을 선출했다(Lowe, 1983: 63).

물론 라디오 뽀뽈라레의 조직적 운영에서 특징적인 것은 회의였다. 라디오 뽀뽈라레에서는 회의들이 정규적으로 자주 열렸다. 계속되는 문제들을 논의하기 위해 핵심 상근직원들의 회의가 1주일에 한 번씩 열렸다. 또한 1주일에 한 번씩 그 주의 제작과 뉴스에 관해 논의하기 위해서 라디오에 참여하는 유급・무급의 비상근직원들을 포함한 전체회의가 열렸다(Dawning, 1988: 313). 보통 이란 혁명에서부터 밀라노 거리에서 제멋대로 노는 개들이 일으키는 문제에 이르기까지, 혹은 지방선거 결과의 의미에서부터 정치의 쟁점들에 이르기까지 특정 한 주제가 논의되곤 하였다. 참가하라는 공고가 있고 나서 오후 9시부터 더러는 한밤중까지 회의가 계속됐다.

또한 라디오 뽀뽈라레는 경험을 통해 실무관계들이 원활해지는 것을 돕기 위한 메커니즘을 개발하였다. 국장이 편집인을 겸하던 것에서 겸하지 않는 것으로 바뀌고, 국장의 직무는 개인의 갈등들이 통제불능이 되어 방송국의 업무를 위협하지 않도록 하기 위해 집합체 성원들과 이야기하고 때로는 그 대화 내용을 쌍방에 해석해주고 필요한 경우에는 그들이 서로 이야기하게 만드는 것이었다. 이처럼 편집인의 직무를 겸하지 않고 네트워크 소통을 발전시키는 국장을 선출하는 방식으로 나아갔다(다우닝, 1988: 314).

그리고 기술과 관련하여, 처음에 라디오 뽀뽈라레 성원들은 RAI에서 20년 동안 일했던 남자 국장에게서 라디오 이용법을 훈련받았다(Dawning, 1988: 321). 핵심그룹은 초창기에 정치적 통찰력과 경험을 기술적·전문적 자질과 결합시키는 방법을 많이 배웠다. 그들은 음악이나 드라마 제작 같은 다른 분야에 대한 지식에서는 불충분했지만 신참자들을 가르쳤다. 그리고 이 지식을 비상근 협력자들에게 전달했다.

매일 방송되는 '청년 프로그램'은 새로운 재능을 발굴하는 주요 원천 역할을 하여, 집합체의 새로운 구성원 8명 가운데 5명을 그 프로그램을 통해 한 해만에 배출했다. 방송국이 지닌 애초의 전망을 유지하는 문제가 있었지만, 이 충원방법은 직원들이 바뀌는 순간에 아주 적절했다. 기존의 집합체 구성원들(콤파니)이 급료를 받는 반면 젊은이들이 가외[엑스트라] 직원이라는 형태로 무급으로 일을 해주고 있었다.

그리고 다수의 사람들이 라디오 뽀뽈라레를 언론계에 들어가는 데 필요한 경험을 쌓기 위한 훈련학교로서 전략적으로 이용하여 보다 안정되고 급료가 나은 다른 직장으로 떠남으로써 그들이 있었던 자리에 경험의 공백을 남겼다.

이 문제를 해결하려는 노력으로 라디오 뽀뽈라레는 신청자들의 명단에서 선발한 사람들에 대해 한꺼번에 20명씩 3개월 동안의 공개 교육과정을 시작했다. 그들은 지방단체들, 기자협회 그리고 시장의 참여를 구하는 데 성공했다. 학생들은 경험을 바탕으로 프로그램들에 참가하도록 허용되었으며, 주요한 모든 기술·제작 문제에 입문했다. 그 학급들은 이탈리아 매체들의 구조, 출판 개혁의 지체, 관습적인 언론규범, 검열과 자체검열의 문제들 그리고 '자유라디오의 비참과 영광' 같은 쟁점들을 검토하기도 했다. 기자들, 매체 비평가들, 기자협회의 대표들이 교육에 참가했다. 교육이 끝날 무렵에 일부 학생들은 방송국의 자원협력자가 되었다. 그 훈련은 신선한 프로그램 제작 방안이 계속 라디오 뽀뽈라레로 흘러들어오고 전보다 광범한 영역으로부터 뽑힌 사람들에게서도 아이디어가 나오도록 하는 데 도움이 되었다(Dawning, 1988: 322-323; 1984: 299-300).

4) 방송의 내용과 방식

라디오 뽀뽈라레는 뉴스를 전달할 뿐만 아니라 뉴스거리를 만드는 방송국이었다. 다시 말해 일어난 일을 단순히 전달하는 것이 아니라 일을 일으키는 당사자가 되기도 하였다. 예를 들어 라디오 뽀뽈라레는 두 명의 젊은 밀라노 지역 노동자들이 거리에서 파시스트 갱들에 의해 살해된(1978년) 뒤 장례식 날에, 도시에 있는 10만 명의 노동자들에게 파업을 촉구하는 캠페인을 했다. 1981년에는 방송 중에 수감자들로부터 온 편지들을 읽고 그 가족들을 인터뷰하면서 밀라노의 산비토레 감옥에 있는 정치범들에 대한 고문을 폭로하고 고발하기도 하여 다른 방송들의 뉴스가 되기도 하였다(Lowe, 1983: 62).

하루 24시간 방송이 이루어졌으며, 지방 청취자를 염두에 두고 준비한 모든 프로그램은 청취 범위에 있어서만 지방일 뿐이었다. 예를 들어, 뉴스와 뉴스에 기반한 특집기사들은 밀라노, 이탈리아, 해외에서 일어난 사건들을 다루었다.

뉴스의 제작과 진행은 현장과 연결된 생생한 자료와 정보를 제공하려고 하였다. 시위와 파업이 있을 때에는 직접 특파원이 현장에 가서 시위자들의 목소리를 녹음해 와서 발췌 방송하는 방식을 취했다(Lowe, 1983: 61-62). 뉴스와 특집기사와 관련해서는 매체 '전문가들'이 하는 선별과 해석을 피하려고 하였다. 그래서 라디오 뽀뽈라레는 지방 사람들을 학교, 공장, 근린지역에 있는 통신원으로 활동하도록 초대하였다. 또한 법적 권리나 노동조합운동과 같은 특정한 영역에서 경험을 가진 사람들을 자원인사(resource person)로서 활동하도록 요구하였다.

이 모든 '협력자들'은 때로는 프로그램에서 스스로 말하면서 또는 자신들의 공동체나 작업장에서 온 다른 사람들이 말하도록 하면서 라디오의 리포터들과 밀접하게 일하였다. 그들은 라디오에 관여하는 모든 사람의 주간 계획회의에, 가정에서의 이런저런 싸움의 중요성이나 폴란드에서의 계엄령 탄압과 같은 해외의 위기에 관한 논쟁으로 인해 종종 밤늦게까지 진행되는 회의들에 참여하였다(Lowe, 1983: 64). 국제 면에서도, 뉴스보도국은 해당 당사국 안에서 억압과 싸우는 것에 관여된 현장으로부터의 보고에 주로 의지하였다.

무거운 뉴스를 이야기하다가 자연스럽게 성 문제와 같은 것으로 어조를 바꾸어 가는 진행방식도 눈에 띄었다. 그리고 전화걸기 방식에서도 방송진행자 한 사람과 여러 사람이 동시에 전화걸기를 하고 전화를 건 사람들 사이의 토론과 의견교환 등을 활성화하였다.

오후 중반의 '청년시간'과 같은 프로그램들은 특수한 이익집단들을 위해 그들 자신에 의해 만들어진 정규방송 형식이었다. 그 외 정보 특집기사는 법률, 건강 그리고 여타 종류의 조언을 제공하고, 문화 프로그램들은 평론과 음악을 방송하였다. 공적 서비스와 관련하여 무슨 일이 일어나고 있는지, 누가 팔 것을 가지고 있는지, 어느 것이 가장 가치 있는 상점・바・레스토랑인지에 대해 말하였다. 그러고 나면 개인적인 문제에서부터 세계 상황에 이르기까지 모든 것을 다루는 토론과 전화걸기가 진행되었다.

늦은 밤 임의의 순간들에, 라디오는 종종 유쾌한 혁신적 방식을 수행했다. 라디오 뽀뽈라레가 상당한 기간에 걸쳐 개발한 이 영역은 오후 11시 이후의 방송들이었다. 그것은 청취자들과 함께 텔레비전을 보고 그들이 시청한 내용을 어떻게 생각하느냐고 묻는 것이었다. 또는 소리를 끈 채로 텔레비전을 보면서 라디오 뽀뽈라레 자체의 임의적인 논평으로 소리를 대체하는 것이었다. 또한 그들이 개발한 다른 방송 형식은 한 여성과 한 남성에게 전화를 걸라고 부탁하고 나서 역할놀이를 하도록 하는 것이었다(Dawning, 1988: 319).

음악은 프로그램 시간의 50퍼센트를 차지했고, 대부분 밤에 방송되었다. 평균 10시간 이상이 뉴스와 특집기사에 할애되고 나머지는 광고였다. 물론 광고는 한 시간에 5분 이하의 짧은 삽입광고를 하고 있었다. 그것을 넘으면 라디오에 대한 전체 개념이 변할 것이라고 생각하였기 때문이었다(Lowe, 1983: 64).

라디오 뽀뽈라레는 실제 방송에서 새롭게 채택한 주요한 제작방침을 제시했다. 그것은 한 미친 남자가 벌인 인질살해 및 자살극[13]에 대한 보도와 관련하여 취한 방침이었다. 라디오 뽀뽈라레는 직원 4명을 교대로 이 사건에 배치했다. 그들은 좌파의 남녀로부터 걸려오는 많은 전화를 받았다. 이들은 전화를 받으면서 많은 사람들이 죽음과 폭력에 매력을 느낀다는 하나의 쟁점을 제기하였다. 또 하나의 쟁점은 테러리즘의 문제였고 이러한 쟁점제기는 토론의 장을 만들었다. 단순히 사건을 보도하는 것이 아니라 쟁점을 제기하고 논의하게 하면서 그 과정까지도 방송하였다(Dawning, 1988: 320).

3절. 자유라디오의 특성

자유라디오들은 기존 정당이나 정파들로부터 독립성, 자율성을 지니려고 노력하였다. 이념적인 정체성에서 분명한 입장을 취하기를 거부하고 다양한 입장이 소통되는 매개체가 되고자 하였으며 재정적인 자립을 추구해 나가려고 하였다. 이러한 과정에서 자유라디오들은 방송의 현장성과 직접성을 강조하였다. 사건의 내용을 가능하면 현장에서 직접 당사자의 목소리를 통해서 방송하려고 하였다. 그렇게 하기가 어려우면 당사자들의 녹음자료 등을 이용하곤 하였다.

13) 1980년 2월에 20대 후반의 남자가 오후 5시 무장을 하고 밀라노 중심가의 한 사무실로 들어가서 직원 10명을 불법 감금했다. 2, 3일 계속 포위되어 있었으나 그가 한 여성을 살해하고 나서 자신도 자살하는 것으로 끝났다. 그는 미친 사람이었는데, 처음에는 자기가 붉은 여단의 단원이라고 밝히더니 그 다음에는 다른 조직('공산주의 프롤레타리아트')에 속한다고 했다. 바깥의 거리는 올림픽 경기장처럼 기사들이 도처에 있었고, 사람들은 오랫동안 그저 기다리면서 시간을 보냈다. 마침내 시체들이 들려나왔을 때, 군중들은 거의 이틀 동안 계속해서 그곳에 있던 노파 2명을 포함하여 그들을 보려고 몰려들었다.

자유라디오들은 또한 '객관적'인, 중립적인 척하는 언어를 거부하였다. 현장의 소음 속에서 튀어나오는 다양한 말을 그대로 전달하려고 노력하였다. 그리고 사건의 보도를 넘어서서 다양한 논의가 전개되도록 하고 그 전개과정을 방송하였다. 쟁점을 만들고 색다른 코드를 만들어 나가려고 하였던 것이다.

1. 자유라디오의 언어

국가독점의 국영방송과 달리 자유라디오의 특징으로 꼽을 수 있는 것은 자유라디오가 사용하는 언어이다. 자유라디오들은 국영라디오의 표준적인 이탈리아어를 지방 말투(사투리)로 바꾸었다. 자유라디오들 자체가 '지역'에 한정된 전파범위를 지니고 있었기 때문이기도 하였다. 자동차로 여행하면서 지역에 따라 다른 말투로 말하는 자유라디오 방송을 들으면 어디에 있는지를 알 수 있었다. 청취자들은 놀랐다. 마을이나 도시의 주민들과 같은 방식으로 말하는 아나운서들은 라디오가 일종의 '공식' 목소리라는 느낌을 파괴하였다. 물론 이러한 방송들은 음성적으로 구분될 뿐만 아니라 사실 언어구조나 의미상으로도 달랐다. 자유라디오에서는 라디오가 시작된 이래 처음으로 일상 단어들과 밤에 이야기되는 말들도 종종 사용되었다. 사건들은 그것들을 막 경험한 사람들에 의해서 묘사되었다. 청취자들은 누군가가 자신이 막 본 것에 관해서 말하기 위해서 최고 속도로 스튜디오로 달려오고 있다는 뚜렷한 느낌을 받았다. 또한 선별과 검열이 전혀 없다는 인상을 갖게 되었다. 나중에 국영방송국이 자유라디오의 이러한 스타일과 주제의 일부 측면을 채택하여 그 차이가 다소 줄어들게 되었지만 말이다.

검열이 전혀 없다고 할 수는 없었지만, 어쨌든 자유라디오 방송국들의 선별 기준은 국영라디오의 선별 기준과는 매우 달랐다. 자유라디오가 처음 방송을 시작했을 때, 밀라노에서 청취자들은 자신들의 라디오를 켜고 RAI(이탈리아 국영라디오)를 듣고 있다고 생각하면서 (기계적인 자동 튜닝에 의해서 다른 자유라디오에서 방송하고 있는) 노골적인 선전을 하고 있는 동성애자들의 논쟁을 들었다. 청취자들은 특정 유형의 검열이 없다고 느꼈기 때문에 RAI가 미쳐버렸나 하고 생각하기까지 하였다(Eco, 1978: 125).

일부 자유라디오들(특히 라디오 알리체)의 언어는 모든 진부한 표현들을 깨뜨렸다. 그래서 새로운 라디오 언어는 사이코드라마와 같은 통제되지 않은 메시지라는 인상을 풍겼다.

에코(Eco)는 자유라디오의 언어가 지닌 몇 가지 구성요소를 다음과 같이 정리해 주고 있다(Eco, 1978: 126). 자유라디오의 언어 가운데 첫 번째 구성요소는 항상 방송되는 공격적인 음악이었다. 자유라디오들은 젊은이들이 감상하는 음악을, RAI에 의해 방송되는 것과는 아주 다른 음악을 방송하였다. 사람들이 듣는 폭력적인 멜로디들 사이에 잘 균형잡힌 연설 시간들이 끼어 있었다. 물론 말하는 양은 1977년 3월 볼로냐 봉기 같은 특수한 상황에서 증가하였다. 그때는 라디오들이 걸려오는 전화, 연설, 공표된 선언들에 집중하기 위해서 음악을 최소한으로 줄였다.

두 번째 구성요소는 말하는 사람(아나운서, 진행자)의 발언방식이다. 자유라디오에서 진행자의 언어는 스타일리스트들의 군더더기를 뺀 일상 담화였다. 상업방송국들의 경우에 말하는 사람들은 디스크자키식 언어나 바보같이 주고받는 대화에 빠졌다. 그러나 사회주의 라디오들의 경우에 진행자는 청취자들, 즉 청중이 라디오를 통해 말하는 논쟁과 논평을 들었다.

세 번째 구성요소는 청중의 논평과 논쟁이었다. 사실 자유라디오들은 청중이 전화를 통해 지속적으로 개입하는 방식을 실천해 왔다. 청취자들은 전화하고 라디오방송국은 청취자들이 연설하는 수단인 그 라디오를 비판할 때조차도 그것들을 방송하였다.14) 몇몇 라디오들은 발신자와 대화하거나 또는 심지어 논쟁에 빠지는 반면, 다른 라디오들은 외부에서 오는 목소리에 대한 투명한 필터 역할을 할 뿐이었다.

네 번째 구성요소인 '동전리포터'는 자유라디오의 가장 흥미롭고 중요한 발명이었다. 자유라디오들은 통신원들을 고용할 여유가 없었기 때문이 이 '동전리포터'가 발달하였다. 심지어 라디오 스튜디오는 녹음기를 틀려고 하고, 청중에게 말하고, 뉴스(이것은 종종 막 인쇄된 신문의 첫 페이지에 불과한데)를 읽어줄 차례를 기다리는 자원자들로 꽉 찼다. 그 어떤 친구, 동정자 또는 협력자도 리포터가 될 수 있으므로 통신원이 없다는 문제는 쉽게 해결되었다. 이벤트 동안 '동전리포터'는 상황을 관찰하고 가장 가까운 공중전화 부스로 가서, 라디오에 전화하고 그것이 그대로 방송되었다. 그러므로 그 사람은 자동으로 리포터가 되었다. 이러한 방식은, 말해지는 것에 대해 책임지지 않고 '외부로부터의 목소리'를 방송한다고 비판받았지만(그래서 고발당하기도 하였다) 중요한 혁신이었다.

물론 자유라디오들의 언어는 다양하였다. 앞서 살펴본 대로, 광범한 공중의 포럼을 지향했던 라디오 뽀뽈라레의 언어는 볼로냐 운동의 심장부에 있던 라디오 알리체의 언어와 대비되었다.

라디오 알리체는 '투쟁의 주체'와 '정보의 주체'를 쉽게 동일시할

14) RAI는 자유라디오방송국의 이러한 특성을 채택해 왔다. 그러나 그 결과는 같지 않았다. 늙은 숙녀들만 국영독점라디오에 전화하였기 때문이다.

수 있다고 보았다. 그것은 정확히 말하면 그들의 경우에는 기고자와 청취자가 밀접한 사회적 유대관계에 있었기 때문이었다. 알리체의 언어의 힘은 '그것이 날마다 창조되는 특별한 문화와 사회계층의 언어이기 때문에 보다 풍부하고 신선해질' 수 있다는 것이었다. 반대로 그러한 언어가 지닌 위험은 '남'들과 함께 이야기하는 데는 관심이 없고 동류와 이야기하는 데만 관심이 있는 게토의 커뮤니케이션과 문화를 만들어 낸다는 것이었다.

라디오 뽀뽈라레의 언어는 좀 달랐다(Dawning, 1988: 317). 라디오 뽀뽈라레가 지닌 '정보원'(員), 중개자, 정보원(源)의 그물망은 완벽하지는 못하지만 정보제공자들과 정보수신자들, 송신자들과 수신자들 사이의 교체를 상당히 실현했다. 또한 라디오 뽀뽈라레의 언어는 덜 혁신적이며 해방된 발명과 창의력을 필요로 하지는 않지만 적절한(median) 언어의 발견을 필요로 하였다. 왜냐하면 평범한 사람과 노동자는 클럽의 아이들이나 대학생들, 또는 여성주의자들과 같은 언어로 말하지 않았기 때문이다. 물론 이 '적절'성은 국영라디오가 자유라디오방송국들을 모방하면서 더러 신좌파의 성원들을 지침으로 이용하여 제작한 많은 방송들과는 확실히 달랐다. 즉 자유라디오들은 그 당시 분명해지기 시작한 보장된 노동자와 비보장된 노동자 사이의 균열을 비롯하여 다양한 주변층의 목소리를 담아내려고 노력하였다.

사회주의 라디오들에게서는 좌파게토 내부의 전문용어에서 벗어나는 것이 더 광범위한 대중과 소통하기 위한 기본조건이었다. 더 정확히 말하면 좌파게토에게는 '자신의 내부 분열을 넘어 자신의 견해를 밝히도록 돕는 것'이 사회변화를 위해 필요하였다(Dawning, 1988: 318).

어쨌든 자유라디오방송국들, 가장 유명한 라디오 알리체 그리고 좀 덜 유명하게는 파도바에 있는 더 정치적인 '라디오 셔우드'(Sherwood)의

로마에 있는 '라디오 온다 로사'(Onda Rossa)는 동전리포터, 즉 전화박스기자(cronisti a gettone)와 전화걸기를 통해 역정보와 전복적 생각들의 지역보급의 장소가 되었다. 뿐만 아니라 횡단주의, 마오-다다이즘, 무감각, "실제 사건들을 일으키는 허위의 뉴스들을 퍼뜨리자" 등의 슬로건 아래 허위의 뉴스와 실제 뉴스의 혼합을 통해 지속적인 언어적 실험을 위한 장소가 되기도 하였다(Cuninghame, 2007: 167).

2. 자유라디오의 표현양식

아마 이탈리아의 '77년 운동'이 회색의 유머 없는 정치체계와 갈등하면서 보인 가장 혁신적인 측면은 자신의 적들을 조롱하는 아이러니의 사용이었다. 아이러니의 사용은 제도적인 낡은 좌파들과 아방가르드적인 신좌파들 사이에서 일어난 운동의 문화적이고 정치적인 단절에서 핵심적이 되었다. 특히 '대도시 인디언들'[15], 횡단주의자들, 다른 '창조적인 사람들'의 아이러니 사용은 언어적 실험에 기반한 새로운 정치적 반문화를 발명하였고 주변화된 청년들에 의한 사회적 반란을 특징지었다.

물론 자유라디오들 사이에는 차이가 있었다. 대비시켜 말하자면, 라디오 알리체는 정형화된 언어를 전복하고 욕망의 소리를 분비하였지만 자신의 용어에 갇히는 경향이 있었다. 그에 비해 라디오 뽀뽈라레는 상상적 용어들을 통해서도 좌파게토 외부와 소통을 하려고 시도

15) 대도시 인디언들(Indiani Metropolitani)은 아우토노미아 운동의 전성기 동안 1977년의 이탈리아 운동에서 학생들과 젊은 불안정 노동자들 집단을 말한다. 이들은 로마와 볼로냐에서 1977년 '봄 반란'을 조직했다. 다양한 표현방식을 사용하고 권력자들, 특히 공산당을 야유하고 조롱하는 것으로 유명하였다.

했고, 이것을 더욱 확대하려고 하였다.

자유라디오들은 강철 같은 주체가 아니라 감정과 느낌과 공포를 지닌 주체를 드러내려고 하였으며, 상상적 차원을 활성화하려고 하였다. 자유라디오들은 방송의 언어적 측면이나 대중매체의 작동을 바꾸는 것에서 더 나아가, 사회적 · 정치적 그리고 법률적 문제들까지 제기하였다.

더욱이 자유라디오들은 일방통행식 방송이 주도하는 가운데에서도 매체를 자율적인 관점에서 이용할 수 있다는 중요성을 일깨워주었다. 기존의 코드화된 방송을 거부하고, 다양하고 새로운 것들을 보내고 육체의 소리를 직접적으로 보낼 수 있다(Collective A/Traverso, 1980: 130-135)는 것은 새로운 세계를 구성해 나갈 수 있다는 것을 보여주었다. 때문에 '수백만의 삼재적 알리체들'이 현존할 수 있었다(Guattari, 1998. 412-421). 자유라디오들의 소통방식은 '실제 생활'을 알려줄 뿐만 아니라 모든 수신자를 송신자로 바꿀 수 있는 잠재력을 가지고 있었다. 그래서 수직적 · 위계적 구조와 메세지의 일방적 흐름을 평등적 조직과 수평적 · 복수적 흐름으로 바꿔갈 수 있었다(Lumley, 1990: 304).

아이러니, 우회, 냉소, 패러디, 풍자, 조롱, 말장난 그리고 혼용어(anagrams)의 사용을 통한 적대적인 정치적 유머는 '인간 언어의 기본적인 법칙들'을 흔들고, 그것들의 가치증식 분야를 전복하였다. 언어는 정치 투쟁의 장소였으며, 아이러니에서 생겨난 조롱하는 웃음은 사회운동이 지닌, '강력한' 사람들을 모욕하고 '힘 없는' 사람들을 자극하는 가장 강력한 무기 가운데 하나가 되었다(Cuninghame, 2007: 168).

더욱이 이러한 운동의 '아이러니적 실천'이 1970년대 후반 이탈리아 사회에서 근본적인 변화에 기여했고 이후 1990년대에 들어 나타난 내안세계화 및 반자본주의 운동의 정치스타일에 영향을 미쳤다(Cuninghame,

2007: 153)고 볼 수 있다.

3. 자유라디오와 소수자

자유라디오들은 1977년 주변층이 주도한 변혁운동 과정에서 성장하고 활발하게 움직였다. 자유라디오들은 자본가계급 및 지배권력뿐만 아니라 기존의 좌파 정당이나 전통적인 노동자계급에 대항하는 당시 운동의 특성을 담아내고 있었다.

따라서 자유라디오들은 주변층, 즉 여성, 청년, 이주노동자, 동성애자 등 소수자들의 표현창구가 되었다. 또한 자유라디오들은 단순히 그들의 언어가 전달되는 통로뿐만 아니라 그들이 직접 참여하는 장이 되었다.

1970년대 동안 이탈리아 여성운동은 낙태문제와 이혼문제를 중심으로 대중적으로 전개되었고, 특히 남성 중심 운동으로부터의 분리를 강조하였다(윤수종, 2001: 35-56). 이러한 여성운동의 영향 아래에서 자유라디오들에서도 여성들의 활동이 활발하였다.

라디오 뽀뽈라레 같은 경우 1977－1978년부터 많은 여성들이 참여하였다. 여성과 일, 여성과 문화, 여성과 건강 그리고 여타 여성 관련 주제들에 관해 수많은 프로그램들이 제작되었는데, 이 가운데 대부분은 방송국 안에 별개의[분리된] 여성집합체에 의해 조직되었다. 그 뒤 참여하는 여성의 수는 개인적인 사정이나 급료가 더 나은 매체작업으로의 이동 또는 단순히 지쳐버린 것 등으로 인해 줄어들었다(Dawning, 1988: 316).

라디오 뽀뽈라레가 안정화되었던 1980년에, 라디오 뽀뽈라레에 상근과 비상근으로 참여하는 여성들이 있었지만 보다 많은 여성들이 자원봉사자로 활동하였다. 그리고 1981년에는 라디오에서 일하는 사람의 50%가 여성이었다. 여성들은 많은 프로그램에서 여성문제의 중요성을 강조하였다. 예를 들어 국제뉴스를 담당하고 있는 여성은 엘살바도르 여성들에 대한 당시의 관심 집중과 더불어 여성의 관점을 전면에 내세웠다. 혹은 프로그램들과 관련한 노조에서 일하는 여성은, 방송에서 실업에 대해 말할 때 여성에게 미치는 실업의 특수한 효과에 대해 지적하였다. 그럼에도 여성들은 남성들에 비해서 정치적인 작업에서보다는 광고와 경영에서 더 많이 일하고 있었다(Lowe, 1983: 65).

여성이 참가하는 다른 형식인 아침과 점심 사이의 '열린 마이크' 프로는 대부분 주부이거나 교사인 젊은 여성들로부터 날마다 많은 전화를 받았다. 여성 공장노동자들은 훨씬 드물게 참여했다. 여성주의 정치의 고전적 쟁점들이 표면화하는 경향을 보이는 다른 시점은 밤 시간의 음악과 전화걸기 프로그램이었는데, 이때 여성청취자들이 가장 자발적으로 참여하였다.

여성주의(페미니즘) 정치는 1970년대에 뜨거운 쟁점이었지만 1980년대 들어서 좀 식어 갔다. 그러나 1981년까지 낙태문제에 관해 두 차례의 (하나는 낙태권에 반대하는 가톨릭 활동가들에 의해, 다른 하나는 급진당에 의해 낙태를 대체로 찬성하는 입장에서) 국민투표가 조직됨으로써 그 문제가 라디오의 전화걸기 프로그램과 편성에서 쟁점이 되었다(Dawning, 1988: 316). 물론 여기에는 많은 여성들이 전화걸기를 통해 참여하였다.

그리고 라디오 뽀뽈라레의 전일제[상근] 핵심 집단은 1980년에 잘 알려진 인근 지역의 시각장애인 활동가에게 자원인사가 되어줄 것을 요청했다. 그 활동가는 사람들의 개인적 문제를 논의하는 프로그램에서 맹인 정신분석가의 참여를 제안하였다. 그리고 법적 권리들을 다루는 프로그램에서는 장애인들의 권리에 관한 섹션을 끼워 넣었다. 더욱이 그는 주부들, 공장노동자들 그리고 학생들을 스튜디오로 데려와서 주변화된 모든 사람에 대한 억압을 고발하도록 하였다.

또한 라디오 뽀뽈라레는 다른 소수자들과도 연계를 맺었다. 라디오 뽀뽈라레는 밀라노의 3만 명의 강력한 아랍공동체 출신의 사람들에게 이용 가능한 유일한 매체 공간이었는데, 이들은 자신들의 독자적인 언어로 정규 정보 프로그램을 내보냈다. 또한 라디오 뽀뽈라레는 감옥의 고문과 의무군복무 중단과 같은 수많은 캠페인들에 대한 공개적인 지지를 피력하였다(Lowe, 1983: 66). 그 외에도 다른 자유라디오들에서는 동성애자와 마약중독자 등에 대한 지지와 논쟁이 이루어졌다.

그리고 특이하게, 자유라디오를 통해 목소리를 찾아왔던 소수자 집단 가운데에는 (카톨릭이 압도적인 나라였기 때문에) 프로테스탄트(개신교도)들도 있었다. 1980년에 이탈리아 전역에 걸쳐 프로테스탄트 신도들 출신의 자유라디오팀들은 80개에서 1백 개 사이의 방송국에 참여하고 있었다. '이탈리아 프로테스탄트 연합'(FPI)을 결성하여 인구의 1%에 불과한 프로테스탄트 소수자가 자신의 사회적이고 문화적인 게토에서 탈출할 예외적인 기회로서 자유라디오를 설립하거나 이용하려고 하였다. 자유라디오의 출현은 방송의 국가독점을 깨뜨린 것만이 아니었다. 그것은 또한 프로테스탄트 공동체 성원들에게 모든 신학적이고 사회적인 쟁점들에 대해 이탈리아에서 기독교적 준거점으로서 가톨릭 교회의 독점을 약화시킬 기회를 제공했다.

프로테스탄트들은 독자적인 라디오들을 설립하기도 하였으나, 사회주의 자유라디오들이 프로테스탄트들에게 호의적이었기 때문에 사회주의 자유라디오들의 방송시간을 이용하거나 상업방송국의 방송시간을 사서 활용하였다. 프로테스탄트들 또한 자유라디오 방송을 시도하면서 프로테스탄트 교회와 성직자들의 게토에서 벗어날 수 있는 기회도 넓혀갈 수 있었다(Lowe, 1983: 67-72).

4. 자유라디오의 변화

자유라디오의 활성화와 더불어 인민대중의 다양한 목소리가 분출되기 시작하였고, 국가는 이러한 열기를 진압하려고 하였다. 그리하여 국가는 자유라디오에 대해 압박을 가하기 시작하였다. 국가가 억압하는 방식은 경제적 제재와 공개적인 물리적 억압 두 가지였다. 모든 방송국에 대해서 하루에—레코드 로열티에 상당하는 것으로 추정된—일정액을 요구하려고 하였고, 이것을 음악방송을 하지 않는 방송국에까지 적용하려고 하였다. 이러한 움직임은 광고를 많이 받을 수 있는 상업방송국과 그렇지 않은 사회주의 방송국 간에 쐐기를 박으려고 계획된 것이었다. 그러나 이러한 움직임은 저항에 부딪혀 실패하고 말았다. 또한 국가는 라디오 알리체의 경우처럼 노골적인 물리적 탄압을 가하기도 하였다(Red Note, 1978: 35).

많은 자유라디오방송국들은 경찰의 압력도 있었지만 재정이 약한 채로 너무 지지성원들의 선의에만 의존했기 때문에 쇠퇴하였다. 때문에 라디오 뽀뽈라레처럼 노조와 기부자들의 지원을 받은 방송국들만이 살아남아 필요한 직업적 기술과 운영체제를 지속시키거나 발전시킬 수 있었다(Lumley, 1990: 305). 그렇지 않으면 상업광고를 확대하고 거대 상업방송국에 종속되는 길을 걸었다.

또한 자유라디오들이 방송을 중단한 이유로는 재정문제도 있었지만, 진짜 이유는 라디오의 정보 가능성과 항의세력들 사이의 거리가 멀어진 것이었다. 예를 들어 이탈리아에서 펑크 관객은 마약, 이미지,

비디오, 음악에 점점 더 관심을 가지며 단어에, 정치에, 말해진 정보의 기술에는 관심을 점점 덜 가지게 되었다. 라디오는 인쇄물 종이로부터 전자적 소통형식들로의 이행형식이었는데, 비디오와 텔레비전 등 이미지를 통한 소통이 점차 라디오를 압도해 갔다. 나중에 라디오 알리체 출신 사람들 대부분이 음악밴드 또는 음악간행물 및 비디오 단체에서 일하게 된 것은 우연이 아니다.

기술변화와 관련하여 통신기술, 방송기계들, 비디오 · 사진 · 인쇄매체와 라디오를 생산하는 기계들은 경제적인 수준에서 완전히 바뀌어 왔다. 수백만 명의 사람들이 자신의 비디오 카메라, 전문 디지털 비디오 카메라를 소유하게 되었다. 물론 이렇게 변화됨에 따라 모든 사람은 미디어프로듀서가 될 수 있겠지만 동시에 미디어경관에 대한 접근은 점점 좁아지고 사적으로 지배되고 선택적이게 되었다.

국가독점에서 민간독점으로 미디어경관이 바뀌어 가는 현실 속에서, 라디오 알리체 운동을 했던 사람들 가운데 일부는 최근 들어 새로운 전파운동으로서 텔레스트리트(Telestreet)운동을 벌이고 있다. 텔레스트리트운동은 거대 독점 영상매체에 대항하여 지역TV방송국들과 인터넷이 결합된 새로운 전파운동으로, 2002년에 시작하여 2008년 이탈리아 안에는 약 2백여 개의 지역TV방송국들이 네트워크를 이루어 활동하고 있다(Bifo, 2008: 2).

4절. 자유라디오운동의 전망

대중적 커뮤니케이션 수단의 진화는 다음과 같은 두 가지 상반되는 방향으로 나갈 것으로 생각할 수 있겠다(Guattari, 2004: 288-289).

먼저 국가장치, 독점체, 거대한 정치조직 등이 통제하는 초집중화된 체계의 방향으로 나아가는 길이 있을 수 있다. 이러한 방향의 목적은 여론을 형성하고, 주민의 태도와 무의식적 도식들을 지배적 규범에 강제로 적응시키려는 것이다. 다른 한편으로는 매체의 집합적 전유의 가능성을 여는 소형화된 체계의 방향으로 나아가는 길이 있을 수 있다. 이것은 '거대한 대중'에게뿐만 아니라 소수자, 주변인 등 모든 종류의 일탈집단에게도 실제적인 커뮤니케이션 수단을 제공할 수 있다. 이러한 방향들을 다시 주체성의 변화와 관련하여 보면, 첫 번째 방향은 집중제 · 순응주의 · 억압을 끊임없이 강화해 가는 방향이고, 두 번째 방향은 자유 · 자주관리 · 욕망특이성의 개화를 위한 새로운 공간을 여는 방향이라고 말할 수도 있겠다.

바로 이 두 번째 방향이 이탈리아의 자유라디오운동이 개척해 온 방향이었다. 비디오와 영화의 경우, 기술적 주도권은 본질적으로 거대산업기업의 수중에 있다. 물론 〈워낭소리〉처럼 독립영화로 소자본으로 만들어질 수 있기도 하지만 이는 예외에 속한다고 할 수 있겠다. 그런데 자유라디오의 경우, 기술의 중요한 부분은 '브리콜라주'의 창의성에, 자유라디오를 촉진하는 당사자들의 간단한 도구들에 의존하고 있었다. 자유라디오의 경우 권력과의 대결 때문에 자연스럽게 '빈약한(가벼운) 수단'이 요구되었다. 예를 들어 위험을 최소화하기 위해 송신기의 수를 늘리고 장비를 소형화함으로써만 전파방해와 경찰수색에 대해서 효과적으로 저항할 수 있었다. 민중적인 자유라디오의 추진자들은 기술적 수단과 인간적 수단 전체가 청취자와 방송팀 사이에 진정한 '피드백' 체계를 만들어 낼 수 있도록 하려고 하였다. 전화에 의한 직접교류, '방송실'의 문호개방, 청취자에 의한 카세트를 사용한 방송제작 등등으로.

이 점과 관련하여 이탈리아 자유라디오운동은 새로운 가능성의 거대한 장을 보여주었다. 자유라디오는 기존 방송매체가 가진 전문가화와는 반대로 전문성을 삼키고 '횡단'하는 집합적 언표행위 배치가 되었다. 즉 온갖 종류의 사회집단이 직접 발언하는 것[16], 사회의 소수자 가운데 소수자가 발언수단을 갖는 것, 새로운 표현수단을 만들어 내는 것이 되었다. 바로 이렇게 소수언어를 말하는 것이 오히려 전체 사회에 관련하는 문제들을 밝힐 수 있었다.

자유라디오 문제는 바로 새로운 유형의 표현, 새로운 유형의 민주주의의 실험이라는 맥락에 위치해 있었다. 거대 기계화시대에 소형 기계를 통한 네트워크화라는 방향을 제기해 주었다. 인터넷과 핸드폰 등 새로운 소통도구의 등장과 더불어 색다른 운동양식들이 발전되고 있다. 촛불집회에서 나타난 다양한 표현양식들은 바로 자유라디오운동의 확장된 표현이었다고 생각된다. 물론 공동체라디오라는 라디오 형식 자체의 다양한 활용도 생각해 볼 필요가 있다.

16) 프랑스의 모 방송에서, 초등학교 어린이들이 하교할 때 직접 자신의 생각을 표현하는 것을 전화로 그대로 방송하였던 적이 있었다. 결과는 실로 놀랄 정도로 충격적이었다. 무수한 증언을 통해서 어린이들이 처해 있는 현 상태의 몇 가지 측면이 어떠한 저널리스트도 교육자도 심리학자도 결코 발견하지 못한 생생한 상태로 적나라하게 밝혀졌다. 물론 그것은 스캔들이 되고 압력이 가해져 방송이 중단되었다. 어린이들은 어디에서나 말문이 막혀 있다.

제4장

독일의 자율운동

pagare
la crisi
ai
padroni!

radio
alice

MANGANELLI

SQUATTERS
NETWORK
OF BRIGHTON

제4장 독일의 자율운동

독일에서도 1968년은 다른 나라에서와 마찬가지로 반권위주의적인 운동이 폭발한 해였다. 독일의 신좌파는 당시 세계적으로 가장 높은 수준의 이론적 경향과 국제적 인식을 지니고 있었다. 독일사회민주당에서 분리되어 나온 '독일사회주의청년연맹'(Der Sozialistische Deutsche Studentenbund: SDS)은 제3세계의 독재자들에 반대하고 국내적으로는 비의회 활동을 확산시켜 나갔다. SDS는 학생들이 중심이 된 범좌파 조직인 '비의회반대파'(Die Ausserparlamentarische Opposition: APO)의 일원이 된다.

비의회반대파의 또 다른 축은 '민주주의와 군축을 위한 투쟁'(Kampf für Demokratie und Abrüstung: KfDA)이었다. 이 조직은 원래 1957년 독일에 핵무기를 배치하기로 결정한 나토의 계획을 거부하기 위해 평화주의자들이 조직한 '부활절 행진'에서 시작되었다. 처음에 소규모의 침묵시위에서 출발하여 점차 자본주의의 군국주의적 본질을 폭로하는 본격적인 사회비판세력으로 성장해 갔다(강미화, 1998: 83-95). 1968년 4월 들어 활동을 강화한 APO는 군축을 위한 부활절 행진 후원, 독점신문 '스프링거 프레스'(Springer Press)에 대한 공격, 긴급조치법을 만들려는 연방의회에 대한 공격 등을 통해 수만 명을 동원해 냈다.

6월 중순 비상법안이 통과되자 운동은 더 격렬해짐과 동시에 공격을 받게 되었는데, 이에 따라 SDS 안에서 모험적인 게릴라집단들과 교조적인 마오주의 경향이 형성되었다. 이들에게서 이후 '적군파'와 같은 게릴라집단들이 등장하고 대중운동은 사그라들었다(카치아피카스, 1999: 138-145).

이처럼 독일에서의 68혁명은 여러 가지 실험들이 채 진행되기도 전에 가라앉아 버렸다. 그러나 다른 나라에서와 마찬가지로 독일의 68혁명은 새로운 운동과 새로운 정치의 가능성을 제기하였다.

이탈리아에서는 68혁명이 노동자들과 결합하면서 자율운동으로 발전하였다. 1970년대 이탈리아의 자율운동은 광범한 영역에서 대중들의 창의성이 두드러진 활동이었다(윤수종, 1996). 그런데 이탈리아의 자율운동은 1970년대 말 국가와 테러리스트집단 사이에서 위축되었다. 그렇지만 자율성 개념을 정착시킨 이탈리아의 자율운동은 이후 독일에 전해졌고 중부 유럽의 자율운동의 도화선이 되었다. 자율운동이 이탈리아에서 조금 수그러들 즈음 오히려 독일에서는 폭발하였다.

1980년대에 독일에서 등장한 자율주의자들인 아우토노멘(Die Autonomen)은 68혁명의 세대(신좌파)들이 제도에 편입되어 가는 상황에서 여전히 국가와 대립하고 자신들의 독자적인 공간과 삶의 방식을 만들어 가려고 하였다.

독일에서 아우토노멘이 중심이 된 자율운동은 학생들, 노동자들, 주변화된 계층들, 여성들, 생태주의자들 등 다양한 사람들로 구성되어 있었다. 이들은 독일 자본주의 사회의 표준화된 삶의 방식에서 밀려나거나 벗어난 사람들이었다. 전통적인 계급적 관점에서 볼 때는 룸펜들의 운동이라고 폄하할 수도 있겠지만, 오히려 현대사회를 보장된 계급과 비보장된 사람들로 이루어져 있다고 파악한다면 비보장된 사람들이 스스로 색다른 삶의 형태를 추구해 나가는 운동이라고 할 수 있다.

그러면 이제 1980년대에 활성화된 독일의 자율운동을 살펴보자.[1)]

1절. 독일 자율운동의 원천

1980년경의 독일에서는 1960년대의 운동들보다 분명히 더 급진적이고 규모가 큰 운동이 존재했다. 이 새로운 운동들은 신좌파(68세대)보다 더 다양했고 더 예측 불가능했으며, 덜 이론적이고 덜 조직적이었다. 하지만 이런 차이점들에도 불구하고, 이 운동들은 신좌파와 상당히 많은 특징들을 공유하기도 했다. 반(反)권위주의, 현존 정당으로부터의 독립성, 탈중심화된 조직 형식, 직접 행동에 대한 강조 그리고 새로운 인간상을 창출하는 수단으로서 문화와 정치를 일상생활의 변형을 통해 새로운 생활형태와 결합하는 것 등에서 그러했다.

그러나 1980년대에 독일에서 자율운동의 중심인물들로 여겨지는 아우토노멘은 신좌파와 더불어 생겨나기 시작했지만 시간이 흘러감에 따라 정치 패러다임의 변화를 드러냈다. 국가권력을 장악하는 데 몰두해왔던 20세기의 다른 운동들과는 달리, 이들은 국가권력을 해체하려고 하였다. 대의민주주의와 다수결 원리라는 견고한 체계 대신에 직접민주주의와 자치라는 원칙에 따라 살았다. 따라서 이들은 거대한 권력구조를 창출하고자 하지도 않았으며, 현존 권력에 참여하는

1) 이 장은 카치아피카스(2000)에 의거하여 재정리하였다.

데에도 관심이 없었다.

이러한 독일 자율운동의 단초들은 1970년대에 여러 부문운동에서 나타나기 시작하였다. 1970년 초의 페미니즘과 반핵운동은 서서히 수천 명의 시민주도권파(Burgerinitiativen)[2)]들을 일깨웠다. 그렇지만 1970년 말에 그 어떤 것보다도 더 새로운 활동가적 상상력에 불을 붙인 것은 이탈리아에서 일어났던 자율운동이었다. 1970년대 동안 활발하게 전개된 이탈리아의 자율운동은 대중의 자율적 운동과 게릴라 활동으로 분화되어 나갔으며, 국가와 게릴라 활동(붉은 여단)의 합작으로 자신의 운동 공간이 축소되었다. 물론 게릴라 활동은 여전히 '운동'의 일부분으로 남아 있었다. 어쨌든 이탈리아의 자율운동은 대중의 자율적 영역을 확장해갈 수 있는 토대를 만들어 냈으며(예를 들어 공공지출투쟁), 그 이후 자율운동의 방향을 암시해주었다. 이탈리아의 자율운동은 68세대의 신좌파가 제도화되어 가는 흐름 속에서 국가로부터 독립적인 흐름을 만들어 냈던 것이다.

자율운동이라는 상(像)은 이탈리아에서 취리히를 거쳐 함부르크와 베를린에까지 전해졌고, 네덜란드 점거자들의 실천과 결합되면서 강화됐다. 독일에서는 주민의 직접행동이 수년 동안 지속되면서 자율적 여성운동, 반핵운동, 점거운동 그리고 대안운동에서 아우토노멘이 생겨나게 되었다. 특히 1980년대 초 핵무기 배치 반대를 시작으로 평화운동 활동가들이 전투적인 비의회청년운동과 연계되었다. 이제 새로운 급진파 세대는 원자력 및 핵무기에 대한 공격과 점거주택에 대한 방어를 통해서 운동의 추동력이 되었다.

그러면 이렇게 생겨난 독일 자율운동의 몇 가지 원천에 대해 살펴

---

2) 오염문제, 공공요금 인상 혹은 놀이공간 및 공원의 부족과 같은 지역 쟁점들과 관련하여 항의하는 시민 주도권 집단들 혹은 독립된 풀뿌리 집단들.

보자(카치아피카스, 2000: 140-216).

1. 자율적 여성운동

1960년대의 비의회반대파(APO)와 민중적 열기가 사라지자, 독일의 페미니즘은 학생 폭동의 주변부에서 나와 다른 어떤 전후 사회운동보다 더욱 깊이 독일 사회에 영향을 끼치며 지속되었다. 페미니스트들은 '자율성'을 자신들의 중심적 규정으로 만들었으며, 다음 세대의 활동가들에게 건네주었다. 그들이 만든 대항제도들은 통찰력이 있었고, 빈집을 점거하여 수리한 뒤 사는 것(Instandbesetzungen)과 같이 뒤이어 생겨난 더 광범위한 운동들의 전범이 되었다. 특히 이러한 활동은 일상생활을 변형시키는 것이었다.

1970년대 들어 낙태(금지)법을 둘러싼 싸움이 여성들의 낙태고백 형태로 전개되었다. 그러면서 1974년 봄까지 자율적으로 출자되고 관리되는 12개의 여성센터가 문을 열었고, 그해 말에는 17개에 이르렀다. 이 여성센터들은 낡은 조직 형태들을 의문시하고, 비위계적이고 탈중심화된 활동을 했던 장소였다. 여성들은 처음에는 남성들과 분리된 자신들의 공간을 만들었다. 고립된 가정주부들과 학생들은 독일 사회생활의 주변에서 중심으로 이동했으며, 자율적 여성 제도[시설]들의 활기찬 흐름을 창조하는 과정에서 자신들의 정체성을 재정식화했다. 즉 여성 술집, 여성 신문, 여성 잡지, 여성 출판사, 여성 서점, 여성 영화 축제 그리고 ('플라잉 레스비언'과 같은) 여성 록밴드 등을 만들어 냈다.

분명히 베를린은 독일의 자율적 여성운동가들에게는 아방가르드 도시였다. 정보 신좌파 토론집단인 '베를린 공화국 클럽'은 여성들이 처음으로 여성들의 쟁점들을 토론하기 위해 모인 곳이었다. 최초의 여성센터는 베를린의 혼스트라세에 만들어졌다. 최초의 여성술집(블럭버그)이 그곳에서 문을 열었고, 최초의 자조집단이 베를린 여성건강센터 안에 생겼다. 여성운동이 '여성기획운동'[3]으로 전환하면서 자율성의 개념은 현실성을 띠게 되었다.

여성에 대한 폭력 문제가 쟁점이 되면서, 여러 지역에서 여성들의 피난처가 만들어졌다. 또한 여성들은 적극적으로 밤을 되찾기 위한 야간행진을 벌였다. 무엇보다도 여성운동의 자율성은 자기조직화를, 남성이 지배하는 좌파와 남성 일반으로부터의 분리를 의미했다. 또한 여성운동의 자율성은 정부와 정부의 제도들에 대한 독립적인 관계를 의미했다. 여성운동은 정부의 제도들을 가부장제와 체계를 안정시키기 위한 것으로 인식하여 거부하였고, 그 결과 국가와 제도적 관계로부터 완벽하게 분리되려고 하였다. 여성운동은 평등보다는 자율성을 강조했으며, 자신의 고유한 대항제도들을 만들었다. 1980년대로 접어들면서 여성들은 녹색당의 변형에 개입(여성 주도권 관철)하였고, 일부 여성은 남녀 혼성집단에 새로이 관계를 맺어 나갔다.

2. 반핵운동

독일은 원자력을 주요 전력산업으로 하여 발전해왔다. 제2차 세계대전 이후에 일어난 독일의 '경제기적'은 철강과 자동차와 같은 자본집중 산업들에 기반한 것이었다. 노동자에 대한 복지체계가 양호하였고 때문에 다른 나라에 비해 노동자들이 자율운동에 별로 관심을 갖

3) 이 기획들은 여성들이 남성들과 거래하지 않고 자신들의 생활형식을 자유롭게 건설할 대항환경을 창조하려고 하였다.

지 않았다. 그러나 1980년대 경제위기 이후 노동자들의 운동이 나타나기 시작하면서 지역주민들이 참여하는 원자력반대운동이 터져나오게 되었다.

원자력반대운동은 국가의 의사결정이 자의적으로 이루어졌다는 것에 대해 비판하고 교정하려는 데서 시작되었다. 1972년 초, 뷜(독일, 프랑스, 스위스가 서로 접해 있는 지역)에 제안된 핵발전소에 대한 반대가 지역 주민들 사이에서 일어났다. 건설이 시작된 후 어느 날, 수백 명의 항의자들이 건설 장소를 점거했으나 경찰에 의해 잔인하게 해산되었다. 며칠 후, 2만 8천 명의 사람들이 시설에 반대하는 시위에 나섰고, 많은 항의자들이 '야영하면서' 머물렀다. 수백 명의 사람들은 건설 장소에서 쓰러진 나무로 오두막을 만들었고, 핵발전소를 멈추는 데 헌신하는 '인민대학'[4]을 설립했다.

1977년 초에 반핵항의자들은 칼카르에 제안된 고속증식 원자로를 반대하는 시위를 하였다. 경찰이 고속도로를 폐쇄하고 검문을 심하게 하면서 경찰과 시위자들은 격렬하게 대립했다. 이와 더불어 사민당이나 노조 등에서 반핵운동에 동조하는 흐름들이 생겨나기 시작하였다. 또한 원자력 시설들이 핵폐기물을 법적으로 적절하게 처리하지 않아 행정관청으로부터 시설 허가취소를 받았다. 그러면서 핵폐기물 장소를 건설하는 것이 핵 산업의 가장 쟁점 사항이 되었다.

고어레벤[5]이 핵폐기장으로 선택되었을 때, 반핵운동은 거대한 운동으로 발전하게 되었다. 지역 농민들이 먼저 운동을 주도하였고 많

4) 이곳은 자신들끼리 토론하고 강연자들을 불러 이야기를 듣고 운동의 쟁점들을 논의하는 장소였다.

5) 동부독일 쪽으로 돌출한 서부 독일의 가장 동쪽 부분으로 서독의 가장 큰 산업단지였다.

은 활동가들이 이에 결합하여 '벤트란트(Wendland)자유공화국'을 설치하고 집단거주를 시작하였다. 이들은 당국에 대결하기 위해서뿐만 아니라 정치적 토론을 통하여 자율적 자치의 공간을 만들기 위해 함께 살았다. 다르게 사는 사람들의 꼴을 참지 못하는 당국과 경찰의 폭력적인 탄압으로 인해 많은 사람들이 결집했고 전국적 회원을 가진 급진적인 저항 핵심이 생겨나게 되었다. 그 저항의 핵심에는 생태주의자, 페미니스트, 학생들, 소외된 청년들, 농부들이 있었다.

1976년의 격렬한 반대로 연기되었던 발전소 건설이 1981년 브로크도르프에서 다시 시작되었을 때, 10만 명 이상이 항의하여 결집하였다. 고어레벤에서 경찰의 탄압에 수동적으로 대응했던 것과는 달리, 여기서는 경찰과 폭력적으로 대결하였다. 이러한 전투적 경향은 이후 자율운동을 특징짓게 된다.

1981년 10월 말과 11월 초에, 수천 명의 사람들이 프랑크푸르트 근교의 국제공항에서 새로운 활주로(Startbahn West)가 건설되는 것을 막으려고 하면서 고어레벤에서의 반핵운동과 유사한 운동이 발생했다. 많은 항의자들은 건설지역에 만든 휘텐도르프(오두막 마을)에 머물면서 항의하였다. 결국 2주 동안 계속해서 수천 명의 사람들이 자생적으로 결집하여 항의함으로써 고속도로 건설을 저지하였다.

이러한 운동의 와중에 급진적인 집단들이 나타났다. 1980년에 수백 명의 헬멧을 쓴 시위자들이 브레멘의 축구 경기장에서 연방 방위대 분데스베르(서부 독일 군대)의 연례 입대식 행사에 공격을 가했다. 화염병을 던져 경기장의 일부분과 새로운 입대자들을 수송하기 위해 사용된 많은 빈 버스들을 태워 버렸다. 또한 본과 하노버에서의 유사한 행사들은 중거리 핵미사일을 배치하기 위한 NATO 계획에 반대한 전투적·투쟁적 시위의 흐름에 공격당했다.

이처럼 의례적인 시위가 아니라 '함께 생활하면서 싸워나가는' 방식은 자율운동의 단초가 되었다. 더욱이 여러 지역에서 많은 사람들이 급진화된 것은 도시 내부의 수백 채의 집들을 점거한 전투적·투쟁적인 점거운동 때문이었다.

3. 점거운동

독일에서는 점거운동을 통해 많은 급진주의자들이 배출되었으며, 특히 서베를린의 집단주택과 점거운동은 자율운동의 무대가 되었다.

전후 서베를린의 경제기적은 국가적, 국제적 보조와 외국인노동자들 덕택이었다. 1975년까지의 경제는 심각한 경기 후퇴가 시작됨에 따라 하향곡선을 그리는 것 같았다. 1980년대에 들어 실업이 증가하기 시작하면서 1만 7천 명 정도가 살 곳이 없는 사람들이었고, 5만 명의 베를린 시민이 새로운 주거지를 찾아 헤매고 있었다. 그런데 7천 내지 1만 7천여 개의 빈집과 아파트들이 있었고, 개조나 파괴를 위해 비워 놓은 아파트들이 5만 채 정도 있었다. 이러한 조건에서 살 곳이 없는 사람들은 버려진 건물들을 점거했다.

점거자들은 자생적으로 크로이츠베르크에 기지를 건설하였다. 서베를린과 동베를린을 나누는 장벽에 가까이 있는 크로이츠베르크에는 많은 터키인들이 살고 있었고 반문화적 특징을 강하게 띠고 있었다. 장벽을 따라 버려진 수백 채의 건물들이 점거자들을 유혹했고 1970년대 말에 들어서 50명 내지 그 이상의 사람들로 이루어진 조직화된 집단들이 건물들을 장악했다. 베를린의 점거운동이 정점에 이르렀을 때에는 165채의 집을 통제하였고, 각 집에는 10여 명 이상의 사람들이 살고 있었다. 점거자들은 버려진 건물들을 수리하고 들어가 살았으며(수리점거) 1980년 3월에는 '점거자위원회'를 결성하여 매주 만남을 가졌다.

점거자들은 경찰의 공격에 대항하여 전국적인 연대시위를 전개하였고, 독립적이고 급진적인 신문을 발간하였으며, 점거자위원회는 점거 '지역'의 방어에 나섰다. 운동은 새로운 국면으로 나아갔다. 즉 정부로부터 대안적인 청년센터를 요구하고 자신들이 사태를 장악하고 당국에 대항하면서 자신들의 점거지 센터를 방어하였다. 1980년 3월 29일에는 1천 명이 넘는 사람들이 '전국점거자위원회'를 결성하기 위해서 뮌스터에 집결하였다. 1981년에는 정부가 점거자들을 점거 거리에서 물리칠 수 없게 되자 전술적인 혁신을 시도하였다. 즉 대도시에 점거된 주택을 합법화해서 점거운동의 행동 중심과 현존 체계에 대항하는 전투성을 빼앗는다는 것이었다. 소도시와 읍에서는 대개 운동활동가들의 기지(점거지)가 작았는데, 정부는 결코 관용을 보이지 않았다. 반면에 대도시에서는 탄압을 가하면서도 합법화를 통해 운동을 탈정치화시키려 하였다. 그러나 가혹한 정치적 억압에도 불구하고 점거자들의 정치적 영향력은 엄청났다.

4. 대안운동

이러한 자율운동의 흐름이 시작되면서 그 흐름의 결과가 정치적으로 표현된 것이 1981년 베를린 시의회 선거에서의 새로운 정치세력의 등장이다. 급진적인 대안팀(alternative liste: AL)은 점거자를 대표한다고 주장하면서 베를린 시의회 선거에 후보로 나섰다. AL은 생태주의자, 점거자, 터키인, 다른 이민자, 급진적 평화주의자, 여성집단, 좌파이론가, 1960년대 신좌파 활동가들의 혼합물이었고, 주로 마오주의에서 비롯된, 새로운 공산주의운동에서 온 몇몇 이데올로그들도 포함하고 있었다. 또한 AL은 35개의 시민주도권집단, 몇몇 노년집단 그리고 지역의 녹색당과 연합하였다. 지역녹색당은 좀 더 급진적인 AL과 결합하였다. 베를린에 살고 있는 외국인 노동자들이 AL의 이름으로 후보에 나서기도 하였다.

AL 성원들은 상당히 지적이었고 표를 얻기 위해서 카리스마, 엄청난 돈, 유명세 등을 이용하지 않았다. 그들은 수백 명의 사람들을 끌어들여 정부 안에 급진적 정치세력을 거대한 운동의 일부분으로 만들어 내려고 하였다. 그리고 1981년에 AL은 독일의 통일을 주장하고 나섰다. 1981년 5월 베를린 시의회 선거에서 실질적인 승리자는 급진적 AL이었다. 새로운 정치적 쟁점을 제기하고 색다른 정치를 보여줌으로써 전체 지형도를 바꾸어 버렸기 때문이었다.

AL의 밑바탕에는 앞서 말한 여성운동, 반핵운동, 점거운동 외에도 자주관리되는 제도[시설]들과 자조집단들을 만들어 내는 흐름이 있었다. 즉 활동가들은 대안제도들을 만들어 일상적인 욕구에 봉사하였다. 서점, 술집, 자유학교, 환경센터, 음식점, 협동생활집단, 보육원들이 만들어졌다. 특히 대안운동이 활발했던 서베를린에서는 1982년에 1천 5백여 개의 자조집단들이 설립되어 있었다. 이러한 대안제도들은 자조연결망(Netzwerk)을 낳았다. 각자가 자신의 월급에서 일부를 연결망에 납부하고, 이러한 기금은 다양한 기획들이나 새로운 혹은 궁핍한 대안제도들에게 지원되거나 대출되었다. 1978년에 시작한 네츠베르크는 그해에 3천 6백 명의 회원을 모집했으며 다른 도시들에서 하나의 활동모형이 되었다.

2절. 독일 자율운동의 전개

이러한 운동들 위에서 1980년대 초반에 형성된 자율파들(Autonomen)은 그 후 자율운동을 주도해 간다. 브로크도르프의 원자력발전소를 둘러싼 대결과 같은 평화운동이든 프랑크푸르트의 스타트반 베스트 활주로 건설을 중단시키기 위한 장기적 시도이든, 대규모 동원들에서 아우토노멘은 투쟁에 전투적인 예리한 칼날 역할을 하였다. 1980년대 중반까지 아우토노멘은 공고화되었고, 단일 쟁점 캠페인들 및 지역적으로 규정된 집단들과는 분리된 조직 근거로서 활동했다. 아우토노멘은 베를린, 함부르크, 암스테르담 그리고 코펜하겐에 도시 근거지들을 세웠다. 독일을 넘어서 덴마크, 네델란드 등으로까지 확산된 것이다. 여기서는 독일에 한정하여 살펴보고자 한다.

앞서 자율운동의 원천에서 살펴본 것처럼 아우토노멘은 다양하고 이질적인 운동 흐름에서 생겨났다. 또한 아우토노멘은 어떤 통일된 이념을 지니지도 않았다. 그러나 자본주의 체계를 거부하고 기존의 규범과 가치를 거부한다는 점에서 집단적인 정체성을 지니고 있었다. 아우토노멘은 1980－1981년의 격렬한 사회운동 속에서 부분영역 운동들 가운데 가장 급진적인 세력으로 등장하였다. 아우토노멘은 주로 주변층들, 불안정한 노동자들, 사회보장연금을 받는 층들, 게다가 학생 출신의 탈정치화된 젊은이들이나 펑크족들과 같이 '미래가 없는' 젊은이들로 충원되었으며, 생산 영역의 주변부에 위치해 있었다(Schultze und Gross, 1997: 68).

1983년 크로이츠베르크 점거자들의 자율적 '이중권력'이 정점에 도달한 이후, 활동가들은 다른 기획들과 캠페인들을 계속 전개해 나갔다. 1984년까지 독일의 모든 점거주택이 합법화되었고, 핵발전소와 핵무기에 반대한 폭동들은 잠시 잠잠했지만, 수년 동안의 전투적 투쟁의 모진 시련 속에서 활기를 띠게 된 아우토노멘은 저항의 '르네상스'를 창조하는 데 도움을 주었다.

1. 점거운동

1980년대에 대안 무대의 수천 명의 지지자들이 베를린의 크로이츠베르크에 정착하였고, 1980년대 말에는 그들의 수가 크로이츠베르크 주민 14만 5천 명 가운데 약 3만 명에 달했다.

베를린에 사는 젊은 독일 남성들은 군대에 가지 않았고, 베를린의 급진적 전통과 비교적 자유로운 성격 또한 많은 청년들을 유혹하였다. 그래서 베를린에는 급진적인 청년 무대가 나타났다. 이 사람들은 주로 독일 사회의 중간층에 통합될 수 없는 사람들이었다.[6] 이들은 점거주택에 살았으며 점거지 내부의 다양한 활동의 주역이 되었다.

점거운동은 문화정치와 융합하여 시작되었다. 이때 펑크록이 이 운동의 음악이 되었다. 펑크 음악은 제도화된 일상으로부터 벗어나고 문화질서가 부과한 제안에서 벗어나는 것에 속했다. 로큰롤이 대중의 소비상품이 된 이후에는 펑크 음악이 신선했다. 펑크 음악은 주변적인 현상이었기 때문에, 밴드들은 대중들로 꽉 들어찬 극장에서가 아니라 사적인 파티에서 친구들을 위해 연주하였다. 펑크 음악은 순응

6) 시 정부는 이러한 주변화된 청년층이 베를린에서 15만 명 정도에 이른다고 평가하였다. 또 다른 정부연구에 따르면 1980년에 베를린의 점거자의 20%가 대안적인 생활방식을 추구하는 주변화된 사람들이었고, 다른 80%는 학생들과 저임금 산업 견습생들이었다.

성과 소비주의라는 지배적인 환경에 대항하는 공격적인 반응수단이었다. 이 당시 시위에서 많은 사람들이 입었던 검은색 가죽자켓과 그들이 흔들었던 흑기는 이념적 아나키즘을 나타내기보다는 옷 입은 스타일과 행위 스타일이었다.[7] 검정색은 정치적 공백, 즉 당, 정부, 국가에 대한 충성을 거부한다는 의미의 색깔이 되었다. 누드 행진과 정치인들과 소통하기를 거부하는 것이 운동의 특징이었다. 물론 사회적 코드에 대한 이런 극악한 파괴는 국가제도들이 겪은 정당성의 붕괴를 증명했지만 운동 안에 허무주의적 계기(약물중독과 성폭력 등)를 만들어내기도 하였다.

점거자들은 전화, 라디오 등 입으로 하는 아주 정교한 소통 네트워크를 마련하였다. 당국은 이러한 점거자들을 무장집단과 연결시킴으로써 고립시키고 범법자화하려고 하였다. 1981년 3월 13일 '검은 금요일'이라 명명된 날 프라이부르크 점거자들이 경찰의 공격에 대항하여 전국적인 연대를 호소하였을 때에는, 서독의 전국적인 집회와 시위가 있었다. 베를린의 사회민주당은 경찰 공격에 대항하는 점거운동의 강력한 저항에 직면하자 최소한의 임대료를 내고 점거한 집에 머물 수 있도록 하는 계획을 제출했다(합법화 제안). 이를 두고 운동 내부에서 논쟁이 있었다. 몇몇 점거자 집단들이 임대료를 내기로 결정

7) 이들 안에서의 차이는 흔히 펑크와 히피의 차이로 나타났고, 독일에서는 화염병을 던지는 몰리스와 건강식 그라롤라보다 약간 부드러운 아침식사를 의미하는 말인 뮈슬리스의 차이로 나타났다. 뮈슬리좌파는 수동적인 비폭력, 대규모 교육 프로젝트들, 공동체 생활, 장발을 한 생태 지향의 활동가들과 관련된다. 뮈슬리좌파는 펑크좌파의 문화적 반역에 비하여 부드러운 것으로 생각되었다. 펑크좌파는 폭력적인 대결을 선호하였다. 뮈슬리스는 시골을 좋아하고, 펑크족들은 도심 거주인들이었다. 펑크족들은 굳고 냉담했으며 검은색 옷을 입었고, 남성 중심적이었던 것에 반해, 뮈슬리스는 부드럽고 무지개 빛이었고 여성적이었다. 어쨌든 이러한 분화의 양상 속에서도 점거자들을 단순히 이분법적으로 분류할 수 없었다. 즉 그들은 다양한 집단들로 이루어져 있었다.

했지만 대다수는 그렇게 하지 않았다. 점거의 수와 빈도가 계속 증가하자, 경찰은 점거운동의 지도부에 속한다고 생각되는 활동가들이 점거한 집들만을 공격했다(지도부와 대중의 분리 공격). 즉 활동가들을 고립시키는 방식을 채택하였다.

그러나 검은 금요일 이후 점거는 더욱 늘어났고(많게는 5백 채), 빈 아파트 건물 외에도 부수려고 비워둔 빈 공장들, 양조장들, 상업공간들도 점거하였다. 이러한 커다란 건물들은 지역 문화센터 그리고 활동센터들을 창조할 수 있는 훨씬 더 많은 공간들을 제공하였다(카치아피카스, 2000: 190-203).

1980년대 내내 지속된 점거운동에서, 1981년 함부르크시의 하펜스트라세(Hafenstrasse)에서 처음 점거된 주택들이 1988년에 아우토노멘의 국제적 초점이 되었다. 점거운동이 베를린에서 국제적인 정점에 이른 바로 그때, 함부르크 성 파울리(St. Pauli) 구역에 있는 빈 주택들이 조용히 점거되었다. 하펜스트라세 점거자들은 수천 명의 동조자들과 수백 명의 가투자들을 동원하여 경찰을 물리쳤고, 정교한 방어계획을 수립했으며, 시 사무실이나 회사 공격 대상들에 대한 번개 같은 보복 공격을 결행하였다. 또한 내부문제를 처리하면서 국제 아우토노멘 모임을 조직하기도 했다.

점거운동이 다른 도시들에서 경찰의 공격으로 패배했을 때에도 하펜스트라세는 완전한 채로 남아 있을 수 있었기 때문에, 유럽의 아우토노멘들 사이에서 하펜스트라세 점거지는 거의 신화적일 정도의 상징이 되었다(카치아피카스, 2000: 246-252). 베를린에서 그리고 다른 곳에서는 점거자들이 주로 학생 출신이거나 노동자 출신이었던 데 반해서, 하펜스트라세 점거자들은 기의 룸펜프롤레타리아트(범죄자와 암시장 거래자들) 출신들이었다. 점거주택 가운데 한 채의 벽에 그린 벽화의 한 부분에는 마르크스가 만든 유명한 구호("세계 노동자들이여 단결하라!")가 "세계의 범죄자들이여 단결하라!"로 바뀌어 있었다.

1987년 11월 경찰과 충돌해서 점거지를 지켜낸 뒤, 하펜스트라세 점거지는 합법화되었다. 건물은 점거자들에게 임대되었고 시는 개선 자금을 제공했으며, 그럼으로써 원했던 대안주택을 만들었다. 점거자들은 자체 라디오(Radio Hafenstrasse)를 방송하기도 하였다.

점거운동에서는 또한 1986년부터 시작된 경찰과의 싸움 과정에서 '검은 블록' 전사(검은 스키 마스크를 쓰고 검은 색 자켓에 검은 장갑을 낀 전투적 시위자)들이 등장하였다. 이들은 경찰을 물리치기도 했고 방어적인 싸움이 아닌 공격적인 싸움을 전개하기도 하였다. 1990년대 초 들어 거주자들은 전투적인 자기방어보다는 오히려 주요한 개선을 위한 청사진을 제시했다.

그렇지만 외부의 적이 사라진 뒤 내부 문제가 발생하였다. 그중에서도 성폭력 문제가 쟁점이 되었다. 최악의 상황 가운데 하나는 세 명의 점거자들(두 명의 여성과 한 명의 남성)이 건물을 방문한 사람을 구타하고 강간하는 사건이었다. 점거 집합체는 문제를 자신들 스스로 해결하기로 결정했다. 즉 그 세 명은 구타당하고, 머리가 깎인 채 거리로 쫓겨났다. 경찰이나 재판관을 끌어들이지 않고 자신들의 방식대로 해결한 것이다.

그러나 프랑크푸르트에 있는 스타트반 베스트에서의 총격 사건과 1987년 11월 유럽 전역에 걸친 체포 물결 이후, 여론은 극적으로 국가 쪽으로 기울어 갔다. 이탈리아에서 10년 전에 했던 것처럼 자율운동을 범죄화함으로써 많은 사람들을 점거지의 정치적 활동에서 떨어져나가게 하였다. 1990년대 초반에도 하펜스트라세에서는 여전히 계약과 관련된 법정싸움이 진행되고 있었다.

2. 시위

아우토노멘의 실천활동 영역 가운데 하나가 대형 시위이다. 물론 시위에서는 점거가 병행되기도 하고 경찰과 치열하게 가두투쟁을 벌이기도 한다.

자율운동이 거둔 가장 중요한 승리는 독일에 폭탄급의 플루토늄을 제공할 능력을 지닌 핵 재처리 시설이 건설되고 있던 바바리아(Bavaria)의 바커스도르프에서였다. 아우토노멘은 1985－1986년에 걸쳐 그곳에 대한 점거를 두 번이나 주도했다. 4－8만 명 정도의 시위대는 종종 경찰의 금지에도 불구하고 어김없이 모였다. 1986년 12월 12일, 첫 번째 휘텐도르프에서 축출될 때 8백 70명의 사람들이 체포됐다. 그리고 1987년 1월 7일, 또 다른 7백 명의 사람들이 가까운 야영지에 감금당했다. 아우토노멘의 성실성과 과단성에 감동을 받은 바바리아의 농민들과 중간계급 사람들은 장기간에 걸쳐 바커스도르프의 핵 재처리 시설이 영구히 가동하지 못하도록 하는 캠페인에 참여하였다. 수개월 동안 주말마다 수천 명의 사람들이 바커스도르프에 모였고, 경찰과 충돌할 때마다 아우토노멘은 지역주민들의 지지를 받았다. 당국의 대응은 공공행사들(심지어 1987년 6월 하이든의 창조 공연)과 사적 모임들(반핵 집단들이 1986년 11월 말 레겐스부르크(Regensburg) 전국모임을 개최하지 못하도록 할 때와 같은)을 금지하는 것이었다. 그럼에도 불구하고 아우토노멘은 사람들을 동원했고 전투적 행동을 계속했으며, 결국 바커스도르프를 폐쇄시키는 승리를 거뒀다. 바커스도르프의 예에서 증명되었듯이, 자율운동은 (무장 게릴라 행동도 수동적인 시민 불복종도 아닌) 새로운 전투성 형식을 만들어 냈다.

아우토노멘은 바커스도르프 이외에도 50만 명의 관료들에게 시독인들의 사생활을 조사할 수 있는 권한을 부여했던 전국인구조사에 반대하는 캠페인을 승리로 이끄는 데 중요한 역할을 했다.

(유럽)공동시장이 유럽의 계획과 생산을 통합시켰던 동일한 시기에, 자율운동은 지역적 요구들을 고려하지 않은 채 도시들과 지역들에 충격을 가한 세계경제 발전에 저항했다. 스타트반 베스트 활주로와 바커스도르프의 핵 재처리 시설 건설에 반대한 투쟁에 이어 고급[주택]화(gentrification)와 자본집약적 건축 프로젝트들에 대한 반대투쟁은 거대한 정부들과 전 지구적 기업들이 파괴하고 있는 지역의 생활세계를 방어하는 것이었다.

아우토노멘은 흔히 게토화되어 있다고 여겨지지만, 국제연대라는 윤리적이고 도덕적인 흐름에 따라 행동했다. 이미 1981년 9월 미국 무장관 알렉산더 헤이그가 서베를린을 방문했을 때, 그리고 레이건이 1982년 6월 서베를린을 방문했을 때, 그리고 조지 부시가 1983년 6월 크레펠트를 방문했을 때, 많은 사람들이 거리에서 방문반대 시위를 전개하였다. 특히 1987년 6월, 로널드 레이건이 대통령으로서 베를린에 두 번째 방문하기 전날, 5만 명 이상의 사람들이 거리로 나와 시위하였고 3천여 명의 '검은 블록'이 시위를 주도하였다. 1만 명의 폭동진압 경찰들이 레이건을 보호하기 위해 동원됐고, 다음날 레이건의 연설에 대한 방해를 막기 위해 시 원로들과 미군 사령관은 사전에 계획된 3개의 시위에 대한 금지 명령을 공포했다. 당국은 '기술적 어려움' 때문에 지하철 운행을 중단한다고 주장하면서, 베를린의 크로이츠베르크 근처에 있는 아우토노멘의 본거지를 봉쇄하였다. 약속된 대체 버스들은 결코 나타나지 않았고, 크로이츠베르크를 떠나려 한 모든 사람은 그 근처를 둘러싼 9개의 검문소에서 제지당했다. 이 모든 사전 조치에도 불구하고, 자연발생적인 시위가 베를린의 중심부에서 발생하자, 경찰은 재빨리 그 시위를 포위했고 5백 명의 사람들을 5시간 이상 동안 '둘러싸기'(kettle: 경찰이 시위대를 둘러싸는 것) 방식으로 잡아 두었다. 이 조치들 중 몇 가지는 실정법에 저촉되었고, 그 후 적지 않은 법적 공방이 있었다. 그러나 1987년 11월 2일에 일어난 2명의 경찰에 대한 총격 살해는 곧 베를린에 정부의 권력 남용의 암운을 드리웠다.

1988년 9월, 자율운동은 세계 체계에 대항한 대결이라는 차원으로 넘어갔다. 위로부터의 국제화와 풀뿌리 자율성의 파괴 사이에 있는 모순을 극적으로 표현하기 위해서 세계은행과 국제통화기금(IMF)의 국제회의를 비난하고 공격했을 때, 아우토노멘은 그 광범한 동원의 배후에 있는 동력이었다. 녹색당이 현존하는 세계 금융체계에 대한 제도적 대안들에 대해 토론하고, 수십 개의 다른 집단들이 유사한 행사를 조직했던 데 반해, 아우토노멘은 IMF와 관련하여 개량주의자들과 협력하기를 거부했다. 그들은 IMF의 제국주의적 역할에 대한 자신들의 이해에 따라 행동하면서 영국, 이탈리아, 네덜란드, 덴마크, 오스트리아 그리고 미국에서뿐만 아니라 독일 전역에서 수천 명의 투사들을 동원했다. 8만 명의 항의자들이 전 지구적으로 결정을 내리는 조직들의 회의에 반대하는 시위를 위해 결집하자, 수천 명의 은행가들은 자신들의 모임을 축소할 수밖에 없었고, 자신들이 계획했던 것보다 하루 일찍 베를린을 떠났다. 그 회의의 첫 4일 동안, 1만 2천 명의 경찰과 4천 명의 사설 경호원은 시위를 금지하고 집결한 항의자 집단들을 악랄하게 공격함으로써만 질서를 유지할 수 있었다. 경찰 체포조들이 배회하면서 국제적인 신문사의 기자와 지역민을 잔인하게 다루자, 오히려 아우토노멘에 대한 대중적 동조가 늘어났다.

자신들의 국제적 연계가 발전되자,[8] 많은 나라들에 있는 아우토노멘은 주류 정치에 혹은 심지어 그들 자신의 나라의 문화적 가치들에 순응하지 않는 점에서 서로 유사함을 알게 되었다. 활동가들은 회의, 친선모임, 국제적으로 조정된 캠페인에 모였다. 그리고 느슨하게 연결된 '정보상점'의 네트워크나 자유를 지지하는 센터들이 생겨났고, 이것들은 운동의 눈과 귀로 기능했다.

누군가가 아우토노멘을 닮은 어떤 것을 꿈꾸기 수년 전부터, 창조적 전술과 색다른 개입으로 지역 무대를 채우는 지역운동들이 발생했다. 그리고 이들 운동들은 아우토노멘을 닮아가면서 전투적으로 변했다. 그러나 지역 자율운동의 중심 목표는 일상생활을 위한 자유공간을 창조하는 것이었다. 그리고 이런 해방된 영토들을 방어하기 위한 장기간의 쓰라린 투쟁들이 있었다.

아우토노멘은 산발적으로 모이고 정체성이 결코 고정되어 있지 않은 전투적 대항문화주의자들의 분산적인 결집체로 남아 있었다. 자생성, 유연성, 예측 불가능성은 아우토노멘의 조직적 특성이 되어 있었다. 아우토노멘의 힘은 압도적 숫자에 있는 게 아니다. 예를 들면 1987년 6월 레이건 대통령이 베를린을 방문했을 때, 검은 스키마스크와 전투적 기질로 확인되는 자율적 '검은 블록'은 5만 명의 시위자들 가운데 3천 명에 불과했다. 그리고 1988년에 7만 5천여 명의 항의자들이 베를린에서 IMF와 세계은행의 회의에 항의하여 결집하였을 때에도, 단지 한 작은 분파만이 아우토노멘으로 추정되었다. 그러나 이 두 시위에서 아우토노멘은 전투적인 조직가들로서 시위의 중심에 있었으며 명령과 동원을 통하지 않고서도 다른 참여자들로 하여금 적극적으로 시위를 전개하도록 상황을 이끌어 나갔다.

---

8) 암스테르담과 코펜하겐에서는 독일의 아우토노멘보다 오히려 재기발랄하고 활발한 자율운동이 전개되었다(카치아피카스, 2000: 226-246).

3. 도시구역(근거지)투쟁

아우토노멘은 대도시에 자신의 근거지(Stadtteile)를 마련하고 그것을 지키려는 투쟁을 전개하였다(Schultze und Gross, 1997: 165-170). 아우토노멘은 프라이부르크의 그륀(Grün), 베를린의 크로이츠베르크, 함부르크의 성 파울리/샨첸구역(St. Pauli/Schazen-viertel)과 같이 오래된 대도시 구역의 내부에 근거지를 만들었다. 물론 이러한 지역은 고급주택화와 위생화가 이루어지지 않은 곳들이었다.

1960년대 말 이래 공동주택을 빌릴 수 있고 주거환경이 '더 나은' 대안적인 하부구조가 생겨났다. 정치적으로 관심이 있는 젊은이들이 1970년대 말에 모여들어 '도시구역 무대'를 이루게 되었다. 이 무대는 공간적인 인접성 때문에 서로 쉽게 소통하는 곳이 되었고, 1980년대 아우토노멘의 근거가 되었다. 거의 모든 주택점거가 이러한 도시구역에서 이루어졌고 경제적·국가적 기획이나 침입을 둘러싼 대부분의 대결이 바로 여기 이 아우토노멘의 생활세계에서 발생하였다.

도시근거지의 전형적인 곳인 함부르크의 성 파울리/샨첸구역은 낡은 건물, 소득이 낮은 주민들, 활발한 대안문화, 높은 이민자 비율 등으로 특징지어졌다.[9] 1960년대 말에서 1970년대 초까지 거주하는 사람들 사이에는 친척, 친지 관계에 근거한 상대적으로 밀접한 연결망이 있었고 구역 안에서의 상호작용은 이례적으로 높았다. 그런데 국가와 자본의 위생화(고급화) 조치는 이들을 몰아내서 새로운 곳으로 내쫓든가 기존 주거지역을 없애 버리려는 것이었다.

이 구역의 일부는 집단주택과 같은 새로운 생활형태를 띠게 되었

9) 20대 젊은이의 비율이 전체 인구의 25.5%로 함부르크 평균치보다 10%나 높았다.

다. 또한 이러한 구역은 다양한 주도권운동파들에 둘러싸인 채 자신의 정치적 색채를 지니게 되었다. 특히 새로운 삶의 기획을 만들어 가려는 사회 분위기가 만들어졌다. 게다가 샨첸구역의 경우 몇 개의 만남의 장소들이 형성되었고, 국가로부터 어떤 도움도 기대할 수 없는 사람들이 모여 살았다. 그리고 이곳처럼 주택점거운동에까지는 이르지 않은 여러 인접 지역에서도 이러한 사회적인 분위기가 만들어졌다. 이들은 내부적인 긴장이 없지는 않았으나 국가권력에 대항하여 전투적인 활동을 하는 기반이 되었다.

함부르크에서 자율투쟁은 '합법적인' 생활관계(식당, 만남의 장소, 정보상점, 구역신문, 좌파 서점, 인쇄팀 등)를 만들어 내려는 것과 원자력반대운동에 집중되었다. 거리홍보, 전화연결, 소책자 등을 통해 소통이 이루어졌으며, 이러한 것은 비슷한 생각을 하는 사람들이 신속하게 모여 행동할 수 있는 공간을 만들어 냈다. 아우토노멘은 신속함과 지역사정을 잘 안다는 장점을 지니고 있었다.

아우토노멘 사이에서는 '구역 안에서 저항을 조직하자'는 문제가 쟁점이 되었다. 스스로 게토화되는 것 아니냐, 아니면 방어투쟁에 집중하는 것 아니냐 하면서 논쟁을 벌였다. 단일 쟁점이나 단일 기획과 관련해서는 적극적인 투쟁으로 평가하기도 하였다. 예를 들어 함부르크 점거자 집단인 '붉은 로라'(Rote Lora)가 클래식음악회를 반대해서 벌인 활동은 많은 지지를 받아 냈다. 서로 다른 저항방식을 지닌 다양한 사람들이 모였지만 해당 사안에 대해 소책자들이나 홍보전단들을 통해 원활히 소통하였다.

크로이츠베르크의 점거자 구역에서 아우토노멘은 당국과 대결하는 과정에서 운동주점에서 술 마시는 것을 엄격하게 금지했다. 아우토노멘은 "바늘에 반대하는 주먹들"이라는 캠페인으로 헤로인 사용자와 거래자들을 크로이츠베르크 밖으로 쫓아내려 했다. 내부의 규율을 지켜 나가고 외부의 침입자를 스스로 퇴치하려는 활동을 통해 자신들의 근거지를 지키려 하였다. 특히 아우토노멘은 폭동을 자신들의 이웃으로 끌어들이지 않으려고 했고, 베를린의 상류층 구역에서 가두투쟁이 일어나게 하려고 엄청나게 애를 썼다. 이것은 바로 운동이 경찰의 침입으로부터 보호하고 있는 근거지를 건설했음을 나타냈다(카치아피카스, 2000: 222).

이런 구역 투쟁들은 여러 가지 기획들을 발의하는 방향으로 나아갔다. 구역 주민들은 점거지의 합법화가 진행되고 시장경제적인 침입이 강화되는 속에서 재산보호(주택기획), 생활확보, 구역에서의 주거지 유지 등에 관심을 가지게 되었다.

4. 연대투쟁

아우토노멘은 다양한 원천에서 만들어졌지만, 1980년대 내내 평화운동, 반핵운동, 스타트반 베스트운동 등과 연대하여 투쟁을 전개하였다(Schultze und Gross, 1997: 147-155). 매체들은 아우토노멘을 고립시키려고 했지만 이들은 오히려 더욱더 연대투쟁을 지속해 나갔고 국제적인 연대시위도 계속하였다.

먼저 평화운동과의 연대투쟁을 보면, 아우토노멘은 자신들의 반군사, 반나토와 관련한 입장을 평화운동에서 관철시킬 수는 없었다. 아우토노멘은 평화운동의 부르주아적이고 개량주의적인 세력들과는 상당히 거리가 있었기 때문이다. 평화운동의 일부분에 대해 지지하지 않고 어떤 부분에 대해서는 부정하기까지 했지만, 아우토노멘은 중거리미사일 배치와 관련해서는 전투적인 활동을 하면서 그들과 함께하였다. 아우토노멘과 평화운동 내부의 주요 축인 반제평화집단 간의 접촉은 진전되지 못하였다. 아우토노멘이 모든 행동방식을 수용한다고는 했지만, 실제 행동의 수용은 적었다. 아우토노멘은 평화운동과의 경험을 근거로 해서, 평화운동이 사회운동과 그것의 혁명적 기능을 너무 '행복을 만드는' 기능으로 좁히고 자율적 행동을 막는다는 의심을 가지게 되었다.

아우토노멘은 또한 반핵운동에 대해서는 확고한 입장을 견지하였다. 반핵운동은 1970년대 중반 이래 전투적인 전통을 유지해 왔고 아우토노멘 가운데 일부는 반핵운동을 통해 운동경험을 갖게 된 사람들이었다. 1984년의 아우토노멘 전국회의에서 아우토노멘은 개량주의적이고 평화적인 저항방식을 거부하고 불법화된 전투적 반핵운동가들과 무조건적인 연대를 선언하였다. 아우토노멘이 반핵운동에 참여하고 반핵운동 근거지와 직접 접촉하였기 때문에, 이들은 모든 지역의 반핵운동에서 받아들여졌다. 반핵운동에서 아우토노멘은 대중적 전투성의 기반이 되었다. 그러나 1986년 클레브에서 아우토노멘이 자신의 힘을 과신하고 경찰과 충돌한 뒤 반핵운동은 급속히 가라앉았다.

아우토노멘은 처음부터 프랑크푸르트의 공항로 건설에 반대하는 스타트반 베스트운동에 참여했는데, 그것은 1987년까지 지속되었다. 1981년의 휘텐도르프 철거에 반대하는 투쟁 이후 이 운동의 전투성을 유지해 온 것은 아우토노멘이었다. 아우토노멘은 이 싸움이 미제국주의와 나토, 독일의 연계고리를 밝히는 것으로 생각하였다. 이 운동은 1987년 11월 총격사건이 있기까지 단일기획으로서는 오랫동안 지속되었다. 아우토노멘 또한 이 운동에 지속적으로 참여함으로써 다른 운동집단과의 연대투쟁이라는 중요한 경험을 했다.

아우토노멘은 녹색당과는 그리 가까운 사이가 아니었다. 물론 녹색당으로부터 자금을 받기도 했지만 1981년 베를린 시의회 선거에서나 함부르크에서의 좌파연대 외에는 함께하지 않았다. 녹색당과의 관계는 이미 1983년 시위에서 국가권력과 대결하는 과정에 대한 견해 차이로 깨졌다. 녹색당은 점차 사민당과 가까워지면서 비의회운동에 대한 자금을 줄였고, 반국가적인 아우토노멘과 녹색당의 관계는 더욱 악화되었다.

아우토노멘은 소련에 대해서 무비판적이었던 반제파들(적군파를 축으로 한 집단들)을 불신하였다. 반제파는 상당히 정리된 이론을 지니고 있었던 데 반해서 아우토노멘은 미리 정립된 이론을 지니고 있지는 않았다. 반제파들은 또한 아우토노멘과 아주 협소한 관계만을 유지하려고 하였다. 아우토노멘 성원 가운데 일부가 반제파들의 입장으로 기울기도 했지만 모든 아우토노멘이 그랬던 것은 아니다. 1986년 '반제일'(反帝日)에 그리고 1989년 정치범 단식 후의 공동회의에서 아우토노멘과 반제파들은 격렬한 논쟁을 벌였고 서로의 차이를 확인하였다.

5. 아우토노멘과 폭력

젊은이들에게 취업 기회가 줄어들어 청년 실업자들이 증가하고 운동이 분산적인 구조를 띠게 된 것은 오히려 자율운동 식의 급진적인 저항을 지속시키는 조건들이었다. 아우토노멘은 대중의 자율적인 운동에 기반하면서도 국가와 충돌하여 전투적인 흐름을 형성해 내기도 하였다. 점거지와 도시근거지를 기반으로 자신들을 방어하고 자신들의 색다른 생활방식을 만들어 가려는 아우토노멘은 국가와 충돌할 수밖에 없었다.

아우토노멘의 전투성을 더 극단화한 적군파는 합법적인 수단을 멀시하면서 국가나 자본의 요인들에 대한 공격을 감행했지만 국가와의 폭력 증진 경쟁을 가져올 뿐이었다. 1970년에 결성되어 1972년부터 요인암살 등의 활동을 해 온 적군파의 많은 성원들이 스스로 포기하고 자수하였지만, 1990년대에도 적군파의 무장투쟁은 독일의 엘리트들을 계속해서 위협하고 있었다. 적군파는 1990년대 초반까지도 활동하였으나 1998년 4월 해산을 선언하였다.[10]

여하튼 폭력 행사는 직접행동에서 중요한 역할을 하였다. 자신들의 구역의 고급화에 저항하는 아우토노멘은 지저분한 몰골을 하고 고급식당에 몰려간다든가 손님들에게 분뇨를 뿌리는 행동을 함으로써, 고급화를 저지하려고 하였다. 아우토노멘과 연결된, 다양한 게릴라 집단들 중에서 가장 성공적인 경우는 '혁명세포'(Revolutionären Zellen)와 아우토노멘의 여성집단인 '붉은 조라'(Rote Zora)였다.[11]

적군파의 거의 모든 창단성원이 살해당하거나 투옥당한 뒤인 1970년대 초(1973)에 적군파에서 분리되어 나온 '혁명세포'(RZ)는 기존 체제에 대한 소집단 무장투쟁을 벌이는 집단들 사이에서 가장 두드러진 집단이 되었다. 적군파의 집중화된 구조와는 반대로 '혁명세포'는 자신들의 공격목표와 전술을 특정한 조건에 따라서 유연하게 적용하였으며, 특히 투쟁과정에서 생겨난 독립적으로 조직된 집단들로 이루어져 있었다. '혁명세포'는 성원들의 완전한 익명성과 분산된 비위계적인 활동방식을 채택하였으며, 내부의 전위조직을 만들지 않고 대표정치를 거부하였다('모두가 해야 하고 모두가 할 수 있다'). '혁명세포'는 자율적인 집단들 속에 조직되었고, 세포 각자는 자신의 행동에 대해서 책임을 졌다.

---

10) Tageszetung(TAZ) Nr. 5513, 1998년 4월 22일(『커리큘럼』에 실린 번역자료).
11) 자율적인 여성운동과 레즈비언 여성운동에 대해서는 별도의 연구가 필요할 것이다.

'혁명세포' 가운데 여성들로만 이루어진 자율적인 부분인 '붉은 조라'는 페미니즘과 반제국주의의 흐름에서 형성되었다(Schultze und Gross, 1997: 200). 이 집단은 포르노그래피, 국제적인 여성 매춘거래, 의사들의 횡포, 마약회사(제약회사)에 대한 전투적인 반대 캠페인을 펼쳤다. 1987년 여름에 아들러(Adler) 회사와의 싸움에서는 한국 여성방직노동자들의 요구를 받아들이도록 관철시켰다. '붉은 조라'는 '혁명세포'와 연대해서 선택한 목표들을 분산적인 방식으로 공격하였고, 동시에 여러 지역에서 특정 대상을 향해 공격을 감행하곤 하였다. 이들은 집중화된 폭력에서 벗어나 분산된 폭력을 행사하였으며, 경찰은 비위계적으로 연계된 이들을 위계적인 구도라는 발상 속에서는 찾아낼 수 없었다.

분산된 조직화에 입각한 이러한 폭력행사가 아니라 할지라도 아우토노멘은 폭력을 운동의 긍정적인 수단으로 생각하였다. 집중화된 폭력(적군파)이 가져오는 국가의 폭력적 탄압뿐만 아니라 적군파가 지닌 집중제적인 조직화 방식에서 오는 폐해를 익히 알고 있던 아우토노멘은, 점차 집중화된 폭력을 거부하고 대중의 네트워크 속에서 표출되는 폭력을 긍정하였다. 즉 국가와의 대결과정에서 대중에게서 나타나는 자연발생적인 폭력적 대응과 공격을 긍정하였다. 그리고 그 폭력의 형태가 집중화되는 것에 대해서 경계하였다.

자율운동의 구조 ―형식적 구조의 결여― 때문에 오히려 그 운동을 없애기는 어려웠다. 경찰이 아무리 여러 번 사무실을 급습하거나 사람들을 체포해도 생각하던 지도자는 전혀 존재하지 않았기 때문에 그 운동의 지도자를 잡을 수 없었다. 또한 그 조직들은 유동적이고 변화무쌍하기 때문에 파괴할 수도 없었다. 아우토노멘은 은밀한 붉은 지하(적군파)와 의회의 녹색회랑(녹색당) 사이의 어딘가에 놓여 있는 저항세력이란 모호한 영토를 차지하고 있었으며, 그 속에서 만들어진 대항 문화는 정치적 억압이 효과를 발휘하지 못하는 상황을 만들어 냈다.

3절. 통일 독일에서의 아우토노멘

이처럼 활발하게 전개되어 오던 독일의 자율운동은 통일이 되면서 커다란 변화를 맞이한다.

통일 과정에서 생긴 권력의 공백기에 나타나기 시작한 인종주의의 물결이 통일 후 더욱 가속화되었다. 신나치는 외국인을 난폭하게 공격하면서 살인과 폭행을 저질렀다. 인종주의의 등장으로 보이는 현상이 이 시기에 유럽 여러 나라에서 나타났다. 독일에서 1990년에 신나치 공격이 전국적으로 발발했을 때, 경찰은 아우토노멘을 유혈적으로 탄압했지만 신나치에게는 유화적이었다. 다른 한편으로 국가는 이민자들에 대한 압박을 강화하였고, 구체적으로는 난민법을 제정하려는 움직임이 가시화되었다.

아우토노멘에게는 어떻게 파시스트들과 싸움을 해 나갈 것인가가 초미의 관심사가 되었다. 아우토노멘은 신나치와 인종주의에 반대하는 반파시즘운동에 주력하고 소수자들의 공격에 대한 방어 및 반공격에 나서게 되었다. 1980년대의 아우토노멘을 축으로 한 자율운동이 없었다면 독일의 신나치들의 횡포는 정말 엄청났을 것이다. 여타 운동세력들이 제도화되고 자본주의(또는 신자유주의) 시장 이데올로기 속에서 주춤하고 있는 사이에 오로지 아우토노멘만이 적극적으로 나서고 있었다.

1. 신나치의 등장과 시장 메커니즘의 강화

통일과 함께 독일에서는 극우파들이 정치적 주도권을 잡고 상당한 지지를 얻게 되었다. 독일에는 거의 6백만 명의 외국인들이 있었는데, 이러한 분위기에서 난민의 입국을 막는 법률이 제정되었다.

지역적으로는 드레스덴이 극우파의 거점이 되었다. 그리고 신나치들이 아우토노멘을 흉내내어 빈 주택들을 점거하기 시작했다. 스킨헤드, 신나치, 구나치, 신나치당들의 '갈색 네트워크'는 경찰들과도 인맥을 통해 연결되어 있었다. 일반적으로 동독 쪽에 폭력이 많이 발생했을 것이라고 생각하지만, 더 많은 신나치 공격이 서독 쪽에서 일어났다.

실업이 늘고 주택위기가 닥친 데다가 통일되면서 새로운 현상이 나타났다. 통일 이전의 서독에는 50만 명의 홈리스가 있었고, 동독에는 홈리스가 별로 없었다. 그러나 통일이 되면서 동독 쪽에서도 홈리스가 급속히 증가해서, 1990년에는 적어도 8만 명이 살 집을 찾아 헤매고 있었다. 통일이 되면서 동독사람들은 이등시민이 되었지만 외국인들과 대비하며 자신들의 우월성을 과시하는 경향을 띠어 갔다. 통일 이전에도 동독에는 신나치들이 있었지만 공개적으로 조직화될 수 없었고 경찰도 좌시하지 않았다. 그러나 통일 독일에서는 달랐다. 경찰은 신나치들을 보호하고 거의 항상 신나치 반대 시위자들을 공격했다. 가장 큰 사건은 1992년 8월에 일어난 로스톡(Rostock) 학살이었다. 1천 명 이상의 사람들이 루마니아 집시들과 베트남 노동자들을 수용하고 있는 난민센터를 공격하였다(송태수, 1993: 63-67). 경찰의 방치 속에 엄청난 폭력이 가해졌다. 그 뒤로도 외국인에 대한 무차별 공격은 수 없이 많았다. 독일은 그 뒤 10여 년이 지나서도 신나치에 의한 극우테러로 여전히 위협받고 있었다.[12]

권력의 공백기에 그리고 동베를린 쪽에 빈 건물들이 많아서 동독 쪽으로 점거운동이 확산되었다. 1990년에 동독 사람들이 주택들을 점거했고, 마인처스트라세(Mainzerstrasse)에서 임대아파트와 5층 건물들을 점거하였다. 어떤 건물은 게이들이 점거하였고, 또 어떤 건물은 여성들이 점거하였다. 각 건물 안에는 영화관, 책방, 카페, 바 등등이 만들어졌다.

12월에 마인처스트라세에서 1990년대 운동의 기점이 되었던 전투가 경찰과 점거자들 사이에서 벌어졌다(카치아피카스, 2000: 294-302). 경찰의 일방적인 공격 속에서 4백 명이 넘는 사람들이 체포되었다. 이 사건이 일어난 직후에 베를린을 비롯한 각지에서 항의시위 물결이 이어졌다. 이 전투는 1990년대 운동의 분기점이 되었다. 그 후 국가는 엄청난 경찰력을 투입하여 점거운동을 진압하였으며, 이후 기존 점거지를 합법화하는 대신 새로운 점거지를 극단적으로 진압하는 방식으로 나아갔다.

그러나 마인처스트라세에서와 같은 폭력적인 억압보다도 더 무서운 것이 있었다. 크로이츠베르크의 경우 지역의 고급화가 이루어지면서 거기에 살던 터키인들, 펑크족들, 주변적인 젊은이들, 예술가들이 경찰 공격에 의해서가 아니라 시장의 메커니즘에 의해서 쫓겨나게 되었다. 이에 반응하여 자신들의 이웃(근거지)의 독립성과 특성을 지키려는 아우토노멘은 여피기업가들에 대한 공격을 강화하였다. 아우토노멘은 '투기꾼들과 여피돼지들에게 죽음의 지역'을 만들어 내려고 하면서 크로이츠베르크의 고급화에 반대하는 단결된 캠페인을 벌였다. 아우토노멘은 전문직업인을 상대로 하는 고급 레스토랑을 파괴하였

12) 「극우테러에 독일이 떨고 있다」, 〈한겨레〉, 2000년 8월 11일자.

고 호화자동차에 불을 질렀다. 또한 바람직하지 않다고 생각되는 사업들에 여러 차례 타격을 가하였다. 이들은 자신들의 생활방식을 지키기 위해서는 소비사회의 기계장치를 깨부수고, 자신들의 공동체를 식민화하려는 모든 세력에 대항해야 한다고 믿었다.

2. 반파시즘투쟁

신나치의 외국인 공격에 대해 경찰이 제지하지 않자, 아우토노멘이 직접 신나치들을 공격하고 나섰다. 아우토노멘은 신나치가 점거한 센터들을 공격했다. 그리고 신나치들이 행진하는 것을 막는 반대시위를 조직하였다. 이러한 반파시즘투쟁은 처음에는 반제국주의적인 경향[분파]에 의해서 주로 이루어졌지만 점차 아우토노멘이 주노해 나갔다.

1989년 5월에는 이미 반파시즘 전국연합이 설립되었다. 베를린 장벽이 무너지고 통일되는 사이에 외국인에 대한 공격이 확산됨에 따라 인종주의와 파시즘에 대응하는 것이 많은 활동가들에게 가장 긴급한 문제였다. 통일된 이후 독일은 국제적인 공격과 국내적인 억압을 자행해왔다. 국제적으로는 터키를 도와 쿠르드족에 대한 공격을 감행하고, 국내적으로는 쿠르드 조직을 불법화하고 좌익에 대한 공격을 감행하였다.

이러한 상황에서 반파시즘[반파]투쟁의 확산은 외국인들에게 스스로 조직할 수 있는 공간을 만들어 주었고, 그들에게 자신들을 방어할 수 있는 용기를 주었다. 아우토노멘이 창조한 대항공간 안에서 소수자들은 자신들의 공간을 발견하였다. 1990년에는 '흑인통일위원회'가 결성되었고, 터키인 청년 소수자 거리갱들도 반파시즘운동에 참여하게 되었다.

아우토노멘의 반파시즘투쟁은 광범하게 확산되었다. 아우토노멘 집단 가운데 두드러진 것은 아우토놈 안티파[Autonome Antifa (M)]였다. 이 집단은 1980년대 자율운동에서부터 성장해 왔는데, 좌파운동의 고립을 극복하고 단일쟁점 정치를 넘어서서 반파시즘운동을 확산시키려는 목적을 지니고 있었다. 창립 직후인 1991년에는 전국토론회를 열었고 1992년 전국토론회에서 '반파시즘행동/전국조직'(Anti-faschistische Aktion/Bundesweite Oraganisierung: AA/BO)이 결성되었다. 이 조직은 여타 반파시즘단체들도 합세하여 만들어졌지만, 그 핵심 성원은 아우토놈 안티파였다. 아우토놈 안티파는 매년 연합시위, 선전 극장, 정보・토론 모임, 전시회, 기타 문화행사 등을 개최하였고, 특히 파시스트 훈련센터들에 대항하는 연합시위를 주도하였다. 1990년대 초반에는 파시스트들의 유색인과 좌파에 대한 공격에 대한 반공격을 주도하였다. 이 집단은 (반)낙태법 등과 관련하여 여성운동과도 결합하였다.[13]

이들 시위에서 특징적인 것은 여전히 '검은 블록'이었다. 검은 마스크(스키 마스크)를 쓰고 시위하는 것은 경찰과 파시스트의 공격으로부터 자신들을 보호하기 위한 것이기도 했지만, 또한 각 집단들의 연합의 표시가 되었다. 검은색은 이제 국가나 적의 공백을 의미하는 것이 아니라, 다양한 성격의 집단들에서 온 시위자들의 연합의 상징이 되었다. 또한 검은 마스크는 매체사회에서 운동 내부의 스타화를 막는 주요한 방식이었다. 매체는 이들을 과소평가하려고 하지만 오히려 아우토노멘의 이 검은 전략(대중에게 다가가려는 하나의 방법으로 주류 매체를 이용하는 것)은 그들의 존재와 움직임을 알리는 중요한 방식이 되었다.

그럼에도 1996년 8월에 열린 반파시즘 활동가들에 대한 재판과

---

13) aam@paxo.nadir.org, The AUTONOME ANTIFA(M), http://www.nadir.org/Gruppen/aam/

활동가들을 탄압하는 법률은 반파시즘운동을 위축시켰다.

3. 점거운동

1980년대 초 서독에서, 특히 서베를린에서 점거가 확산되었다. 1980년대 말에는 동독에서도 점거물결이 확산되었고, 특히 통일 직전까지는 동베를린 경찰은 점거를 방치했고 점거자들을 보호하기까지 했다. 통일 이후에는 경찰의 점거자에 대한 탄압이 강화되었고, 서베를린의 활동가들이 동베를린으로 가서 여러 전투에 참여하였다.

1980년대에 급속히 증가하였던 점거지와 점거자들은 1990년대 초반에도 여전히 볼 수 있었다. 베를린 장벽이 무너진 이후에 베를린에서 급진적인 직접행동이 사라질 것이라는 예상과는 달리 새로운 점거 흐름이 구동독 쪽에서 일어났다. 1990년대에 들어서도 점거운동은 계속되었고 특히 집단(공동거주) 주택들이 부각되었다. 점거자들은 여전히 개별적인 삶의 형태를 거부하고 함께 다양한 활동들을 해 나갈 수 있는 공간을 만들어 가려고 하였으며, 또한 내부문제를 자체적으로 해결해 가려고 하였다.

그러나 1990년대 중반 이후 새로운 점거는 급속히 퇴조하였다. 독일 정부가 일부의 점거지를 합법화—싼값에 임대—하면서 새로운 점거지나 다른 점거지에 대해 강제퇴거조치를 취했기 때문이다. 동베를린의 경우 한때 165채의 집이 점거된 적도 있었으나 1997년 10월경에는 3채만이 남아 있을 정도였다.[14] 그러나 여전히 점거자들의 모임이 이루어지고 경찰과 격렬하게 가두투쟁을 벌였다.

---

14) Clay Thompson, "Street Battles-German Squatters Squeezed to Near Extinction," http://www.pacificnews.org/jinn/

1997년 8월에는 베를린 동부의 작은 도시 포츠담에서 각 지역과 다른 나라에서 온 8백여 명의 점거자들이 모여 연례 음악회(3일간)를 열었다. 하지만 경찰과의 충돌로 많은 사람들이 체포 구금되었다. 1990년 남부 독일에 위치한 인구 30만의 칼스루에의 슈테피(Steffi) 거리에서도 점거가 이루어진 후 카페, 바, 음악홀, 피난처 등을 지닌 점거지가 계속 유지되고 있다. 기존 점거지들은 합법화된 뒤에 내부의 다양한 기획들을 발전시키고 있다.

그러나 전반적으로 경찰의 진압이 강력해지면서 점거운동은 쇠퇴하고 있다. 이전 점거자들은 반노마드가 되거나 개발지의 산림에 들어가 생태공동체를 만들면서 저항하기도 하고, 일부는 암스테르담으로 가기도 하였다. 1990년대에는 점거운동이 청년들 및 청년문화와의 결합이 약해지면서 퇴조하였다.

4절. 독일 자율운동의 함의

1995년 2천 여 명이 참가한 자율파 회의(Autonomie-Kongress)가 베를린에서 열렸다(Autonomie-Kongress, 1997). 여성, 레즈비언, 이민자들의 적극적인 참여가 있지는 않았지만, 4일에 걸쳐 자율운동의 방법과 방향에 대한 진지한 논의가 있었다. 국가는 그 회의 후 6월에는 아우토노멘의 잡지[15]나 특정 노선(예를 들어 반제노선)에 있는 거주지, 사무실, 상점 등을 수색하였다.

---

15) *radikal*, *Autonomie Neue Folge*, *Wildcat* 등이 대표적이다.

아우토노멘을 축으로 한 독일의 자율운동은 1980년대와 같은 격정(Feuer und Flamme)을 지니고 있지는 않지만 여전히 체제에 철저히 반대하는 운동으로 남아 있다. 물론 지금은 약화되었지만 그 불꽃은 재를 남기고 있으며(Gernimo, 1995; 1997), 여전히 우리가 운동을 생각할 때 반체제적이고 근본적인 변형 운동으로서 재고해야 할 것이 아닌가 생각한다.

제국의 시대에 모든 것이 제국 안에서 이루어진다고 하는 상황에서 힘들고 복잡한 도시를 벗어나 교외로 나가는 생태주의적 도피가 아니라, 거대 도시의 가장 깊은 안쪽에서 다른 세계를 만들어 내려는 운동으로서 말이다. 향수에 젖어 체 게바라를 바라보기보다는 이 현존하는 탈근대적 게릴라들에 주목하는 것이 더욱 현실적이지 않을까 생각해본다.

자율운동은 이처럼 색다른 삶의 형태를 추구함으로써 표준화하고 획일화하려는 지배권력에 대해 가장 격렬하게 싸운다. 바로 그렇기 때문에 많은 운동이 제도화되고 권력이 운동들이 제기하는 것들을 국가장치 안에 포획하려고 하는 상황에서, 자율운동은 그 표준을 거부하고 운동의 지형도를 넓혀줌으로써 다른 다양한 운동들이 전개될 수 있도록 해준다.

자율운동은 운동집단 내부의 자율성과 비위계화를 지향한다. 주변층으로부터 시작된 자율운동은 내부의 주변을 만들지 않으려고 한다. 그런 과정에서 소수자들을 포괄하는 방향으로 나아가며, 소수자운동과 결합할 수 있다.

자율운동은 또한 국가권력을 장악하는 것이 아니라 색다른 삶의 형태를 창출함으로써 국가권력의 지배력을 약화시키고 최종적으로 국가를 사멸시켜 가려고 한다. 즉 국가권력으로부터 독립적인 자유로운 공간을 창조하면서 내부적 위계를 해체해 가려는 것이다. 자기조직화에 근거하여 색다른 공간을 만들어 가려는 이러한 노력은 대중의 자율성의 증대과정이며 절대적 민주주의를 향한 길이라고 생각한다.

제5장

이탈리아의 사회센터운동

제5장 이탈리아의 사회센터운동

노동자운동을 중심으로 한 프롤레타리아트의 권력 장악이 현실에서 대중에 대한 또 다른 지배로 나아가면서, 부르주아 사회와 '프롤레타리아 사회'(현실사회주의 또는 자본주의사회 안의 좌파운동) 양자에 대한 대중의 공격이 나타나게 되었다.

그것이 분출된 것이 바로 68혁명이었다. 68혁명의 주체들은 기존의 명확한 이해관계(노사대립)에 기초한 노동자운동이 포괄하지 못한 다양한 영역에서 욕망에 기초한 운동들을 폭발시켜 나갔다. 이들은 반권위주의와 자율성을 강조하고 패권적인 주체 설정을 거부하며 다양한 주체들을 포괄해 나가려고 하였다.

여러 나라들에서 폭발한 68혁명이 제도화되어 가고 진정되어 갔음에도 불구하고 이탈리아에서는 학생운동과 노동운동이 결합하고 더 나아가 주변층까지 가세하면서 1970년대에 아우토노미아(자율)운동이 활발하게 전개되었다(윤수종, 1996). 점거운동을 비롯하여, 여성운동, 청년문화운동, 지율축소운동, 자유라디오운동 등은 68혁명이 제기한 혁명의 방향을 다양한 영역에서 실험해 나갔다. 이러한 이탈리아 아우토노미아 운동은 '77년 운동'을 계기로 한편으로는 무장집단의 성장과 그 짝인 국가폭력의 강화 속에서 그 활동공간이 축소되어 갔다.

그러다 이탈리아의 아우토노미아운동 형식은 1980년대로 접어들어서 중부 유럽으로 퍼져 나갔다. 독일을 비롯하여 네델란드, 덴마크 등의 아우토노멘운동은 다양한 점거지들을 만들어 냈고 근거지투쟁을 수행해 왔다(윤수종, 2003b; 카치아피카스, 2000).

그런데 통일 독일 이후에 독일의 자율운동이 주춤하는 동안 이탈리아에서는 1990년대 들어 사회센터운동이 활발히 전개되기 시작하였다. 물론 사회센터들은 1970년대에 만들어진 것이 일부 지속되어 왔으나 1980년대 후반 이후 그 숫자가 늘어나고 제도화에 대항한 적극적인 반국가코뮌을 만들어 냈다. 여기서는 바로 1990년대 들어 활발하게 전개된 이탈리아의 사회센터운동에 대해 살펴보고자 한다.

1절. 이탈리아 사회센터운동

1. 점거된 자주관리 사회센터

사회센터는 공산주의자들, 아나키스트들, 열광자들(ravers), 펑크족들, 해커들, 예술가들이 버려진 공장들, 요새(군사시설)들, 창고들, 차고들, 폐쇄된 학교들과 교회들을 점거하여 영화관, 콘서트홀, 바, 쉼터, 서점, 라디오방송국, 예술 갤러리 등으로 이루어진 복합공간으로 개조한 것이다. 사회센터는 젊고 정치적으로 의식적이고 예술적이고 또는 음악을 좋아하는 사람들로 넘치는데, 지역민들을 만나고 싼 공연을 즐기고 비슷한 정치적·문화적 이해를 가진 다른 사람들과 사귀게 되는 장소이다.

사회센터들은 보통 도시의 외곽에 위치해 있는데, 그 활동과 초점은 매우 다양하다. 어떤 것들은 더욱 정치적으로 충전되어 있는 반면 다른 것들은 음악 개최지들이나 휴식공간들로서 역할하기도 한다. 또 어떤 것들은 장엄한 예술작품들로 장식되어 있는 반면에, 다른 것들은 새로운 이주자들을 위한 쉼터와 서비스를 제공한다.

사회센터들은 점거하였을 경우 '점거된 자주관리 사회센터'(Centro Sociale Occupato Autogestito: CSOA)라는 명칭을 사용하며, 소유주에게 비용을 내거나 지방정부로부터 사용할 수 있도록 양해를 얻어낸 경우 '자주관리 사회센터'(Centro Sociale Autogestito: CSA)라는 명칭을 사용한다.

2. 사회센터의 발생과정

사회센터들의 기원은 비의회 좌파가 이탈리아의 청년문화에서 중요한 역할을 수행한 때인 1970년대 중반으로 거슬러 올라간다. 1969년 '뜨거운 가을'(노동자들의 반란) 이후에 생긴 작은 집합체(당)들이나 '아우토노미아'라는 좀 더 급진적인 집단들 안에서 보수주의와 권위주의가 점증하는 것에 대한 반작용으로 사회센터들이 생겨났다.

사회센터운동은 여성운동과 점거운동의 흐름에 이어진 것이었다. 이탈리아의 자율적 여성운동은 노조페미니즘으로 불리는 노동운동과의 결합을 만들어 냈을 뿐만 아니라 개인정치학을 제기하면서 레닌적 조직론을 비판하고 여성들의 독자적인 공간을 만들어 내는 방향으로 나아갔다. 이러한 여성운동은 1970년대 중반 이후 1980년대 동안 여성센터를 만들어 다양한 활동을 벌여 나갔다(윤수종, 2001). 또한 68혁명 이후 아우토노미아운동에서는 다양한 점거운동이 나타났다. 공장점거운동을 비롯하여 공동주택의 대중적 점거, 임차료파업, 자율축소운동, 자유라디오운동 등은 대중의 자율적 공간을 창출하고 새로운 수단들을 전유하는 투쟁들이었다. 이러한 운동의 흐름 속에서 사회센터들의 단초가 나타나게 되었다. 즉 노조와 연계된 주택점거와 임차료파업 과정에서 주택투쟁위원회(Comitati di Lotta Per la Casa)가 종종 조직되었고, 이 조직들은 이웃공동체에서 노동자가족의 추방이나 공공서비스(전기)의 중단을 막는 역할을 했다. 또한 대도시의 주변 구역들에서는 수천 명의 빈민들이 불법점거지(무허가정착지)에 살았으며, 나중에 사회센터들이 많이 생긴 밀라노, 볼로냐, 로마 등에서는 소규모의 점거 시도들이 계속되어 왔다.

이런 와중에 1975년과 1976년 사이에 밀라노에는 52개의 프롤레타리아청년서클(Circoli di Proletariato Giovanile)들이 생겼다. 이들은 '아우토노미아'[1] 집단의 주변적인 일부를 이루고 있었는데, 1975년 밀라노의 빈민이웃지역에 버려진 건물에 들어가 그곳을 청소하고 자신들이 달성하고 싶은 것을 선언문을 통해 발표하였다. 이것이 최초의 사회센터인 '레온카발로(Leoncavallo)사회센터의 시작이었다(Bregman, 2001: 1).

1979년까지 1970년대에 설립된 사회센터(1세대 사회센터들)들 가운데 몇몇 만이 살아남았다. 그래도 그들은 1970년대 후반 동안 지역라디오들, 서점들, 정치집합체들의 네트워크를 만들어 냈고 그에 기반하여 활동하였다. 이 시기에는 자신들의 육체를 강력한 저항수단으

---

1) 이 시기에 생겨난 '아우토노미아' 집단은 마르크스주의의 이탈리아판이라고 할 수 있는데, 노동거부와 대표거부, 그리고 보장임금요구 등을 주장하면서, 공장들과 시 지역들에서 대항권력으로서 노동자의 자율성을 창조하고 건설하자고 주창했다. 이 집단은 로마, 밀라노, 파두아, 볼로냐 등지에 강하게 뿌리내리고 있었다. 또한 작업장들, 대학들, 학교들에서 강력한 정치활동을 전개했고 공산당과 공산당계 노조인 노동총동맹(CGIL)을 포함한 기존제도 전체를 반대해 나갔다.

로 사용하는 펑크운동의 지지자들을 포함한 비맑스주의적인 집단들이 능동적으로 참여하였다. 이들은 1980년대 후반, 특히 1990년대 들어 (2세대) 사회센터들이 생겨날 수 있는 토양을 제공하였다(Mudu, 2004: 921).

1970년대 말 운동 속에서 붉은 여단의 무장행동과 국가의 억압으로 자율운동의 영역이 극도로 축소되었다. 그럼에도 불구하고 살아남은 사회센터들은 대안적인 생활방식의 보루로서 1980년대 초중반 근근히 생존하였다. 이 시기의 사회센터들은 어두운 메트로폴리탄 게토들에서 생겨난 대안적 사회성의 진정한 섬들이었고 1980년대의 사적 영역에로의 후퇴에 대항하였다.

1980년대에 젊은이들은 낡은 노동자계급의 퇴조와 그들의 부모세대의 포디즘적인 공장 노동의 쇠퇴를 지켜보았다. 마약, 고립, 자포자기를 포함한 일종의 자해적인(self-inflicted) 고통도 겪었다(마약 남용의 문제). 공공 공간의 사유화가 진전되고 경찰의 억압이 진행되면서 사회센터들에 대한 여론이 매우 적대적이었으며 사회센터들은 주변화되었다. 사회센터들이나 점거운동 또한 '사적 영역으로의 후퇴'를 경험하게 되었다(Membretti, 2003: 1-2). 정치적인 캠페인보다는 음악회 같은 문화행사를 주로 열면서 센터를 지키는 활동으로도 벅찼다.

그러나 사회센터들을 강하게 압박해 나간 경찰의 행동은 오히려 사회센터에 대한 여론의 관심을 불러일으켰고, 공교육 체계의 사유화와 공공 공간의 축소는 다시 점거의 물결을 확산시키는 계기가 되었다. 1985년 중등학교 학생들의 학교건물점거로 나타난 새로운 학생운동(Membretti, 2007: 253)은 1970년대보다 훨씬 덜 이념적이었지만 퇴조의 물결을 반전시키기에 충분하였다.

1980년대 중반 이래 노동운동에서도 색다른 움직임이 나타나기 시작하였다. 임금과 노동조건을 방어하는 데서 기존의 노조들이 보여준 무능력에 대한 불만이 고조되어, 규모는 작지만 생기 넘치는 평조합원들 집단의 흐름이 만들어지고, 작업장에서의 직접행동과 자기조직화를 촉진하는 단위들이 창출되면서 작업장의 다른 부문들에도 확산되었다(라이트, 1997: 349). 이것들이 바로 작업장에 수립된 '기층위원회'(Comitati di base: Cobas)들이다. 1987년에 학교 교사들, 철도 직원들, 공공 부문 노동자들에 의해 작업장에서의 직접행동과 자기조직화를 촉진하기 위해 시작된 이 운동은 알파 로메오 공장을 비롯한 몇몇 공장으로 확산되었을 뿐만 아니라 학교와 대학의 학생들에게까지 확산되었다(라이트, 1997: 350). 기층위원회들은 스스로를 대안적 노조로 보는 시선들을 거부하면서 부활한 사회센터들 및 학생들과 연대하기 위해 노력했다. 이들은 공공 노동자들의 파업권을 폐지시켰던 입법조치에 대항하여 투쟁했고 노동조합의 국가구조에의 합체에 대항하여 투쟁했다. 기층위원회의 힘은 1992년 가을, 노조와의 합의를 통해 연금, 의료보조 등의 사회적 지출을 줄이려고 한 정부의 경제정책에 대한 항의파업에서 정점에 이르렀다(조정환, 2004). 기층위원회의 발생과 더불어 점거가 활성화되고 사회센터들이 많이 생겨나게 되었다.

1989년 레온카발로 사회센터에 대한 경찰의 공격이 가져온 여론의 관심 증대, 1990년 대규모 항의 시위 이후에 이탈리아 대학들에서 점거 시도들을 가져온 '팬더'운동의 등장[2]은 1990－1993년 사이

2) 1990년 2월 로마동물원에서 표범이 탈주한 것과 동시에 나타났다고 해서 팬더운동이라고 불렸다. 이것은 수십 개의 대학들과 수천 명의 학생들이 참여했던 운동이다. 각 대학의 재정자립도를 그리고 공교육과 사부문 간의 연계를 증대시키기 위한 대학개혁안이 사실상 대학의 공교육적 성격을 버리고 대학을 사기업처럼 움직이게 했다고 학생들은 반발하였다.

에 점거물결을 확산시켰다. 즉 학교들과 대학들의 학생집단 안에서 교육시설의 사유화에 대항한 점거흐름은 자주관리되는 점거를 가져왔고 1990년 이래 대중행동에서 유사한 흐름을 가져왔다. 이러한 흐름 속에서 1980년대 후반 이후 많은 사회센터들이 생겨났고 1990년대 동안 그 활동이 활성화되었다. 특히 지방대학은 항상 사회센터운동의 성장에 기여해 온 주요한 요소였다(Mudu, 2004: 928).

3. 사회센터의 분포

1990년대 중반 이탈리아 사회센터의 숫자는 약 1백 50개였다. 2001년 6월 당시에도 150여 개의 사회센터가 있었는데, 그 숫자는 정확하지 않고 10% 정도의 가감이 있을 것으로 생각된다. 1985년에서 2003년 사이에 두 달 이상 지속된 사회센터들의 총수를 조사해 본 결과 약 262개에 달했다(Mudu, 2004: 928-929). 2008년까지도 1백 50여 개 정도가 있었으며 매일매일 사라지는(축출되는) 것들과 새로 점거되는 것들이 있다.

〈그림 5-1〉에서 보듯이 사회센터들의 대부분은 대도시 지역에 있으며, 전체의 50% 정도가 로마, 밀라노, 토리노, 볼로냐에 집중되어 있다. 지역적으로는 북부에 제일 많고 중부 그리고 남부순이다. 한편 보수적이고 우익적인 전통이 있는 도시들에서도 사회센터들이 생겨났다. 그럼에도 불구하고 로마의 경우를 보면, 전통적으로 친노동자적이고 친공산당적인 구역들에 집중되어 있으며 이것은 사회센터의 분포가 계급구조와 정당구도를 반영하고 있다고 할 수 있다(Mudu, 2004: 930-931).

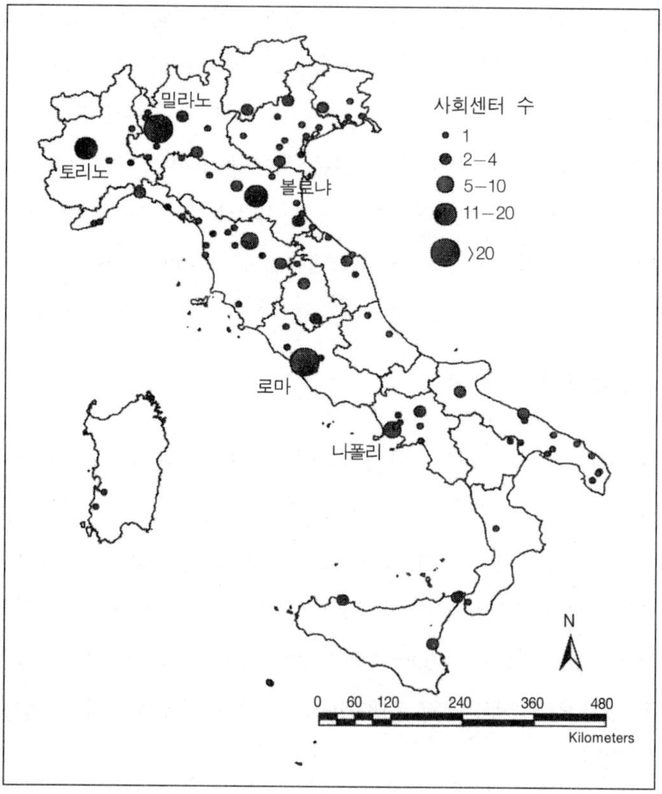

자료: Mudu(2004: 929).

〈그림 5-1〉 이탈리아 사회센터의 분포(1985–2003)

4. 사회센터의 성원들

사회센터들은 유사한 정치적 친밀도에 근거하여 네트워크를 만들어 왔다. 대개의 사회센터들은 정치적인 극좌파(아우토노미아)에 가깝고 공산주의자들이나 아나키스트들로 이루어져 있다.

사회센터의 점거자들은 보통 특별한 주도적인 일을 하게 될 때 기께이 돕는 수십 명의 동조자들 및 거주자들의 지지를 받는다. 덧붙여 친구들과 함께 오거나 특별한 행사에 참여하는 일시적인 방문자들 대중이 있다. 레온카발로에는 매년 10만 명 정도의 방문객이 찾아오고 있다(Membretti, 2003: 3). 밀라노에서는 28개 사회센터들이 네트워크를 형성하고 있는데, 1995년과 1996년 사이에 한 달에 한 번 이상 사회센터에 방문한 사람들이 약 1만 명 쯤 되었다. 이곳에서 사회센터 참여자들 1천 4백 명에게 질문한 결과, 18-25세 참여자가 50%를 넘었지만 26-35세 사이의 참여자들도 30%나 되었고 이 수치는 다른 운동조직과 비슷한 것이었다. 수적으로는 남성들이 여성들보다 많았고 여성 10대들이 남성 10대들보다 더 많이 참여하였다. 반 이상이 부모와 살고 있었지만 여성들이 남성들보다 더 독립하여 살았다. 거의 90%가 미혼이고, 대학을 졸업한 사람은 10%가 안 되었다. 대부분이 일시적이든 정규적이든 직업을 가지고 있었는데, 특히 자영업이 아주 많았다. 밀라노에서 사회센터 참여자들은 주변의 다른 사람들과 비슷한 구성을 보이며 주변자나 일탈자로 볼 아무 근거가 없었다(Ruggiero, 2000: 173). 북부와 중부에 있는 사회센터들에는 모든 계급의 사람들이 방문하는 것에 비해서, 남부의 사회센터들은 압도적으로 사회의 가장자리에 살고 있는 사람들의 지지를 받고 있었다(Maggio, 1998: 234).

그러나 어떤 사회센터의 성원들은 매우 이질적으로 구성되어 있다. 특히 베니스에 있는 모리온(Morion) 사회센터는 성원들이 색다른 사람들로 이루어져 있다(Wright, 2007: 16). 더 이상 학생이 아닌 학생들, 더 이상 단순히 실업 상태에 있지 않은 실업자들, 더 이상 고전적인 의미에서 노동자가 아닌 노동자들로 이루어져 있다. 물론 그 안에서 이주노동자는 완전한 시민권을 지닌다. 정규적 방문자들과 일시적 방문자들의 비율은 연령, 성, 교육수준, 계급에 따라 다르다. 2000년대에는 이주자들이 사회센터들에 많이 들어오고 있다.

1970년대 중반과 1980년대 초반에는 '아우토노미아'(와 자유라디오 방송국들)에 가까운 집단들과 아나키즘운동에 가까운 집단들이 주로 사회센터를 이루고 있었다. 그러나 1990년대 들어서면서 사회센터들의 정치적 지도는 훨씬 더 복잡하고 다양해졌으며, '아우토노미아' 흐름은 불복종(Disobbedienti)파와 기층위원회(Cobas)와 연계된 운동으로 나뉘어졌다.

오늘날의 사회센터운동은 정치적 지향과 관련해서 다섯 개의 집단들로 나누어 볼 수 있다(Mudu, 2004: 930-931). 애초에 뚜떼 비앙께(Tute Bianche: 영어로 White Overalls)라고 부르다가 2001년 제노아 반G8시위 이후 이름을 바꾼 '불복종파들'이 있다. 이들은 1988년 12월에 이른바 '밀라노헌장'3)을 채택한 일단의 사회센터들로 이루어졌다. 두 번째 집단으로는 2001년 3월 만들어졌고 기층위원회와 긴밀하게 협력하는 '전 지구적 권리를 위한 네트워크'가 있다. 세 번째 집단으로는 친아나키즘 집단이 있으며, 네 번째 집단으로는 2003년에 '유로반대파'(Europposizione)라고 이름 붙인 레닌주의적 경향을 지닌 집단이 있다. 다섯 번째로는 그 어떤 경향으로도 정체화할 수 없는 사회센터들이 있다.

사회센터들 가운데 가장 빨리 성장한 집단인 불복종파는 네그리의 '대중(Multitude)'(Negri & Hardt, 2004)에 관한 이론화를 채택하고 실천

3) 1988년 12월 19일 동북부 지방과 로마에 있는 일군의 사회센터들(파두아의 Pedro, 메스트르의 Rivolta, 밀라노의 Leoncavallo, 그리고 기타. 로마에서는 Corto Circuito)이 모여 사회센터의 방향에 대해서 논의하고 다음과 같은 내용의 일차적 목표를 정한 헌장을 채택하였다. 1) 미등록 남녀 이주자들이 '일시보호센터들' 바깥으로 자유롭게 다닐 권리, 2) 부정된 사회적 권리들의 실현과 연관된 공격의 비범죄화. 자산 남용의 비범죄화. 감금과 총체적 제도들의 논리로부터 벗어나는 운동의 일부로서 심각하게 아픈 죄수들과 에이즈를 앓는 환자들을 감옥에서 석방할 것, 3) 보장된 시민최소임금의 도입.

행동에서는 생체정치와 신체정치와 같은 주제들에 상당히 집중한다. 이들은 이단적인 맑스주의적 전통(아우토노미아)을 주창하며 서구자본주의 경제가 포드주의에서 포스트포드주의로의 이행기를 경험해 왔다고 주장한다. 이들은 제도들과 형식적인 관계를 가지며 그들의 지지자들 가운데 일부는 밀라노, 로마, 베니스의 시의원에 당선되기도 하였다. 정치적으로 이들은 특히 PRC(재건공산당)와 가깝다.

'전 지구적 권리 네트워크'는 아우토노미아의 로마분파와 전에 연관되어 있던 집단들이 만들었다. 이 네트워크는 기층위원회와는 관계를 맺고 있으나 PRC와는 관계하지 않으며, 이 집단의 성원들은 어떤 형태의 상향책임위임 형태에도 반대한다. 계급구조 안에서 진행 중인 해체과정을 분석하면서 이른바 노동력의 프롤레타리아화를 증명하고 육체노동과 지식노동의 동등한 평가를 위해 압력을 행사하려고 한다.

친아나키즘 집단들은 국가제도들과의 어떤 종류의 대화도 거부하며 자신들의 구조의 어떤 형식화도 거부한다. 또한 자신들이 너무 온건하다고 판단하는 운동들과도 대화를 거부한다.

유로반대파들은 반제국주의적인 성향을 지니고 있으며, 자신들을 1970년대 자율운동의 정당한 계승자라고 느끼고 있다. 그리고 자신들의 분석을 맑스주의적인 계급범주에 근거하고 있다.

어느 정파에도 속하지 않은 사회센터들이 있는데, 이들은 사실상 정치적인 색깔을 벗어난 집단들로서 반문화적인 활동들을 한다. 반문화적인 네트워크를 이루고 있는 이들은 문화적 언어와 정보기술의 혁신, 독립음악의 촉진, 발전 및 윤리적 생활방식에 대한 대안적 모델들을 강조한다. 그럼에도 이들 반문화적인 사회센터들은 다른 정파적 사회센터들과 문화적인 측면에서 많은 공통점을 지니고 있다(Montagna, 2006: 297).

2절. 이탈리아 사회센터의 활동

사회센터들은 토요일 밤을 즐길 수 있는 가장 좋은 장소이다. 그러나 사회센터들은 이탈리아에서 정치적 전투성이 점증하는 기반이기도 하다. 사회센터들에는 문화와 정치가 쉽게 뒤섞인다. 즉 직접행동에 관한 논쟁은 거대한 야외파티로 변하고, 패스트푸드노동자들을 노조로 조직하는 대회 옆에서는 난장파티가 벌어진다.

1. 점거와 자유의 공간

점거는 법률을 깨면서 부정된 것을, 즉 공간을 얻는 것이다. 그리고 불법점거하여 그곳에 자신들이 하고 싶어하는 것을 해 나가는 것이다. 당연히 자본주의 국가와 시장이 원하는 것과는 대립하는 것들이 이루어지게 된다. 오히려 점거된 곳들을 몰아내려고 할 때마다 경찰과 매체의 관심은 사회센터들에 주목한다. 그래서 좌우파 간의 뜨거운 논쟁이 뒤따르고, 한 곳에서 축출되면 오히려 다른 더 커다란 곳을 점거하여 더욱 주목을 끌게 된다(Ruggiero, 2000: 174). 지금도 여러 사회센터들이 새로이 점거하고 축출되고 다시 점거하는 일을 반복하고 있다. 한 사회센터의 생존은 외부 공격, 예를 들어 파시스트 집단들이나 경찰로부터의 공격에 의해서 위험해지기도 한다. 현존하는 사회센터들의 반 이상이 설립된 이후에 적어도 한 번은 그런 공격을 당하였다.

그럼에도 이렇게 점거하려는 동기는 무엇보다도 '함께 있으려는' 그리고 '사교하려는' 욕망이다. 오히려 정치적 캠페인에의 관심은 그 다음이다. 사회센터에 참여하는 것을 동료들과 쟁점들을 토론하고 사회적 고립을 피하는 중요한 방식으로 생각한다는 것이다.

그러다 보니 사회센터들은 생산 및 조절 구조에서 근본적인 변화를 가져왔다. 사회적으로 노동자들이 거대하게 집결하는 공장은 점차 줄어들었으며, 전통적인 경험의 장소—가족, 학교, 당, 공장—는 약화되어 왔다. 그러한 흐름 속에서도 사회센터들은 새로운 사회적 구성을 위한 쇼윈도일 뿐만 아니라 다른 문화들, 생활 스타일들, 행동들의 실험실들이자 새로운 정치행동들의 실험실들이다.

포르테 프레네스티노 사회센터의 경우 점거 직후 점거지를 운영하는 문제, 즉 관리 문제가 등장하였다. 곧바로 관리총회를 구성하였고, 이 총회는 이런저런 정파로 기울지 않은 열린 구조를 지향하였다. 관리총회가 이루어지면서 첫 번째 문화적 발의들, 즉 인어강좌, 거리극장·인형극장·영화공간 등에 대한 세미나, 스스로 순회하는 집단들에 의한 첫 콘서트들 등이 이루어졌다. 이 사회센터를 활성화하는 사람들은 콘서트 프로그램, 하드코어의 유입, DIY(do-it-yourself)순회공연과 접촉하는 펑크족들에서부터 핵권력, 반군사주의, 제3세계주의 신좌파, 검열, 정신치료 등에 관한 논쟁들을 끌어들여 온 1970년대의 다양한 정치적 경험을 한 사람들까지 다양하였다(Wright, 2007: 11).

사회센터들은 문화활동을 강조하는데 이는 소통이 모든 실천에서 아주 중요하기 때문이다. 음악은 특히 사람들을 결집시키는 중요한 요소로 작용한다(Wright, 2000). 그리고 공적 공간이 부족한 도시들에서 사회센터들은 교육의 장소이기도 하며 이곳에서 다양한 표현방식들과 정서적 소통을 통한 자기교육이 이루어진다. 또한 77년 운동에서 태어난 '자유라디오' 가운데 일부가 사회센터들에 의해서 운영되어 왔으며 새로운 것들이 개국되기도 하였다. 물론 서평지들, 잡지들,

소책자들도 발행되어 왔다. 또한 벽에 다양한 글씨와 그림을 그리는 그라피티(graffiti) 작가들이 있는데(Brighenti, 2007), 이들은 사회센터들에 소속되어 있는 것은 아니지만 사회센터들이 초청하면 와서 작업을 하기도 하였다.

1993년에 점거지들의 합법화를 위해서 사회센터들과 지방정부 사이에 협상이 시작되었다. 몇몇 사회센터들은 합법화를 위한 협상에 계속 반대하였지만 대개의 사회센터들은 협상을 승인하고 (운동 안에서 그리고 사회센터들과 몇몇 지방정부들 사이에서) 절차를 밟아갔다. 점차 몇몇 사회센터들은 불법으로 점거했던 소유물들과 공간들을 공식적으로 사용할 수 있게 되었다. 1998년까지 기존 사회센터 가운데 약 50%가 점거 소유물의 사적 소유자들과 또는 더 자주 공적 소유자들과 협약에 들어갔다. 사회센터들은 직접행동 방식을 강조하지만 점거지에서의 활동을 계속해 나가기 위해서 합법화의 길을 모색하였다 (Traïni, 2003). 물론 점거지의 합법화를 지향하는 밀라노의 레온카발로와 나폴리의 오피시나 99가 주도한 '사회센터대회'와 점거지의 합법화에 대항한 전국선언을 만들기 위해 토리노의 엘파소에서 만난 점거자 집단들 사이에는 거리가 있었다. 엘파소에 모인 점거자집단들은 합법화는 결국 사회센터의 전투성을 떨어뜨린다고 주장하면서 거부하였다.

그리고 1994년 메이데이에 토리노에서는 노동에 반대하는 사회센터 전국모임이 있었고 볼로냐에서는 1995년 6월에 다른 모임이 있었다. 이들 모임에서는 '적게 일하고 모든 사람이 일하자'라는 슬로건에 대해서보다는 노동으로부터의 즉각적이고 총체적인 해방에 대해 논의하였다. 이처럼 사회센터들은 노동거부의 의지를 담고 있었다.

또한 내부적으로 사회센터들의 가장 큰 위험은 사회의 나머지 부분들로부터 고립되는 것이다. 음악회와 다른 공적 활동에 정규적으로 참여하는 수천 명의 사람들을 각 사회센터 안에서 수십 명의 (때로는 수백 명의) '정규성원'들이 수행하는 일상적인 일로 끌어들이는 데 어려움이 있었다. 그 외에도 도시 청년들로 이루어진 사회센터들의 '자연적' 고객 외부의 사회적 발의자들과 소통하고 또 그들로부터 배우는 일도 있었다. 2000년대 말 사회센터들이 취한 주요한 발의들 가운데 일부는 주거, 일자리, 인종주의, 많은 도시경관 속에서 공원의 부족과 같은 문제들과 자신들의 지역공동체와 도시들 안에 동맹건물(alliance-building)을 짓는 것을 포함하고 있었다(라이트, 1997: 351-352).

사회센터들은 일반적으로 제도적인 좌파정당들과 연계를 맺는 데 어려움이 있었고 더 보수적이거나 네오파시즘적인 정당들과는 확연하게 선을 그었다. 2008년 당시 사회센터들은 '재건공산당'(PRC)의 공개적인 지지를, 그리고 좀 덜하지만 이탈리아공산주의자당(PdC)과 녹색당의 지지를 받고 있었다.[4] 전쟁, 신자유주의, 시민권 등에 대해 모호한 태도를 취하고 있는 좌익민주당(PDS)과의 관계는 특히 편하지 않았다(Mudu, 2004: 923).

2. 자가생산과 자주관리

사회센터들은 사회적 · 정치적 · 문화적 행사들을 자가생산하고 자주관리하며, 모든 관련 결정을 일반 공중에게 공개된 모임들(보통 매주 열리는)에서 한다. 비싼 상업적 회로를 벗어나 함께 모이려는 바람이 모든 사회센터 지시사가 주장하는 욕구이자 권리이다. 사회센터에 참

4) 1991년 이탈리아공산당은 전당대회를 통해 좌익민주당으로 개명했고, 그에 따라 일부 전통적 공산주의자들이 재건공산당으로 분리해 나왔다.

여하는 사람들은 종종 음악이나 연극 등의 새로운 문화적 트렌드들에 대한 창조적 추동력을 따라가게 된다. 사회센터들은 종종 문화적 트렌드를 시작하도록 도와주며 참여자들은 이를 통해 다른 사람들과 결합하거나 더 광범한 범위의 사람들에게 알려지게 된다.

사회센터들에서 이루어지는 활동들을 정리해 보면 ① 정치적 논쟁과 토론 행사들, 법적 조언, ② 이민자들과 집시들을 위한 연대행동, ③ 콘서트, 영화클럽, 전시, 도서관, 술집, 식당, ④ 노인을 위한 디스코텍과 무도장, ⑤ 리허설룸과 녹음실, 극장, 체육관, ⑥ 레코드, 시디, 책, 잡지, 만화의 제작과 분배, ⑦ 음악, 사진, 요가, 리눅스 등의 연구과정 등이다(Mudu, 2004: 926).

사회센터들 안에서 생산은 소규모독립경제의 형태로 이루어진다. 몇몇 사회센터에서 생산된 옷은 특정한 로고들을 담고 있는데 이것들은 그 자신의 특정 소비 부문을 지니고 있다. 어떤 학자는 생산과 소비, 생산자와 소비자의 구분이 모호하고 겹쳐져 있는 이러한 생산-소비를 특징짓기 위해 '생산-소비자(pro-sumer) 경제'라는 신조어를 만들어 내기도 하였다(Ruggiero, 2000: 175).

사회센터들은 자신들의 활동을 재정 지원하기 위해서, 주로 문화행사 동안에 싼값의 스낵과 술을 팔아서 자금을 모은다. 어떤 사회센터의 지지자들이 '자원봉사' 노동자일 때 그들은 정규 임금이나 봉급을 받지 않는다. 1990년대 중반까지는 자원봉사자들만이 사회센터들에서 활동했고 임금이나 봉급 소득자는 보이지 않았다.

그러나 2000년대 후반 몇몇 사회센터들이 정규 자원봉사자들 일부에게 임금을 지불하기로 결정하였고, 레온카발로 사회센터에서는 40명의 활동가들(그들 가운데 많은 사람이 이주자들이다)에게 임금을 지불하고 있다(Membretti, 2003: 3). 임금을 받는 사람들을 "자원봉사–노동자"라고 부르며, 외부직업으로 소득을 올리면서 센터에서 남는 시간에 자유로이 일하는 임금을 받지 않는 사람들을 "순수 자원봉사자"라고 부를 수 있다(Membretti, 2007: 258). 더욱이 소수의 사회센터들이 공적이고 사적인 후원 형식들을 받아들여 왔다. 로마에 있는 한 사회센터는 매주 여는 디스코텍 저녁행사에 회사의 후원을 받고 있다.

대개의 사회센터들은 임금노동에서 벗어나야 한다는 데에는 동의하지만, 모든 사회센터에서 가장 펑키화된 곳에서조차 사람들은 스스로 일을 한다. 물론 이러한 일을 노동 대신 인간활동이라고 부른다. 노동으로부터의 해방은 공동체 안에서 정말 자율적인 활동에 참가할 수 있도록 해준다. 파두아에 있는 페드로 사회센터는 모든 일을 노마드캠프와 함께하였고 그 사람들로 하여금 이탈리아에 머무를 권리를 획득하도록 하는 데 성공하였다. 이러한 경험 위에서 이 사회센터는 로마 지역의 사회센터들과 함께 몇 가지 최소 서비스들을 하는 집합적 기획들을 만들어 나갔다.

사회센터의 다양한 활동은 참여자들의 전적으로 자발적인 행동들로 이루어지며 그 행동들은 협동, 연대, 상호부조 정신으로 움직인다. 경우에 따라 다르지만, 대개의 사회센터들은 비위계적인 합의 결정에 따라 움직인다. 그리고 사회센터들은 채식주의 철학을 채택하는 경향이 있는 반면 개인들의 상이한 생활 스타일에 대해서는 강박하지 않고 널리 수용한다.

그리고 보통 모임들은 공중에 공개된다. 모든 사람이 말할 수 있고 서로 다른 주장이 제시되므로 갈등이 자주 나타나고 진행은 종종 지루해진다. 그러한 의사결정 과정은 난점을 지님에도 불구하고 모든 사람이 받아들이는 조직양식이다. 사회센터들이 처음 점거하여 운동을 시작할 때에는 참여자들의 이동률(순환율)이 아주 높은데, 이것은 오히려 관료적 조직화를 벗어날 수 있게 해 준다.

그럼에도 사회센터들을 젠더구성과 관련해 보면 여성들이 아직 소수라는 것을 부정할 수 없다. 그리고 몇몇 사회센터들에서 당연시되는 지도자들의 등장과 센터 간 소통의 어려움으로 인해 센터들 사이의 조정이 잘 안 된다. 전국단위 운동체와 연계된 사회센터들이나 지역 단위에서 네트워크를 형성하고 있는 사회센터들이 있다. 그렇지 않은 사회센터들은 정기적인 교류를 하지 않으며, 외부 공격이 있거나 특별한 행사나 시위를 준비할 때에만 교류하는 경향이 있다. '불복종파'들은 '전 지구적 권리 네트워크'와 느슨한 지지관계를 계속 맺고 있으나, 이 두 운동집단은 레닌주의적인 집단과 친아나키즘 집단과는 거의 접촉하지 않는다. 이처럼 사회센터 내부에 그리고 사회센터들 사이에도 차이와 거리가 있다.

몇 가지 종류의 위계구조를 종종 사회센터들 사이에서 그리고 사회센터들 안에서 발견할 수 있지만, 사회센터운동은 전체로서는 '다중심적인 비위계적 네트워크'에 대한 탐색이라고 할 수 있으며, 이 네트워크구조는 사회센터운동의 가장 흥미로운 측면이다. 각 사회센터는 활동가들, 동조자들, 일시적 방문자들의 네트워크의 중심적인 마디(노드)라고 할 수 있다. 그러한 각 노드는 이런저런 사회센터에서의 행사들에 참여하기 위해서 먼 지역으로까지 기꺼이 여행하려는 비공식적 서클을 이룬 일시적 방문자들의 동정적 태도에 근거한 집합적 주체성(정체성)를 만들어 내는 기능을 한다. 사회센터들은 특정한 이웃으로부터만 방문자들을 유혹하는 단순한 만남의 장소에서부터 밀라노에 있는 레온카발로나 로마에 있는 포르테 프레네스티노 같은 국제적으로 잘 알려진 허브에까지 걸쳐 있다.

이 네트워크의 또 다른 주요한 특징은 빠른 동원력이다. 사회센터들은 아주 짧은 기간 안에 조직된 콘서트나 난장파티에 많게는 5천여 명을 끌어들일 뿐만 아니라 신자유주의정책에 대응할 때도 마찬가지로 그 정도를 끌어모은다. 사회센터들은 시위대가 트럭 위에 실은 음향시스템에서 나오는 음악에 맞춰 축제를 벌이고 춤추는 거리행진을 조직함으로써 오래된 관습적인 시위절차들과 정치적 소통 코드들을 혁명화하였다. 정당들도 이러한 시위양식들을 즉각 넘겨받아 흉내내었다. 공식적인 중도-좌파 정당들과는 달리 그들은 공공 공간에서 정치행사들을 조직하는 데 몇 주, 몇 달을 필요로 하지 않았다(Mudu, 2004: 927). 이처럼 사회센터들은 대중을 직접 빠른 시간 안에 동원하여 함께 움직이는 직접행동을 만들어 냈다.

3. 시장 및 국가와의 관계

사회센터들은 잘 곳이나 어디론가 갈 곳이 필요한 사람들 누구에게나 항상 피난처(안식처)를 제공할 수 있도록 열려 있다. 보안상의 이유나 주위에 아무도 없기 때문에 종종 문을 닫기는 하지만 말이다. 사회센터들은 비영리적이고 반자본주의적인 실체이다. 대개의 사회센터들은 이벤트를 통한 모든 이익을 자신들의 최소지출비용에 쓰거나 투옥된 동지들을 돕는 데 쓴다. 대개의 사회센터들이 콘서트나 난장파티에 입장하는 데 3달러를 받고 맥주나 음료는 1달러이며 음식은 무료이다.

사회센터들은 청년들의 결집방식과 정치적 표현양식들을 바꾸어 놓았다. 이들의 창조적 능력은 자본주의 시장에서도 매력적인 것이 되었다. 자본주의적 레코드산업은 사회센터들에서 생겨난 그룹들 가운데 일부를 흡수하였으며 몇몇 나이트클럽들은 사회센터들의 콘서트 공간의 특수한 환경을 흉내내게 되었다.

1990년대 후반에 들어서 자주관리 사회센터들이 표현했던 혁신적인 방식을 받아들이는 상업적인 공간들이 열리게 되었다. 사회센터에서 생겨난 많은 음악집단들이 거기에서 활동하였다. 사회센터들을 재정지원하기 위해 시작했다가 그것이 대중적 매력을 끌면서 종종 레코드 산업에 편입되는 음악집단들이 일부 생겨났다. 이것을 공식적 회로의 정당한 재전유라고 주장하는 사람들이 일부 있지만, 이것은 종종 모순을 불러일으켰다.

한편 사회센터들의 정치적 목적과 유동적인 사용자 대중 사이의 분리의 위험이 지적되기도 한다. 그럼에도 사회센터들은 자본주의 시장에 흡수되지 않는, 상품체계를 벗어난 주고받기가 이루어지는 장소가 된다. 사회센터들은 시장과 관련하여 자신들의 고유한 방식으로 물품을 교환하거나 판매하는 형식을 만들어 가며, 생산·유통과 관련하여 '사회적' 전 지구화를 시도하기도 한다. 그와 관련하여 국제적인 관계네트워크는 1980년대 초에 아나키스트 펑크족들이 시작하였는데, 이것은 1980년대 후반 이후 사회센터들의 특징이 되어 왔다. 쇼, 콘서트, 자가생산된 물품을 교환하고 연대하는 이 네트워크는 '77년 운동' 당시에는 할 수 없었던 국제적인 회로를 사용한다. 새로운 기술 덕분에 시장생산에 비교될 만한 질을 지닌 레코드, 시디, 비디오 그리고 비평들이 생산되며, 자본주의적 교환을 벗어난 사회센터들과 기타 장소들이 유럽과 미국을 가로질러 확산되었다. 모든 것을 상품으로 만든다는 생각과는 반대로 우편주문 카탈로그들과 상점들을 사용해서 유사한 종류의 자가생산물품시장을 설립해 내고 있다(Maggio, 1998: 235).

그리고 사회센터들은 국가통제로부터도 분명하게 벗어난 곳이다.

사회센터들은 정부와 경찰이 관할할 수 없으며 센터 사람들 자신이 하고 싶은 것은 무엇이든 탐닉하는 데서 자유를 느낄 수 있는 무료 자율지대이다. 1980년대의 사회센터운동이 펑크록에 의해 부추겨졌다면, 1990년대에는 광적인 광경(rave, 무대)이 우세하였다. 기본적으로 사회센터는 어떤 표현형식에도 열려 있다.

한 예로 가장 두드러진 쟁점으로 나타난 마약문제를 살펴보자. 사회센터들은 마약문제에 관한 정치적 캠페인을 조직하기도 하였는데, 특히 마리화나(삼마약)의 합법화에 대한 캠페인을 전개하기도 하였다. 밀라노의 사회센터들은 센터 안에서 마리화나를 판매하되 개인판매를 금지하고 가격과 판매절차를 집합적으로 결정하기로 하였다. 사회센터 참여자들은 80% 이상이 마리화나의 합법화를 주장하고 그것을 색다른 생활 스타일이라고 주장하였다. 물론 코카인이나 헤로인 같은 죽음마약 밀매자들은 사회센터에서 정기적으로 몰아내곤 했다. 환각제(ecstacy)에 대해서는 비난하지는 않았지만 대다수가 문화와 정치에 필수적인 것이라고 보지는 않았다(Ruggiero, 2000: 175).

국가와의 어떤 거래도 거부하는 사회센터들(적대자들)과 그것을 지지하는 사회센터들(타협자들) 사이의 깊은 틈이 1994년 1월 1일 멕시코원주민의 봉기에 의해서 만들어진 대중적인 열정의 파고 속에서 부분적으로 메워지기도 하였다. 즉 국가와의 관계에서 차이를 보이는 사회센터들이 치아파스 봉기에 대한 연대와 지원이라는 운동에서 함께 하였다. 이처럼 사회센터 간의 '연대'는 다양한 방식의 개입을 통해서 거대한 탈국가적 운동을 만들 수 있다는 가능성을 보여주었다.

사회센터들은 1999년 11월 시애틀에서 있던 WTO 반대시위로부터 2000년대 말에 이르기까지 세계적으로 진행되고 있는 전 지구화 과정들을 색다른 방향으로 밀어 왔으며 국제적인 장에서 활발한 역할을 해 왔다. 이 과정에서 사회센터운동은 현대 웹기술이 제공한 온라인 소통양식에 크게 혜택을 입었다. 전체 반신자유주의운동 안에서 사회센터운동의 위상은 증가해 왔으며, 2001년 7월 제노아에서 G8정상회담에 대항한 항의에서 수십만을 동원하는 데 실질적인 기여를 하였다(Mudu, 2004: 932). 1990년대에는 온라인 정보 및 자료 네트워크인 'ECN'(유럽대항 네트워크, European Counter Network)이 만들어져 작동하고 있었고, 또 다른 것으로는 사이버넷(CyberNet)이 있다. 이 네트워크들은 수많은 사회센터들의 특수한 웹사이트들에 모범례를 제공하는데, 이 웹사이트들은 중요한 행사들에 관한 정보를 제공해 준다. 전 지구적 인디미디어(Indymedia) 네트워크의 이탈리아 마디(노드)는 사회센터들과 밀접하게 연결되어 있다.

4. 지역사회와의 관계

지역 수준에서 사회센터의 활동은 두 가지 형식을 띤다(Montagna, 2006: 300-301). 예를 들어 리볼타 사회센터의 경우, 갈등 문제들과 관련하여 집합행동을 통해 해결하려 하고 지역의 적대자들을 겨냥하였다. 이들은 매우 다양한 활동을 벌였는데, 지역 슈퍼마켓에서의 지불액의 (협상에 의한) 인하, 도로상의 방책(장애물) 설치, 시위, 화학공장의 오염에 반대하는 청원, 미등록 이주자들의 병동 및 억류센터들에 대한 사보타주 행동, 인종차별집단들 및 네오파시스트들에 대한 공격 등을 하면서 주택점거도 하였고, 공공운송요금에 대한 '티켓 스트라이크', '쇼핑 할인'을 조직하였다.

다른 한편으로 사회센터들은 지역에서의 협상과 합의를 통해 활동을 전개하기도 하였다. 사회센터들은 교육 프로젝트들, 이주자들에 대한 상담, 무주택자에 대한 지지와 같은 자발적인 활동들을 벌여 왔다. 1994년 레온카발로를 시작으로 제도적 지원을 받으면서 이러한 것들이 좀 더 형식적인[공식적인] 조직들에 의해서 이루어지게 되었다. 지역제도들과 관계를 만들어 나가는 경우 제도적인 재정지원에 의거한 많은 조직들과 협회들이 새로이 설립된다. 제도들, 규칙들, 법령들과 공식적인 관계와의 접촉을 포함하는 이러한 과정은 제도적인 자리에 사람을 임명하는 등의 일을 해야 한다. 레온카발로에서는 이러한 일들을 하기 위해서 '레온카발로 재단'이 설립되어 활동을 시작하였다(Membretti, 2007: 254).

또한 사회센터들은 지역주민들을 위한 활동을 하며 죄수나 난민, 망명자들과 같은 소수자들을 위한 지지 네트워크와 다양한 서비스들을 제공하는 등 국가가 기피하는 또는 빠트린 공적 서비스를 제공했다.

그런데 점거지의 합법화 이후 일부 사회센터활동가들이 지방의회에 진출하기도 하였다. 베니스, 로마, 밀라노에서 뚜떼 비앙께의 지도자들을 포함한 유명한 사회센터활동가들은 시의회의원이 되었다. 그들의 주장에 따르면, 국민국가는 위기에 처해 있고 전 지구적 권력 앞에서 약해지고 있으며 조합권력도 부패하고 있다. 그런데 우익이 더 커다란 탈중심화를 향한 강한 지역정서를 장악해 왔다고 한다. 이러한 분위기에서 전 지구적 수준(예를 들어 G8)에서 책임지지 않는 권력들과 대결하면서 동시에 지역(사회센터들이 시위원회를 만나는 곳)에서 좀 더 책임지고 참여적인 정치를 하는 이중전략을 취해야 한다고 한다(Klein, 2002: 226)고 주장하였다. 점거지 협상 등을 해 나가는 데서는 중앙정부나 당 중앙조직의 활동에 의거하기보다는, 현지의 지방정부나 지방의회와 관계하게 된다. 이러한 과정에서 사회센터나 주민의 문제를 해결해 나가기 위해서 지역정치에 개입해야 할 필요성을 느꼈던 것이다. 사회센터활동가들은 대표제에 대해 거부감을 가지고 있음에도 불구하고 점차 지역주민과의 유대활동뿐만 아니라 지역정치에는 개입하는 방향으로 나아갔다.

5. 논쟁점들

사회센터들 안에는 다양한 논쟁들이 있다(Romano, 1998: 238-241). 이러한 논쟁들은 단순히 게토 안으로 숨어드는 것이 아니라 오히려 센터 바깥에 있는 사회성원들의 생각들이 응축되어 있음을 보여준다.

일단 점거공간을 어떻게 사용할 것인지를 두고 이견이 있다. 점거지를 도시들 안에 공공영역이 되도록 하려는 사람들과, 점거지를 무엇보다도 주택이나 사교와 같은 자신들의 일차적인 사적 욕구를 만족시키기 위한 장소로 보려는 사람들 사이의 이견이 있다.

점거공간의 합법화를 둘러싼 이견도 만만치 않다. 로마에 있는 몇몇 사회센터들은 점령한 장소들을 허가받으려고 다른 사회단체들과 함께 서명을 했다. 공식적인 인정을 받지 못하는 사회센터들은 축출될 위험에 직면해 있다. 그러나 합법화는 더욱이, 시의회와 협의하는 사회센터들은 좋은 곳이고 그렇지 않은 곳은 나쁜 곳이라는 구분을 만들어 낸다. 사회센터들 사이에는 '유연한 제도화'(Membretti, 2007: 254-255)를 추구하는 실용적인 생각을 지닌 집단들과 제도와의 어떤 타협도 거부하는 집단들[5] 사이에 상당한 틈이 있다. 더욱이 북동지역에 있는 더 잘 조직되고 커다란 (합법화된) 사회센터들 가운데 몇몇은 전체운동을 통제하려고 시도해 왔다.

5) 합법화된 센터들이 적대적인 투쟁들을 수행할 수 있다고 생각하는 것은 바보짓이라고 하면서 맹렬히 반대하는 사회센터들도 있다(Occupato and Occupato, 1995).

'소비자'와 사회센터의 관계 문제도 있다. 예를 들어 어떤 사회센터에서는 점거지 생활에 참여한다는 일종의 증거로서 콘서트 동안에 티켓/기부를 위해 지불하자는 사람들과 사회센터 성원들 자신의 주머니를 털어내는 것은 잘못이므로 사회센터와 관련을 맺는 모든 사람이 자발적인 방식으로 책임을 질 필요가 있다고 생각하는 사람들 사이에 한 달 이상의 토론이 이루어졌다.

정규 자원봉사자들에게 임금을 지불하는 것과 관련하여 공식 회로들 밖에서의 임금소득 논의와 적절한 전투성 형식과 관련한 논쟁이 진행되었다. 또한 기업의 후원을 받는 것과 관련하여, 사회센터의 성장에 도움이 되는 한 타협을 받아들일 준비가 된 사회센터들(일부는 회사를 설립하는 데까지 나아갔다)과 사회센터의 성장은 완전한 독립성을 확보해 줄 절차들을 통해서 이루어야 한다는 원칙을 주장하는 사회센터들 사이에 날카로운 논쟁이 있었다(Mudu, 2004: 926).

노동에 대한 논쟁도 있다. 기층위원회와 협력하려는 사회센터들이 있고, 노동 자체를 비판하는 사회센터들이 있다. 노동거부는 전체 사회센터운동의 일차적 쟁점이다. "적게 일하고 모든 사람이 일하자"라는 좌파의 슬로건에 대해서보다는, 노동으로부터의 즉각적이고 총체적인 해방에 대해 논의하였다. 노동으로부터 벗어나려는 사람들은 기층위원회와 대화하려고 하지 않으며, 대신 노동으로부터 벗어나는 개인적인 길들을 개척해 간다.

보장된 최저임금에 대한 논의도 있다. 보장임금이나 시민최저임금은 단순히 존재한다는 사실 때문에 최소한의 생존수단에 대한 권리가 있고 그래야 생존할 수 있다는 것을 의미한다. 보장임금을 이주자들과 에이즈감염자들과 같은 전체 주체에게로 확장하자는 논의가 있다. 그런데 기존의 최저임금을 원하는 사람들도 있지만 거부하는 사람들도 있다. 최저임금은 실업보조가 아니라 시민최저임금이어야 한다고 생각하기 때문이다(Wright, 2007: 14-15). 요즈음 한국에서 많이 논의하는 기본소득 개념이 사회센터들 안에서 생겨났던 것이다.

그리고 여전히 '외부' 사회와의 관계를 다루는 방식과 관련하여 논쟁이 벌어지고 있다. 이웃공동체와 무관한 사회센터(일시적 자율지대, Temporary Autonomous Zone: TAZ)(Bey, 1993)를 규정하고 세울 것이냐 아니면 반대로 고립이나 자기준거로의 경향을 막을 것이냐 하는 것이다. TAZ는 은밀한 사회활동, 난장파티나 다른 해프닝들과 관련하여 정부의 통제를 피하기 위해 사용되는 일시적인 점거지이다. 추적을 피하기 위해 해체하고 다른 곳에 다시 세워 나간다. TAZ와는 반대로 사회센터들은 자신들이 위치해 있는 이웃공동체의 문제들과 요구들에 집중한다. 물론 TAZ 규정이 사회센터들 안에서 광범위하게 돌고 있지만 적은 수의 사회센터들에서만 타당하다(Mudu, 2004: 934-935). 끊임없이 생겨나고 축출당하고 사라지고 또 다시 생겨나는 것이 사회센터, 특히 점거된 사회센터의 특징이다. 그러나 개별적으로 볼 때, 사회센터들은 기본적으로 TAZ의 성격을 지니지만 다른 한편 지속성을 추구하는 성격도 지니고 있다.

3절. '뚜떼 비앙께'와 '야 바스타 연합'

사회센터들은 정치적 · 사회적 이단들의 장소(노드)들로 남아 있으면서도 연대운동을 활발히 전개해 왔다. 이미 사회센터 자체가 존립하기 위해서는 지역사회로부터 고립되어서는 곤란하다. 따라서 지역주민들을 사회센터로 끌어들이는 다양한 활동을 벌여 나가며, 지방정부나 국가의 지원제도들과도 다양하게 접촉하고 협상해 나가기도 한다.

그러나 사회센터들은 지역공동체와의 결합을 넘어서 전국적 차원에서 그리고 전 지구적 차원에서 연대활동과 공동투쟁을 하면서 스스로 대안지구화를 향해 나아갔다. 이들은 지역적인[지방] 수준, 전국적인 수준, 전 지구적인 수준의 투쟁을 동시에 벌여 나간다. 물론 사회센터들이 설립 초기에는 내부문제의 관리와 센터를 지키는 방어적인 활동을 해 나가는 경향이 있지만, 특히 정치적인 지향을 지닌 사회센터들은 전국적이고 전 지구적인 차원에서 운동을 벌여 나간다.

예를 들어 베니스의 포르토 마르제라 지역에 있는 리볼타사회센터의 경우 지역수준에서는 이탈리아 북동지역의 사회센터들과 자율공간들의 네트워크에 참여하고 지역의 사회적 · 정지직 조직들과 협력한다. 전국적 수준에서는 '불복종파'운동에 속해서 활동하고 있으며, 전 지구적 차원에서는 유럽운동집단들, 미국활동가들, EZLN과 같은 중남미조직들과 접촉한다(Montagna, 2006: 298).

전반적으로 사회센터들은 1980년대에는 니카라과, 북아일랜드, 팔레스타인, 스페인 바스크민족해방운동과 연대하였고, 1990년대에는 치아파스, 팔레스타인, 쿠르드인들과 연대하였다. 특수한 기획들을 위해서 자금모금행사들을 조직하거나 관련 지역들에 대한 비디오들과 정보소책자들을 회전시킴으로써 연대를 추구할 뿐만 아니라, 가능하면 언제라도 (니카라과의 경우처럼) 해당 나라들에 여행이나 작업캠프들을 통해서도 연대하였다 또한 사회센터들은 팔레스타인인민해방전선을 포함하여 정치적인 자결기획들에 헌신하는 맑스주의 집단들 그리고/또는 자유[해방]집단들과 연계를 맺었다(Mudu, 2004: 931).

그러나 일방적인 연대보다는 쌍방향 연대로 발전해 나가고 색다른 전 지구적 결집형태로 나아가게 된 것은 사파티스타와의 연대와 대안세계화운동으로의 전진이었다. 전통적인 연대정치와는 다른 쌍방향 연대로, 참여와 개입의 방식으로 진전하였다.

그러한 대표적인 조직으로 '뚜떼 비앙께'(Tute Bianche)[6]와 '야 바스타 연합'(Ya Basta Association)[7]을 들 수 있다. 이 조직들은 사회센터운동에서 직접 발전해 나왔다(Albertini, 2002: 587-591).

먼저 '뚜떼 비앙께'의 등장에 대해서 보자. 1994년 네오파시스트였던 밀라노의 시장은 점거된 레온카발로 사회센터의 철거를 지시하면서, "이제부터 점거자들은 도시를 배회하는 유령들 이상의 그 어떤 것도 아니게 될 것이다"라고 말했다. 사회센터의 활동가들은 이 말에 유머로 응답하기 위해 유령처럼 온몸에 하얀 옷을 입고 거리로 나섰는데 이것이 뚜떼 비앙께의 탄생을 알리는 첫걸음이었다(조정환, 2004). 경찰의 공격에 대항한 뚜떼 비앙께의 시위와 다양한 전투적 저항으로 점거된 사회센터는 보호되었다.

뚜떼 비앙께는 자신들을 새로운 종류의 창조적인 비폭력 운동이라고 묘사하기를 좋아한다. 이들은 노동자운동과 레닌주의적 경험들에 뿌리를 두고 있으나 권력 장악 관념을 거부한다. 그들은 또한 하나의 돌덩이처럼 굳은 견고한 모델을 거부하고 멕시코의 사파티스타, 특히 부사령관 마르코스의 영향을 받았다고 자랑한다.

뚜떼 비앙께가 출발할 당시 전통적인 당들과 이탈리아 좌파 조직들은 점점 주변화되고 있었다. 뚜떼 비앙께는 처음부터 어떠한 정치

6) Tute Bianche는 아래위가 연결된 흰 작업복(white overalls)을 의미한다.
7) Ya basta!는 '됐어 됐어!'(영어로는 'Enough is enough!'의 의미에 가깝다)를 의미한다. 이견이나 분리를 가져온 쟁점들에 대해서 비난하는 말이다. 다양한 이데올로기를 지닌 집단들을 하나의 공통 목표 아래 모으려는 구호이다. 멕시코의 EZLN이 채택한 구호이기도 하다.

집단들 및 당들과도 일체의 정치적 연계를 배제한다고 주장하였다. 그들은 자신들이 고정된 계약도 없고, 안전장치도 없으며, 정체성의 근거도 없기 때문에 "비가시적(볼 수 없는)" 노동자라고 주장했다. 그들의 작업복의 백색(白色, 전통적인 푸른 작업복이 아니라 아래위가 연결된 흰옷)은 자본주의에서 배제된 사람들의 비가시성을 알리는 상징이 되었다. 그리고 그들의 노동[작업]을 특징짓는 이 비가시성은 또한 그들의 운동의 힘임을 증명하였다.

뚜떼 비앙께는 자신들의 축제적 재능을 정치적 활동과 결합하였다. 초기부터 거대 도시들에서 난장파티를 조직하고, 큰 규모의 카니발적인 댄스파티, 수천 명의 젊은이들이 밤새 춤추는 것을 유도하고, 거리에서 새로운 불안정 노동자들의 비참한 조건들을 고발하였으며, 가난에 항의하며 모두를 위한 '보장소득'을 요구하였다. 또한 뚜떼 비앙께는 시위와 함께 비합법 이민자들(사회의 또 다른 비가시적 구성원들)과 중동에서 온 정치적 망명자들 그리고 여타의 해방운동들을 조직하기 시작했다.

그와 같은 때에 경찰과의 심각한 충돌들이 시작되었고, 뚜떼 비앙께는 상징주의라는 또 다른 천재적인 일격을 생각해 냈다. 그들은 경찰의 진압 스펙터클을 모방하기 시작했다. 경찰이 플렉시 유리 방패와 장갑차들 뒤에서 로보캅처럼 폭동 진압 장비를 쓸 때, 뚜떼 비앙께 역시 하얀 무릎 보호대와 풋볼 헬멧으로 분장을 했으며, 자신들의 댄스용 트럭들을 괴물스러운[기괴한] 모의 전투 장비로 변형시켰다. 이것은 정치 활동가들을 위한 탈근대적 아이러니가 담긴 광경이었다.

또 다른 연대조직인 '야 바스타 연합'은 이탈리아의 여러 도시를 연결하는 많은 그룹들의 네트워크(사회센터들과 시민단체들의 연합체)였다. 1996년 치아파스에서 열렸던 제1차 국제회의에 참가했던 이탈리아 투사들을 중심으로 형성된 이 네트워크는 사파티스타투쟁을 지지함과 동시에 유럽에서 신자유주의에 대항하는 투쟁을 확산시킨다는 이중목적을 갖고 출발했다. 야 바스타 연합에는 페드로(파두아), 리볼타(메스트르), 레온카발로(밀라노), 코르토 키르퀴토와 포르테 프레네스티노(로마), 자파타와 테라 디 네수노(Terra di Nessuno) 등의 사회센터들이 참여하였고, 1998년에 야 바스타의 투사들은 뚜떼 비앙께에 합류하였다. 이것은 사회센터의 청년들, 실업자들과 임시직 노동자들, 일자리를 찾는 민중들을 신자유주의의 압박에 대항하여 결집시키는 것으로 작용했다.

뚜떼 비앙께는 마르코스의 초청으로 1996년 8월 치아파스에서 열린 '인간을 위한 그리고 신자유주의독트린에 반대하는 제1차 국제회의'에 참석했고 2차 회의를 유럽에서 조직하자는 사파티스타의 제안을 받아들여 조직에 들어갔다. 뚜떼 비앙께는 다른 많은 운동집단들과 함께 야 바스타 연합을 만들었고, 시정부 · 재건공산당 · 일 메니페스토의 지지 아래 베니스에서 모임을 조직하자고 제안하였다. 그러나 1997년 1월 재건공산당 지도자 파우스토 베르티노티(Fausto Bertinotti)와 로마에 있는 사회센터 코르토 키르퀴토의 몇몇 대표자들의 치아파스 여행은 새로운 동맹을 봉인해 버렸다. 재건공산당은 한쪽 눈으로는 사회운동에 관심을 갖지만 다른 쪽 눈으로는 젊은 세대의 표를 구해 보려고 한 반면, 사회센터들은 '제도들 속으로의 대장정'을 생각하고 있었기 때문이다.

1998년 4월에는 야 바스타 연합이 멕시코로 갔다. 5월 6일 135명의 야 바스타 전사들은 라캉돈 정글의 심장부에서 5명의 국경경찰의 도로 봉쇄를 물리쳤다. 보도자들이 떼를 지어 뒤따르면서 그들은 그 지역(반(反)사파티스타 준군사집단이 일정 기간 시민들을 테러화하고 있었던 곳)

에서 좀 더 갈등적인 마을들 가운데 하나인 타니펠라(Tanipela)에 들어갔다. 밀고 당기기를 한 뒤 선동적인 언동을 하고 되돌아왔다. 야 바스타 연합은 멕시코 정부에 의해 추방되었지만 자신들을 알리는 데 성공하였다.

뒤이어 뚜떼 비앙께는 사파티스타민족해방군의 안전보호를, 라캉돈 정글에서 멕시코시티로의 역사적인 사파티스타 행진을 보호하는 유럽 호위 업무를 수행했다. 그들은 자신들과 멕시코 토착 원주민들 모두 전 지구적 자본이 만들어 낸 새롭고도 폭력적인 현실 속에서 착취당하고 있기 때문에 동일한 투쟁을 벌이고 있음을 알게 되었다.

뚜떼 비앙께는 멕시코시티에서 자신들의 행동들을 신자유주의적 지구화에 반대하는 것으로 방향짓는 일관된 기획을 갖고 유럽으로 돌아왔나. 그렇게 1999년 시애틀에서 WTO 항의들이 폭발했을 때, 그들은 시애틀로 가서 미국 활동가들로부터 유럽에서는 좀처럼 사용되지 않았던 시민 불복종과 비폭력 저항의 테크닉들을 배웠다. 시애틀에서 배운 이러한 적극적이면서도 방어적인 전술들이 운동의 아이러니하고 상징적인 혁신들에 덧붙여졌다. 뚜떼 비앙께는 치아파스에서 돌아와 퀘벡의 북부로 가는 등 자신들의 여행을 계속했으며, 니스(Nice)에서 프라하와 예테보리에 걸쳐 유럽에서 있었던 모든 국제적인 정상회담에 모습을 드러냈다.

뚜떼 비앙께는 사파티스타들이 말한 것처럼, 운동을 위한 새로운 정치적 전략들을 찾기 위해 걸으면서 물어야(caminar preguntando) 했다. 뚜떼 비앙께는 멕시코 봉기를 위한 지원 그룹들에 합류했고 사파타(사파티스타의 전설적 영웅)의 백마는 그들의 또 하나의 상징이 되었다. 뚜떼 비앙께는 그들이 나중에 "아래로부터의 외교"라고 불렀던 작전들을 통해 국제적이고 전 지구적인 영역 위에서 육체적으로[물리적으로] 행동하고 싶어 했다. 그리하여 그들은 여러 차례 치아파스를 찾아갔다.

뚜떼 비앙께의 최종 종착점은 2001년 여름의 제노아 G8 항의시위였다. 그들은 항의의 중심 조직집단 가운데 하나였고, 여기에는 3천여 명의 활동가들이 모였다. 뚜떼 비앙께는 정상회담 장소를 향해 평화적으로 행진을 벌였고 경찰은 최루가스, 곤봉, 실탄으로 그들을 공격했다. 하지만 그들의 아이러니한 모방이 —저강도 전쟁과 같은— 경찰의 무지막지한 폭력에 맞닥뜨렸다. 시위대들 가운데 한 사람인 카를로 지울리아니(Carlo Giuliani)가 경찰에 의해 피살된 것이다. 경찰의 폭력에 대한 분노가 이탈리아와 유럽 전역에서 절정에 이르렀고, 경찰의 잔인성을 처벌하기 위한 법정 심리가 그 후로 오랫동안 계속되었다.

뚜떼 비앙께는 국제적이고 전 지구적인 정상회담들을 둘러싼 커다란 항의들을 조직하는 데 한몫을 했다. 항의운동들을 확산시키기 위해 작업했고, 그것들에 정치적인 일관성을 부여하려고 노력했다. 그리고 항의들을 방어하고 그들의 공격성을 반생산적인 폭력으로부터 벗어나게 해서 보다 창조적인 —종종 아이러니한— 표현 형식들을 향해 나아갈 수 있도록 노력했다.

신자유주의 전 지구화에 반대하는 운동 안에서 사회센터들의 중요성은 순식간에 수천 명을 동원할 수 있는 그들의 능력에 있었다. 지방 시위에서도 수천 명이 거리로 나와서 신선한 사회적 공간들을 사용할 수 있게 만들고 전 지구적인 정치적 공간을 위해 압력을 가하는 노력에서 배운 것을 가지고 새로운 이해와 실험을 진지하게 지속해 나갔다(Mudu, 2004: 933).

2001년 제노아투쟁 이후 뚜떼 비앙께와 야 바스타 연합은 해체를 결정하였다. 뚜떼 비앙께는 자신들과 같은 그룹이 대중의 운동들 속에서 지도부('스타')처럼 행동해야 했던 시기는 지나갔다고 결정했다. 뚜떼 비앙께와 야 바스타 연합이 해체된 뒤 성원들은 '불복종파'('Disobbedienti')로 넘어갔다. 이 불복종파는 여전히 사회센터운동의 주요 구성부분이며 이주권리를 위한 적극적인 활동을 벌이고 있다.

4절. 이탈리아 사회센터운동의 의의

사회센터운동은 평등한 개인들의 미시사회가 생존할 수 있고 또 번영할 수 있다는 것을 보여준다. 또한 사회센터들은 소수자들의 행동을 포괄하며 지배적 원환들을 벗어난 실험장소들이다.

1980년대의 사회센터들은 일부 청년들의 분노를 모아서 일련의 문화적 실재로 변형시키는 저항의 포켓들이었다. 1990년대의 사회센터들은 네트워크화된 도시들 안에서 공적 공간으로서 자신들을 다르게 만들어 갔으며, 자신들의 특이성을 유지하면서 복합공간을 점거하여 일련의 요구들을 실현해 나갔다. 복지국가의 위기 속에서 사회센터들은 헤로인과 사회적 욕구와 같은 문제들에 접근할 뿐만 아니라 주택, 소득과 같은 일차적인 욕구를 위한 촉매가 되어 왔다. 그리고 사회센터들이 사실상 항상 주변화에 대한 대안을 만들어 냈다. 예를 들어 60세 이상의 노인이 많은 트리에스테 같은 도시에서 사회센터들은 노인들을 위한 만남공간들을 제공하였다.

사회센터는 준합법적인 그리고 종종 불법적인 존재로 특징지어지며 그들의 직접적 생존은 국가에 대항하여 그들의 정치적 전망과 존재를 지지하는 공동체(지역)에 달려 있다. 사회센터들은 정치적 집결

장소일 뿐만 아니라 복지국가와 화폐의 매개에서 벗어나 자연과 조화를 이루는 것을 생산할 수 있는 사회적 협동의 네트워크를 만들어 내는 자가생산의 장소들이다. 더욱이 사회센터들에서 발전하는 사회적 협동양식(변화 지향, 문화와 지식의 중심성 등)은 주변적인 것이 아니라, 모든 노동력에 적용되는 조건이 되고 있다. 자주관리, 자가생산, 사회적으로 유용한 노동 등 사회센터에서의 경험을 통해서 이러한 협동양식이 발전해 나갈 수 있었다.

사회센터운동은 공적 공간의 중요성과 상품으로 축소될 수 없는 사회관계 양식의 중요성을 깨닫게 해주었다(Maggio, 1998: 236). 상이한 정체성들이 공존하면서 오히려 특이성을 향해 나아갈 수 있는 공간을 보여주었다. 물론 이웃공동체에 개방하지 않는 사회센터들이 있다는 문제점도 있고, 사회센터들 안에서 여성들은 자신들의 필요를 위한 공간을 획득했지만 다른 소수자들은 그렇지 못했다는 문제점도 갖고 있다. 더욱이 페미니즘과 프롤레타리아청년집단이 제기한 재생산 문제를 충분히 발전시키고 해결해 나가는 데는 어려움이 있었다(Maggio, 1998: 237). 그럼에도 자율적인 젊은이들은 사회센터들을 통해, 권력을 장악하려고 하기보다는 직접행동을 통해서 국가와 대결하는 동시에 대안적인 국가서비스—난민보호와 지지—들을 제공하였다.

이러한 활동을 해온 점거된 자주관리 사회센터는 1970년대에 생겨나 1990년대에 확산된 것으로 사회위기에서 태어난 이탈리아운동의 혁신적 형식이었다. 독일, 스페인, 영국, 스위스, 네덜란드, 덴마크 등에서도 사회센터운동이 확산되고 있지만, 미국에서는 뉴욕을 제외하면 전혀 없다.

이탈리아의 사회센터들은 전반적인 반제도운동의 일부로서 대도시의 어느 구역의 한 건물을 점거하는 것이어서 점으로 존재하는 것처럼 보이고 게토로 비춰지기도 한다. 그러나 사회센터들은 지역공동체와 관계를 활성화하고 나아가 새로운 토론 및 활동을 위한 공간을, 더욱이 색다른 협동 양식들을 만들어 냄으로써 게토가 아니라 새로운 정치로 개방하는 창문이 되고 있다(Klein, 2001). 특히 사적으로 그리고 공적으로 소유된 빈 소유물들을 자본주의적 토지 투기에 대한 대안으로 혁신시키는 데 기여한 점이 특기할 만하다. 더욱이 사회센터 활동가들은 뚜떼 비앙께, 야 바스타연합 같은 운동조직을 만들어서 대안세계화운동에 나서기도 하였다.

이러한 사회센터운동은 작은 움직임들이 결국은 전 지구적 차원의 움직임으로까지 변형되어 가는 과정을 보여준다. 한 국가 안에서 내부의 탈영토화된 지대를 만들어 자유의 공간을 구성해 나가면서 동시에 지역적, 전국적, 전 지구적 규모의 운동을 통해 달국가적 운동을 해 나가고 있다. 게다가 새로운 협동양식과 생활양식들을 실험해 나감으로써 지금 여기서 색다른 코뮌을 만들어 나가고 있다. 이러한 움직임은 국가권력을 장악하려는 혁명적 실천과는 달리 국가로부터 벗어나는 다양한 대안적인 미시코뮌들을 창조함으로써 국가의 지배력을 약화시켜 갈 수 있는 방법이기도 하다.

이러한 사회센터운동을 조직모형과 관련해서 보면, 중심을 지닌 조직형태가 아니라 다양한 마디들을 지닌 네트워크투쟁을 통해서 위계화된 기존 사회를 변형시켜 가는 다원적인 무리지성(Swarm Intelligence)의 방식을 생각해 볼 수 있을 것이다(Negri & Hardt, 2004). 수많은 독립적인 세력들이 각각 특정한 지점에서 모든 방향으로부터 뛰쳐나와 싸움을 하고 그리고 나서 환경(배경) 속으로 사라져 버리는 네트워크 공격을 하는 주체를 무리라고 묘사할 수 있다. 새로운 네트워크형 정치조직들에서 나타나는 무리들은 상이한 창조적 개별자들 대중(multitude)

으로 이루어져 있다. 대중의 구성원들은 서로 소통하고 협동하기 위해서 같은 것이 되거나 자신들의 창조성을 부정할 필요가 없다. 그들은 인종, 성, 계급 등에서 서로 다르다. 그러한 다양한 복수성의 소통과 협동에서 생겨날 수 있는 집합적 지성을 구성해 나가는 것이 필요할 것이다.

제6장

영국의 사회센터운동

제6장 영국의 사회센터운동

이 장에서는 자율운동의 최근 흐름 가운데 영국의 자율운동을 주도하는 사회센터 및 자율공간 운동에 대하여 소개하고자 한다. 보통 자율운동이라고 하면 1970년대 이탈리아의 아우토노미아운동(윤수종, 1996)과 1980년대 중부유럽의 아우토노멘운동(카치아피카스, 2000)을 지칭한다. 그러나 이 외에도 다양한 방식의 자율운동이 유럽 각지에서 있어 왔다.[1] 특히 사회센터운동은 이탈리아에서 1990년대에 활성화된 이래 지금까지도 이어지고 있다(윤수종, 2008c). 반면, 영국에서는 자율운동이라고 할 만한 것이 눈에 띠지 않다가 신자유주의가 전 지구를 더욱 강력하게 지배해 나가는 1990년대 후반, 특히 2000년대 들어 활성화되었다.

유럽의 다른 지역에서는 신자유주의 공세로 점거지에 대한 퇴거압력이 커졌다.[2] 그 배후에는 부동산 가격의 상승과 각 지역정부(지방자치단체)의 개발정책이 자리하고 있었다. 그럼에도 점거운동은 계속되

---

1) 예를 들어 네덜란드의 프로보(provo)운동은 이미 1960년대 초반에 활성화되었다(Kempton, 2007). 그 이후 네덜란드에서는 자율운동이 계속 이어지고 있다.
2) 네덜란드의 유명한 점거센터인 '청년의 집'이 2007년 3월 철거당했고, 덴마크의 오래된 점거공동체 '자유도시 크리스티아니아'도 위협받고 있다.

었고 불법점거도 이어졌다. 나아가 그러한 점거지는 바로 사회센터나 자율공간으로서 유지됐다. 그러나 퇴거압력 속에서 점거지들은 지속성을 갖기 어려웠다. 이러한 상황에서 '불법점거 후 합법화'의 방식으로 이루어지던 점거운동이 영국사회센터운동에서는 합법화를 전제로 시작하게 되었다. 이는 '불법점거 후 합법화' 방식으로 사회센터 운동을 전개해 온 이탈리아의 사례와 비교된다. 여기서는 직접 비교할 수는 없으나, 합법화를 전제로 시작하면서 불법점거도 동반하는 영국의 사례를 통해 사회센터운동의 색다른 흐름을 확인해 보고자 한다.

먼저 영국의 점거운동과 사회센터운동의 역사를 살펴보고, 사회센터 및 자율공간의 유형과 분포를 개관하며, 각 유형의 사례를 간단하게 소개한다. 사례들에 대한 탐구는 각 사회센터나 자율공간의 홈페이지와 관련자들의 소개글에 의존하여 분석하였다. 또한 합법적으로 시작한 공간들은 지속성을 가지나, 불법점거로 시작한 공간들은 만들어지고 사라지고 다시 만들어 지기를 반복하므로 그 실체를 파악하는데 어려움이 있었다. 그럼에도 해당 공간에서 활동한 활동가들의 일부 증언을 참조하여 퍼즐을 맞추듯이 윤곽을 그려 보았다. 마지막으로 이러한 윤곽그리기에 이어 사회센터운동의 특성을 몇 가지 측면에서 파악해 보고 그 방향에 대해서 논의해 보고자 한다.

1절. 영국의 점거운동

영국에서 민중의 삶을 재집합화하고 토지 · 노동 · 삶의 상업화에 맞서 싸우기 위해 사적 소유로부터 공간을 전유하려는 민중운동은 풍부하고 오랜 역사를 갖고 있다. 17세기의 디거파(Diggers)[3]와 원형적인 농민공동체들 및 의도적 공동체들이 그것을 잘 보여준다. 이러한 민중운동의 핵심적 경향은 사회제도 수준에서 개인과 집합체 양자에 대한 자기조직화 욕망으로 규정되는 '자율성'과 정부 지배로부터 자유롭게 살려는 욕망으로 규정되는 '아나키즘'에 기반해 있다. 공동체의 토대(대지)를 위해서든 자기 자신의 가정을 위해서든 사회적 공간에 대한 요구는 역사를 통해 피억압자들의 중요한 요구였다. 점거, 약탈, 요구(어떤 전유적 측면이든)는 사적 소유권 자체와 기초자원에 대한 자유로운 접근을 위한 투쟁에까지 거슬러 올라간다. 실제로 대부분의 산업화된 문명들은 법적으로 인정되든 그렇지 않든 여전히 점거자 권리에 대한 전통적인 믿음을 가지고 있다.

그러나 산업화는 이러한 투쟁의 본성과 목적에 근본적인 변화를 가져왔다. 1800년대를 통해서 영국의 주요 도시들에서는 공적 공간을 보존하기 위한 캠페인이 생겨났다. 이때의 요구는 더 이상 땔감이나 사냥권에 대한 농민들의 요구에 기초해 있지 않았다. 오히려 사회화할 공간으로서 그리고 놀이와 게임을 위해서 자유로운 토지를 갖자는 욕망에서 출발하였다. 노동자계급 주민은 공장에서의 비참한 노동조건과 도시의 억압적 환경으로부터 벗어난 사회적 공간을 보존하려고 하였다.

---

3) 디거파들(Diggers)은 '진정한 수평파들'(True Levellers)[토지균분론자들]로서 제라드 윈스턴리(Gerrard Winstanley)가 시작한 개신교 농업공산주의자들 집단이었다. 실질적 소유를 수평화하는 방법으로 소규모 평등한 농촌공동체들에 기초한 농업적 생활양식을 창조하려고 하여 이러한 이름을 얻게 되었다. 1649년 성조지 언덕에 농업공동체를 세우고 가난한 사람들에게 의식주를 제공하였다.

1. 점거운동의 역사

1820년대에 러프턴에서는 소유주가 에핑숲의 나무를 자르는 것을 막기 위해서 수백 명의 주민이 반란을 일으켰다. 1871년 완스테드 플래츠에서 수천 명의 노동주민은 카울리의 백작이 20에이커의 황무지를 폐쇄하자 폐쇄 울타리를 파괴했다. 레이톤 마치에서는 1892년 8월 1일에 3천 명의 주민이 레이톤 라마스토지 방어위원회를 조직하여 공동토지 주변에 세워진 난간을 파괴하였다.

산업화된 도시의 늘어나는 소외에 대응하여 노동자계급은 점차 들판[대지]으로 나가기 시작했다. 1900년대 초에 시골에서 그리고 해안가에서 기분전환공동체들과 자가제조 리조트들을 건설하는 (도시에서 온 가족들의) 농촌점거 흐름이 있었다. 도시빈민들은 텐트들, 낡은 버스들, 침대들, 부서진 철로운반물들을 이용해 주말휴일주거지를 만들어 냈다. 그러한 공동체들은 자유스러운 분위기로 유명해졌고, 보헤미안적인 손님들이 자주 찾아왔다. 남녀배우들, 예술가들과 작가들, 뮤지컬 스타들, 영화 스타들 모두 DIY휴일리조트에서 시간을 보냈다. 불행히도 제2차 세계대전이 발발하여 그러한 흐름은 사라졌고, 해안가 거주지 대부분이 전쟁 동안의 전투로 파괴되었다.

전후 초기 영국의 대도시들은 전쟁 기간에 건물 신축 제한의 결과로 심각한 주택위기에 직면하였다. 그에 따라 대중적인 점거운동이 확산되었다. 아나키스트들의 지지와 노동자계급 및 사회주의조직들에 의해서 조직된 스쾃(squat)집단들이 수천 개의 빈 건물들을 점거하였다. 점거자들은 교회, 호텔, 맨션 하우스, 병원을 점령하였다. 최대 10년 정도 비어 있던 임대아파트들이 점거되었고 가정집으로 전환되었다. 특히, 주택난이 심각했던 글래스고에서는 전쟁 직후 1946년 가을까지 1천 5백 가구가 점거해 들어갔다. 곧바로 소유주와 정부 당국으로부터 추방당하였지만, 정부는 전에 군부대가 있던 곳의 오두막들을 점거하는 것은 허용하였다. 1946년 10월까지 스코틀랜드에서 7천여 명이, 잉글랜드와 웨일즈에서 4만 6천 명 이상이 군부대 막사를 점거하였다. 이 점거지들은 국가 억압에 대항하여 그들 자신의 공동체들과 방어위원회들을 조직한 점거자들에 의해 자주관리되었다. 그러나 소유주들과 지방정부는 많은 가족들을 점거지에서 추방하였고 핵심 활동가들을 체포하였다. 이러한 가혹한 사법적 억압에도 불구하고 그 운동은 완전히 사라지지는 않았다. 이러한 점거는 1940년대 내내 그리고 1950년대 후반까지 지속되었고, 지방당국들은 1959년에 이르기까지 점거자들을 몰아내려고 노력하였다(Johnstone, 2000: 142-146).

1960년대에는 근대적인 점거운동이 생겨났다. 1968년에 한 주거 활동가집단이 '런던점거자캠페인'(London Squatters Campaign)을 구성하였고, 그해 12월에 4년 동안 빈 채로 있던 럭셔리한 건물을 점거하였다. 1970년대와 1980년대에 주요 도시의 수천 명의 노동주민이 빈 주거지로 들어갔다. 이제 이 점거한 건물들의 운영은 사회적 공간의 성격과 목표를 지니게 되었다. 커다란 점거지들은 공동체정원, 연주공간, 급진적 영화집합체, 바, 커피숍, 도서관, 값싼 식당을 운영하는 공간이 되었다. 점거지들에 '자유로운 여성들', LGBT[4]센터, 실업자 연맹 등이 설립됨으로써 새로운 정치운동이 전개되기도 했다(Wellbrook, 2008: 10). 1980년대 초반의 '도시를 중지시키자', '도시를 점령하자' 등의 시위, 1990년대 후반 '자본에 저항하는 J-18 카니발'[5]과 같은

---

4) Lesbian, Gay, Bisexual, Transgender를 통칭해서 LGBT라는 약어를 사용한다.
5) 1만 명이 자본주의에 대항하는 카니발에서 런던시를 철폐했던 1999년 6월 18일 '자본에 대항한 전 지구적 행동의 날' 행사.

대결적인 도시운동 등 많은 저항운동들이 이러한 점거지 문화의 특징을 띠고 전개되었다.

이러한 경험은 공공 공간의 사용과 통제를 일상생활의 울타리치기에 대한 광범한 항의의 일부분으로 정치화하고 대결시켜 온 다른 유럽나라들에서의 도시저항운동과 상당히 대조된다. 유럽에서 가장 눈에 두드러진 것은 이탈리아의 사회센터운동이었다(윤수종, 2008c). 이 운동은, 노동자들의 사회적 조건을 개선하려고 노력하였지만 국가권력을 분점하기 위해 노동자계급투쟁을 포기한 사회주의 정당들과 '자본주의적 노동' 양자를 거부하였던 1970년대 중반 비의회 급진청년운동에 의해 시작되었다. 점거된 사회센터들은 사용되지 않거나 버려진 공공건물들과 공장들을 불법점거하여 자기조직화된 문화·정치적 모임공간들로 전환하여 사회적 서비스, 항의[시위]계획, 음악·웹진·예술·소형텔레비전 등 독립적인 문화적 생산의 실험을 위해 사용하였다(Hodkinson and Chatterton, 2006: 305). 독일과 북부 유럽에서의 점거운동 역시 사회센터들과 유사한 점거지들을 설립하였고 점거와 퇴거를 반복하였다(카치아피카스, 2000). 그런데 영국에서는 자율운동이 상대적으로 약하였고 사회주의 정당은 공공 공간을 정치적·문화적·공동체적 사용을 위해 물리적으로 장악하는 실천을 끌어안으려 하지 않았다.

2. 사회센터운동의 역사

사회센터라는 용어는 영국에서는 2000년대 들어 사용됐지만, 운동의 시작은 1980년대 초반 일련의 유사한 실험들, 그중에서도 아나코펑크운동으로부터 자라났다. 일반적으로 '자율클럽'(Autonomy Club)이라고 알려진 이 급진적인 공간들은 펑크 2세대 흐름의 상징이자 중심이었다.[6] 영국에서는 대처주의 정치기획에 분노한 비타협적 청년세대 사이에서 DIY[7] 반문화가 광범하게 호응을 얻고 있었는데, 펑크 2세대는 아나키스트정치를 DIY 반문화와 융합하였다. 당시 주요한 정치투쟁들은 [실업수당]청구자조합, 실업자, 반파시즘 그리고 동물해방을 둘러싸고 전개되었다. 자율클럽들은 아나키스트들이나 공산주의자 집합체들, '크래스'(Crass)나 '사제들'(Apostles)과 같이 강하게 정치화된 아나코펑크 밴드들에 의해 세워져 경영되었고, 이들은 생음악을 북페어, 팬진모임, 토론집단, 영화, 논쟁, 정치적 워크숍과 뒤섞었다. 첫 번째 자율클럽은 와핑(Wapping)에 있는 임대된 '자율센터'(1982−1983)였다. 다른 것들은 게이츠헤드에 있는 '역'(Station, 1980년대 초), 웨스트 런던에 있는 '이베리코 센터'(Centro Iberico) 같은 점거된 공간들 또는 오늘날까지 존재하고 있는 브래드포드에 있는 '1 in 12' 클럽과 '에딘버러 자율센터'(ACE) 같은 집단적으로 소유한 건물들 등이었다.

이런 클럽들은 실업수당 청구자들이 자신들의 삶에 대한 통제력을 회복하기 위해 노력하는 과정에서 영국 대도시에 등장하였다. 당시 영국은 대처의 노동자계급에 대한 공격과 노동당과 공식 노조들의 배신, 파시스트들의 활동 등이 증가하고 있었다. 이들은 클럽들을 통해 사람들과 함께 모여 연주회를 열고, 잡지와 음악을 만들었으며, 자선

6) 펑크 1세대는 1970년대 펑크록 그룹들로 시작되었다. 거침없는 언사와 행동을 보이면서 새로운 문화적 흐름을 만들어 냈다. 대표적인 록그룹으로는 섹스 피스톨즈(Sex Pistols)가 있다.

7) Do It Yourself. 상호부조 경제, 협동, 상품화되지 않은 예술, 디지털과 소통 기술의 점유, 바이오 디젤 같은 대안 기술에 몰두하는 광범위한 풀뿌리 정치 행동주의를 일컫는 말이다. 영국에서는 1990년대에 운동으로 인식되었고 직접행동과 자유로운 파티문화로 유명했다(The Trapese Collective, 2007: 15).

자문(benefit advise)을 조직하고 반파시스트 정치를 하면서 서로를 알게 되었다(The Trapese Collective ed., 2009: 337).

1990년대에는 인두세(Poll Tax)[8], 억압적이고 범죄적인 형사재판법, 토리당 정부의 도로 및 공항 확장 프로그램을 둘러싸고 사회운동의 또 다른 파고가 나타났다. 도로건설반대투쟁 과정에서 '일시적 자율지대' (TAZ)라는 하킴 베이(Hakim Bey)의 아이디어(Bey, 1991)에 자극받아 '지구 먼저!'(Earth First!)라는 생태적 직접행동 네트워크 주위로 조직된 수많은 점거된 농촌저항캠프들과 평화캠프들이 뉴베리와 트와이포드 다운에서 나타났다. 실업수당에 의존하는 젊은층들(10대 혹은 20대)은 공사현장 주변에 저항캠프를 설치하여 거주하면서 소유물을 공유하고 공동생활을 하였다. 여기서 청년들은 자유롭게 의사결정을 내리며 환경친화적인 행동양식을 준수하는 등의 독특한 생활양식을 만들어 갔다(김성국, 2000: 725).

도시환경에서 사회센터의 선조들은 브라이튼에 있는 '아나키스트 티포트'(1995−1996), 맨체스터에 있는 '일시적 카페'(OKasional Cafe, 1998−2003) 그리고 값싼 유기농 채소음식, DIY 문화이벤트들, 아나키스트

8) 1990년 회계년부터 도입된 '주민세'(community charge)라는 인두세(poll tax)에 대해 주민들이 저항하였다. 영국의 이 '주민세'는 1990년 이전까지 영국의 유일한 지방세였던 '레이트'(rate)라는 재산세를 대신하여 등장한 것이다. '레이트'는 부동산의 소유주가 내는 세금이 아니라 이 부동산을 임대하여 실제로 사용하는 사람이 내는 일종의 부동산 소비세였다. 이것을 주민세라는 인두세로 바꾸게 된 것은 중앙정부의 지방정부에 대한 통제를 강화하자는 의도가 숨어 있었다. 이 정책은 젊은 층과 저소득계층으로부터 엄청난 반발을 불러 일으켰다. 1년 먼저 이 제도를 시행했던 스코틀랜드 지방에서는 주민들의 조직적인 납세거부운동이 벌어졌는가 하면, 1990회계년부터 이 제도를 시행하기로 했던 잉글랜드와 웨일즈 지방에서는 연초부터 곳곳에서 대규모 시위가 일어났다. 특히 3월 31일 토요일 런던 중심가에서는 각종 폭력사태로 수많은 건물과 자동차가 파손되는 등, 단순한 조세저항의 차원을 넘어 정권에 대한 반대시위의 양상을 띠게 되었다 (Lavalette and Mooney, 2000: 199-227).

정치의 살아 있는 샘플을 제공하는 뉴캐슬의 '절충도시'(Eclectic City, 2000−2002)와 같은 점거카페의 형태로 생겨났다. 어떤 집합체들은 또한 브리스톨에 있는 '케벨(Kebele) 문화기획' 같은 지역공동체에 좀 더 영구적으로 자기조직된 공간들을 세우려고 시도하였다. 이 기획은 1995년에 작은 거주점거자 집단이 자선파티, 기부에 근거한 채식음식 그리고 활동가집단들을 위한 설비들을 위해 노동자계급 이웃에게 자선사무실을 개방하면서 시작되었다. 1998년에 점거자들은 소유주와 감당할 만한 임대조건으로 협상하였다(Hodkinson and Chatterton, 2006: 306).

1990년대를 통해 새로운 활동가 세대는 레이브(rave) 컬처[9] 파티와 저항을 결합해 나갔다. 농촌지역에서는 토지를 되찾자는 구호 아래 '토지는 우리의 것'이라는 캠페인을 조직하고 도로건설반대투쟁을 통해 거리 되찾기에 나섰다. 이러한 저항과정에 춤과 음악을 결합한 축제형식이 도입되었다. 새로운 활동가들은 "내가 춤출 수 없다면 혁명이 아니다"라는 구호에서 보듯이 파티를 열며 DIY 춤문화 속에서 색다른 삶의 방식으로 나아가는 싹을 키우고 있었다(McKay ed., 1998).

1990년 후반까지 신자유주의적 전 지구화와 다국적 기업권력의 파괴적인 효과는 파티와 저항을 10년 동안 해온 집단들과 네트워크들로 하여금 훨씬 더 광범위한 반자본주의운동에 참여하게 만들었다. 이 반자본주의운동은 전 세계적인 거대한 투쟁들을 지지하면서 전 지구적 엘리트들(EU, WTO, IMF, 세계은행)을 직접적으로 겨냥하였다. 특히 1999년에 J-18과 시애틀투쟁 이후 '전 지구적 반자본주의'운동이

9) 1980년대 말 태동한 것으로 시끄러운 음악을 들으며 떠들고 즐기는 파티를 하는 문화를 말한다. 버려진 비행기 격납고나 농장 등에서 파티를 열기도 하였으며 자율운동의 흐름과 연결되었다.

등장하였다. 'J-18'의 성공은 '거리를 되찾자'(Reclaim the Streets)[10]는 생각을 불러일으켰고 자율정치에 대한 엄청난 관심과 개입을 가져왔다.

그런데 특히 런던과 같은 대도시의 활동가들은 경찰 억압의 증가와 점거 불허로 도시 주위에 자연스럽게 흩어져 있었다. 이러한 상황에서 점거라는 생각과 자율정치에 대한 관심이 증폭되었다. 그러나 불법점거와 퇴거의 반복 속에서 고통을 겪던 활동가들은 모임을 갖고 행동에 필요한 자원을 보유하는 좀 더 영구적이고 안전한 토대가 필요하다는 것을 확인하고 실천에 옮겼다. 그 결과는 전국적으로 새롭게 합법화된 또는 점거된 사회센터들의 폭발적 증가였다. 또한 사회센터라고 할 수 없는 다양한 자기-조직화되고 급진적인 공간들이 수십 개 나타났다. 정보상점, 점거카페, 항의캠프, 평화캠프, 그 뒤로 생겨난 결집센터[11], 활동가마을, 생태마을 등이 그것이다.

서부 런던에서는 활동가들이 몹시 황폐한 복식산업 임대점포[창고]를 샀고 거기에 2002년에 '런던행동자원센터'(London Action Resource Centre: LARC)를 열었다. 유사한 집합적 소유 주도체들이 (주거협동체와 더불어) 환경과 평화에 집중된 '레인보우센터'(1985−2001)를, 2002년에 노팅햄에서 '수맥센터'(The Sumac Centre)를 그리고 2003년에 브라이튼에서 '카울리클럽'(The Cowley Club)을 설립하였다.

2004년 중반에 사회센터 설립의 결정적 계기가 있었다. 글렌이글

---

10) 도로건설반대운동의 과정에서 새롭게 파생된 도시형 도로해방운동이라 할 수 있는 거리 되찾기운동은 1995년에 조직된 이후 처음부터 거리축제를 목표로 한 저항운동이었다(김성국, 2000: 731).

11) G8, IMF, 세계은행 같은 전 지구적인 경제엘리트들이 모이는 정상회담 기간 동안에는 '인터 갈락티카', '호리존' 같은 이름으로 대규모 결집센터(convergence centres)들과 활동가마을들이 건설되었다(트래피즈 컬렉티브 엮음, 2009: 339).

스에서 G8에 대항하는 직접행동을 하고 싶어 하는 모든 사람을 돕는 것을 일차적 목적으로 하는 사회센터를 전국적으로 보다 많이 설립하기 위해 7만 파운드의 활동기금을 창설한 것이었다. 이 기금은 반자본주의적인 사회센터들(주로 임대)을 세우는 데 사용되었고, 이 센터들은 2005년 스코틀랜드에서 G8에 반대하는 '반대!'(Dissent!) 동원의 핵심적 요소가 되었다. 맨체스터, 리버풀, 옥스퍼드, 리즈, 뉴캐슬, 카디프, 에딘버러, 글래스고에 있던 집단들은 사회센터 설립을 시작하기 위해서 상당한 양의 돈을 받았다. 이들 도시에서 활동가 집단들이 임대한 공간들 대부분은 자율적인 사회센터들로 확인되었다(Anonymous, 2008: 3-4).

그 후 6-7개의 임대된 사회센터들과 행동자원센터들이 리즈('공통장소', The Common Place), 맨체스터('지하실', The Basement), 옥스퍼드('옥스퍼드행동자원센터', OARC), 글래스고('조지스 엑스 칠판', Georges X Chalkboard)에서 생겨났고, 리버풀, 뉴캐슬, 카디프에서는 계획되었다.

합법화된 사회센터 형식으로 안정된 활동기반을 만들어 내는 이러한 움직임과는 달리, 2001년 이래 반자본주의적이고 대결적인 점거된 사회센터들이 런던 전역에 걸쳐서 설립되었다. 이 센터들의 설립자들은 아나키스트-리베르테리언[자유해방주의적] 공산주의자 집단인 웜블스(Wombles)[12] 출신이거나 그와 연결된 활동가들이었다.

구체적으로 런던에서 2002년에 시작한 아나키스트 집합체인 '웜블스'의 주도 아래에서 사회센터들을 만들어 내는 아주 적극적인 움직

12) White Overalls[Tute Bianche] Movement Building Liberation Struggles를 나타내는 것으로, 웜블스는 직접행동을 통해서 사회투쟁들을 지지했던 이탈리아의 야 바스타 연합에 영감을 받은 아나키스트들과 코뮤니스트들이 결합하여 2001년에 시작되었다. 뚜떼 비앙께와 야 바스타 연합에 대해서는 제5장을 참조.

임이 있었다. 점거는 항상 급진적인 정치와 연결되어 왔고, 점거카페와 여타 자원센터들로 기능하는 점거된 정치적 공간들이 생겨났다. 그러나 이러한 장소들은 '점거자' 이미지(고립 이미지)로부터 벗어나서 유럽에서 그리고 특별히 이탈리아에서 온 경험들에 기초하여 좀 더 주민참여적인 활동을 하려고 하였다. 이러한 흐름에서 런던에서 설립된 사회센터들을 보면, '급진적 낙농장'(Radical Dairy, 스토크 뉴잉톤), '점거한 사회센터'(켄티쉬 타운), '전 거대은행'(Ex-Grandbanks, 터브넬 공원), '자율연구소'(Institute for Autonomy, 블룸스베리), '광장'(The Square, 블룸스베리), '소용돌이'(Vortex, 스토크 뉴잉턴) 등이 있다(L., 2007: 10). 이들 점거한 사회센터들은 짧은 수명에도 불구하고 계속 이어지고 있으며 네트워크를 만들어 가고 있다.

윔블스는 2001년 후반과 2003년 사이에 이탈리아의 점거된 사회센터와 자율운동의 일상적인 전투성과 혁신으로부터 영감을 받아, 해크니의 스토크 뉴잉턴 주거지역에 있는 작은 상점을 점거하였고 그것을 '급진적 낙농장 점거사회센터'(Radical Dairy Occupied Social Centre)라고 불렀다. 윔블스의 목표는 일상적인 토대 위에서 지역주민들과 장기적인 관계를 만들고, 스스로를 주변화하지 않고 살면서 자본주의적인 소유관계를 피하거나 동조하지 않는 대안적인 방식들을 실험하는 것이었다. 급진적 낙농장 사회센터는 터프넬 파크에 있는 '전 거대은행', 화이트채플에 있는 '램파트'(RampART) 그리고 중부 런던의 '대학센터'들, '자율연구소' 그리고 '광장'과 같은 많은 점거된 사회센터들을 활성화하였다(Hodkinson and Chatterton, 2006: 307).

2007년 전국사회센터모임에는 15개의 공간들 및 사회센터들에 포함된 약 3백 50 내지 4백 명의 사람이 모였다. 이들은 매달 2백 50개 정도의 이벤트를 조직하고 여기에는 4천 내지 6천 명의 사람들이 참여한 것으로 확인되었다(L., 2007: 12).

이처럼 사회센터들은 최근 영국과 해외의 거대한 운동들로부터 자원을 끌어내거나 제공해왔다. 점거와 자유파티무대들, 반도로캠프들과 반G8, 기후행동과 무경계[국경허물기](no borders)운동 그리고 일시적으로 자기관리되는 그들의 캠프장들이 사회센터들을 촉발시켜 왔다. 영국에서 점거는 특히 런던과 거대 도시에서 활동을 위한 주요한 영감이었다. 그러나 작은 장소들에서 그리고 반복된 (종종 불법적인) 추방에 직면하여 그리고 적당한 빈 곳이 부족하여 지난 몇 년 동안 임대하거나 구입한 사회센터들의 수가 증가해 왔다. 또한 사회주의자, 협동주의자, 펑크족, DIY 문화활동가, 반파시스트, 평화주의자, 채식주의자, 청구인조합운동과 연계해 왔다. 따라서 사회센터와 자율공간을 둘러싼 세계는 분명하게 범주화할 수 없는 풍부하고 다양한 정치세계이다.

이처럼 1990년대 후반 이후로 영국에서는 특히 더 비싸고 사유화되어 있으며 기업들이 소유한 도시중심가 지역에서 사회센터 개념과 폭넓게 연결된 자율공간들과 공동체들의 네트워크가 성장하였다.

2절. 영국 사회센터 및 자율공간 운동

1. 사회센터 및 자율공간의 유형과 분포

1) 유형

지난 30년 동안 영국의 사회센터운동은 세 가지의 구분되지만 겹치는 시기들을 보여 왔다. 1980년대 초기 아나코펑크 시기의 자율클럽들, 1990년대 파티와 저항 시기의 점거카페들 그리고 2000년대의 전 지구적 반자본주의 운동을 하는 좀 더 커다란 사회센터들이 활동하는 시기로 구분할 수 있겠다.

이와 달리 사회센터들을 그 형성방식에 따라 구분할 수도 있다. 브래드포드에 있는 '원 인 트웰브 클럽'(1 in 12 Club)은 1980년대 후반 급진적인 아나코펑크 무대와 자율클럽들의 전통에서 생긴 가장 오래된 사회센터이다. 그리고 리버풀에 있는 '카사'(Casa)는 1995－1998년 독커스(Dockers) 파업에서 직접적으로 생겨난 사회주의적인 성격의 클럽이다. 그리고 20세기 초반의 노동조합 및 협동조합운동으로부터 생겨난 헤브덴 브리지에 있는 '트레이즈'(Trades)는 오늘날까지도 견고하게 사회주의적인 외관을 유지하는 클럽이다. 이 사회센터들은 전통적인 운동의 연장선상에서 만들어진 것들이다.

그리고 좀 더 영구적인 장소를 유지하기 위해서 건물을 구입하거나 임대하는 방식으로 형성된 사회센터들이 있다. 이러한 사회센터들에서 활동가들은 급진적 활동을 위한 안정적인 토대를 만들기 위해 노력해 왔다. 브리스톨에 있는 '케벨 문화기획', 노팅햄에 있는 '수맥센터', 브라이튼에 있는 '카울리클럽', 런던에 있는 'LARC'는 구입한 건물에 설립한 사회센터들이다.

또한 임대된 사회센터들이 있는데, 화재가 난 이후에 다시 연 맨체스터에 있는 '지하실'(Basement), 리즈에 있는 '공통장소'(Common Place), 지금은 닫힌 글래스고에 있는 '조지스 엑스 칠판'(Georges X Chalkboard), 더블린에 있는 '세오마 스프로아이'(Seoma Sproai), 카디프에 있는 'PAD'(민중자율도착지, People's Autonomous Destination) 등을 들 수 있다.

또한 좀 더 작은 정보상점들과 자원센터들로는 '에딘버러 자율센터'(ACE), 남부 런던에 있는 '56A 정보상점'(56A Info Shop) 등이 있다. 좀 더 예술적이고 창조적인 것에 초점을 맞춘 곳으로 뉴캐슬에 있는 '별과 그림자 집합체'(Star and Shadow Collective)는 특히 독립영화관을 운영하며, 에딘버러에 있는 '수풀카페'(Forest Cafe)도 다양한 활동을 벌인다.

그러나 무엇보다도 이러한 광범한 네트워크를 위한 긴밀한 연대와 영감을 계속 유지하고 있는 많은 스쾃 점거지(점거된 사회센터)들이 있다. 런던에 있는 '캠버웰 점거기획'(Camberwell Squatted Project), 동 런던에서 오랫동안 유지되고 있는 '램파트' 점거지(RampART)가 그것이다. 램파트는 추방된 뒤 새로운 건물에서 다시 시작하였다. 그리고 '런던 사회센터 네트워크'(London Social Center Network)에 의해서 이루어진 몇몇 점거된 사회센터가 있다. 게다가 뭐라고 특징지을 수 없는 장소들도 있나. 리버풀에 있는 새로운 사회센터인 '넥스트 투 노웨어'(Next to Nowhere) 또는 브리스톨, 맨체스터, 런던에 있는 '일시적인 자율적 예술 점거지들'(Temporary Autonomous Arts Squats) 그리고 눈에 띠지 않는(invisible) 더 많은 것들이 있다. 또한 분명한 급진적·정치적 입장을 지니지 않기 때문에 잘 드러나지 않는 많은 독립된 프로젝트들이 있다(Anonymous, 2008: 4).

말하자면 사회센터는 일반적인 명칭이고 흔히 여기에는 자원센터와 정보상점, 다양한 카페 등이 포함되어 있다. 모임방, 서점, 도서관, 카페, 영화관, 연주공간, 콘서트홀, 인터넷방 등 다양한 공간들을 포함하고 있는 사회센터들이 있고, 이 가운데 두세 가지 공간을 지닌 사회센터들 그리고 서점, 카페, 지원센터 등 한 가지 기능만을 지닌 공간들이 있다. 사회센터는 기본적으로 복수의 기능을 지니고 있는데 반해서, 자원센터와 서점, 정보상점은 비교적 단일한 (또는 두세 가지)

기능을 갖는다는 점으로 구분되기도 한다. 그리고 사회센터라는 이름을 갖지 않는 다양한 자율공간들이 있는데, 이들도 대부분 복수적인 기능을 지니고 있다.

더욱이 사회센터들 가운데는 분명하게 유형 구분이 되지 않는 것들이 많다. 사회센터, 카페, 장소[공간], 클럽, 센터, 프로젝트, 공장 등의 이름을 붙이거나, '넥스트 투 노웨어'처럼 고유명사로만 되어 있는 것도 있다.

2) 분포

〈표 6-1〉은 1980년대 이래 존재했던 주요한 사회센터들을 보여주며, 〈그림 6-1〉은 사회센터, 급진적 서점, 정보상점을 포함하는 자율공간들의 상태(2008년)를 보여주고 있다.

〈표 6-1〉 1980년대 이래 영국의 사회센터들과 자율공간들

일련번호	이 름	기 간	지 역	유 형	기 타
1	1-2-1 Centre	1980~1997	런던	점거	
2	1 in 12 Club	1981~현재	브래드포드	협동소유	http://www.1in12.com
3	Autonomy Centre	1982~1983	런던	점거	
4	PAD	1982~1985 ~2011	Dunfermline 카디프	임대	
5	The LMC	1982~1983	런던	임대	
6	Centro Iberico	1982	런던	점거	
7	The Recession Club	1983~1984	런던		
8	The Station	1980s	게이츠헤드	임대	
9	Counterpoint	1984~1987	브레츨리		

10	Giros/Warzone	1985~2003 ~현재	벨파스트	점거 후 임대	http://www.warzonecollective.com
11	Rainbow Centre	1985~2001	노팅엄	임대	
12	Blackcurrent	1983~현재	노르트앰튼	협동소유	
13	ACE	1991~현재	에든버러	임대	
14	Kebele(Cultural Project)	1995~현재	브리스톨	검거 후 소유	http://www.kebelecoop.org
15	Anarchist Teapots	1996~1999	브라이턴	점거	여러 개
16	OKasional Cafe	1998~2003? ~2011	맨체스터	점거	여러 개
17	A-Spire	1999~2005? ~2011	리즈	점거	여러 개
18	Button Factory	1999~2001	런던	점거	
19	Eclectic City	2000~2002	뉴캐슬	점거	
20	LARC	1999~현재	런던	협동소유	http://www.londonarc.org
21	Radical Dairy	2001~2003	런던	점거	
22	Atherton Nursey	2000	런던	점거	
23	Sumac Centre	2002~현재	노팅엄	협동소유	http://www.sumac.org.uk
24	Hackney Wicked	2002	런던	점거	
25	Cowley Club	2003~현재	브라이턴	협동소유	http://www.cowleyclub.org.uk
26	Ex-Grand Banks	2004	런던	점거	
27	Maelsteom	2004	리즈	점거	
28	RampART	2004~현재	런던	점거	
29	The Circle Community Centre	2004~2006	런던	점거	
30	Basement	2004~현재	맨체스터	임대	
31	Institute for Autonomy	2005	런던	점거	
32	The Common Place	2005~현재	리즈	임대	http://www.thecommonplace.org.uk
33	Matidas	2005~2006	셰필드	임대 후 점거	
34	ASBO	2005~현재	노팅엄	점거	

35	Nursey	2005	버밍엄	점거	
36	OCSET Ⅰ, Ⅱ, Ⅲ	2004	옥스퍼드	점거	
37	Ptrinworks	2004	글래스고	임대	
38	OARC	2005~현재	옥스포드	임대	http://www.theoarc.org.uk
39	Chalkboard	2005~2006	글래스고	임대	
40	The Square	2006	런던	점거	
41	Everything for Everyone	2006	런던	점거	
42	Shearbridge	2006	브래드포드	점거	
43	The Cottage of Content	2006	버밍엄	점거	
44	Lost and Found	2006	맨체스터	점거	
45	Viva Six Fingers	2006	프레스톤	점거	
46	Bradford Centre for Nonviolence	2007~현재	브래드포드		
47	Star and Shadow	2007?~현재	뉴캐슬		http://www.starandshadow.org.uk
48	Next to Nowhere	2007~현재	리버풀		http://www.liverpoolsocialcentre.org
49	Casa/Initiative Factory	1995?~현재	리버풀		http://www.initfactory.gn.apc.org
50	Section Six	~현재	노리치		http://www.myspace.com/wherewillitbe
51	The Factory	2008?~현재	브리스톨		http://freefactory.wordpress.com
52	Mill Road Social Centre	2008?~2011	케임브리지		
53	Lancaster Resource Centre	~현재	랭커스터		
54	Bradford Resource Centre	~현재	브래드포드		
55	56@Infoshop	~현재	런던		
56	The Forest	~현재	에든버러		

자료: Hodkinson and Chatterton(2005: 308); www.indymedia.org.uk; http://en.wikipedia.org/wiki/Social_center; http://socialcentresnetwork.wordpress.com/, 각 사회센터 홈페이지.

〈표 6-1〉에서 알 수 있듯이, 1980년대 초반에 사회센터들이 10여 개 이상 생겨났다. 점거, 임대, 협동소유 형식이 나타났으며 점거지는 짧은 기간 동안 생존하는 경우가 많았다. 그리고 협동소유하는 경우 현재까지 이어지기도 한다.

1990년대에는 다양한 점거카페가 나타났고 다양한 열린 공간에서 춤추며 저항하는 문화가 확산되었다. 그래서 특정 장소에서 지속되는 사회센터들은 많지 않았다. 1999년 이후부터 2000년대 초반에는 점거 형식의 사회센터들이 많이 나타났다. 그러나 점거 형식의 사회센터들은 단기간 존속하였고 협동소유 형식의 사회센터들은 지속되었다. 2004년부터 2006년 사이에 사회센터들이 아주 많이 생겨났는데, 점거 형식의 사회센터들도 여전히 많이 나타났지만 이전 시기에 비해서 임대 형식의 사회센터들이 더 많이 나타났다.

그 이후에도 다양한 사회센터들이 사라지고 다시 생겨나는 양상을 보이고 있다. 어쨌든 영국의 사회센터들은 2000년대 중반 이후 활발하게 활동했다고 볼 수 있다. 2010년에도 20여 개 이상의 사회센터들이 활동하고 있다. 물론 여기에는 정보상점이나 카페, 자원센터 등도 포함되어 있다. 그러나 많은 자율공간들이 확인되지 않은 채 생겨났다 사라지고 있다고 보아야 할 것이다.

〈그림 6-1〉은 2008년 당시에 파악된 사회센터와 자율공간, 자원센터, 급진적 서점/정보상점의 분포이다. 이 공간들은 지역적으로 런던을 비롯한 대도시에 집중 분포되어 있으며, 다양한 형식들이 혼재하는 양상을 보이고 있다.

자료: Chatterton and Pickerill(2010: 477)

〈그림 6-1〉 영국 사회센터 및 자율공간의 분포(2008)

○ 사회센터들 + 자율공간들

1. Autonomous Centre of Edinburgh, 1991-현재, Edinburgh, 임대 http://www.autonomous.org.uk/
2. The Forest Cafe. Edinburgh
3. Star and Shadow Newcastle Upon Tyne Stepney Bank
4. The Common Place, 2009-현재, Leeds 23-25 Wharf Street

5. 1 in 12 Club, 1981-현재, Bradford, 협동소유 http://www.1in12.com
6. The Trades Club, Hebden Bridge.
7. Basement 2004—present(stop?), Manchester 임대
8. The Casa/Initiative Factory, Liverpool 29 Hope Street
9. Next To Nowhere, 2007—현재, Liverpool, 구입 http://www.liverpoolsocialcentre.org
10. Seomra Spraoi, Dublin
11. Sumac Centre, 2002—현재, Nottingham, 협동소유 http://www.sumac.org.uk
12. ASBO Community Space, Nottingham.
13. Kebele Cultural Project, Bristol 14 Robertson Road http://www.kebelecoop.org
14. Peoples Autonomous Destination(PAD), Cardiff
15. 56@infoshop, London
16. RampART Creative Centre & Social Space, London
17. Camberwell Squatted Centre, London
18. LARC, 1999—현재, London, 협동소유 http://www.londonarc.org
19. Cowley Club. Brighton

▲ 자원센터들

1. Infoseed, Edinburgh
2. Unity Centre, Glasgow
3. Lancaster Resource Centre(la. RC)
4. Oblong, Leeds
5. Blackcurrent Centre, Northampton
6. OARC—Oxford Action Resource Centre
7. Synergy Centre, London
8. Reading International Solidarity Centre

★ 급진적 서점/배포처

1. Word Power, Edinburgh
2. AK Press, Edinburgh
3. News From Nowhere, Liverpool.

4. Re-pressed, Leeds
5. Slendermeans, Sheffield
6. Little Thorn Books, Leicester
7. Housmans, London
8. Freedom, London
9. Broken Arrow, London
10. Active, London
11. October Books, Southampton
12. Natterjack Press, Brighton
13. Archway Books, Falmouth

2. 사회센터의 활동사례

1) ACE(에딘버러 자율센터)

ACE(에딘버러 자율센터)는 '사람들이 함께 일하는 사회센터'이다. 이곳은 '풀뿌리조직을 위해 자체기금으로 운영하는 공동체자원센터이며, 사람들이 자신들의 삶을 지금보다 더 스스로 조율할 수 있도록 돕는다.' 또한 '해결책을 제시하지는 않지만 각자를 지지하는 데 협력하는 것을 믿으며, 공동체 및 작업장 조직화, 사회적 이벤트, 사회변화를 위한 조직화를 포함한 다양한 활동에 개입한다.'[13]

ACE는 작은 상가 정면에 위치해 있다. 이 만남의 장소이자 정보상점(정보숍)은 점잖은 집들과 상점들(이들 중 일부는 고급화되고 있다)이 이질적으로 섞여 있는 에딘버러 한 구역의 조용한 거리에 있다. ACE는 화요일 오후, 청구자 지정일, 일요일 오후, 정보상점날에 열린다.

또한 ACE는 만남을 위한 공간이다. 예를 들어 2000년 1월에는

13) http://www.autonomous.org.uk/

'에딘버러의 자율여성들', '분노한 청년들', '에딘버러 동물권리', '청년연대집단', '커뮤티니집합체', '죄수지지' 집단뿐만 아니라, 에딘버러에서 노동절에 그리고 2000년에 제안된 테러리즘 헌장에 대한 반응들을 토론하기 위해서 모인 사람들이 정규적으로 ACE에서 만났다.

ACE를 구성하는 사람들의 수는 파악할 수 없다. ACE는 배타적인 집단이나 단일쟁점 압력집단으로 행동하지 않으며, 일련의 네트워크의 일부를 이룬다. 이 네트워크들은 지역수준에서는 에딘버러 안에서 작동하고 전국적 수준에서는 스코틀랜드뿐만 아니라 영국 전역과 국제적인 수준에서 작동하며, 이 네트워크에서 온 활동가들은 많은 캠페인들과 행동들에 개입한다. ACE활동가들은 여기에 참여해서 자신들의 공간을 에딘버러 안에 있는 반전활동을 위한 모임장소로서 사용하여, 다른 지역집단들에서 온 활동가들을 광범위하게 결합시킨다. 다음으로 스코틀랜드 수준에서 ACE의 활동가들은 에딘버러 교외에서 '빌스턴 글렌 통과저지캠페인'에 개입해왔다. 그리고 ACE는 캠페인에 참여하기를 원하거나 정보를 알고자 하는 다른 사람들을 위한 정보지점이자 전화대시설로서 활동하고 기능한다. 이처럼 사실상 ACE는 지역에서 일어나고 있는 캠페인들과 직접행동들을 위한 정보센터라는 역할에서 더 나아가 전국적인 네트워크의 일부로서 활동한다.

ACE는 물리적 공간이 작은 편이기 때문에 큰 규모의 기부연주행사나 모임은 서몽고메리 플레이스 빌딩 밖에서 열린다. 다른 한편으로는 정보상점으로, 사람들을 모으고 활동과 행사에 대한 정보를 확산시키는 기능을 하며, 정보상점 네트워크에 속한다. 이 네트워크의 웹사이트는 네트워크의 주요 목적을, ① 정보상점을 경영하는 자율집단들 사이에 네트워킹, 스킬, 정보를 공유할 수 있게 하는 것, ② 다른 사람들에게 영감을 주어 그들 자신의 자율적인 공간을 만들도록 돕는 것, ③ 사람들로 하여금 컴퓨터에서 벗어나서 그들로 하여금 실질적인 공동체를 창조하기 원하는 사람들과 접촉하도록 함으로써 현실세계에 들어가게 하는 것(Lacey, 2005: 294)이라고 말하고 있다.

ACE는 광범위한 캠페인에서 정보를 끌어모은다. 예를 들어 ACE의 문이 열려 있을 때 지나가는 누구든 리플릿, 뉴스레터, 잡지, 다양한 캠페인에 관한 저널들을 가져갈 수 있다. ACE는 단일쟁점 캠페인 장소가 아니다. 대신 전체 착취체계에 대항하는 전투를 벌이기 위해서 상이한 투쟁들에 관한 정보를 많이 수집하려고 노력한다. 소책자, 전단, 팸플릿 등의 형식으로 생산된 많은 정보를 ACE에서 자유로이 배분하고, 이들 모두에 더 쉽게 접근하고 지배적인 교환양식에서 벗어나도록 도와준다.

영국 전역에서 자율센터들 사이에 수많은 연계의 사례들이 있는데, 'ACE'의 웹페이지, '1 in 12'의 웹페이지, 브라이튼 '아나키스트 티포트'의 웹페이지 'Do or Die!'와 'SchNEWS'를 들 수 있다(Lacey, 2005: 293-294). ACE의 웹사이트에는 '전쟁중단'(Stop the War, 에딘버러), '비핵화캠페인'(스코틀랜드), '스코틀랜드독립미디어센터', '전쟁이 아니라 계급전쟁', '평화캠프', 'A701 항의캠프'(Bilston Glen 통과저지캠페인), ACE 자체 등 센터를 매개로 활동하고 있는 집단들의 목록들이 실려 있다. ACE 집단들은 사회적 이벤트 또한 준비하며, 이 이벤트에는 비디오를 보는 밤과 소풍도 포함된다.

2) 아나키스트 티포트(Anarchist Teapots)

아나키스트 티포트는 직접행동에 참여해 온 사람들의 집합체이며 대부분 빈 건물 안에 들어가 싼 음식, 차, 커피 등 기부받은 음식을 무상으로 제공하는 이동장소이기도 하다. 2002년에 영국에서 활동하는 아나키스트 티포트는 두 개였다. 워딩(Worthing) 아나키스트 티포트(1998년 8월 설립)와 브라이턴(Brighton) 아나키스트 티포트는 정보를 교환하며 자본으로부터 자유로운 공간을 제공하자는 취지에서 설립되었다. 주로 점거된 공간들이나 아나키스트 티포트 정보진열대가 있는 거리에서 그러한 취지의 활동을 하였다. 2005년에는 브라이턴 아나키스트 티포트만이 활동하였으며 점거된 카페에서가 아니라 음식을 제공하는 움직이는 부엌의 형태로 활동가 모임의 음식을 제공하였다. 아나키스트 티포트와 유사한 다른 정보상점 카페들은 좀 더 오랫동안 유지되고 있으며 노리치, 노팅엄, 북런던, 리즈, 맨체스터에서 운영되고 있다. 이들 카페들은 현존하는 네트워크를 넘어서서 좀 더 다양하고 큰 네트워크를 만드는 데 기여한다.

2005년에 브라이턴 아나키스트 티포트는 8개의 상이한 점거 장소에서 여러 차례에 걸쳐 열렸고, 이것들은 스쾃센터들에 기반을 두고 있었다. 스쾃센터들에서 사람들은 아나키스트 티포트를 통해 차를 마실 수도 있고 책, 팸플릿, 파일, 잡지를 읽을 수도 있다. 그리고 서로 이야기하거나 정기적인 야간영화 상영에 참여하거나 야간토론에 참여한다. 이렇듯 아나키스트 티포트는 종종 점거한 건물 구내를 집합체들이 운영하는 정보상점들(자율센터들, 독서룸들, 무료카페들)로 바꾸기도 하여, 사람들이 만나서 이야기하고 정보를 얻을 수 있는 자율공간을 제공한다.

두 아나키스트 티포트 집합체는 점거된 센터들에 근거해 있었기 때문에 끊임없이 추방위협 아래 있었다. 그럼에도 워딩에 있던 아나키스트 티포트는 1998년 8월에 형성된 이래 많은 사안에서 '도시 안의 거실'의 역할을 해왔다. 그 집합체는 또한 종종 정보상점을 워딩과 브라이턴의 거리로 가져갔다. 무료 차, 유기농 과자와 정보를 제공하는 거리가판대를 설치하여, 가판대에 다가온 사람들과 집합체에 있는 사람들이 색다른 공간사용과 교환방법을 찾아 나갔다. 즉 정보상점을 점거한 공간에서 거리로 옮겨가려는 방식은 대안적인 공간사용에 대한 관심으로 이끌었다.

거리가판대 정보상점은 아나키스트 티포트가 자신들의 존재에 대해서 이미 알고 있는 친구들과 지인들의 범위를 넘어서서 나아갈 수 있도록 하는 더 커다란 기회를 제공하였다. 또한 아나키스트 티포트의 네트워크 크기를 증대시켜서, 더 많은 사람이 지역 캠페인과 활동에 관한 정보에 접근하고 점거한 아나키스트 티포트 공간에서 이루어지는 정규적인 이벤트에 참여할 수 있도록 하였다(Lacey, 2005: 295-296).

3) 원 인 트웰브(1 in 12)

브래드포드에 있는 '원 인 트웰브'는 이탈리아에서 발견되는 사회센터들의 축소판이다. '원 인 트웰브'는 정보상점뿐만 아니라 카페, 어린이놀이터, 바, 대형 모임장소, 퍼포먼스 공간을 제공한다. 또한 ACE와 아나키스트 티포트처럼 하나의 네트워크의 일부분이자 네트워크 촉진자이기도 하다. '원 인 트웰브'는 1981년에 아나키스트 지향의 브래드포드 [실업연금]청구자조합 주위에 하나의 집합체로서 형성되었다. '원 인 트웰브'는 ACE처럼 수년 동안 떠돌아다녔고 1988년에서야 안정된 공간을 마련하였다.

'원 인 트웰브'는 두 가지 구별되는 특징을 지닌다. 우선 그리고 가장 중요하게 그것은 특정한 정치적 이념과 사회변화를 촉진시키기 위해 함께 일하는 사람들의 집단이다. 둘째 그것은 클럽의 성원들이 거주하는 건물이다. 이 두 가지 특징은 중요하지만, 사실 건물이 있든 없든 '원 인 트웰브'는 운영된다. 처음 7년 동안 그 클럽은 도시 주위의 술집에서 유목적인 삶을 살았고 바로 이 시기 동안에 그 클럽의 정치적 · 사회적 행동에 대한 명성이 생겨났다.[14)]

클럽이 안정적인 공간을 계속 거부하는 것은 주목할 만하다. 이 주장의 밑바탕에는 사회관계가 공간에 의존하지 않는다는 믿음이 있다. 이 집합체는 안정적인 공간을 발견하기에 앞서 자신의 성원들과 자신의 주변에 살고 있는 사람들 사이에 공동체 감각을 만들어 내는 데 집중하였다. 그 클럽의 즉각적 목표는 저임금노동자들과 실업자들이 접근할 수 있는 사회적 무대를 만들고 유지하며 그것을 통해 자주관리, 협동, 상호부조라는 가치들을 촉진하는 것이었다.

'원 인 트웰브'는 이탈리아 사회센터들의 특징들 가운데 하나였던, 즉 '청년=반란=점거한 사회센터'라는 인식에서 벗어나고자 했다. 사회센터는 모든 사람의 장소이고 거기서는 랩과 마주르카(폴란드의 경쾌한 춤)가 같은 위상과 품위를 지니고 있었다. 거기서 열린 일관된 대중활동 가운데 하나는 지역밴드들이 함께하는, 특히 펑크밴드들이 함께 하는 '음악의 밤'이다. 그러나 클럽은 공연장을 펑크 팬들에게만 개방하는 것이 아니라, 광범한 성인들에게 어필하는 정규적인 퍼브 나이츠(pub nights)[15)]를 열기도 하고, 또한 토요일은 어린이들의 참여활동을 위해 클럽을 비워두면서 활동들을 다양화하려고 하였다(Lacey, 2005. 297-298).

---

14) http://www.1in12.com

15) 선술집에서 즐기는 밤.

4) A-스파이어(A-Spire): 일시적 자율지대

A-스파이어[첨탑]는 1999년과 2005년 사이에 리즈(Leeds)에서 일련의 점거공간들을 조직했던 유동적인 집합체였다(Pusey, 2010: 181-182). 각 공간이 실현한 것들이 달랐음에도, A-스파이어를 구성했던 사례들은 공통적으로 라이브밴드·파티·오픈-마이크 나이트(open-mic nights)[16]와 같은 DIY에 기반을 둔 엔터테인먼트, 정치영화상영, 워크숍, 미팅 그리고 건강하고 윤리적이며 완전한 채식용 음식을 제공하는 카페 등을 포함했다. 일부 일회성 활동들은 지역 스케이터들이 자신들을 위해 (거의 전부 지역 쓰레기통에서 찾아낸 재료로) 실내 스케이트 경사로를 짓는 활동이 있었다. 또한 퇴거당한 이후에 자전거 동력 음향 시스템과 전단지 배포를 동반해서 도심 전반에 걸쳐 A-스파이어들(A-Spireates)이 '운항하는' '해적선' 건물이 있었다.

각각의 구체적인 활동에서, A-스파이어는 이윤에 기반하지 않고 어디에서나 무료로 가능한 한 직접 만든 음식, 쉼터 그리고 오락을 제공하였다. A-스파이어는 개인이나 집단에 속하지 않고 사용할 필요가 있거나 욕망하는 사람들이 어디에서나 자유롭게[무료로] 사용하는 공통자원을 창조하려고 하였다.[17]

A-스파이어는 리즈 시내에 존재하는 다양한 실타래들, 즉 정치 활동가들과 거리를 걷고 있는 사람들뿐만 아니라 학생들, DIY 뮤직 신 사이의 공통성의 지점으로 행동했다. 이 모든 요소는 공통의 기획(a common project), 즉 공통의 생산 —창조적이 되고, 점점 더 소비에 기

16) 어떤 스타일의 음악가도 와서 서로 연주하는 장소.

17) 이런 점에서 A-스파이어의 가치는 반자본주의적이며, A-스파이어 자체는 지역적으로나 전 지구적으로나 도입되고 있는 인클로저에 반대하는 존재로 볼 수 있다.

반하는 도시의 압력에서 벗어나고, 새로운 활동 형태를 탐색하는 데 절대적으로 필요한 공간— 위에서 협력하기 위해 합류했다. A-스파이어의 목적 가운데 하나는 사람들이 '공통으로(in common)' 작동하고 유지되는 어떤 것을 창조해낼 수 있고 협력할 수 있는 공간을 열어젖히는 것이었다.

A-스파이어의 중요한 요소들은 아나키스트적이고 반자본주의적인 정치, 무료로 음식과 오락을 제공하는 것 그리고 집합적인 것과 공통적인 것에 초점을 맞추는 것을 포함한다. 자기관리와 "각자는 능력에 따라, 수요에 따라 각자에게"라는 원리를 통해, 사람들은 그 속에서 자본주의적 사회관계와는 다른 세계를 조직하고 바라보는 새로운 방식을 자유롭게 실험하는 공간을 창조한다. A-스파이어는 '허가'를 받지 않고 공산을 점유했고, 그러한 공간 안에서 '집합행동, 공유된 동기와 비전, 관심 있는 사람들과의 만남, 소속감과 색다른 부드러움이라는 느낌'을 만들어 갔다.

3절. 영국 사회센터 및 자율공간의 특성

사회센터 및 자율공간이 드러내는 정치적 공간을 어떻게 이해해야 할까? 다양한 차이에도 불구하고 사회센터의 경험을 나타내고 규정하는 많은 공통적인 경향을 이야기할 수 있다. 바로 다양성과 차이의 강조가 그 핵심이다. 모든 사회센터가 광범한 자율운동에 속하지만, 각 공간은 기원과 성격에서 그리고 그들이 설립된 시대와 사회정치적 맥락을 반영한다는 점에서 특유하다. 즉 사회센터는 철학적 흐름들,

개인적 이야기들, 지역문화들, 건물 자체가 드러내는 물리적 외관들의 특수한 혼합물이다. 어떤 것들은 물질적으로 주거가 필요했기 때문에 그 해결책으로 점거기획에서 시작했고('케벨'), 다른 것들은 자신들을 훨씬 더 대결적인 점거된 사회센터운동과 연결시키는 데서 알 수 있듯이 분명하게 반자본주의적이고 아나키스트적이다('전 거대은행들', '광장'). 반면에 또 다른 것들은 좀 더 독립적인 공동체센터들과 유사하다('수맥센터'). 크기가 좀 더 작은 사회센터들은 종종 활동과 캠페인을 위한 자원을 제공하는 LARC, 청구인들에게 조언하는 ACE, 급진적 서점이나 채식카페처럼 특수한 측면을 우선시한다(Hodkinson and Chatterton, 2006: 310-311).

다양성과 차이를 강조함에도 사회센터들과 자율공간들은 다음과 같은 공통적인 쟁점들에 관련되어 있다.

1. 합법과 불법 사이에서

사회센터들 안에서 그리고 사회센터들 사이에서 주요한 정치적 긴장들 가운데 하나는 어디에서나 합법화 문제이다. 사회센터들은 자본주의 사회에서 당연시 여기는 토지나 건물의 사유화나 독점화를 무시하며 자신들이 사용할 공간을 점거하여 사용한다. 그로 인해 소유주나 공공기관과의 갈등이 생기며, 불법점거를 계속할 경우 퇴거압력에 시달리게 된다. 점거와 퇴거를 반복하는 것이 점거한 사회센터들의 일반적인 상황이다. 그러다 소유주나 공공기관이 불법점거 상황에서 갈등을 계속 해 나가기보다는 임대를 제안하게 되었다. 일부 사회센터들도 자신의 존속과 지역민과의 지속적인 활동을 위해서 임대계약을 받아들이며 안정적인 토대를 마련하고자 했다. 1990년대 중반에 이탈리아에서 수십 개의 점거한 사회센터들이 국가에 의한 합법화를 받아들이기 시작했다. 이에 반대하는 몇몇 사회센터들은 대결적인 투쟁이 합법화되고 재구조화되고 조절되고 국가에 의해서 통제되는 사회센터들에 의해 수행될 수 있다고 믿는 사람들을 바보라고 했고, 이 과정에서 격렬한 논쟁이 있었다(Occupato and Occupato, 1995). 특히 이탈리아와 독일 그리고 중부유럽에서 점거한 사회센터들은 불법점거 후에 합법화(임대)의 길로 들어섰고, 그 과정에서 합법화 논쟁이 일어났다. 물론 영국에서도 여전히 불법점거 형식의 사회센터들이 있고 불법점거 후 합법화된 것들도 있다.

그런데 영국에서는 처음부터 합법화(임대나 구입)의 길로 가는 사회센터들이 있다. 이렇게 임대하거나 구입한 사회센터들의 증가물결에 대응하여 이탈리아나 중부유럽의 합법화에 대한 것과 비슷한 비판이 영국 사회센터 안에서도 나타났다. 비판가들은 점거한 공간의 장기간의 지속성과 영속성을 추구하는 논리는 인정하지만, 점거공간들이 한번 합법화되면 항상 합법적 반응이 우선적인 것이 되고 국가가 지원하는 자격들을 잃거나 폐쇄되지 않으려고 사적인 소유관계를 따르게 될 것이라고 주장한다. 결국 임대료와 담보물을 끊임없이 구해야 하다 보니 사회센터들은 급속히 사회적 기업으로 변형된다. 그리고 자본주의사회와 똑같이 소외시키고 권위주의적인 구조를 만들어 내며 그 공간을 지키기 위해서 급진적 집단들을 불편하게 만들거나 그들의 급진주의를 제한하도록 강요한다. 합법화(임대나 구입)는 활동가들이 엄청난 양의 시간, 에너지, 자원을 공적 공간을 위한 실질적 싸움인 점거에 투여할 필요가 없도록 할 수 있다. 그러나 동시에 합법적인 장애물들에 둘러싸이고 불필요한 관료제의 타협에 근거한, 본질적으로 급진적이지 않고 자유주의적인 프로젝트로 가게 한다(Anon, 2003:

185-187; Hodkinson and Chatterton, 2006: 313에서 재인용).

이러한 비판은 분명히 몇몇 형태나 모습에서 모든 영국 사회센터의 경험과 공명한다. 공간반란의 논리는 공간기업의 논리에 대립하고, 합법적으로 순응하는 사회센터를 유지하려는 압력은 보통 무료공간을 시장할당과 가처분소득을 위해 경쟁하는 또 다른 소비지향의, 즉 소득을 산출하는 도시 야간업소로 바꿀 수 있다. 월급을 받지 않는 자원자로 이루어진 반(半)영구적인 스태프는 하찮은 일들, 책임들, 서비스 제공의 부담에 쌓여서 사회센터의 방향과 관련한 비판적인 성찰과 소통을 위한 그리고 직접행동을 위한 시간과 공간을 점점 잃게 된다. 반면 점거라는 형태가 사람들로 하여금 사적 소유의 규칙에 따르는 제한들과 타협들에서 벗어나게 될 때조차도, 점거한 사회센터들은 여전히 자본주의 안에 갇혀 있다. 그들 역시 사람들과의 연대요청, 비용, 빚 때문에 그 공간을 기금을 늘이기 위한 사람들과 활동들로 끊임없이 채우려는 욕망에 쉽게 사로잡힐 수 있다. 어쨌든 (타협-회수된) 합법화라는 악과 점거한 사회센터의 철저한 순수성 사이의 이원적인 대립에 집착하면 그들 간의 변증법적 관계를 이해할 수 없다.

임대한 또는 구입한 사회센터들 가운데 상당수가 1990년대의 점거카페와 항의캠프 배후에 있는 집합체들에 의해서 운영된다. 이러한 집합체들은 도시에서 점거하고 지역주민과 관계를 맺기 시작하자마자 쫓겨남으로써 점차 지치고 좌절하고 나가떨어져 버렸다. 급진-자율 정치의 게토화에 대항하는 반응으로서 좀 더 안정적인 기지기반을 만들려는 욕망은, 사람들로 하여금 신자유주의 정치에 도전하는 데 참여하도록 하고 대결적인 사회운동의 역사적 위약함에 반응하기 위해 좀 더 열리고 접근 가능한 공간들을 창출하려는 의식적이고 전략적인 움직임을 만들어 낸다. 사유건물을 사거나 임대하는 것은 전투적으로 점거하는 것보다 훨씬 덜 대결적이지만, 재집합화라는 동일한 목표를 향해서 소유체계와 전술적으로 타협하는 것으로 보아야 한다. 동일한 지역에 점거된 공간들과 합법적 공간들이 공존하고 있다.

2000년대 들어 영국에서 자율공간들과 사회센터들의 증가를 두고 가장 논쟁적인 측면 가운데 하나는 점거할 것인가, 임대나 구입의 형태로 갈 것인가에 대한 것이었다. 2004년 여름에 나온 한 팸플릿은 '당신은 사회적 상황으로부터 빠져나가는 길을 임대할 수 없다'(rogue element, 2004)라고 주장하며 임대되거나 구입된 공간들은 점거운동을 약화시킬 것이며 점거가 더욱 철저하고 긴급하다고 주장하였다. 분명 이것도 타당하지만, 많은 활동가들은 짧은 기간의 실험, 추방, 억압의 반복적인 사이클에 직면하여 좀 더 지속적인(안정적인) 것을 원했으므로, 그 두 가지 접근법은 상호 배타적이지 않다. 많은 경우에 임대하거나 구입하여 지속적이게 됨으로써 점거와 함께 이루어지는 저항문화를 잃어버린다는 것은 사실이다. 그러나 임대나 구입을 통해 만든 사회센터들은 특히 어떤 이유로도 점거된 공간에 오지 않는 사람들과 더욱 깊은 연대관계를 만들었다. 자본의 확장압력과 경찰억압의 상황에서 실용적인 이러한 방식이 지닌 효과에 대해 논쟁하는 것은 아주 중요한 것으로 남아 있다. 그러나 이때 불법점거냐 임대(또는 구입)냐 하는 이원적인 구분에 빠지는 것을 조심해야 한다. 좀 더 일시적인 공간들과 좀 더 지속적인 공간들 사이에 많은 연대 사례들이 있고 상호 지지가 있으며, 그들은 서로의 힘을 먹고 살기 때문이다(Anonymous, 2008: 3).

실제로 사회센터들 및 자율공간들의 네트워크를 만들어 가는 데서 합법화된 안정된 공간들이 중요한 역할을 한다. 그러한 공간들은 모임의 공간이 될 뿐만 아니라 정보의 수집과 확산에 중요한 허브 역할을 한다. 또한 합법화된 공간에서 활동하는 사람들이나 집합체가 불법적 점거에 참여하기도 한다. 즉 안정된 공간을 토대로 하면서 점거활동을 하는 것이다. 그래서 사실상 활동가들 사이에서는 합법활동가인가 불법활동가 하는 구분이 불분명해지기도 한다.

2. 게토에서 네트워크로

실제로 모든 사회센터는 꽤 동질적인 계급, 인종, 문화적 정체성(중간계급, 백인, 하위문화) 주위에 게토화된다. 외부사람들에게는 사회센터가 활동가들과 그 친구들을 위한 폐쇄되고 사적인 공간이나 클럽으로 보일 수도 있다. 또한 사회센터들이 고립되어 있고 서로의 연계와 광범한 시민사회와의 연계가 약할 때에는, 이것이 사회변화에 기여하는지 불분명하다. 즉 게토화의 가능성을 갖고 있는 것이 사실이다.

특히 합법화된 사회센터들의 약점은 참여하는 사람들이 정규적인 직업을 갖고 사회센터공간을 그들의 여유시간에 운영하기 때문에 낮 동안에는 폐쇄되는 경향이 있다는 것이다. 이것은 현재 참여자들이 일시적으로는 덜 긴장하고 가능하면 더 유지할 수 있게 만들지만, 장기적인 관점에서 볼 때에는 개입한 사람들의 역동성과 다양성을 줄이며 그들의 일상생활에 참여할 수 없게 만든다는 위험이 있다. 안전한(피난처이고 위험이 없다는 의미에서) 공간이라는 특성 때문에 그러한 사회센터들은 다른 세계로 나가는 문이 되기보다는 제한된 지평을 지닌 문, 닫힌 공동체가 될 가능성이 있다. 여기서 활동가의 주요한 과제는 게토에서 벗어난 정치전략을 발전시키는 것이라고 할 수 있다. 사회센터들은 모델화된 청사진을 거부하고 좀 더 유연하고 실험적이며 참여적인 접근법을 찾아 나서야 할 것이다.

영국의 사회센터들은 정치모임의 (무료)장소나 허브를 창조한다.[18] 활동가들과 관련 시민들은 이곳에서 자본주의에 대항하는 사회투쟁을 진척시키기 위한 정치적 모임이나 거래를 할 수 있고 네트워크화할 수 있으며 조직화할 수 있다. 사회센터 공간들은 거의 매일 사용된다. 즉 활동가들이 거기에서 모임, 워크숍, 영화의 밤, 연대행사, 팸플릿작성, 배너만들기, 독서집단, 드럼배우기, 대규모집회 등 다양한 일들을 하기 때문이다. 그리고 사회센터들은 다양하지만 반전, 환경, 동물 관련 권리들을 강조하고 독립적인 매체 네트워크를 추구하며, 팔레스타인과 사파티스타에 대한 연대, 반자본 활동 등의 공통적인 특징을 지닌다. 모든 사회센터에서 분명하게 두드러진 것으로는 정신병원 및 이주자투쟁과의 연대이다. 이것은 예를 들어 '경계 없애기 네트워크'(No Borders Network)를 통해서 이루어지는데, 이 네트워크는 수용, 구펍, 추방에 반대해 싸운다.

또한 사회센터들은 다양한 사회운동분파들을 한 지붕 아래 모아 대화, 오염[전염], 더 커다란 통일이 이루어질 수 있게 한다. 공적인 행사들을 조직하고 값싼 카페를 운영함으로써 더 광범한 사회의 구성원이 공간을 통해 순환하게 하고 사회활동가들을 더욱 확산, 강화시킨다.

2004년 이래 다양한 접근법들의 타당성에 대한 논쟁을 넘어서서 자율공간들과 (임대된, 점거한 또는 구입한) 사회센터들의 네트워크를 만들려는 의식적인 노력이 있었다. 그 일환으로 '영국사회센터네트워크'의 모임들이 런던의 연례 아나키스트 책박람회와 다른 커다란 정치적

18) 이탈리아의 경험에서 볼 때 사회센터는 지고, 공유된 징세싱, 특정한 캠페인을 위한 전술적 동맹에 기초한 좀 더 광범한 지역적 전국적 네트워크에서 정치적으로 자율적인 노드(node)들로 활동한다.

집회에서 이루어져왔다. 예를 들어 두 가지 광범한 네트워크 모임이 열렸다. 첫 번째 모임은 2006년 1월에 리즈에서 열렸고 두 번째 모임은 2007년 2월에 브래드포드에서 열렸다. 브래드포드 모임에는 약 20여 개의 자율적 사회센터에서 온 사람들이 어떻게 서로를 지지하고 네트워크를 강화할지, 어떻게 어려움을 극복하는 전략들과 경험들을 공유할지에 대해서 토론하였다(Anonymous, 2008: 4).

또 다른 흐름에서 2007년 1월에 제2회 전국사회센터모임이 블래드포드의 '원 인 트웰브'에서 열렸다. 15개의 상이한 사회센터에서 온 약 40여 명이 다양한 공간들을 어떻게 조직하고 연결할 것인가에 대해 토론하였다(L., 2008: 12).

또한 사회센터들과 자율공간들은 최근 몇 년 동안 유럽 전역에 걸친 경찰의 억압증가에 시달리고 있다. 최근의 정점은 오랫동안 유지되어 온 덴마크 코펜하겐에 있던 '청년의 집'(Undomhuset)이 2007년 3월에 추방된 것이다. 이 사회센터의 공간을 지지하기 위해서 수천 명이 거리로 나와서 공개적으로 싸웠다. 스쾃(점거지)에 대한 억압은 스페인, 독일, 프랑스, 영국에서 점거운동에 대항한 유럽경찰의 공조를 통해 계속 증가하고 있다. 그에 대한 대응으로 2008년 리즈에서는 전국점거자 모임이 열려 사태에 대비하기 위한 토론을 하였다(Finch, 2008: 76-78). 이어서 2008년 4월에 점거지들과 자율공간을 지지하는 행동의 날을 촉구하는 유럽 범위의 모임요청이 있었다(Anonymous, 2008: 3).

3. 대안사회의 구성 가능성

공간을 장악하고 그것을 신자유주의와 도시공간 폐쇄에 대한 의식적인 거부 및 대결의 일부로서 공중에게 열어 가는 바로 그 행동이, 사회센터들을 주거점거지나 주거공동체와 구별할 수 있게 하는 지점이다. 이탈리아에서처럼 도시나 시내 중심에 기반을 두고 있는 사회센터들의 공통 주제는 고급화[도심재활성화](gentrification)에 대한 반대이다. 고급화는 엔터테인먼트[연예]를 기업화하고 공동체센터 및 지역상점을 폐쇄하고 기업식 연쇄점과 사치품상점으로 재생함으로써, 실질적으로 만나서 사교할 무료공간이나 싼 공간들을 없애는 것으로부터 시작한다. 사회센터들은 자본(또는 국가나 지방자치단체)이 비워 둔 또는 버린 건물들을 점거하고 그것들을 수리하여 정치, 모임, 연회를 위한 비상업적인 장소로 만들어 간다. 그렇게 하여 고급화와 같은 신자유주의적 과정에 공개적으로 도전한다. 즉 토지와 소유물이 전 지구적 자본 또는 지역을 넘어선 자본에 봉사하는 것이 아니라 사회적 필요를 충족시키도록 사용되어야 한다고 제기한다.

좀 더 구체적으로 보면, 기업도시의 체인점들과 디자인 바(bar)들의 배타적이고 유동적이며 종종 잔인한 상호작용에 둘러싸인 채, 사회센터들은 일상생활의 팽배한 개인주의를 의문시하고 그것과 대결하는 것을 바로 자신의 존재 이유로 삼는 사람들을 모이게 한다. 사회센터들은 활동을 추구함과 동시에 연계와 공동체를 추구하려는 활동가 네트워크의 구체적인 표명이라고 볼 수 있다. 그러한 점에서 사회센터들은 사람들이 모여서 실험하고 상이한 속도로 살고 결합할 수 있도록 하는 공간이다.

사회센터들은 협동, 연대, 상호 부조를 통해 사회적 유대를 만들어 가려 한다. 인종적 · 젠더적 · 성적 차별을 허용하지 않고, 위계적 권력관계에 대립하며, 정규적이고 공개적인 모임을 갖고, 합의에 의한 집합적 의사결정을 강조한다. 또한 가능한 한 모든 사람이 참여하는 것을 추구한다. 즉 사회센터들은 지도자도 없고, 위원회나 어떤 다른 영구적 구조도 가지고 있지 않다.

이러한 측면에서 사회센터의 운영방식은 보통 자주관리라고 이야기된다.[19] 실제 영국의 사회센터들의 활동도 자주관리라는 생각에 입각해 있다. 영국의 사회센터들은 모임방, 급진적인 서점이나 도서관, 값싼 카페, 음악 연주공간, 녹음스튜디오, 콘서트/영화 상영공간, 무료상점, 인터넷 사용공간을 발전시켜 왔다. 또한 컴퓨터 강좌, 연금상담, 언어교실, 자전거 워크숍 그리고 탁아소 등을 제공하기도 한다. 몇몇 사회센터는 홈리스 국제활동가들과 정신병원 탐색가들이 자기조직할 수 있도록 일시적인 피난처를 제공한다. 이러한 활동들을 독립적인 재정과 자가생산을 통해서 해 나가고 있다.

사회센터들에서 생산되는 것은 보통 기부로 이루어진다. 제시된 가격을 내지 못할 경우는 자신이 할 수 있는 것을 하면 된다. 신체기부, 즉 노동을 하면 된다. 그러나 이러한 활동은 사회적으로 필요한 공적 서비스를 값싸게 재창조하는 것이 아니다. 대신 그것은 이윤이 아니라 필요에 근거하고 지구를 존중하는 대안적인 경제 모델들을 발명하는 것이다. 대부분의 사회센터들은 공정하게 거래된 지역생산물만을 사용하고 소비와 에너지를 최소화하며 가능한 한 많이 재활용하고 고기를 제공하지 않는다.

사회센터들은 일상생활 속에서 수평성을 실천해야 하는 도전에 직

---

19) 이탈리아의 경우에 젊은이들이 자본과 부르주아적 허세로부터 '도시를 장악'하려고 노력하였고, 노동은 그 경제 안에 살고 있는 사람들의 직접적인 필요에 봉사하는 대안적이고 독립적인 소규모 경제를 창조하기 위한 노력이었다. 이러한 활동들은 자주관리(autogestione)라는 좀 더 넓은 틀로 이해할 수 있겠다. 이 자주관리는 국가나 자본으로부터 독립적인 사회적·정치적·반문화적 이벤트들의 자가생산·독립재정·자주관리라는 생각을 포함하고 있다.

면한다. 모든 형식의 위계제에 대한 반대는 종종 다원주의를 변호하고 더 큰일을 도모할 수 있게 하는 그 어떤 의사결정도 할 수 없게 만들 수 있다. 대중적인 공개모임을 통해서 그렇게 광범하고 복합적인 실체들을 운영하는 것은 신입자들에게는 달갑지 않은 구조화되지 않은 지루한 토론시간들로 이어질 수 있다. 역설적으로 모든 사람이 모든 것에 대해 책임을 지게 함으로써 전문화와 역할 위계를 피하려는 것은 궁극적으로는 아무도 어떤 것에 대해서도 책임지지 않는다는 것을 의미하고, 공간들은 본질적인 과제들을 수행하지 못한 채 급속히 붕괴할 수 있다. 아니면 좀 더 많은 자원 그리고/또는 좀 더 많이 참여하는 사람들이 좀 더 많이 일하고 사실상의 과두제를 만들어 낼 수도 있다. 때문에 좀 더 경험이 많고 지식이 많은 사람들을 중심으로 위계제가 형성되는데, 그 공간을 운영하는 데(예를 들어 바, 카페, 새정유지) 책임을 지는 집합체들을 만들어 냄으로써 완화될 수 있다. 그러나 이 집합체들 또한 새로운 관료층을 만들어 낼 수 있다. 수백 명이 매주 사회센터들을 오가지만, 단지 몇 사람만이 실제로 그 공간을 움직임으로써 화나고 불쾌하고 효과적이지 못하게 된다는 것이다.

다시 말하자면 모든 형식의 위계에 반대한다는 것(수평성)은 의사결정과정을 어렵게 만들 수 있다. 또한 전문화와 역할 위계화를 피하려는 것은 일이나 공간에 대한 책임 부재를 가져올 가능성이 있다. 사회센터들은 이러한 문제들을 해결하는 다양한 방식들을 미시적으로 실천해 나감으로써, 대안사회를 만들어 나가는 데 일조할 수 있을 것이다.

4절. 영국 사회센터들의 도전, 긴장, 모순

사회센터들은 자신들의 일상적인 활동 속에서 수많은 도전, 긴장, 심지어 모순에 직면한다. 이러한 도전, 긴장, 모순은 자본주의사회 '안에 있으면서 동시에 저항하는' 급진적인 자기조직화라는 정치의 현실과 반권위주의·수평성·연대의 가치들을 실천해야 하는 어려움을 반영하고 있다(Hodkinson and Chatterton, 2006: 312-313).

특성에서 살펴본 내용에서 유추할 수 있듯이, 사회센터와 자율공간은 합법화의 틀에 사로잡혀 제도화될 가능성, 개방되는 것이 아니라 폐쇄되어 게토화될 위험성, 대안을 추구해 나간다지만 결국은 사회적 기업의 성격을 띠게 되어 자본주의적 상품화에 회수될 가능성을 갖고 있다.

특히 불법 점거를 통해 공간을 색다르게 활용하면서 싸워가는 과정에서 훨씬 싸게 임대하는 방식이나 지방정부나 국가로부터 사용하도록 허용받는 것이 사회센터 운동의 일반적인 양상이었다. 또한 점거운동가들은 점거지로부터 항상 쫓겨날 수 있다는 긴박감이 실은 사회센터의 역동성을 이루는 것이라고 생각해 왔다. 그런데 영국의 경우에는 이러한 불법 점거가 있었지만, 다른 한편으로 처음부터 구입하여 (협동)소유하거나 임대하는 방식이 이루어졌다. 물론 활동가들이 기금을 조성하여 만든 사회센터들은 국가나 당, 또는 지방정부로부터 재정을 제공받는 민중의 집이나 기타 공동체센터들과는 분명 차이가 있었다. 즉 사회센터들은 재정을 제공한 쪽에서의 간섭이나 통제가 없었다.

그러나 합법화의 틀은 결국은 제도적 차원에서 기존의 방식을 답

습할 가능성이 많다. 따라서 사회센터와 자율공간이 지향하는 방향과는 달리 관료화되고 위계화되며 전투성을 잃어버리면서 제도화될 가능성이 있다. 문제는 합법화된 공간들이 이러한 관료화, 위계화, 제도화의 방향으로 나아가지 않고 불법적인 점거운동 및 사회센터들을 활성화시키는 방향으로 나아갈 수 있는가이다.

영국은 여전히 불법적인 점거에 의한 사회센터들이 자율운동의 축을 이루고 있다고 할 수 있다. 합법적인 공간 사용이 오히려 불법 점거를 위한 토대가 되는 것으로 생각된다. 물론 합법과 불법의 경계가 모호해지며 그 경계를 넘나들면서 활동하는 사람들이 있다. 따라서 영국의 사회센터운동을 불법점거 ⇒ 합법화의 과정으로 이루어지는 이탈리아나 독일의 자율운동(또는 사회센터운동)의 21세기판으로서 바라볼 수 있을 것이다.

영국의 정치상황을 보면, 노동당 정권은 18년간의 보수당 정권을 물리치고 1997년 권력을 장악하였고 2010년 다시 보수당에게 정권을 넘기기까지 13년간 통치하였다. 그러나 이름만 노동당 정권이지 사실 권력을 장악하는 과정에서 노동당 정권은 보수적인 정책으로 선회하였다. 또한 노동당 집권 시절은 급진적 좌파가 분열되는 시기이기도 하였다. 토니 블레어의 제3의 길(안소니 기든스의 이론)로 제시된 무늬만 좌파적인 노동당 집권기의 영국에서 정치는 보수화되고 일상생활까지 상품화되었다. 노동당정권 집권기 13년 동안, 삶의 질의 저하, 빈부격차의 확대, 민주주의의 침식이라는 신자유주의의 폐해가 두드러졌다. 더욱이 대중은 그러한 부정적 현상을 당연한 것으로 받아들였고 따라서 '일상의 금융화 또는 상품화에 지치고 피곤해 하며 불만과 저항감을 가지지만 조직화된 행동으로까지 나아가지 못하는' 모습을 보였다(서영표, 2010: 43).

〈표 6-2〉 반자본주의가 사회센터 참여자들에게 의미하는 것

항 목	저항점	촉진점
공간	인클로저, 사유화, 투기, 고급화	공통적인 것, 플랫폼, 안전한 공간, 지속성, 인큐베이션(incubation)
정치적 정체성	고정성, 순수성, 대답하기	불순, 더러운, 가능성, 질문하기, 복잡성
사회화	소외된, 종속적인, 탈개성화된 개인	자율성, 보호, 상호 의존, 집합점, 상호 도움, 연대
조직	위계제, 대표제, 정적인, 임금노동, 이윤추구	실험적, 합의, 직접적, 유연한, 무료노동, 비영리, 자기관리, 생체적
전략	게토화, 청사진, 선전, 교조주입, 회수	수단과 목표의 유동성, 행동과 말의 개방성, 외부적 대면, 개입

자료: Paul Chatterton, 2010, p. 1219.

이러한 상황에서 기존의 체제 아래에서 충족되지 않는 삶의 욕구와 필요들을 둘러싼 투쟁이 일어날 수밖에 없었다. 사회센터들과 자율공간들은 바로 이러한 대중의 삶 욕구 및 요구들을 추구해 나가려는 움직임이라고 할 수 있다. 물론 거기에는 생활을 바꾸어 나가는 활동에서 반자본주의 운동에까지 광범한 활동 스펙트럼이 존재한다.

그러나 이들의 활동이 대의제정치로 표출되거나 다른 조직적인 제도화로 나타나지 않을 경우 결국은 자본주의적 상품화에 포섭된 것 아니냐는 문제제기가 있다. 그렇다면 반자본주의적 삶의 내용이란 어떤 것일까? 참고로 영국의 사회센터운동에 대해 가장 많이 연구한 한 학자는 반자본주의가 사회센터 참여자들에게 의미하는 것을 간략하게 도표화해서 보여준 바 있다(〈표 6-2〉 참조).

사회센터 및 자율공간의 운동으로서의 의미는 반자본주의적 대안을 만들어 갈 수 있느냐일 것이다. 흔히 운동을 성공 여부를 따져서 평가하고, 그때의 성공이란 그 운동의 지속성 여부 또는 대의제화나 조직적 제도화 여부로 판단한다. 사회센터운동은 그러한 방향에 있지

않다. 오히려 참여 성원들의 주체성 변화가 핵심이라고 생각된다. 반자본주의적 경향을 지니게 된 변화된 주체들은 다양한 지점과 공간에서 미시적 변이주체들로 작용한다. 바로 이런 주체들이 기존의 지배적인 관계방식들 속에서 색다른 관계들을 창조해 나갈 수 있을 것이다. 사회센터들과 자율공간들은 이러한 색다른 주체성을 생산하는 자본주의 안의 이단적인 공간들이 될 수 있다.

제 II 부 주거공동체

제7장

넝마공동체

제 7 장 넝마공동체

넝마주이는 일제시대부터 있었던 것으로 얘기되고 있다. 물론 그 이전에도 있었을 것으로 추정되기는 하지만 일제시대의 소설들에서 넝마 이야기가 등장한다고 한다. 그리고 넝마주이는 거지들과 연계되어 있었는데 넝마주이 생활을 하는 사람들은 대개 어릴 적에 거지 생활을 하던 사람들이었다.

넝마주이들을 보통 양아치라고도 한다.[1] 외국에서의 히피나 집시 정도라고나 할까. 물론 자유벌이를 하지 못하고 계속 모라이 달러(밥 얻으러) 다니는 사람이 있는가 하면 똘마니[2] 잡혀 겨우겨우 세끼 밥 먹고 용돈이나 몇 푼 얻어 쓰는 사람도 있었다. 넝마주이로 나설 경우 지정벌이(하루 몇 관 이상 규정한 의무 벌이 ⇔ 자유벌이)라고 일정 작업량이 정해져 있었으며, 이것을 채워야 했다. 대부분 돈은 가지지 못

---

1) 양아치나 양씨가문이라는 말은 흔히 쓰레기 통을 뒤지고 다니며 남들이 버린 헌 종이나 깨진 병 조각 혹은 헌 옷가지를 주으러 다니는 넝마주이를 낮추어 부르는 말이다.

2) 거지들은 대개 난장꿀잠이라는 한뎃잠을 잤다. 여름에는 끈목신이나 남의 집 담벼락에서 아무렇게나 잠자리를 찾았고 겨울에는 근로자합숙소에서 지내거나 거기에 갈 돈도 없으면 낮에 조개탄을 피워 국화빵을 구워 팔던 빵틀 옆에 자리를 잡았다. 그러다가 왕초들에게 잡혀 부하 노릇을 하게 되는 것을 '똘마니 잡힌다'고 했다.

했고 거의 다 왕초가 챙겼으며 운동화 정도만 받곤 했다. 어떤 때는 돈을 꼬불쳤다가 왕초에게 매를 맞기도 했다.

이처럼 거지 세계에 근접해 있는 넝마주이 세계에는 위계제가 있었다. 대개 왕초가 막을 관리하면서 대원들에게 일을 시키고 착취하고 있었다. 넝마주이 막의 왕초를 보통 조마리라고 하였다.

국가는 넝마주이들을 부랑자 취급하면서도 일정한 틀 아래 묶어서 착취하였다. 전후에 넝마주이들은 대한산업이란 명칭 아래 전쟁의 부산물을 망태기에 담았다. 이후 국가권력은 이들을 함부로 다루곤 했다. 5.16 직후 쿠데타 세력은 '근로재건대'(재건대)를 창설하여 이들을 통괄하려고 하였다. 모든 넝마주이들을 경찰서에서 관할하면서 재건대에 편입시키려고 하였던 것이다. 재건대가 창설될 때 기존의 넝마주이들은 경찰의 관할 아래 들어가는 것을 꺼려서 재건대에 들어가지 않으려고 했다. 그러나 매일 경찰서에서 나와서 재건대에 가입하도록 강요하였고 이미 재건대로 들어간 사람들은 다른 넝마주이들에게 가입하도록 종용하였다. 들어갈 사람들은 들어가고 안 들어갈 사람들은 시골로 내려가거나 변두리로 가서 자작(혼자 혹은 가족 단위로 막을 만들고 폐품을 수집하는 것)이나 사설막(대원들을 거느리고 주인인 조마리가 관리하는 막)을 개설해야 했다. 재건대가 창설된 뒤로는 서울에서는 사설막을 못 하게 하였고, 사설막을 하는 경우 재건대 사람들이 데려가 자기들의 현장에 투입하였으며 재건대에 입소하지 않으면 넝마주이를 못 하게 하였다. 재건대는 경찰서별로 본대가 있고 군대식 조직으로 중대장, 소대장이 있어서 지역별로 나뉘어져 하위 작업장들이 있었다. 재건대원 중에서 고참이나 주먹깨나 쓰는 사람을 골라 대원의 규율을 잡는 사람으로 소대장, 중대장 등으로 내세웠고, 국가에서 건물을 지어 놓고 그곳에서 공동생활을 하도록 하였다. 기존의 조마리제도를 군대식으로 총괄해 놓은 것이라고 할 수 있을 것이다. 넝마주이들은 재건대 외에도 개미회, 대한 어머니회, 경우회 등의 각종 조직[단체]에 소속되어 통제되었다.3)

이러한 조직들이 느슨해지면서 개인이 사설막을 개설하는 경우가 늘어났다. 조마리라고 불리는 왕초가 개인적으로 사업장 시설을 마련하여 대원들로부터 일정한 이용세를 거두어 들이는 작업장이 운영되었는데 이것을 사설막이라고 하였다. 재건대에서 소대장, 중대장을 하던 사람들이 나중에 사설막을 개설하기도 하였다.

넝마공동체가 운영되기 시작하던 1986년 당시 서울에서만도 자활근로대에서, 사설막에서 고물을 주워 먹고 사는 사람들이 3천여 명 정도 되었다고 추정된다. 더욱이 파지, 고철, 석유화학제품, 빈 병 등 고물을 줍는 사람, 일반 고물상, 자활근로대의 폐품수집소, 난지도 처분장 등에서 일하는 사람들을 모두 합하면, 서울 시내에만도 1만 명 정도는 될 것으로 추측되었다.4)

넝마주이들 가운데에서도 가진 것이 전혀 없고 국가의 보호도 전혀 받지 못하는 사람들은 대체로 사설막에서 대원으로 일하였다. 사설막에서는 막을 설립한 조마리가 대원들을 여럿 거느리며 대원들이 작업해 온 것을 저울에 달아 수집하여 재생공장이나 가공공장으로 보냈다.

넝마주이 생활을 하는 사람들은 다른 빈민 계층들과 달리 소유물이 거의 없다. 오직 벌이에 필요한 망태기와 집게 정도가 고작이다. 생활도 대부분 공동 생활이고, 가족이 아예 없거나 혹은 동떨어져 지

---

3) 경찰서에서 관리하던 근로재건대는 1974년부터 1979년까지 경우회에서 관리하였다. 1979년부터는 넝마주이들을 '자활근로대'라는 이름 아래 (일정 마을에 이주시켜) 경찰이 관리하였다.

4) 〈자활근로대 설문조사〉, 『넝마』, 3호, 1987.

내는 형편이다. 개인으로는 작업장을 마련할 만한 돈이 없기 때문에 약간의 돈을 가지고 있는 조마리(왕초, 사장) 밑에 들어가게 된다. 이때 조마리는 공동 생활의 터전을 제공하는 대신에 다른 고물상보다 고물값을 낮게 책정한다. 조마리는 각 작업자들에게 일해 온 것에 비례해서 일정 기간(예를 들어 보름)마다 간조(급료)를 주었다. 간조를 줄 때 옷도 사주고 신발도 사주곤 했다. 물론 조마리는 직접 일하기도 하지만 놀면서 대원들이 벌어 온 것으로 먹고살기도 한다. 이러한 직접 수탈체제는 넝마주이들이 스스로 자각할 수 있는 계기가 된다.

1절. 넝마공동체의 성격

1. 넝마공동체의 설립과정

넝마주이들이 공동체를 만들게 된 동기는 조마리제도라는 착취제도를 없애자는 뜻이 가장 컸지만, 함께 살면서 경찰의 밥이 되는 넝마주이의 서러움을 극복하고자 하는 뜻도 있었다. 강남지역에 후리가리[5] 때는 수십 명, 수백 명, 죄도 없이 '전과자라는 이유만으로 경찰관 밥이 되어 버리고, 천대와 멸시, 개만도 못한 현실'이었다.[6]

공동체의 대표로 출발한 문영삼 씨는 한때는 재건대 성동 본대의

---

5) 도둑놈 강조주간(일제 단속 기간)을 정하여 형사들에게 몇 명씩 도둑놈을 잡으라고 할당이 내려온다. 그러면 도둑놈들은 숨고 애매한 양아치(넝마주이)들을 잡아간다. 이러한 일이 있으면 경찰에서 몇 사람 잡아가겠다고 홍정이 들어온다.

6) 이하의 인용문들은 넝마공동체 회보, 『넝마』, 1-5호에서 하였다. 인용 페이지는 생략.

간부로 몇 명의 보디가드를 거느리고 있었고 사설막을 개설하기도 하였다. 그가 신사동 네거리 근방에서 헌책방을 열고 있던 윤팔병 씨와 만나면서 공동체에 대한 뜻을 키워간다. 윤팔병[7]은 13살에 가출하여 온갖 일을 하면서 거지합숙소를 거쳐, 1977년 초 영동고등학교 앞에서 헌책방을 열었다. 고물상, 넝마주이 막을 찾아다니며 헌책을 모아 팔기 시작하였다. 그 과정에서 쓰레기를 뒤져서 먹고사는 넝마주이들과 인연을 맺어 왕초들을 자주 만났고, 넝마주이들도 헌책방에 가끔 들리곤 했다.

윤팔병은 '더불어 사는 세상을 만들자, 나눔과 섬김의 세상을 만들자'고 넝마주이들을 설득하고 다녔다. 준비기간 중에 대표 선정작업이 제일 힘들었다. 먼저 여러 지역을 포괄할 수 있는 사람이 필요했다. 그러니 강남지역뿐만 아니라 난지도까지 포용할 수 있는 잠재적인 인물이 없었다. 윤팔병은 헌책방에 들린 문영삼을 3년간 설득하여 그의 사설막을 공동체 막사로 개조하고 공동체를 만드는 데 이른다. 윤팔병이 선뜻 1천만 원을 설립기금으로 내놓아 공동체의 건설이 시작되었다. 약간의 땅을 빌려서 1986년 여름에 제1넝마공동체가 삼성동 528번지에 설립되었다. 그리고 나서 1986년 가을에 제2넝마공동체(작업장)가 대치동 영동5교 다리 밑에 만들어졌다.

1) 구성원

처음 넝마공동체를 설립할 때는 문영삼 대표를 비롯해 몽길, 조빵이 건행, 헌책방 하는 윤씨 등 20여 명이 참여하였다. 대학생 출신인

---

7) 윤팔병의 개인사와 넝마공동체 결성 의지에 대해서는 윤팔병(2000)을 참조.

송경상 총무는 윤씨를 매개로 넝마공동체를 시작하기 전 1년 동안 넝마주이 생활을 하였다. 윤씨 형님, 문영삼, 송경상의 생각이 일치하고, 주위의 넝마주이들이 호응하여 넝마공동체를 시작하게 되었다.

넝마공동체의 구성원들을 보면, 대부분 전쟁고아 출신이다. 넝마주이 생활을 하는 사람들은 거의 다 주민등록증 같은 것이 없다. 그리고 험악한 세상을 살아오느라고 대개 별(전과)을 한 두 개씩은 달고 있다. 별 다섯 개짜리들도 수두룩하다. 사설막을 옮겨 다니다가 안 되면 월담했다가 교도소에 갔다 오고 그러고도 교도소에 가는 것을 두려워하지 않는 것이다.

게다가 후리가리(일제 단속) 기간엔 경찰에 의해 범죄자로 만들어진다. 후리가리 기간의 검속은 실제 강력범 소탕보다는 돈 없고 빽 없는 소외된 넝마주이 같은 사람들에게 적용되는 상용 수법이며, 넝마주이들은 사회 격변기나 국제적 행사(올림픽 등)가 있을 때 귀에 걸면 귀걸이 코에 걸면 코걸이 식으로 걸려 들어가게 된다. "법이란게 참 우습더라고. 방범 기간이면 경찰이 건수를 채우기 위해 부랑아들을 잡아들였는데, 난 항상 같은 죄목이었지. '주거 부정, 직업 무, 우범지대 배회하며 무위도식하고, 지나가는 행인에게 불안감 조성'이라고 말야. 한데, 즉결에서 어떤 날은 무죄고 어떤 날은 며칠씩 구류가 떨어지는 거야. 판사가 전날에 부부싸움이라도 하고 나오면 재수 옴 붙은 거지."

전두환이 군사쿠데타 직후에 실시했던 삼청교육대도 바로 넝마주이 같은 사람들을 억압하는 것이었다. 1980년 계엄하에서 쿠데타 정부는 8월부터 이듬해까지 많은 사람들(불량배?)을 군 부대에 입소시켜 교육시켰다. 사회악을 일소한다는 명목으로 6만여 명을 잡아들여 그 가운데 4만여 명을 삼청교육대에 입소시켰다.

그때 계엄군과 경찰들은 합동으로 넝마주이 막사를 포위하고 재건대원(넝마주이)들을 모두 잡아갔다. 강제 연행할 때 운 좋게 막사에 없었거나 용케 도망친 사람들을 제외하곤 모두 끌려갔기 때문에 많은 사람들이 억울하게 삼청교육대에 갔다 왔다. 넝마공동체 사람들 가운데에도 30%가 삼청교육대에 입소한 경험이 있다.

제1작업장 대원들은 미리 안면을 텄던 사람들이 모여서 만들었고 제2작업장 대원들은 대개 공동체에 대한 소문을 듣고 온 사람들이었다. 제1작업장이 활발히 움직이고 고물 값도 잘 쳐주면서 소문이 나기 시작한 것이다. 1987년 말에 제2작업장 대원으로는 김차균(제2작업장 대표)을 비롯하여 10여 명이 있었다.

대원들의 수는 수시로 변하였다. 사실상 가입과 탈퇴가 자유로운 편이었다. 1988년 제1작업장은 끊임없이 대원이 불어나 50여 명에 이르렀고, 제2작업장에는 켈로(김경배, 북파공작원 출신)를 비롯하여 10여 명이 있었다. 이때 즈음에 넝마공동체 성원은 1, 2작업장을 합하여 60여 명에 이르러 북적거렸다. 넝마공동체가 공동체적 특성을 지니며 가장 활발하게 활동했던 시절이라고 할 수 있겠다. 또한 이 시기는 사회변혁에 대한 희망이 있던 시절이라 많은 후원과 관심을 받기도 하였다.

1991년 제1작업장이 철거되고, 1992년부터 정부에서 투자하여 만든 자원재생공사에 각 지역의 넝마주이 작업장이 흡수되는 한편, 파지와 고철 등에까지도 수입 개방 바람이 불어 넝마주이 수입으로는 도저히 자기 한 몸의 생계마저 유지하기 어렵게 되어, 넝마공동체 성원들이 많이 떠났다. 그래도 공동체 성원은 최소 20여 명 선을 유지하다가 IMF 시기에 들어서 오히려 증가하고 있다. 1997년 3월에 공동체는 새정비되었다. 몇 사람이 뜻을 모아 컨테이너를 정비하고 성원들을 확대해 갔다.

1999년 1월 넝마공동체에서 구청의 철거압박에 대한 청원을 할 때 자신의 식구들을 분류해 놓은 것을 보면, 거주자 21명, 출소자 8명, 복역자 7명이다. 거주자 중에서 넝마공동체 막사에서 살지 않는 사람도 몇 사람 포함되어 있다. 여기서 복역자를 넝마공동체 식구로 생각하고 있다는 것이 특징적이다. 또 막 출소한 사람들이 8명이나 있다.

IMF 이후 넝마공동체는 노숙자들을 받아들이고 있다. 보통 노숙자들의 경우, 부인은 식당에 나가고 남편은 노동판에 나가기 때문에 아이들을 고아원에 보낸다. 그러나 한 달 정도 노숙생활을 하면 대개는 더 이상 노동판 일도 하지 않으려고 하게 된다. 넝마공동체는 이런 노숙자들을 받아들여 함께 일하도록 하려고 노력하고 있다. IMF 이후 10여 명(어른 남자 기준) 이상의 노숙자들이 들어왔다. 중국인 부부, 6개월 된 아기를 가진 젊은 부부도 들어왔다. 2000년에는 영동5교 다리 밑과 포이동 작업장의 12개의 컨테이너에 40여 명이 거주하고 있으며 부부도 3쌍이 있었다.

넝마공동체는 일할 의지만 있는 사람이라면 누구에게나 항상 열려 있다. 다리 밑에서 함께 살다 2년 전 자립해 나갔던 한 성원은 교통사고를 내고 감옥에 간 사이에 부인에게 이혼 당했다. 이런 사람은 물론이고 교도소에서 출감하여 갈 데 없는 사람들이 공동체로 들어온다. 넝마공동체 성원은 자유로이 들어 왔다가 자립하면 떠날 수 있다. 물론 여러 사람이 교도소로 가는 경우가 있지만 말이다. 넝마공동체는 오갈 데 없는 어려운 사람들을 받아주겠다고 선전 전단을 만들어 헌옷가게를 비롯한 여러 곳에 붙여 놓고 있다.

그러나 성원들은 좀처럼 늘어나지 않는다. 넝마공동체의 생활이 거칠기 때문이다. 예를 들어 2001년에도 공동체를 확장할 계기가 있었으나 내부 사정으로 축소되었다. 40여 명에 이르던 구성원 가운데 8

명이 빠져나갔고, 2001년 말에 절도죄로 5명, 사고로 아이를 죽인 사람 그리고 IMF 때 들어온 부부가 나가 버렸다. 그럼에도 2002년에 35명 이상이 거주하고 있다.

넝마공동체 식구들 가운데는 출퇴근하는 사람도 있고 공동체 컨테이너에서 거주하는 사람도 있다. 출퇴근을 하는 이유는 일이 너무 바쁘고 시간대가 일정치 않거나 새벽에 일을 하러 나가기 때문이다. 공동체에서 먼 곳에 살면 불편하기 때문에 공동체에 거주하다가 주말에는 집으로 가는 사람도 있다. 그 외에 2002년에 공동체에 물건을 갖다 판매하는 사람들의 수는 20여 명에 이른다.

2) 정체성

넝마공동체 성원들은 자신들의 처지를 사회에 의한 것으로 규정한다. 그러나 자신들 스스로의 힘으로 살아가는 방도를 찾겠다고 주장한다. "우리는 우리가 원해서 넝마주이를 하는 게 아니다. 어쩔 수 없이 하는 것이다. 전쟁 때문에 혹은 누군가 책임 없이 뿌려 놓은 씨앗이기 때문에. 모두가 이 사회의 책임이다. 기성세대의 책임인 것이다." "넝마주이가 되고 싶어서 된 사람은 없을 것이다. 우리가 속한 사회가, 무책임하고 무관심한 부모가 혹은 이데올로기를 만들어 전쟁을 일으킨 위정자들의 잘못인 것이다." "사회가 우리를 나쁘게 인식하고 또한 경멸하는 눈으로 보고 있지만 그래도 우리는 우리의 꿈과 희망이 있어서 먼 미래를 보고 열심히 살아갈 생각을 하고 있다."

넝마주이 생활을 하는 사람들은 사회에 나간다고 해도 전과사실이나 학식 따위의 문제 때문에 사회에서 배제되어 또다시 막노동 생활을 하게 된다. 그래서 이런 사람들끼리 모여서 공동체를 이루려고 하는 것이다. 아무리 사회에서 자신들을 배제하지만 "사회로부터 버림받고, 내동댕이쳐진 우리도 인간다운 삶을 살 권리가 있다"라고 말하며 여전히 사회의 구성원으로서 인간답게 살 권리를 강력히 주장하고 있다.

"내가 가지고 있는 것은 리어카와 추렁(종이 등을 담는 바구니) 한 개, 집게 한 개가 전부다. 아니 리어카도 내 것이 아닌 공동체 재산이다. 다만 내 전용으로 사용하고 있을 뿐이다. 아는 것이라고는 이것이 고물이 되고 안 되고, 얼마 정도 나가는 물건인가를 직업상(?) 한눈에 알아보는 게 전부다. 그러나 어떻게 사는 게 인간답게 사는 것인지는 안다. 어떻게 사는 것이 양심적으로 사는 것인지는 안다. 우리와 같이 생활하는 사람들은 모두 나와 비슷한 과거를 가지고 있는 사람들이고 현재도 그렇다. 공동체 생활을 하면서 자기만을 생각하는 사람도 있고 공동체를 위해서 열심히 일하는 사람도 있다. 우리가 비록 넝마주이이지만 공동체를 만들어 열심히 노력하고 있으니 잘될 것이라고 생각한다. 옛날 같이 왕초가 있는 것도, 조마리(주인)가 있는 것도 아니고 우리 전부가 주인으로 스스로 공동체를 이끌어가니 말이다."

가장 부유한 동네 가까이에서 가장 추한 사람들이 자신들의 정체성을 찾으면서 자신들만의 공동체를 꾸려가고 있다. 그러면서 자신들의 생존을 위한 집합체를 만들어 나가려는 의지와 사회 성원으로서의 자신들의 기여에 대해 자긍심을 가지고 있다. "우리는 서울의 가장 부촌이라는 강남 영동에서 쓰레기통을 뒤져 거기서 나오는 고물을 주워 생활하고 있다. 아침 아니 새벽 네 시면 리어카와 대나무로 엮은 추렁을 메고 집게를 들고 나간다. 집게는 거꾸로 들면 위험한 무기도 될 수 있다. 수억 원대에 이르는 호화 주택을 지날 때 애꿎은 쓰레기통이나 두들기며 화풀이도 하면서 고물을 줍는다. 한 달 기껏해야 하루 밥 세끼 먹기 바쁘지만 내가 줍는 폐지 한 장도, 빈 병 하나도 나라 경제 발전에 도움이 된다는 생각으로 열심히 땀 흘려 일한다."

넝마공동체가 공동체를 시작하면서 공동체 이념으로 내세웠던 것은 '생산 수단을 공유하고, 조마리의 착취를 없애고, 구성원 모두에게 동등하고 평등한 참여권을 준다'는 것이었다. 늘 헐벗고, 빼앗기고, 당하기만 했던 사람들이 함께 모여서 드디어 자기 목소리를 높일 수 있게 된 것이다.

3) 시설

(1) 작업장

1986년 6월 작업을 시작하여 두 달 정도 공동체 막사를 짓고 여러 가지 준비를 하였다. 상아아파트 건너편에 있는 삼성동 528번지의 빈터 2백 평을 무단 점유하여 작업장을 지었다. 거지소굴 같은 막사를 헐고 내무반 식당, 샤워장, 부엌, 도서실 겸 사무실을 갖추었다. 나중에 이곳 땅의 주인이 나타나 임대료를 조금씩 냈고 일부 땅은 동성건설 소유지로 아파트를 건설할 예정이었다. 넝마공동체에서는 가건물을 3채(공동생활을 하는 내무반 숙소와 따로 가족생활을 하는 두 집) 지어서 사용하고 있었다. 그 후 대치동 영동5교 다리 밑에 1987년 3월에 넝마공동체 제2작업장(2백 평)을 신설(점거)하였다.

1988년 제1작업장 고물터가 건물 신축 관계로 옆의 공터로 옮겨졌다. 강남구청은 올림픽 기간 한 달 전까지는 완전 철거하라고 강요하였다. 일부 땅에 대한 임대료를 제대로 내지 못하고 있었고 아파트 건설을 하게 되어서 결국 제1작업장의 가건물과 작업장은 1991년 철거되었다.[8] 제1작업장이 철거되면서 성원들이 많이 떠났다. 공동체

성원들 일부는 1991년 말까지도 고물 자리에다 텐트도 치고 비바람만 막을 수 있도록 공사판 판넬로 대강 꾸며 남아 있다가 제2작업장에 합류하였다.

공동체의 보금자리는 영동5교 다리 밑에 자리 잡게 되었다. 강남구청은 대치동 영동5교 다리 밑의 넝마공동체 막사를 철거하라는 최고 계고장을 연거푸 내보냈다. 구청은 (다리 밑을 떠나는 조건으로) 대토(代土)를 주겠다고 해놓고 사단법인이 안 되어 있어 곤란하다는 등 생색을 내면서 많은 시간(10여 년)을 흘려보냈다. 이에 넝마공동체 성원들은 포이동 소재 혈액원 옆 시유지 땅을 빌려달라고 청원하였다.

넝마공동체 입구에는 손수 만든 듯한 '자원재활용연구소'라는 간판을 걸어 놓았다. 다리 밑 공터에 울타리를 쌓고 그 안에 컨테이너 세 개로 방을 만들었다. 지붕은 따로 만들지 않고 위에 있는 다리가 지붕 역할을 했기 때문에 비가 와도 샐 염려가 없었다(1998). 그렇지만 철거압력에 시달리면서 공동체 성원들은 공동체의 작업장을 만들 생각을 하였다.

그래서 1998년 4월, 수년째 계획했던 것을 행동에 옮겼다. 혈액원 옆에 있는 시유지(포이동 266번지) 1천 평을 점령하였다. 계고장, 경고장, 고발장, 구청 경찰서 검찰청에서 하루가 멀다고 보내오는 소환장과 포크레인을 동원하여 수십 명이 몰려와 작업장 정문을 엎어버리고 절대출입엄금이라고 써 붙이지만 넝마공동체 성원들은 이를 물리치고 다시 자리 잡았다.

점거 후의 포이동 작업장은 컨테이너 박스[9]가 7－8개가 설치된 쓰

---

8) 동성건설 측으로부터는 오히려 가건물에 대한 약간의 보상금과 이사비용을 받았다.

9) 컨테이너는 3×6m 되는 크기의 철판 구조물로 안에서 생활이 가능하다. 하나를

레기 집하장이었다. 그 후 점차 컨테이너가 늘어났고 고철이나 비에 맞아도 괜찮은 재활용품을 쌓아 두고 집게차로 작업하여 차에 싣는 곳으로 쓰였다. 그리고 영동5교 다리 밑에서는 옷가지 등을 수집·정리하는 작업을 주로 하고 있다. 2002년 당시 컨테이너는 포이동 작업장에 14개, 다리 밑에 4개가 있었다.

(2) 도구와 일터

처음 대여섯 명의 대원이 모여 시작한 공동체는 리어카 몇 대가 전 재산이었다. 고정 일터도 처음에 시작할 때는 인근 4개 아파트의 쓰레기통(애기통)이었다. 1년 반만에 경운기를 4대 구입하였고 리어카도 20여 대로 불어났다. 일터도 늘어나 삼성동 제1작업장 부근의 9개 아파트 단지와 제2작업장 부근의 3개 아파트 단지를 확보하였다. 작업도구는 공동체의 재산이었다.

1980년대 말에는 주로 경운기와 리어카, 추렁이 주요 작업도구였다. 트럭이 본격적으로 사용되기 시작한 것은 쓰레기 분리수거와 더불어 자원재생공사 등이 쓰레기 처리를 담당하면서 이들과 경쟁하는 과정에서였다. 그리고 이전의 수집 방식으로는 수지를 맞출 수 없는 상황이 되었기 때문이었다. 트럭으로 작업을 하게 되면서는, 트럭은 공동체 성원들 개인의 소유로 하게 되었다. 1998년 2월 넝마공동체는 매일 강남지역 아파트 단지 10곳의 재활용 쓰레기를 5대의 트럭으로 돌며 수거하였다.

2000년에는 대치동 영동5교 다리 밑으로 대형 트럭 2대와 1톤 포터 5대, 승용차 2대가 있었고, 포이동에 1톤짜리 포터가 10대 이상

만드는 데 3백만 원 정도 든다.

가동되고 있었다. 2002년 1월 당시 다리 밑에는 4명이 거주하고 있고 컨테이너 4개가 운영되고 있었다. 포이동에는 컨테이너가 14개 있었으며, 30여 명이 거주하고 있었다.

4) 작업과정

(1) 재활용품 수집과정

재활용품 수집과정은 크게 두 가지 경로를 거친다. 쓰레기통에 버려진 폐품은 폐품수집원에 의해 수집되어 폐품수집소에 모인다. 이것이 중간납품업자를 거쳐 재생공장으로 간다. 청소수거원에 의해 청소차에 실려 난지도로 가는 경우는 난지도 매립장에서 다시 그곳 폐품수집원에 의해 수집되어 폐품수집소에 모인다.[10] 그러면 중간 납품업자(납품전문업체, 여기서 종이 재질에 따라 분류된 구판지를 압축기에 의해 직육면체로 만든다)를 거쳐 재생공장으로 간다.

가정에서 나오는 폐품은 넝마주이나 고물상이 가져가고, 공장에서 나오는 폐품은 재향군인회의 이름으로 향우 재자원(주)과 같은 곳에서 가져간다. 규모가 큰 청소대행업체나 향우 재자원(주)같은 곳에서 모은 폐품은 바로 재생공장으로 넘어가고 넝마주이나 고물상들이 모은 폐품은 규모가 영세한 고물수집상들을 거치게 된다.

넝마주이들이 직접 모으거나 청소부 아줌마한테 돈을 주고 사 모은 폐품은 고물상에서 다시 분류되어, 파지 따로 고철 따로 물렝이(플라스틱 종류) 따로 다른 납품업자한테 넘어가는데, 여기서 또다시 좀 더 규모가 큰 납품업자한테 넘어간 다음 마지막으로 재생공장으로 넘

10) 난지도의 폐품수집 과정에 대해서는 정채성(1987)을 참조.

어간다.

(2) 아파트벌이와 또박벌이

아파트벌이는 아파트 관리인(또는 부녀회)에게 권리금을 주고 독점계약을 맺어 아파트의 각 동에서 나오는 쓰레기 중에서 청소부 아주머니들이 모아 놓은 파지며 물렝이라고 하는 비닐이나 플라스틱 용기, 그 외에 빈 병이나 고철 따위를 사오는 것으로, 비교적 작업이 쉽고 수입이 일정하여 초창기에는 나이가 들었거나 가정을 가진 대원들이 직업적으로 일하였다. 아파트 쓰레기통을 뒤지는 경우 막힌 쓰레기통을 뚫어주는 일도 하였고, 청소부 아주머니들에게도 일정액을 지불하였다. 1988년의 경우 청소부 아주머니들 월급이 10만 원 안팎인데 파지와 물렝이 등 폐품값으로 2-3만 원 정도를 지불하였다. 청소부 아주머니들이 모아 놓은 것을 사서 트럭에 싣고 작업장에 돌아와 다시 내려놓고 파지나 물렝이, 고철 따위로 분류하여 각자의 장소에 쌓는 것으로 아파트벌이는 끝난다.

또박벌이는 일정한 지역이 없이 상가의 쓰레기통이나 공사장의 쓰레기 더미를 뒤지는 작업인데 '떡다방'이라고도 하며, 그만큼 경쟁도 심하여 새벽 두세 시면 일어나서 새벽벌이를 나간다. 청소부들이 쓰레기를 수거하기 전에 먼저 쓰레기통을 뒤져야 하기 때문에 일찍 나가야 한다. 낮에는 낮대로 공사판 주변을 돌며 폐품을 거두어 온다.

또박벌이를 하는 경우 '때림벌이'라 하여 공사판에서 구리관이나 철근 따위를 훔쳐 말썽이 되기도 한다. 며칠을 두고 폐품을 주워도 모을까 말까 하는 큰 돈이 눈앞에 비쳐져 있는데 못 견딜 유혹인 것이다. 이러한 일과 관련하여 흔히 방범대원들과 실랑이가 벌어지곤 한다.

(3) 작업일정

넝마주이의 하루 작업일정을 보자. 새벽 4시 30분에 기상하여 배가 고프면 찬밥 한 그릇 떠먹고 그렇지 않으면 곧바로 리어카에 추렁을 싣고 고물을 주우러 나간다. 작업장 근처의 쓰레기통이나 상가, 혹은 구청 쓰레기 하치장에 가서 종이박스, 빈 병, 양은 그릇, 플라스틱 제품(물렝이)등 재생 가능한 고물을 부지런히 줍는다. 한 리어카가 됐던 안 됐던 7시 30분까지 작업장으로 들어온다. 한 리어카가 안 되어도 일찍 들어오는 것은 빨리 아침을 먹고 청소대행업체의 차가 아파트 쓰레기를 치우기 전에 먼저 작업을 해야 하기 때문이다.

급히 식사하고 다시 리어카를 끌고 아파트로 간다. 한 동에 두세 개의 쓰레기통에서 종이조각, 바가지 깨진 것, 못 쓰게 된 후라이팬 등 고물이 될 만한 것은 모두 수거해 온다. 가끔 쓰레기 속에서 반지나 만년필, 은컵 등이 있으면 그날은 횡재한 날이다. 넝마주이들은 그림, 전자제품, 헌책, 공구, 만년필, 은컵, 반지 같은 것들을 '어성'(귀중품)이라고 한다. 점심을 먹고 고철, 상양(상품), 하양(하품), 물렝이, 신제, 파지, 음료수병, 넝마 등 분야별로 선별하여 묶어서 저울대에 올린다. 비가 많이 오거나 눈이 오고 얼음이 깔린 날은 울상이 된다. 저녁이 되면 다음 날을 위해 일찍 씻고 취침한다.

(4) 작업량

1986년 시작한 이후 초창기에 넝마공동체는 3천만 원어치가 넘는 재생 가능한 고물을 수집하였다. 파지, 고철, 물렝이(플라스틱 제품류), 빈 병 등 한 달에 약 3백만 원어치를, 연간 3천 6백만 원어치의 재활용품을 수집한다. 파지만 한 달에 10톤으로 트럭 네 대 분이고 연간

120톤, 즉 7백만 원에 상당한다. 고철은 한 달에 7-8톤에 이르며, 1년이면 약 1백 톤 정도로 6-7백만 원에 상당한다. 그 후 물렝이는 값이 좋아져 한 달에 3백만 원 이상으로 연간 4천만 원어치가 수집된다.

공동체 성원 한 사람당 하루에 5천 원에서 1만 원 정도의 수입이 된다(1987년).[11] 그러나 초기부터 폐품수집만으로 생계를 꾸리기가 어려웠기 때문에 다른 작업을 찾아보려고 하였다. 예를 들면 구두터를 확보해 보려고 하였는데 구두터에도 대부분 권리금이 있어서 문제였다. 그리고 비비에스(BBS)라는 사회복지단체에서 경찰서 보안과를 통해 비비에스증이 나와야 구두를 닦을 수 있었다.

또한 제2작업장의 경우 첫해에는 전부 거리에서 줏어오는 '떡다방'에 의존하는 상태였다. 넝마공동체로서는 아파트 쓰레기통을 확보하는 것이 급선무라고 생각하였고, 점차 아파트별이를 확보해 나가는 노력을 하였다. 나아가 공동체가 조금 커지면서 수집량도 많아지고 차량도 필요해진 마당에 중간업자를 거치지 않고 공장으로 직접 납품하게 되면 공동체 안에도 일자리가 생길 것이라는 생각을 갖게 되었다. 포이동 작업장에서 차량으로 작업하면서 작업물량이 크게 늘어났고 실제로 납품도 재생공장에 직접 하게 되었으며 집게차 작업도 공동체 안에서 해 나가고 있었다.

2002년 당시 포이동 작업장에서 한 달에 구입하는 물량이 2억 원 정도에 이르렀다. 공동체에 거주하는 사람들이 차량과 리어카로 작업한 물량, 그리고 차량으로 공동체에 판매하러 온 사람들의 물량을 합한 것이 그 정도이다. 집게차는 한 사람이 소유하고 있는데 한 차 작업당 일정액을 받는 식으로 하여 운영하고 있다. 그리고 영동5교 다

---

11) 한 달에 15만-30만 원 정도의 소득인데 이것도 일정치가 않다. 당시 도시가구당 소득은 40여만 원이었다.

리 밑에서 한 달에 1천만 원 정도의 헌 옷 수집·판매가 이루어진다.

(5) 작업과정의 변화

1990년대 들어 무분별하게 폐지와 고철이 수입되어 종이값은 형편없이 떨어졌고 '재향군인회'니 '자원재생공사'니 하는 단체들이 쓰레기 수집과 관련된 이권을 빼앗아 가려고 하였다. 게다가 정부는 '자원 재생의 역군인 넝마주이들'을 지원하기는커녕 '값이 싸고 질이 좋다'는 이유로 폐지 수입을 은근히 권장하였다.

더욱이 쓰레기 정책이 분리수거 쪽으로 바뀌면서 예전의 넝마주이 작업으로는 할 수가 없게 되었다. 넝마공동체도 트럭 6대를 구입하여 고전적인 넝마주이들의 생계수단이던 추렁과 집게를 내던지고, 아파트 단지의 재활용 쓰레기들을 수집하여 재생공장에 내다 파는 일에 뛰어들었다. 2명이 1조가 되어 골목길이나 (중간)쓰레기 하치장 등 현장에서 폐품을 수집한다. 그리고 아파트 단지에서는 몇 명이 조를 짜서 트럭을 가지고 가서 월 일정액을 주고 계약하여 분리수거된 것을 사들여 다시 정리하여 판매한다.

1990년대 후반부터는 쓰레기 중에 넝마(헌 옷)가 많이 나왔다. 파지값이 떨어져 채산성이 떨어지는 데 비해, 헌 옷은 잘 다듬어서 팔면 채산성이 높다. 특히 잘사는 동네인 강남에서는 거의 새옷이나 다름없거나 메이커 옷이 많이 나온다. 오히려 다른 고물보다 헌 옷을 빨고 수선하여 파는 일이 훨씬 더 소득이 높다. 윤팔병은 지난 20여 년 동안 친분을 쌓아 온 아파트 경비원 등 인맥(?)을 통해 하루에 5백여 벌 이상의 헌 옷을 구할 수 있다. 자신이 안면으로 넓혀 놓은 아파트들에 가서 의류를 모아오기도 하고 공동체 식구들이 수집해 놓은 쓸 만한 헌 옷을 돈을 주고 구입하여 수선한 뒤 헌옷가게에서 판매한다. 그는 여기서 얻은 수익을 상당 부분 공동체에 여러 방면으로 환원하고 있다.

또한 넝마공동체 성원들은 쓰레기를 수거하는 데 그치지 않는다. 고물수집도 하면서 공장 철거도 하고, 건물 철거도 하고, 집수리도 하고, 또 심부름도 하고, 도둑질만 빼고(?) 다 하고 있다. 쓰레기 수집으로는 생계를 꾸리기가 어려워 여러 가지 노동일을 하는 것이다.

그리고 폐품수집소에는 거의 날마다 헌책을 전문으로 수집해 가는 사람, 전자제품을 가져가는 사람, 골동품만 사가는 사람, 만년필·반지·은컵 등만 사다 파는 사람 등 여러 중간상인들이 온다. 넝마공동체에도 마찬가지로 이런 사람들이 온다. 그들은 자기가 취급하는 물건을 사서 헌책은 청계천의 헌책방들로, 그림이나 골동품은 인사동이나 장안평 같은 곳으로 보낸다. 전자제품, 싱크대, 선화기 등은 중앙시장으로 간다. 그러면 그곳에서 수리도 하고 칠도 하고 표구도 해서 소비자에게 판매한다. 요즘(2002년)은 차량작업이 주를 이루면서 직접 재생공장에 납품하는 비율이 높아지고 있다.

2. 공동체의 운영과 성원들의 생활

1) 운영

주마리와 그 밑에 일하는 사람(대원)이라는 불평등한 생산관계를 타파하고 책임자(대표)나 직접 일하는 사람이나 똑같이 평등한 권리를 가지고 공동체 운영에 참여한다는 것이 공동체가 내세운 기본 운영 원리였다. 공동체의 모든 결정 사항은 운영위원회나 전체 회의를 통해서 정해진다. 모든 이익금은 최소한의 유지비만을 제외하고 직접 일하는 공동체 구성원에게 돌아간다.

공동체에는 공동체 대표, 운영위원회, 후원회, 총무 등이 있다. 윤팔병은 고문으로 있다. 매월 정기 운영위원회를 개최하며, 제1작업장과 제2작업장이 나뉘어 있을 때는 제2작업장 집행부가 따로 있었다. 윤팔병은 설립 초기부터 계속 개입하고 있으며 공동체에 목돈이 들어가는 일이 있을 때 협의를 하여 해결책을 찾거나 기금을 낸다.

넝마공동체에서는 대원들이 작업해 온 물건들을 대원들이 스스로 저울에 달아 값을 매긴다. 물건들을 분류하고 헌 옷이나 재활용 가능한 것들을 추려 내고 폐지 등을 일정 단위로 묶어서 재생공장으로 보낸다. 개인별로 작업량과 물건값을 계산하여 간조날(월급날)에 분배한다.

초창기에는 어려움이 많았다. 물건값의 90%를 준다고 공표해 놓고는 그 선을 유지하자니 운영이 잘 안 되고 덜 주자니 거짓약속이 되어 고민이 많았다. 또 고물이란 완성작업을 하면 3-5%의 노쓰(쓰레기)가 생기게 마련이다.

그리고 대원들에게 저금을 강요하였다. 공동체 사무실에서 개인적으로 통장을 만들어서 의무적으로 떼어 저금하게 하였다. 물론 더 저금하고 싶은 사람은 간조날 대표에게 돈을 맡겨 저금하기도 하였다. 그리고 급료의 10% 정도를 공동체에 내어 기금을 마련하였다. 후원금이나 공동체 기금은 임대료나 기타 작업도구를 마련하고 주거환경을 바꾸는 데 쓰였다.

공동체에서 함께 생활한다는 것, 물건값을 다른 곳보다 좀 더 높게 쳐준다는 것 등은 대원들에게 있어 중요한 혜택이었다. 그런데 초창기 1년 동안 공동체 생활을 해본 뒤 공동체 운영위원들은 물건값을 잘 주는 것도 중요하지만 어떤 목표를 설정해 주는 것이 더 중요하다고 생각하였다. 예를 들면 일정 목표를 정해서 예금을 강제로 하게 하는 것, 그리고 대원들을 확보하는 것이 문제가 아니라 일할 터전을 만들어 주는 것이 급선무였다. 또한 아파트 폐품수집권리금, 보증금을 대는 것이 어려운 문제였다.

일할 터전은 개별적으로 할 때보다는 공동체 단위로 하면서 점점 더 넓은 지역을 감당할 수 있게 되었다. 특히 아파트를 점점 더 많이 확보해 나갔다. 그런데 아파트별이의 경우 폐품수집 권리금을 주어야 했다.

초창기 대표가 기금을 유용하여 문제가 되기도 하였으나 대비용으로 여러 가지 비축금을 마련하고 있었다. 수도, 전기료 등이 문제였는데 2002년 당시 전기는 무료로 사용하고 있었다.

넝마공동체 운영과 관련하여 중요한 것은 땅에 대한 사용권이다. 넝마공동체 식구들 가운데 20여 명은 땅에 대한 권리를 지니고 있었고 점거한 1천여 평은 일정 분량씩 분배하였다. 그 가운데는 출퇴근하는 성원도 있었고 공동체 컨테이너에서 거주하는 사람도 있었다.

그런데 새로 들어온 사람들에게 땅(사용권)을 주려는데 기존 성원들의 반발이 심했다. 사람들이 늘어나야 전체적으로 힘이 커지는데, 기존 성원들은 새로운 성원이 들어오는 것에 대해서 불만을 보였다. 일부 기존 성원이 더 많은 땅을 차지하려고 욕심을 부린 것이다. 이처럼 초창기 성원들과 새로 들어온 성원들 간의 갈등으로 인해 새로 들어온 사람들이 압박을 받아 나가는 일도 생겼다.

그리고 포이동 작업장에는 월급을 받고 일하는 경리가 한 사람 있다. 컨테이너로 사무실을 차려 놓았고 거기에서 일을 하였다. 종종 회의가 이루어졌고 아파트 입찰은 매년, 일정 단지별로 하였다.

헌 옷은 영동5교 다리 밑에서 정리하는데 이는 비를 피할 수 있기 때문이다. 헌 옷은 공동으로 팔아서 사용한다. 옷은 한 달에 약 40톤 정도 정리되는데, 무역회사에 넘겨 동남아에 수출하거나 헌옷가게에 내기도 낸다. 윤팔병은 주로 영동교 다리 밑에서 작업하며 포이동 작업장은 운영위원회를 중심으로 움직였다.

2) 생활

넝마공동체 성원들은 가족이 있는 사람은 가족별로 따로 방(컨테이너)을 만들어 사용하고 혼자 사는 대원들은 공동 숙소에서 기거한다. 2002년 당시에는 집에서 출퇴근하는 사람들도 있었다.

공동체 생활의 단면을 보여주는 한 성원의 말을 들어보자. "하루에도 수십 리 아니 수백 리 길을 달리지 않으면 의식주가 해결되지 않기 때문에 정처 없이 이곳저곳을 하루 해가 지는 줄도 모르고 헤매다 보면 해가 서산에 뉘엿뉘엿 질 때 우리는 영동5교 다리 밑으로 온다. 하루 일을 마치고 돌아올 때는 몸은 지쳤지만 정말 신이 나고 영원한 보금자리, 나의 동료들이 기다리고 있을 따뜻한 안식처를 떠올리며 쉬지 않고 달려온다." 넝마공동체란 이들에게 집인 것이다.

공동체의 성원으로 신입하면 컨테이너 박스로 된 잠자리를 마련해 주고 공동체 생활에 방해가 되지 않는 몇 가지 수칙을 알려준다. 흩어진 마음도 정리할 겸 당분간 쉬는 것도 좋고, 고물을 수집할 수 있는 도구 즉, 리어카, 차 등이 있으니 작업을 하든지 양재동 노동시장에 가 노동을 하든지 본인들이 하고 싶은 일을 하면 된다.

넝마공동체 성원이 되면 기본적으로 6개월간은 의식주를 완전히 해결해준다. 공동체 식구가 되어 6개월간 생활에서 성실하게 지내면 자동차운전학원에 등록시킨다. 2000년대 초 면허증을 필요로 하는 사람에게 운전학원에 등록하는 비용은 80만 원 정도 들었다. 면허증을 취득하는 데 시간이 지연되면 비용은 더 든다. 1990년대 초반까지만 해도 추렁으로 쓰레기통을 뒤져 생활하였는데, 그 후 수많은 경쟁자들이 차로 덤벼드니 옛날 방식으로는 살아가기가 힘들어졌다. 이 직업도 경쟁자가 많아 살아 남으려면 기동력을 가져야 하며 운전면허증이 꼭 필요하다.

작업장 부근은 주위가 전부 아파트라 물을 동냥할 데가 없어서 펌프를 박는 것이 필요하다. 그러나 펌프를 박는 일도 예삿일이 아니다. 주위 환경이 지저분하다 보니까 물을 얻는 것이 중요하였다. 2002년 당시에는 인근 선경아파트에서 물을 길어다 먹고 있었다.

1988년에 공동체를 찾았던 사람들이 세일 민지 놀리는 것은 곰돌이와 곰순이가 나란히 다리를 절며 반갑다고 짖는 것이었다. 앞다리 두 개가 부러져 거리에 버려진 강아지들을 데려다 키운 것이다. 수놈 곰돌이가 올라타려고 해도 앞다리가 부러져 제대로 되지 않는다. 뒷다리만으로 캥거루처럼 서 있거나 뛰어다니는 모습을 보면 공동체를 찾은 사람들은 저절로 탄성을 지른단다.

또 공동체 생활에서 빼놓을 수 없는 이야기가 넝마공동체의 아들 형곤이 이야기이다. 형곤이는 다섯 살 때 넝마공동체에 버려져 공동체의 아들이 된 아이이다. 형곤이네는 여러 곳을 전전하다가 서울로 올라와서 넝마공동체 사람들과 인연이 닿아, 리어카를 한 대 빌려 넝마주이를 하게 되었다. 전에 어머니도 잃고 식구들도 흩어져 있던 상태에서 넝마공동체에 들어왔던 것이다. 그런데 형곤이 아버지가 술김에 일을 저지르고 말았다. 어느 날 형곤이 아버지는 막사를 지키다가 우연히 폐지 판 돈 백만 원을 빌자 그 길로 돈을 갖고 받음 뺀(도망갔던) 것이다. 형곤이만 홀로 넝마 막사에 남겨졌다. 공동체 사람들은 의논 끝에 형곤이를 공동체의 아들로 맞아들이기로 했다.

그러나 넝마공동체 성원들은 어린이를 배려하기에는 거칠고 폭력적이었다. 공동체에서 생활하면서 아저씨들한테 얻어맞는 등의 문제가 생겨서 5학년 때 윤팔병 씨가 집에서 6개월간 데리고 있기도 하였다. 서점을 할 때였는데 형곤이가 서점에 나타나서 돈을 자꾸 훔쳐갔다. 윤팔병 씨는 3번 정도 타이르다가 형곤이를 시립아동보호소에 넘겼다.

넝마공동체는 초창기에는 다양한 행사를 하기도 하였다. 결성 1주년 기념식에서는 연희 광대패(대표 임진택)가 와서 마당극 '막걸리 총각'을 공연하였다(1987년 5월 31일). 넝마공동체 작업장에서 밤 9시까지 세 시간 이상이나 되풀이를 해줄 정도였다. 공동체 성원들과 방문객들이 함께 어우러져 신명나게 춤을 추었다. 그리고 광대패는 종종 넝마공동체 성원들에게 풍물을 가르쳐 주기도 하였다.

그 후 1988년 4월 6일과 7일 피카디리 극장 옆 예술극장 '미리내'에서 '양아치' 공연이 있었다. 이 연극은 극단 '새뚝이'에서 도시빈민운동에 관심을 가지고 소재를 찾던 중에 '넝마공동체'와 연결되어 만들게 된 것이었다. 내용 거의 전부를 실제 인물들이 살아온 과정과 넝마공동체의 일들을 소재로 한 것이었다. 특히 극단 측과 넝마공동체가 함께 대본을 만들었고 넝마공동체 성원이 특별 출연하여 배역을 맡았다. 공연이 끝난 후에도 넝마공동체 안에서는 그때 나왔던 대사를, 앵벌이 장면을, 연설을, 하고 싶었던 이야기를 대사에서 따와 흉내 내는 게 한동안 지속되었다.

넝마공동체 성원들은 전쟁고아이거나 고아원이나 시립아동보호소에서 국민학교 문턱을 한두 해 넘나든 게 고작이었다. 여러 사람의 요청에 의하여 한글익히기, 지혜로운 산술계산, 재미 있는 한문 기초반을 만들어 야학을 하기도 하였다(1986). 그 뒤로도 종종 야학을 열었다. 1990년대 후반 들어서는 운전기술을 배우는 것이 중요한 것으로 되었다.

넝마주이들에게 의료 문제는 아주 절실한 것이었다. 생활환경이 열악하고 술담배를 많이 하는데다가 힘든 작업을 하기 때문에 많은 성원들이 지병을 갖고 있지만 고칠 엄두를 내지 못한다. 넝마주이들 개개인으로서는 뾰족한 대안이 없다. 공동체를 만들어 소식지도 만들고 후원회도 만들어서 활동하다 보니, 후원해주는 사람들이나 집단들과 연계를 맺게 되었다. 다행히 넝마공동체 성원들은 아플 때에는 사당동에 있는 '사당의원'에 입원수술 및 통원치료를 받을 수 있었다. 또 교정원을 하는 분들에게 뼈 교정도 받고 안양의 '이안과'에서 눈수술 등의 의료혜택을 받았다.

넝마주이는 태어나서도 구박받고 죽을 때도 구박받는다. 이른바 '양아치의 죽음'은 독특한 죽음 의례를 치른다. 성원이 죽어갈 때면 리어카로 실어다가 파출소 옆에 가마니를 깔아 놓고 송장을 뉘어 놓은 채 재빠르게 달아난다. 그러면 파출소 순경들이 투덜거리면서 있는 욕 없는 욕 다하며 시립병원으로 가서 입원시킨다. 그리고 길거리에서 죽은 넝마 공동체 동료들을 주워 담는 통 속에 한꺼번에 집어넣고 화장시킨다. 이것이 '국가에서 넝마주이에게 마지막으로 해주는' 화장의식이다. 국장을 치르는 것이다.

이런 기가 막힌 의례를 치루면서도 공동체 성원들은 나름대로의 삶을 살아가고 있다. "공동체를 한다는 것은 여러모로 좋았다. 조마리가 중간에서 빼돌리는 게 없으니 좋고, 공동체에서 야학이나 풍물강습을 하니 더욱 좋다. 리어카나 경운기도 함께 사용할 수 있고 의료 문제도 후원 회원을 통해 얼마쯤 해결할 수가 있다. 무엇보다 같은 처지에 놓인 사람들이 함께 모여 서로 도우면서 살 수 있는 것만 해도 큰 축복이다. '열개[일반인]들아 물러섰거라, 양아치가 여기 있다'고 목청껏 외쳐도 누구 하나 탓하지 않는다."

3) 외부와의 관계

1980년대에는 사회운동이 활발하던 시절이라 넝마공동체는 하나의 운동처럼 보였다. 후원회도 만들어지고 학생들이 체험하러 오기도 하였다. 많은 후원을 받은 것도 사실이다. 그러나 점차 넝마공동체가 다른 사람들을 후원하고 나서는 양상이 전개되고 있다.

넝마공동체는 헌 옷을 모아 탁아소에 보내거나 헌책을 수집해서 벽지나 산간에 보내는 일을 하게 되었다. 옷 보내기로 1년에 2—4천 벌 정도가 나간다. 산간벽지나 달동네에 보내는 책은 1년에 수천 권으로 2002년까지 총 18만여 권을 보냈다.

그리고 북한에도 옷을 보냈다. 새 옷도 아니고 헌 옷이라 망설였지만 북한에서 괜찮다고 해서 보내게 되었다. 몇몇 아파트 주민들은 북한에 보낼 헌 옷을 준비해 놓고 연락을 주기도 하였다. 강남 주부들이 내다 버린 헌 옷 50여만 벌 중 1만여 벌을 골라 먼지를 털거나 빨아서 1997년 북한돕기단체에 기증했다. 외국인 노동자에게 줄 옷 중 일부를 그냥 보내면 된다고 생각할 수도 있지만, 북한에 보낼 옷은 영어가 써 있지 않아야 하고 야한 모양의 옷도 안 되고, 수수하고 튼튼한 옷으로 일일이 다 골라 보내야 했다. 그래서 이 작업을 하는 데만도 거의 3, 4개월이 걸렸다.

1996년에는 외국인 노동자에게 8천 벌의 헌 옷을 보냈다. 영동5교 다리 밑에서 그리고 헌옷가게에서 외국인노동자에게 무료로 옷을 나눠주었다. 팔지 못한 옷들은 어려운 외국인노동자들에게 무료로 나눠주는 것이다. 특히 외국인노동자 신도가 많은 몇몇 교회와 성당에서는 승합차를 가지고 찾아와 한꺼번에 7−8백 벌씩 옷을 가져가기도 하였다. 넝마공동체는 공동체의 존재 의의를 알리기 위해서 헌 옷 보내기 운동을 열심히 하였다.

1997년 이후 넝마공동체는 후원을 받지 않기로 하였다. 후원한다는 곳이 나타났지만 거절하였다. 스스로, 자력으로 일구어야 한다는 생각을 가지고 있었기 때문이다. 오히려 더 어려운 사람들을 적극적으로 후원하고 있었다. 이것은 공동체의 정당성을 확보하는 방법이기도 하였다.

넝마공동체는 보도기관의 취재 요청에 대하여 부정적인 태도를 지니고 있었다. 넝마공동체는 공동체가 원하는 매체에 공동체가 원하는 방향의 기사 외에는 절대 보도를 금지하기로 하였다. 그럼에도 자신들의 존재를 알리기 위해서 점차 매체에 노출되었는데, 한번은 하루 종일 촬영에 협조해 줬는데 방송사에서 제멋대로 편집해서 방송하는 바람에 공동체 성원들이 분노하기도 하였다. 윤팔병 개인이 잡지 등 매체에 등장하기도 하였다. 넝마공동체 성원들은 자신들이 하는 일을 알림으로써 정당성을 확보하고 구청의 철거압력에 대처하려고 하였다.

넝마공동체는 항상 국가와는 잠재적 대결 상태에 있다. 물론 그 양상은 방범대원과 재건대원(넝마주이)이 다투고 있는 양상으로 나타났다. 새벽에 폐품을 수집하는 과정에서 돈이 될 만한 물건을 슬쩍하는 경우가 있다 보니, 방범대원들은 넝마주이를 보면 의심부터 하는 것이다. 공사장에서 버린 물건을 수집했을 때에도 방범대원이 문제를 삼아 그 공사장 십장이나 그 가정집에 가서 대질하는 경우가 있었다. 십장이나 가정집 주인이 버린 것이라고 해도 어떻게 해서든지 얽어매려고 하기까지 했다. 물론 일제단속 기간에는 꼬투리 잡기에 걸리기

십상이었다. 실랑이가 벌어져 일단 파출소나 경찰서에 가면 전과가 있다거나 주민등록증이 없다는 이유로 이미 범죄자 취급을 받았다. 넝마공동체 성원들은 철거에 대한 압박, 올림픽 전의 '후리가리' 단속에 대한 공포 속에서 경찰과 구청에 대해 일정한 적개심을 지니고 있었다.

구청이나 동사무소의 직원들은 다리 밑은 공공장소이니 무단점유를 허용할 수 없다며 툭하면 철거계고장을 내보내고 철거를 지시한다. 아무리 몰려가서 청원을 하려고 해도 제대로 만나주지도 않는다. 그럴 때마다 그곳에서 쫓겨나면 갈 곳 없는 공동체 성원들은 휘발유를 뿌리고 라이터 불을 켜고는 격렬히 저항하곤 했다.

외부의 위협도 적지 않았다. 1997년에는 누군가 공동체 컨테이너 3동에 불을 질렀다. 방화인지 어떤지는 모르겠지만 화재 사건이 종종 일어났다. 그리고 불안해 못 살겠다는 주민들의 진정도 있었다. 물론 일반인들의 넝마주이에 대한 인식이 똑같지는 않았다.

넝마공동체 성원들은 국가의 압박에 저항하는 것뿐만 아니라 적극적으로 시위에 참여하기도 하였다. 1988년 강남구청은 공권력을 동원해 삼성동에 있던 넝마공동체 제1작업장에 철거압박을 가하였고 1991년 결국 무참히 철거해 버렸다. 나라에서도 해결하지 못하는 도시 빈민문제를 스스로 해결해 보겠다고 세운 1백 평도 안 되는 작은 건물을 지원해 주기는커녕 하루아침에 거리로 내몬 것이다. 너무 억울해 그 당시 넝마공동체 성원들은 천막을 치고 2달 동안 시위를 벌였다. 또한 그 후 넝마공동체 성원들은 매주 미군범죄 근절운동본부가 주관하는 금요집회 때 용산 미군기지로 시위를 하러 가기도 하였다. 남의 땅을 점령하고 무단으로 사용하고 있는 미군에 대한 적개심이 자연스레 생겨났던 것이다.

자원재생공사가 한참 설칠 때(1990년대 초중반)에는 청소부 아줌마들과 연대를 호소하기도 하였다. 아파트 청소가 자치관리에서 용역회사로 넘어갈 때에 말 한번 제대로 못해 보고 넝마주이들은 작업권을 강탈당했다. 또한 청소용역회사, 경비용역회사 등이 등장하면서 넝마주이와 청소부 아줌마들의 살길이 점점 더 어려워졌다. 이에 공동체에서는 대치동 소재 미도 아파트의 청소부 아줌마들에게 노조 만들기를 권하며 활동하기도 하였다.

더 나아가 넝마공동체 성원들은 자신들의 수가 80여 명 정도 되면 쓰레기를 치울 수 있는 권리를 요구하려고 하였다. 아파트 등에 돈을 주는 구조에 대해서 적극적으로 대응하려는 것이었다. 그러려면 성원이 일정 수가 되어야 할 것 같아 다른 지역의 넝마주이들과 연대를 시도하기도 하였다.

한편 넝마공동체 성원들은 자의식이 강했다. 쓰레기를 치운다는 자부심, 작업에 대한 권리의식이 남달랐다. "우리가 한 달만 파업하면 서울이 온통 악취가 풍길 것이오." "우리 같은 사람이 먹고 살 수 있도록 값을 줘야해. 쌀값처럼 쓰레기값도 정부에서 보상을 해줘야해. 쓰레기도 쌀처럼 돈으로만 따질 수 있는 것이 아니거든." 이처럼 쓰레기값을 보장하도록 국가에 요구하였으며, 재활용 쓰레기를 치워주면서 아파트에 돈을 주는 구조에 대해 불만을 지니고 있었다.

넝마공동체 사람들은 또 다른 음모(꿈?)를 꾸미고 있었다. 재활용 가능한 물품을 교환하거나 구입할 수 있는 장터를 건설하자는 것이었다. '헌물품 장터(벼룩시장) 설립추진위원회'도 구상해 놓고 이리저리 알리려고 하고 있었다. 세계에서 가장 큰 벼룩시장을 만들어 보겠다는 것이었다. 동대문운동장이나 청계산 밑 몇 만 평에 거대한 벼룩시장을 만들어 많은 사람들에게 일자리도 만들어 주고 자원을 재활용하자고 정부 당국에 제안하겠다는 것이었다. 벼룩시장을 통해 자원재활용은 물론 실업자 및 부랑인, 넝마주이들에게 제대로 된 직업을 마련해 주고 싶다는 것이다.

혼자만을 위해서가 아니라 다 함께 잘살기 위한 미래를 계획하고 있는 넝마공동체는 인생 종친 사람들이 모여 사는 곳이 아니라 다른 이의 인생까지도 받아들일 수 있는 사람들이 모여 사는 곳이 되었다. 1980년대 후반 추렁과 리어카, 경운기를 가지고 폐품을 수집하던 시절, 오갈 데 없는 사람들이 다시 올 수 있는 곳이었다. 성원들 중에는 이름이 없이 별명으로만 불리는 사람들도 있었다. 더욱이 1980년대 말에는 이념적인 의지도 일부 있었다. 윤팔병은 "룸펜들을 결집한다면 레닌보다 나을 것", "다리 밑의 마르크스"라는 얘기를 들을 정도였다.

그러나 넝마공동체는 트럭을 이용해서 폐품을 수집하고 쓰레기 분리수거가 진행되면서 크게 변화하였다. 특히 포이동 시유지를 점거한 뒤에는 엄청난 물량의 재활용품을 관장해 나가게 되었다. 그와 함께 1980년대 후반에 지니고 있던 공동체적인 성격은 많이 퇴색하게 되었다. 그럼에도 불구하고 넝마공동체는 여전히 내적인 규칙과 운영방식을 유지하고 있으며 사회의 다른 곳에서 배척당한 사람들이 모일 수 있는 장소였다. 강남구청에서도 넝마공동체의 존재를 인정하기 시작하였다. 넝마공동체 성원들은 영동5교 다리 밑을 지켜야 한다는 의지가 강하였다. 강남구청에서 대토를 약속한 바 있는 근거였기 때문이다.

그리고 재활용품 수집은 넓은 장소가 필요한데 이를 확보하는 것이 중요한 문제였다. 넝마공동체는 성원들을 늘리고 점거지를 지켜려 하며, 더욱이 1백 명만 넘으면 혈액원 뒤 2천 평을 점거할 의향도 가지고 있었다. 쓰레기를 치우는 중요한 일을 하는데 국가의 지원을 받을 수 없는 실정에서 공동체 성원들은 자신들의 힘으로 점거지를 넓히려고 생각하였다.

넝마공동체는 외형적으로 엄청나게 커졌고 사업 규모가 커지면서 내부 의사소통의 문제, 내부 위계화의 문제 등이 나타나고 있었다. 새로운 성원들을 늘려 나가고 특히 공동체 내부에서 생활하는 사람들이 늘어나야 점거지를 지키고 확대해 갈 수 있다고 생각하였다. 그러나 공동체 내부에서의 생활이 거칠고 폭력이 빈번히 일어나며 새로운 성원들에 대한 기존 성원의 압박이 있어, 들어온 성원들도 나가는 형편이었다. 더욱이 2002년에도 몇 사람이 절도사건으로 교도소에 가고 한 부부가 싸움을 하다가 아기를 죽인 사건까지 발생하였다. 따뜻한 가정생활이 공동체 안에서 가능하지 않았다. 새로운 세대를 색다르게 재생산해 갈 수 있는 공동체가 될 수 있느냐 하는 것이 가장 심각한 문제로 떠오르고 있다.

그럼에도 어쨌든 넝마공동체 성원들은 자신들이 하는 일에 대한 자부심을 갖고 있으며 시유지를 점거하고 그곳에서 작업하고 있었다. 자신들 나름의 내부 규율과 규범들을 만들어 가고 있으나 세상 사람들 누구나와 마찬가지로 여전히 해결해야 할 문제들을 안고 있었다. 그러나 사회가 배척하는 비행자들이 모여서 자신들의 삶을 가꾸어 가려는 넝마공동체의 실험은, 그 어떤 국가기관도, 그 어떤 운동세력도, 그 어떤 종교단체도 해내지 못한 자율적인 코뮌적 실험이 아닐까 생각된다.[12)]

---

12) 러시아에서 혁명 직후 다양한 비행자들, 특히 죄수들의 코뮌실험에 관한 이야기는 빌헬름 라이히(2000)의 2부 '소련에서의 새생활 투쟁' 실험에서 찾아볼 수 있다.

2절. 넝마주이마을과 넝마공동체

벙거지를 뒤집어쓰고 커다란 추렁을 메고 집게를 휘두르고 다니던 넝마주이들이 이제는 트럭이나 리어카를 끌고 다니며 재활용품을 수거하는 '신종' 넝마주이로 변한 지 오래다. 물론 가장 새로운 '신종' 넝마주이는 도심의 지하철에서 새벽에 신문을 수거하는 할머니, 할아버지들일 것이다. 모바일의 등장으로 2010년대에 들어서면서는 신문 중에서도 특히 무가지도 급속히 사라지고 있어서 이런 분들도 잘 보이지 않는다. 리어카나 더 작은 운반수단으로 박스를 모으는 할머니 할아버지들이 보일 뿐이다.

2000년대에 재활용품을 수집하는 사람들도 대개는 빈민촌에 살고 있을 것이지만 1970년대나 1980년대처럼 집단적으로 고립되어 살고 있지는 않을 것이다. 그러나 과거 정권에 의해 강제 수용되었던 넝마주이마을이 아직도 일부 남아 있으며 그 주민들은 자신들의 다양한 권리를 찾기 위해 운동하고 있기도 하다.

여기서는 넝마공동체가 활동하기도 했던 지역인 서울 강남구 포이동 266번지 넝마주이마을에서 최근 일어나고 있는 주민들의 운동을 살펴보고,[13] 이어서 넝마공동체의 근황에 대해서도 간단하게 다루어 보겠다. 그와 더불어 국가가 넝마주이들을 어떻게 관리(억압)해 왔는지 밝혀진 자료를 통해 살펴보겠다.

---

13) 이 절은 2006년 이후의 포이동 266번지 넝마주이마을의 변화를 다루지 못하였다. 그 이후 넝마주이마을은 대책위를 세우고 많은 운동단체들이 결합하면서 마을을 투기꾼들과 강남구청의 철거압박에서 지켜내고 있다.

1. 포이동 266번지(넝마주이마을)

대한민국 서울의 강남. 부의 상징이자 부동산 열풍의 중심지인 이곳에 빈부격차를 적나라하게 드러내는 빈민촌이 있다. 포이동 266번지로, 위용을 과시하며 솟아 있는 초고층 주상복합건물 아래 납작 엎드려 있다. 양재천을 사이에 두고 마주 보는 타워팰리스와 266번지 판자촌은 부와 가난이 극명하게 교차되며 묘한 분위기를 연출하고 있다. 사방을 낡은 함석판으로 두른 266번지는 밖에서 보면 높게 쌓인 고철들만 보이는 것이 영락없는 대형 고물상이다. 근처 주민들도 쓰레기나 고철을 모아 놓는 곳으로 알지 이곳이 104가구의 보금자리라는 사실을 잘 모른다.

쿠데타정부는 1962년 넝마주이들을 '근로재건대'라는 이름으로 경찰서 관할하에 조직하여 관리하였다. 1974(?)년부터는 경우회가 이어받아 관리해 왔다. 1979년 7월 당시 박정희정권 시절에 정부(서울시)는 거리를 떠돌던 부랑아와 넝마주이, 구두닦이 등 도시빈민들을 한 곳에 모아 이른바 '자활근로대'를 만들었다. 서울 시내 몇 군데에 건물을 짓고 집단수용하여 군대식으로 관리하였다. 그리고 전두환정권 시절 서울시는 자활근로대 1천여 명을 환경 미화라는 이름으로 1981년 3월 서초동 정보사 뒷산으로 강제이주시켜 정착하게 했다. 이후 서울시는 공공부지 재활용과 도시재정비 정책에 따라 1981년 12월 이들을 다시 10개 지역으로 분산 이주시켰다. 이들 가운데 150여 명은 서울시 체비지인 포이동 200-1번지 일대 3천 8백여 평의 하천 공유부지에 강제로 집단수용됐다.

정부는 경찰서를 통해서 이 마을을 1989년까지 자활근로대라는 명칭으로 관리했다. 주민들이 수집한 넝마를 수거하여 판매해 주고 군대식 내무반 생활을 강요하기도 하였다. 더욱이 주민들은 1986년 아시안게임과 1988년 서울올림픽 때는 도시 환경을 해치고 국제 망신을 시킨다는 이유로 거주지역 바깥으로 나오는 것조차 금지되었다.

1988년이 되자, 포이동 거주민을 관리하던 감독관들이 이곳을 떠나면서 자활근로대에 사표를 종용했다고 한다. 1989년 서울올림픽이 끝나자 정부는 주민들에게 자활근로대를 그만두겠다는 사표를 강제로 쓰게 했다. 주민들은 감시가 끝난 것으로 생각하고 기꺼이 응했지만, 정부는 자활근로대 증거를 모두 없애고 주민들을 무단침입자로 몰아 그곳에서 내쫓으려 한 것이었다.

1989년 강제 해산 이후 정부는 구획정리를 하면서 포이동 200-1번지를 없애고 266번지로 주소를 변경했지만, 주민들의 주민등록은 변경하지 않아 주민들이 '대한민국 내 존재하지 않는 주소'에 살게 되는 사태가 벌어졌다. 주민등록 주소지가 없다 보니 주민들은 인근 슈퍼마켓이나 친척집 등으로 집주소를 옮겨 놓았으며 아이들은 코앞 초등학교를 두고도 멀리 떨어진 다른 학교에 다녀야 했다. 그럼에도 전기, 수도 요금은 꼬박꼬박 포이동 266번지로 날아오고, 주민세는 포이동 200-1번지로 나왔다. 사라진 주소가 세금을 받아낼 때에만 부활하는 꼴이다. 포이동 266번지 주민들은 집주소가 없어 우편물을 배달받지 못한다. 그래서 마을회관에 우편함을 만들어 놓고 자신의 우편물을 찾아가는 방식을 취하고 있다.

서울시 소유 체비지인 하천변에 비닐하우스를 짓고 정착한 주민 150여 명은 25년이 지나는 동안 104가구, 350여 명으로 불어났다(상이용사 등이 유입됨). 266번지에는 수세식 화장실이 있는 집이 단 한 군데도 없다. 3—4가구가 함께 사용하는 재래식 공용 화장실이 있을 뿐이다. 집 안에 세면대도 없어 여름에는 대야에 물을 받아 몸을 씻고, 겨울에는 수돗물을 가스불로 끓여 간단한 세수만 해야 하는 등, 마을 전체가 이런 식이다. 그리고 주민들은 2003년 전까지만 해도 우물에서 물을 길어다 먹었다. 이 우물은 이물질이 나오는 등 식수로 사용하기에는 매우 더러웠다고 한다.

2005년 1월에 빈곤사회연대(준)가 주최하는 겨울 빈민현장 활동 중에 실시된 주거실태조사에 따르면, 마을의 모든 집은 합판으로 벽을 세우고 플라스틱 덮개와 비닐 등으로 지붕을 세운 형태였다. 4인 가구가 2.6평 남짓의 단칸방에 생활하고 있는 등 조사한 18가구가 모두 최저주거기준에 미치지 못하였다.

또한 정부(강남구청)는 주소변경 이후 1990년부터 포이동 266번지 주민들을 불법무단점유자로 규정하고 매년 2백 50여만 원의 불법토지이용변상금을 부과했다. 현재 가구마다 5－7천만 원씩의 빚을 지고 있는 상황이다. 강남구청은 넝마주이마을을 포함한 비닐하우스촌에 과도한 변상금을 부과하였는데, 연체료를 15－25%로 물려 배보다 배꼽이 크게 되었다. 이사 가려고 집을 마련하면 압류조치를 취하기도 하였다.[14] 문제가 불거지자 서울시는 연체이자를 5년까지만 매기고 그 이상은 더 물리지 못하도록, 2004년 5월 관련 조례를 개정하기도 했다.

포이동 266번지 일대는 현재 도시계획시설에 따르면 도서관 용지로 되어 있다. 하지만 강남구에서는 서울시에 도시계획시설 변경요청을 하여 이곳을 학교 용지로 선정하기 위한 계획을 추진 중이다.

---

14) 강남구청과 서초구청에 따르면, 불법 제비지 점유로 변상금이 부과되는 비닐하우스촌은 강남구 포이동 266 일대 자활근로대 마을(104가구), 포이동 197 일대 국악예고 부근 마을(54가구), 포이동 240-3 일대 양재성형외과 부근 마을(10가구), 포이동 187-5 일대 마을(10가구), 서초구 양재동 212 일대 잔디마을(28가구), 잠원동 61-6 일대 잠원마을(52가구) 등 6곳 258가구다.

2. 주민운동

포이동 266번지 주민들은 2003년 이후 각종 집회를 통해 주민등록 등재, 점유권 인정, 변상금 철회 등을 끊임없이 요구해 왔다.

포이동 현판식

포이동 주민들은 1981년 12월 함께 분산 이주했던 나머지 9개 지역 주민들에게는 1987년 이후 서울시에서 순차적으로 보상비와 아파트 분양권 등을 주어 주거 대책을 세워주었으나 자신들에게는 지금까지 아무런 주거 대책을 내놓지 않았다고 주장한다.

이들은 특히 학교 용지로 지정되어 있는 강남구 압구정동 428번지 시유지(현대백화점 옆 주차장 부지)를 공원 시설로 변경하여 매각하는 대신 그 대체 부지로 포이동 266번지 체비지를 선정하려는 것은 현대백화점에 특혜를 주기 위한 것이라는 의혹을 강하게 제기했다.

주민들의 강제이주와 그동안 점유 주거지를 인정하지 않으려는 강남구의 태도에 대해 주민들은 2003년 5월 포이동철거대책위를 구성하여 본격적인 주거권 사수 투쟁을 선언하며 강하게 반발하였다.

이곳 주민 3백여 명은 2003년 11월 16일 오후 강남구 포이동에서 빈민해방철거민연대 주최로 '포이동철대위 주거권 사수 투쟁결의대회'를 열고 포이동 266번지 사수대책위원회 현판식을 올리고 항의 집회를 열었다. 이후 주민들의 운동은 '포이동 266번지 사수대책위원회'를 중심으로 진행되어 왔다.

서울시의회(인권위) 앞 집회

포이동 266번지 주민들은 2003년 말, 2004년 초에 서울시의회와 국가인권위원회 앞에서 시위를 하였다. 포이동 266번지 문제를 당국에 알리기 위해서였다. 2003년 12월 16일 열린 서울시 의회 앞 집회에서 주민 2백여 명은 포이동 주민의 점유권 인정, 토지 매각 시 원주민에게 우선 매각, 장기 미집행 도서관시설 지정 해제, 학교 용지 선정계획 철회, 주거용지로의 용도 변경 등을 요구했다. 그 후로도 주민들은 2004년 1월 8일과 2월 6일에 국가인권위원회 앞에서 주거권을 보장하고 토지변상금을 철회하라는 요구를 내걸고 집단시위를 하였다.

강남구청 앞 집회

그 이후 포이동 266번지 넝마주이마을 주민들은 강남구청 앞에서 시위를 하게 된다. 허울 좋은 자치시대에 강남구청은 서울시의 요구도 무시한 채 포이동 주민들을 압박하고 있기 때문이다.

2004년 6월 1일 포이동 266번지 주민 1백 50여 명은 서울 삼성동 강남구청 앞마당에서 강남구에서 부과한 토지변상금 철회와 점유권 인정을 요구하는 시위를 벌였다. 물론 주민등록 등재도 요구하였다. 7월 26일에도 구청 앞 시위를 하였다.

주민들의 항의는 넝마주이 부부의 죽음으로 더욱 거세졌다. 2004년 6월 4일 새벽 4시쯤 주민 김 아무개(59) 씨가 가난과 질병에 신음하다 스스로 목숨을 끊은 데 이어 7월 4일에는 김씨의 부인 임 아무개(54) 씨마저 생활고를 견디다 못해 스스로 목숨을 끊었다. 가난의 실곡에서 벗어나지 못해 부부가 한 달 간격으로 동반 자살(?)을 한 것이다.

숨진 김씨 부부는 토지변상금 4천 6백 68만 원과 자동차세 1천 2백만 원 등 7천만 원의 빚을 군에 가 있는 두 아들에게 남겼다. 김씨에게 부과된 전체 변상금 4천 6백 68만 원 가운데 체납액 원금(2천 2백 19만 원)보다 연체 이자(2천 4백 49만 원)가 더 많다. 배보다 배꼽이 더 큰 것이다.

2005년 들어서서는 포이동 266번지 넝마주이마을 주민들의 실태가 알려지면서 연대운동이 시작되었다. 포이동 266번지 넝마주이마을 주민들은 2005년 3월 14일 강남구청 앞에서 전노련 소속 노점상들과 함께 집회를 개최하였다. 7월 4일에는 빈민해방철거민연합과 공동으로 '고 김천복 · 임정숙 부부 1주기 추모제 및 포이동 주민 주민등록 등재 촉구 결의대회'를 열고 "강제로 없애 버린 주민등록을 복원하고 죽음의 고리 토지변상금 부과를 즉각 철회하라"고 촉구했다.

더욱이 2005년 여름 빈민현장 활동 참가 대학생과 시민 1백여 명은 오후 강남역 앞에서 문화제를 열고 포이동 266번지 주민들의 주민등록 등재를 촉구했다. 포이동 266번지 풍물패의 신명나는 장단과 함께 특히 대학생 참가자들은 시민을 상대로 선전물을 나눠주고 즉석에서 포이동 266번지 주민들의 주민등록 등재 촉구를 위한 서명을 받아 큰 호응을 얻었다.

주민등록 등재 촉구 집회는 그 후로도 여러 번 열렸다. 2005년 9월 6일 주민 70여 명이 개포4동 동사무소 앞에서, 그리고 포이동 주민과 대학생 1백여 명이 2005년 10월 6일 강남구청 앞에서 '포이동 266번지 주민등록 등재 촉구 결의대회'를 열고 시위를 하였다.

주민들의 격렬한 집회와 항의에도 불구하고 아무 반응이 없자 주민들은 급기야 구청장의 출근 저지 투쟁에까지 나섰다. 2005년 11월 2일 포이동 주민들 10여 명은 권 구청장 자택인 H아파트 앞에서, '토지변상금 철회', '주민등록 등재'를 요구하며 출근 저지 시위를 벌였다.

넝마주이마을에 붙어 있는 부지에 살던 넝마공동체 사람들에 대한 강제철거가 시행되자(2005년 11월 29일) 마을 사람들의 마음은 더욱 절박해졌다. 포이동 266번지에는 강제이주민과 인근 넝마주이들이 주축인 자발적 이주자들이 한데 모여 살았는데 철거지역은 자발적 이주자들이 자리 잡았던 공간(넝마공동체의 점거지)이었다.

2006년 들어서서는 여러 단체들이 연대하면서 포이동 싸움은 좀 더 가열되고 있다. 포이동 266번지 사수대책위원회와 빈민해방철거민연합(빈철연), 사람연대, 희망사회당, 민주노총 서울본부 남동지부협의회는 5월 29일 강남구청 앞에서 주민들과 공동으로 '포이동 266번지 강제이주 진상규명과 빼앗긴 주민등록 회복을 위한 기자회견'을 열었다. 여기서 "정부는 포이동 266번지 주민들의 강제이주 진상을 밝히고 주민들에게 사과하라"고 요구했다. 또한 사람연대와 건강세상네트워크, 시민건강증진연구소, 행동하는 의사회, 희망사회당 서울시당 등 5개 단체는 6월 9일 '포이동 266번지를 중심으로 본 서울의 양극화'를 주제로 보고대회를 가졌다. 그리고 주민들의 증언도 있었다. 보고대회에서 공개된 포이동 266번지 주민들에 대한 의료실태 보고서는 우리 사회에서 양극화가 어떻게 사람들의 삶을 불투명하게 하는지 극명하게 보여주었다. 그 후 투쟁기금 마련 후원의 밤을 개최하는 등 연대 활동이 계속되고 있다.

이처럼 포이동 문제는 이제 여러 단체들이 연대하면서 점차 많은 사람들의 관심을 끌게 되었다. 그럼에도 강남구청은 여전히 주민들의 과거자료가 없다느니 하면서 넝마공동체 사람들에게 했듯이 포이동 266번지 주민들을 몰아내려는 궁리만 하고 있다.

3. 공부방

넝마주이마을의 아이들. 학교가 끝나 다른 마을 친구들과 집에 돌아오다가 아빠가 부르면 못 들은 척하고 고개를 돌리고 가야 하는 아이들. 학교 선생님들이 오히려 이 마을 아이들을 차별해서 선생님이라면 이가 갈린다는 포이동 266사수대책위원장 아주머니의 말(그래도 아주머니는 공부방에 대해서는 아주 호의적이다). 가난은 대물림된다는 것을 입증하는 포이동. 아이들은 학교에서 돌아오면 다른 동네 아이들처럼 학원에 가는 것이 아니라 마을에서 이리저리 쏘다니거나 컴퓨터 게임을 하거나 방에서 뒹굴며 시간을 보낸다.

2004년 겨울에 포이동 266번지 마을에 빈민활동을 다녀왔던 대학생들이 2005년 겨울부터 자발적으로 공부방을 열겠다고 제의하였다. 포이동 공부방의 산파 역할을 한 김규남(26, 서강대 4) 씨는 2004년 겨울의 빈민활동이 계기가 되어 이 일을 추진하게 되었다. 한 달만에 40여 명 이상이 교사로 자원해 교사인원 문제는 더 이상 없게 되었다. 2005년 11월 6일 '포이동 공부방 준비모임 결성식'을 한 후 6주간의 교사교육을 진행하였다. 가르치는 것도 시급한 문제지만, 우선 자원교사들이 포이동과 아이들에 대해 이해하는 것이 먼저라는 생각에서다. 교육 프로그램도 '포이동 실태, 무엇을 가르칠 것인가', '아이들이 당당한 인격체로 살아갈 수 있는 방안' 등으로 꾸며졌다. 자원교사교육을 통해 빈민아동들의 특성, 교육과 자원활동의 내용, 공부방의 모습 등을 토론하고, 신림동의 낙골 공부방으로부터 아이들은 어떻게 대하고 공부방은 어떻게 운영하는지 등의 상담을 받았다.

포이동 공부방은 2006년 1월 2일 정식으로 문을 열었다. 그 전에 원하는 학생들에게는 우선 개인별로 선생님이 공부를 가르칠 수 있도록 했다. 우선 가장 시급한 문제는 재원 마련이었다. 일단 교육 공간은 마을 회관으로 잡았지만 단칸방인 데다 학생들 또한 다양한 학년이라 자칫 산만한 분위기 때문에 진행에 어려움을 겪을 수 있었다. 교사들이 5천 원의 회비를 내고 있지만 이 정도로는 교사교육 프로그램 진행도 벅찼다. 아동복지법이 개정되면서 정부의 공부방 지원대책 역시 발목을 잡고 있다.[15)]

포이동 공부방의 이름은 '인;연 맺기 학교'이다. '인'은 '사람인'(人), '세미콜론'(;)은 '연결하다', '연'은 '그러할 연'(然)자를 써서 자연과 인간을 연결한다는 뜻이다. 포이동 공부방의 수업시간은 일주일에 3회로 월, 수, 금, 낮 1시부터 6시까지이다. 겨울방학이 끝나면 오후 5시로 수업시간이 변경된다. 포이동 공부방 학생들은 유치부에서 고 3까지 모두 14명으로 시작하였다. 3시까지 공부를 하고 나머지 시간에는 다른 활동을 한다. 커리큘럼은 반마다 다른데 담임선생님이 알아서 결정한다. 초등학교 고학년은 국·영·수 중심이고, 중고생은 과외형식이다. 하지만 미취학 아동과 초등학교 저학년은 특별한 커리큘럼이 없이 시작했다. 나머지 시간은 아이들과 소통하는 시간이다. 공부시간에는 아이들을 끌어다가 앉혀 놓아야 하지만 간식을 만들거나 놀면 아이들이 아주 좋아한다. 그런 방향에서 공동체 의식을 길러주고 인권, 평화, 이라크 전쟁, 자기 몸 사랑하기 등에 대한 교육도 진행할 계획이다. 자원교사들은 아이들과 함께 저녁식사를 하는데, 반찬은 모두 주민들이 직접 해주고 있다. 희망사회당은 2006년 4월 16일

15) 정부는 공부방에 대해서 월 지원금을 68만 원에서 2백만 원으로 늘리는 내신 교육목적 건물 25평 이상(20인 이하는 18평)의 시설을 갖추도록 기준을 강화했는데, 이 기준에 따른다면 포이동 공부방은 지원대상에서 제외될 소지가 다분한 데다 오히려 단속 대상으로 전락할 수도 있다. 박수호, "강남의 작은 섬, 우리 동네에 공부방 들어온대요!", 〈오마이뉴스〉, 2005.12.02.

창당하면서 포이동과 인연맺기 행사로 책나누기 행사를 하여 포이동 공부방에 책과 후원금을 전달하였다.

대안적인 공부방이라기보다는 아무도 보살필 수 없는 어린이들과 함께 있어 주는 소모임으로서 공부방이 진행되고 있는 것이다. 주민들의 요구들은 당장의 압박에 대한 반사적인 것으로서 제시되고 있다. 현재의 상황 속에서도 이미 다른 것을 해 나갈 수 있는 지점들이나 활동들이 중요한데, 공부방은 그러한 것의 시초로서 의미가 있다고 생각된다. 넝마공동체의 경우 성원들은 아주 전투적이고 노동에 대한 강한 의욕을 가지고 있지만 어린이들을 교육하는 장소로서는 너무 거친 환경이다. 포이동 266번지 넝마주이마을도 주민들이 직접 운영할 수는 없지만 이러한 공부방 운영을 통해 어린이들을 더 이상 방기하지 않는 최소한의 교육공동체를 복원할 수 있지 않을까 생각된다.

4. 넝마공동체

앞 절에서 본 대로, 넝마공동체는 양재천 영동5교 다리 밑과 포이동 266번지 옆 공터에서 20년 동안 생활해 왔다. 1986년 넝마공동체를 만든 후 1991년 삼성동 528번지 막사가 철거당하고, 영동5교 다리 밑에서 기거해오고 있으며 1998년 포이동 266번지 적십자혈액원 옆 공터를 점거하여 두 곳의 작업장을 운영해 왔다. 강남구청은 2005년 11월 29일 대책 하나 없이 주요 작업장이자 거처였던 266번지 넝마공동체 작업장과 주거지를 철거하였다. 행정대집행이라는 명목 아래 영하 10도 가까이 떨어진 강추위의 새벽 6시에 4백여 명의 용역들을 동원한 기습철거였다. 1998년 4월에 점거한 이후 살아오던 소중한 삶터이자 작업장이었다. 굴삭기와 건장한 용역들의 일사

불란한 움직임에 속수무책으로 당하고 말았다. 철거하면서 컨테이너 12동도 빼앗아 갔으며 살림살이들이 파손되고 도난당하곤 했다. 갖은 공방 끝에 1월 15일 넝마공동체는 컨테이너박스 9개 동을 되돌려 받았다. 그리고 넝마공동체를 몰아낸 자리에 강남구청은 재빨리 공영주차장(유료)을 만들어 놓았다. 강남구청은 넝마공동체를 철거하면서 266번지에 사는 104세대에 대해서도 압박을 가하고 있다.

쫓겨난 넝마공동체 사람들 가운데 30명 정도가 2006년 1월 15일 다시 포이동 266번지 공터, 즉 남부혈액원 옆 청소작업장에 컨테이너 박스를 갖다 놓고 임시로 살 곳을 만들었다. 그러나 단 하루 만에 다시 강제철거를 당했다. 거처로 사용하던 컨테이너를 실어가 맨 바닥에 침대 매트리스를 깔고 생활하고 있다. 넝마공동체 사람들은 강남구청에 계속 대체부지(예전부터 약속한 바 있나, 철거 후에도 공문으로 그 약속을 알려 왔다)를 요구하고 있지만 강남구청은 아무런 조치도 취하지 않고 아예 만나주지도 않았다. 그러다 1월 26일 설을 사흘 앞두고 강남구청은 철거반원 수백 명을 시켜 그곳마저 강제로 철거했다. 그동안 모아 놓은 고철과 옷가지는 물론 생활용품까지 모두 빼앗아가 버렸다. 넝마공동체 회원 한 사람은 입어야 할 옷까지 다 빼앗겨 알몸으로 강남구청에 가서 시위를 해서 겨우 돌려받았다(안건모, 2006: 4-7).

2006년 2월 6일 넝마공동체 성원 10여 명이 다시 짐을 꾸려서 굳게 잠긴 공터 앞에 모였다. 이들은 구청에서 공터의 문을 열어줄 때까지 텐트에서 살아갈 계획이다. 오전 11시, '기습적으로' 강남구 포이동 266번지 부근 공터 앞에 텐트 5개를 치고 '다시 삶'을 시작했다. 이곳은 지난해 11월 29일 처음 쫓겨난 이들의 본거지로 강남구 포이동 '고향'인 266번지에서 100m쯤 떨어진 곳이다.

먼저 텐트 5개를 치고 상대적으로 젊은 넝마주이들이 '입주'했다. 입주 후에는 넝마주이 일도 시작했다. 삶과 노동, 그리고 '제발 삶터를 보장하라'는 농성이 동시에 시작된 것이다. 넝마공동체 사람들은 쫓겨난 후 그동안 양재천 영동5교 다리 밑(넝마공동체 제1작업장)에서 임시로 기거해왔다. 그러나 그곳은 넝마공동체 사람들 모두가 지내기엔 너무나 좁아 일부는 서울역, 영등포역 등지에서 노숙을 해야 할 판이었다.

다리 밑에 노인들이 지내고 상대적으로 젊은 사람들이 텐트를 치게 되었다. 사실 다리 밑 제1작업장에서의 삶도 어려운 것은 마찬가지다. 다리 밑 컨테이너 박스 안에서 그런대로 추위만 피하고 있을 뿐이지 햇볕도 들지 않고, 수도도 없는 열악한 상황이기 때문이다.

강남구청은 이들이 두 번째로 쫓겨난 공터를 폐쇄했다. 공터의 철문을 걸어 잠그고 흙더미를 곳곳에 쌓아놓았다. 이에 따라 이들이 텐트를 친 곳은 잠긴 철문 바로 앞이다.

넝마공동체 사람들은 밀고 밀려나기를 일곱 번이나 하면서 20여 명이 영동5교 다리 밑에서 10여 개의 컨테이너에 살면서 작업을 하고 있다. 또한 매주 토요일에는 서초구에서 마련한 벼룩시장에 나가서 물건을 판매하고 있다. 30명 이상의 회원들은 서울역 쉼터로 가 있는 형편이다. 강남구청에서는 다리 밑 넝마공동체 성원들이 포이동 점거싸움의 근거지라 생각하고 철거압박을 계속해 오고 있다. 넝마공동체도 여러 방면으로 서명도 받아가면서 쉽게 물러서지 않고 있다.

그런데 문제는 포이동 266번지 주민들과 넝마공동체 사이에 연대가 이루어지지 않는다는 것이다. 합법화 해달라는 포이동 266번지 주민들과 불법도 인민적인 것이라면 마다하지 않는 넝마공동체 사람들 사이에 간격이 있는 것이다.

물론 강남구청 쪽에서는 266번지 주민들을 압박하기 위해서 넝마공동체를 먼저 공격했지만 말이다.

5. 넝마주이 정책

국가가 도시빈민들을 집단수용한 뒤 강제노역시키며 관리하던 군대식 조직의 흔적(경찰청과 지방자치단체들은 부인한다)이 발견되었다.[16] 1979년 7월 발족식을 한 넝마주이 조직으로 국가기록원 문서에서 따르면, 국가 공권력이 도시빈민을 한 지역에 강제로 집단수용한 뒤, 강제노역을 시키던 단체로 자활근로대라는 것이 있었다. 흔히 넝마주이 마을이라고 하던 것이다. 강제노역의 명분은 국가의 감독하에 건전한 생활에 힘쓰라('자활'하라)는 것이었나. 1982년 당시 규모는 2천 3백 명 이상이었고, 1990년대 초반부터 해체되기 시작했다. 자활근로대 내부에서는 싸움과 소요가 계속돼, 공권력은 이를 다스리는 데 애를 먹었고, 서울 강남 등 일부 지역에서는 내부 다툼으로 살인사건도 잇따랐다.

1981년 7월 1일 동두천시가 만든 '동두천시 자활근로대 숙소 운영규칙'을 보면 자활근로대가 경찰과 행정기관의 공권력에 의해 유지되던 강제 합숙기관이었음을 확인할 수 있다. 규칙을 보면, 자활근로대는 "넝마주이, 구두닦이 등 가두 청소년을 집단 수용하기 위해 만든 단체"(1조)로 "이들을 강제 수용하기 위한 숙소 · 연료비 · 작업복 · 작업화 등의 예산은 국가로부터 나왔으며"(6조), "숙소의 사용 대상자는 경찰서장과 협의해 시장이 정하는 것"(3조)으로 못 박고 있다. 비슷한

16) 길윤형, "자활근로대, 부랑아들을 짓밟다", 〈한겨레21〉, 2005.08.17.

규칙들은 경기도 동두천시, 송탄시, 광주광역시 등에서도 확인됐다. 자활근로대 결성은 전국적인 현상이었다. 광주 서부경찰서가 작성한 '자활근로대 운영 협조'라는 메모를 보면, 광주시 북구 운암동 1082 번지 일대에 자활근로대 숙소가 있었고, 72명의 대원을 3명의 경찰이 상주하며 관리했던 것으로 나타난다. 몇 개의 지대로 나누어 각 지대에 왕초인 조마리를 두었다. 한 지대에는 경찰서 방범과 외근계에서 '지도원'이라는 이름으로 2-3명씩 배치됐다. 고물을 모아오면 경찰관들이 저울질을 해서 물건을 사갔다. 즉 이들의 일은 대원들이 모아온 폐지·비닐·고철을 외부에 팔아주는 것이었다. 매달 일정 금액을 저금하게 만들기도 하였다. 물론 '후리가리'(일제 단속) 때가 되면 시도 때도 없이 찾아와 많이 괴롭혔다. 86아시안게임과 88올림픽 때는 밖에 돌아다니지 못하게 관리하기도 했다.

자활근로대의 발족 시점은 박정희가 죽기 직전인 1979년 9월께인 것으로 나타났다. 광주 서부경찰서가 작성한 '자활근로대 운영에 따른 회의'를 보면, "정부 방침에 의거 광주에 산재돼 있던 속칭 넝마주이들을 모아 1979년 9월 1일 광주 서부자활근로대로 통합 발대식을 가졌다"고 한다. 이를 위한 예산 7천만 원은 '국비와 지방비'에서 충당했다. 경제기획원 장관이 1982년 11월 10일 국무회의에 부의한 회의 안건을 보면 정부는 청소원, 광산노동자, 자활근로대원들을 위한 연말 하사품 제작비로 6억 4천 6백만 원을 지출할 계획을 잡아놓았다. 선물을 받는 사람들은 청소원 3만 3천 5백 11명, 광산노동자 6만 4천 2백 49명, 자활근로대원 2천 3백 95명 등이다. 1982년 당시 2천 3백 명이 넘는 사람이 자활근로대로 편성돼 국가의 관리를 받아온 것이다. 가장 중심으로 정리된 기록이기 때문에 가족단위(5인 가족)로 생각한다면 1만 명이 넘는 사람들이 편성되어 있었다고 할 수 있겠다.

자활근로대로 넝마주이들을 한 곳에 모아 놓자 관리하기가 힘들어졌다. 처음에는 고물을 주워다가 팔아 한 달에 5천 원씩 저금을 하라는 계도가 있었지만 곧 시들해졌다. 머잖아 사고가 일어났다. 1980년경 관리가 힘들어지자 정부는 이들을 서울 강남 곳곳에 흩어진 자투리 땅 10곳에 분산 배치했다.[17] 이 가운데 포이동 266 일대를 뺀 9곳은 강남 개발의 광풍을 이기지 못하고 사라졌다. 그곳에 살던 대원들은 수서6단지 · 상계동 등으로 임대 아파트를 얻어 떠났다.

1980년 광주항쟁 당시 시민군 참여자들 가운데 넝마주이들이 있었다는 얘기가 나돌았다. 광주천 다리 밑에 있던 넝마주이들이 광주항쟁 이후 많이 사라진 것을 두고 그렇게 말하곤 하였다. 시민군 참여자 가운데 넝마주이 출신이 발견되기도 하였다. 그런데 아이러니하게도 광주에서 5 · 18이 일어나기 20일 전인 1980년 4월 27일부터 광주시 북구 운암동 1082번지 일대에 넝마주이들이 강제 수용됐다. 이후 이들은 1980년 5월 6일부터 사흘 동안 전남 공무원 교육원에서 새마을 교육을 이수했다. 5 · 18 기간 동안 경찰의 감시 · 감독을 받으며 외부 출입을 하지 못했기 때문에, 자활근로대원들은 5 · 18 학살을 별다른 피해 없이 비껴갈 수 있었던 것으로 보인다. 물론 이들은 지금까지 내팽겨 쳐진 채 있다. 이곳도 포이동 266번지와 다를 바 없는 양상을 드러내고 있다.

여기서 잠시 그 사례를 살펴보자. 2003년 말에 들어서 광주시 북구 운임동 1082번지, 속칭 넝마주이마을에 살고 있는, 넝마주이 집

17) 삼성동 AID아파트 뒤, 포이동 266일대(남부적십자혈액원 옆), 삼성무역센터 뒤, 방배동 총신대 뒤, 학동 영동백화점 뒤, 서초동 정보사 뒤, 잠원동 잠원아파트 앞, 역삼동 국기원 옆, 압구정동 한양아파트 앞, 반포 한보미도아파트 앞.

단 거주지 26가구 80여 명의 주민들은 광주시 측에 처우 개선과 소유권 무상양여를 요구하고 나섰다. 이 집단거주지는 지난 1980년 3월께 당시 치안본부가 자활의지를 기른다는 구실로 조성해 487명의 광주·전남 지역에서 떠돌아다니는 넝마주이들을 강제로 집단 이주시킨 곳이다. 이곳 주민들은 지난 1994년까지 관할 경찰서의 엄격한 감시를 받아오며 내무반 3개동에서 집단생활을 해왔고 1990년 이후 내무반을 개조한 1평 남짓한 판잣집에서 살아왔다.

3개동의 내무반에 나뉘어 수용된 이들은 오전 6시와 오후 6시 군대식의 점호를 당했고 당시 서슬 퍼런 경찰들의 통제 속에 고물수거 등의 잡일을 해야 했다. 이들의 하루 일상은 오전 6시 기상과 함께 배식을 받은 뒤 등짐을 메고 시내 각지를 돌며 넝마와 헌 종이 등을 수거해 집단 거주지로 돌아오는 것이었다. 하루 종일 모은 넝마는 경찰 입회 아래 수거됐고 수거한 양 만큼 돈으로 환산돼 이들의 통장에 입금됐다. 그러나 대부분이 정상적으로 계산되거나 통장에 입금되지 않는 등 임금이 착취당하는 일이 다반사였다. 또한 혹시나 밖에서 작업 중 도주하거나 주거지로 돌아오지 않는 사람이 생기면 며칠이 걸리든 도주자를 찾는 일을 해야만 했고 말을 듣지 않는다는 이유로 사무실에서 구타당하는 일도 이들에겐 큰 공포였다.

특히 최근에는 집단 거주지 인근에 대규모 아파트 단지들이 들어서면서 아파트 주민들과의 마찰도 잦아지고 있다. 아파트 아이들이 던지는 돌멩이로 인해 슬레이트 지붕에 구멍이 나고, 자녀들까지 놀림을 당하면서 이곳 주민들의 불만은 극대화되고 있는 실정이다.

이에 따라 최근 이곳 주민들은 이주대책위를 구성하고 광주시와 시의회에 현재 살고 있는 토지를 무상으로 소유권 이전을 해달라고 탄원서를 제출하는 등 적극적인 이주대책을 요구하고 있다.

국가의 관리체제 안에 포섭됐지만, 대원들은 1981년부터 이어진 순화교육(삼청교육대)과 시도 때도 없이 벌어지는 경찰의 '후리가리'(일제 단속)를 피해 고통스런 나날을 보내야 했다. 잡혀가는 놈만 억울하던 시절, 경찰은 마을을 덮쳐 남자들을 끌어갔고, 대원들은 잡혀가지 않기 위해 몸부림을 쳤다. 서울에서 정보사 뒤에 집단 이주당했던 넝마주이(남자)들은 마을에서 300m 떨어진 곳에 토굴을 만들어 놓고 생활하기까지 했다. 삼청교육대에 끌려간 사람들은 부지기수였다. 물론 갔다 나온 뒤에 죽어간 사람들도 있었다.

명목상으로나마 유지되어 오던 자활근로대가 사라진 것은 1990년대 들어서면서다. 1993년 12월 18일 송탄 시장은 '송탄시 자활근로대 숙소운영 관리규칙 폐지규칙'을 공포했다. 규칙 폐지와 관련된 다른 시 · 도의 문건들은 발견되지 않았다. 포이동 주민들도 "1988년에 잠실종합운동장에서 1회용 화장실 치우는 강제 노역에 동원된 뒤 국가에서 우리를 다시 찾지 않았다"고 말했다. 마을에 가면 그때 갖고 온 화장실을 지금도 찾아볼 수 있다.

이상에서 살펴보았듯이, 국가는 넝마주이들을 집단 관리하다가 다시 내팽겨 쳤다. 특히 도시화가 진전되어 넝마주이마을에 부동산 투기의 여파가 미치면서, 정부는 넝마주이들을 몰아내고 돈벌이가 되는 사업(주차장이나 아파트 건설 등)을 해 나가려고 한다. 그 과정에서 최소한의 보장도 하지 않으려는 행태가 자주 나타난다.

이러한 정책의 잔인함은 언제 어디서라도 그 대상을 달리하여 나타날 수 있다. 1980년대 도시재개발 사업이 한창 진행되면서 도시빈민들을 끊임없이 내몰던 방식의 마지막 자락들을 넝마주이마을이나 넝마공동체에 대한 정책에서 찾아볼 수 있다. 이제는 주거지 자체가 애초에 없는 사람들(대표적인 예로 노숙인들)이 발생하고 정부는 이들을 쉼터 같은 국가장치 안에 감금하여 관리하려 한다. 그렇지만 항상 그러한 틀을 거부하고 자율적으로 살아가려는 사람들이 나타나게 된다. 이들은 다양한 방식으로 자신들의 활동을 벌여 나갈 것이고, 넝마공동체는 그 한 예일 것이다. 자율적 코뮌으로서 말이다.

3절. 넝마공동체의 변화

1. 점거지 철거

넝마공동체는 대치동 영동5교 다리 밑과 포이동 266번지 옆 공터에서 20년 동안 생활해 왔다. 1986년 넝마공동체를 삼성동 528번지에 만든 후 이곳은 철거되고 영동 5교 다리 밑에서 기거해 왔으며 1998년에는 포이동 266번지 적십자혈액원 옆 공터 1천여 평을 점거하여 두 곳의 작업장을 운영해 왔다. 포이동 점거작업장은 포크레인을 갖추고 사무실까지 있었으며 컨테이너에 여러 사람이 살면서 많은 고물을 취급해 왔다. 강남구청은 2005년 11월 29일 용역들을 동원하여 포이동 점거지를 기습 철거하였다. 그 후 넝마공동체 사람들은 밀고 밀려나기를 일곱 번이나 하면서 20여 명이 영동5교 다리 밑에 있는 10여 개의 컨테이너에 살면서 작업을 하게 되었다. 30여 명 이상의 회원들(주로 포이동 점거지에서 작업하던 사람들)은 서울역 쉼터 등으로 흩어졌다. 커다란 근거지를 잃은 넝마공동체는 다리 밑에서 축소된 채 활동하기 시작하였다. 포이동에 새로이 점거하려고 한 곳에는 구청에서 산처럼 나무를 심어 놓았고, 철거된 곳은 공용주차장으로 변했다.

2. 구성원

2008년 겨울 10명 남짓한 사람들만이 영동5교 밑으로 다시 돌아와 지금에 이르고 있다. 당시 넝마공동체에 살고 있는 사람은 25명이었다(강성봉, 2008: 3)고 하는데, 이것은 20명이 넘게 거주해야 수도를 설치해 주기 때문에 넝마공동체에서 약간 불려서 이야기한 것 같다. 이들은 기초생활수급자, 지체 2급 장애인, 자식에게 버림받은 노모, 폭력 전과로 8년 만기 출소한 젊은이부터 부모님이 돌아가신 뒤 형제들에게 버림받은 뇌병변 3급의 여성까지, 모두 소외된 사람들이었다.

2009년 넝마공동체의 구성원을 보면 다음 〈표 7-1〉과 같다.[18] 윤팔병 대표는 과천에 작은 아파트에 살며 넝마공동체에서 수거해 온 재활용품을 1차로 선별하고 선별한 물건을 부인이 과천에 낸 재활용 가게에서 판매한다. 오랫동안 넝마공동체에 관여해 오면서 '아름다운 가게' 공동대표도 겸하고 있다.

넝마공동체의 운영과 실무는 사무국장인 이준형(43세)이 맡아서 하고 있다. 한양대 정외과(85학번)를 졸업한 이 사무국장은 코오롱에서 7년 동안 근무하다가 그만두고 개인사업을 벌였으나 잘 안 돼 힘들어 하였다. 게다가 어머님이 1998년 직장암 판정을 받고 2002년 2월 돌아가시는 바람에 생활하기가 불편하였고, 부동산 관련 일을 하다가 파산 직전까지 갔다. 2004년 11월에 아버지와 함께 넝마공동체에 들어와서 공동체의 재활용품 수거와 노점판매 관련 일을 전체적으로 관장하고 있다.

성원들을 분류해 보면 노령의 남성들로는 홍○현, 신○연, 이○서이

18) 이하의 내용은 2009년 3—4월 초와 7월, 그리고 2010년 7월에 이준형 님을 비롯한 넝마공동체 식구들과의 면담을 기초로 하여 작성하였다.

〈표 7-1〉 넝마공동체의 구성원(2009년)

이름	나이/성별		하는 일
윤팔병		대표	과천의 작은 아파트에 살며 공동체에서 1차 선별한 물건을 부인이 가게에서 판매
이준형	43 남	사무국장	한양대 정외과 졸업, 코오롱 7년 근무경력, 개인사업, 2004년 11월 공동체에 들어옴
홍○현	70 남	수급자	구두판매
신○연	69 남		옷판매, 2008년 들어옴
이○우	29 남	정신지체2급, 수급자	가방판매, 노숙경험
우○기	32 남	수감생활	옷판매, 노숙경험
이○기	41 남	중국집 일	골동품 판매
이○학	40 남	중국집 배달	이○기의 동생
한○우	30 남	정신지체3급	노숙경험
이○영	47 녀		아파트 파지수거, 공동체에서 2달 생활
정○숙	55 녀		넝마공동체 1호점(구매장터) 책임자
김○자	65 녀	수급자	공동체에서 식당일, 옷정리, 노점장사
최○경	60 녀		빵, 땅콩, 호박씨 등 판매
박○선	43 남	수급자, 간질 2급	상주
이○석	73 남	청각장애	사무국장 아버지, 수급자, 노점장사(2호점)
신○옥	50 남	교도소 생활	최근 감옥에서 나와 오갈 데 없어 이곳으로 옴
노○균	30 남		노숙경험, 2008년 봄에 들어왔다가 12월에 나감
엄○섭	45 남	전 사무국장	독립하여 가게 개업, 노점도 함
공○이	57 녀		엄○섭과 동거, 가게와 노점 함

있다. 부인과 이혼하거나 부인이 사망한 경우로 혼자 생활하기가 어려운 사람들이다. 이들은 넝마공동체의 노점에서 옷이나 구두를 판매한다. 그리고 여성들(정○숙, 김○자, 최○경)이 있는데 이들은 50대 중반에서 60대 중반의 연령으로 넝마공동체에서 식당일을 하거나 점포에서 노점을 하거나 수레를 끌면서 땅콩, 호박씨를 판매한다.

그리고 이○우가 노숙경험을 하면서 알았던 친구들로 30살 전후의 젊은이들(이○우, 우○기, 한○우, 노○균)이 있다. 두 사람(이○우, 우○기)은 공동체에서 주거를 해결하며 노점장사를 하고, 한○우는 가끔 와서 자고 노○균은 친구들과 티격태격하다가 나갔다. 이들은 정신지체이거나 제대로 교육을 받지 못하였다. 그리고 중간 연령대에 있는 남성들(이○기, 이○학, 엄○섭)이 있는데, 이○기와 이○학은 형제로 중국집에서 일하다가 넝마공동체에 오게 되었고 지금은 자기만 하고 먹는 것과 일하는 것은 따로 하고 있다. 그리고 엄○섭은 전 사무국장으로 넝마공동체 운영을 맡아 하다가 공동체 안에서 12살 많은 공○이네와 마음이 맞아서 분리 독립하고 가게를 내서 장사를 하고 있다. 엄○섭은 포이동 266번지에서 철거당하기 전에 다리 밑 넝마공동체에 들어와서 사무국장 일을 하면서 이쪽 일(재활용품 수거)을 알게 되었다. 그는 탈주한 친구를 돕다가 8개월간 청주교도소에 있다 나오기도 하였는데, 넝마공동체 일을 하면서 추석 때 송파자원이라는 재생회사에서 사람이 필요할 때 도와주었는데 그에 대한 대가로 그 회사에서 옷을 몇 천 세대 수거할 수 있는 권리를 주었다. 그래서 그는 넝마공동체에서 독립해서 독자적인 옷수거 네트워크를 만들면서, 넝마공동체에서 얻으려고 한 자리를 먼저 얻어서 넝마공동체 사람들과는 관계가 불편해 졌다(이준형의 말). 동묘에서 가게 '공숙이네'(1천만 원 보증금에 월세 80만 원)를 열어 재활용품을 판매하고 있고 노점도 겸하고 있다. 주말에만 하는 것이 아니라 매일 장사하고 다른 노점장사를 하는 사람들이 와서 사가기도 한다. 가게가 잘 안 돼서 노점으로 나왔고 다시 입구 쪽으로 이동하여 옷을 판매하고 있다. 그리고 교도소에서 막 나온 사람, 간질 2급 수급자 한 사람 등이 있다.

이처럼 넝마공동체 식구들은 장애가 있는 사람이 많으며 대개 가족관계가 해체되어 있는 사람들이다. 20여 명에 가깝지만 들락날락

하는 사람이 많다. 넝마공동체에선 이곳을 찾아온 사람에겐 무료(?, 실은 회비 월 1만 원)로 숙식을 제공하고 일터를 마련해준다. 처음 들어온 사람에겐 6개월 동안 적응기간을 주고, 일할 의욕이 생겼을 때에만 공동작업에 참여시킨다.

그리고 겨울철에는 전기가 있고 숙식이 해결되어서 사람들이 더 들어온다. 2010년 겨울에도 사람들이 더 들어와 겨울을 나느라 한 달 전기세가 80만 원씩(그해 겨울에 3백만 원)이나 나왔다.

한두 사람이 넝마공동체를 알게 되어 들어오면 그 사람들이 고리가 되어 여러 사람이 들어오곤 한다. 추워지면 들어와서 겨울만 나고 나가는 사람들도 있다. 전기는 들어오지만 물이 부족하여 씻는 것이 불편하니 생활하기가 만만치 않다.

3. 작업장 및 주거지

영동5교 다리 밑 컨테이너 주거시설 및 작업장은 1986년 넝마공동체가 결성된 이듬해부터 자리 잡아온 곳이다. 넝마공동체의 본거지였고 다른 점거지(포이동 266번지, 1천 평)가 있을 때에도 이곳에서는 옷 수거를 중심으로 작업해 왔다. 3백여 평의 땅에 3×3m 컨테이너 3개, 3×6 컨테이너 4개 반(식당 1)이 있다. 2개는 옷을 넣어 두고 1개는 공부방으로 쓰고 있다. 다리가 비를 막아주어서 거주하고 작업하기에 적합하다. 컨테이너 사이로 들어가면 한쪽 공터에 가방과 옷가지들을 산더미처럼 쌓아 놓았다. 넝마공동체에는 차가 3대 있다. 짐차 1대(신○연과 이준형 운전), 자가용 1대(이준형 운전)가 있으며 재활용품을 수거하고 이동할 때 사용한다. 그리고 윤팔병이 쓰고 있는 자가용이 1대 있다.

그리고 한전의 묵인 아래 전기를 사용하고 있다. 구청에서는 28년간 점유해 온 다리 밑에서 일 년에 한 번씩 나가라고 한다. 대토약속 공문을 가지고 있는데, 구청장이 2번 바뀌었지만 무소식이다. 수도가 없어서 강남수도사업소(1km 이내)에서 물통으로 떠다가 사용한다. 20가구 이상이면 공동급수장치 설치가 의무화되어 있어서 성원을 늘리려고 노력한다. 물 사정이 좋지 않아서 넝마공동체에 살러 들어온 사람들은 불편해 한다.

현재 넝마공동체에서는 옷 등을 매월 10톤 정도 수거하는데, 많이 줄어든 것이라고 한다. 윤 대표가 2선으로 물러나고 이준형 씨가 주도하여 수거한다. 수거는 평일에 이준형이 이○우, 우○기와 함께 한다. 옷을 수거해 오는 일을 옷을 '털러' 간다고 한다. 월요일은 압구정동, 신사동, 방배동, 화요일은 잠실, 수요일은 반포와 분당, 토요일은 대치동에서 옷을 '털어' 온다. 넝마공동체에서 해당 아파트에 옷수거함을 설치해 놓고 아파트 주민들이 옷을 넣어 놓으면 열쇠로 열고 가져온다.

대규모 아파트 단지일 경우 입주자대표회나 부녀회에서 주관하여 계약하며 관리소장은 거의 관계하지 않는다. 1백 세대 미만일 경우에는 관리소장 아래에 있는 청소반장(경비, 청소)이 계약과 거래를 주관한다. 2004－2005년에 세대별로 2백－2백 50원 하던 것이 2006－2008년에는 1천 원이 넘게 되었다. 1만 5, 6천 세대의 물량을 수거하던 것에서 지금은 7천 세대의 물량을 수거한다. 아파트들 간에 경쟁하여 재생 옷값이 올랐고 수요는 많은데 공급이 제한되어 있어 더욱 급격히 올랐다. (이러한 것에 대치하기 위해서 이익단체로서 전국고물상연합회를 구상했지만 잘 안 되었다. 고물상들이 영세하고 세금 등을 제대로 안 내는 상황이라 긁어 부스럼 만들까 하는 우려에서 단합이 잘되지 않았다.)

송파자원 등 대형수거업체들이 대형아파트와 옷+재활용품 전체를 계약하고 재활용품(파지, 박스, 신문, 백지, 물렝이, 쇠붙이 등)은 가져가고, 옷만 다시 넝마공동체에 넘기기도 한다. 일종의 하청인 셈인데, 이 비용으로 넝마공동체에서는 송파자원에 한 달에 3백 80만 원을 지불한다.

3명이 주로 수거해 오고 나머지 사람들은 월요일부터 금요일까지 아침부터 작업장의 옷더미 한가운데에 모여 앉아 새로 들어온 옷을 분류한다. 윤팔병이 일차로 선별하고 나서, 넝마공동체 식구들이 스타킹, 속옷, 이불 등은 따로 한구석에 쌓아 놓고 구두, 가방, 모자, 옷, 장신구 등은 각자 나눠 갖는다. 1만 원 이상 호가하는 옷은 따로 마련된 창고에 넣어 보관했다가 금요일에 공평하게 이곳 식구들에게 분배한다. 분배되고 남은 옷은 2, 3천 벌씩 모아서 다른 곳에 기증하기도 한다. 강남의 대규모 아파트 단지들에서 나오는 옷은 질이 좋다. 강북의 물건은 반값도 안 된다. 수거해 온 옷 중에는 떨어져서 버린 것은 거의 없다. 유행이 지나서 버린 옷들이 대부분이고 명품도 더러 있다.

2006년부터 운영방식을 보면, 윤 대표가 먼저 옷을 고르고 고른 옷을 (부인이) 과천 매장에서 판매한다. 그 다음 넝마공동체의 다른 성원들이 고른다. 2톤 정도를 고르고 이것을 매점이나 노점에서 판매한다. 나머지 8톤 정도는 수출업자에게 넘긴다. 이것은 동남아로 수출된다. 이때 판매대금은 옷 1kg당 5백–5백 50원, 특수(커텐, 가방 등) 물건은 1kg당 1천 4백 원이다. 그리고 '아름다운가게'[19]에 연간 옷 3–4천 벌을 기증한다(한 벌에 1만 원 이상 하는 것들도 있다).

흔히들 고물상은 불황을 타지 않는다고 한다. 하지만 아파트의 재활용 쓰레기장에서 나오는 종이의 가격은 턱없이 싸다. 1kg당 백지

19) 재활용품 판매 네트워크로 박원순 변호사 등이 주도하며 윤팔병도 공동대표로 활동하고 있다.

는 3백 원, 신문은 2백 원, 박스 및 잡종이는 1백 20원 가량인데, 현재도 그 값이 폭락하고 있는 추세라고 한다. 원자재의 가격이 떨어지면서, 요즘엔 몇몇 특수재를 제외한 고철 가격도 내려가는 추세다. 물론 고철값이 다시 엄청 오르기도 했다. 그나마 가격이 내려가지 않은 유일한 품목은 의류이다. 넝마공동체에서는 의류를 중심으로 작업한다. 그러다 보니 판매가 문제가 된다.

4. 노점

2005년 11월 25일 포이동 266번지 점거지가 철거당한 뒤로 넝마공동체 사람들은 다리 밑에서 옷수거 작업만을 하였다. 여기서 고른 옷은 주로 윤대표의 아내가 과천에 있는 재활용 옷가게에서 판매하였고 남은 옷들은 수출업자에게 넘기거나 기증하였다.

2006년에 들어서면서 넝마공동체 사람들은 황학동 시장에서 좌판을 깔고 노점을 시작하였다. 동대문운동장에서 노점상들이 밀려나고 (일부는 신설동 풀물시장으로 입주하였다) 신설동으로 가지 않은 사람들은 동묘(숭인동, 창신동) 쪽으로 노점을 개척해 나갔다. 그러면서 동묘역 부근의 노점이 크게 확장되기 시작하였다.

넝마공동체 성원인 정○숙 씨가 먼저 2007년 3월 말부터 동묘에서 노점을 시작하였다. 이곳은 상가들이 있는 곳인데 일요일에는 상가들이 문을 닫아 상가가 늘어선 골목에 좌판을 깔고 노점장사를 하는 것이다. 노점이 늘어나면서 넝마공동체 식구들은 대부분 일요일에는 이곳으로 와서 노점을 하기 시작하였다.

넝마공동체 식구들은 동묘역과 청계천 사이 골목에 노점을 개설하였다.[20] 2009년 들어 공동체 식구들 10여 명이 노점을 펼쳐 놓게 되었고 나중에는 점포도 열었다. 이렇게 노점을 새로 개척하면 주변 상가에서 구청에 항의를 하여 구청에서는 일요일에 노점단속을 나온다. 여러 차례 구청직원들과 싸우면서 노점을 지켜내고 주변 상가 주인들도 노점을 허용해 나가게 된다. 이 골목 부근에서 노점을 차린 사람들은 '동묘역노점상협회'를 만들어 단속에 대해서 함께 항의하고 장사를 서로 도와 나갔다. 넝마공동체 성원인 김○자 씨가 이 협회의 부대표를 맡고 있다.

2008년 11월 초에는 노점이 있던 골목에 있는 낡은 창고를 개조하여 넝마공동체 1호점 '알뜰살뜰 구매장터'를 열었다. 12월 17일 첫 장사를 시작하였고, 가게의 보증금은 5백만 원에 월세 50만 원이다. 계약금을 마련하기 위해 공동체 구성원들이 2, 30만 원씩 십시일반으로 모았다. 계약금에 돈을 보탠 사람들은 가게의 수익금에서 경비를 제외한 나머지 금액을 투자한 만큼 나눠 갖게 된다. 가령, 50만 원을 투자한 사람은 수익금의 10분의 1을 갖게 되는 것이다(강성봉, 2008: 8). (2010년에는 가게가 다른 사람에게 넘어갔다.)

노점을 개설한 이후 구청의 단속반이 물품을 2번 실어갔다. 지금은 구청에서 인정하고 단속은 나오지 않는다. 일요일만 하는 것이니까, 이곳 상가(주인)들은 오히려 단속하지 말도록 요구한다. 자기들이 쉴 때만 하고 사람 왕래가 많아지니까 평일 자신들의 상가에도 도움이 될 것이라고 판단했기 때문이다. 그리고 점차 기존의 상가가 아예

---

20) 동묘역 부근은 특히 일요일에 노점이 성황을 이룬다. 동묘역 3번 출구와 5번 출구로 나와 거리와 작은 골목들에 노점이 널리 형성된다. 황학동 벼룩시장이 없어지고 동대문 풍물시장이 신설동으로 옮겨가면서 동묘역 부근에 새로이 노점이 활성화되었다. 넝마공동체도 여기서 노점을 새로 개척하였고 매점을 개장하였다. 노숙인 점거공동체 '더불어사는집' 성원들도 삼일아파트 5－6동 사이의 뒷길에서 노점을 개척하여 운영하고 있다(다음 장 참조). 넝마공동체 사람들은 서초구청 벼룩시장과 뚝섬 아름다운 나눔장터에도 참여하고 있다.

재활용품 가게로 변신하고 있다. 구매장터가 있는 골목에서 넝마공동체 성원 7－10명이 노점을 연다.

토요일은 양재역 서초구청 마당에서 판매하는데, 구청에서 재활용 물건을 판매하는 벼룩시장을 여는 것이다.[21] 공식적인 벼룩시장은 아침 9시부터 오후 5시까지 열린다. 넝마공동체 성원은 일찍 나와서 해가 뜨기 전에 '나까마'라는 도매업자들에게 옷을 팔고 난 뒤, 아침 8시에 구청의 자원봉사자들이 나눠주는 자리표를 뽑아서 지정된 자리에서 가져온 옷들을 판매한다. 서초구청에서 10시에 이동하여 대치동 다리 밑 막사에서 식사하고 뚝섬으로 이동한다.

뚝섬 벼룩시장('뚝섬 아름다운나눔장터')[22]은 토요일만 열고 3월 말에서

---

21) 서초 토요벼룩시장은 1998년 1월 IMF가 시작된 직후 IMF 위기 극복의 일환으로 물자절약과 자원 재활용을 생활에서 실천하기 위해 만들어진 시장이다. 경제 회복을 위한 시민운동으로 시작했던 서초 토요벼룩시장의 특징은 전문상인을 철저히 배제하고, 일반인만을 대상으로 한 시장이라는 점이다. 그래서 각 가정에서 쓰던 물건 중 버리기 아까운 물품들이 상품의 대부분이다. 총 452m^2의 시장에 늘어선 각 가정의 물품들은 그 품목도 다양하다. 옷, 가방, 신발은 물론 핸드폰, 카메라, 벽시계, 외국에서 사들여 왔던 장신구까지 품목은 말 그대로 그날 어느 가정이 벼룩시장에 물건을 내다파느냐에 따라 다르다. 가정에 있는 그리고 개인이 쓰는 모든 물건이 서초 토요벼룩시장의 품목이다. 당연히 가격도 저렴해서 1천 원짜리 가방, 옷에서부터 귀한 골동품의 경우 10만 원 하는 것들도 있다. 매주 토요일 오전 9시－오후 2시까지 열리며, 지하철 3호선 양재역 8번 출구로 나오면 바로 보인다.

22) 3월 말부터 10월 말까지 매주 토요일(12시－오후 4시) 한강시민공원 뚝섬지구(청담대교 아래)에서 열린다. 서울시가 주최하고 '아름다운가게'가 운영하는 것으로 2000년부터 시작하였고, 인터넷이나 현장에서 자리를 신청하면 번호표를 받아 일정량의 물건만을 가져와 판매하도록 하고 있으며, 대형 노점상이 들어올 수 없게 만들어 놓았다. 7백 개에 이르는 장터 중에서도 특히, 어린이들이 직접 판매를 하는 '어린이장터'가 눈길을 끄는데, 아이들에게 재사용품의 소중함과 경제관념까지 알려줄 수 있어 학교에서 단체로 참여하는 등 참여가 크게 늘고 있다. 2009년부터 '중고 사전거 장터'를 개장하였다. 매월 첫째, 셋째 주에 '중고 자전거 장터'가 개장되었다. 아름다운나눔장터 판매에 참여하기 위해서는 인터넷으로 사전에 신청(www.flea1004.com)하거나 당일 오전 11시30분부터 현장에

10월 말까지 한다. 시간은 정오부터 오후 4시 사이이다. 뚝섬 벼룩시장은 10월에 문을 닫아서 넝마공동체 식구들은 겨울에는 동묘지역으로 와서 판매한다. 뚝섬 벼룩시장은 아름다운가게에서 주도하여 여는 것으로 일정량의 물량 제한이 있고 많은 시민들이 신청하여 물건을 판다. 넝마공동체에서도 작은 물량이지만 판매에 참여한다.

이렇게 서초구청, 뚝섬, 동묘로 이동하면서 판매하지만 주요 판매처는 동묘지역이다. 동묘지역 노점에서는 넝마공동체 사람들 여러 사람이 각기 다른 물건을 가지고 나와서 판매한다. 이○우는 가방을 판매하며 홍씨 아저씨는 신발을 판매하고, 우○기는 옷을 팔며, 이○기는 골동품을 판매한다. 옷의 가격은 보통 2천 원에서 5천 원 사이이다. 노점할 때는 점심만 각자 해결하고, 넝마공동체의 옷을 가지고 와서 판매해 벌어들인 수입의 50%는 옷을 판 사람이 가져가며, 나머지 50%는 기금으로 모아 공동체 생활비로 쓰인다. 6개월 동안 계속 일해 온 사람에겐 20만 원씩 월급도 지급한다. 전체적인 관리는 이준형이 한다.

노점이 확대되면서 이곳 노점상들이 연대해서 활동하려는 움직임이 있다. 뚝섬에 집단적으로 참여하는 방안을 논의하기도 하고, 구청에서 큰 길가에 있는 노점을 이곳으로 밀어 넣으려고 하는 것과 관련해서 항의하기도 한다. 그리고 노점이 활발해 지면서 주변 상가들이

서 접수(선착순)하면 된다. 아름다운나눔장터에서는 중고물품만 판매할 수 있고, 80점 이상의 물품은 판매할 수 없으며, 판매 수익금의 10% 이상을 기부해야 한다. 또한 영리를 목적으로 물품을 반입해 판매하거나 음식물을 판매하는 것은 엄격히 금지된다. 한편, 뚝섬 아름다운나눔장터는 2004년 이후 5년 동안 모금된 총 1억 1천 7백만 원의 기부금을 결식아동 도시락 지원, 이주노동자 지원, 소외지역 도서 지원 등의 사업에 썼고, 모여진 수익금을 어려운 이웃을 위해 사용함으로써 우리 사회에 기부문화를 확산하는 데에도 크게 기여하고 있다. 지하철 7호선 뚝섬유원지역(2, 3번 출구)에서 내려 한강 공원으로 내려가면 있다.

재활용품 장사를 하려고 한다. 노점들이 늘어서 있고 상가들도 노점에서 판매하는 것과 유사한 품목들을 가게 안에 비치해 놓고 주로 일요일 장사를 하는 것이다. 지금은 여러 상가가 재활용품 판매로 나섰다. 넝마공동체 성원 가운데 한 사람이 신발을 노점 판매하였는데, 그곳에서 주인이 가게를 한다고 해서 밀려나기도 하였다.

또한 넝마공동체는 노점들 바로 부근에 있는 동묘드림오피스텔 건물 1층에 있는 가게터를 임대하여 식당 '궁중'(宮中)을 개업하였다. 2009년 7월 초에 막 시작하였고, 2명이 가게를 맡고 있었다. 이 식당은 매일 열었고, 이준형 씨 아버님도 식당에 나와서 일했다. 식당이 생기고는 넝마공동체 성원들은 여기서 점심을 해결하였다. 팥죽, 칼국수, 열무김치국수, 호박죽 등 …… 그러나 식당은 얼마 동안 하다가(주말에만 손님이 있어서) 수지가 맞지 않아 옷가게로 바꾸었다.

넝마공동체에서 전에 사무국장을 하던 엄 부장(엄○섭)은 2003년 7월부터 포이동 점거지에 있었는데, 2005년 철거되면서 다리 밑에 살다가 독립하여(현재 동묘 오피스텔에 산다) 가게를 차렸다. 파트너의 이름을 따서 '공숙이네 집'이라고 가게명을 짓고 재활용품(주로 옷)을 판매한다. 그런데 가게의 위치가 노점들이 늘어선 골목에서 들어가 있어서 장사가 잘 안 된다. 그래서 거리 노점도 겸하고 있다. 윤 대표는 엄 부장을 넝마공동체로 들어오게 하자고 하지만 다른 성원들이 반대하고 있다.

2010년 들어 넝마공동체 성원들의 변화가 나타나고 있다. 구매장터를 하던 정○숙 씨는 독립하여 다른 곳에서 옷을 사다가 판매하게 되었고(구매장터를 하면서 손해를 보았다고 함), 홍○혁 씨는 독립하여 큰길 거리로 나가서 다른 곳에서 구두 등을 사다가 판매하며 공동체에서 나와서 독립생활(쪽방)을 하고 있다. 노점을 하면서 장사를 배우게 되고 돈을 벌 수 있는 방법을 알게 되면서 넝마공동체 성원들이 독립하는 일이 일어나고 있다.

5. 넝마공동체의 미래

재활용품 수집은 상당히 기업화되고 있다. 특히 아파트 단지의 경우 경쟁이 붙어 재활용품 가격이 올라가고 거대 회사들이 잠식하였다. 예를 들어 아파트 가전제품은 강남구 재활용센터 등에 연결시켜 독점적으로 수거해 가도록 하고, 이 과정에서 구청 등이 암묵적으로 개입한다. 이렇게 구청도 개입하고 업체가 정식으로 계약을 해서 돈을 많이 주고 가져가니까 소규모 넝마주이들은 재활용품 수집에 어려움을 겪고 있다.

넝마공동체에서는 아파트 수거(아파트벌이)의 경우 삼포자원(재생공사)을 통해서 하는데, 물량이 삼분의 일로 줄었다. 재활용품 수집이 대형화·산업화되면서 넝마공동체는 옷 등에 중점을 두어 왔다. 그리고 수집이 줄어들다 보니 오히려 판매하는 쪽으로 눈을 돌리고 있는 것이다.

사무국장은 예전에 했던 공부방을 만들어 보려고 계획 중이다. 부근에 학교가 여럿 있기도 하고 넝마공동체에 대한 인식을 개선하기 위해서 공부방을 하려고 하지만 구상뿐이다. 중고등부와 성인반 각각 10명 이내로 하여 영세민 자녀나 학원에 가지 못하는 학생들을 대상으로 영어를 가르치려고 준비하고 있다. 꿈은 '문화센터 넝마촌'을 만드는 것이다.[23] "남이 버린 쓰레기를 주워다 파는 넝마주이라는 말에

23) 이준형 면접(2011년 10월 23일).

안 좋은 인식을 가질 수도 있겠죠. 하지만 조그만 옷이라도 모아서 팔면, 결코 적은 돈이 아닙니다. 아무리 경제가 어려워도, 열심히 노력만 한다면 인간답게 살 수 있는 길이 또 열려 있는 것 아닙니까. 국가나 외부에서 지원을 받는 것은 근본적인 해결책이 못 됩니다. 저희도 기부를 받는 것은 철저히 거부하고 있어요. 우리 스스로 자존감을 갖고 홀로 설 수 있는 것이 가장 중요합니다."(강성봉, 2008: 9) 자활을 넘어서 독립을 향해 가는 넝마공동체의 모습을 그려볼 수 있겠다.

그 이후 넝마공동체의 성원이 늘어나고, 특히 2012년 들어 주민등록 등록과 관련하여 많은 사람들이 모이게 되었다. 또한 강남구청의 철거압박이 강화되고 그에 대한 대응과정에서 2012년 9월 들어 넝마공동체 성원들은 대토를 요구하며 농성을 시작하였다. 11월 5일 다리 밑이 철거되고 넝마공동체 성원들은 대치동 2번지 탄천운동장으로 점거해 들어갔다가 한달 만에 강제철거당했다. 지금은 거리에 나앉은 채 강남구청과 서울시를 상대로 대책을 마련하라고 시위를 하고 있는 중이다. 넝마공동체는 거처를 빼앗긴 상태로 위기에 처해 있지만, 오히려 다른 활로를 만들어 갈 수 있는 계기가 될 수도 있을 것이다.

제8장

노숙인 점거공동체 '더불어사는집'

1절. 노숙인공동체
2절. 점거공동체
3절. 임대 이후
4절. 점거운동과 주체 문제

제8장 노숙인 점거공동체 '더불어사는집'

최근 미국의 월가점령시위와 점거시위의 전 세계적인 확산과 더불어 점거운동에 대한 관심이 확산되고 있다. 그러나 서구에서는 점거운동의 역사가 있었고, 특히 1970년대 이후 다양한 점거운동이 활발히 전개되고 있다(카치아피카스, 2000). 최근에도 사회센터와 다양한 자율공간이 점거운동의 형식으로 자리 잡아 가고 있다(윤수종, 2010; 2012).

물론 한국에서도 목적의식적인 점거운동의 흔적들을 찾을 수 있다. 그 한 예로 넝마공동체가 시유지를 점거하고 다리 밑에 컨테이너를 설치하여 살고 있는 경우(윤수종, 2003a)를 들 수 있다. 그러나 사유권이 워낙 강하게 뿌리내리고 있는 현실에서 점거운동이 이루어지기는 어려웠다. 그 때문에 한국에서 점거운동은 가시화되지 않아 왔다. 그럼에도 IMF 위기 이후 급증한 노숙자들은 역사나 공원 등을 점거하여 생활해 왔으며, 2004년에는 빈 아파트를 점거하여 살다가 빈집을 의식적으로 점거해 살기도 하였다.

여기서는 바로 그러한 활동을 했던 노숙인 점거공동체 '더불어사는집'의 형성과 변화과정을 살펴보고자 한다.

1절. 노숙인공동체

1. 결성과정

더불어사는집[1]의 결성과정에서 가장 중심적인 인물은 빈민운동가인 양연수(전국노점상연합 전 회장)였다.[2] 서울시 중구 황학동 삼일아파트가 2004년 3월에 철거가 끝나고 더불어사는집이 둥지를 틀게 될 종로구 창신동(청계천) 삼일아파트[3]는 철거될 예정이었다. 창신동 삼일아파트 철거민대책위가 철거대책과 관련하여 양연수에게 도움을 요청하여[4] 양연수는 그 일에 관여하게 되었다. 삼일아파트 10동 3층에 종로삼일아파트철거대책위 사무실을 차려 놓고 14세대 주민들이 그 아파트에서 숙식을 해결하면서 투쟁하고 있었다.

양연수는 이들과 연대하여 철거민 조직활동을 하면서 평등연대[5] 사무실이 있는 시청 앞을 오가며 노숙인들을 보게 되었다. 이때 삼일

---

1) 더불어사는집에 대한 간략한 소개로는 이현정(2007)을 참조.

2) 양연수는 1980년대 중반 이후 노점상운동과 철거반대투쟁을 해왔다. 양연수(1992)을 참조.

3) 창신동 삼일아파트는 박정희 정권 시절에 지어진 것으로 1970년대 개발의 상징이었지만 30여 년이 지나면서 철거의 대상이 되었다. 2006년 말까지는 7층 건물이었는데 낡고 붕괴의 위험이 있어서 살던 주민들은 이주하고 3－7층을 철거하여 2007년 이후 2층 건물로 되었다. 현재 1층은 여전히 상가이고 2층은 사무실, 창고로 사용하고 있다. 2층은 개별 불하하기도 했으며 재개발 이야기가 벌써부터 있었지만 쉽지는 않을 것 같다. 남아 있는 사람은 보상문제 때문에 이사를 가지 않고 버티고 있으며, 그로 인해 철거가 지연되고 있다.

4) 김○선(철거민 대책위원장)의 요청.

5) '평등세상을 위한 노동자·민중 실천연대'(약칭 평등연대)는 2000년 12월 16일 창립되었으며, 김대중 정권 시절 노동운동, 민중운동, 민주노동당의 혁신을 선도할 것을 제창하였다. 2005년 6월에 '노동해방실천연대'(해방연대)로 전환되었다. 더불어사는집 형성 당시 이 단체는 시청역 지하철사무실을 사용하고 있었다.

아파트에는 주민들이 철거에 대비하여 이주하고 있어서 빈집이 많았다. 양연수는 이 빈 아파트에서 노숙인들을 살게 하면 괜찮겠다는 생각을 하게 되었다. 물론 우연히 생각하게 된 것이었고 어떤 목적의식을 갖고 시작한 것은 아니었다

양연수는 2004년 4월경에 이런 생각을 하면서 해방연대와 이 문제를 가지고 논의를 하였다. 괜찮겠다는 이야기가 있었고 얼마 후 들어와 살 노숙인들을 물색하기 시작하였다. 처음 서울역 부근의 후암동 노숙인센터 등에 가서 노숙인들에게 이야기했으나 잘 오려하지 않았다. 다시 5월 초부터 을지로3가역, 시청 앞, 서울역, 용산역 등에서 입주할 노숙인을 물색하다가 2004년 7월 초에 시청역에서 노숙하는 2명과 접촉하여 설득하고 삼일아파트에 들어와 살게 하였다. 송○희와 정○용이 그들이었다. 당시 청계천 삼일아파트는 거주자들 대부분이 이주를 해서 철거대책위원회 사무실 등 몇 호를 제외하고는 비어 있는 상태였고, 삼일아파트에서 거주하던 양연수가 이들을 2동 3층(삼일아파트 2동 311호)에 살도록 하면서 점거(?)가 시작되었다.

이즈음에 양연수는 그동안 조직사업을 해온 경험을 바탕으로 자신이 잘 아는 사람들을 중심으로 이 일을 추진해 나갈 7명의 이사진을 꾸리게 되었다.6) 이사진에 있던 사람들은 그 이후 더불어사는집에 일이 생기면 도와주고 직간접적으로 개입하게 된다.

처음 들어오기가 어려웠지 노숙인들이 들어오자 노숙인들끼리 서로 연결되어서 2달 만에 삼일아파트에 사는 노숙인들은 20여 명(10여 명이 상주하고 나머지는 드나드는 사람들)으로 늘어났다. 나중에는 급식을

6) 이사진은 김○수(평등연대, 양연수와 감옥에서 만남), 성○현(지하철노조 노동자연대정치세력), 최○풍(지하철노조, 민노당 중구위원장), 양연수, 임채희, 김민걸, 송○희(노숙인)였다. 양연수 면접, 2009년 3월 29일.

할 때 밥 먹으러 왔다가 더불어사는집에 머무는 노숙인들도 생겨났다.

그런데 처음에 노숙인들이 들어오자 철거민들은 못마땅해 하였고 구청에 우범지대화된다며 문제제기를 하기도 하였다. 양연수는 어차피 이사 갈 텐데 들어와 살도록 해달라고 철거민들을 설득하였다. 물론 쉽게 동의하지는 않았다. 사실 이런 불안정한 상황에서 들어온 노숙인들은 2달 정도 머무르게 된다.

철거예정인 삼일아파트 주민들이 구청에 제보하였고 구청에서 대응하게 되었다.[7] 그런데 구청의 대응방식이 삼일아파트에 와서 건물이나 가재도구들을 부수는 것이었다. 용역들이 해머로 문을 부수고 벽도 부수고 거울, 유리 등도 부수고 집기들도 부수곤 했다. 노숙인들은 무서워서 도망갔다가 다시 들어와 복원하곤 하였다. 이렇게 10월부터 구청에서 와서 부수고 가기를 4번 정도 반복하였다. 노숙인들도 점차 거세게 저항하기 시작하였고 옷을 벗고 누워서 항의하기도 하였다. 이때 해방연대 사람들 5－6명이 함께 와서 싸웠다.[8] 그리고 양연수와 함께 활동하던 노점상 활동가들도 구청의 위협에 함께 저항하였다.[9] 2004년 11월에도 구청 직원들이 와서 부수고 가자, 철거민대책위에서까지 항의 성명서를 내게 되었다.[10]

---

7) 임채희 면담.

8) 최○풍, 황○규 등 이들은 정릉 점거 때도 함께 투쟁하였다.

9) 특히 김민결과 임채희가 주요 외부성원으로 활동하기 시작하였다.

10) '11월 5－6일 양일간에 걸쳐 종로구청 주택과 직원 4명이, 주민이 살고 있고 오갈 데 없는 임신한 장애인 부부(나간 것을 다시 데리고 옴)가 철대위의 주선 하에 기거 중인 종로구 창신동 삼일아파트 2동에 난입하여 장애인 부부를 끌어내고 창문유리와 거울을 이부자리에 깨부수고 문에 못질을 하는 악랄한 만행을 저질렀다. 그리고 주민들이 모여 담소를 나누는 동내 사랑방을 박살냈다. 이들의 파괴로 인해 2동 건물 시설물 중 유리창 · 현관 등 수십 곳이 파괴되어 비바람이 들이치고 겨울 혹한에 수도시설이 얼어서 동파될 위험에 처하게 되었다.' 삼일아파트 철거민대책위원회 성명서.

종로구청은 경비를 동원하여 감시하고 CCTV를 설치하기까지 했다. 비어 있는 집이니까 남아 있겠다고 했더니 전기와 수도를 모두 끊었다. 그래도 노숙인들은 완강히 저항하며 자신들의 거처를 지켜냈으며 마침내 구청에서도 철거 때(2005년 9월 말)까지 노숙인들이 그곳에서 살 수 있도록 용인하게 되었다.

2. 노숙인공동체 '더불어사는집'

2004년 겨울부터 2005년 초까지는 아직 이름도 없었고 어떤 조직적인 움직임이라고 할 만한 것도 없었다. 노점상 활동을 하던 양연수와 김민걸, 임채희 등이 적극적으로 개입하기 시작하면서 2005년 초(3월?)부터 '더불어사는집'이라고 이름을 붙였다.

그러다가 2005년 상반기에 '희망을 만드는 노숙인 생산공동체 더불어사는집'이라는 명칭을 가지고 본격적인 노숙인 자활공동체로 활동을 시작하였다. 대외적으로 공청회를 개최하는 등 자활의 뜻을 알리는 데 힘썼다. '더불어사는집' 앞에 생산공동체, 생업공동체라는 말을 덧붙였으며 그만큼 생산공동체라는 것을 강조하고자 하였다.

1) 성원

더불어사는집의 성원은 2명에서 시작하여 삼일아파트에 살 때에는 정주하는 사람 10여 명과 드나드는 10여 명을 포함하여 최대 20여 명에 이르렀다. 드나드는 사람에는 양연수(이후 양 고문), 김민걸, 임채희 등이 있었다. 처음에는 유동인구가 많았다. 때문에 기존 성원들은 주말마다 짝을 지어 (역, 공원 등에서) 노숙인들을 만나 들어오도록 권유하기도 하였다. 나중에 정릉으로 점거해 간 뒤에는 최대 35명 정도까지 늘어나기도 하였다.

더불어사는집에는 주로 남성들이 모였다. 대부분 노숙인들이 오다 보니 연령대가 높은 편이었다. 30–40대도 일부 있었으나 50대가 가장 많았던 것으로 보인다. 출신은 다양하였고 주로 서울 시내, 을지로3가, 서울역, 용산역 등지에서 노숙하던 사람들이었다. 그리고 2005년 8월 말 이후 무료급식 사업이 진행되면서 더불어사는집에 합류하는 노숙인들이 점차 늘어났고 9월 말에는 정주인원이 20명 가까이 되었다.

〈표 8-1〉은 주로 정릉 점거에 들어가기 직전(2005년 9월 26일)에 그리고 정릉 점거 이후(2005년 10월 31일)에 받아 놓은 가입원서에 기록이 남아 있는 성원들이다. 1930년대 후반 출생자들 2명과 1940년대 후반 출생자들 2명, 그리고 1950년대와 1960년대 초반 출생자들로 이루어져 있다. 이러한 연령분포는 더불어사는집이 유지되는 동안 대체로 지속되었던 것으로 보인다. 물론 초창기와 중반에 있던 사람들이 빠져 있으나 계속 있던 사람들은 기록에 남아 있다.

〈표 8-1〉에 있는 구성원들은 주로 더불어사는집이 삼일아파트에 있다가 정릉으로 점거해 갈 때 있었던 사람들이다. 2004년 7월부터 삼일아파트에 머물렀기 때문에 1년이 넘은 뒤의 성원들이다. 그간 여러 사람이 들어왔다가 나가곤 했으며 대부분 아저씨들이었다. 아무래도 〈표 8-1〉에 있는 구성원들이 더불어사는집의 주축을 이루었다.

물론 부부나 커플이 있기도 하였다. 장애인 커플들이 시차를 달리하여 있었다. 임○택은 사무국장을 맡으며 더불어사는집을 홍보하고 발표회에서 발표하기도 하였다.

그리고 젊은 사람들은 세 커플이 있었다. 김○환(당시 22세)과 정○

〈표 8-1〉 더불어사는집 구성원(2005년 9－10월)

이 름	생년월일	직 업	주 소	작성일
박○환	1958.04.11.	목수	대전 중구 정동1가	2005.04.26.
박○석	1962.07.10.	노점상	서울 정릉1동	2005.09.26.
염○형	1963.10.28.	무	서울 용산구 보광동	이하 위와 동일
양연수	1948.04.19.	노점상	서울 종로구 창신동	
조○철	1958.05.06.	건축노동자		
차○선	1947.02.16.	무	인천 계산1동	
전○선	1960.09.10.	무	충남 예산 덕산면	
정○용	1937.09.01.	무	충북 청주 상당구 내덕동	
문○하	1953.02.28.			
이○기	1939.11.30.		서울 성북구 정릉3동	
문○기	1969.06.10.	서비스업	서울 강북구 미아동	
문○배	1951.05.18.	무	서울 영등포구 당산동	
안○겸	1953.02.23.			
하○식	1963.12.12.	중식요리사	서울 성동구 상왕십리	
서○옥	1963.01.02	무	서울 서대문구 충정로	2005.10.31.
이○수	1961.10.06.	무	대전 중구 대사동	이하 위와 동일
김○윤	1962.10.11.		서울 중구 남대문로5가	

숙(당시 19세) 커플이 먼저 들어오고 그들의 친구인 두 커플을 데리고 들어와 살았다. 두 커플은 살다가 자기들끼리 싸우고 나갔고 김○환과 정○숙 둘만 남아 있었다. 언론에 보도되고 나서 정○숙의 부모가 찾아와 데리고 갔는데 다시 오기도 하였지만 결국 나갔다. 그리고 다른 커플들 가운데 임신한 소녀(17살)가 들어와 낙태를 할 것인지 논의하기도 하였지만, 더불어사는집에서 나가서 출산한 것으로 알고 있다. 당시 미성년자를 살게 할 것인지를 두고 내부논의가 있었다. 더불어사는집이 나쁜 조직처럼 보일 수 있으니 내보내자는 의견(김민걸)이 있었지만 양 고문은 본인들이 있고 싶으면 있게 두자고 했다. 그러나 자기들끼리 티격태격하더니 나갔고, 김○환 · 정○숙 커플만 남

아 있다가 정○숙이 나가고, 힘들어 하던 김○환도 정릉 점거 이후까지 머물다가 나갔다. 양 고문이 김○환에게는 직책을 주고 일을 하게 만들려고 했기에 좀 더 오래 남아 있었던 것으로 보인다.

그리고 더불어사는집 성원으로 변○수가 여성을 데려와 삼일아파트에서 같이 살았다. 그리고 정릉으로 이사하던 날 또 다른 여성을 데려와 정릉에서 2달 같이 살았다.

초반에는 김민걸이 더불어사는집에 들어온 노숙인들과 면담(?)을 하였다. 김민걸에 따르면 더불어사는집에 들어온 노숙인들 가운데 자존심이 강한 사람이 일부 있었지만 대체로 정체성을 잃어버리고 공황상태에서 정신적으로 힘들거나 우울증 상태였고 구속받기 싫어했다고 한다. 그는 그들이 치료가 필요한 사람들이며 사회활동을 할 수 있도록 도움을 주는 프로그램이 필요하다고 생각하였다. 그러면서도 개인 간의 편차가 커서 이들을 잘 연결시키면서 아우를 수 있어야만 함께할 수 있겠다고 생각하였다.[11)]

또한 더불어사는집을 여러 가지로 도와주는 사람들이 있었다. 양연수와 김민걸이 노점상운동을 하고 있던 터라 주위에 노점상운동을 하던 사람들이 연결되었고, 특히 무료급식을 하면서 후원회원 가입원서와 후원을 받기도 하였다.[12)]

더불어사는집은 안정화되면서 조직화되어 갔다. 내부적으로 대표, 사무국장, 감사 등을 두고 양연수는 고문으로서 역할을 하였다. 그리고 여러 직책을 만들고 책임을 부여하였다. 전노련 지역장이었던 노

---

11) 김민걸 면담자료.

12) 후원회원 명단에 있는 사람들과 후원금액: 양연수(10만 원), 최○풍(10만), 김○수(5만), 마산집(1만), 조○준(1만), 백○석(1만), 노○근(1만), 염○수(1만), 이○희(1만), 김○봉(3만), 유○복(5천), 이○섭(3만), 박○희(3만), 박○규(3만), 김○길(1만), 이○철(2만), 심○선(2만), 정○남(1만), 박○기(10만), 양○정(1만), 김○호(1만?).

점상 김민걸을 집행위원장, 노숙인 정○용을 감사로 정했다. 양 고문은 항상 조직체계를 갖추려고 노력하였다. 대표와 사무국장은 몇 번 교체되었으나 감사는 한 사람(정○용)이 계속하였고, 외부 지원활동가로는 김민걸과 임채희가 있었다. 더불어사는집은 송○희를 대표로 선출하였고 그 후 박○석, 정○우 등이 대표를 맡아 꾸려 나갔다. 양 고문과 김 집행위원장은 함께 다니면서 예전에 운동했던 사람들을 만나 후원을 부탁하였다.

2005년 7월 들어서는 무료급식에 대한 논의를 거쳐 8월 22일부터 월요일마다 '노숙인이 노숙인을 위한 무료급식'을 하기 시작하였다. 무료급식을 하면서 밥 먹으러 왔던 노숙인들이 자연스럽게 더불어사는집에 들어옴으로써 구성원이 늘기 시작하였다. 그리고 정릉 점거에 들어가기 얼마 전에 개인적인 사정으로 더불어사는집을 떠난 송 대표를 대신해서 박○석을 새로운 대표로 선출했다.

2) 생활

삼일아파트에서는 아파트 5호를 사용하였는데, 1호는 공간을 터서 회의실로 사용하였다. 한 집에 서너 명씩 살고, 한방에 혼자 살기도 하였다. 양 고문은 한 집을 사용하였고 식사는 공동으로 하였다. 양 고문은 공동식사를 하기도 했으나 대개 바깥 활동에 주력하다가 회의 때 나타났다. 박○석은 처음에는 혼자 식사하다가 대표가 되고 나서 공동식사를 하는 모습을 보였다. 더불어사는집 사람들은 방문자에게 밥을 대접하려 하였으며 식단은 대개 김치국에 밥을 먹는 식이었다.[13)]

13) 더불어사는집의 일상생활에 대해서는 이현정 감독의 영화 〈192-399: 더불어사는 집 이야기〉와 김강(2008)에 실린 더불어사는집에 관한 글을 보라.

삼일아파트에 있을 때 조리사였던 사람들이 있었다. 송 대표도 식당업 등을 했었고, 하○식은 요리사였다. 돌아가면서 요리를 하였고 밥을 전기밥솥에 해 놓고 김치와 국을 기본 반찬으로 하였다. 변○수의 파트너도 일부 가사노동을 하기도 하였다.

더불어사는집의 생활은 제도화된 다른 쉼터생활에 비해 자유로웠고[14] 텔레비전도 볼 수 있었다. 그러나 자신들 나름의 자율요강을 정하고 식사시간도 정하는 등 규칙을 만들어 갔다. 초창기에는 오래갈 것이라고 예상하지 못했다. 송 대표나 임○택은 초창기에 들어온 사람이었는데, '그래도 거리보다는, 쉼터보다는 나을 것'이라는 소박한 희망으로 시작했다. 송 대표는 "처음에는 솔직히 구청직원이나 경찰이 오면 숨기에 바빴다. '싸워라. 너희 권리인데 왜 못 찾냐! 너희 밥그릇도 못 찾으면 살지 마라'고 독촉 받을 때도 두려웠다. 그런데 한 번 두번 싸우다 보니, 노하우가 생기더라. 한 가지 한 가지 성취해 나가면서 보람을 느꼈다"고 했다. 싸우면서 자신의 거처를 지켜 나가고 "노숙생활을 할 때보다는 마음이 안정되어"갔다.[15] 이처럼 더불어사는집 사람들은 초창기 경찰의 압박을 이겨내고 철거 이전까지의 기간 동안 자유롭게 거주할 수 있었고 안정을 찾았다.

그리고 점점 더 다양한 요구를 내세우고 무언가를 하려고 노력하였다. 정부미를 공급받는 것과 관련해서도 구청과 동사무소에 여러 번 다녀왔다.

---

14) 송○희나 임○택은 노숙할 때 저녁에는 지하도에서 잠을 청하고 낮에는 전철을 타고 다니며 시간을 보냈다. 노숙인 쉼터에도 들어가 보았으나 지켜야 할 것이 너무 많아 적응하기 힘들었다. 공동생활에 따른 시간 엄수, 금주 등의 규칙, 노숙인들 사이의 구타 경험으로 시설을 선택하지 않게 되었다.

15) 최은아, 2005, "'점유'와 '사용'을 통해 배타적 소유에 균열을 내다", 〈인권하루소식〉 제2842호, 2005년 06월 30일.

더불어사는집 사람들은 아침저녁은 더불어사는집 거처(삼일아파트)에서 해결하고 점심은 대개 밖에 나가 있었기 때문에 주로 무료급식소에서 해결하였다. 서울에는 여러 급식소들이 있어서 서로 위치와 급식요일에 대해 정보를 교환하면서 찾아다녔다.

2005년 초반에 구청의 철거에 저항하고 철거민들의 동의를 얻어 철거 전까지 살도록 하겠다는 구청의 용인을 받아내었다. 그 후 더불어사는집은 조직을 정비해 가기 시작하였고 4－5월에는 학습을 하고 토론회를 여는 등의 활동을 시작하였다. 4월 25일부터 월요일 저녁(7시)에 삼일아파트에서 학습을 시작하여 5월 23일까지 하였다. 학습은 노점상운동을 하던 임채희가 적극적으로 결합하여 책을 읽고 토론하거나 임채희가 이야기를 하고 질의, 응답하는 방식으로 진행되었다. 이 모임은 학습만을 위한 것이라기보다는 더불어사는집 성원들이 모이는 기회로 삼고 논의 문화를 만들어 나가자는 취지였다. 이 때에는 토론을 주로 하면서, 자긍심을 가지고 살아야 한다는 등의 이야기를 많이 하였다. 김 집행위원장도 함께하였다. 한 달 정도 지속된 학습은 성원들의 결속력을 다지는 계기가 되었으며 대부분이 참여하였다.

8월 11일에는 더불어사는집 식구들이 함께 설악산으로 놀러갔다. 흔들바위까지 올라가서 마치 놀러간 것이 아니라 행군 같았다고 한다.

여름에 쉬었던 학습을 재개하여, 9월 들어서는 철학학교를 개설하였다. 9월 13일(화)에 1강을 시작하여 화요일과 금요일에 걸쳐 5강(9월 27일 화요일)까지 하였다. 철학학교에는 10－13명이 참여하였으며 임채희가 강의를 주도하였다. 『철학에세이』, 변증법적 유물론, 세계자본주의, 자본주의의 성격, 신자유주의 등에 대해 강의하고 토론하는 방식을 취하였으며, 열띤 질문과 토론이 이루어졌다. 강의를 한 뒤에는 회의를 하는 것을 정례화하였다.

더불어사는집의 주요 수입원은 노점에서 번 판매금과 후원금이었다. 재정운용은 정○용(이하 정감사)이 맡아서 하였다. 노점을 개설한 지 한 달 뒤부터 정○용은 통장에 입금만 하고 도장과 통장을 양 고문에게 맡겼으며 돈 문제는 양고문이 관장하였다. 사실 판매금과 후원금으로는 더불어사는집 성원들이 생활하는데 모자랐고 양고문이 보탰다.16)

3) 일과 노점

낮에는 집에 머무는 사람이 적었다. 김○환과 정○숙과 같은 젊은 사람들과 임시로 며칠 머물던 사람들이 낮에 있었다. 대부분은 일을 나가거나 개인적으로 재활용품 수집에도 나섰다. 삼일아파트에 있던 노숙인들은 건설현장의 일용직(노가다)으로 나가기도 하였고 공공근로(몇 사람)를 하기도 하였다. 양 고문은 그들이 공공근로 하는 것을 반대하였고 노점을 마련해 줄 테니 모여 살면서 함께 투쟁하라고 다그쳤다. 그런데 성원들에게 외부일이 아닌 노점을 하기 원했던 양 고문이 전노련 의장선거에서 떨어지면서 그의 노점상 관련 입장이 약화되었고 —아마 전노련 의장이 되면 노점을 확보할 수 있을 것으로 생각한 듯하다— 노점 자리를 확보하는 것이 어려워졌다.

하지만 더불어사는집은 2005년 봄부터 새로운 일거리를 만들어 가려고 생각하였다. 양 고문, 김 집행위원장 등이 노점상을 해왔고 삼일아파트 부근에 노점이 생겨나기 시작하던 터라 노점을 해보자는 생각을 하게 되었다. 2005년 5월 28일에 청계천8가 삼일아파트의 4동과 5동 사이 빈터를 무단점거하고 노숙인 자활의 뜻을 알리면서 기증

16) 장부에는 '판매수익금', '지원금'(후원금), '양고문 채용' 항목으로 정리되어 있다.

받은 물품을 판매하기 시작했다. 재활용품을 기증받는다는 문건을 만들어 배포하기도 하였다. 더불어사는집의 노점을 개설한 것이다.

더불어사는집 노점에서는 김 집행위원장이 자신이 판매하려고 수집한 재활용품 가운데 트럭 10대분의 중고 물품을 갖다 주어 1년 반 정도 그것을 팔았다. 당시 김민걸은 더불어사는집의 집행위원장을 맡았다. 물론 물건 수거와 관련하여 임○택(당시 사무국장)이 몇 번 다른 사람들로부터 물건을 받은 적이 있었다. 그러나 더불어사는집에서는 노점판매를 위한 재활용품을 직접 수집하지는 않았다.

김 집행위원장은 동대문운동장 쪽에서 노점을 해왔었고 노점에서 팔 물건들을 하남에 있는 밭에 비닐하우스를 만들어 보관했는데, 땅 주인이 땅을 내놓으라 해서 트럭 10대분의 재활용품을 더불어사는집에서 판매하도록 가져왔던 것이다. 더불어사는집 사람들이 열흘 정도에 걸쳐서 가져올 정도로 물건이 많았고 종류는 옷을 비롯하여 다양하였다. 정 감사는 물건을 팔고 일정액을 양 고문을 통해 김 집행위원장에게 전달하도록 주었으나, 양 고문이 그것을 전달하지 않아 김 집행위원장이 정 감사에게 자꾸 판매대금의 일부를 줄 것을 요구하거나 불만을 드러냈다.17)

노점 장사는 일요일에는 잘되었지만 평일에는 잘되지 않았다. 노점은 상가 사이에 있었다. 평일에는 상가에 드나드는 사람들이 지나다녔고, 주말에 노점을 찾는 손님들이 왔다. 더불어사는집 사람들이 2−3명, 많을 때는 4명이 나가서 옆 창고에 싸 놓은 물건을 펴고 장사를 하였으며 판매 대금은 더불어사는집 수입금으로 하고 판매자는 일

17) 양고문은 김집행위원장이 60만 원으로 쳐서 기부하였다고 말하였다. 김민걸도 이것을 기부한 것으로 말하였다. 그런데 김민걸의 다른 물품도 더불어사는 집에서 갖다 판매하면서 그 판매대금을 요구한 것으로 보인다. 김민걸 면담자료.

당을 2만 원씩 받았다.

나중에 김 집행위원장이 가져온 물건들이 바닥이 나자 양 고문은 자신이 하던 신발을 이곳으로 가져와 판매하게 하고 판매금을 자신이 가져갔다. 그래서 더불어사는집 식구들 일부는 자신들이 더불어사는 집을 위해 일하는 것이 아니라 양 고문을 위해서 일한다고 느끼며 불만을 토로하였다. 이러한 구도 속에서 (꼭 이것 때문만은 아니지만) 더불어사는집 성원들 가운데 판매금을 갖고 사라져 버리는 일이 있었다.

4) 무료급식

2005년 5월 말부터 노점을 하면서 더불어사는집은 자신을 알리는 방법을 생각하게 되었다. 4월부터 토론회를 하는 등 활동을 해왔으나 좀 더 확실하게 외부 사람들에게 더불어사는집의 존재를 각인시킬 방법을 찾고 있었다. 그 방법으로 무료급식 이야기가 나왔을 때 내부에서는 더불어사는집 성원들도 먹고살기 힘든데 무료급식은 천천히 해도 되지 않겠느냐는 의견이 있었다. 하지만 양 고문이 워낙 강하게 밀어붙였고, 무료급식은 더불어사는집을 상징하는 사업이 되었다.

7월에 들어서면서 노숙인들을 위한 무료급식을 계획하고 구체적인 방안들을 생각해 나갔다. 1백여 명을 예상하고 더불어사는집 식구들 10명이 담당하여 더불어사는집 '생업공동체' 점포 앞에서 매주 월요일 12에서 오후 2시 사이에 '노숙인급식사업'(점심)을 계획하였다. 준비작업을 통해 2005년 8월 22일부터 매주 월요일에 노숙인들에게 점심 무료급식을 시작했다. 20일 준비모임에서는 급식홍보와 반찬준비, 밥준비, 국준비, 그릇·가스 등 준비물을 미리 챙기고 일요일에 시장을 봤다. 준비논의를 하면서 더불어사는집 식구들은 '우리가 노숙인들에게 급식을 한건 세계적으로 처음 시작한다'는 자부심을 갖고 힘들어도 이겨내자고 결의를 다졌다. 이들은 스스로 '잠자리, 일자리, 먹거리'를 해결해 왔고 현재 노숙을 하고 있는 사람들에게 '점심과 담배 한 갑'을 제공하였다. 더불어사는집 식구들도 과거 노숙인들이었다. 노숙인에게 제공되는 무료급식은 매우 많지만 더불어사는집의 급식은 '노숙인이 스스로 벌어서 노숙인을 먹인다'는 자율성을 강조한 최초의 급식 사례였다.

참여자들은 각자 한 두 가지 일을 나누어 맡았고 시간이 되면 죽 늘어서서 배식을 하였다. 두 번째 급식을 하면서부터 급식에 왔던 노숙자들이 더불어사는집에 들어오게 되었다.[18)]

음식은 대부분 한식이었으며(어느 날은 자장면을 급식했다), 밥을 먹으러 온 노숙인들은 적은 날은 40-50명, 많은 날은 1백 명이 넘어서 몇 번 밥이 모자란 적이 있었다. 한두 번을 제외하고는 계속 매주 월요일 점심에 2년 동안 무료급식을 진행했다.

이 당시 급식을 하면서 웃음을 잃지 않았던 더불어사는집 식구들의 모습은 신문과 방송의 보도로 더욱 널리 알려지게 되었다. 이미 5월경부터 더불어사는집은 언론 매체에 많이 소개되었다. 신문과 방송에서는 복지나 자선에 의한 것이 아니라 당사자들의 자발적인 활동

---

18) 2005년 8월 29일. 오늘 두 번째 급식을 시작했다. 오늘은 아침에 8시에 일어나서 준비하고 반찬하고, 감자 여러 개 썰어서 준비하고, 더불어사는집 식구들 다 같이 만들었다. 송씨 아저씨는 국 담당 하고, 조씨 아저씨는 김치하고 채소들을 썰었다. 박씨 아저씨는 가스하고 기름으로 연결해서 그런 일 하셨다. 나머지 사람들은 모두 다 일을 했다. 그렇게 만들어서 드디어 시작했다. 생각보단 사람들이 많이 안 왔다. 다 드시고 끝나고 나서 두 사람이 새로 들어오셨다. 우리의 가족이 많이 생겼다. 무지 기분이 좋다. 나중에 사람이 더 들어오신다고 한다. 기분이 좋았다. 이걸로 우리의 하루 생활이다. 조금은 힘들었어도 그래도 기분이 좋았다. 사람들이 많이 모여서 함께 살았으면 합니다. 임채희의 일기.

에 크게 호응을 했으며, 더불어사는집의 생활 모습뿐만 아니라 무료 급식 사업의 의의가 널리 알려지게 되었다.

그런데 5월에 문을 열었던 노점은 종로구청의 행정조치로 영업이 중단된 상황이었기 때문에, 동대문 풍물시장 등의 노점상들에게 더불어사는집의 무료급식 사업의 의의를 설명하고 기부를 받아 급식 사업을 지속할 수 있었다.[19]

또한 더불어사는집은 무료급식사업을 하면서 종로구 창신1동에 무료급식단체로서 정부미 공급을 요구하였다. 이 과정에서 더불어사는집은 동사무소에 몇 번 찾아가 '무료급식을 하는데 정부가 도와주어야 하는 것 아니냐'며 농성하였다. 그 결과 정부로부터도 쌀 지원을 받아 중간에 노점이 중단된 상태에서도 계속해서 급식을 할 수 있었다.[20]

5) 대외활동

2005년 초반에 더불어사는집은 당시 스쾃운동을 전개하고 있던 김윤환, 김강 등(오아시스팀)[21]과 연결되었다. 양 고문 쪽에서 오아시스팀을 알고[22] 먼저 수소문하여 만나게 되었고 서로 협력방안을 찾기로 하였다. 양 고문의 연락을 받고 오아시스 프로젝트 팀의 김윤환이 삼일아파트를 방문하여 함께할 수 있는 방안을 논의하였다. 양 고문 쪽에서는 오아시스팀의 이슈파이팅을 부러워하였다. 그리고 자신들이 원하는 것을 오아시스 팀에서 채워주길 바랐다. 양 고문 쪽은

---

19) '노숙인 생산공동체 더불어사는집 후원회 가입' 문건.

20) 2005년 10월 10일 420kg을 요청하여 사용하였다.

21) 스쾃운동을 제기하고 목동 예술인회관 점거프로젝트를 수행한 팀이다. 오아시스팀 활동에 대해서는 『점거메뉴얼북 Art of Squat』을 참조.

22) TV에서 목동점거활동에 대해 방송하는 것을 보고 알았다고 한다.

행사도 하고 점거 계획을 세워 함께하자고 제안하였고, 김윤환은 '천천히 가자'라고 하였다.[23]

이후 더불어사는집과 오아시스팀이 주축이 되어 2005년 4월 16일 토요일 5시에 민주노총 1층 사무실에서 사회운동단체인 '평등연대'와 함께 '노숙인들의 반란, 빈집점거' 토론회를 열었다. 노숙인에 대한 근본적인 대책을 촉구하기 위한 취지였다. 오아시스 프로젝트의 김강이 '점거에 대한 국내외 역사적 사례와 평가 및 점거운동의 의의'를, 역시 오아시스 프로젝트의 김윤환이 자신들의 활동에 대한 의의를, '더불어사는집 준비모임'에 노숙인 당사자 임○택(더불어사는집 사무국장)이 '우리들의 이야기'를, 한국도시연구소 연구원 남원석이 '노숙인 주거문제와 해소방안'을, 양 고문은 발제문 없이 그간의 경과와 계획을 발표하였다. '더불어사는집'에 실질적인 지원을 하고 있던 양 고문은 당시 민주노동당 빈민위원회(준) 위원장으로서 이날 토론회에서 "노숙인들을 이 사회에서 분리시키려는 정부의 정책이나 시혜의 대상으로만 바라보는 시각은 결코 문제 해결에 도움이 되지 않는다, 정부의 노숙인에 대한 대책은 거리에서 눈에 띄지 않게 하는 것이 핵심일 뿐"이라고 말했다. 따라서 이들이 "마음 편하게 잠잘 곳, 일자리를 마련하고, 따뜻한 가족의 품만이 문제 해결에 도움이 된다"고 강조했다. 또한 더불어사는집을 염두에 두고 "주거권 확보뿐 아니라 노숙인 자활공동체로 만들어 가겠다"고 밝혔다.[24]

더불어사는집 성원들은 2005년 5월 들어서는 각종 집회에 나가고

---

23) 김윤환은 몇 번 방문하면서 (양 고문이) 대단하다고 생각했다. 양 고문 쪽에서 적극적으로 함께 활동하자고 나서셨으나 오아시스팀에 집중하느라 충분히 함께 하지 못했다고 한다

24) '노숙인들의 반란, 빈집점거', 토론회 자료.

시위 등을 직접 조직하기도 하였고, 이러한 활동이 언론에 소개되기 시작하였다. 5월 31일에는 서울시 중구 구민회관에서 '더불어사는집' 관련 토론회를 개최하였다. 이 토론회는 더불어사는집에 대한 소개와 노숙인에게 잠자리, 일자리를 제공하고, 가족의 품(?)으로 돌아가게 하기 위한 과제와 전망을 논의하기 위한 자리였다. 토론회의 질의응답 시간에 양 고문은 윽박지르듯이 말하면서 다른 조직들은 왜 도와주지 않느냐고 강박하는 듯 발언했다.

더욱이 6월 23일(목) 오전 9시 반에는 시청 앞에서 더불어사는집에 대해서 좀 더 적극적으로 알리고 노숙인에 대한 대책을 촉구하는 기자회견을 열었다. 주최 측은 문건에서 '정신장애3급 2명, 임신부 1명, 지체장애 3명, 노인 등 20여 명이 모여 우선 먹고사는 문제를 자립적으로 해결하기 위하여 못쓰거나 버려지는 물건을 수리, 개조, 다듬어서 재활용품을 만들어 파는 생업공동체를 운영하기로 하여 6월 초부터 재활용품 장터를 개설하여 기증품 등을 팔고 있습니다'라고 하면서 더불어사는집의 점유권의 정당성을 강조하였다. 또한 피케팅을 하면서 더불어사는집의 존재를 알렸다.

6월 30일에는 명동입구 향린교회에서 민주노동당 중구 지부가 주최한 교육에 더불어사는집 모든 식구들이 함께 참가했다. 마침 심상정이 '무상의료 가능한가'라는 교육을 하였는데, 더불어사는집에 일시적으로 거주하였지만 미혼 임산부였던 '해선'의 치료와 박○석 씨의 입원 등의 문제가 있어서 의료문제는 초미의 관심사였다. 이와 관련하여 성폭력상담소나 민주실천의사회 등과 연결되었으며 노숙인의 의료문제에 대한 지원을 확인받았다.

또한 종로구청에게는 빼앗아간 물건을 되돌려달라고 요청하여 물건을 회수하기도 하였지만 동사무소 사회복지과 직원과는 쌀 지원 문제로 신경전을 벌였다. 7월 13일에는 정부미 60kg짜리 3포대를 인수하게 되었고 그 이후 노숙인 무료급식이라는 명목으로 쌀 지원을 받게 되었다.

7월 들어서는 이미 더불어사는집에 들어온 구성원들이 을지로입구 지하도 및 무료급식소, 서울시청 지하도 및 을지로입구 만남의 광장 지하도 등에서 노숙인과 접촉하면서 더불어사는집에 들어올 것을 권유하는 사업을 벌였으나 쉽지는 않았다.

오아시스팀과는 7월 들어서 좀 더 밀접하게 접촉하였다. 2005년 7월 26－27일에 더불어사는집 사람들 4명이 한국민족예술인총연합회(오아시스팀이 연결) 전시장에서 디스플레이 설치 작업을 하였으며, 28일에는 전시장 오픈 행사에 참석하였다. 오아시스 프로젝트에서 운영하던 포장마차의 철거에도 동참하였다(7월 31일). 7월 30일(토)에는 '인권운동사랑방'이 주최한 행사 '반딧불'(늦은 7시 30분, 서울역 구역사 앞 광장)에서 집 없는 사람들의 애환을 그린 영화 〈점거하라! Squat〉을 감상하고 더불어사는집(노숙인의 희망만들기 생산공동체)과의 대화에 참석하여 내가 꿈꾸는 집을 만들며 이야기를 나누는 시간을 가졌다.

2절. 점거공동체

1. 새로운 점거

삼일아파트의 철거 시한(2005년 9월 30일)이 임박해 오면서 더불어사는집은 새로운 거처를 마련해야 했다. 오아시스팀으로부터는 점거에 대한 다양한 정보와 방법에 대해서 이야기를 들었다. 그러한 과정에서 양 고문은 프랑스의 점거운동, 피에르 신부의 활동, 브라질 농민의 무토지점유운동 등에 대해서 알게 되었다. 그리고 점거계획을 세우고 점거지를 물색하였으며, 비어 있는 동사무소 건물 두 곳을 염두에 두기도 하였다. 그러던 와중에 서울시가 하는 매입임대주택사업에 대한 이야기가 나왔다. 그리고 인권운동사랑방 등에서도 이와 관련하여 논의가 되고 있었다. 매입임대주택사업이란 서울시가 매입하여 도시개발공사(SH공사, 이하 도개공)에 임대, 위탁하는 사업이었다.

이때 양 고문은 민주노동당 쪽에 임대주택사업에 관한 정보를 요청하였다. 양 고문은 2000년 민노당 중구 국회의원 후보로 출마한 적이 있었다. 이때 민노당 당원 김○철은 양 고문 지원활동을 하였다. 당에서는 당시 양 고문을 빈민 쪽을 대표하는 사람으로 인식하고 있었고, 운동방식에 대해서는 이견이 있었으나 점거방식에 대한 호의를 가지고 있었다. 2004-2006년 김○철은 민주노동당 의정지원부장을 하면서 민주노동당 서울시의회 심○옥 의원의 보좌관 시절, 양 고문으로부터 연락을 받았다. 서울시의회에서 당시 민노당 심○옥 시의원이 의원자격으로 서울시가 매입한 임대주택의 지번, 매입상황, 임대상황 등의 자료공개를 요청하여 받았다. 처음에는 안 주려고 하였지만 SH공사에서 관리하고 서울시에서 위탁을 준 것이라 서울시의 요구에 의해 SH공사로부터 받아낸 것이다.[25] 특히 지번 등을 알려주려고 하지 않았지만 자료를 받게 되었고 실무를 보던 김○철이 양 고문에게 넘겼다.[26]

양 고문은 처음에는 임대아파트나 임대주택 입주에 대해 문의하였

25) 서울시로부터 공교롭게 지번까지 확인하여 요청하였는데 그 자료를 사용한 것이 아닌지 의심하였고, 의원에게 준 자료를 공개해서는 안 된다고 하여 심○옥 의원이 힘들어 하였다.
26) 김○철 면담 자료.

다. 그런데 당시 더불어사는집 노숙인들은 임대아파트나 임대주택을 받을 조건이 안 되었기 때문에, 넘겨받은 자료에서 매입임대주택 가운데 빈집의 지번과 평수, 지역 등을 확인하여 점거지를 정하였다. 서울 곳곳에 매입임대주택이 2-3천 세대 정도 있었는데, 그 가운데 빈집이 2백 개 정도 있었다. 서울 중심부에는 빈집이 없었고(집이 있으면 임대되었고, 빈집은 주변지역에 있었다) 마포 등에 있었는데 살기에는 안 좋았다.[27] 그러다 보니 삼일아파트나 노점과는 거리가 먼 정릉을 점거지로 정하게 되었다.

2005년 9월 29일 저녁 7시 박 대표와 양 고문, 그리고 김 집행위원장이 선발대로 삼일아파트를 떠나고 다른 식구들은 짐을 싸 놓고 대기하다가 연락을 받고 나중에 떠났다. 그들이 도착한 곳은 서울시 성북구 정릉동의 한 다가구주택이었다. 4층짜리 7세대가 살 수 있는 곳으로 자물쇠가 채워져 있던 빈 건물이었다. 양 고문과 박 대표는 준비해 간 장비로 자물쇠를 절단하고 들어갔다. 주변의 관심이 쏠리는 것을 방지하기 위해 어둠을 틈타 조용하고 신속하게 짐을 날랐다.

점거하려던 건물에 들어갔을 때 구들장이 파헤쳐져 있어서 다른 동으로 점거하러 갔는데 거기에 한 가구가 살고 있어서 결국 구들장이 파헤쳐진 동을 점거하였다. 도둑들이 동파이프를 훔쳐가느라 구들장을 파 놓았던 것이며, 이는 SH공사의 관리의 허술함을 여실히 보여주는 것이었다. 방바닥이 다 파헤쳐져서 시멘트 덩어리들이 방마다 가득 쌓여 있었고, 수도와 전기 그리고 난방 장치가 온전하지 않았다. 더불어사는집 식구들이 가장 먼저 한 것은 방을 만드는 일이었고 전기와 수도를 연결하는 것이었다. 이 정릉집에 더불어사는집 식구들 일

27) 점거 대상이 될 만한 곳으로는 쌍문2동, 수유동, 성수2가, 정릉, 중곡동, 장휘동(번지 생략)이 있었다.

부가 이사함으로써 이것은 대한민국에서 노숙인에 의한 최초의(?) 점거 사례로 기록된다.

SH공사 측에서는 저소득층 주택정책 중 하나인 매입임대주택 일부를 방치한 행정적 직무 유기가 알려지게 될까봐 더불어사는집에 협상을 제안했다. 29일에는 이 임대주택의 관리를 맡고 있는 도시개발공사 실무자와의 면담에서 입주계획서를 제출해 달라는 요구를 받고 이에 응하기로 하는 등 사실상 합의에 이르렀다.

10월 3일에는 더불어사는집의 조직 확대를 고려하여 주변 다른 다세대건물 중 3세대를 추가로 점거했다. 그러나 사람 수가 적고 그곳까지 지켜내기는 버거웠다. 그리고 그 건물에는 주민들이 살고 있었고 그들의 지지를 끌어내기가 어려웠다. 거기서는 점거 이틀 만에 퇴거하고 말았다.

그러다 경찰이 연이어 찾아와서 철거를 요구하는 등 상황이 악화되기 시작했다. 더불어사는집은 도시개발공사 관계자와 면담을 갖고 항의를 제기했으나 이전 면담과는 달리 상부의 지시라며 철거를 요구했다. 낮 동안에 동사무소, 구청, 경찰, 공사 등에서 여러 번 찾아와 퇴거하라고 협박하였다. 다른 한편으로는 관할 경찰서를 통해 사유지 침입이므로 당장 퇴거하라는 명령을 내렸다.

더불어사는집 식구들은 점거 후 집을 지키기 위해 공권력에 맞서 싸워야 할 수도 있음을 예상하고 있었지만, 실제로 경찰들이 퇴거 명령을 내리자 불안감이 생겨났다. 이때 민주노동당 중앙당 김○진 변호사가 법률상 점거자들을 강제로 끌어낼 수 없다는 의견서를 써 줬다. 그리고 해방연대(준), 중노련[중구지역노점상연합]이 관심을 가지고 도와주었고, 민주노동당 지구당에서도 다녀갔다. 경찰 몇 명이 용접기와 보안망을 가지고 와서 더불어사는집 식구들을 내쫓고 문을 용접해서 출입을 금지하려 했다. 그때 연대하러 온 사람들과 함께 싸워서 경찰들을 몰아냈다.

10월 5일(수) 양 고문과 더불어사는집 식구들 20여 명은 오전 9시 20분경 서울시청에 항의 방문을 가서 시위를 벌였다. 시장 면담을 요구하며 시장실로 향하다가 끌려 내려온 더불어사는집 식구 20여 명이 시청 앞에서 연좌시위를 벌였고[28] 피케팅을 했다. 오후까지 농성을 하는데 해방연대 식구들이 연대참석하였다. 더불어사는집 사업계획서를 내기로 합의하여 일단 퇴거는 저지하고 협상할 수 있는 토대를 만들었다. 이 시위에서 피켓에 쓴 구호는 "주거는 소유가 아니라 생존의 권리이다", "노숙인에게 잠자리를 보장하라", "노숙인 빈집점거는 정당하다"였다.

10월 6일 경찰들과 SH공사 사람들이 와서 집을 비우라고 협박하면서 고발장을 내밀고 소리치는 등 한 바탕 설전이 오갔고 그 와중에 해방연대 사람들이 와서 함께 싸워주었다. 경찰과 SH공사 직원들은 문을 폐쇄하려고 용달차에 용접기와 철문을 비롯한 쇳덩이를 가득 싣고 문 앞에 와서 대기하고 있었다. 경찰과 SH공사 사람들을 물리치고 나서 더불어사는집 사람들은 일단 정릉의 점거한 집을 사수하기로 하고 SH공사가 요구하는 임대 방법도 강구하면서 기타 선전전과 함께 SH공사와 시청, SH공사 사장집 항의방문 등의 투쟁을 하였다.

28) 모이자마자 곧바로 시장실로 올라갔는데 끌려 내려왔다. 한참 다투고 있는데 정릉 더불어사는집 식구들이 다 모여들었다. 정문을 곧바로 봉쇄해버렸다. 소리치고 밀고 땡기고 하다가 다시 후문으로 갔다. 거기도 봉쇄해버렸다. 그래서 비닐 깔고 이불 깔고 항의하니 시청관리자들이 우 몰려와 이리 땡기고 저리 땡기고 했다. 경찰들이 연행하겠다고 계속 위협하면서 노숙인들을 뒤로 밀치며 소리쳤다. 그렇게 옥신각신하면서 오전을 다 보냈다. 그러고 나니 시청 관리자들이 물러났다. 그래도 시청관리자들이 계속해서 이불과 돗자리를 치우라며 시끄럽게 해대다가 갔다. 임○희의 일기에서.

10월 7일 오전 11시 비가 내리는 가운데 서울시청 앞에서 기자회견을 열어 더불어사는집의 현황을 알렸다. 지금 살고 있는 정릉 더불어사는집의 주거를 보장하라는 것이었다. "노숙자의 자활을 가로막는 서울시는 각성하라!"는 구호가 울려 퍼졌다(기자회견문에서). 당시 국감 중이라 시청에는 많은 경찰들이 나와 있었다. 요구를 전달하기 위해 시청입구에서 한참 실랑이를 하다가 대표단을 보내 시장 면담신청을 하고 돌아왔다. 더불어사는집 식구들과 해방연대동지들이 함께하였다.

10월 11일 정릉의 점거한 주택에 전기와 수도가 끊겼다. 한전에 따지러 갔고 13일에는 제기동에 있는 수도국을 찾아갔다. 수도국 직원들에게 왜 정릉 주택의 수도관을 빼 갔느냐고 따졌다.[29] 또 정릉 점거 소식이 알려지면서 많은 노숙인들이 들어왔는데 쌀이 부족하여 10월 16일에는 종로구청장실에 몰려가 쌀을 달라고 농성하였다.

10월 18일에는 점거해 들어간 정릉집에 대해 SH공사로부터 2005년 10월부터 2006년 2월 말까지 5개월 동안 무상사용 합의를 얻어냈다. SH공사의 주택팀장과 양 고문, 더불어사는집 집행위원장 간에 3층 건물 7세대를 사용하는 것으로 합의하였다. 더불어사는집 사람들은 SH공사에 가서 정릉 점거한 집에 살 수 있는 허가증을 받아 왔다. 한전은 뜯어 버렸던 방바닥에 전기판넬을 깔아주었고, 더불어사는집 식구(성원)들은 집을 임대료 없이 그리고 전기, 수도도 무상으로 사용할 수 있게 되었다. 5개월 동안 임대보증금을 마련하는 명목으로 유예기간을 얻은 것이다.

29) 수도국 직원들은 자신들이 하지 않았다고 하였다. 더불어사는집 사람들은 SH공사 사람들의 소행이라고 생각했다.

2. 점거공동체 '더불어사는집'

1) 성원

처음에 정릉의 더불어사는집 성원들은 20명이 채 안 되었다. 겨울이 되자 점차 사람들이 들어와 30여 명이 되었고, 이들은 다 거처에 머물지는 않았다. 건설현장 일용직(노가다), 공공근로 등을 하였고 대개 나가서 움직이다가 저녁에 들어왔다. 정릉 점거 지역이 재개발 지역이라 철거가 진행되고 있어서, 더불어사는집 사람들은 여러 가지 일을 하였고 철거가 예정된 건물에서 수도꼭지, 방바닥 뜯은 것 등을 갖다가 팔아서 쓰기도 하였다.

정릉 점거 이후 정○우(나중에 대표)가 '정릉집이 좋다'는 소문을 내서 노숙자들을 많이 데리고 왔다. 그는 용산역 뒤에서 천막을 치고 살아서 노숙자들을 많이 알고 있었다. 그래서 정릉 다가구주택에 머무는 사람이 35명까지 늘어나 방마다 꽉 차게 되었다. 4층에 이어 옥탑방까지 사람들이 있었다. 처음에는 한 방에 2명 정도 있었는데 여러 명이 살게 되었다. '노숙자의 천국이다'라는 소문이 나고 별다른 통제가 없자 노숙자들이 서로 끌어들이곤 했다. 그러나 늘어나는 것에 대해서 양 고문은 크게 개의치 않았고 발전이라고 생각한 것 같다.

2006년 11월, 12월 들어서면서부터는 '먹을 것도 안 주고 양 고문이 귀찮게 한다'고 하면서 중간에 들어왔던 사람들이 더 편한 곳으로 간다면서 떠나갔다. 양 고문이 약속은 하지만 지키지 않고 자신들을 어떤 일에 연결시키지 않는 것에 대해서 불만을 품고 새로 들어왔던 사람들이 많이 나가게 되었다. 더욱이 양 고문과 박 대표의 갈등이 증폭되고 술이 넘쳐나면서 성원들은 점차 정릉집을 빠져 나갔다. 그래서 2006년 2월 말 임대계약을 맺을 때에는 10여 명만 남아 있었다.

2) 생활

정릉집이 안정화되면서 더불어사는집을 법인체로 만들려는 구상을 하게 되었고 점거하고 살게 된 직후인 2005년 10월 18일에 임채희 등이 과천 보건복지부에 법인체 일로 다녀왔다. 양 고문은 더불어사는집의 법인화를 추진했다. 법인화는 점거 당시부터 고려했던 일로서, 법인의 자격으로 복지시설에 등록하여 정부로부터 지원혜택을 받기 위해서였다. 더불어사는집은 이미 삼일아파트에 살 때에 무료급식 지정단체로 지정되어 정부미를 공급받아 왔으며 노숙인 보호시설 명목의 사회복지시설 등록을 도모했다. 생계의 전망이 밝지 못한 상황에서 정부의 지원체계를 활용해 보려고 한 것이었다.

그런데 복지시설로 등록하기 위해서는 안정된 공간에 대한 법적 점유(소유 혹은 임대 계약)를 증명해야 한다. 그리고 SH공사에서도 임대보증금을 마련할 유예기간을 준 것이기 때문에 SH공사와 추가적인 협상의 내용은 임대계약 여부였다. 법인체 등록건은 계속 이야기되었고 2006년 3월 이후에는 양 고문의 다양한 구상 속에 계속 논의는 되었지만 진전되지 못하였다.

정릉으로 점거해 간 뒤에는 양 고문의 영향력이 줄어든 것으로 보인다. 박 대표를 중심으로 몇 사람이 양 고문에게 반기를 들었던 것이다. 박 대표가 내부를 장악해 가고 있었고 양 고문에게 싫다고 오지 말라고 하였다. 평소 종교적 심성을 지니고 있던 몇 사람은 양 고문이 종교에 대해 무차별적인 공격을 하고 독선적으로 행동하는 것에 대해서 반감을 가지고 있었다. 이들은 거의 끝까지 남아 있었고 어떤 출구를 고민하였다.

특히 박 대표는 급식, 시위, 투쟁 지원, 구청 청원, 한전과의 전기 싸움 등을 하느라 바빴다. 전기를 연결하고, 수도국에 쫓아가서 무상으로 수도를 사용하는 것을 허용받았다. '사람이 오갈 데가 없는데 어쩔거냐'면서 압박을 가하여 얻어낸 결과였다. 구청 복지담당과와 SH공사 팀장과 협상하고 요구하는 일이 많았다.

11월, 12월이 되면서 더불어사는집에는 내부문제가 생겨났다. 노점은 계속했지만 수입이 많지 않았고 부식값과 밥값을 감당하기에도 힘겨웠다. 특히 겨울에는 장사도 잘 안 되었다. 그리고 정릉으로 가면서 후원이 끊겼나. 종로 사람들(청계천 노점상들)에게 평가가 안 좋아졌기 때문이다. 특히 김 집행위원장이 종로지역 지역장이었는데 지역장에서 물러나면서 후원이 너욱 줄었다. 그러면서 무료급식과 관련해, '아무것도 없는데 급식한다'고 반발이 나왔다. 양 고문이 전혀 협의와 타협을 안 하면서 여기저기서 불협화음이 생겨났다. 김 집행위원장과 양 고문이 서로 사이가 안 좋아지고, 박 대표가 대표를 그만둔다고 하니까 그것에 대한 비난도 있었다. 특히 정릉 식구들은 '먹을 것도 안주고 맨날 지나가는 노숙자들한테나 밥을 해준다'고 불만을 터뜨렸다. 그런 가운데 안에 있는 사람들을 먼저 먹고 살게 해야 하며 남을 우선시하는 것은 잘못이라는 박 대표의 요구에 대해, 양 고문은 명분을 내세우며 급식을 계속해야 한다고 주장하였다.

또한 양 고문은 삼일아파트 부근의 방에 머물렀고 '여기 와서 같이 생활해야 되는 것 아니냐'고 박 대표가 요구한 적도 있었다. 결국 양 고문은 노점개척에 집착하고 나중에 식당주막에 집중하면서 정릉 더불어사는집 식구들 일부와 멀어지게 되었다.

그리고 양 고문은 투쟁을 해야만 권리를 찾을 수 있다고 생각하여 항상 투쟁적인 자세와 행동을 요구하였다. 그런데 정릉에서 더불어사는집 사람들은 싸움보다는 뭔가 일자리를 찾고 싶어 했다. 양 고문이 약속을 지키지 않고 자신들을 일에 연결시키지 않는 것에 대해서 불만을 품고 있었다. 그러나 결정적으로 양 고문이 가스를 사라고 3만 원을 박 대표에게 주었는데 그 돈으로 박 대표가 소주를 마시는 일이 발생했다. 이 일을 계기로 박 대표를 몰아내려는 양 고문의 움직임이 시작되었다.

그러다가 박 대표가 사임을 했고[30] 정릉집 식구들은 구심점 없이 흩어졌으며 대표 공석의 시간이 지속되었다. 점거 직후부터 박 대표 사임 시까지 새로운 식구들이 들어오지 않(으므로 점점 줄어들)다가 사임 후에는 다시 식구들을 받아들이기 시작했다.

겨울을 맞이하면서 사람들은 늘어났지만 일거리를 찾지 못하자 집에서 술을 먹기 시작하였다. 그러면서 성원들 간에 싸움도 하고 난동을 부리는 일이 벌어지곤 하였다. 그 과정에서 난동을 부린 사람을 더불어사는집에서 내보내자는 논의도 있었다. 무료급식도 하고 노점도 했지만 늘어가는 사람들이 일할 곳은 없었고, 술은 더욱 더 소비되었다. '술 때문에 망해가고 있었다.'[31] 양 고문은 정릉 더불어사는집에서 밀려나는 분위기였고 삼일아파트 부근에서도 여러 다툼에 휘말렸다.

2006년 1월 4일 낮에는 12명[32]이 참여하여 정릉 더불어사는집

---

30) 일거리, 먹거리 문제로 불만이 쌓여 있던 상황에서, 양 고문이 박 대표에게 LPG 가스 사라고 3만 원을 줬는데 박 대표가 가스가 아직 남아 있어서 그 다음 날 넣겠다고 하고는 그 돈으로 소주를 사 먹었다. 이것에 대해서 양 고문이 엄청 나무랐고 박 대표는 불만이 쌓여 대표직을 사임하였다.

31) 임채희의 증언.

32) 참가자 이○기, 변○수, 김○환, 차○선, 염○형, 한○희, 주○관, 송○도, 한○종, 김○원, 양 고문, 임채희.

신년회를 개최하였다.[33] 더불어사는집 규약을 통과시키고, 분란을 일으킨 박 대표와 성원 한 사람, 그리고 슈퍼 관련[34] 사안 등을 다루었다.[35] 그리고 내부논의를 하여 주민들의 반응이 좋지 않다는 이유로 박 대표를 제명, 추방하기로 하였다. 그리고 쌀과 김치 분배를 적절히 해 나가기로 하였다.

다시 2006년 1월 16일 월요일 저녁(오후 8시-9시)부터 학습을 시작하였다. 이날은 기자회견문(노숙자의 자활을 가로막는 서울시는 각성하라!)에 대해 논의하고 더불어사는집의 역사, 투쟁, 노숙인의 미래 등에 대해 논의하였다.[36] 그 이후에는 영화보기를 하였으며 노실사[노숙인 복지와 인권을 실천하는 사람들] 회원들, 인권운동사랑방 사람들이 참여하기도 하였다.[37]

3) 노점개척

정릉으로 점거해 들어간 이후에도 정 감사를 비롯한 2-3명은 청계천 삼일아파트 옆과 이면도로의 노점 관리를 위해 정릉으로 가지

---

33) 그리고 오아시스 프로젝트팀의 김윤환과 김강이 함께했고 다큐멘타리 감독 이현정도 함께했다. SH공사 시설관리소 김○술 팀장은 10만 원을 기증하였다.

34) 박 대표가 인근 슈퍼에서 더불어사는집 대표라고 하면서 외상으로 물건을 사고 갚지 않아 문제가 된 사안이다.

35) 그리고 더불어사는집 운영과 관련하여 염○형 조직부장이 책임자로 내정되었고 변○수가 보조책임자로 나섰다.

36) 참여자는 김○한, 송○도, 주○관, 김○원, 정○우, 이○정, 임채희.

37) 1월 23일에는 이현정 작가가 준비한 〈동막골〉을 보았다. 2월 13일(월)에도 영화를 상영하였고, 노숙인 당사자 모임, 노실사 회원 등이 와서 '노숙인 인권', 최근 40대 노숙인 경찰에 의한 사망사건에 대해 이야기하였다. 2월 20일(월) 저녁 7시에는 정릉집에서 영화 〈다섯은 너무 많아〉를 보았다. 여기에 노실사('노숙인 복지와 인권을 실천하는 사람들') 2명, 인권사랑방 3명, 이현정 작가, 이○석, 임채희가 참석하였다.

않고 삼일아파트 주변에 방을 얻어 살면서 장사를 하였다. 그러나 얼마 있다가 아파트 사이의 노점은 종로구청의 행정조치로 영업을 하지 못하는 상황에 처하게 되었다.

그러면서 10월 중반 이후 새로운 노점을 개척해 나갔다.[38] 아파트 건물 사이에 있던 기존의 노점과는 달리 삼일아파트 뒤쪽 이면도로(뒷길)에 자리가 있었다. 그곳은 좁은 뒷골목으로 토요일, 일요일에는 상가들이 일을 안 해서 이곳에 있던 쓰레기를 치우고 노점자리로 정비하였다.

2006년 1월 하순으로 들어서면서 청계천 삼일아파트 3동과 4동 사이에 있는 빈 공간을 확보하려는 활동을 하였다. 더불어사는집 사람들이 노점을 할 수 있는 자리를 확보하고자 한 투쟁이었다. 삼일아파트 철거가 거의 다 끝나, 3동과 4동 사이의 빈 공간 청소가 1월 18일(수) 오후 5시쯤에 이루어졌다. 더불어사는집 식구들[39]이 먼저 빈 공간을 점거하자, 그곳 상가 주인들과 트럭, 용달 주차자들이 그 빈 공간을 차지하려고 더불어사는집 식구들을 공격하였다. 그 때문에 몸싸움과 말싸움이 있었다. 상가 주인들과 용달트럭 주인들도 결코 그 빈 공간을 빼앗기지 않으려고 격렬한 싸움을 걸어 왔다. 그렇게 한 시간 남짓 자리싸움을 하다가 그곳의 상가회장이란 사람이 타협하자고 이야기해서 더불어사는집 사람들이 물건을 쌓고 덮개를 덮어 놓고 파

38) 10월 22일(토). 청계천 빈터를 점거하여 다시 노점 개시. 이른 아침에 더불어사는집 식구들이 삼일아파트 빈 공간에 장사자리를 점거하였다. 아침에 투쟁이 전개되었다. 공사장 차장과 책임자가 와서 따져들어 한참 실랑이를 했다. 또 예당 사람들이 경찰을 데리고 와서 시끄럽게 했는데 맞서 투쟁하였다. 오후에는 종로구청 단속반이 와서 시끄럽게 하지 말고, 장사하지 말라고 갔다. 종일 투쟁하느라 식구들이 고단해했다. 저녁에 다 같이 모여 식사했다. 이날 22만 원이나 팔았다 한다. 임채희의 일기.

39) 참가자는 조○철, 임채희, 정○용, 양 고문.

렛트를 펴 놓았다.

그 다음 날(1월 19일 목요일) 오전 11－12시에 다시 자리싸움이 벌어졌다. 3동과 4동 사이 자리에 놓아 둔 파렛트를 쓰레기차로 치웠는데 청소부(환경미화원) 아저씨가 잘 모르고 그렇게 했던 것이다. 항의해서 내려놓으라고 하는데 어제 싸웠던 상가 주인들이 나와 실어가라고 거들고 있었다. 그 후 다시 그 청소부 아저씨가 찾아와 그 파렛트를 내려줘 3동과 4동 사이 자리에 깔아 놓게 되었다.

자리확보 싸움은 24일(화) 오전 10시－11시에 다시 벌어졌다. 아침 10시가 넘어 4동과 5동 사이 빈 공간에서 아파트 철거 공사가 끝나고 자재와 기계들을 실어가는 일이 끝나서 그 자리를 차지하려고 하자 상가사람들이 자기들 자리라고 우기며 막았다. 말다툼과 싸움이 있고 나서 더불어사는집 식구들이 빈 공간에 물건을 펼쳐 놓게 되었고, 나중에 상가사람들의 물건 놓을 자리도 마련해 준다고 하면서 싸움은 끝났다.[40]

그리고 이어서 삼일아파트 1동과 2동 사이에 있는 자리를 확보하는 싸움도 전개하였다. 2006년 2월 18일(토요일) 저녁 9시－11시 반 사이에 1동과 2동 사이에 있는 창고쓰레기를 정리하였다.[41] 주변 상가의 상인들이 문을 닫고 간 사이에 창고 안에 든 쓰레기를 펴내고 그 앞에서 노점을 할 수 있도록 준비해 놨다.[42] 20일 월요일 오후 3시 양 고문, 임채희가 종로구청을 방문했을 때 도시관리국장은 삼일아파

---

40) 참가자는 양 고문, 임채희, 조○철, 김○원, 정○용. 나중 참가자는 주○관, 이○기, 차○선, 정○우.

41) 작업자는 양 고문, 임채희, 김○원, 이○서. 이 사람들은 2월 17일(금)에 아침 9시－저녁 7시까지 신발 작업을 하였다. 1만 5천 켤레를 정리하여 판매할 수 있도록 하였다. 신발판매는 양 고문이 오랫동안 해온 것이다.

42) 작업자에게 일당을 6－7만 원씩 주었다. 양 고문의 신발 파는 자리로 삼으려 한 것 같다.

트 1동과 2동 사이의 쓰레기를 치우라고 요구하였다. 25일(토) 저녁 8시−11시에 더불어사는집 사람들[43]은 1동과 2동 사이 자리에 일터를 마련하기 위해 쓰레기 치우기 작업을 하였다. 2월 26일(일) 저녁 8시−12시에는 4동과 5동 사이에 있는 빈창고 쓰레기 치우기 작업을 하였다. 삼일아파트 1동 쓰레기 더미에 쓰레기를 쌓는데 그 앞 가게 주인이 시비를 걸고 사진을 찍고 자신이 동사무소 직원이라 사칭하며 더불어사는집 사람들이 하는 일을 방해하였으나 마저 다 끝내고 정리 정돈을 하였다.

이 노점확보 투쟁은 새로운 노점을 개척하는 것이었으며 양 고문이 주도하고 더불어사는집 사람들이 함께하였다. 노점을 개척한다는 것은 노점자리를 만들고 물건을 펴서 장사를 한다는 것이다. 다만 구청과 주변 상가에서 못하게 하는 것을 이겨내야 하고 안정적으로 자리를 잡아 나가야 한다.

4) 무료급식

더불어사는집은 2005년 8월 22일부터 노숙인을 위한 무료급식을 하였다. 다섯 번 정도 하고 정릉으로 점거해 들어갔다. 정릉에 점거하면서도 무료급식은 계속했다. 더불어사는집의 정당성을 확보하기도 하고 또한 종로구청에 쌀 지원을 요구하는 근거가 될 수 있었기 때문이다.

정릉으로 점거해 들어간 2005년 10월 날씨가 추워지자 급식소를 찾는 노숙인들이 늘어났다. 1백 명이 넘게 와서 밥이 모자랐던 일, 정

43) 작업자는 이○석, 김○원, 임채희, 양 고문.

룽집에서 가스가 떨어져 밥과 국을 다 요리하지 못해 제시간에 급식 장소에 배달하지 못함으로써 밥을 먹으러 왔던 노숙인들이 화를 내고 돌아간 일, 급식을 하지 않았던 그 다음 주에는 밥 먹으러 온 노숙인들이 아주 적어 반성한 일 등을 겪으면서, 더불어사는집 식구들은 무료급식을 자신의 일로 여기며 급식과 관련하여 많은 이야기를 나누었다.

더불어사는집 식구들이 대부분 적게는 7-8명 많게는 10여 명[44]이 밥과 국, 반찬을 미리 만들어 오고 현장에서 국을 데워 급식을 하였다. 삼일아파트에 있을 때는 주로 더불어사는집 식구들 중심으로 하였으나 노숙인들의 무료급식이 알려지면서 외부인들이 자원봉사로 동참하기도 하였다.

그리고 정릉으로 간 뒤에는 성북구청에 무료급식단체 지정을 요청하여 정부미를 공급받았다. 성북구청장 명의로 더불어사는집에 2005년 12월 15일부터 2006년 2월 28일까지 '공급자(무료급식단체) 지정 승인서'를 발부받았다. 그리고 무료급식 용도로만 사용한다는 조건으로 정부미를 공급받았다. 물론 쌀만 있다고 밥을 먹을 수 있는 것은 아니었다.

삼일아파트에 있을 때는 가까운 곳에서 조리를 했지만 정릉에 점거해 들어간 뒤에는 거리가 멀어서 조리한 음식을 싣고 나르느라 고생이 많았다.

---

44) 예를 들어, 2006년 1월 16일 급식참가자: 사○신, 정○우, 이○기, 한○석, 다케시, 주○관, 양연수, 임채희, 정○용, 조○철. 2006년 2월 20일 급식참가자: 양연수, 임채희, 한○석, 한○석 친구, 이○석, 한○희, 정○우.

5) 대외활동

정릉 점거(9월 29일)를 한 뒤에 더불어사는집 성원들은 점거주택에 살도록 승인받은 날(10월 18일)까지 여러 곳에서 시위도 하고 항의농성도 하였다.

임시적이지만 2월 말까지 5개월간 점거지에서의 주거 권리를 획득한 더불어사는집 성원들은 신이 났다. 월요일 무료급식을 계속하였으며 1월 9일(월)에는 급식 후 오후에 임채희를 중심으로 더불어사는집을 홍보하고 재활용품을 수집한다는 선전물을 들고 몇몇 사업장을 찾아 다녔다. 강남성모병원 노동조합, 연세의료원 노동조합, 서울대학교병원 노동조합 등 병원 노조와 전국교직원노동조합 서울지부를 찾아가 사무국장을 만났고 1월 13일에는 서울지하철 노동조합을 방문하여 더불어사는집을 알리고 도움을 요청하였다. 대부분 호의적인 반응을 보였다. 저녁 8시에 정릉집에서 좌담회를 개최하여 매주 월요일 오후 8시에 함께 공부하기로 하였다. 그 다음 날(1월 10일)도 김대중도서관과 한겨레신문사를 찾아 더불어사는집을 알렸고 기사화를 부탁하였다. 더불어사는집 식구들은 민주노동당 선거유세에 참여하기도 하였고,[45] 1월 20일 금요일 오후 3－4시에는 한겨레신문사를 찾아가 홍세화 씨를 만나서 더불어사는집을 신문에 기사화해서 기증품을 받을 수 있게 해달라고 하였다.

이렇게 홍보도 하고 알려지면서 KBS에서 정릉집을 취재하기 위해 찾아 왔다. 그 다음 날에는 노숙인 자활근로의 문제점을 중심으로 더불어사는집 사람들에 대해 취재해 갔다. KBS의 취재 및 촬영은 2월 14일에도 이루어졌고 삼일아파트 가게(노점)에서 더불어사는집 식구

45) 2006년 1월 19일, 참가자는 조○철, 정○용, 한○석.

들 몇 사람에 대한 인터뷰가 있었으며 오후 늦게는 정릉까지 촬영하였다. 노숙인으로서 살아온 삶에 대한 이야기들이었고 오후 7시 너머까지 촬영하고 또 인터뷰했다. 그 내용은 다음 날 아침 8시에 KBS2에 방영되었다.

2월 25일(토) 오후 4−5시에는 서울대 신문사 기자들이 더불어사는집과 청계천8가 일터에 와서 인터뷰를 하였다. 촬영기사 4명이 방문 취재하였고, 이○석과 양 고문, 일터 사진을 촬영해 갔다. 또한 금요일(2006년 2월 24일)치 한겨레신문에 양 고문의 노숙인들의 희망과 좌절 관련 기사가 실렸다. 이처럼 더불어사는집에 대한 매체의 관심이 높아지자 더불어사는집의 이름으로 무언가를 하려는 움직임이 일게 되었다.

더불어사는집의 정릉 다세대주택 점거 전후로 인권운동사랑방은 주거권 문제를 제기해 나갔고 그 과정에서 당연히 주거권 문제를 실천적으로 해결해 나가려는 더불어사는집에 관심을 갖게 되었다. 이른바 '주거권 실현을 위한 기획논의팀'을 운영하면서 2005년 11월에서 2006년 6월까지 더불어사는집의 동태를 파악하고 연계를 맺으려고 노력하였다. 주거권기획팀에는 더불어사는집에서는 김○환과 다큐멘터리를 찍으면서 준성원이 된 이현정 감독이 합류하였다. 주거권기획팀에서의 논의는 더불어사는집이 당자자들이 주체가 되는 운동이 될 수 있을지에 대해 걱정하고 있었다. 인권운동사랑방은 급식현장을 방문하고 평가회의에도 참여해 보고 점거공동 기획에 대해서도 자신의 역할을 정했고, 정보공개청구를 통해 서울시의 비어 있는 매입임대주택을 확인하기로 하였다. 점거 직전에 송 대표가 사라지고 사무국장이 바뀌는 등의 변화가 있었고 인권운동사랑방에서도 그에 대한 대응의 혼란을 느끼고 있었다. 하지만 인권운동사랑방은 정릉 점거 이후 더불어사는집의 활동에 관심을 집중해 갔으며 성원들이 몇 차례 방문하고 다양한 지원방법을 고민하고 있었다.

더불어사는집 성원 가운데 김○환은 인권운동사랑방과 '노숙인인권을 실천하는 사람들'(노실사) 양 단체를 정기적으로 방문하였다. 인권운동의 꿈을 가졌던 김○환은 5차례 회의에 참석하여 의견을 개진하면서 인권운동사랑방에서 논의하던 주거권 문제에 대해 관심을 가졌다. 그러나 더불어사는집은 고립된 채 움직였다. 운동하는 사람들 사이에서 양 고문에 대한 (독선적으로 활동한다는) 평가 때문에 개입을 꺼려한 듯하다.

3절. 임대 이후

2006년 2월 말 이후 SH공사와 계약하는 문제가 남아 있었다. 2월 15일(수) 낮 12시에 더불어사는집의 연대부장이 SH공사를 방문하여 직원들과 만났다. 식사하면서 정릉집을 2월 말까지 협의한 대로 비워주기로 하고 전세금과 월세를 내고 다른 집을 빌리기로 합의하였다. 2월 23일(목) 오후 3시에 양 고문과 임채희가 다시 SH공사를 방문하여 임대팀장을 만났다. 정릉과 삼선동에 빈집을 얻기 위해 찾아 나섰으며, 처음 본 두 개는 지하와 1층짜리여서 함께 쓸 수 있었다. 다음에 본 지하층은 사용할 수 없을 정도로 낙후되었고, 세 번째 삼선동에 있는 집은 방 두 개짜리인데 비좁았다. 그래서 처음 본 정릉 1동 227번지 빈집 지하와 1층(방 세 개)을 보증금 1백만 원(원래 1천만 원짜리 임대아파트)에 월세 15만 원으로 임대할 수 있었다.

2006년 3월이 되어 양 고문은 SH공사와 임대계약을 맺었다. 애초에 점거해 살던 집이 아니라 근처의 다른 집 두 세대를 통상적인 가격의 1/10 수준으로 계약을 맺었다. 임대계약자는 중국에 출장 중인 김 집행위원장으로 하고 대표 양 고문 외에 입주자 대표 변○수와 회원 11명의 명의로 임대하였다.[46] 이사 당시 정릉집에는 12명이 머물고 있었는데 양 고문과 함께 새로운 집으로 이사한 사람은 실제로는 6명이었다. 이 중 최초의 점거부터 함께 했던 사람은 한 명이고 박 대표의 사임 이후 새로 들어온 사람이 대부분이었다. 그리고 기존 정릉집에 남은 6명은 삼일아파트에서부터 있었고 정릉 점거 시에도 함께 했던 사람들이었다.[47]

기존의 정릉 점거집에 남아 있던 6명은 애초에 점거했던 의의를 살려서 계속 그 집에서 살기로 했다. 그러면서 다시 공동체의 희망을 갖고 자활의 뜻을 살려보자는 의견을 나누기도 했다. 그러나 문제는 양 고문이 삼일아파트 점거 시에 같이했던 성원들을 배제하고 자신을 따르는 사람들 중심으로 임대주택으로 임대해 나가버린 것이다. 그리고 이사하는 날부터 SH공사에서는 점거했던 정릉집의 내부공사를 시작했다. 남아 있던 6명은 오갈 곳이 없어졌고 결국 SH공사로부터 이사비 명목의 돈을 받고 흩어졌다.[48]

그 후 임대한 두 곳 가운데 한 곳에서는 양 고문이 살고, 나머지 사람들은 다른 한 곳에서 살았다. 2008년까지 임대한 집에는 몇 사

---

46) 대표 이사장 양 고문, 임대계약자 김민걸, 입주자 대표(세대주) 변○수, 회원 오○도, 차○선, 김○동, 김○태, 정○우(이상 노숙인), 한○중(건설현장 일용직), 황○흠(정릉2동 공공근로자), 김○원(행상), 백○현(건설현상 일용직), 김○범(공공근로).

47) 이○기, 차○선, 현 씨, 김○명, 박○석 그리고 이름을 알 수 없는 한 사람, 모두 6명이 남았다.

48) 박 대표에 의하면 150만 원 정도를 받아 6명이 20만 원씩 나누어 갖고 헤어졌다.

람(처음에는 6명 마지막에는 2명)이 거주하였으며 2008년 3월 1일 재계약 예정이었다. 새 집은 정식으로 계약을 맺은 합법적인 이사이기 때문에 도시가스공사에서 가스를 연결해 주는 등 여느 이사와 다를 것이 없었다. 새로운 집에서 새로운 생활을 한다는 기대에 부푼 사람들은 처음 정릉집에 점거해 들어갔을 때처럼 방을 쓸고 닦고 치우느라 바빴다. 다른 점이 있다면 난방과 수도와 전기가 정상적으로 가동되어서, 지하에서 물을 길어다 나를 필요도 없고 어두운 방에서 소곤거릴 일도 없고 방 안에서 한겨울 점퍼를 껴입은 채 입김을 내뿜지 않아도 된다는 것이었다.

더불어사는집은 새 대표(정○우)와 조직부장을 선출하고 새롭게 시작했다. 이미 계약 전인 2월 28일(화) 저녁에 새로운 집으로 이사할 사람들과 주도자들이 모여 회의를 하고 운영조직을 짰다.[49] 이 회의에서 앞으로 살아가기 위한 다짐으로 더불어사는집 입소 '실천 약속'을 몇 가지 정하고, 실천 약속 준수사항에 대하여 만장일치로 통과시키고 서명날인하였다. 그리고 식사당번제, 취침시간과 기상시간, 식사시간표를 채택하였다.

그러나 임대주택은 삼일아파트에서부터 주요 성원이었던 사람들은 거의 다 빠지고 양 고문을 따르는 몇 사람이 임대해 사는 곳으로 변하고 말았다. 이때부터는 더불어사는집의 실체는 없어지다시피 했지만 더불어사는집 이름은 여전히 사용되고 홍보되고 이용되어 갔다. 물론 뒤늦게 조직화를 시도하였다. 더불어사는집 명단[50]을 확정하였

---

49) 이사장: 양 고문, 대표: 정○우, 서기: 임채희, 집행위원장: 김민걸, 운영위원: 박○희, 참가자: 김○원, 이○석, 정○우, 변○수, 양 고문, 김민걸, 박○희, 임채희.

50) 더불어사는집 가족명단: 양 고문(이사장), 정○우(대표), 임채희(교육부장), 한○종(질서부장), 변○수(배식부장), 이○석(조직부장), 김○원(시장부장), 김민걸(집행위원장), 박○희(운영위원), 이현정(문화부장), 황○흠(규율부장).

고, 모든 성원에게 직책을 부여했다. 이사를 마친 뒤인 3월 6일(월)에 다시 회의를 하여[51] 행동약속을 정하는 등 공동체적인 생활을 위한 내부원칙 등을 정했다.[52] 그리고 발전노조로부터 후원금을 받기도 하였다.[53]

임대로 들어간 뒤에도 무료급식을 계속하였다. 무료급식에는 적게는 40－50명, 많게는 70명 정도가 왔다. 무료급식 후에 저녁에는 학습을 계속하였다. 학습은 임채희가 주도하였고 몇 사람이 참여하였다.[54] 이렇게 계속해 나갔지만 더불어사는집의 실체는 노숙인들의 점거공동체라기보다는 점차 노점 확보를 해 나가려는 집단으로 변해갔다. 더불어사는집 성원들도 형식적으로는 조직적 체계를 만들어 갔지만 양 고문, 김 집행위원장, 임채희, 박○희(김민걸 부인), 이현정(다큐 감독) 등은 외부자였던 것이다.

또한 2006년 9월 들어 삼일아파트 5동과 6동 사이에 천막을 치고 민속주점(식당 겸 포장마차) '청계천아리랑'을 차렸다. 이것은 노숙자들을 위한 기금을 마련한다는 명목으로 이루어졌다. 양 고문의 주도하에 3명이 1백만 원씩 모아 식당을 시작하였다.[55] 운영과 관련하여 논란

---

51) 참가자: 한○종, 정○우, 변○수, 이현정, 이○석, 황○흠, 김○신(신규), 임채희, 양 고문.

52) 그리고 여러 가지 생활 관련 사항들도 정하여 시행하려고 하였다.

53) 유○현, 발전노조 50만 원 기부.

54) 정대표, 황○흠, 변○수, 한○종 등이 주로 참여하였다. 학습은 비교적 쉽게 해 나가는 것으로 하였고, 〈노숙인들 학습방법〉, 〈화다의 처방〉, 〈노점상의 봄〉, 〈태평천국운동〉, 〈2마음-홍수전〉, 〈신동명 一三月〉, 〈이혼〉, 신동엽의 시 〈종로5가〉, 임채희의 시 〈노숙인 변화수〉, 〈거리가락〉, 〈철학이란 무엇인가〉, 〈장애인시인〉 등을 다루었다.

55) 양연수, 김민걸, 이○희. 이○희(2009년 39세, 노점상)의 경우 청계천아리랑에서 양 고문이 일정 금액을 준다고 해서 일을 하였다. 함께 투자한 것으로 하고 일을 해서 얼마씩을 받기로 하였는데 장사가 잘 되지 않아 운영이 어려웠다. 나중에 정산하고 양고문이 운영하는 것으로 하였다. 이○희의 어머니(정○남)는 무료급

이 있었지만 정릉으로 간 뒤 김 집행위원장이 청계천아리랑을 맡아서 운영하였다. 그런데 정릉에서 임대로 나갈 즈음에(2006년 2월 말) 양 고문이 박○호[56]를 앞세워서 다시 밀고 들어왔다. 박○호가 대표(더불어사는집 대표라고 하나 실은 포장마차 대표)를 맡아 운영할 즈음인 2006년 11월경에 4명이 식당에서 일하였는데 이들도 무료급식 일에 참여하였다.[57]

노숙인공동체의 성격을 점차 벗어나면서 '더불어사는집'은 노숙인을 위한 단체라는 명목으로 노점장사와 주점장사를 하는 데 이용되었다. 그러기 위해서는 대외적인 선전이 필요하였고 몇 가지 행사를 하게 되었다. 물론 가장 중요한 행사는 월요일 점심에 하는 무료급식이었다. 노숙인이 노숙인을 위해서 무료급식을 한다는 명목으로 구청에서 일부의 쌀을 지원받았다. 겨울이 다가오자 2006년 11월 28일, 언론사 등에 보도자료를 보내고 주변의 자원봉사를 받아 '노숙인, 노점상을 위한 김장담그기 행사'를 하고 신문에 행사소식을 알렸다. 노숙인공동체로서의 더불어사는집의 실체는 사실상 없어져 가고 있는데, 더불어사는집이라는 이름은 부풀려져 가고 있었던 것이다. 김장담그기 행사도 양 고문이 일방적으로 추진하면서 성원들 사이에 갈등이 있었다.

이 시기에 동묘 부근에 노점상이 늘어나면서 삼일아파트 부근까지 노점들이 들어오기 시작하였다. 더불어사는집 사람들은 양 고문의 주도로 삼일아파트 상가들이 일요일 장사를 안 하는 동안에 상가 골목

식에도 참여하였고 식당에도 와서 일을 하였다.

56) 박○호는 전빈련 연대사업부장을 했다. 노점을 건설하면서 양 고문이 데려와 창신동노점상협회 대표를 시켰고 청계천아리랑도 운영하도록 했다. 더불어사는집과는 무관하였다.

57) 박○호, 박○호 부인, 양연수, 양연수 고모. 이승숙 면담자료.

에 노점자리를 만들고 개척해 나갔다. 양 고문은 그 과정에서 다른 사람들을 끌어들여 일정한 참가비를 받고 노점을 개척하여 자리를 주겠다고 하면서 노점확보투쟁을 하였다.[58] 이들은 19명으로 이루어진 '창신동노점상협의회'를 만들고 삼일아파트 건물 옆 통로(이면도로)에 노점을 개척하였다. 그러나 이 과정에서 양 고문은 그 협의회에서 주도권을 상실해 갔다. 양 고문은 박○호를 끌어들여 협회 대표를 맡겼고, 민속주점도 운영하도록 하였다. 그러나 양 고문이 일을 분명하게 처리하지 않거나 독단적으로 처리하면서 회원들과 크고 작은 다툼이 발생하였다.

2006년 12월 들어서 '창신동노점상협의회'에서 참가비를 받고 끌어들인 사람들에게 주도자인 양 고문이 노점 자리를 주지 않으려고 함으로써 다툼이 발생하고, 주점에서 술을 먹으면서 자주 폭력이 발생하였다. 양 고문의 독단적인 일처리 방식에 대해서 다른 사람들의 문제제기가 계속되었고 그것을 둘러싸고 토론회를 하게 된다. 이 시점부터 더불어사는집에 사는 사람들은 한두 명에 불과하고 창신동노점상협의회가 주도하는 삼일아파트 노점자리 확보를 위한 활동이 전개된다. 그럼에도 여전히 더불어사는집이라는 이름으로 여러 가지 활동이 진행되고 있기는 했다.

58) 예를 들어 이○숙은 양 고문과 아는 노동운동 선배가 노점을 할 수 있다고 하여 왔다가 연결되었다. 50만 원씩 내면 노점을 할 수 있다고 해서 합류하였다. 9명의 일반회원들이 50만 원씩 내고 노점에 참여하였다(창신동노점상협회). 삼일아파트 뒷길, 식당골목가 54m에 노점을 개척하여 자리를 정해서 장사를 하였다. 쓰레기 등이 쌓여 있던 장소를 치우고 판을 벌였다. 구청에서 노점을 못 하게 하려고 화단을 중간 중간에 설치해 놓았으나 화단 사이사이에서 노점을 했다. 처음에는 물건 팔아서 더불어사는집에 주기로 하였다. 양 고문은 1년 반 동안 비워 두었다가 자기 자리라고 밀고 들어왔다. 식당 있던 곳에 자리를 펴고 장사하고 있다.

더불어사는집 문제가 '창신동노점상협의회'(노점개척을 위해 양 고문이 끌어들인 사람들과 일부 더불어사는집 사람들 그리고 기존의 노점상들로 구성) 문제로 불거지면서 '빈민연대' 회의에서도 이 문제가 논의되었다. 양 고문의 활동방식에 대한 문제제기가 있었고 여기서 더불어사는집과 창신동노점상협의회의 분리 여부에 대한 이야기가 나오기 시작하였다. 더불어사는집의 활로를 개척하려는 방향에서 시도된 노점확보 과정에서 참여구성원들은 노점개척이 더불어사는집을 위한 것인지에 대해 의문을 제기했다. 사실은 양 고문을 위한 것으로 가고 있다고 생각했다. 그러는 와중에 3월 중순경부터 양 고문이 노숙인들을 불러들였고 창신동노점상협의회로 편입해 들어온 사람들을 노골적으로 배제하였다. 노점이 새로이 생기자 구청의 단속이 시작되었고 그에 대한 대응과정에서도 주도권을 쥐려고 하였다.

2007년 들어서는 삼일아파트 부근에 노점이 확대되면서 이를 막으려는 구청의 단속이 점점 더 심해졌다. 더욱이 5동과 6동 사이를 거의 막다시피 하여 식당을 운영하였기 때문에 주변 상가에서 구청에 민원을 넣었다. 노점은 주로 일요일에 열렸기 때문에 구청의 단속도 일요일 아침에 있었다. 단속을 나와서는 물건을 빼앗아 가기도 하였다. 그리고 아파트 사이와 이면도로에는 중간 중간 화단블록을 설치해서 노점을 하지 못하게 하였다. 그래서 기존의 노점(4동과 5동 사이에 있던 노점)은 거의 하지 못하게 되었다. 그리고 삼일아파트 1동 앞에서 하던 무료급식은 4동 옥상(건물이 1, 2층밖에 없었다)에서 하였고 겨울에는 민속주점 '청계천아리랑'에서 하였다.

2007년 2월 말 들어 더불어사는집의 집세 문제가 불거지고 노점자리 문제로 옥신각신하면서 양 고문이 정릉집에 와서 행패를 부리는 일까지 벌어졌다. 구청에서 급식 쌀도 나오지 않았다. 그러면서 노점은 별도 조직으로 가자는 의견이 개진되었다. 2007년 3월 4일(일)에는 양 고문 쪽 이외의 사람들[59]이 정릉 더불어사는집을 방문하여 집세문제에 대해 논의한 결과 더불어사는집에 사는 사람들이 20만 원씩 내고 창신동노점상협의회 회원 가운데 가능한 사람이 내기로 했다. 그리고 더불어사는집과 창신동노점상협의회는 서로 달리 가기로 하였다.

유관 조직들(빈민연대, 해방연대 등)에서도 양 고문 문제를 논의하게 되었다. 노점을 하려는 사람들은 양 고문과 함께 하지 않으려는 태도를 보였고 양 고문은 구청의 단속에 대응하여 함께 싸워 나가자고 하면서 같이 할 것을 종용하였다. 그러나 이미 다른 사람들은 양 고문과의 활동에 대해 부정적인 태도를 지니고 있었다.

2007년 3월 22일(목) 저녁에 청계8가 종가집 식당에서 노점을 하려는 사람들을 중심으로 친목회를 결성하게 된다. 노점을 개척하고 자리싸움을 하면서 거의 6개월을 보내온 과정에 대해서 이야기하고, 양 고문이 다른 사람을 끌고 들어와 조직하려는 데 대응해서 독자적으로 나가자는 데 합의한다. 그리고 그들은 '청계천노점상협회'라는 명칭을 만들고 10명이 매달 회비를 내면서 노점을 해 나갔다. 양 고문도 몇 사람(자신이 동대문운동장에서 데리고 온 여성과 정대표, 변○수, 박○호)을 데리고 옆에서 노점을 했다.

그리고 이미 4동과 5동 사이에서 양 고문이 주도하고 몇 사람을 끌어들여서 하고 있던 민속주점(청계천아리랑)과 (사용하고 있는) 창고에 대해서 구청에서 5월부터 철거 계고장을 붙이면서 압박을 가해 왔다. 물론 청계천노점상협회 사람들과 양 고문 측 사람들은 함께 노점단속

59) 참가자는 이○숙, 김○자, 김민걸, 임채희.

과 식당철거압박에 대응하여 집회도 열고 노점을 계속해 나갔다.

구청은 2007년 7월 18일에 그간 삼일아파트 4동 2층에서 하던 무료급식소를 철거하고 민속주점(청계천아리랑)도 철거하였다. 삼일아파트 상가사람들은 철거에 대해서 모른 척하였고 노점하는 사람들과 더불어사는집 쪽 사람들(결국은 양 고문과 한두 사람)이 계속 일요일에 노점을 하면서 구청과 단속을 둘러싸고 쫓고 쫓기고 하였으나 노점은 점차 정착되어 갔다. 노점을 하던 청계천노점상협회 사람들 18명은 '삼일벼룩시장'이라는 명칭으로 삼일아파트 주변에서 노점을 하게 되었다. 이렇게 하여 노점하는 사람들은 더불어사는집 사람들과 더욱 멀어지게 되었다.

무료급식은 2005년 8월 22일에 시작해서 2007년 7월 말까지 2년여에 걸쳐서 진행된 사업이었다. 삼일아파트 1동 앞 사람들이 많이 지나다니는 곳에서 하다가 나중에는 4동 옥상에서, 그리고 식당 겸 포장마차인 청계천아리랑에서 하기도 하였다. 그리고 임대로 나간 뒤에는 노점개척에 참여했던 사람들과 청계천아리랑에서 일하던 사람들이 주축이 되어 급식을 진행하였다. 즉 2006년 11월에 급식을 할 때에는 '창신동노점상협회' 회원들이 배식에 참여하였다. 처음에는 일반 회원들 대부분이 참여하였는데, 한두 명씩 돌아가면서 참여하였다. 이때는 더불어사는집 노숙인들은 정릉에 살고 있었다. 즉 노숙인들은 더 이상 무료급식에 참여하지 않고 있었다. 사실 후반부로 갈수록 '노숙인에 의한 노숙인 무료급식'의 의미는 퇴색되어 갔다. 그러나 '노숙인을 위한 무료급식'이라는 명분으로 계속 급식 참여자들이 있었고, 노점개척과 민속주점 운영을 위해 끌어들인 사람들이 급식에 참여하였다. 최종적으로 2007년 7월 18일 5동과 6동 사이에 있는 청계천아리랑이 철거되면서 급식도 끝나게 되었다.

그리고 임대해 들어간 정릉2동 206번지에서는 처음에는 방 3개에 2명씩 6명이 거주하였으나 이 즈음에는 2명만 거주하다가 그 후 쪽방으로 가거나 흩어졌다.

실체 없는 더불어사는집의 근거지인 급식소와 민속주점이 철거되면서 더불어사는집 사람들 가운데 일부(정○우, 변○수)는 노점 자리를 확보하여 장사를 계속 해오고 있다.

다시 정리하자면, 양 고문은 정릉 점거를 한 뒤에 새로이 노숙인들이 들어오고 다양한 불만을 토로하면서 문제를 제기하는 것을 자신에 대한 불만으로 받아들이고 자신의 말을 따르는 사람들만을 끌고 임대해 나가 버렸다. 그리고 임대한 곳에서 살던 사람들을 청계천 노점에 끌어들이고 다른 사람들을 노점개척에 끌어들이면서 불화를 자초하였다. 결국은 서로 노점 자리를 나누어 가지고 노점장사를 하는 것으로 귀결되었다. 그리고 실체가 없어져 가던 더불어사는집의 청계천 근거지였던 급식소와 식당이 철거되면서 조직적인 활동을 하기가 어려워졌고, 결국은 더불어사는집의 두 사람만이 노점을 하고 있다. 물론 정릉에 임대해 갔던 더불어사는집도 해체되었다.

4절. 점거운동과 주체 문제

더불어사는집의 활동은 한국의 점거운동에서 가장 두드러진 사례로 기록될 것이다. 사적 소유권이 강하게 뿌리내리고 있는 자본주의 사회 한복판에서 빈 공간을 찾아 스며들고 점거해 간 더불어사는집 성원들의 활동은 그 자체로 눈부시다. 사적 소유권을 침범하는 주거권을 실천한 운동이라고 규정할 수 있을 것이다.

하나의 점으로서, 하나의 게토로서 이러한 사례가 증식되고 전염된다면 커다란 폭발력을 지닐 수 있을 것이다. 물론 그렇게 되지 않더라도 그 자체로 하나의 코뮌을 만들어 가려는 실험으로 볼 수 있을 것이다. 사회에서 가장 주변으로 몰린 사람들이 무언가를 하려고 꿈틀댈 때, 그 사회는 진정 변화할 것이다.

그러나 주변으로 몰린 사람들이 움직인다고 해서 변화가 보장되는 것은 아니다. 그 움직임 속에 여전히 현존 사회의 위계구조와 권력구조가 재생산되기도 하며, 자본주의 사회의 이익논리가 관철되기도 하기 때문이다.

다시 말해서 점거운동 자체가 진보적일 수는 없을 것이다. 사회 전체의 진보의 방향에 동참하면서 스스로 그 운동 자체, 더불어사는집 자체의 진보적 전진이 있어야 할 것이다. 여기서 진보적 전진이란 이 사례에서처럼 강력한 지도자에 의해 형성된 주변자들의 결집 형태에서 주변자들이 스스로의 힘을 결집하고 숙성시켜 내부 민주주의를 만들어 가고 나아가 외부와의 관계도 변형시켜 나가는 것이라고 할 수 있겠다.

지도자의 독재나 파시즘의 우두머리를 욕할 것이 아니라, 빌헬름 라이히가 제기하듯이 왜 대중은 복종을 원하는지, 왜 대중(또는 주변자들)은 파시즘적 구조를 변형해 나갈 수 있는 스스로의 힘을 키워가지 못했는지를 질문해야 할 것이다.

양 고문의 강력한 지도력이 점거집합체를 만들어 냈지만 그 집합체가 전진해 나가는 데서는 제약이 될 수도 있다. 그러나 더 중요한 문제는 박 대표로 대변되는 그 반대세력들이 왜 스스로의 움직임을 만들어 내면서 색다른 방향과 방식들을 만들어 가지 못했는가에 있을 것이다.

더불어사는집의 사례는 소수자들을 포괄하는 대중(multitude)이 어떠한 방향과 방식으로 운동해 나가야 할 것인지에 대해서 생각하도록 해준다.

제9장

주거실험 공동체 '빈집'

1절. 빈집의 형성
2절. 빈집의 실험들
3절. 대안적 삶의 측면들
4절. 빈집스러움

제9장 주거실험 공동체 '빈집'

'빈집'은 2008년 2월 세 명에 의해 처음 시작되었다. 그 후 소문을 듣고 호기심에, 주거를 해결하기 위해, 짧은 기간 동안 숙박하기 위해, 다른 사람들과 살고 싶은 이유 등 다양한 목적을 가진 사람들이 모이면서, 2012년 11월에는 네 개의 집에서 30여 명이 공동 거주하고 있다. 처음 대출을 받아 하나의 집에서 시작했던 것이 시간이 지나고 성원들이 하나둘씩 늘어나면서 '아랫집', '앞집', '옆집', '공부집', '가파른집', '빈농집', '하늘집', '산골집'으로 확장되었다. 이후 전월세금의 문제로 집들이 통폐합되면서 현재 아랫집, 앞집, 옆집, 공부집의 주거 공간과 지역사회와의 접점을 도모하기 위해 마련된 '빈가게'가 서울 용산 해방촌에서 '빈마을'을 형성하고 있다.

일반적으로 이 집들을 '빈집'으로 부르는데, 각 집들은 주거와 함께 게스트하우스의 기능을 겸하고 있다. '빈집'에 거주하는 성원들이 사는 모습은 혈연에 기반을 둔 전통적인 가족 모습과는 분명히 다르다. 주로 사적 공간을 중요시하는 개인주의적 삶 방식과 비교해 공간에 얽매이지 않으면서 함께 살며 다른 성원들과 적극적으로 새로운 것을 만들어 가려고 한다. 이들은 단순히 공동주거에 그치는 것이 아니라 안으로는 '빈집'의 지속을 위한 다양한 실험을 하고 있으며, 자신들의 삶을 즐겁게 영위하기 위한 방식 중 하나로 공동팀을 꾸려 일과 놀이가 결합된 활동들을 하고 있다. 또한 성원들의 문제에만 관심을 갖는 것이 아니라 사회적 현안에 대해서도 적극적으로 대응하면서 외부 단체와의 연대를 통해 자신들의 목소리를 내고 있다. 따라서 '빈집'의 시작과 확장 과정, 그리고 그 속에서 드러나는 성원들의 활동과 소통 방식, 지속성을 마련하기 위한 경제력 확보, 내부 갈등을 조절해 가는 방식을 통해 하나의 대안적 삶의 모습과 그 가능성을 살펴볼 수 있을 것이다.[1)]

현재 '빈집'은 자신의 활동에 대한 모든 것을 홈페이지(http://binzib.net/xe/)에 공개하고 있다. '빈집'이 처음 시작했을 때 사용했던 위키피디아(http://house.jinbo.net/wiki), 빈집블로그(http://blog.jinbo.net/house)와 새롭게 만들어진 홈페이지가 소통의 도구로 사용되고 있다. 여기에는 회의록, 활동사항, 재정보고, 행사안내, 신문기사, 대외발표문 등의 일반적인 현황부터 성원들의 구체적인 소식까지 '빈집'과 관련된 거의 모든 사항을 기록해 두고 있다. 또한 별다른 가입절차 없이 모두에게 공개된 형태로 운영하고 있기 때문에 '빈집'과 관련된 자료를 쉽게 확인할 수 있다.

1) 빈집과 관련해서는 강내영 · 윤수종(2011: 274-300)을 참조. 이 장은 강내영(2012)의 본문 내용에서 재구성하였다. 그리고 가장 최근의 연구인 박은진(2012)은 제대로 반영하지 못하였다.

1절. 빈집의 형성

1. 빈집의 역사

'빈집'은 서울의 한복판, 남산의 남쪽 바로 아래 해방촌에 위치한 남산 2호 터널과 3호 터널을 지나는 찻길이 만나고 갈라지는 곳에 있는 4층 건물의 4층집에서 시작했다. '해방촌'은 해방 후 해외에서 귀국해 정착한 사람들과 38선을 넘어 월남한 사람들이 정착하면서 그 이름을 갖게 되었으며, 현재는 인근의 이태원과 더불어 다양한 인종과 사람들이 거주하는 곳이다.

빈집이 처음부터 '공동체'를 지향했던 것은 아니다. 아이디어는 빈집을 처음 시작한 투숙객 가운데 한 커플이 2007년 배낭여행을 할 때 갔던 '게스트하우스'들에서 얻었다. 처음 만나는 사람들이 스스럼없이 데리고 가서 재워주며 당연히 여럿이 한 방을 쓰곤 했던 일에 착안했다. 장기투숙객이 많으면 공동체 같고 단기투숙객이 많으면 게스트하우스 같겠다고 생각하여, 최대한 많은 성원들을 수용하기 위해 집을 찾던 중, 서울의 중심부에 위치해 있어 사람들이 접근하기 쉽고 주변에는 남산, 큰 도서관, 인문학 공동체 '수유너머'가 있는 곳을 주거 실험을 위한 장소로 선택하였다.

그리고 2008년 2월 21일, 이 집에서 처음으로 '빈집들이'가 열렸다. 이미 주인이 만들어 놓은 집에 손님을 맞이하는 '집들이'가 아닌, 아무것도 없이 텅 비어 있는 집에서 모두가 주인이자 손님이 되어 이 집을 어떻게 만들어 갈지를 고민했던 '집들이'였다. 2박 3일간 진행된 집들이에서 성원들은 자유롭게 아무나 올 수 있고 손님과 주인의 경계가 없으며 공부와 놀이를 함께할 수 있는 곳으로 만들자는 데 의

〈그림 9-1〉 빈집 로고

견을 모았다.[2)] 이후 위치, 공간의 성격, 고유명이 들어간 이름과 영어, 한자 등 다른 언어로 된 이름을 공모했는데, 비어 있어서 채울 수 있으며 누구나 손님, 주인, 가족이 될 수 있는 '빈집'이란 이름을 선택하였다.

빈집에서는 일반적인 집과 달리 한 개인만을 위한 공간이 없는 것이 특징이다. 한 방에서 3−4명씩 살기도 하며 어느 날 일어나 보면 낯선 사람이 옆에 누워 있는 것을 경험하게 된다. 모든 사람에게 열려 있으며 어떤 규칙도 강제하지 않는다. '타지에서 처음 만난 여행자들이 서로 알아가고 친해지기 위해 베푸는 우정과 환대'가 오는 사람 막지 않고 가는 사람 잡지 않는 이곳 생활의 유일한 조건이다. 처음 세 명으로 시작해 2012년에는 30여 명의 장기투숙객이 살고 있고,

2) 2008년 2월 지음과 살구, 데반이 각자의 재산과 대출금으로 해방촌에 방 세 칸의 전셋집을 얻어 게스트하우스를 열었다. 전셋집을 계약한 당시에는 이들 세 명 이외에 지음의 선배가 함께 있었지만 모두가 자기만의 방을 가질 경우에 부족할 손님방으로 인해 지음의 선배가 빠지게 되었고 지음, 살구, 데반이 장기투숙객으로 '빈집'을 시작하였다.

지금도 많은 사람들이 이 실험에 관심을 가지고 모여들고 있다. 그렇다고 해서 꼭 빈집이 일반적으로 불리는 '공동체'를 지향하지는 않는다. 오히려 동일한 목표와 사고방식에 묶이고 그럼으로써 '나와 외부'를 구별하는 공동체에서 벗어나려 한다. 따라서 모두에게 열린, 열려 있지 않으면 안 되는, 열려 있기 때문에 지속되는 공동체로 발전시키려 한다.

2. 구성원

흔히 빈집에 사는 성원들은 집의 소유에 부담감이 적고 대안적 삶을 생각하는 20-30대로 생각할 수 있지만, 실제로는 다양한 연령대의 사람들이 장기투숙객으로 지내 왔다. 현재는 20-30대가 대부분이지만 10대부터 50대까지 다양한 연령대를 아우르고 있으며 끊임없이 새로운 사람이 빈집을 오고 간다.

이곳에서 살고 있거나 방문하는 사람들은 다양한 해석과 목적을 가지고 빈집을 찾아온다. 자본에서 독립되면서도 폐쇄적이지 않은 공동체에 대한 꿈 때문에 온 사람, 그저 다른 사람들과 살고 싶은 마음으로 온 사람, 대안적인 사회를 꿈꾸며 찾아온 사람, 단순히 전세금과 생활비에 대한 압박을 이겨내기 위해 싼 하숙집으로 생각하고 온 사람, 세미나에 놀러왔다가 눌러앉아 사는 사람 등 각자 다른 이유를 가지고 있다. 모든 투숙객이 빈집에 자신들의 삶 전체를 투자하지는 않지만 자신들의 공간, 소유물을 서로 공유하며, 함께 생활하는 법과 관계 맺는 법을 배우는 실험을 하고 있다. 투숙객들은 각 집의 상황에 맞게 조정되며, 여성, 평화, 환경, 생태, 대안적 삶 등의 키워드로 느슨하게 연결된다.

빈집에 머물기 위해서는 단기와 장기에 따라 다른 분담금을 지급해야 하며, 떠나기 전에는 자기가 머물렀던 방 청소를 마무리한 후, 이름, 투숙기간, 이메일, 전화, 좋았던 점, 아쉬웠던 점, 개선할 점, 다음 손님에게 남길 말 등을 기록해 둔다.

1) 단기투숙객

빈집을 짧은 기간 동안 이용하는 사람들로, 빈집에 살고 있는 사람들과 개인적인 친분으로 이용하는 사람도 있지만 여러 용도로 이용하기 위해 찾는 사람들과 빈집이 알려지면서 경험을 해 보고 싶은 목적으로 일부러 찾아오는 사람들도 있다. 단기투숙은 홈페이지, 이메일, 전화로 미리 연락을 하고 투숙 현황을 파악한 후에 신청이 가능하다. 단기 투숙객은 6시간에 1천 원 이상이고, 그 시간을 초과해서 1박의 경우엔 3천 원 이상의 공간분담금과 식사를 원하는 경우 1천 원 이상을 내면 된다. 이후 1주일이 지나면 하루 7천 원 이상, 3주가 지나면 하루 4천 원 이상과 3천 빈 이상의 공간분담금을 내야 한다. 하지만 이러한 공간분담금도 반드시 정해진 기준에 따라 내는 것이 아니며, 정해진 기준 이상으로 편의에 따라 분담하면 된다. 화장실이 딸려 있는 방을 단독으로 이용하는 것도 단기적으로는 가능하다. 하지만 일체의 일회용품은 제공되지 않으며 필요한 것들은 미리 준비해 와야 한다.

단기투숙객이 모두 빈집이 목표하고 지향하는 바에 꼭 동의하는 것은 아니다. 그러나 새롭고 다른 삶을 꿈꾸는 사람들에게 빈집은 하나의 예시가 되어 주기도 한다. 종종 단기투숙객으로 방문했다가 빈집이 좋아서 장기투숙객이 되는 경우도 있다.

2) 장기투숙객

여건상 방 하나를 단독으로 이용하는 것은 불가능하며 머물 당시의 장기투숙객 수와 각자의 선택에 따라 적절히 방을 함께 쓴다. 장기투숙객은 단기투숙과 중기투숙이 아닌 형태로 빈집을 이용하는 사람들을 말하는데, 한마디로 빈집에서 사는 사람들이다. 빈집의 처음 거주자들도 장기투숙객으로 분류한다. 투숙 비용의 측면에서 본다면 단기투숙객과 크게 차이가 없지만 회의참가, 역할분담, 식비부담 등에서 단기투숙객보다 훨씬 더 많은 역할과 의무를 지니고 있다.

장기투숙객은 단기투숙객과 달리 빈집을 이용하는 데서 몇 가지 의무를 지닌다. 먼저 재정적인 의무로 월 12만 원 이상의 공간분담금과 4만 원의 식비를 부담한다. 여기에 장기투숙객들이 살면서 필요한 물품들을 구입하는 '장투비'를 내는데, 필요할 때마다 대략 2달에 1만 원씩 걷는다. 필요할 때 누구든 쓰고 내역을 적어두는 식으로 사용할 수 있지만 개인적인 기호품보다는 공동으로 쓸 수 있는 것을 살 수 있도록 한다. 공간분담금은 88만 원 세대를 기준으로, 불로소득이 있거나 임금소득이 88만 원의 1.5배 이상일 때 그에 상응하는 분담금을 자율적으로 내도록 권장한다.

또한 장기투숙객은 주거 용도로 공간을 이용하기만 하는 것이 아니기 때문에 함께 사는 사람들과 소통할 의무를 지닌다. 개인적인 일이 있는 경우 빠질 수 있지만 기본적으로 마을회의와 집회의에 참석해야 하며, 블로그와 메일링리스트, 위키, 선화 및 문사, 쪽시 등을 이용해 자주 얼굴을 보기 힘든 마을 사람들과 소통해야 한다. 1주일에 한 번씩 정해진 시간에 대청소를 하며, 적어도 하나 이상의 팀에서 활동해야 한다.

빈집에 머무는 사람들 중에는 커플도 있다. 비혼[3] 상태의 커플과 부부, 아이와 부부로 이루어진 3인 가족도 있었다. 공동생활에서 생겨날 수 있는 여러 문제들에 대한 고민과 조율이 매일 이루어진다. 새로운 장기투숙객이 늘어날 때는 '장투 새로배움터' 등을 통해 오래된 장기투숙객들과 모여 빈집에 대한 설명에서부터 빈집에 대한 생각 등을 나눈다.

3) 동물

빈집에는 동글이, 러니, 멍니란 이름의 고양이와 복돌이란 개가 살고 있다. 빈집에서는 사람과 동물의 구별이 사라지며 동물들도 빈집의 투숙객으로 간주해 회의 때 참가한 투숙객으로 명단에 올리기도 하였다. 대부분 길에 버려진 동물들로 동글이는 빈집 투숙객이 다리에 상처가 있는 것을 보고 데려와 키우기 시작했고 그 뒤로 빈집의 장기투숙객이 되어 앞집에 살았다.

빈집에 살던 복돌이라는 개가 아팠을 때는 함께 지내던 고양이 동글이도 정신적으로 힘들다고 생각해 생활비와 병원비 등을 마련하기 위해 기금을 모으기도 하였다. 러니를 키우기 전에도 키우는 데 필요한 비용과 누가 책임을 질 것인가에 대한 의견을 나누며 고양이 청소에 대해 의논하고, 안 키울 경우에는 누군가에게 주거나 문을 열어놔 나가게 한다거나 근처에 유기하는 방식으로 처리하자고 했다. 하지만 곧 정이 들어 함께 살기 시작했고 이들은 장기투숙객으로 분류돼 빈

3) 비혼(非婚)은 미혼(未婚)이라는 말이 '혼인은 원래 해야 하는 것이나 아직 하지 않은 것'의 의미를 일컫는 경향이 크다고 하여 '혼인 상태가 아님'이라는 보다 주체적인 의미로 여성주의 쪽에서 사용하고 있는 말이다.

집의 성원으로 인정받고 있다. 김장을 할 때에도 러니는 분담금을 면제받았다. 이후 복돌이가 집을 나가자 맡아 키웠던 사람들은 서로의 위로파티를 열었다. 이들의 생활비용과 아팠을 때 필요한 치료비는 빈고에서 지출되거나 모금을 통해 사용되며 현재는 러니, 멍니, 동글이가 장기투숙객으로 생활하고 있다.

3. 네 개의 집

1) 빈집의 확장

빈집은 2012년에 '아랫집', '앞집', '옆집', '공부집' 등 4개의 집과 '빈가게'를 더해 '빈마을'을 구성하고 있다. 처음 시작할 때 3명이 모였던 것에서 단기투숙하던 사람들이 장기투숙객이 되고, 부족한 공간을 해결하기 위해 다른 공간을 구하면서 다른 사람들이 다시 공간을 얻어 빈집을 확장해 가는 형태로 발전하고 있다. 4채의 집과 '빈가게'는 해방촌에 있으며 본격적으로 농사를 짓고 싶은 사람들이 모여 수색 부근에 '빈농집'을 만들었지만 2011년에 9월에 해체하였다. '산골집'은 '가파른집'을 열었던 사람이 무주에 살면서 '빈집'의 방식대로 삶을 꾸려가고 있다. 2008년 11월에 두 번째로 만들어진 '윗집'은 월세 인상과 재정문제로 해체돼 2009년 말 아랫집과 통합되었다. 2011년 초까지 '하늘집'과 '가파른집'이 해방촌에서 다른 집들과 더불어 빈마을을 이루고 있었지만, 하늘집은 장기투숙객 중 한 명이 다른 지역에 일자리를 구하게 되고 집주인이 들어와 살겠다는 이유로, 가파른집은 집주인의 과도한 전세금 인상 요구로 해체되었다.

각 집들에는 거주하는 사람의 수와 여유 공간에 따라 사람들이 살

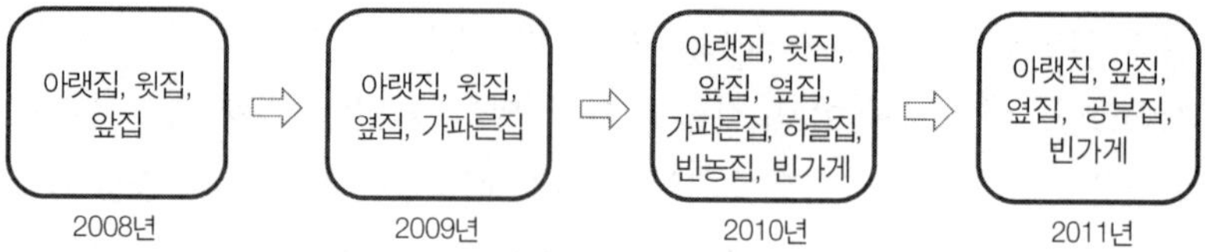

〈그림 9-2〉 빈집 변화도

고 있으며, 손님방을 두어 게스츠하우스의 기능을 유지하고 있다. 집에는 2층 침대를 두고, 최대 인원을 감안해 사람들을 받아들이이며, 손님방은 가급적 비워 두는 상태로 공간을 운영하고 있다.

빈집은 개인들의 연대공간으로 독립적인 개인들이 함께 유지하기 위해 협상하고 타협하는 공간이다. 그 속에서 규칙은 어떤 권위에 입각해 있다기보다는 협상을 통해 만들어 낸 것이다. 이것은 모든 것이 자기 책임으로 가는 것이기 때문에 집에 대한 주인 의식을 강화시키는 역할을 한다.

각 집에서는 한 달에 한 번 날짜를 정해 회의를 하며, 일반적인 집에서 발생할 수 있는 문제와 빈집의 현안 등에 대해 모든 성원이 참여해 공유하며 해결할 수 있도록 한다.

처음 빈집을 이용하기 위해서는 '아랫집', 즉 게스츠하우스에 머물도록 권장한다. 아랫집으로 전화해서 통화가 안 되는 경우에는 홈페이지 게시판에 돌고 있는 투숙객들의 번호를 찾아 연락하거나 받지 않을 경우에는 문자를 남기면 안내를 받을 수 있다. 미리 연락을 하지 않고 직접 찾아오더라도 공간이 있으면 이용 가능하다. 단체 행사의 경우에는 전화로 예약하거나 홈페이지에서 '빈달력'의 비어 있는 날에 연락처와 함께 미리 일정을 기입하면 된다. 침낭이나 세면도구 등 개인 물품은 가급적 챙겨오게 하지만 없을 경우에는 함께 사용할 수 있다. 사용할 공간은 안내에 따라 이용하게 되고, 단기 투숙의 경우 아랫집 손님방에서 지낼 수 있으며 장기투숙의 경우에는 각각 '주로남자방,' '주로여자방'을 이용하게 된다.

단기투숙객은 이메일, 전화, 게시판 문의 이후에 여유공간을 감안해 각 집의 손님방에 거주하게 되고, 장기투숙객의 경우에는 농사를 짓는다거나 여성만으로 이뤄진 경우 등 각 집의 특성을 고려하는 것을 제외하고는 사다리타기라는 무작위 배치를 통해 살고 있다. 하늘집과 가파른집이 해체된 이후 2011년 5월부터는 근처에 새 집을 구하고, '내가 살고 싶은 빈집'이라는 주제로 빈집 테마 만들기를 통해 4채의 빈집을 '공부하는 집', '생산하는 집', '환경/평화의 집', '게스츠하우스'의 4가지 테마로 선정해 빈마을의 첫 번째 테마실험을 진행해 왔다. 그리고 현재는 새로 구한 집을 '공부집', 아랫집은 '생산/ GH'(게스츠하우스), 앞집은 '실험/GH', 옆집은 '커플집'으로 정해 테마에 따라 새로운 실험을 하고 있다.

각 집에서는 한 달에 두세 번의 회의를 통해 가사노동, 공간배치, 현안 등에 대해 논의한다. 한 달에 한 번 열리는 마을회의에서는 각 집 구성원들의 일상생활과 활동사항, 재정상태 보고, 새로운 제안 등을 통해 빈마을의 상황을 공유하고 있으며 김장, 명절맞이, 마을잔치 등을 통해 긴밀한 네트워크를 형성하고 있다.

2) 빈집의 운영방식

아랫집의 손님방은 낮 12시부터 밤 12시까지 이용할 수 있고, 최대한 개인 물품을 놓지 않아 비어 있는 느낌이 들도록 한다.

빈집에 들어올 때는 방명록에 이름, 연락처, 이메일, 별명과 그 이유, 빈집을 알게 된 경로, 빈집에 온 이유, 머무는 기간, 빈집에서 하고 싶은 일, 공유하고 싶은 일, 배우고 싶은 일, 가르쳐 줄 수 있는 일, 좋아하는 일, 싫어하는 일 등을 그리고 나갈 때는 누구와 이야기를 제일 많이 했고, 알게 된 사람들, 기억나는 에피소드, 건의사항, 어디로 가고 앞으로 살집은 어떤 곳인지, 언제 다시 올 것인지 등을 쓰도록 권장함으로써 투숙객에 대한 최대한의 정보를 얻어 생활에 어려움이 없도록 돕는다.

'아랫집'은 처음 생긴 집으로 현재 게스츠하우스[4]의 역할과 마을회관의 기능을 겸하고 있다. 2010년 초 빈집이 점차 확대돼 나가면서 장기투숙객들이 다른 집을 얻어 나가고 단기투숙객들이 게스츠하우스 역할을 하고 있었던 아랫집에 주로 거주하게 됨에 따라 재정문제, 공간 부족 그리고 소수에게 업무가 쏠리는 문제가 발생했다. 아랫집의 해체와 그 자금으로 작은 형태의 빈집들을 마련해 소규모 네트워크로 나아가자는 논의가 있었지만, 아랫집이 물리적 공간으로서 많은 사람들이 모일 수 있고 다양한 프로그램을 운영할 수 있는 이점과 공간을 독점하지 않고 공유하면서 누구에게나 열려 있는 빈집의 지향성을 드러내고 있었기 때문에, 모든 집들이 빈집의 정의를 되새기면서 '아랫집'을 지속하기로 결정했다. 초기의 계획대로 "빈집에 온 사람은 빈집이면 어디든 이동할 수 있는 것이다"라는 전제 아래 모두 '마을 전체 인원 재배치'에 동의를 구한 이후, 모든 집에 공동의 공간이나 비워 둔 공간을 마련하는 등 게스츠하우스의 기능을 재강화하게 되었다. 아랫집의 방 세 개를 '젤존집', '헐빈집', '영빈집' 세 개로 분할해 아랫마을화한 이후, 몇 개월간의 '리뉴얼 기간'을 거쳐 다시 게스츠하

4) 게스트들(guests)이 잠시 머무르고 서비스를 이용하는 공간이 아닌 공간에 대한 주인의식을 가지고 모든 것을 스스로 하는 손님들의 집이라는 의미로 게스츠하우스(guests' house)라 부르고 있다.

〈그림 9-3〉 아랫집 외부 정경 및 옥상 텃밭

우스로서 열린 공간으로 만들었다. 이전처럼 빈집 내부의 공통적인 활동을 지속하면서, 각 집은 장기투숙객들이 거주하는 형태로 운영되던 상황에서 자율적으로 각자의 집의 특성을 만들어 가기로 하였다.

하지만 여전히 '아랫집'은 빈집을 처음 방문하는 사람들 대다수가 거쳐 가는 집이며, 다른 집들에 비해 비교적 공간이 넓어 마을회의나 단체 MT가 이뤄지는 곳이다. 이곳은 빈집의 입구이자 얼굴이며 장기투숙을 하기 전에 미리 생활을 경험해 봄으로써 점차 빈집 생활에 적응할 수 있도록 도우미 역할을 한다. 빈집에는 현재 네 개의 집과 '빈가게'가 있고 각 집에는 다른 성원들이 자신들의 스타일과 방식대로 살고 있지만, 운영 면에서 모든 것을 개방하고 함께하기 때문에 집들 간에는 일정한 유사성이 있다. 그리고 '빈집'의 전체적인 모습은 아랫집의 모습을 통해 살펴볼 수 있다.

아랫집은 2008년 2월, 빈집이 처음 시작한 집으로 돈을 대출받아 전세로 계약한 것이다. 30평(약 99m^2) 남짓한 공간에는 거실과 방 3개, 부엌 등이 있다. 거실 한 벽면에는 책이 빽빽이 꽂혀 있어 다양한 종류의 책을 접할 수 있고 부엌에는 공동조리시설이 갖춰져 있다. '아랫집'은 게스츠하우스(guests' house)라는 영어의 복수형에서 알 수 있

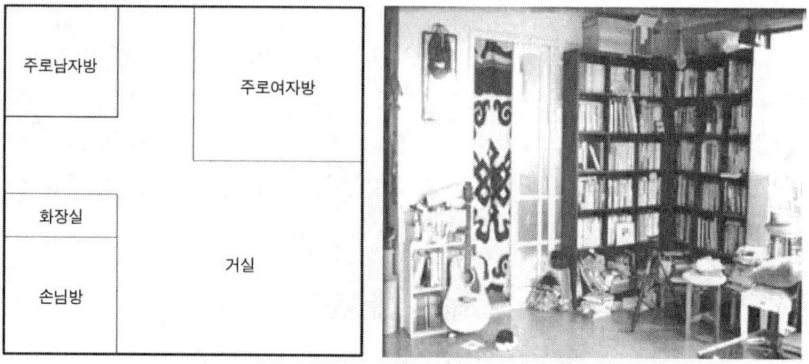

〈그림 9-4〉 아랫집 공간배치도 및 내부 정경[5]

듯이 들어오는 사람이면 누구나 주인이 될 수 있도록 하기 위해 '손님들의 집'으로 운영된다. 즉 손님들이 잠시 머무르고 서비스를 이용하는 공간이 아니라 손님들이 공간에 대한 주인의식을 가지고 모든 것을 스스로 하는 손님들의 집이다. 그렇기 때문에 게스츠하우스는 누가 들어와서 무엇을 하고 공간을 어떻게 활용하느냐에 따라 매번 새롭게 만들어지는 공간이라고 할 수 있다.

처음 들어오는 사람은 되도록 이곳에서 지내며, 공동 공간이 넓은 편이어서 많은 사람들을 새롭게 만날 수 있다. 또한 다양한 프로그램과 모임이 이뤄지기 때문에 이곳에 있으면 사람들과 빨리 친해질 수 있어 좋다. 게스츠하우스에는 손님들을 위해 서비스를 해주는 사람이 따로 없으며, 이곳에서는 서비스를 해주는 사람과 받는 사람의 구분이 없다. 모든 일은 스스로 처리하고 도움이 필요한 부분에서는 도움을 나눈다. 다른 사람의 도움을 마음껏 누리고, 자신 역시 도움을 아낌없이 제공할 수 있다. 게스츠하우스의 활용법을 보면 다음과 같다.

식기와 양념, 쌀과 김치 등이 준비되어 있기 때문에 식사가 가능하

5) 빈집 홈페이지(http://binzib.net/xe/).

며 다른 사람들이 요리한 음식을 같이 먹을 수도 있다. 기본적으로 자기가 먹을 것은 가져와 요리해 먹고, 자기가 한 음식을 다른 사람과 나눠먹거나 뒤에 올 사람들을 위해 남겨 두는 것도 권장된다. 단 종이컵, 나무젓가락 등 일회용품은 사용할 수 없고, 뒤처리는 다음 사람을 위해 철저히 해야 한다. 또한 악기, 만화, 책, 보드게임, 스포츠 용품으로 놀 수 있으며 가까운 남산의 약수터, 공원, 식물원, 배드민턴장, 산책길을 이용할 수 있다. 단체의 경우에는 회의나 세미나를 할 수 있는데 여유 공간 확인을 위해 예약이 필요하며 정기적인 모임의 경우에는 책장이나 다른 비품을 비치할 수도 있다.

단기투숙의 경우 여건이 된다면 방을 혼자서 사용하는 경우도 가능하나 장기투숙객으로 변경되면 그에 따른 책임과 의무를 지게 되고 빈집의 일원으로 활동하게 된다.

옆집에서는 집에 대한 책임성을 높이기 위해 화장실은 A, 회계는 B, 장보기는 D, 쓰레기는 E와 같이, 집 안에서 발생하는 문제에 각각 세부적으로 '매니저' 또는 '마스터'라는 직책을 두어 관리할 수 있게 하며, 윗집에서는 사타리타기를 통해 임무를 결정한다. 옆집에서는 사생활을 보호받기 위해 12시 이전까지는 누구나 와서 뭐든 해도 좋지만 이후에는 마루에서는 조용히 휴식을 취하거나 성원들의 잠을 방해할 수 있는 활동은 다른 방에 들어가서 하도록 한다.

공부집(공산당)[6]에서 이뤄지는 1박 2일 책읽기는 모든 사람에게 열려 있으며, 빈집과 책에 대한 관심이 있는 사람이라면 식비와 투숙비를 포함한 7천 원 이상의 참가비를 내면 누구나 참석 가능하다. 먼저 저녁식사를 한 다음 간단한 자기소개와 책읽기를 시작하고 자정이 되

6) '공부하며 산당'의 줄임말.

어서는 산책 또는 간식을 한 다음 간단한 대화를 나눈 뒤 잠에 든다. 그 다음 날에는 아침에 일어나 나머지 책읽기를 마치고 차를 마시며 책에 대한 질문, 비판, 고민, 제안 등을 자유롭게 이야기하고 때로는 책의 저자를 초청해 토론을 하며 행사를 마무리한다.[7] 밤새워서 책을 읽는 방식이 아닌 책을 통해서 빈집이라는 공간과 만나고 서로가 손님이 되어 환대하고 소통하는 시간을 마련하는 것이다.

2절. 빈집의 실험들

1. 성원들의 소통방식

단기 투숙객이든 장기 투숙객이든 빈집에 사는 모든 사람이 손님이고 주인이기 때문에 새로운 사람들은, 매일 일어나는 새로운 사건과 이야기의 촉매제가 된다. 문제가 생기면 해결책이나 대안을 제시하고 함께 풀기 위해 적극적으로 부대낀다. 현재까지 빈집에서 누군가가 강제로 방출된 경우는 한 번도 없었으며, 불편해도 상대를 신뢰하고 기다리면서 자율적으로 균형을 맞추도록 노력한다. 빈집에서는 서로에 대해 잘 몰라서 이해되지 않는 점이 오히려 더 친해지기 위한

7) 현재는 공부집을 중심으로 '1박 2일 책읽기'가 진행되고 있지만 빈집 초기부터 '1박 2일 책읽기'는 계속 진행돼 왔다. 마르셀 모스의 『증여론』, 이반 일리치의 『성장을 멈춰라』, 앙드레 고르의 『에콜로지스트 선언』, 맑스·엥겔스의 『공산당 선언』, 폴 라파르그의 『게으를 수 있는 권리』, 맑스의 『자본론-노동일』 등을 1박 2일 동안 읽었고, 『민주주의란 무엇인가』의 고병권과 『펠릭스 가타리의 생태철학』의 신승철이 저자와의 책읽기에 참여하였다.

노력으로 이어져 다른 사람과 소통하고 관계 맺는 법을 배워 나갈 수 있다.

소통은 식사하기, 자기 말하기, 15분 글쓰기, 공동체 공부, 집회의, 마을잔치, 집사회의, 팀활동 등 사람들이 만나는 빈집 안의 모든 곳에서 이뤄진다. 소통을 위한 구체적 방법으로 제안된 것 가운데 하나로 칠판에 그날 해야 할 일을 적어두는 것이 있었다. 이것은 서로의 활동 시간이 다르고 많은 사람이 오고가기 때문에 마련된 방법이었다. 지켜야 할 규칙을 적어 넣거나, 가사노동이 소수에게 집중되는 현상을 방지하기 위해 수행한 사람이 자신의 사인을 적어 놓는 식으로 가사노동의 항목과 그것을 수행하는 사람을 가시화시키려는 시도였다. 그러나 크게 활성화되지 못했는데 사람들이 매번 기록하는 것을 귀찮아했고 자신이 한 노동을 적극적으로 드러내지 않는 사람도 있었기 때문이다. 그리고 자신이 하지 않은 노동이 드러나는 것에 대해 압박을 느껴 반대하는 사람들도 있었다. 지금은 자율적 자치에 따라 집 안 곳곳에 붙은 메모지가 소통을 위한 방법으로 사용되고 있으며, 각 집별로 집소개, 살기, 초대글, 비하인드 스토리, 식구들 이야기 등을 모아서 '빈마을 가이드 북'을 만들어 사용하고 있다. 문자서비스도 있는데, 이 서비스를 통해 빈집의 이벤트나 공지 등을 사람들에게 모바일로 전달할 수 있다. 문자서비스는 마을회의 공지 등을 할 때도 사용하고 있다.

그리고 빈집의 초기부터 이용된 소통방식으로 보름달이 뜰 때 하는 '닷닷닷'이 있다. 보름달이 뜨는 밤에는 전기사용을 최소화하자는 취지로 시작되었는데, 이때에는 냉장고와 같이 꼭 필요한 전원만 사용하고 모든 전원을 끈다. 내신 촛불이나 달빛을 이용해 차분히 자신과 주위의 성원들을 바라볼 수 있는 시간을 갖도록 한다. 이때에는 서로가 준비해 온 글이나 시, 영화, 일기, 시사거리, 노래 등 어떠한 주제에 관해서든 이야기를 나눈다.

1) 소통 채널로서 웹

성원들이 늘어나면서 소통을 위한 공간이 필요하게 되었다. 윗집은 잡기장을 만들었고, 공식적으로 회의에서 홈페이지를 개편하기로 하였다. 이전까지는 위키, 메일링, 팀블로그가 있었지만, 각 집의 특색을 갖추고 각 집의 소통 공간을 마련하기 위해 개편되었다. 위키에는 많은 자료를 저장할 수 있었지만 성원들과의 커뮤니케이션을 위해서는 게시판이 필요했다.

게시판은 여러 용도로 사용되는데 빈집의 일상생활, 빈집이나 외부에 관련된 제안들, 만화책 찾기, 공지를 통한 영화번개 등을 할 수 있다. 또한 빈집에 투숙했거나 관심이 있는 외국인들이 자국의 언어로 안부나 연락 등의 글을 올리면 빈집의 성원 가운데 그 언어가 가능한 사람이 이것을 번역해서 게시판의 이용자가 이해할 수 있도록 돕기도 한다. 또한 일정공유 달력을 만들어 성원 모두가 확인하고 추가할 수 있는 기능을 만들어 놓았다.

웹은 빈집 안에서 마찰이 발생했을 때 사용하기도 한다. 문제를 일으킨 당사자와 당장 만날 수 없고 같은 집에 살지 않아 이야기할 수 없는 경우에는 웹의 공개 게시판을 통해 조율해 나간다. 예를 들어, 투숙자 가운데 한 명이 공간분담금도 내지 않고 다른 사람들과 함께 와서 술을 마시고 밤늦게까지 시끄럽게 해 다른 투숙자들의 잠을 설치게 하고 뒤처리도 제대로 하지 않았다. 그 다음 날 다른 투숙자는 공개 인터넷 게시판을 통해 지난밤의 잘못을 강력하게 지적했고 공동

〈그림 9-5〉 빈집 홈페이지

체의 규칙을 어긴 투숙객은 다시 그 게시판을 통해 자신의 잘못을 인정하고 사과했다. 그러자 다른 투숙객이 게시판을 통해 빈집에 와서 노동을 하거나 반찬을 제공하는 방식으로 사과하는 것이 어떻겠냐는 제안을 했다. 이처럼 공개를 통해 당사자들은 물론 빈집 구성원들도 직접 참여할 수 있는 방식으로 관계를 맺고 소통한다.8)

소통 문제가 계속해서 제기되자 의사결정구조 연구회가 결성되었다. 빈집이 소통해야 할 범위는 어디까지인가를 논의하는 것에서부터 시작하여, 열린 모임이 될 수 있도록 회의내용을 공유하도록 하였다. 그리고 앞으로 연구되었으면 하는 주제로 소통 및 회의 방법, 회의 참석률을 높이기 위한 방법, 토론 방법 등을 제시하고 논의하였다. 또한 소통의 매개를 위한 홈페이지 개편, 비공시 경로의 소통, 모두가 보기 쉽도록 회의 자료나 결과 만들기, 소통 가능한 언어를 유통하고 개발하기에 대해서도 논의하였다.

8) 빈집 홈페이지(http://house.jinbo.net/xe/) 참조.

빈집의 역사도 웹을 통해 볼 수 있는데, 빈집 사람들이 만들어 온 역사는 '팀블로그', '수다방', '메일링리스트', '갤러리', '빈마을 회의록', 빈집 '관련글', '집들' 등의 항목으로 위키피디아 곳곳에 담겨 있다. 유연하고 협력적인 방식으로 누구나 편집을 통해 내용을 만들어갈 수 있는 위키피디아는 빈집이 지향하는 가치와 잘 어울린다. 현재는 홈페이지를 새로 개편해 해방촌 게스츠하우스 빈집/빈마을과 이전에 사용하던 위키피디아와 블로그를 연동해 사용하고 있다. 이곳에는 각 집들의 소식, 팀활동, 재정상태 등 빈마을의 전체 상황을 직접 회의에 참여하지 않고도 집 구성원들은 물론 외부 사람들도 확인할 수 있도록 하고 있다. 지금도 위키의 특성을 잘 이해하는 사람들은 위키를 꾸준히 사용하고 있으며, 블로그나 메일링 리스트도 함께 사용하고 있다. 회의가 있는 경우 모든 사람이 일일이 모이기 힘든 관계로 웹을 적극 활용해 집별, 팀별 게시판을 두고 회의안건을 미리 올려 사람들의 관심을 끌며 그날의 회의 결과를 바로 올리는 방식을 취한다.

또한 투숙을 원하는 사람들은 웹상의 게시판에 투숙기간, 빈집 방문을 원하는 시간, 빈집을 알게 된 경위와 기대하는 점, 간단한 본인 소개, 연락처 등을 올려서 또는 이메일을 통해 신청할 수 있다.

2) 빈집사 회의

'빈집사 회의'에서는 각 집과 팀별로 투표를 통한 민주적인 방식과 제비뽑기 등을 적절히 섞어 선출한 '빈집사'가 각 집·팀 간의 세부적인 조정이나 협력을 진행·결정해 마을의 대소사를 공유하며 사안에 대해 폭넓은 의견을 수렴하고 있다. 예를 들어, 집별 뉴스를 보면 개인의 일상생활은 물론 공동생활에 대해서도 소개하고 있다.[9)]

회의 시작에 앞서 다음 회의를 준비할 사람을 정하고, 회의가 시작할 때 마을 차원에서 논의할 사항을 브리핑한다. 그리고 각자가 맡은 살림, 관리, 생산과 관련된 내용을 발표하면서 힘든 것, 좋았던 것, 고마운 사람, 얄미운 사람 등을 이야기한다. 또한 공동체 생활 관련 사례와 제안을 발표하기도 하며, 빈집은 무엇이고 장기투숙객은 무엇인가에 대한 이야기를 나눈다. 1주일에 한 번 회의를 하고 있으며, 임기는 두 달에 한 번씩 바뀐다. 임기가 끝난 이후에는 마을잔치에서 지난 활동을 공유하고 소회를 발표한다. 집사들로 이뤄진 회의 이외에도 빈마을 사람으로서 누구나 참여할 수 있는 '열린 집사회의'가 있다.

현재 빈마을 소통체계로는 공식적으로 집별회의, 집사회의, 마을잔치, 가게회의, 빈고회의, 홈페이지 등이 있다. 다른 소통체계들이 정기적인 모임과 투숙객들의 참여로 잘 이루어지고 있었지만, 문제는 집들의 대표로 이루어진 집사회의였다. 마을활동비를 결정하는 데 있어 직접적인 참여 형태가 아닌 대표들에 의해 결정되는 구조를 취하고 있기 때문에 전체 투숙객들의 의견을 적절히 반영하지 못한다는 지적이 나왔다. 따라서 집사회의의 역할을 가게회의, 마을잔치, 집별회의, 빈고회의에 편입시키거나 강화하자는 논의를 하고 있다.

3) 빈마을 회의

빈마을 회의는 매달 넷째 주 일요일 6시에 진행되며, 각 빈집 내부

---

9) A는 즐거운 백수 생활 하지만 곧 알바할 예정, B는 남편과 이혼할지도 몰라요, 얼마 전 세탁기와 사두를 빌렸고 …… 등(앞집)./ 최근 C는 이불 빨래를 많이 하게 해서 고민, 아랫집 회의는 월요일에서 수요일로 바꿔볼까 해요(아랫집)./ D가 커피를 볶기 시작했는데, 커피 원가가 내렸다네요, E는 동가식 서가숙, 일본어 공부 화요일 오후 8시, 니체 세미나 수요일 오전 9시 등(옆집).

〈그림 9-6〉 빈집 회의 모습

회의는 별도로 진행할 수 있다. 회의에는 누구나 참석할 수 있으며, 안건에 따라서 필요한 사람들이 모여서 얘기하면 된다. 회의시간에 얘기할 내용이 있으면 미리 회의안건을 올리며, 회의 결과는 회의록 부분에 결과를 정리하거나, 팀블로그, 메일링리스트, 공지사항, 수다방 등을 통해 내용을 공유한다.

각 집에서는 재정 현황, 장기투숙객의 공간분담금에 대해서 논의하기도 하고, 화장실물 이용법, 설거지할 때 천연세제 사용법, 음식물쓰레기 활용방법, 전기 가스의 사용 등 내부규칙에 대해 또는 집들이에 대해서 논의한다. 가령 윗집에서는 일상의 화제인 두부의 안정적 생산을 위한 콩 공급 문제, 판매했을 때의 수익, 사용되는 콩의 양 등의 세부적인 안건들을 올려 회의 때 논의한다.

또한 운영방식과 관련하여 화이트보드에 공유할 원칙들을 적어 넣어 성원들이 모두 볼 수 있게 하고, 빈마을 전체의 주제인 대안화폐, 빈고, 빈가게 등의 이야기 그리고 각 달의 재정, 회의 과정과 결과에 대해서도 공유한다.

'빈마을 회의'는 매달 한 번씩 마지막 주에 열렸었다. 하지만 마을사람이 모두 모여 무엇인가를 논의하고 결정하는 것이 비효율적이고 소수만이 주도적으로 회의에 참여한다는 의견에 따라, 마을회의를 '마을잔치'와 '집사회의'로 개편해 집별 · 팀별 · 사람별 소식을 공유하고 광고, 제안, 조직의 장으로 전환하자는 결정이 이뤄졌다. 전체 모임은 되도록 짧게 진행하고, 앞뒤에 각종 소모임과 프로그램을 진행하고 있다. 현실적으로 사안에 대해 관계와 의견이 있고 관심이 있는 사람들이 모여 논의하고, 해당 소모임에 결정권을 위임하는 형식을 취하였다. 그리고 매번 잔치 때마다 집별로 번갈아 다음 마을잔치에 대해 연락, 광고, 사회, 먹을 것, 마실 것, 놀 것 등을 기획, 준비하고 있다.

2. 실험 활동들

빈집에서는 전통적 가족구조(부모, 자식, 형제) 아래에서는 할 수 없는 회의와 삶의 부대낌이 가능하다. 이곳에서 누릴 수 있는 것은 많다. 혼자서 누릴 때는 겨우 방 한 칸의 독립된 공간이지만 이곳에서는 독립생활자[10]들과 비교해 상당한 정서적 지지, 인프라, 네트워크를 경험할 수 있다.

초기 팀별 활동이 활성화되기 전부터 빈집에서는 니체 강독 세미나, DIY워크숍 등 다양한 세미나와 소모임이 이루어졌는데, 빈집 투숙객들뿐만 아니라 외부인들의 참여도 가능했다. 소모임에는 빈마을

10) 단순히 1인 가구로 사는 것을 말한다. 1인 가구는 2005년 20.0%에서 2010년 23.9%로 증가하였다. 1인 가구 중 20-30대 청년이 차지하는 비중은 37.5%이다. "혼자 사는 사람도 품위가 필요하다", 〈시사인〉 203호, 2011.8.

전체를 아우르는 공부팀, 반찬팀, 공작빈(영상팀), 홈페이지팀 등이 있고, 정기적으로 열리기보다 일상에 필요한 반찬만들기, 마을잔치 등 마을 투숙객 모두의 참여가 필요한 활동과 외부적으로 필요한 연대를 위한 활동이 있다.

1) 문화활동

빈집에서는 투숙객들의 자기가치 향상과 더불어 다른 사람들에게 도움이 될 수 있는 활동을 찾아 새로운 문화를 실험적으로 만들어가고 있다. 빈집에서 문화활동은 일과 놀이가 결합되고 생활에서 자신에게 직접 필요한 일을 배경으로 시작되고 점차 다양한 방식으로 확장된다.

처음 빈집이 열린 후 건강에 필요한 알로에 세미나와 조기배드민턴회, 풍물회, 자전거타기, 요가, 댄스모임 등 체력 증진을 위한 프로그램이 진행되었으며, 직접 자신들의 공간을 꾸미기 위한 목공교실, 생활의 여흥을 돋우기 위한 밴드 '다락' 연습이 투숙객들에 의해 시작되었다. 근처 남산에 나들이를 갔다가 따 온 매화꽃과 진달래꽃에 소주를 부어 빚었다가 나중에는 막걸리를 빚어 먹으며 술빚기 워크숍으로 발전하게 되었고, 이 경험을 통해 직접 판매에 나서기도 한다. 보통 한 달 이내로 짧게 시행되는 워크숍에서는 젠더, 생태 등 사회적 주제에 대해 함께 이야기하고 실행할 수 있도록 한다. 빈집 워크숍으로 여성환경연대 대안화장품 만들기도 열었다. 이러한 워크숍에는 그날 빈집에 찾아온 사람들이 참여하기도 하며, 다양한 국적의 사람들이 참여하여 글로벌 워크숍이 되기도 한다.

그리고 빈집 첫 생활에서 밴드 '다락'이 결성되었다. 밴드의 구성은 투숙객들로 이루어졌으며, 악기도 특별히 장만하지 않고 투숙객들이 개인적으로 사용하던 기타, 베이스, 하모니카와 길에서 주어온 멜로디언, 작은 북 그리고 들깨 씨앗을 집어넣어 만든 타악기를 사용하였다. 밴드는 투숙객들과의 즐거움을 위해 결성되었지만 병역거부자의 날, 평화행동 등과 같이 정치적인 목적을 가진 길거리 공연도 하였다. 주로 빈집 투숙객들이 직접 만든 노래와 개사한 노래를 연주하였다.11)

또한 삶의 대부분에서 발생하는 피로를 줄이기 위해 다양한 문화행사를 마련한다. 영화를 좋아하는 사람들이 중심이 된 '씨네마 빈'에서는 정기적으로 또는 홈페이지 게시판에 번개 공고를 통해 투숙객들에게 알리고 때로는 투숙객들의 추천을 받아 영화를 상영한다. 영화가 끝난 후에는 영화에 대한 감상을 서로 공유하고 때로는 섭외 가능한 영화감독을 직접 초청해 기획의도, 만드는 과정, 등장인물들의 현재 삶 등에 대해 들어본다. '문학동아리' 모임에서는 작가를 선정해 처녀작이나 마지막 작품읽기, 연대순 읽기 또는 해방촌을 배경으로 하는 작품 찾아 읽기 등의 아이디어를 제안하고 모임 성원의 결정에 따라 함께 읽는다.

---

11) 그 노래들의 가사 일부를 보면 다음과 같다.

놀러와~ 어서와~ 놀러와~ 어서와~/ 못말리는 장기투숙객들 지렁이도 밥같이 먹는 빈집이에요./ 다녀와~ 어서와~ 아아~~ 빈집이에요./ 다녀와~ 어서와~ 아아~~ 주막마루로도 변신!! 〈빈집송〉

한강에서 낙동강까지/ 새만금 갯벌 다 잠기고/ 산 허물고 운하 만든다네/ 산과 들은 밟아서 삽쒀/ 숲과 마을 다 잠기고/ 논 가리고 이용기리며/ 인간 자연 다 쫓거나네/ 배 디지게 돈벌이하서/ 공구리로드 넘치는데 운하는 왜 파나/ 아저씨 설마 농담이죠 대운하 파지마/ 심~ 시티 장난은 그만 대운하 절대 안 돼/ 대운하 파기 전에 하수구나 뚫으셔/ 썩은내 진동해서 못 살겠수/ 청와대 국회 썩은 물 고여 냄새나서 못 살겠소 〈공구리로드〉, 빈집위키피디아 참조(http://house.jinbo.net/wiki/).

관심 있는 사람들이 모여 이뤄지는 문화활동과 함께 마을의 모든 투숙객이 함께하는 잔치들이 있다. 빈집이 처음 문을 연 날을 기념하는 마을잔치가 매년 1박 2일로 열린다. 잔치에서는 장기투숙객과 단기투숙객이 함께 어울리고 빈집에 관련된 추억이 담긴 물건을 하나씩 준비해 서로의 생각을 공유하거나, 투숙객들이 직접 준비한 공연, 장기자랑이 있다. 다음 날에는 공동노동으로 아랫집에 있는 옥상 텃밭을 일구거나 마을 오리엔테이션을 진행하기도 한다. 마을의 피로도가 쌓였다고 판단되면 누구나 잔치를 제안하고 기획단을 꾸린 다음 마을잔치를 진행할 수 있다.

또한 다양한 사람들이 공존하는 빈집 사람들을 인터뷰하는 빈다큐가 제작되기도 하였다. 카메라를 통해 자신이 생각하는 '빈집스러움', '빈집에 산다는 것'에 대해 질문하고 서로가 공유할 수 있게 하였다. 이 다큐도 유튜브에 올려져 있다.

모두가 참여하는 행사와 달리 특정한 주제를 가지고 진행되는 프로그램은 주로 그 분야에 대해 좀 더 전문적인 지식을 가진 투숙객들의 주도로 진행된다. 하지만 침술강좌와 같이 투숙객들이 직접 할 수 없는 경우에는 외부 초청인사를 불러 진행하기도 한다. 빈집에서는 누군가 갑자기 떠오르는 아이디어를 제기하면 여기에 다른 사람들의 상상이 더해져 새로운 기획으로 발전된다.

2) 자신만의 공간 만들기

공동의 삶은 자신에 대해 다시 생각할 수 있게 한다. 혈연에 의지한 가족들 사이에서는 느끼지 못했던 것을 낯선 사람들과의 부딪힘 속에서 발견하는 것이다. 빈집에 살면서 사람들과의 관계에 대해 생각하게 되고, 음식이나 청소 등 서로 몰랐던 살림의 기술을 공유하게 된다.

빈집에서는 기본적으로 공동생활을 지향하기 때문에 개인만을 위한 공간이 존재하지 않는다. 공간사용 원칙은 모두가 함께 공간을 이용할 수 있다는 것이다. 늦은 밤에는 한 방이 꽉 차도록 성원들이 함께 누워 잠을 청하더라도 아침이면 순식간에 그 많던 성원들이 자신들의 외부활동을 위해 사라지고 혼자 방 안에 남는 경우가 많다. 때로는 낮 시간 내내 혼자만 남아 있을 수도 있다. 그리고 성원들이 일과를 마치고 하나둘씩 모이는 늦은 밤이 되면 많은 사람들이 한꺼번에 모여 집안이 다시 활력을 되찾게 된다. 이것은 외부활동이 없는 성원에게는 자유로운 시간과 공간을 보장하지만 대부분의 성원들에게는 높은 밀도 속에서 생활한다는 것을 의미한다.

자신의 영역을 구축하기 위해서는 혼자만의 시간과 공간을 찾는 것이 아닌 다른 방식을 찾아야 한다. 하나의 방법으로 투숙객들은 노동 또는 삶의 방식의 전환을 통해 자신의 영역을 구축할 수 있다. 빈집에서의 공간은 여러 사람이 공동으로 생활하며 이용하기 때문에 사적인 공간을 갖기 힘들다. 잠자기 위한 방은 가능한 최대 인원이 사용하고 물건들도 대부분 공동으로 사용하기 때문에 누군가 자신의 소유를 강조한다면 공동의 리듬은 깨지게 된다.

따라서 자신만의 영역을 확보하기 위한 노력은 공동생활을 어지럽히지 않는 선에서 이뤄진다. 이층침대가 공간의 효율성과 개인의 공간을 만들기 위해 고안되었는데, 이는 방 안에 분리된 공간을 만듦으로써 개인의 공간을 마련해주는 효과를 지닌다. 빈집에서는 많은 사람이 오가고 방을 함께 사용하다 보니 개인이 잠을 자기도 커플들이 함께 있기도 불편한 점이 있었다. 이층침대의 도입으로 투숙객들은 원할 때는 남들이 소파처럼 써도 좋은 공간이지만, 심지어 커튼을 치지 않고 있더라도 좀 더 아늑하고 서로 적당히 신경 쓰지 않아도 될 만큼의 거리를 확보해줄 수 있게 되었다. 그래서 다른 투숙객과 한 방에서 공존하면서도 분리된 배치를 만들어 낸다. 그 때문에 커플들에게 더 인기가 많은지도 모른다. 서로 모르는 사람들 사이에서도 커플이 섞여 잠을 자는 것이 수월해지고, 커플이 방 한 칸을 쓰게 되었을 때 제기되던 문제, 즉 공간 활용의 비효율성을 최대한 줄일 수 있게 되었다.

빈집에서는 노동을 더 많이 할수록 자기의 영역을 확보할 수 있다. 낯선 환경을 처음 접하는 사람들과 가부장제 질서에 익숙해 있는 사람들이 공간과 가장 빨리 친해질 수 있는 방법은 가사노동을 열심히 하는 것이다. 가사노동은 공동생활을 이루는 가장 기본적인 영역이지만 대부분은 여성들에게 그리고 그 공간에 좀 더 오랜 기간 머물고 있는 투숙객들에게 한정되어 있다. 가사노동은 대부분 일부 사람들에 의해 이루어지기 쉽기 때문에 그들에 의해 공간은 점유된다. 그렇기 때문에 투숙객들은 가사노동을 통해 공간에 대해 파악하고 이해함으로써 자신의 영역을 구축해야 한다.

3) 외부와의 연대

또한 투숙객들은 낯선 환경과 타인들과의 무수한 부딪침을 통해 새로운 소통기술을 개발해 자신의 영역을 발견해 낸다. '빈집/빈마을 이야기', '반성폭력', '환경생태', '공동체', '대안경제', '공동생활기술'에 대한 독서와 워크숍 등의 활동을 통해 서로의 생각을 공유하고 발전시켜 나가고 있다. 또한 빈집이 지향하는 개방성과 연대의 특징은 외부와의 활발한 접촉에서 드러난다. 투숙객들과 직접적으로 엮여 빈집의 내부 공동생활에 도움을 주고 있는 '해방라이더네집', '시금치네집', '현민네집'이 있고, 다른 지역에 있는 것으로는 무주에 '산골집'(니콜라네집), 청주에 '공룡네집', 제주에 이발사 '정란네집' 등이 있다. 경기도 화전에는 '빈농집'이 있었고, 팔당에도 연계된 사람들이 있다. 중국의 다롄에 이어 포천에 있는 한옥 '빈당'은 빈돌잔치에 손수 경작한 농작물을 제공하기도 했다.

투숙객들은 언론기고나 집필을 통해 자신들의 존재를 드러내고 있는데 문화연대 '진보복덕방', 인터넷 신문 '프레시안'에 빈집의 생활과 실험들을 알렸다. 여기서도 누군가 빈집을 대표하는 한 사람이 아닌 성원들이 같이 기획하고 글도 나눠서 연재하였다.

빈집의 성원들은 다양한 사회문제와 관련하여 외부와의 연대를 통해 그들의 영역을 확장하고 있다. 잠시 동안 빈집에서 거주했던 여성영상집단 '반이다'를 초청해 그녀들의 작업물 '개청춘'을 상영하고 여성문제에 대해 토론을 진행했다. 또한 미노드 목탄(미누)[12]의 석방 운동을 하였으며, 미누가 강제 출국당하자 규탄대회를 열고 장기체류자 합법화 토론회를 하였다. 노숙자들의 점거운동을 다룬 다큐멘타리 영화 〈더불어사는집〉의 상영과 토론, 대체 복무를 위한 1인 시위, 생체여권발급 거부 운동, 포이동·명동3구역 등 강제철거에 대한 연대 저항, 『가난뱅이의 역습』의 저자 마쓰모토 하지메의 초청대화, G8 세계화 투쟁에 참여한 활동가들과의 대화, 서울광장 사용권리 되찾기 주민조례개정, 4대강사업 저항지 '두물머리' 지원, 빈집 사례 발표 등 다양한 활동을 통해 외부와의 연대도 이어가고 있다.

12) 1992년부터 한국에서 이주노동자로 살면서 다국적밴드 '스탑크랙다운'의 보컬이자 다문화교육 강사 등으로 활동했던 네팔 출신 활동가.

〈표 9-1〉 빈집의 외부 참여활동

참가 활동	내 용
4대강 사업 저항지 경기도 팔당 두물머리 지원	두물머리 환경영화제 지원 및 참석, 재판 지원, 두물머리 지지방문
일본 반빈곤 네트워크, 수도권 청년 유니온 초청 행사	상호부조조직에 대한 토론, 빈집사례 발표
다람쥐회 활동가 양성기회 마련 프로그램	공동체에 대한 논의, 한밭렛츠 품앗이 놀이학교에서 지역화폐 활용
포이동 266 지지방문	물품지원, 화재현장 복구 지원, 모금활동
병역거부자의 날 참석	릴레이 1인 시위, 자전거 행진
전 세계적 은행전환의 날 (Bank Transer Day)운동	자신들의 돈의 쓰임과 흐름에 대한 고민
동장동사랑방 꿈꾸자 프로젝트	메신저(택배)사업, 자전거여행사업, 자전거보관소 사업
미누와 친구들을 위한 바자회	이주노동자 돕기 모금 활동, 석방을 위한 1인 시위
비영리단체 컴퓨터와 웹 수리	무료 출장서비스, 컴퓨터 수리와 교육
도시에서 가능한 공동체 모임	초록당 사람들[13]을 주체로, 주거공동체 빈집, 경제공동체 과천품앗이, 문화공동체 성미산마을공동체 참석
전자여권반대	밴드 다락 공연, 반대 퍼포먼스
평화군축박람회	채식김밥 납품, 행사 참여

4) 일과 놀이의 결합

빈집 사람들은 공동노동 분담을 위해 '1인 1팀제'를 지향하며 적어도 한 사람이 하나의 팀에 참여해서 공동노동함으로써 주인의 역할을

13) 초록당사람들(준)은 녹색당 창당 운동의 전통을 계승하여, 자신들이 한국사회의 초록당 창당운동의 유일한 주체가 아닌 다른 주체들과의 연대와 소통을 통해 실천적인 활동을 벌이고 초록정치의 새로운 가능성을 대중적으로 알리고 창당의 실질적인 필수조건들을 하나하나 준비하는 데 그 목적을 두고 있다. 창립을 위한 주요 사업으로 온오프라인을 통한 홍보와 소통 그리고 비슷한 고민을 하는 사람들과의 연대활동을 하고 있다. 초록당사람들(준) 홈페이지 참조(http://www.koreagreens.org).

나눠 가지고 있다. 자신의 활동을 통해 마을에 작게나마 기여할 수 있도록 하자는 취지에서 1인 1팀제가 제기되었고, 장기투숙자는 꼭 1팀 이상의 팀에 들기로 결정하였다. 사람들은 자신이 하고 싶은 활동들을 더해 동아리 같은 다양한 팀을 만들기 시작했다.

현재는 빈집에서 일어나는 전반적인 일을 파악하고 챙기며 빈마을의 행사에 신경 써서 홈페이지, 메일링 홍보, 이벤트 지원의 업무를 담당하는 '운영팀', DMZ영화제의 지원을 받아 빈집 안의 생활에 대한 영화를 '빈다큐'로 제작하면서 카메라 워크숍도 열고 있는 '공작빈', 아침에 남산에 올라 약수를 길러 집집마다 나르고 요가와 108배 등 정서적 건강까지 챙기고 있는 '건강팀', 그리고 수제 노트, 대안화장품 만들기, 빵 만들기, 부동산 창업을 위한 '빈복덕방', IT 등 생활에 필요한 것들을 빈집에 사는 사람들이 주도해 배우고 가르치는 'DIY 워크숍', 1박 2일 독서 등의 프로그램을 진행하고 있는 '공부팀'이 있다. 그 외에도 반찬팀, 농사팀, 노획팀, 풍물반, 주류팀, 가게팀, 빈라디오가 활동 중이다.

어떤 팀이든 만들 수 있지만 팀 활동은 빈마을에 있는 모두에게 필요한 일이어야 한다. 재정팀, 운영팀, 반찬팀과 같은 필수팀에서는 일정기간 순환하며 각 집에 한 명 이상이 꼭 팀 활동을 해야 한다. 예를 들어, 반찬팀은 공동주거에서 가장 어려운 일 가운데 하나인 부엌일을 해결하기 위해 시작되었다. 각 집에서 1명씩, 그리고 원하는 사람들이 함께 모여 반찬을 만들고 그날 저녁 공동식사를 준비하는 것이 주요 활동이다. 반찬팀은 다른 팀과 달리 구성원들이 돌아가면서 한 번씩은 해야 하는 반강제성을 띠고 있는데, 이는 다른 활동과 달리 먹는 행위는 생명과 연결되는 모든 구성원에게 절대적인 것이기 때문이다. 그러나 꼭 반찬팀만 반찬을 만드는 것이 아니다. 구성원들은 미리 정해진 시간에 함께 장을 보고 음식을 만드는 과정을 통해 계속해서 소통한다. 그리고 그렇게 함께 만든 음식을 가능한 한 모든 사람이 모여서 나눠 먹는다.

노획팀의 경우, 노획의 시작은 빈집 집들이 하던 날 주워온 소파에서부터였다. 그 뒤로 길을 걷다가 골목을 살피며 물건을 수거해 온 목록을 보면 좌식책상, 티테이블, 의자, 이불, 스티로폼, 플라스틱 박스, 거울, 유리, 서랍장, 유리병, 책장, 옷장 등 다양하고 많다. 누군가 외출 후 돌아오면서 주워오는 물건들에 대해 칭찬과 격려가 쏟아졌고, 이후 이 행위를 '노획'이라 부르게 되었다.

주류팀은 근처의 매화꽃과 나들이 때 구해온 진달래꽃을 소주에 담가 놓다가 다른 술도 담가 판매하자는 취지에서 워크숍을 열었고, 여러 시행착오를 거친 후 막걸리, 맥주를 직접 담그고 빈집 내부에서 소비하거나 빈가게를 통해 판매하고 있다.

대안화장품 만들기는 자본주의의 상품화와 환경에 대한 문제의식에서 출발했다. 이름도 모르는 많은 화장품 종류, 그 안에 담긴 화학약품과 그것을 둘러싼 포장이 불러오는 환경오염, 화장품의 위해성을 동물 몸에 실험하는 것 등에 관한 문제의식은 단순히 기능에 집착하기보다는 환경을 생각해 최대한 단순하게 만들고 공정무역 제품으로 발전시킬 수 있는 활동으로 이어졌다.

빈집 사람들은 팀 활동을 통해 자신이 참여하고 싶은 팀을 선택할 수 있으며, 자신이 좋아하기도 하고 다른 사람들에게 도움이 되려고 한다. 또한 빈집 안에서 팀을 통한 이런 활동은 소비의 공간으로 그치는 것이 아니라 생산의 공간으로 작동한다. 농사짓기, 술 빚기, 공부하기, 대안생리대 만들기, 가구 만들기, 자전거 고치기, 채식베이커리 워크숍 등 여러 가지 생산작업에 참여할 수 있고 직접 기획도 할 수 있다. 이렇게 생산된 생산물의 경우 빈집의 공간을 통해 유통, 판매하는 것도 가능하다. 사람들이 지닌 재능을 서로 교환하며 가능한 한 모든 생산과 소비가 빈집 안에서 순환토록 하고 있다. 다른 일로 돈을 벌며 사는 것 외에 무엇이든 생산하거나 돈을 벌 수 있는 것이 없을까 고민해 즐겁고 신나는 일을 만들어 내, 빈집을 지속 가능한 생산의 공간이자 소비의 공간으로 만든다. 이를 위해 사소한 것조차도 꾸준히 기록하고 생산하도록 하고 있으며, 생산집 안의 다른 사람, 다른 집의 구성원, 빈마을 외부의 사람들과도 공유한다. 한 달에 한 번 워크숍을 통해 기술을 공유하고 매주 집회의 때 생산한 것에 대한 평가와 의견 공유를 하고 있다. 전문가가 없어도 생산 가능한 기술 습득을 목표로 하고 있다. 생산일지에는 생산한 것에 대해 기록하고 생산계획과 일정은 달력게시판을 활용한다. 또한 기술일지에는 생산방법, 레시피, 매뉴얼의 기록, 아이디어, 기술, 청소나 요리 등 일상생활의 개선점까지도 공유한다. 그리고 매달 최고의 아이디어나 생산에 기여한 정도를 평가해서 최고의 생산자에게 1만 빈을 선물하는 방식으로 동기부여와 포상을 하려고 한다. 1인 1팀제를 통해 공동노동에의 참여를 이끌어 내고, 팀 활동으로 얻어진 빈은 분담금으로 대체 가능하게 하였다.

이러한 방법을 통해 빈집의 구성원들은 단순히 개인에 머무는 것이 아니라 다른 사람들과의 협업 활동을 통해 다양한 방식으로 문제의식을 공유하고 해결 방안을 찾아 나간다.

새로운 팀을 꾸릴 때에는 빈마을회의를 통해 팀 활동으로 인정받아야 하며, 매달 회의에서 각 팀의 성과 및 활동내용을 보고하고, 이에 따라 각 팀에 대안화폐인 '빈'을 지급하며, 팀에 지급된 회페 빈은 각 팀의 재량으로 각자 나누어 가지기도 한다. 한 사람의 중복 출연이 앞으로 마을에서 권력을 획득하는 방식으로 이용될 수도 있다는 지적도 나오고, 어떤 팀 활동도 하지 않거나 못 하는 사람들에 대한 문제도 제기되고 있다. 하지만 이러한 팀 활동은 단순한 역할분담을 넘어서 공동주거의 규칙과 지향성을 실현하며 구성원들의 유대를 강화시켜 준다.

3. 자립을 위한 경제력 확보

빈마을에서 수입은 단기투숙객과 장기투숙객이 지불하는 일정한 공간분담금, 빈집에서 직접 만드는 술과 차의 판매금액 일부 그리고 후원금 등으로 이루어져 있다. 부동산 투자에 대해 반대하며 더 많은 사람들이 살 수 있게 하기 위해 집은 보통 전월세로 구하고 있다. 지출은 보증금 대출에 대한 이자와 월세, 공과금 등이다. 빈집의 법적 소유자는 신용불량자, 집 있는 사람을 빼고 제일 적당한 사람이 계약하는 방식으로 하였다.

빈집의 재정원칙은 출자금, 대출금에 대한 보상이 없으며, 돈이 돈을 벌 수 없는 구조이다. 개인적 소유는 인정하지만 출자는 오로지 자의에 따르고 원금은 반환해 준다. 집으로 돈을 벌지 않고 월세, 이자, 공과금을 해결하기 위한 분담금은 공동으로 누구나 낼 수 있도록 한다. 매달 재정 정산이 이뤄지고 적자는 어떻게든 그달에 보충하고 흑자는 빈고에 적립하도록 한다. 모인 돈은 빈집의 확장, 확산에 쓰이며 재정은 투명하게 공개되고 관리된다.

1) 우주(宇宙)생활협동조합 빈고(Bin-go)

(1) 빈고의 출발

빈고(빈마을금고)는 빈집 내부적으로 사용할 수 있도록 제안된 금융 시스템이다. 자신이 출자한 만큼 권리를 행사할 수 있는 자본주의적 방식과는 다른 모습을 보이고 있다. 빈집을 단순히 해석하기보다는 성원들이 외부에서 사회생활을 하면서도 그 안에서는 공동의 삶을 함께하고 서로를 돕기 위해 빈고가 만들어졌다.[14]

재정팀에서는 2009년 4월 3일 앞집에서 빈마을금고에 관해 논의했고, 마을회의를 통해서 그동안 빈집에서 모였던 돈을 빈마을금고로 이전하기로 결정했다. 이로써 빈마을금고가 출범하게 되었고, 빈마을금고의 운영 목적과 원칙을 논의하기 위해 관심이 있는 사람과 빈집들의 재정 담당자들이 참석해 첫 모임을 가지게 되었다.

이어서 2009년 9월 빈집의 재정 문제를 해결하기 위해 '빈재단'에 대한 고민이 시작되었다. 빈집이 점차 확장돼 가면서 새로운 집을 구해야 했고, 기존에 있던 집들이 재계약을 앞두고 있던 상황에서 추가 비용이 필요했다. 투숙객들의 공간분담금만으로는 빈집의 안정적인 유지가 어려웠다. 새로운 소득 확보를 위해 빈가게, 빈트럭 등이 제안됐고 출자자들이 출자금을 갑자기 뺄 수 있는 상황에도 대비해야 했다. 그리고 각 집들의 재정의 독립성과 형평성을 만족시키고 빈집 사람들의 상호부조와 사회보장을 위한 기금도 필요했다. 지지부진하

---

14) 빈고의 출사와 차입을 통해 얻을 수 있는 이득은 이렇게 설명된다. "집 없는 사람들이 집을 얻을 수 있도록 하고, 공동체의 공간과 활동을 직접적으로 지원하고, 주위의 어려운 상황에 처한 사람들을 지원하며, 그리고 자신의 돈을 자본과 국가가 함부로 쓰지 못하게 하여 비윤리적 사용을 통제하고 착취를 방지하려고 한다.", 빈집 홈페이지 게시판 참조(http://binzib.net/xe).

던 빈집의 재정 문제가 본격적으로 논의된 것은 2010년 2월, 빈집이 세워진 지 2년째 돼가는 시점에 '아랫집'의 재계약 문제가 나오면서부터였다. 빈집은 처음 창안한 두 사람이 각각 2천만 원씩 보탠 4천만 원과 8천만 원의 대출금으로 만들어졌고, 투숙객들의 분담금을 통해 대출이자와 공과금을 처리해 왔었다. 기간이 지나 재계약 문제와 투숙객의 증가와 맞물려 빈집의 재정구조, 분담금, 운영방식 등 전체적인 문제가 논의되었다. 두 명의 계약자가 출자금과 대출을 담당했기 때문에 의도와 상관없이 권력의 편중과 운영책임의 문제가 거론되었다. 핵심적인 문제는 '재계약 여부, 누가 계약자가 될 것인가, 재계약을 한다면 어떤 재정구조를 가질 것인가, 운영 주체는 누가 될 것인가, 빈마을의 다른 집들과의 관계는 어떻게 설정할 것인가'였다.

빈집에 들어와 사는 데는 특별한 문턱이 존재하지 않았지만 현실적으로 규모의 한계가 존재했다. 물리적·재정적 한계로 인해 더 이상 새로운 성원을 받아들일 수 없게 된다면 소수의 제한된 사람들만의 공동체가 될 공산이 컸다. 빈집의 물리적 확장은 새로운 사람들을 받아들이기 위한 기본적 요건이었다. 확장을 위한 공간과 재정의 안정적인 담보는 새로운 재정구조를 필요로 했다.

그러던 중 몇몇 빈집 투숙객들이 영등포산업선교회 협동운동 '다람쥐회'를 방문하고, 몇몇 다람쥐회 회원들이 빈집을 방문하게 되었다. 그리고 그 만남을 통해 빈마을금고 '우주(宇宙)생활협동조합 빈고'(Bin-go)가 만들어졌다. '주거생협'과 '빈마을금고'에서 비롯된 이 이름은 빈집에서 살아가는 사람들의 공동의 경제질서를 만들어 가는 독특한 형태의 주거와 신용을 함께하는 일종의 협동조합을 일컫는 말이다. 빈고는 빈집 내부의 금융시스템으로 집 우(宇), 집 주(宙), 기본적으로 집이 배경이다. 셰어하우스, 하우스메이트, 룸메이트처럼 낸 돈

만큼 공간을 소유하는 자본주의적 방식과는 달리 빈집은 생활을 함께 하는 생활협동조합 형태이다. 단순히 잠자고 밥 먹는 주거공간으로서의 빈집도 중요하지만 주거와 그 안에서 성원들의 생활을 분리하지 않는다는 의미이다.

빈마을금고로 시작한 빈고는 소수에게 집중되어 있는 출자금 편중과 그에 따라 의도와 다르게 집중되어 보일 수 있는 권력의 문제를 해소하고, 누구나 올 수 있고 나갈 수 있는 빈집이라는 공간이 오히려 출자금을 낸 사람에게 제약이 되었던 상황을 벗어나기 위해서 만들어졌다. 또한 목돈 출자금이 없던 사람들 중 소액이라도 출자할 수 있는 구조를 만들어 모든 사람이 빈집의 운영 주체로서 권리와 의무를 가질 수 있도록 만들어졌다.

빈고는 일단 장기투숙객들을 조합원으로 하고, 자발적으로 가난을 선택한 사람들의 연대를 도모해 가난하고 행복한 삶의 토대를 만들려고 한다. 빈마을 사람들이 일정 금액 이상의 출자금을 내고 조합원으로 가입하며 조합원 1인 1표에 기반해 총회를 열고 최고의결기구로 실무진을 선출해 일정 권한을 위임하는 형식이다.

빈고의 재정은 단기투숙객의 분담금 1/2을 가져오거나 대출금 등의 자원을 빈마을금고에 모으고, 조합원들의 월 1만 원 이상의 의무출자, 자유출자 등을 통해 운영된다. 그리고 빈고로부터 대출을 받아 90만 원의 빈집세와 20여만 원의 공과금을 처리하고 있다. 모인 돈은 장기투숙객들을 중심으로 적자분을 분담하고, 흑자가 있을 때 절반은 빈집을 위해 사용하고 절반은 빈고로 들어간다. 차입과 예치에 관해서는 빈집 대출을 받는 집(빈집)에 살지 않는 사람들의 경우, 빈고가 일정 금액을 차입하고 연 6% 이내의 이자를 지급할 수 있다. 이자 없이 단순히 잠시 보관하는 용도로 이용할 수도 있다. 그밖에 선물, 마을사업에 대해 대출하고 지출한다. 또한 빈집의 전월세 보증금을 모으고 권리와 의무를 나누는 주거생활협동조합으로 빈집의 장기투숙객들을 비롯한 조합원에게 출자금 및 차입금을 모금한다. 새로운 빈집을 계약할 때에는 보증금으로 대출하고, 해당 빈집 투숙객들이 빈집세를 공동으로 모아 납부하도록 하고 있다. 잉여금은 출자지지금, 빈집적립금, 지구분담금('지구에 살아가는 우리들이 지구에게 납부하는 돈')으로 사용된다.

(2) 빈고의 실험들

빈고에서는 이달의 조합원을 선출해 시상하기도 하고, 기본적으로 조합원에 한해 금전이 필요한 사람에게 필요한 돈을 지원해 주는 '함께 쓰는 쌈짓돈'(신용카드 자르기 프로젝트)과 악성 부채에서 탈출하기 위해 지원하는 프로젝트를 진행하고 있다. 고리의 대출금이 있는 사람이라면 2백만 원까지 빈고가 저이자로 빌려주고 있으며, 함께 쓰는 쌈짓돈에서는 매월 말일을 기준으로 자신이 대출한 돈에 대해 확인하고 무이자로 상환하면 된다. 하지만 연락이 없이 상환을 하지 않게 되면 그 다음 달 1일에 빈고의 비서진들이 문자 메시지로 통보하고 월 1%의 이자를 부과한다.

빈고의 '조합원 교육'의 방식으로는 포틀럭(potluck) 수다회 또는 파티가 열린다. 다른 말로는 협동파티(cooperating party)라고 하는데, 여기에서는 참가자가 각자 자신의 요리를 가져와 나눠 먹으면서 소비·공정무역·생활협동조합·소비자운동·욕망·자본·부채·이자·최저임금·문화자본·보험·상속 등을 키워드로 수다를 떤다. 파티는 4회에 걸쳐 진행됐는데, 다르게 쓰기(소비), 다르게 벌기(노동), 다르게 굴리기(자본/부채), 다르게 살기(빈고)라는 주제로 재정에 대한 문제의식을

공유하게 되었다.15)

기존의 마을사업 비용으로는 웹호스팅비, 집사회의 회의비, 고양이 양육비, 마을잔치비 등이 있으며, 빈고 비서진 임금과 빈고 운영회의비는 기존대로 빈고에서 집행하고 있다. 또한 빈고에서는 2011년 3월 빈고총회 때, 빈마을에 거주하는 장기투숙객들을 중심으로 해방촌에서 새로운 일을 도모하기 위해 장기투숙객들에게서 월 1만 원씩 걷기로 결의하였다. 마을 내부의 공감대를 형성한 이후 7월부터 걷기 시작했다. 현재 마을활동비를 (가칭)열린집사회의에서 심의, 집행을 맡아서 하는 건을 논의하고 있으며, 열린집사회의의 구성을 각 집의 집사들과 빈고 담당자, 그리고 빈가게 담당자 이외에도 빈마을의 모든 투숙객으로 구성하는 안을 구상 중에 있다. 마을활동비는 빈마을 사람 모두가 참여 가능하고, 어느 집이 주축이 될 수는 있으나 다른 집들과의 교류도 활발히 할 수 있는 활동, 해방촌 지역주민들과의 관계를 고려하는 활동, 제안서를 제출하고 빈마을 사람들의 동의와 공감대를 형성하는 활동으로 가인드라인을 두고 있다. 예를 들어, 빈가게에서는 해방촌의 주민들과 국수먹기를 통해 국수값을 물건과 이야기로 받아 물물교환과 소통의 통로를 넓힐 수 있는 '빈가게 국수데이'를 위해 마을사업비를 신청하였다. 행사명, 일시, 준비하는 사람들, 목적, 준비사항, 예산, 지원요청액 등 사업 신청서를 작성해 열린집사회의에 제출·승인을 받은 이후 활동을 시작했다.

지구분담금은 호혜성을 바탕으로 빈집을 위해서만이 아닌 주위에

---

15) 여기에서는 디니가 유의 『굿머니, 저축계좌를 바꾸면 세상이 바뀐다』, 비노바 바베의 『부자와 빈자 모두를 위한 혁명』, 스테판 M. 폴린의 『다 쓰고 죽어라』, 앙드레 고르의 『에콜로지스트 선언』, 로버트 기요사키의 『부자 아빠 가난한 아빠』, 안토니오 네그리의 『지배와 사보타지』를 읽고 각자의 저축과 부채의 해결 방법, 잉여금의 활용 방안, 빈고에 대한 활용 방법을 논의하였다.

살아가는 모든 것을 대상으로 낯선 이들과 능동적으로 관계를 만들고 함께 더 잘 살아갈 방법을 궁리하기 위해 고안되었다. 빈고 잉여금의 최소 10%가 지구분담금으로 적립되고, 그 사용처는 '총회에 참석한 유효조합원'들 개개인이 1/n의 사용처와 사용방법을 직접 결정해 사용되었다. 이렇게 만들어진 돈은 '전쟁없는세상'에서 주최한 '병역거부자의 날' 행사의 일인시위에 후원되었고, 일본 대지진 이후 일본의 반핵평화 활동가들에게 선물이나 분담금을 송금하였다. 그리고 화재로 폐허가 된 포이동 넝마주이마을의 복구와 지원을 위해 사용되었고, 해방촌과 근처 동자동 등 지역의 어려운 이웃을 돕는 데도 사용되었다.

2) 대안화폐 '빈'

빈집의 대안화폐 '빈'은 빈집들 간의 물자이동을 원활하게 하기 위해 제안되었다. 기존의 물자이동은 선물 형식으로 유지되었지만, 농사팀과 같이 성원들의 노동에 대한 보상의 문제가 제기되면서 대안화폐가 시작되었다. 노동이 소수에게 집중되는 현상을 막기 위해 공동노동을 목록화해 작업분담표를 만들고 당번제를 실시해 자기가 맡은 일에 익숙하지 않더라도 할 수 있게 강제하면서 공동노동에 참여할 수 있도록 유도하였다. 가사노동도 한두 명에게 집중되는 문제가 발생했고 특히 여성들에게 집중되는 양상을 보였다. 공동노동을 활성화하고 집들 간의 물자이동을 활성화하기 위해 부식비는 반찬팀으로 통합해 식비의 일부 혹은 전부를 모아 집마다 기본재료를 공동구입해 아랫집에서 같이 요리한 후 모든 집이 필요한 만큼 가져가기로 결정했다. 그럼에도 여전히 소수에게 집중된 모습을 보였고 이로써 빈마을의 가사노동과 공동노동의 재분배 논의는 한동안 침체되었고, 그에 대한 대안으로 대안화폐가 제시되었다.

대안화폐와 관련하여 1원을 1빈으로 결정하였으며 팀 활동이나 개인의 성과를 통해 일정한 빈을 지급하며 각종 개인 간의 빈 거래를 활성화시키려고 했다. 처음 윗집에서 실험을 시작하였고, 물 한 번 떠오는 데 2백-3백 빈을 주었다. 어떤 방식으로 할 것인지에 대해 빈마을 전체의 규칙을 정하기에 앞서 각 집마다 일단 해보면서 실험들을 공유하기로 하였다. 빈집에 오가는 사람들 누구나 쓸 수 있도록 하며 각 빈집, 맥주팀, 농사팀 등 단체 계정도 생성 가능하며, 등록된 사용자라면 누구나 직접 발행 가능하게 하였다. 물건을 구매한 쪽은 마이너스(-), 판매한 쪽은 플러스(+)로 기록해서 전체 합은 항상 0이 되게 하고 물건의 가격, 빈과 원의 비율 등은 시장에서 협상을 통해 결정되도록 했다.

빈의 사용 내역은 모두 기록되고 공개되는 것을 원칙으로 하였다. 이것은 빈 마을 내부의 소통도 있었지만 이 '빈'을 통해 외부와의 만남도 생각했기 때문이었다. 하지만 기존 화폐 체계와의 차별화 문제나 빈집 안의 노동도 화폐라는 형태로 교환되는 것에 대한 거부감, 대안화폐로 인한 기존의 선물 형태로 운영되던 재정의 붕괴, 화폐로 대체될 때 발생할 수 있는 가사노동의 분담 등의 문제 때문에 크게 활성화되지 못하고 있다.

3) 외부세계와 만나는 '빈가게'

(1) 빈가게의 밑그림

경제적 기반을 만들기 위한 우주생활협동조합 빈고와 지역사회의 접점을 도모할 수 있는 시도로 제안된 것이 '빈가게'이다. 빈가게 실험은 일과 놀이, 사적인 영역과 공적인 영역을 구분하지 않으면서도 빈집과 마찬가지로 '적은 돈으로 풍요롭게'를 목표로 한다. 경제적으로 어려운 사람, 앎과 삶을 일치시키려는 사람, 세상을 자기방식대로 살고 싶은 사람, 소비를 최소화하려는 사람들이 함께 즐기면서 살아가자는 취지였다. 빈가게를 통해 해방촌이라는 지역에 살고 있는 지역주민, 미군, 이주노동자까지 다양한 사람들과의 접점을 찾으려고 하였다.

빈가게에는 외부에 흩어져 있던 주변환경이 안으로 들어오게 된다. 즉 공연장, 회의실, 소규모 식당, 커피숍, 서점, 술집, 극장 등이 그 목적과 성격에 따라 변모하면서 정치적 논쟁과 토론이 벌어지기도 하고 콘서트가 열리며 지역주민들을 위한 각종 서비스가 이루어진다. 또한 한꺼번에 모이기 힘든 빈집의 성원들이 하루 일과를 마치고 잠시 들러 술을 마시거나 서로의 안부를 묻고 헤어지는 장소가 되기도 한다.

2010년 3월 빈가게팀이 결성돼 각자 하고 싶은 일들, 동원할 수 있는 자원, 각자의 재정 상황, 현재 나온 가게 후보들 검토, 조직형태, 가게의 목표·지향, 추진 계획에 대해 논의하게 되었다. 재활용가게, 반찬가게, 헌책교환소, 카페, 신문발행 등을 같이 할 수 있도록 의견이 모아졌다. 실행하기에 앞서 사전조사를 통해 여러 가지 모델들을 검토하였다. 빈가게의 초기 모습은 협동조합처럼 운영하는 것을 목표로 했다. 기본적으로 조합원들의 출자와 노동을 통해 이루어지도록 하였지만 직접 참여하지 못하더라도 연대의 차원에서 출자를 할 수 있도록 했다. 임금은 '빈'으로도 지급할 수 있으며 수익이 발생했을 때는 일정 비율을 노동시간으로 나눠 배당하게

〈그림 9-7〉 빈가게

하였다. 가게의 모든 공급품과 서비스는 빈으로 교환할 수 있게 하였다.

또한 앞집 사람들과 논의를 거쳐 가게팀을 결성해 앞집 손님방을 사무 및 작업공간으로 활용해 매주 월요일에 회의를 하였다. 일단 빈가게 통장을 만들어 1구좌에 10만 원을 받기로 하였다. 7월부터 회의를 거쳐 결정된 사항에 대해 가게에서 판매할 품목을 정하고 이미 마을 안에서 공동구매 형식으로 구입되고 순환되던 재화들을 판매하기로 하였다. 주류나 반찬 등 마을에서 일상적으로 직접 만들어 소비되던 필수품도 포함되었다. 농산물은 팔당과 지리산의 연대 생산자들로부터 구입하거나 대부분 국내산이거나 공정무역을 통해 구입한 제품들로 결정되었다. 홍보를 위해서 뉴스레터를 발행하고 자전거 메신저, 밥그릇 빈(출장 단체 급식), 빈다마스 서비스 등이 제안되었고, 뉴스레터는 물품정보를 가급적 상세히 이미지와 함께 소개하고 있으며, 가게소식, 운영원칙을 볼 수 있게 꾸며졌다.

(2) 협동조합[16]으로서의 원칙들

빈가게의 재정은 출자금과 조합원 회비, 빈가게 수익금으로 나눠져 있으며, 월별 공개를 원칙으로 한다. 빈가게에서 일하는 '스태프'들이 주축이 된 운영위원회에서 이러한 업무를 맡아서 진행한다. 운영위원회는 총회의 위임을 받아 다음 총회 때까지 빈가게 운영 전반에 관한 사항들을 의결하고 업무를 총괄하는 상설 의결·집행기구이다. 그리고 운영 전반에 관한 총괄 및 주요 사업에 대한 토론과 의결을 하고 있으며, 정기 총회 및 임시 총회의 소집을 결의할 수 있다. 또한 월간 결산에 관한 사항이나 조합원의 가입승인, 탈퇴, 포상, 징계에 관한 사항과 이벤트, 대관에 대한 제안·심의·의결을 결정한다. 다른 조합원도 참석은 가능하지만 발언권 등은 제한된다.

빈가게의 대표는 신규사업자등록 등 형식적인 대표로서만 존재하고, 총회는 빈가게의 최고의결기구로 스태프 중 한 명이 의장을 맡는다. 비조합원도 총회에 참석할 수 있지만 발언권 등은 제한된다. 의결은 과반수 찬성으로 하며 회칙의 재개정 및 운영 세칙에 대한 심의가 가능하고 회계, 결산 및 이익 배당, 운영에 필요한 사항에 대해 논의한다.

조합원은 빈가게의 목적에 공감하는 사람들로 조합원 가입신청서를 작성하고 일정 금액의 회비를 납부하면 된다. 출자금을 분담한 사람은 누구나 조합원이 될 수 있으며 멤버십조합원, 출자조합원, 스태

---

16) 협동조합을 지원하는 단체인 국제협동조합연맹(International Cooperative Alliance)은 1995년 창립 100주년 기념 총회에서 협동조합의 기본 원칙을 다음의 일곱 가지로 규정하고 있다. 가입 자유의 원칙, 민주적 관리의 원칙, 구성원의 민주적 참여 원칙, 자율과 도덕의 원칙, 조합원에 대한 교육·훈련·정보제공의 원칙, 협동조합간 상호 협조의 원칙, 지역공동체에 대한 관심의 원칙 등이 그것이다(한국도시연구소, 2003: 353).

프로 나뉜다.

멤버십조합원들에게는 총회의 참석, 발언권, 의결권, 감사권이 있으며 가게 주최 활동에서 우대받고, 카페 메뉴에 대해 조합원가를 적용 받을 수 있다. 또한 각종 활동을 제안할 수 있고 재정적인 지원을 받을 수 있다. 단 운영위원회의 심의 의결을 거쳐야 한다. 만약 회비를 납부하지 않으면 조합원으로서 권리와 혜택이 주어지지 않는다.

출자조합원도 조합원 가입 신청서를 작성하고 일정 금액 이상의 출자금을 납부하면 되는데 멤버십조합원의 누적 회비가 일정 금액 이상을 넘는 경우, 출자조합원으로 자동 전환된다. 출자조합원은 가게에서 일할 수 있는 자격이 부여되며 총회의 참석, 발언권, 의결권, 감사권이 있다. 출자조합원은 빈가게 수익금 중 정해진 비율에 따라 연말 이익금을 배당받을 수 있으며, 빈가게 주최 활동들에 우대받고, 카페 메뉴에 대해 조합원가를 적용받을 수 있다. 또한 각종 활동을 제안하고 재정적인 지원을 받을 수 있으며 마음대로 탈퇴는 가능하지만, 출자액은 운영의 안정화를 위해 빈가게의 해산으로 인한 자본 정리의 사유 외에는 반환하지 않으며 출자금의 반환에 관한 세부사항은 운영세칙에 따른다.

스태프는 빈가게 운영에 적극적으로 참여할 의사를 갖고 스태프지원서를 작성하면 되고 출자조합원이거나 멤버십조합원이어야 한다. 그리고 빈마을 내부 사람으로 한정한다. 스태프가 되기 위해서는 기존 스태프의 추천과 운영위원회의 승인이 필요하며, 조합원들에게 부여된 총회와 운영위원회의 참석, 발언권, 의결권, 감사권을 가진다. 스태프는 빈가게에 일정시간 이상 노동력을 제공하며 운영위원회에 참석해야 한다. 스태프는 자신이 제공한 노동력에 비례하는 수당을 지급 받고, 연간 순이익 중 일정한 성과급을 받을 수 있다. 탈퇴는 최소한 한 달 전에 통보해야 한다.

(3) 서비스 프로그램

빈가게는 윗집의 계약이 끝난 후 남은 자금과 빈고를 통해 마련된 보증금 2천 만 원을 가지고 2010년 11월 20일 처음 문을 열었다. '자율적인 일-놀이, 직접 만들기, 재활용, 해방촌 탐사, 좋은 이웃, 건강하고 소박한 밥상, 느리게 살기'를 추구하며, 여유와 안정감, 자유롭고 편안함, 언제나 재미난 일을 지향한다. '다르게 생각하고 협동하기', 생산품은 기쁜 생산품이기, 직접 혹은 아는 사람들이 재배·제조한 생산품, 생협의 생산품, 공정무역을 통한 생산품만의 사용을 지향하기, 빈가게의 모든 소품과 가구는 가급적 중고·재활용품을 활용하거나 직접 만들기를 기본 원칙으로 삼았다.

빈가게는 자신과 사회에 동시에 기여하는 일을 하며 수입을 얻고, 마을에 일자리를 창출하면서 서로의 힘을 모아 편안히 즐기고 살 수 있는 마을을 만들기 위한 목적으로 열게 되었다. 그리고 빈마을과 해방촌 사람들에게 직접적으로 도움이 되는 일을 하며 공동출자, 공동경영, 공동노동, 공동분배를 원칙으로 한다. 기본적으로 음료와 술, 가벼운 식사를 제공하는 카페로 운영되며, 생협물건 거래, 헌책 교환, 벼룩시장 등 다양한 활동이 가능하도록 부스를 운영한다. 또한 각종 이벤트와 워크숍, 세미나, 토론회 등의 이벤트를 주최하고 후원한다. 그리고 자신의 취지에 맞는 개인, 단체와 서로 연대할 수 있는 방안을 모색하고 있다.

빈가게는 자신의 원칙에 어긋나지 않는 범위 안에서 누구나 자유롭게 대관할 수 있게 하였으며, 일정의 대관료를 받고 있다. 음료와 술, 음식 등은 직접 준비하거나 빈가게에서 조합원가로 구입할 수 있

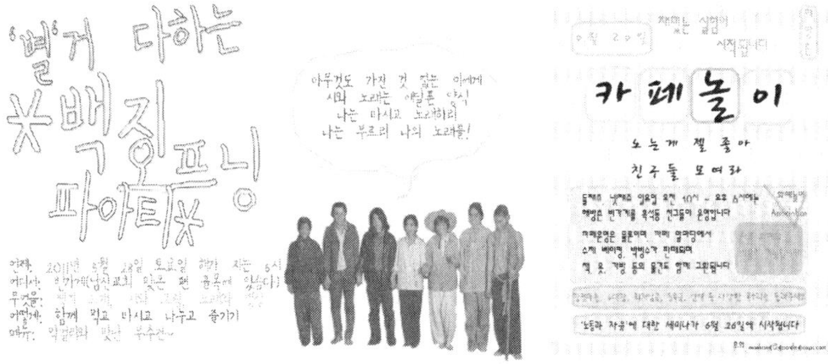

〈그림 9-8〉 빈가게 행사 포스터[17]

다. 일회용품의 사용을 금하고 있으며, 대관이 끝난 이후에는 직접 정리하면 된다. 하지만 행사가 있다고 해서 오는 사람을 막을 수 있는 것은 아니다. 손님들이 주인인 공간이기 때문에 전체 대관을 했더라도 일반손님이 오면 가게 시설의 일부를 사용할 수 있다.

2011년 6월에는 처음으로 빈가게에서 재활용 장터를 열었다. 마을 주민들로부터 받은 물건들과 빈집에 살면서 쌓아 두었던 물건들을 투숙객들이 직접 분류해 금요일과 토요일 이틀에 걸쳐 판매하였다. 판매 후 얻은 이득은 화재로 피해를 입은 포이동 266번지 넝마주이마을에 전달하였다. 물건을 팔 때 중고품에 가격을 직접 매기는 대신 자율가격코너를 만들어 물품 구입자가 직접 물건에 적당하다고 생각되는 가격을 결정해 지불하도록 하기도 하였다. 이 외에도 빈가게에서는 다양한 행사도 열리는데, 투숙객이 준비하는 '평화군축박람회'와 '강정마을 후원주점' 등이 그것이다.

빈가게는 빈농집, 생협 혹은 소농들과 직거래하여 물건을 공급하며 빈집의 남는 물건, 책 등을 비롯해 모든 물품을 교환・판매한다. 또

17) 빈집 홈페이지 게시판(http://binzib.net/xe).

〈표 9-2〉 빈가게 후원활동

주최 및 후원활동	내 용
제주도 강정마을 후원	주류 판매, 후원금 모금
빈가게 수줍은 음악회	홍대 가수 '무키무키만만수' 초청공연
몸살림	마을주민의 주최로 열리는 건강 체조
노래와 수다가 있는 이발관	빈집 투숙객 이발사 윤영배의 뮤직토크쇼
'백지'[18] 파티	연극, 백지다큐 상영, 후원금 모금
착한 초콜릿 만들기	11월 11일 빼빼로데이에 해방촌 학생들을 대상으로 공정무역 초콜릿과 생협의 과자로 '착한 빼빼로' 만들기
자율가격코너	소비자가 중고물품의 가격 정하기
중고 및 재활용 장터	물물교환, 공짜코너, 중고 및 재활용품 판매

한 커피, 차부터 시작해 직접 만든 크림치즈, 요구르트도 판매한다. 간단한 식사도 할 수 있다. 재료는 공정 무역 커피·설탕, 유기농 야채 등 '좋은 것만' 사용한다. 또한 '마을극장'이란 이름으로 심야에 보고 싶은 영화나 추천하고 싶은 영화를 상영하며, 워크숍, 세미나, 회의 등을 하는 대화와 소통의 사랑방으로 운영되고 있다. 해방촌에서 이동식 판매를 하거나 벼룩시장을 열고 있으며, 마을신문을 발행하기도 한다.

4. 내부의 위험들

1) 배제와 중심에 대한 두려움

빈집에는 다양한 분야에서 활동하는 사람들이 함께 살다 보니 갈등도 자주 일어난다. 투숙객들은 10대에서 50대에 이르기까지 나이

18) 〈아큐정전〉을 바탕으로 연극활동을 하는 단체.

가 다양할 뿐만 아니라 문화적 배경도 매우 다르다. 그리고 이들 사이의 호칭은 별명으로 통일되어 있고, 서로 이름이나 나이를 모르는 경우도 많다. 어떤 장기투숙객이 언론에 나온 기사를 본 이후에나 그 사람의 이름과 나이를 아는 경우도 있었다.

같이 생활하는 사람들이라면 누구나 겪어 봤을 가사노동 분배 문제부터 다른 사람과의 성격 차이로 인한 갈등, 애완동물의 관리 문제 등 빈집에는 항상 소란이 끊이지 않는다. 심지어 가출청소년이 찾아온 때도 있었고, 공동생활에 책임질 생각이 없는 사람이 저렴한 방세 때문에 찾아오기도 했다.

빈집 생활에서의 참여도는 노동량에 비례하기 때문에 이것은 곧 노동에 의한 권력 획득을 의미한다. 따라서 자연스럽게 직장이 있거나 활동에 참여가 부족한 사람들에 비해 자신의 모든 활동을 빈집에 투자하는 투숙객들에게 권력이 집중되는 현상이 보인다. 때문에 시간적 여유가 부족하거나 상대방에게 먼저 다가가기 어려운 성격을 지녔거나 노동에 대한 적극성이 부족한 투숙객들은 점차 타의에 의해서가 아닌 자발적 배제를 겪게 된다.

아랫집의 특성상 손님맞이, 쓰레기 버리기, 동물 돌보기, 옥상텃밭 관리 등의 인력이 필요하기 때문에 월급제 매니저를 두자는 제안이 있었다. 처음 투숙객들이 늘어나기 시작할 무렵에는 칠판에 그날 해야 할 일을 적어두고 그것을 수행한 사람이 자신의 사인을 넣는 식으로 가사노동의 항목과 그것을 수행하는 사람을 가시화시키면서 노동을 분담하였지만, 몇 가지 이유로 얼마 후 중단되었다. 따라서 대표자를 뽑아 관리자를 만드는 형태로 모든 투숙객이 신경을 쓰기 힘든 가사노동이나 내부에서 일어나는 전반적인 상황을 관리하고 운영하는 사람을 대표자로 세워 처리하게 하는 방식이 제안되었다. 하지만 소수의 사람에게 전화가 집중되거나, 한 사람의 중복 출연이 앞으로 마을에서 권력을 획득하는 방식으로 이용될 수도 있다는 지적이 나왔고 어떤 팀 활동도 하지 않거나 못하는 사람들에 대한 문제도 제기되었다.

이후 빈집에서 일어나는 전반적인 일을 파악하고 챙기는 운영팀의 일원으로 한 달에 한 명씩 빈집 식구 전체가 돌아가며 하자는 의견이 제시되었다. 이것은 모든 일을 하는 사람이 아니라, 모든 일이 잘 돌아가도록 조율할 수 있는 사람을 뜻한다. 빈집의 필수적인 임무를 서로 돌아가면서 맡아 권력이 한 사람에게 집중되는 것을 막고, 일을 잘하지 못하더라도 투숙객들의 참여율을 높여 빈집 안에서 일어나는 일에 공유의식을 높이자는 취지에서였다.

2) 확장에 따른 고민

빈집이 생긴 이래 아랫집, 옆집, 윗집으로 불어난 2010년, 마침 H 일보에 빈집 소식이 나간 후[19] 위기가 찾아 왔다. 빈집에는 끊임없이 사람들이 찾아왔고 어떤 날은 낯선 사람들이 거실을 가득 메우고 있을 때도 있었다. 그동안 빈집의 역사와 함께 해온 장기투숙객들이 직장을 찾거나 다른 일들로 자리를 비우게 되자, 한 달 남짓 살아온 단기투숙객들이 집을 지키게 되면서 환대의 질이 떨어지고 공동생활의 규칙이 깨지기 시작했다. 아랫집의 재계약 문제가 엮이면서 문제는 더욱 심각해졌다.

19) 투숙객들은 언론 보도 이후 발생된 문제로 극도의 스트레스를 받았고 취재 대상이 되고 카메라에 찍힌다는 것에 대해 부담스러워 했으며, 이후 빈집 취재에 대해 거부감을 보이게 되었다.

빈집은 계속 실험 중인데 제각각 다른 해석으로 방문하고 하숙집이나 고시원과 같이 저렴한 비용으로 살 수 있을 것이라는 환상을 품고 오는 사람들이 많았다. 어떤 사람은 공간분담금을 내지 않고 가는 경우도 있었고, 최소한으로 정해 놓은 규칙도 지키지 않는 경우가 허다했다. 또한 단시간에 투숙객이 증가하면서 대안적 삶의 이야기를 공유하기가 힘들어졌다. 집과 사람들이 증가함에 따라 더 넓은 공간과 많은 비품 등 현실적으로 필요한 것도 많아지기 시작했다. 그리고 다양한 부류의 사람들이 들어오면서 저마다 다른 생활방식과 지향점에 따라 소소한 갈등을 일으켰고 그에 따른 의견 조율에 어려움을 겪게 되었다.

정해진 규칙은 없었지만 기본적으로 여성주의나 생태주의적 가치에 동의하는 사람들이 살아오고 있었는데, 빈집에 어울리지 않게 남에게 무관심하고 자신의 신체, 자신의 소유, 자신의 이익만 챙기며 기생하는 자유주의자, 개인주의자들도 많았다. 빈집에서의 제일 심한 욕인 '하숙인', '기생인'으로 불리는 사람들이었다. 그럼에도 빈집이 가지는 '환대의 의무'를 다해 손님들을 맞이했고, "당신은 왜 여기 있느냐", "왜 같이 살려고 하느냐" 등 빈집의 지향성에 대해 손님 그리고 스스로에게 계속해서 묻는 방식으로 공동주거의 삶을 안정화시켰다. 지향성에 동의하지 않는 사람들은 스스로 배제됐고, 사람들은 빈집의 철학과 목적을 재공유하는 계기가 되었다.

끊임없이 새로운 얼굴을 만날 수 있는 빈집의 구조적 특성상 항상 공통적인 문제가 일어난다. 처음 오는 사람들이 가장 먼저 부딪히는 벽은 가사노동이다. 가사노동으로 인식하는 것은 청소 정도이지만 실제 공동으로 해결해야 할 노동은 훨씬 많았다. 씻은 그릇 찬상에 넣기, 반찬 만들기, 전화 받기 등 작은 것 하나하나가 중요한 노동이었다.

이런 생각을 공유하는 데도 오랜 시간이 걸렸고 서로 다른 기준 때문에 마찰이 생기기도 했다. 이 문제를 해결하기 위한 토론이 회의의 주요 안건이었다. 결국 사람들은 대표자를 뽑아 이런 일들을 관리하고 다른 사람에게 일을 시키도록 하였다. 그렇지만 이것도 뽑힌 사람이 잘 수행하지 못해 종종 사람들을 자괴감에 빠지게 하였다. 이를 수정하기 위해 대안화폐를 도입하고, 그날 할 일을 칠판에 적어 넣기, 팀 활동의 활성화 등을 통해 극복하려고 노력하고 있다.

빈집에는 생활규칙을 위한 가이드북이 존재한다. 그렇지만 이것도 어떤 권위에 입각해 있다기보다는 개인들이 집을 함께 유지하기 위해 협상하고 타협하기 위해 만들어진 일종의 자기 책임의 지침서라고 할 수 있다. 가령 빈집에 간다면 빈 공간 구석구석에 붙어 있는 "인종주의자입니까? 내려가십시오. 당신은 마초입니까? 내려가십시오. 페미니스트입니까? 올라오십시오. 동물을 사랑하십니까? 환영합니다"와 같은 문구나 말을 들을 수 있다.

물론 이것이 엄격히 적용되는 것은 아니며, 그 순간의 실험으로 그치는 경우가 많다. 그렇더라도 이것은 빈집과 외부 사람을 구별지으려는 저항방식으로 나타난다. 호기심이나 단순한 주거 해결을 위해 찾아오는 사람들은 장기투숙객들에게는 불편함으로 다가온다. 빈집이 잠시 스쳐가고 단지 실험을 위한 공간이라면 상관없겠지만 이곳이 삶의 유일한 안식처가 된 성원들에게 낯선 사람들의 방문은 자신들의 공간을 파괴하고 단순히 이야깃거리로 만들 위험이 존재한다. 이것은 빈집이 완전히 자신과 남을 구별짓는 사회의 작동방식에서 벗어나지 못했다는 것을 말해준다. 모든 것을 열어 놓으려는 의지와 상관없이 경계를 지으려는 경향이 이러한 외부의 위협을 통해 다시 드러난다.

빈집을 방문하는 사람들은 사회적으로 각자 다른 위치에서 활동하고 있는 사람일 것이다. 어떤 사람들은 지극히 평범한 모습일 것이고 어떤 사람들은 다른 사람들에게 존중받는 사람일 것이며 어떤 사람들은 특이한 성격의 소유자로 평가받고 있을 것이다. 그들은 공통된 시간과 장소에 있지 않았고 자신들의 사회생활을 겸하고 있기 때문에 하루 종일 같은 생활공간 속에 있지 않았다. 이러한 다양한 사람들이 빈집이라는 공간에서 일정한 시간 동안 공동생활을 해 나가기 위해서는 많은 조율이 필요하다. 이러한 조율이 금긋기를 통해 구분하고 분리되는 것으로 나아가지 않고 색다른 소통을 통해 새로운 관계 맺기로 나아가는 것이 중요할 것이다.

3절. 대안적 삶의 측면들

빈집이 일반적인 삶과 다른 형태의 주거생활을 지향하고 있다고 해서, 그곳의 사람들이 모두 자본주의에 반대하고 어떤 특정한 정치적 지향을 가지고 있는 것은 아니다. 빈집이 확장돼 가면서 사람들이 여기저기서 소문을 듣고 모이다 보니 생태주의, 반자본주의, 페미니즘 등의 정치적 지향을 지닌 사람도 있지만, 혼자 사는 외로움을 이겨내고 서울의 비싼 집값과 생활비를 해결하기 위해 모인 사람들도 있다.

따라서 다양한 분야에서 활동하던 사람들이 함께 살기 때문에 갈등도 자주 일어난다. 공동생활을 하면 누구나 경험할 수 있는 가사노동의 분배에서부터 다른 사람과 빨래를 섞어야 할지 말아야 할지 고민하는 '빨래드기', 고양이 똥 치우기, 청소하기, 밥차 만들기, 가출청소년의 방문 등 일상생활에서 일어나는 여러 갈등이 발생한다. 또한 미디어를 통해 빈집에 대한 소문이 나면서 늘어나는 투숙객과 공동체 생활의 책임과 의무를 전혀 하지 않고 공동주거를 하려고 하는 사람, 빈집의 확장에 따른 공간과 재정의 문제 등 빈집 전체의 문제에 이르기까지 여러 문제가 발생한다.

그렇지만 빈집 성원들은 이것을 해결하기 위해 끊임없이 소통하여 해결책과 대안을 제시한다. 단 한 가지 절대적인 원칙은 "나가라"는 말은 하지 않는다는 것이다. 아무도 주인이 아니며 모두 손님이라고 생각하기 때문에 가능한 일이다. 이처럼 빈집은 누군가를 의도적으로 배제하지 않으며 소통과 갈등의 조율을 통해 어느 정도 공통적인 성격을 드러내고 있다.

빈집에서 이뤄지는 활동들은 성공과 실패라는 이분법을 통해 가치판단 내려지지 않는다. 단지 성원들은 그러한 삶이 가장 기쁘고 행복하다고 느끼기 때문에 다양한 활동을 지속해 나간다. 성공이라는 결과에 집착하지 않는 빈집의 특성은 자본주의 사회에서의 경쟁과 대립 속에서 결과에 따라 모든 가치판단을 내리는 방식과는 다르다. 성공을 위해 노력하지만 노력하는 과정의 삶 속에서 충분히 기쁨을 찾으려고 한다. 그들은 성공이라는 목표와 결과에 집착하지 않고 그 속에서 이루어지는 관계와 과정을 중요하게 여긴다. 그래서 이들의 활동을 결과론적 성공 여부의 잣대로 평가해서는 안 된다. 결과의 성패와는 무관하게 사람들이 스스로 참여하여 기획하고 실행하고 수정하는 역동적 과정이 중요하기 때문이다(강수돌, 2009: 242).

다른 대안운동에서 보이는 모습처럼 이들의 움직임에서는 새로운 인간관계를 탐색하는 경우가 많다. 이들의 주거방식과 인간관계방식은 외부의 시선으로는 낯설게 다가올지도 모르지만, 기존의 사회 체계와는 다른 삶을 창조하려는 새로운 인간관계의 실험이라고 볼 수 있다.

1. 수평적 관계 형성

빈집에서는 일반적으로 사람들을 부를 때 별명으로 부르고 있다. 다양한 연령대에도 불구하고 빈집의 사람들은 나이 등에 구애받지 않고, 각자 원하는 별명, 즉 '지음', '살구', '아규', '잔잔', '우마' 등으로 부르며 서로 존댓말을 쓰거나 친구처럼 편하게 대화를 나눈다. 서로 별명으로 부르다 보니 자연스레 형, 동생 등의 위계적 호칭이 없는 수평적 관계가 형성된다. 빈집의 공식 인사말은 "다녀올게", "다녀와", "다녀왔어", "어서와"이다.

빈집에서는 딱히 금기가 존재하지 않는다. 드나드는 사람들이 지발적으로 만들어 낸 규칙들이 방 곳곳에 써 붙여져 있다. 생활수칙은 집집마다 무수한 쪽지가 대신한다. 설거지하는 법, 화장실 이용법, 세탁기 사용법 등은 이 쪽지를 보거나 각자 알아서 처리한다. 가사노동의 경우 이를 통해 이뤄지기도 하지만 갈등이 일어날 때는 서로 보이는 대로 편하게 지적하고 심각하게 받아들이지 않는 차원에서 조절해 나간다. 스스로 규칙을 정하고 책임을 지면서 스스로 집의 주인이 되는 과정을 거치는 것이다.

2010년대 초반 빈집에서는 한 남성이 성폭력적 발언으로 나가게 된 일이 있었다. 빈집 또한 기존의 사회와 분리될 수 없고 기존 가부장제 사회에서 작동하는 이데올로기에서 자유롭지 못했다. 성별에 따른 권력관계, 이성애 중심주의, 권위주의 등 가부장적 이데올로기는 사람들 간의 관계 맺음이 이뤄지는 빈집 내부에서도 작동되었다. 남성중심적인 사고방식으로 빈집 곳곳에서 알게 모르게 일어나는 성폭력

문제가 논의됐고, 이에 대한 대안으로 '반성폭력 내규'가 제시되었다. 가부장적 이데올로기에 대한 성원들의 문제의식을 키우고 공동체의 남성 중심성을 해체함으로써 궁극적으로 모든 사람이 성별, 성 정체성, 성 지향에 관계없이 평등할 수 있는 공간을 만들기 위한 목적에서였다. 이러한 과정을 통해 현재 빈집에 오는 사람들은 기존 사회의 남녀의 차이에 입각한 권위구조에서 벗어나 자연스럽게 서로를 존중하고 관계를 형성하게 된다.

빈집 안에서는 일부의 주장만 일방적으로 전달되지 않는다. 성원들 각자가 자기 생각을 이야기하면서 다른 사람의 의견을 존중하며 자신의 의견이 틀릴 수 있다는 것을 인정한다. 성원들은 누구나 의사결정 권한을 가지고 있고 공동으로 역할에 참여함으로써 어느 한 사람의 의사결정이 빈집의 방향을 좌우하지 않는다.

물론 부부, 형제와 같은 전통적 형태의 가족들, 수능을 준비하는 학생, 병역거부자, 문화활동가 등의 장기투숙객들뿐만 아니라 이곳에 관심을 가지고 방문하는 사람들, 동네 주민들, 짧은 기간 숙박을 해결하기 위해 찾아오는 사람들 등 다양한 사람들이 자신들의 욕망을 찾아 다양한 방식으로 빈집과 인연을 맺고 있다. 빈집은 모두에게 열려 있지만 그만큼 잠시 스쳐가는 사람들도 많다. 이처럼 사람들의 유동이 잦고 다양한 목적을 가지고 방문하기 때문에 새로운 성원을 이해하고 공동생활의 호흡을 맞춰가는 데 많은 시간이 걸린다.

하지만 이러한 과정을 통해 그들은 수평적 관계를 형성해 나간다. 이들의 열린 관계는 성원들의 다양한 구성을 가져다준다. 빈집이 엄격한 통제와 획일적 구조에서 운영되는 상황이라면 얻을 수 없는 다양함이 이들에게는 풍부한 자원으로 작용한다. 그들의 전략은 기존의 규범과 행위에 대한 하나의 대안으로 그것이 실행되는 과정 속에서 다른 삶이 가능하다는 것을 보여주며, 새로운 인간상에 대한 실험과 새로운 사회에 대한 구상의 폭을 넓혀 준다.

2. 유동성

빈집은 현재 살아가는 사람과 앞으로 들어올 사람들이 만드는 것이기 때문에 누군가가 이렇게 저렇게 정의한다고 해서 특별한 의미를 가지지는 않는다. 빈집이 현재 활동하는 모습을 보고 빈집의 특성을 부여할 수 있겠지만 그것도 한 장기투숙객의 말처럼 단지 "빈집스러움"이라고 할 수 있다. 누구든 자기가 원하는 대로 생각하고 만들고 그렇게 할 수 있는 곳이 빈집이라 할 수 있다.

빈집이 공동체의 형식을 띠고 있다고 해서 개인의 정체성을 무시하고 공동체의 규율을 강제하지는 않는다. 전체회의에서 결정돼 진행되고 있는 사항에 대해서도 당연히 해야 한다거나 관습적인 규칙을 지키고 빈집의 정체성을 보여야 한다는 것은 정해져 있지 않다. 빈집에서 무엇인가를 하고 싶다면 회의나 모두가 볼 수 있는 홈페이지의 게시판에 제안하고 토의와 설득의 과정을 통해 모두의 동의를 이끌어 내면 된다. 오래 살았든 짧게 살았든 누구도 무엇인가를 강제할 수 없다.

또한 빈집은 열려 있는 공간이기 때문에 그곳을 점유하는 투숙객들의 특성에 따라 이 그 성격이 변한다. 빈집에 살고 있는 개인, 커플 모두 자신들의 공간을 필요로 한다. 혼자만의 시간이 필요할 때도 있고, 파트너와 단둘이 있고 싶을 때도 있다. 세미나나 워크숍을 하기 위해 빈 공간이 필요하기도 하다. 그리고 무엇보다도 잠을 잘 때에도 공간은 필요하다. 하지만 삼사리는 수시로 변한다. 빈집의 이층 침대는 공간의 변화를 가장 잘 보여주는 예이다.

빈집에서는 모든 공간이 활용되며 각 집의 공간 사용은 유동적이다. 만약 단기투숙객이 갑자기 늘어나면 장기투숙객은 공간의 여유에 따라 집들 사이를 이동하기도 한다. 그리고 반드시 공간이 침실이면 침실, 거실이면 거실과 같이 하나의 의미와 사용을 위한 곳으로 고정되어 있지 않고, 당시의 상황에 따라 침실, 작업실, 거실 등으로 변하면서 공간 활용도를 높인다. 소파처럼 휴식을 취하는 공간이 누군가 커튼을 내리면 새로운 일을 모색하기 위한 작업실이 되기도 한다. 공간의 위상도 고정되어 있지 않으며, 싱크대 위에 놓는 그릇의 순서나 물건의 위치 등도 날마다 바뀌게 된다. 일단 있던 대로 시작하여 성원들이 그것을 받아들이면 그대로 유지되고 또 그것이 불편해지면 다시 위치를 바꾸며 공간을 변화시킨다.

또한 빈집의 모습이 고착화되는 것을 방지하고 시간이 지남에 따라 개인이 점유하는 공간과 기간이 늘어나는 것을 방지하기 위해 주기적으로 '짐 정리의 날'을 갖는다. 물론 모든 물건은 주인이 있지만 공유하는 것을 원칙으로 하며, 성원들은 귀중품이라 생각되는 것들은 만지지 않으려고 한다. 귀중품처럼 보일수록 누구도 손을 대기 꺼려하기 때문에 오히려 치워야할 때 치우지 못해 문제가 발생할 수 있다. 함께 살면서 물건이 섞이게 되고 시간이 지나면 서로 누구의 물건인지 모르는 경우가 빈번하기 때문에, 빈집에서는 소유권 침해로 갈등이 일어나기보다는 어떤 물건이 공간을 지나치게 차지하고 있거나 다른 성원들이 이것을 이용할 수 없는 애매한 위치에 있을 때 문제가 발생한다.

집과 공간에 대한 해석이 바뀌면서 가족에 대한 개념도 변했다. 2009년 한 장기투숙객이 머물던 옆집에서는 이주민 여성과 그녀의 아기가 있었다. 매일 밤 울어대는 아기로 인해 같이 사는 사람들은 신경이 날카로워지고 서로 상처를 주고받는 일이 발생했다. 그렇지만 시간이 지나면서 이를 계기로 그 장기투숙객은 아기랑 사는 것에 대해 그리고 아기와 관계 맺는 방식에 대해 생각하게 됐고 이주민 소수자의 삶도 고민하게 되었다. 이후 갈등을 해결하기 위한 방편으로 방의 배치를 바꿈으로써 아기 울음소리를 줄이고, 점차 아기 울음소리에도 적응해 가면서 안정을 되찾게 되었다. 기존의 가족공동체가 아닌 다양한 인종과 성원들의 관계 맺기를 통해 새로운 가족구성을 생각하는 계기를 마련하였다.

사적공간이 아닌 공동주거 공간에서는 성(性)에 대한 생각도 바뀐다. 빈집에는 현재는 한 커플만이 존재하지만 전에는 몇 커플이 있었다. 그동안에는 각 집의 여유에 따라 '주로남자방', '주로여자방'에서 따로 흩어져 지냈으니 늘어나는 손님을 맞이하고 여유로운 공간을 더 많이 확보하기 위해 이층 침대를 마련하면서 같이 지내기도 했다. 그렇지만 빈집에 사적 공간은 존재하지 않으며 매일 다양한 사람들이 오고 가기 때문에 커플의 내밀한 섹스는 이루어지기 쉽지 않다. 그러다 보니 둘만의 육체적 섹스에 대한 생각은 다른 방식의 섹스로 변하며,[20] 그런 점에서 전혀 기회가 없는 것은 아니다.

또한 여성이 사는 빈집의 화장실에는 작은 세숫대야에 붉은 면 생리대가 떠다니는 것을 볼 수도 있다. 한 남성 성원이 "내가 머리 감을 때 쓸 세숫대야가 다 생리대로 차 있다. 혹시 솥에 생리대를 담가

---

20) 한 장기투숙객은 다음과 같이 말했다. "섹스가 꼭 육체적인 접촉을 통해서만 이뤄지는 게 아니잖아요. 세미나 하면서 정서적으로 교감이 이뤄지면 에로틱한 감성이 생기기도 하고. 관계를 열어 두게 되요. 일상을 폭넓게 공유하는 게 중요하지 커플이라고 해서 별도의 침실이 있고 거기서 단둘이 있을 필요는 없다는 거죠. 물론 커플끼리 내밀한 얘기도 하고 싶고 싸우기도 하고, 꼭 섹스가 아니라 그냥 둘이 뒹굴면서 놀고 싶기도 하지요. 그럴 때는 운 좋으면 비어 있는 공간을 활용해요." 위키피디아(http://house.jinbo.net/xe/) 참조.

둘 수는 없는가"라고 제기해서 그 집에서는 가급적 세숫대야 하나는 남겨 두려 노력했다는 사례도 있었지만, 다른 빈집에는 더 이상 문제가 되지 않는다. 사적 소유에 대한 애착이 사라지면서 내 가족, 내 물건, 내 파트너에 대한 사적 소유의 감각도 해체돼 간다.

빈집은 공동체의 규율을 강제하지 않고 모두에게 열려 있는 공간이기 때문에 누가 들어와서 무슨 일을 하느냐에 따라 변하는 공간이다. 예를 들어 빈 공간에는 손님들이 들어와 함께 살고 있지만 손님들은 손님방, 커플들은 커플방에만 머물지 않는다. 빈 공간은 모두가 활용하는 공간이다. 어떤 날은 비어 있는 거실이 세미나나 워크숍의 공간이 되기도 하고 잠자거나 혼자 쉬는 공간이 되기도 한다. 방 역시 마찬가지로 잠을 자는 공간이 되기도 하고 세미나나 워크숍의 공간이 되기도 한다. 빈 공간은 열린 공간이고 끊임없이 변하는 공간이다. 밤마다 "오늘은 어디서 잘까, 여기서 잘까, 이쪽에서 잘 수 있어?" 등의 대화가 이뤄지며 잠자리는 일주일에도 계속해서 바뀔 수 있다. 이처럼 유동적인 공간의 모습은 빈집의 공간과 성원 사이의, 성원들 사이의 끊임없는 소통을 요구한다.

3. 생태적 삶

빈집은 기본적으로 채식을 지향하지만 채식만을 고집하지 않으며, 외부 음식도 금지하지 않는다. 그렇지만 빈집 사람들의 먹거리를 보면 그들의 생태주의적 관점을 읽을 수 있다. 화장실에는 "직립소변은 옥상에서"란 문구가 적혀 있기도 하며 모아진 소변은 아랫집의 4층 꼭대기 옥상에서 직접 재배하고 있는 상추, 파, 무 등을 위한 비료로 사용된다. 대부분 농사 경험이 없는 장기투숙객들이지만 친환경적인 먹거리로 잘 자라게 하기 위해 소변을 모으고 동네 참기름집에서 깻묵도 얻어와 발효시키며 지렁이도 분양받아 이용하고 있다. 빈집에 텃밭이 생긴 것을 알고 씨앗이나 허브모종을 보내주는 손님들도 있다. 김치도 채식문화 기준으로 담그고 되도록 화학첨가제나 조미료를 넣지 않으려고 한다. 또한 남산에서 약수를 떠 와서 오직 누룩과 쌀로만 발효시켜 만드는 빈집의 막걸리, 근처 공원에서 따온 꽃으로 부친 화전 등 순환적 소비를 통해 최대한 환경을 생각하는 방식을 추구한다. 기존의 식생활 문화에 대해 성찰하고 좀 더 생태적이고 대안적인 방식의 식생활을 고민하며 인스턴트 음식이나 포장된 음식은 지양한다.

빈집에 들어와서는 인터넷 사용을 가능한 한 줄이고 휴대 전화를 문 입구 지정된 바구니에 넣어 두도록 권장하고 있다. 전기와 가스는 매일 정해진 시간에 사용량을 체크해 줄일 수 있도록 하고 왜 그러한 삶을 지향해야 하는지 함께 생각해 본다. 쓰레기는 음식물 쓰레기를 포함해 최대한 줄이려고 한다. 쌓인 물건들은 팔거나, 기증·교환의 방식으로 처리하고 있다.

또한 빈집에서 사용되는 물건들은 기본적으로 재활용을 원칙으로 하고 있으며, 주변에서 버려진 가구들이나 폐건축 자재들을 끌어 모으고, 성원들과 친분이 있는 사람들로부터 얻어 오는 가구와 제품을 가지고 집을 꾸미기도 한다. 빈집 집안의 구석구석과 계단을 올라가는 길목에는 밖에서 주워온 다양한 소품들, 아직은 쓰이지 않고 다른 용도로 쓰일 준비를 하고 있는 많은 물건들을 볼 수 있다.

장기투숙객들이 팀을 이뤄 하는 '자전거 메신저' 사업은 국내의 처음이자 유일한 자전거 퀵서비스로 문서와 작은 물건들을 배달하는 사업을 하고 있다. 배달시간은 오토바이와 차이가 나지 않으며 앞으로는 영수증에 자동차나 오토바이로 배달했을 때 발생했을 이산화탄소 배출량이나 사라질 나무 수를 표기해주는 것도 계획하고 있다. 현재 자전거 메신저에서는 빈집 사람들이 공유하는 '빈다마'라고 이름 붙인 차량을 관리하고 있으며 이사, 외부 행사, 나들이, 빈가게에서 생산된 것들의 판매 등에 사용하고 있다.

이처럼 빈집의 성원들은 생태적 삶을 위해 환경과 인간이 선순환을 이루도록 다양한 실험들을 진행하고 있다. 비록 이러한 실험들이 계획되고 실행되는 과정에서 멈추기도 하고 실패로 끝나기도 한다. 하지만 생태 지향적인 삶을 통해 빈집 성원들은 일방적인 소비 위주의 삶에서 벗어나 자연과 자신이 분리되지 않고 공생하는 다른 삶을 생각해 보려고 한다.

4. 공동노동과 공동소유

함께 가난하자는 빈(貧)집이기도 한 이곳은 자본주의로 인해 집 밖으로 밀려난 일들을 다시 불러와 '즐거운 놀이'를 통해 필요한 물품을 만들어 자급자족한다. 공동농장과 텃밭 가꾸기를 시작으로 직접 술과 장을 빚고, 동네에 버려진 소파 등을 '노획'해 재활용하며, 설거지물을 모아 변기에 사용하는 등 적극적인 생산활동을 벌인다. 그 외에 침뜸, 옷수선, 목공예, 컴퓨터 수리, 악기 연주 등 각자가 지닌 재능을 서로 교환하며 가능한 한 모든 생산과 소비가 빈집 안에서 순환되도록 한다.

자급자족(자가생산)을 하려는 경향은 빈집에서 이뤄지는 농사일에서도 엿볼 수 있다. 옥상의 빈 공간을 활용해 텃밭을 만들기도 하고 농사팀을 직접 꾸려 수색 부근에 땅을 정리해 농사짓기를 시작하였고,

그 수확물을 직접 빈집에서 소비하거나 판매하기도 한다.

빈가게에서 이용되는 '빈다마스'에서는 물건에 대한 공유의식을 볼 수 있다. 빈집의 큰 짐을 옮기는 데 그리고 먼 곳에서 농사를 지어 농산물을 옮기는 데 쓰기 위해 '빈트럭'을 마련하자는 제안이 있었다. 빈집에서는 기존에 자전거가 주요 이동수단으로 사용되었기 때문에 차에 의존하게 될 가능성에 대한 문제도 제기되었지만, 자동차가 누군가의 소유가 아닌 빈집 성원 모두가 공유하는 것이라는 의미에서 받아들여졌다. 즉 자신의 차가 없어도 공유를 통해 마음대로 차를 사용할 수 있는 방법으로 제시되었다. 곧 빈다마스라 이름 붙여진 조그만 승합차가 마련되었고, 빈가게에서 판매할 상품을 사오고 사용될 물품을 옮기거나 멀리 있는 농장에 필요한 노동력 동원과 수확한 농산물의 운반을 위해 사용되고 있다. 빈다마스는 누구 한 사람이 운행하는 것이 아니라, 운전자를 따로 섭외할 수 있으면 차키를 아랫집 입구에 두고 사용 비용은 환산해 입금하면 된다. 계산법은 주행1km당 4백 원으로 계산해 주유 시 주유금액을 제외하고 지불하면 된다. 남의 차를 빌려(rent) 쓰는 것이 아니라 공동소유의 차를 함께 나눠(share) 쓰는 이른바 '카셰어링'이다.

빈집의 반자본주의 성향은 집의 소유 개념에서 잘 드러난다. 빈집은 무단점거한 집도 아니고 버려진 집도 아니다. 빈집이 단지 내부의 성원들만을 위한 공동체라면 한 가족이 공동으로 집을 소유하는 것 이상의 의미를 부여하기 힘들 것이다. 여기서 빈집의 중요한 특징은 누구나 주인이 될 수 있는 집, 모두에게 열려 있는 집이라는 점이다. 빈집의 성원이 되기 위해서 갖추어야 할 특별한 준비물은 없다.

이들이 집을 구하는 방식은 성원 중 누군가가 출자한 돈, 누군가에게서 빌린 돈으로 전월세보증금을 충당하는 것이다. 이것은 물론 월

세 부담을 줄이기 위한 투자라고 볼 수 있다. 여기까지는 다른 일반 집들과 다를 바가 없지만 빈집의 특이함은 출자금과 무관하게 동일한 분담금을 낸다는 것이다. 출자자에 대한 보상은 전혀 없으며 출자금에 따른 자본수익은 다른 빈집 식구들과 공유하고, 출자자 역시 공동체의 일원으로서 공유할 뿐이다.

그렇기 때문에 원하는 사람이라면 누구든지 자본의 수익을 공유할 수 있도록 한다. 예를 들어, 출자자는 전월세 보증금에서 나오는 12%(월 1%)의 수익을 n명의 사람들과 공유해서 12/n의 수익을 얻을 뿐이며, n이 커지면 커질수록 사실상 그 수익은 0으로 수렴하게 해서, 만인에서 비롯된 자본 수익이 만인에게 돌아가도록 한다. 이로서 자본 수익이 0으로 떨어지게 해 사적 소유에 의한 수익을 없앨 수 있다.

공동노동과 공동소유는 모든 성원이 자신들에게 영향을 미치는 활동들에 대해 결정을 내리는 데 동등한 성원으로서 책임감을 가지고 참여할 수 있게 만든다. 빈집 성원들은 공동노동과 공동소유에 입각한 공동의 삶을 통해 공동의 문제들에 대한 해결책을 찾아 서로의 의견에 귀 기울이고 토론하고 납득시키는 과정에 참여한다.

4절. 빈집스러움

'빈집'의 형성과 확장 과정을 살펴보면, 물리적으로 '빈집'은 대출이 가능한 성원이 돈을 마련해 집을 점점 확장해 갔으며, 게스트하우스와 주거를 결합시킴으로써 누구나 쉽게 들어오고 나갈 수 있도록 하였다. 이러한 특성은 성원들이 '빈집'에 고착화되지 않고 거주하는 사람에 따라 변하는 빈집의 모습을 만들어 냈다.

그리고 '빈집'이 지니는 개방성과 특정한 가치를 지향하지 않는 특징은 그 안에서 다양한 방식으로 활동을 만들어 냈다. 대표에 의해 운영되지 않으면서 성원들의 공동주거를 이끌어 가기 위한 방법으로 직접민주주의에 바탕을 둔 합의방식을 채택하고 있다. 또한 성원들은 공동체의 전체적인 움직임에 매몰되지 않고 자신들의 욕망을 다양한 사회적 방식으로 표출해 나간다. 공동체의 삶 속에서 성원들은 일과 놀이가 결합된 방식의 활동을 통해 그들의 욕망을 표출하고 있다.

따라서 성원들의 갈등과 욕망을 폭력이나 권위에 의거하지 않고 조절해 나가며, 성원들이 자유롭게 움직이고 조직되며 해체, 분리, 재구성될 수 있는 유연성은, 빈집의 지속을 위한 중요한 메커니즘으로 등장한다. 이를 바탕으로 운영되는 빈집의 공동노동과 공동소유는 빈집에 대한 책임감을 인식하게 하고 성원들 사이의 차이를 해소해 나간다.

더욱이 빈집은 자본주의적 경제시스템과는 다른, 외부에 의존하지 않는 다양한 시스템을 만들어감으로써 공동체의 지속성을 확보하고 있다. 협동조합 형태의 내부경제시스템을 통해 빈집의 확장과 성원들의 자립을 돕고 있으며 생산과 소비가 분리되지 않고 내부에서 순환하는 재화의 흐름을 만들어 가고 있다. 만약 모든 성원이 생산과 분배가 빈집에 귀속되어 작동한다면 그래서 빈집만이 생산수단을 소유할 수 있다면 성원들은 빈집에 의존하는 삶을 살게 될 것이다. 이는 자본주의적 생산방식과 마찬가지로 성원들을 하나의 부속품으로 작동하게 할 위험이 있다. 이와는 달리 빈집의 성원들은 내부의 공동성을 확보해 나갈 뿐만 아니라 그것을 외부로부터 지켜내려고 하지 않는다. 또한 단지 자신들의 공동체 확장만을 목표로 삼지 않으며 공동체의 안과 밖을 나누는 경계를 없애고 나아가 외부와의 연대를 통해 자신들의 실험을 더욱 확장하려고 한다.

물론 빈집의 성원들이 특정한 가치를 얻기 위해 움직이지는 않지만 활동의 과정에서 몇 가지 색다른 삶의 측면을 지니고 있다. 이 안에서는 나이, 성별, 사회적 지위에 따른 인간관계가 작동하지 않으며 수평적인 관계가 형성된다. 이를 바탕으로 성원들의 관계 맺기는 주류 사회의 권위주의적 구조를 파괴한다. 또한 생산과 소비를 분리하지 않고 주위의 모든 것을 재활용하는 환경과 어울리는 생태적 삶을 복원한다. 개인들을 세분화하고 소비의 대상으로 포획하는 자본주의적 생산 양식에서 '빈집'의 성원들은 공동노동과 공동소유를 통해 균열을 만들어 낸다. 사적 소유가 가지는 개인 간의 분리와 자본의 포획 방식은 공동의 삶을 통해 이루어지는 공유의 힘에 의해 더 이상 작동하지 않게 된다. 그렇지만 이들이 만들어 낸 삶의 색다른 측면들은 이들을 최종적인 종착점에 머물게 하지 않는다. 이들의 개방성은 앞으로 올 사람들에 의해 끊임없이 변화하고 새롭게 생성될 가능성을 지니고 있다.

모든 삶을 끊임없이 자본주의 생산양식의 구도로 환원하는 사회에서 대안적 삶을 실험하고 있는 '빈집'의 움직임은 기존의 사회적 틀과 분류의 방식을 거부하며 인간과 인간 사이의 관계망 속에서 색다른 주체형성 과정을 보여준다. 처음 성원들은 박탈된 주거권을 회복하기 위한 방편으로 몇몇이 돈을 모아 빈집을 시작하였다. 기존에 사회통념으로 받아들여지는 한 가족이 한 집에서 생활하는 혈연에 의한 가족관계에서 벗어나 안정된 주거권 확보라는 욕망 아래 함께 살기 시작한 것이다. 함께 살 수 있는 공간을 마련하기 위해 시작된 욕망은 끊임없이 인간을 경쟁과 소외로 몰아넣는 자본주의적 훈육장치를 거부하며 자율적 공간을 넓혀 갔다. 이들의 실험은 이해대립에 입각한 분명한 선을 긋고 적대적 전선을 만들어서 싸우는 운동과는 달리, 다양한 차이들이 차별화되고 배제되는 메커니즘에 대항하여 자신들의 특이성을 강조하면서 새로운 자유의 공간을 만들어 가려는 모습으로 드러난다. 이처럼 빈집 성원들은 다르게 살기를 실험하면서 그 과정에서 자본주의적 주체성과는 다른 주체성을 생산해 나가고 있다.

이들의 주거실험은 전통적인 주거 형태의 거부에서 시작해 공동주거, 공동노동, 공동소유, 공동재정, 대안화폐 등 다양한 방식으로 확장돼 가고 있다. 이러한 실험과정에서 주체성 생산 활동들이 나타내는 특징은 개인의 특이성이 강조되고 개인적 활동이 곧바로 집단적 활동이나 문화로 표출된다는 점이다. 빈집에서 사람들은 개인들의 특이성을 인정하면서 동시에 함께 살아감으로써 공통성을 만들어 간다. 집단과 공동체를 우위에 두지 않고 개인의 특성을 포괄하는 코뮌을 만들어 가는 것이다.

결론

제국시대의 대중운동

1절. 전 지구적 권력과 대중의 힘
2절. 제국시대의 대중운동
3절. 서구의 자율운동과 한국의 주거공동체
4절. 제국시대 사회운동의 방향

결론: 제국시대의 대중운동

1부와 2부에서 외국의 자율운동의 다양한 사례들과 한국의 자율운동의 단초라고 할 수 있는 주거공동체들에 대하여 고찰해 보았다. 이렇게 자율운동의 다양한 사례를 살펴보고 난 뒤, 이제 자율운동에 대해서 다시 생각해 보고자 한다.

자율운동이라고 할 때에 넓은 의미로는 관료제나 맑스주의에서 말하는 민주집중제의 대표제화하는 방향과는 달리, 대중의 자율성을 확장하는 방향의 운동이라고 할 수 있다. 그렇기 때문에 기존의 노동운동 안에서도 자율적인 노조운동이 있을 수 있고, 블랙팬더당의 생존프로그램처럼 당조직 운동 안에서도 자율적인 운동이 있을 수 있다. 다시 말하면 사회운동에서 지도자와 대중이라는 두 축에서 대중의 자율성을 확장하고 지도자(혹은 대표)의 권위나 권력을 약화시키는 운동은 자율운동에 속한다고 할 수 있겠다. 이렇게 넓은 의미의 자율운동을 제기함으로써, 필자는 기존의 운동들이 대중의 자율성을 확장하는 방향으로 나아가도록 촉구하고자 한다.

이러한 자율운동의 흐름을 강조하다 보면, 주체와 관련해서는 관료제나 민주집중제 방향의 운동에서는 제기하지 않거나 부차적으로 제기했던 주체들이 들어온다. 달리 말하면 그동안 대표화되지 않거나

가시화되지 않은 주체들이 들어오게 된다. 흔히 룸펜프롤레타리아나 주변화된 사람들로 치부되던 주체들이 운동의 주체로서 들어오는 것이다. 그래서 자율운동의 주체들은 대개 소수자적인 특성을 지니고 있다. 대표화되고 주류적이고 중심적이고 다수자적인 인물상에 대비되는 대표화되지 않고 비주류적이고 주변적이고 소수자적인 인물상이 주체로서 떠오른다. 이러한 주체들을 포괄하는 개념으로서 네그리가 제기한 개념이 바로 대중(multitude)일 것이다.

그러나 좁은 의미로 자율운동이라고 할 때에는 흔히 점거운동을 말한다. 앞에서 자율운동과 주거공동체라고 하여 다룬 사례들은 대개 점거운동 사례들이다. 물론 점거운동이라고 모두 자율운동이라고 할 수는 없을 것이다. 앞에서 다룬 점거운동 사례들은 위계화와 집중된 조직화를 비판하고 수평화와 분산된 연결망을 강조하며 그것을 실현해 나가려고 한다. 점조직 형식의 연결망을 지니고 있지만 철저하게 위계화된 마약조직이 일정 지역을 점거하여 마약을 생산, 밀매하는 것을 자율운동이라고 하지는 않는다.

어쨌든 68혁명 이후 사회운동의 방향은 기존의 위계화된 조직에서 다방향 네트워크로 나아가고 있다고 생각된다. 특히 지도자나 대표의 성격을 강조할 것이 아니라 대중의 움직임을 강조하려는 의도에서 '대중운동'이라는 이름을 쓰고자 한다. 그리고 대중운동이라고 할 만한 사회운동들을 분류해 보고 자율운동의 위상을 점검해 본 뒤 사회운동의 방향에 대해서 생각해 보고자 한다.

1절. 전 지구적 권력과 대중의 힘

먼저 대중운동이 바꾸어 가려는 현실사회의 권력에 대해서 생각해 보자. 그간 사회운동은 주로 국가권력의 장악을 통해 사회를 변화시키려고 하였다. 사회의 지배체제를 생각할 때 한 국가의 권력구조를 생각했던 것이다. 일국사회주의론도 그러한 흐름 가운데 하나일 것이다.

그런데 한 국가의 권력이란 것이 어느 한 곳에 집중되어 있어서 장악할 수 있는 것이 아니고 푸코의 분석대로 모세혈관처럼 분산되어서 작동하고 있다. 더욱이 전 지구화의 국면 속에서 권력은 한 국가 안에 제한돼 작동하는 것이 아니라 전 지구화되어 왔다. 다시 말하면 대중운동이 바꾸어 가려는 권력구조는 전 지구적 권력이라고 할 수 있다.

전 지구적 권력과 관련하여 제기되었던 개념이 '제국' 개념이다. 네그리와 하트는 로마제국이나 몽골(징기스칸)제국에서와 같은 제국 개념을 더욱 확장하여 탈근대 시대의 전 지구적 권력을 제국이라고 하였다(네그리 · 하트, 2001).

제국 논의와 관련하여 지적하고 싶은 것이 있다. 우선 제국이라는 문제설정에 대해서 제국주의를 강조하는 입장이 있다. 이러한 입장은 걸프전이나 아프간전 등과 같은 미국의 전쟁 도발과 더불어 힘을 얻고 있는 듯하다. 그러나 이런 전쟁은 1, 2차 세계대전 시기의 전쟁과는 달리 국가 간의 전쟁이라기보다는 전 지구적 동원의 특징을 지니고 있다. 전체적인 경향으로 보아서 제국주의에서 제국으로의 이행을 얘기할 수 있다고 생각한다.

그리고 제국을 현재의 세계 지배체제로서 받아들이는 경우에도 제국의 전면적 지배에 대해서 강조하면서 대중의 움직임에 대해서는 소홀하다. '제국과 대중'이라는 문제설정이 실종되고 제국에 초점을 맞추는 경향이 있다. 사실은 자율주의의 입장에서는 대중에 의해서 제국이 구축되는 것으로 설명하는데 말이다. 또한 '제국에 대항하는 대중'이라는 구도보다는 제국의 일방적 지배를 미국에 빗대어 강조하고 있다. 특히 부시의 일방주의에 대한 비난과 맞물리면서 말이다. 그럴 경우 대중에 의한 제국의 돌파라는 실천적 함의가 사라진다. 자율운동의 강점은 기존의 제도나 지배체제에서는 만들 수 없는 색다른 형태들을 만들어 감으로써 권력을 해체해 가는 것이다. 대중의 힘[역능], 즉 대중의 창의성과 잠재력을 강조하면서 대안적인 집단성을 구성해 가려는 것이다. 그런데 대중에 초점을 맞추기보다 제국에 초점을 맞추다 보니 자율운동의 이러한 강점을 잃어버리고 만다.

이러한 문제제기와 관련하여 강조하고 싶은 것이 주체성 문제이다. 대중을 동력으로 보고 사회구성을 파악하려는 관점에서 보면, 자본에게는 노동이 있다는 것 자체가 위기이듯이, 제국에게는 대중의 존재 자체가 위기이다. 그리고 제국 논의에는 위기론이 없다고 하는데 네그리를 비롯한 자율주의자들은 자본에 의한 자동적 위기가 아닌 대중의 움직임이 만들어 내는 위기를 강조한다.

나아가 제국의 특성 가운데 하나는 권력의 내재성이다. 즉 제국은 대중을, 자신의 적대자를 배제하는 것이 아니라 포획하려는 특성을 지니고 있다. 대중이 제국의 포획구도에서 빠져나가면 제국의 존립기반이 흔들릴 것이다. 이 탈주하는 성격을 지닌 대중의 움직임에 주목할 필요가 있다.

제국을 돌파해 나가려는 문제설정에서 보면 대중의 구성에 대해서 관심을 가져야 할 것이다. 즉 자율적인 주체들이 어떻게 형성되고 어떤 지점에서 돌파해 나갈 수 있는가를 살피는 것이 중요하다. 이러한 문제설정에서 볼 때 우선 제국의 권력, 전 지구적 권력에 대한 파악이 중요하다. 제국에서 국민국가의 경계가 허물어지고 있는 경향이 있지만 국민국가는 여전히 상존하고 있다. 더욱이 국민국가는 자본에게는 촉진경계로서 역할하지만 노동에게는 훈육장치로서 작동하고 있다. 특히 초국적 자본을 비롯한 제국의 자본들에게 국민국가는 크게 문제가 되고 있지 않다. 북한이나 이란, 쿠바 정도가 자립성을 기반으로 생존해 나가면서 제국의 틀에서 벗어나려고 하지만 벗어날 수 없는 상황인 것이다.

그러나 국민국가들은 세계체제론에서 말하는 것처럼 세계를 구성하는 단위들로서 자립하면서 전체 단위를 구성하기보다는 전 지구적 구성의 피라미드 속에서 일정한 위계들에 편입되어 있으며 제국적 작동 속에 휩싸여 있다.

그러면 제국 권력, 전 지구적 권력의 모습을 좀 더 구체적으로 그림 그려 보자.

새로운 전 지구적 권력은 무질서하고 심지어 혼란스럽기까지 한 일련의 통제 조직과 대의제 조직으로 나타난다. 이러한 전 지구적 구성 요소들은 광범위한 범위의 기구들(국민국가, 국민국가의 단체들 그리고 모든 종류의 국제 조직들)에 분포되어 있다. 이 전 지구적 구성 요소들은 기능과 내용에 따라 정치 기구, 재정 기구, 건강 기구, 교육 기구 등으로 분류할 수 있다. 그리고 다양한 생산 활동이 이 전 지구적 구성 요소들을 가로지른다.

전 지구적 권력의 모습을 그 권력의 다양한 기구들과 조직들 속에서 분석해 보면 각각 몇 가지 내부 수준을 지닌, 점점 더 넓어지는 세 층으로 이루어진 피라미드 구조로 파악할 수 있다(네그리 · 하트, 2001: 403-409). 피라미드의 좁은 정점에는 하나의 최강 권력이, 즉 전 지구

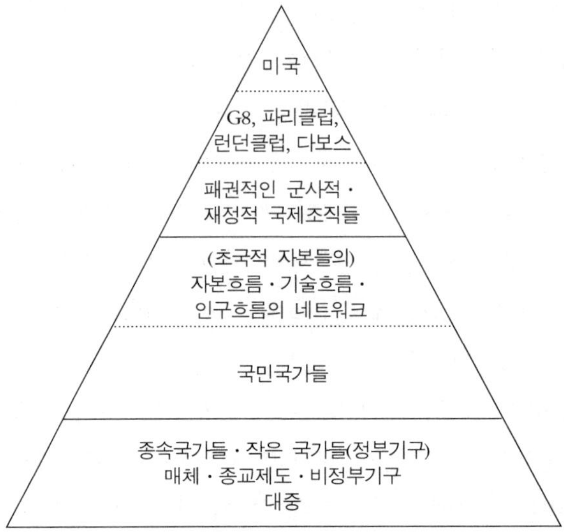

〈그림 결론-1〉 제국권력의 구성

적인 무력 사용에 대한 헤게모니를 쥐고 있는 미국이 있다. 혼자 행동할 수 있지만 UN의 보호막 아래에서 다른 나라들과 협력하는 것을 더 좋아하는 최강 권력이다. 이러한 유일한 지위는 냉전의 종식과 더불어 확정적으로 설정되었고 걸프전에서 처음으로 입증되었다. 여전히 이 첫 번째 층 안에서 피라미드가 약간 넓어지면 두 번째 수준으로, 일단의 국민국가들이 주요한 전 지구적 통화 수단을 통제하며 따라서 국제거래를 조절할 수 있는 능력을 가지고 있다. 이러한 국민국가들은 일련의 조직체들—G8, 파리와 런던 클럽, 다보스(Davos) 등—로 묶인다. 마지막으로, 이 첫 번째 층의 세 번째 수준에서는 군사적 · 재정적 수준에서 헤게모니를 발휘하는 다소 동일한 능력을 지니고 있는 이질적인 단체들이 전 지구적 수준에서 문화권력과 생체정치 권력을 전개한다.

지배명령이 세계를 가로질러 폭넓게 배분되는 두 번째 층이 그 바로 아래에 있다. 이 층은 주로 초국적 자본주의 기업들이 세계시장을 통해 확장해 온 네트워크들—자본 흐름의 네트워크, 기술 흐름의 네트워크, 인구 흐름의 네트워크 등—로 구성되어 있다. 시장을 형성하고 공급하는 이러한 생산적인 조직들은 전 지구적 권력의 첫 번째 층을 구성하는 중심 권력의 우산(보호막)과 보증 아래 횡적으로 확장된다. 초국적 기업들은 중심 권력의 견고한 구조를 활기 있게 한다고 할 수 있을 것이다. 사실상 자본, 기술, 상품, 인구의 전 지구적 분배를 통하여, 초국적 기업들은 광범위한 소통 네트워크를 구성하고 욕구를 충족시킨다. 따라서 세계 명령의 정점은 초국적 기업들과 시장 조직들로 분절되어 있다. 세계 시장은 영토들을 동질화시키고 분화시키면서 지구의 지도를 다시 그린다.

여전히 두 번째 층에는, 종종 초국적 기업들의 힘에 종속되어 있는 수준에서, 현재 국지적이고 영토화된 조직들로 이루어진 주권을 가진 국민국가들의 일반적 틀이 있다. 이러한 국민국가들은 전 지구적인 헤게모니를 가진 열강들과 관련해서는 정치적인 매개, 초국적 기업들과 관련해서는 거래 그리고 자신의 제한된 영토 안에서는 생체 정치적 요구들에 따른 수입의 재분배라는 다양한 기능을 한다. 국민국가들은 전 지구적 유통 흐름의 필터이며 전 지구적 명령 분절의 조절자이다. 다시 말해, 국민국가는 전 지구적 권력으로부터 부의 흐름을 포획하여 분배하며, 여전히 가능한 한 많은 주민들을 훈육시킨다.

피라미드의 맨 밑에 있는 가장 넓은 층은, 전 지구적 권력의 배치에서 인민의 이해를 대표하는 집단들로 구성된다. 대중(multitude)[1]은

---

1) 네그리가 말하는 대중은 흔히 '대중사회'라고 할 때의 mass가 아니라 multitude를 의미한다. mass가 무차별적이고 획일적이며 매체에 의해 주조되는 수동적인

전 지구적 권력의 구조들 속에 직접적으로 편입될 수 없고, 대의제 메커니즘을 통하여 걸러져야 한다. 많은 경우에 국민국가들이 전 지구적 권력구조에서 인민의 대의제가 지닌 항의하는 그리고/혹은 정당화하는 기능을 수행하고, 인민(people)을 대표하며, 대중을 대표될 수 있는 인민으로 변형시킨다. 특히 종속되어 있거나 작은 국가들의 집합체가 이러한 역할을 한다. 예를 들면, UN총회에서 수적으로는 다수자이지만 권력의 측면에서는 소수자인 종속적인 국민국가 집합체들은 최소한 주요 열강들에 대한 상징적 제한과 정당화로서 기능한다. 이러한 의미에서 전 세계가 UN총회 회의장에서 그리고 다른 전 지구적 포럼들에서 대표되는 것으로 인식된다. 여기서 국민국가들은 자신들의 인민의 의지를 대표하는 것으로 나타난다.

하지만 국민국가가 새로운 전 지구적 배치에서 인민을 구성하고 대표하는 유일한 조직은 분명 아니다. 또한 피라미드의 맨 밑, 세 번째 층에서, 전 지구적 인민은 정부기구(국가장치)들에 의해서가 아니라 최소한 국민국가와 자본으로부터 비교적 독립적인 다양한 조직들에 의해 더욱 분명하고 직접적으로 대표된다. 이러한 조직들은 종종 전 지구적 시민사회의 구조들처럼 기능하는 것으로, 대중의 욕구와 욕망을 전 지구적 권력구조의 기능 작용 안에서 대표될 수 있는 형식들로 바꾸어 간다.

그러한 조직들로서는 매체와 종교제도와 같은 시민사회의 전통적인 구성요소들이 있다. 매체는 국가권력과 자본의 사적 이익에 반대

측면이 강한 무리임에 비해, multitude로서의 대중은 특정한 지배장치에 의해 구조화되기보다는, 자신들의 개별 고유성(특이성)을 소통하면서 공통성을 키워 나가는 주체적인 사람들을 말한다. 또한 국민이나 인민이 국가장치에 포획되어 있는 성격이 강한 반면에, 대중은 국가의 포획장치에서 항상 미끄러져 나가면서 색다른 것을 구성해 나가는 능력을 갖춘 사람들의 집합을 말한다.

하여 오랫동안 스스로를 인민의 목소리라고, 심지어는 인민의 양심이라고 해 왔다. 매체는 인민이 알고 싶어하거나 알 필요가 있는 모든 것에 대한 객관적이고 독립된 관점을 제공하면서, 정부 행동에 대해 더욱 감시하고 균형을 잡는다고 한다. 그러나 매체가 사실상 한편으로는 자본으로부터 다른 한편으로는 국가로부터 독립적이지 않다는 것은 분명해진 지 오래다. 종교조직들은 인민을 대표하는, 훨씬 더 오래 지속되어 온 비정부제도 부문이다. 종교 근본주의가 국가에 대항하여 인민을 대표하는 한, 아마도 종교 근본주의의 성장은 이러한 새로운 전 지구적 시민사회의 구성요소로서 이해되어야 할 것이다. 하지만 그러한 종교조직들이 국가에 대항할 때, 그것들은 종종 국가 자체가 되는 경향이 있다.

제국에서 가장 새롭고 아마도 가장 중요한 세력들은 비정부 기구들(NGOs)일 것이다. NGO란 인민을 대표하고 국가구조들로부터 분리된 채 그리고 종종 국가구조들에 대항하는 인민의 이익을 위해 활동하려는 모든 조직이라고 정의할 수 있을 것이다. 이러한 조직들은 지역적, 국가적, 초국가적 수준에서 작동한다. 따라서 NGO는 일련의 거대하고 이질적인 조직들을 함께 아우르는 것으로 볼 수 있다. 제국이라는 맥락에서, 스스로를 대표할 수 없는 사람들을 대표하려고 노력하는 일련의 NGO들이 있다. 인도주의적 조직들로 특징지어지는 이러한 NGO들은 현대의 전 지구적 질서에서 가장 강력하고 두드러진 조직들에 속하게 되었다. 그들의 위임 통치권은 실제로 모든 제한된 집단의 특별한 이해를 진전시키는 것이 아니라 오히려 전 지구적이며 보편적인 인간 이해를 직접적으로 대표한다. 인권 조직들, 평화 집단들, 의료 및 기아 구제 기구들은 고문, 기아, 대학살, 감금, 정치적 암살에 반대하여 인간의 삶을 지킨다. 이러한 NGO들의 활동은 생체 권력의 영토 위에서, 삶 자체의 요구들에 대처하면서 '정치를 넘어서' 제국의 작용과 일치한다.

이러한 대의제 메커니즘들을 뚫고 나서며 제국을 위기에 몰아넣는 대중이 있다. 대의적인 활동이 아닌 구성적인 활동을 만들어 가는 방향에서 말이다. 물론 대의제적인 틀 속에서 움직이지만 제국의 지배질서에 저항하면서 대중의 힘[역능]을 확장해 나가는 다양한 흐름들도 있다.

제국의 초코드화, 집중화 방식에 대항하는 대안세계화투쟁을 비롯하여 특이한(개인적 그리고/또는 집단적인) 욕망을 꽃피우게 하는 새로 나타나거나 이전부터 존재했던 모든 주변적 집단, 소수자들, 자율운동의 증식 그리고 국민국가라는 권력구성체를 전복시킬 새로운 형태의 사회집단(예를 들어 사파티스타)의 출현을 목격할 수 있다(Guattari, 1980a: 101). 이러한 다양한 운동들을 대중운동이라는 이름으로 포괄할 수 있을 것이다.

2절. 제국시대의 대중운동

제국시대의 대중운동으로 새롭게 등장한 것이 대안세계화운동이다. 대안세계화운동과 관련하여 세계화를 어떻게 볼 것인가에 대해 의견이 분분하다.

네그리는 들뢰즈와 가타리가 세계화를 더욱 촉진시켜야 한다고 하는 말을 인용하였다. 이를 두고 반세계화투쟁은 반동적인 것인가 하는 문제제기가 나온다. 네그리 얘기는 세계화, 전 지구화의 경향을 인정하고 그것을 되돌리기보다는 촉진하는 편이 낫다는 것이다. 이것을 곧바로 세계화 찬양이라고 말하는 것은 언어도단이다. 네그리가 세계화를 무조건 반대하는 것은 아니다. 그래서 어떤 사람들은 네그리가 친세계화를 주장한다고 오해하기도 한다. 물론 네그리는 들뢰즈와 가타리의 주장과 마찬가지로 세계화를 가속화시킬 것을 주장한다. 그러나 이것은 초국적 자본 주도의 세계화에 대한 대항세계화, 제국의 세계화에 대항하는 대중운동의 세계화를 염두에 둔 주장이다. 즉 세계화라는 경향 자체에 반대하는 것이 아니라 색다른 세계화, 대안적 세계화를 주장하는 것이다. 흔히 반세계화 시위를 바라볼 때에도, 시위대들이 단순히 세계화에 반대한다는 의미로 해석하지는 않는다. 오히려 세계의 피착취자들과 운동세력들의 네트워크를 만들어 갈 것을 주장하는 것이라고 보는 것이다. 이러한 의미에서 반세계화운동이라는 개념보다는 대안세계화운동이라는 개념을 쓰고자 한다.

그리고 제국 논쟁에서, 자본주의가 봉건제보다 낫고 제국화가 제국주의화보다 낫다는 얘기도 마찬가지다. 이것을 두고 제국을 찬양한다고 하는 것 역시 언어도단이다. 우리가 일제 식민지시대를 자본주의 사회로 규정하려고 하였을 때 곧바로 친일분자라고 얘기하는 것과 다를 바 없다. 봉건제보다 자본주의는 좋은 것인데 제국주의가 자본주의를 가져왔다고 하면 식민지 지배를 찬양하는 것 아니냐 하는 얘기다. 자본주의로 규정하는 속에서 노동자 주체의 중심성(헤게모니)을 파악해 내려던 문제의식은 사라져 버리고 만다. 지배체제의 성격을 규정할 때에는 그 체제의 전복세력의 성격을 파악하려는 것이 맑스주의적 분석 태도가 아닌가?

맑스주의적 분석 태도에서 볼 때, 세계화는 자본의 세계화만을 말하는 것이 아니라 노동의 세계화를 포함한다. 제국시대에 초국적 자본을 비롯한 자본의 국경을 넘나드는 이동은 노동자들의 이동과 난민 문제와 함께 가는 것이다. 다시 말하면 제국의 기반을 이루고 있는 것은 바로 대중의 활발한 움직임이다.

제국 권력은 훈육메커니즘, 포획메커니즘을 통해서 대중의 활동을 자신의 이윤 추구에 맞추어 가려고 한다. 이러한 초코드화하는 제국 권력에 맞서서 대중은 다양한 방식으로 투쟁해 나간다.

이러한 구도에서 여기서는 제국시대의 대중운동을 대안세계화운동, 자율운동, 소수자운동, 보이지 않는 운동 등으로 나누어서 살펴보고자 한다.

1. 대안세계화운동

대안세계화운동은 신자유주의적 세계화 공세에 반대하는 전 지구적 사회운동·민중운동을 가리킨다. 이 운동은 초국적 독점자본과 제국주의국가(G8과 EU), 이들의 이해를 대변하는 국제통화기금, 세계은행, 세계무역기구 등에 대한 투쟁만이 새로운 대안을 향한 첫걸음이라는 인식의 확산에 기반한 것이다(원영수, 2003: 12). 시애틀 전투(1999년 11월)를 계기로 폭발한 대안세계화운동은 세계화의 주도세력 및 국제기구에 대한 포위·타격 투쟁의 흐름과, 신자유주의적 세계화의 대안에 대한 토론과 논쟁의 장으로서 세계사회포럼의 흐름이라는 양 축을 중심으로 전개되었다. 물론 9·11을 계기로 반전운동과 결합하여 전개되기도 하였다. 대안세계화운동은 그 전개 과정에서 '아래로부터의 세계화', '저항의 세계화'를 보여주었다. 또한 세계사회포럼의 활동에서 보이듯이 세계사회운동 네트워크를 출범시켰다. 그리고 세계사회포럼은 내적인 조직원리로서 탈중심화된 방식으로 상호 연결시키는 다원적이고 비종파적, 비정부적, 비정파적 구조를 지닌 조직과 운동을 지향하였다(이종회, 2003: 69). 이러한 대안세계화운동의 활성화 속에서 새로운 국제주의에 대한 논의가 제기되었다. 국민국가 단위들의 결합관계로서 국제주의(이에 대한 사회운동의 방향은 제국주의에 대항하는 프롤레타리아 국제주의였다)를 넘어설 것을 요구한다고 볼 수 있을 것이다.

1990년대 중반 이후 신자유주의 공세에 대한 노동자계급의 투쟁은 노동자들의 불만과 요구를 제도화된 신자유주의 지배구조 내지는 신자유주의적 지배연합 속에 참여하고 있는 정당과 노조 등을 통해 대변할 수 있는 길이 막힘에 따라 대체로 그러한 제도화된 틀을 깨고 나서는 '직접적인 대중투쟁'의 형태로 전개되는 특징을 보였다. 이로 인해 투쟁은 대체로 사민주의정당과 노조상층부의 통제를 넘어서는 투쟁으로 발전하였고, 노조상층부가 이들의 조직으로부터 이탈을 방지하기 위해 마지못해서라도 투쟁에 나서지 않으면 안 되는 조건을 만들었다(김세균, 2003: 160-168).

더욱이 반전운동의 전개 과정에서 9 · 11 직후 출범한 영국의 '전쟁저지연합'은 정치적 좌파, 평화운동, 노조운동, 무슬림 단체 등 광범하고 다양한 세력들을 결집시켰다. 그 조직은 "인종의 벽을 뛰어 넘어 다양한 사람들을 끌어들였고, 그 덕분에 각 세력은 전통적 지지기반 외에 더 광범한 사람들과 접촉하기가 쉬워졌다. 한 번에 수십만 또는 수백만 명이 참가한 …… 런던 · 로마 · 바르셀로나 시위에는 노조원이 사상 처음 무슬림과 함께 행진했다. 또한 은퇴한 연금생활자, 중고등학생, 조지 부시 일당이 두려워하고 미래가 불투명한 중간계급, 흑인, 보통의 여성, 동성애사 등과 어깨를 나란히 하고 도심지를 행진했다."(최일봉 · 김하영, 2003: 122)

대안세계화운동의 이러한 전개과정은 바로 대안적인 세계화의 그림을 보여준다고 할 수 있겠다. 대안세계화운동은 주체의 측면에서 본다면 요구강령으로서 전 지구적 시민권을 제기한다고 할 수 있겠다.

이러한 그림과 관련하여 지방화, 지역운동, 민족(국민)운동 등에 대해서도 그 운동을 무조건 잘못된 것이라고, 무조건 반동적이라고 생각해서는 안 될 것이다. 그 지방, 지역, 민족(국민)에 고정되는, 폐쇄되는, 고립화되는 방향의 운동을 문제삼아야 하지 않을까? 지역운동이 자신의 지역을 특화하지만 세계화의 흐름 속에서 자신의 운동을 위치 짓는 것이라면 문제가 달라진다.

또한 세계적으로 다양한 운동들이 여기저기서 터져 나오고 있는데 이러한 운동들의 공통된 특성은 제국의 훈육메커니즘을 거부하는 것이다. 그리고 오히려 매개 없이 직접 제국에 대항한다. 물론 코민테른 시절처럼 단일한 이념과 조직의 틀과 명령 속에서 이루어지는 것은 전혀 아니다. 이 점에서 갈등이 생긴다. 레닌주의를 결코 벗어나려 하지 않는 사람들(예를 들어 알뛰세르)은 이데올로기의 문제를 버리지 않는다. 운동에서 이데올로기의 문제는 이념의 문제이고 조직의 중심성 문제가 된다. 여기서 문제는 '하나의' 이데올로기를 대표적 이데올로기로 할 것인가 하는 문제이다.

대안세계화운동에서는 하나의 헤게모니적인 이데올로기(이념)를 상정하지 않는다. 일단 다양한 이데올로기의 공존을 인정한다. 그러나 운동이 이데올로기를 통해서만 가능하다는 생각은 아니다. 왜 스피노자, 마키아벨리 등을 끌어들이고, 욕망이나 정서에 대해서 말하는가? 이데올로기에 사로잡힌 운동에서 벗어나려는 몸부림으로 보인다. 네그리가 운동에 소통이 부족하다고 할 때 알뛰세르주의자들(지젝도)은 레닌주의로 다시 돌아가는 것 아니냐고 한다. 새로운 횡단주의적 윤리 패러다임을 만들어 낼 것을 제기하는 것이지 다시 이데올로기로 돌아가자는 것은 아니라고 생각된다.

10여 년간 활성화되었던 대안세계화운동이 2000년대 중반 이후 주춤하고 있다. 이를 두고 성급히 대안세계화운동은 끝났다고 지적하기도 한다. 그러나 대안세계화운동은 꼭 G8정상회담을 저지하고 세계의 다양한 운동집단들이 모여서 대안포럼을 만드는 방식으로만 이루어지는 것이 아니다. 이제는 어느 한 나라 안에서, 한 지역 안에서, 한 소수자운동 안에서도 운동을 해 나가는 방향과 관련하여 대안세계화라는 그림을 그려 나간다. 대안운동들이 그 형태나 영역이 어떠하든 기본적으로 생태주의적인 문제의식을 지니고 나아가는 것처럼 말이다. 다시 말하면 모든 대중운동은 대안세계화라는 방향을 고려해 나간다고 할 수 있겠다.

2. 자율운동

제국 아래에서 기존의 운동들은 여전히 지속된다. 물론 그 방향을 바꾸어 가면서 말이다.

기존의 노동자운동은 노동자의 임금을 올리는, 노동자의 힘을 증대시키는 운동이다. 자본의 지배 아래에서 산노동의 힘을 증대시키는 운동이며, 그런 점에서 자본과 노동의 관계를 변형시켜 가려는 운동이다. 즉, 자본의 착취에 대항하여 노동자계급의 힘을 키우려는 운동인 것이다. 또한 자본의 착취에 대항하여 노동자계급의 재생산을 보장하고 보호함으로써 노동자계급의 재생산 기반을 확보해 나가는 운동이다. 노동자계급의 재생산 기반 확보는 임금인상뿐만 아니라 모든 일하는 사람들의 기반 확보, 즉 공공영역의 확대를 통해서 이루어진다고 할 수 있다. 그러나 노조 중심의 노동자운동은 비보장된 노동자를 악화시키고 보장된 노동자를 고립시키는 방향으로 나아가면서 결국은 노동자계급 전체의 힘, 노동자계급의 재생산 기반을 약화시킬 위험이 있다.

그런 과정에서 노동자운동은 비보장된 노동자층들을 포괄하는 과제에 마주하게 된다. 자본이 직접 고용한 노동자층뿐만 아니라 다양한 노동자층의 재생산 기반을 확보해 나가는 과제가 현안으로 떠오르게 된다. 즉 네그리식으로 표현하면 사회적 공장의 기반을 이루는 사회적 노동자의 기반을 확보해 나가는 것이 과제가 된다. 이런 흐름 속에서 공공지출투쟁과 생존임금(사회적 임금)투쟁이 제기되었다. 공공지출투쟁과 사회적 임금의 확보는 광범한 의미에서의 노동자계급의 재생산 기반을 확보해 나가는 것이며 이것은 공공영역을 확대해 나가는 것으로 나타난다. 제국시대에 노동자계급운동이 전진적으로 나아가려면 보장된 노동자의 이익에 집착하는 것에서, 즉 국가장치에 포섭되는 것에서 벗어나면서 노동자계급의 자율성을 높이는 방향으로 나아가야 할 것이다. 이러한 과정에서 노동자계급이 확보해 온 자치성으로서 공공영역은 자본권력에 대항하는 물질적 전제조건이 된다. 이와 관련하여 공공영역투쟁의 의미를 좀 더 살펴보자.

1) 공공영역투쟁: 자율운동의 물질적 전제조건

전통적인 맑스주의에서는 국가를 장악함으로써 권력을 장악하고 부르주아지의 '물질적 토대'를 전체 인민을 위해 새롭게 건설해 나갈 것을 주창하였다. 여기서 중요한 논제로 떠오른 것이 사회화 논의이다. 사회화・국유화에 대한 요구는 사유화에 대항하여 소유의 사회화를 지향하는 것이었다. 사회화 논의의 기본 골격은 독점자본 및 기간 산업의 사회화(국유화) 및 노동자(민중) 통제 그리고 이를 현실화시킬 수 있는 노동자계급의 권력장악(국가장악)으로 나아가야 한다는 것이다.

국가장악 테제에 대해 반대할지라도 사회화투쟁이 지닌 의미 자체는 긍정할 수 있을 것이다. 모든 것을 시장원리에 맡기려는 신자유주의적 기획에 경종을 울리며, 기존의 공공영역(한국의 경우 흔히 공기업)이 지닌 부분적인 공적 성격을 유지하려는 투쟁이기 때문이다. 동시에 기업의 경영성 논리에만 입각한 구조조정 정책에 대항하여 노동자들의 재생산 기반을 넓히려는 싸움이라고 할 수 있기 때문이다. 즉 이러한 사회화투쟁은 해당 기업에만 관련되는 것이 아니라 전체 노동자계급이 자본(제국)과의 대결구도에서 자신의 재생산 기반을 확보해 나갈 수 있는 싸움의 의미를 지니기도 한다.

1970년대, 1980년대에 서구에서 전개되었던 공공지출투쟁은 세금을 노동자계급을 위해 사용하려는 투쟁이었다. 또한 더 나아가서는 공공영역을 노동자계급이 어떻게 전유할 것인가 하는 투쟁이었다. 기존의 공공영역이 지닌 가장 큰 의미는 노동자계급의 재생산 기반을 확보하며, 더 나아가 대중의 재생산 기반을 안정화하는 것이라고 생각된다. 이러한 의미에서 최근 전 세계적으로 신자유주의적 '개혁'에 의해 공공영역이 사유화되고 있는 양상은, 서구에서는 68혁명 이후 확보되었던 노동자계급과 대중의 재생산 기반에 대한 자본과 제국의 공격이며, 우리의 경우는 IMF를 계기로 한 대중에 대한 자본과 제국의 공격이라고 할 수 있겠다(Negri, 1997: 16-69).

최근 세계시장 이데올로기 속에서 자본의 전 지구화를 향한 경향은 특히 국가를 매개로 한 공공영역을 축소시켜 왔다. 일단 공적인 것(the public, 공기업)의 기초인 공통적인 것들(the commons, 예를 들면 주민들의 에너지의 값싼 이용)이 사적인 사용을 위해 몰수되고 아무도 손가락 하나 까딱할 수 없게 되며, 공적인 것은 심지어 개념으로서도 해체되고 사유화된다. 그렇게 되면 공통적인 것들을 만들어가는 대중의 참여는 막히게 되고 공통적인 것에 기반한 공적인 것은 사적으로 운용된다.

그러나 다른 한편으로 오늘날 우리는 노동하는 대중으로서 더욱 급진적이고 심오한 공통성(commonality)에 참여하고 있다.[2] 사실은 우리가 소통과 사회적 네트워크들, 상호작용적 서비스들 그리고 공통 언어들로 구성된 생산 세계에 참여하고 있다는 것이다. 우리의 경제적이고 사회적인 현실은 생산되고 소비되는 물질적 대상들에 의해 규정되기보다는 공동생산된 서비스들과 관계들에 의해 규정된다. 따라서 생산한다는 것은 점점 더 협동과 소통적 공통성들을 구성하는 것을 의미한다(네그리 · 하트, 2001: 394-396).

여기서 국가장치(자본)의 포획에서 벗어나 자신들의 공통성을 추구해 가는, 노동하는 대중을 떠올리게 된다. 더 나아가 전 지구적 권력으로서 제국의 지배에서 벗어날 수 있는 자율적 공간을 구축해 가는 대중의 상을 떠올리게 된다.

대중은 스스로 자신들의 소통을 넓혀갈 수 있는 다양한 공간을 만들어 나간다. 기존의 공공영역을 넘어서는 새로운 공공영역은 대중이 내재적인 상호작용 속에서 공통성을 만들어 가는 과정 위에서 나타날 것이다. 노동자들이 자본과 싸움을 하면서 따낸 혹은 자신들이 독자적으로 만들어 낸 틀(노동조합일 수도 있다) 속에서 자신들의 소통의 장을 넓혀갈 수 있을 것이며, 동성애자들이 국가와의 싸움에서 확보한

2) 공통적인 것의 구성에 대해서는 다음을 참조. 연구공간 L 엮음, 2012, 『자본의 코뮤니즘, 우리의 코뮤니즘』, 난장.

가상공간상의 모임을 통해 자신들의 담론을 공공화할 수 있을 것이다.

이러한 상황에서 기존의 공공영역이 국가에 의해 관리된다면, 그것은 대중의 자율적 힘[역능]을 억누르게 될 것이다. 그리고 대중은 자율적 공간의 창출 과정에서 국가와 충돌하게 될 것이다. 제국의 훈육장치로 변한 국가는 훈육을 거부하는 대중과 그들의 협동 장치인 새로운 자유의 공간을 압박하고 파괴하려고 할 것이다. 이 과정에서 자신들의 공간을 지키려는 대중의 저항에 부딪쳐 국가는 대중의 공간들을 제도화하는 방식으로 나아갈 것이다. 이러한 제도화의 선은 제국의 지배세력들에 의해 윤곽이 그려질 것이다.

이 지점에서 공공영역의 내용으로서 공통성을 얘기하고 그 공통성을 담지하는 대중을 그 주체로서 얘기하지 않을 수 없다. 노동자들을 포함한 대중이 현실에서 지니고 있는 투쟁획득물(예를 들어 복지제도)이 지닌 불가역성, 노동조직의 집단성, 생산적 주체성의 사회적 특징(소통 및 협동) 등은 공공영역의 내용을 이룬다(Negri, 1997: 239-252). 다시 말해 대중이 획득해 온 자치성이 공공영역의 내용이 되어야 한다. 물론 이러한 공공영역은 해방의 장을 만들기 위한 전제조건과 기반이 된다. 네그리와 하트가 제기하는 전 지구적 시민권, 사회적 임금권, 재전유권의 실현 등은 공공영역의 내실을 대중의 입장에서 채워가려는 방식일 것이다.

국가에 포섭된 기존의 공공영역은 새로운 자유의 공간을 만들어 갈 수 있는 자율적 조직화의 수동적 전제조건일 뿐이다. 국가로부터의 자율적이고 새로운 공공영역(예를 들어 사회센터)의 창출은 자율적 조직화의 능동적 전제조건일 수 있으며, 나아가 국가를 압도하는 제국 권력에 대항하는 대중의 자율적 협동방식을 촉진시킨다. 그리고 대중이 획득해 온 자치성으로서의 공공영역은 자율적 조직화의 토대가 된다(윤수종, 2002: 216-219). 이처럼 공공영역 위에서 집단적인 생산적 주체들을 구성하고 색다른 자유의 공간들(미시코뮌들)을 창출해 가는 것은 구성권력으로 나아가는 길이며, 이 구성권력의 과정이 바로 새로운 사회로 나아가는 길일 것이다.

2) 자율운동

자율운동은 대중의 힘[역능]과 권력의 관계를 대중의 입장에서 재정립해 가려는 시도이다. 대중의 힘을 확장하여 지배권력을 약화시켜 가려는 것이다.

자율주의자들은 "대표는 없다"라는 구호 아래 조직 형태를 생각하기 때문에 대표성 문제를 새롭게 제기하고 있다. 인간의 창조력, 잠재력을 최대한 확장할 수 있는 조직 형태 및 작동 원리들은 무엇일까 하는 것에 관심을 쏟는다. 다양한 집합체들을 확장해 나가는 것을 출발점으로 삼으면서, 그것들이 결국은 거대한 사회적 지배장치로부터 벗어날 수 있도록 하는 방식들을 모색해 나가려는 것이다. 따라서 베버의 관료제 이념형이나 레닌의 민주집중제(전위당론)에 대한 철저한 비판의 성격을 지니며 대안적인 방향을 모색해 나간다.

서구에서 이러한 자율운동의 흐름은 68혁명에서 촉발되었다고 할 수 있다. 1970년대 자율운동이 고조되었던 이탈리아의 경우를 잠시 살펴 보자(윤수종, 1996: 63-94). 1968년 이후 이탈리아의 사회운동조직들은 여전히 집중화된 지도력[레닌식 민주집중제]에 활동을 맞추고 정치적 전위인 공장노동자들에 배타적으로 집중하였다. 이러한 흐름에 대해 1970년대 중반에 여성운동을 비롯한 소수자운동에서 반대의 목소리가 높아졌다. 이로 인해 기존의 방식으로 활동하던 조직들의

'운동의 위기'가 있었다. 붉은 여단은 은밀하고 엄격하게 위계화된 구조를 지니고 군사전략을 추구하였다(민주집중제의 강화 방향). 이에 반해 네그리는 '아우토노미아(Autonomia) 영역'의 형성에 참여하였다. 아우토노미아 영역은 노동자운동을 당시 막 힘을 얻은 다른 운동들, 특히 여성운동과 연결시키는, 비위계적 조직 형태를 추구하는 독자적 집합체들의 연결망이었다.

이러한 흐름 위에서 나타난 자율운동은 자율성, 자주관리, 자기조직화에서 출발한다. 더욱이 이 자율성은 의식을 앞세운 자율성이 아니다. 노동거부를 통해 다양한 집합적 주체성을 형성해 내면서 사회관계를 변형해 갈 수 있는 자율성을 의미한다. 그 위에 비노동의 영역에서, 자본주의적 생산관계가 지배하지 않는 영역에서 자본에 대립하는 모든 사회세력 및 노동자계급이 창조하는 다양한 가치생산 영역들을 만들어 가는 자기가치증식으로 나아가고자 한다. 특히 여기서는 다양한 주변자들, 소수자들이 사회의 새로운 흐름을 만들어 낸다. 고정된 부의 축적이 아니라 자본의 재생산권력과는 분리된, 사회의 자율적 재생산의 힘[역능]을 규정하는 욕구들, 즐거움들 그리고 실천들을 축적해 나가는 것이다. 그리고 이러한 움직임의 현실적인 모습은 기존의 관계에서 분리되어 독자적인 색다른 공간을 창출하는 방향으로 나아가고 있다.

남성들과 분리하여 여성적인 주체성을 정립하고 그 위에서 독자적인 공간으로서 여성센터를 만들어 가는 이탈리아 여성운동의 흐름은 자신들의 절대적 자유의 공간을 만들어 가는 과정으로 볼 수 있다. 더욱이 여성운동 안에서 레즈비언들은 남성과 여성의 차이뿐만 아니라 여성들 간의 차이를 강조하는 분리주의적 실천 속에서 다시 자신들의 고유한 공간을 만들어 간다. 물론 그 공간 안에서 자율성에 기초한 관계가 정립되고, 점차 다른 공간들과의 교류를 확대해 간다. 이러한 미시코뮌들은 처음에는 폐쇄적인 것처럼 나타나지만 활동을 하기 시작하면 오히려 그 미시코뮌을 둘러싸고 있는 공간들이나 조직들이 변화하게 된다. 이러한 움직임은 1990년대 들어 다양한 사회센터의 등장으로 나타나고 있다.

1980년대 독일을 비롯하여 북부 유럽에서 전개된 자율운동의 흐름도 이와 비슷하다. 자율적 여성운동, 반핵운동, 점거운동 등에서 나타난 새로운 공간 만들기는 기존의 권력정치와는 완전히 다른 모습을 보여준다(카치아피카스, 2000). 주변화된 층들이 국가 체계가 부여한 지배원리에 대항하여 사회의 일부 공간을 점거하여 살면서 자신들의 고유한 내부규칙을 만들어 간다. 예를 들어 국가는 '모든' 마약을 금지한다. 물론 그렇게 함으로써 마피아와 경찰은 경성마약을 둘러싸고 엄청난 마약상승작용을 일으킨다. 이러한 국가와 마피아의 공모에 대항하여 거의 대부분의 자율적 코뮌들이 마리화나와 같은 연성마약(삶마약)을 값싸게 공급하고 히로뽕 같은 경성마약(죽음마약)을 금지하기 위해 내부적으로 (경찰과 마피아에 대항하여) 투쟁을 벌여 나간다.

아우토노멘을 축으로 한 독일의 자율운동은 1980년대와 같은 격정을 지니고 있지는 않지만 여전히 체제에 철저히 반대하는 운동으로 남아 있다. 물론 지금은 약화되었지만 그 불꽃은 재를 남기고 있으며, 여전히 우리가 운동을 생각할 때 반체제적이고 근본적인 변형운동으로서 재고해야 할 것이 아닌가 생각한다. 제국의 시대에 모든 것이 제국 안에서 이루어진다고 하는 상황에서, 힘들고 복잡한 도시를 벗어나 교외로 나가는 생태주의적 도피가 아니라, 거대 도시의 가장 깊은 안쪽에서 다른 세계를 만들어 내려는 운동으로서 말이다. 향수에 젖어 체 게바라를 바라보기보다는 이 현존하는 탈근대적 게릴라들에 주목하는 것이 더욱 현실적이지 않을까 생각해 본다(윤수종, 2003b: 135).

자율운동은 이처럼 색다른 삶의 형태를 추구함으로써 표준화하고 획일화하려는 지배권력과 가장 격렬하게 싸운다. 바로 그렇기 때문에 많은 운동이 제도화되고, 권력은 운동들이 제기하는 것들을 국가장치 안에 포획하려고 하는 상황에서, 자율운동은 그 표준을 거부하고 운동의 지형도를 넓혀줌으로써 다른 다양한 운동들이 전개될 수 있도록 해준다고 생각한다.

자율운동은 또한 운동집단 내부의 자율성과 비위계화를 지향한다. 주변층으로부터 시작된 자율운동은 내부의 주변을 만들지 않으려고 한다. 그런 과정에서 소수자들을 포괄하는 방향으로 나아가며, 소수자운동과 결합할 수 있다고 생각한다.

자율운동은 또한 국가권력의 장악이 아니라 색다른 삶의 형태를 창출함으로써 국가권력의 지배력을 약화시켜가며 최종적으로는 국가를 사멸시키려는 것이다. 즉 국가권력으로부터 독립적인 자유로운 공간을 창조하면서 내부적 위계를 해체해 감으로써 국가권력의 싹을 없애 가려는 것이다.

3. 소수자운동과 대안운동

자율주의는 지배권력에 대해서 독자성과 자율성을 강조하면서 아래로부터의 사회구성원리를 강조한다. 기존의 맑스주의도 이러한 대중의 관심을 견지하고 있었다. 문제는 그 아래가 다시 중심화되고 권력화되는 것이었다. 노동자계급 안에서 순수한 주체(생산적 노동자와 전위)를 뽑아내려다가 여타 다양한 주변층들을 배제하게 된 것이다. 여기서 노동자계급 안에서 주변성에 착목하는 것이 노동자계급의 자율성을 확보하는 데 중요한 고리가 된다는 인식에 이르게 된다.

이 주변성을 담아내면서 노동자계급 전체의 자율성을 증대시키려는 것이 자율운동의 출발이었다. 예를 들어 노조운동 안에서 여성이나 비정규직을 배제해 나가면 결국은 노조가 자본(사용자)과의 싸움에서 힘을 잃게 되고 자신의 자율성(힘)을 확보해 나갈 수가 없게 된다. 자율성(힘)은 내부의 주변성을 포괄해 나가면서 외부와 횡단적으로 연결될 수 있을 때 더욱 확보될 수 있기 때문이다. 물론 전체적으로 보아서는 노동자계급이 획득해온 자치성(공공영역)을 기반으로 삼으면서 말이다. 그렇기 때문에 자율운동은 자연스럽게 소수자운동과 연결된다.

소수자운동은 노동자계급 안의 주변층뿐만 아니라 사회의 주변층들에서 나타나는 운동이다. 소수자운동은 주변을 강조하고 중심을 해체함으로써 전체 지형도를 바꾸고 소수자 집단 자체의 자율성뿐만 아니라 사회 전체의 자율성을 확장해 나가려는 운동이다. 따라서 소수자운동은 바로 자율운동과 손을 맞잡고 나간다고 할 수 있다.

소수자운동은 표준화되기를 거부하는 사람들 및 집단들이 자신들의 자율성(정체성)을 지키고 확장해 나가기 위해서 일정한 공간을 확보해 나가는 것이라고 적극적으로 규정할 수 있을 것이다(윤수종, 1999: 99-124).

소수자권익보호운동이 소수자의 권익을 방어적으로 지키자는 방향에 있고 다수자의 지배를 전제로 한다면, 소수자운동은 다수자의 지배 영역을 축소해 나가기 위해 자신의 색다른 삶의 방식을 개발해 나가려고 한다. 당연히 다수자의 지배영역과 충돌할 수밖에 없다.

또한 시민운동은 정치적 지배(국가)에 대해 시민적 자율성 영역을 확장하여 민주주의 사회를 만들어 간다는 상에 집착한다. 특이성이 무시된 개인들로서 시민에 의거하면서 다수의 공통성을 찾아서 운동화하려고 한다. 국가권력을 부드럽게 만들면서 말이다. 그에 반해 소수자운동은 특정한 사람들 및 집단들의 특성에 기반하면서 그들이 지닌 고유성을 오히려 긍정해 나가려고 한다. 개별자들의 특이성을 표준화하려고 하지 않고 서로의 차이를 극대화하면서도 오히려 소통의 폭을 넓힐 수 있는 방식을 추구하는 것이다. 그 과정에서 소수자들을 특정한 틀에 묶으려는, 즉 그들을 포획하려는 제국 및 국가 그리고 다수자적 흐름과 충돌하게 된다.

기존의 맑스주의적 사고방식에서는 소수자운동에서 강조하는 차이의 논리에 대해서 의심의 눈초리를 보내고 있다. 차이의 논리에 근거해서 어떻게 연대하고 점점 거대해지는 적을 공격하고 파괴할 수 있느냐 하는 것이다. 이는 구성권력의 전략에 대한 이해의 차이에서 비롯되는 것이라고 생각된다

차이의 논리를 강조한다고 해서 공통성을 만들어 가지 못하란 법은 없다. 공통성을 동질성으로 이해하니까 그런 것이다. 개별자(특이성, singularity)들이 서로의 동질적인 측면(사실은 추상적인 공통성)을 모아서 어떤 대표나 매개체에 그것을 위임해야 구성이 가능하다는 것이 기존의 대표제 논리이자 구성방식에 대한 사고였다. 이 경우 개별자의 특이성은 무시되게 되어 있다. 그렇게 해서 만들어 낸 공통성은 개별자들의 소통을 넓히는 것이 아니라 좁히고 단조롭게 만든다. 그 공통성은 개별자들이 지닌 동질성의 산술적 합계인 것이다. 이렇게 해서는 제3의, n번째의 것을 만들어 낼 수 없을 것이다.

차이의 논리에 입각한 스피노자식 소통의 성지는 바로 차이를 넓히면서 공통성을 만들어 삼으로써 소통의 폭을, 공통성을 더욱 넓히자는 것이다. 점점 더 달라지면서 함께할 수 있는 것(특이화)에 대해 왜 생각하지 못하는가? 동일해져야만 같이할 수 있다는 생각은 굉장

히 위험한 발상이라고 생각한다. 달라짐으로써 새로운 것들이 구성될 가능성은 더 많아질 수 있을 것이다. 당이나 국가, 혹은 국제적 기구들 같은 매개체는 바로 이러한 생성의 가능성을 제한하고 어떤 경우에는 억압하기 때문에, 경유해야 할 것으로 생각하지 않는다. 국가권력을 나누어 가지려는 분권운동이 아니라 오히려 국가로부터 더욱 더 이탈하는 운동, 당으로부터 더 멀어지는 운동을 통해서 대중의 구성의 폭과 가능성을 넓히는 '구성권력'의 전략이 필요하다고 생각한다.

소수자운동은 자기정체성 찾기에서 출발하여 자신의 고유한 자유의 공간을 만들어 나간다(윤수종, 1999). 한국에서의 소수자운동의 사례 가운데 자기 정체성을 강하게 확인하고 나오는 운동은 성소수자운동이라고 생각된다. 점차 여성 성소수자운동이 남성 성소수자운동보다도 활발해지고 있다는 특징을 보인다. 또한 가상공간을 활용한 새로운 공간만들기를 하고 있다. 성소수자운동은 기존의 표준화된 인식과 공간에 새로운 것을 덧붙이는 운동이라고 생각되며, 장애인 운동에서 제기하는 이동권 문제도 마찬가지일 것이다.

여기서 소수자운동은 대안운동과 만나게 된다. 물론 대안운동 가운데는 현재의 지배체제를 거부하지만 과거의 생활이나 더 억압적인 방식으로 되돌아가려는 것도 있다. 기존의 지배적 생활방식을 거부하고 색다른 생활방식을 실험하면서 내부의 자율성을 확보해 나가는 대안운동은 바로 소수자운동의 방향과 일치하는 것이라고 할 수 있다.

한국의 대안운동은 1987년 노동자·농민대투쟁 이후, 특히 1997년 IMF 위기 이후 여러 영역에 걸쳐서 나타나고 있다.[3)]

---

3) 크게 분류해 보면, 대안교육운동, 생산공동체운동, 생활공동체운동, 대안문화운동, 기타 대안운동이 있으며, 각 운동 안에서 다시 소분류하여 볼 수 있다. 대안교육운동은 공동육아운동과 대안학교운동으로 나타나고, 생산공동체운동은 노동

그런데 그간 정체성의 정치를 기반으로 전개되어 온 소수자운동 안에서 다양한 대안을 실험하는 움직임이 나타나고 있다. 그와 관련하여 대안운동은 다양한 소수자들을 끌어안음과 동시에 다양한 차이들을 긍정하고 새로운 공통적인 관계들을 창출하는 특이성의 정치를 전개해 나가야 할 것이다. 이렇게 대안운동은 다양한 실험을 통해서 표준화된 준거와는 다른 다양한 준거를 제시하고 대안적 네트워크를 만들어감으로써 사회를 풍부하게 만들 것이다.

20세기 후반 한국사회의 지형도를 바꿨던 1987년 노동자·농민 대투쟁 이후 한국사회의 운동지형은 커다란 변화를 겪어 왔다. 특히 1997년 IMF 위기과정과 그 이후 삶이 파괴되는 경향도 있었지만, 어쨌든 기존에 당연하게 여기던 삶의 방식에 대한 문제제기도 그 이전과는 훨씬 다르게 적극적으로 제기되어 왔다.

물론 그 이전에도 다양한 대안적인 삶의 형태들을 찾으려는 움직임이 있었지만, 이제 기존 체제에 대해 비판하면서 그것이 강요하는 삶과는 다른 삶의 형식을 찾아나서는 사람들이 많아지고 있다. 주류적인 삶의 방식이 강요되는 속에서도 많은 사람들은 표준화된 삶을 벗어나서 자신들의 독특한 삶을 찾으려고 한다.

색다른 정체성을 찾아 나서는 소수자운동과 함께 이러한 맥락에서 등장해 온 대안운동은, 기존의 운동이 권력을 장악하여 또 다른 권력 구성체를 만들어 가는 것이었다면, 권력을 없애는, 즉 자율적인 삶의

자의수기업의 형태로 나타나고 있다. 생활공동체운동은 생활협동조합운동, 마을공동체운동, 대안경제운동으로 나타나며, 대안경제운동으로는 대안화폐운동, 대안식생활운동, 대안에너지운동, 대안세계화운동을 들 수 있다. 대안문화운동은 획일화를 강요하는 대중매체에 대항하는 대안미디어운동을 필두로 다양한 형태로 전개되고 있다. 그 외에도 하나의 아이템을 가지고 전개되는 다양한 대안운동(예를 들어 대안생리대운동)들이 있다(윤수종, 2007a: 255-299).

형태들을 모색하고자 한다. 또한 대안운동은 기존의 운동이 국가와 권력의 상에만 매달려 생활에서 멀어진 사태에 대한 비판을 함의하기도 한다.

이러한 변화 속에서 명령하고 따르는 틀이 아닌 작은 공동체(관계)들을 서로 연결시키면서 수평적 관계망을 확장시키려는 움직임은 대안운동의 주요 요소가 되고 있다. 대안운동은 일상생활 속에서 또한 전통적이고 생산 중심적인 사고 및 활동을 넘어서서 다양한 요소들을 결합함으로써 새로운 삶의 형태, 기존의 권력이나 자본이 원하는 방식과는 다른 방식의 삶의 형태를 모색해 나가려고 한다.

도시지역을 중심으로 나타나고 있는 생활협동조합의 움직임, 농촌에서 나타나고 있는 다양한 공동체들, 도시에서 나타나는 생산자공동체들 그리고 제도교육을 비판하는 대안학교의 움직임, 공동육아 운동 등 다양한 대안운동 형태들이 속속 등장하고 있다. 대안학교운동 같은 경우 기존의 표준화된 인식과 공간에 새로운 것을 덧붙이는 측면도 있지만 더욱 중요한 것은 교육의 방향과 관련하여 하나의 준거를 새롭게 제기한다는 점이다. 기존의 공교육에 속한 사람들이 자신의 교육활동을 대안학교의 운영방식이나 교육활동에 비추어서 사고하고 만들어간다는 의미에서 대안학교운동은 새로운 준거를 만들어 나갔다고 할 수 있겠다.

대안운동들은 색다른 준거들을 제시함으로써 표준화된 삶에서 벗어날 수 있는 다양한 방향에 대해서 알려줄 수 있다. 물론 대안모델을 제시하는 것도 중요하지만, 기존의 삶의 방식 속에서 색다른 움직임을 향해 나아가는 꿈틀거림을 만들어 내는, 웅성거리는 모습(구성과정)이 더 중요할 것이다. 그러므로 대안운동들이 수행하는 대안적인 삶들만이 올바른 방향이라고 주장하는 것이 아니라, 다양한 삶의 방식에 대한 실험들을 해 나간다면 그 과정에서 또 다른 교차와 또 다른 방향들을 추구할 수 있을 것이다.

더욱이 실제로 대안운동이 잘 이루어지는 지역은 다양한 대안운동들 및 대안적인 실험들이 서로 얽혀 이루어지고 있다. 생협뿐만 아니라 의료생협, 공동육아, 대안초등학교, 대안기업, 대안화폐, 생태마을 만들기, 소수자적인 생활방식 등이 서로 지역 안에서 네트워크를 이룰 경우에 대안적인 삶은 점점 더 구체화되어 가는 것을 볼 수 있다. 또 그럴 경우에만 각 대안운동이 자본주의적 이윤논리에 맞서서 생존할 수 있기도 하다. 다시 말해서 권력과 자본의 지배에 맞선 복합적 대안운동들의 네트워크, 대안적 네트워크를 이루어 나가야 할 것이다.

4. 보이지 않는 운동

이상의 운동들이 제국 안에서 가시적인 것으로서 나타나고 있는 반면, 눈에 보이지 않는, 볼 수 없는 운동들도 지적할 수 있다. 이것은 제국을 휘젓고 있는 대중매체의 시야에서 보이지 않는 것이기도 하지만, 우리가 흔히 운동이라고 생각하지 않는 대중의 은밀한 움직임들이라고 볼 수 있다. 또한 척도를 벗어나고 넘어선 것이기 때문에 분명하게 보이지 않는 것이기도 하다. 이와 관련하여 가상공간상의 운동을 이야기할 수도 있고 탈주와 생성을 얘기할 수 있게 된다.

초코드화하는 제국 권력은 모든 활동을 자신의 틀 속에 집어넣으려고 한다. 이러한 상황에서 조직화되고 제도화된 운동을 넘어서 권력이 미치는 각 분절 지점들에서의 자기의식화(정체성 확인)를 통해 자기가치증식(자율적 주체성의 구성)으로 넘어가는 것이 필요하다. 그와 관련하여 대중의 은밀하고 일상적인 저항들은 우리 시대의 전 지구적 지배 양상에 대한 생체정치적 투쟁의 표현이자 자기가치증식의 징후라고 할 수 있다. 이러한 움직임은 주체성 생산을 둘러싸고 전개된다. 이러한 투쟁은 서론에서 제시했듯이 욕망투쟁과 주체성생산투쟁이라고 할 수 있다.

자본(제국)은 바로 자신이 직접 고용한 노동자들뿐만 아니라 다양한 주체들을 자신의 이윤 메커니즘의 흐름 안에 끌어들이려고 한다. 사회적 공장 안에 있는, 제국 안에 있는 모든 주민을 자신의 지휘 아래 두려고 한다. 즉 자신에게 순응하는 주체성을 만들어 내려는 것이다. 그리고 이러한 주체성 생산은 사회의 다양한 시설들을 통해 이루어진다. 가족, 학교, 군대, 병원, 공장, 감옥, 네트워크 등을 통해서 말이다.

이제 자본은 노동자들을 직접 통제할 뿐만 아니라 자신의 포획장치에 걸려드는 주체들을 만들어 내는 방식으로 작용한다(Guattari, 2000: 230-252). 그리고 주체성 생산영역 자체가 자본의 이윤 획득의 주요한 대상이 되었다. 주체성 생산영역에서 생산의 특징은 내부적으로 직접 통제가 불가능하여 외부적으로, 예를 들면 국가권력(그 무서운 핵국가!)이나 도덕을 통해 또는 이윤획득 논리나 자수성가 논리에 의해 통제한다. 여기서는 공장(이나 회사)에서처럼 자본과 노동의 대결이 직접적이지 않고, 많은 경우에 대결은 그 주체들이 형성되는 공간인 각 설비(제도) 안에서 위계제 내부의 갈등으로 나타나며, 그 갈등이 심각해지면 각 설비 안에 있는 다양한 주체들이 그 설비의 장(대표)이나 국가와 충돌하는 양상을 띤다.

주체성 생산과 관련한 투쟁은 조직화되고 제도화된 방식으로 집단적으로 일어날 수도 있다. 그렇지만 결국은 개별 주체가 생산되는 것으로 (실은 집합적 주체성이지만) 귀결되기 때문에 개인적인 거부행위로 나타나는 경우가 흔하다. 그렇기 때문에 그것은 개인적이고 일상적인 문제로 보인다. 그러나 그 일상적인 문제들이 누구나 가지고 있는 것이라면 주체성 영역에서의 투쟁은 결코 개인적인 문제가 아닐 것이며 오히려 대중적인 문제가 될 것이다. 물론 이러한 개별적인 투쟁이 축적되거나 집계되면 상당한 효과를 지닐 수도 있으며, 집단적인 가치증식 과정으로 전환될 수도 있을 것이나. 특히 주체성 생산 영역에서의 투쟁은 기존 설비에서의 도주나 탈주로, 또는 기존 훈육방식에 대한 거부로 나타난다. 그러면서 곧바로 새로운 자기구성방식으로 넘어가게 된다. 즉 내부에서 적대적 투쟁을 벌여 자신의 위상을 높이되 다시 기존 틀에 남아 있는 것이 아니라, 기존 틀에서 아주 벗어나 색다른 생활방식을 추구하지 않을 수 없는 것이다. 생활 자체를 둘러싼 투쟁, 즉 생태투쟁이 될 수밖에 없을 것이다. 물론 더 나아간다면 대안을 만들어 가는 운동(되기)으로 이어질 수 있을 것이다.

몇몇 주체성 생산 영역에서 나타나고 나타날 수 있는 투쟁 형태를 간략하게 살펴보자(윤수종, 2000, 58-68).

시설별로 살펴보면, 먼저 공장에서의 명령에 대한 복종거부를 비롯하여 다양하고 은밀한 저항들을 찾아볼 수 있다.

가족에서는 청소년과 어린이의 복종거부, 가출, 여성들의 가사노동거부, 결혼거부, 임신거부, 출산거부, 육아거부, 성소수자들의 생물학적 성(고정된 성)에 대한 거부와 이성애적 가족거부 등 다양한 형태를 볼 수 있다. 가족은 주체성을 생산하는 가장 기본적인 시설로서 자리잡아 왔으나 점차 해체의 길을 걷고 있다고 하겠다. 이른바 '정상적'인 (부-모-자녀) 핵가족의 비율이 점차 줄어들고 있고 다양한 가족형태가 나타나고 있다. 여성들이 아이 낳기를 거부하여 자본에게 가한 타격을 생각해 보라.

학교에서는 학생들의 수업거부, 등교거부, 자퇴 등이 속출한다. 학교를 벗어나는 사람들이 늘어난다. 한국 고등학교는 병영[군대]을 방불케 한다. 그렇기 때문에 학생들은 학교 내부에, 수업시간에도 다른 짓을 한다. 학업에 무관심한 태도가 그 전형적인 방식이다. 대학에서는 정치적인 이유로 실행되기도 했던 동맹휴업이 있었다. 최근에는 프로젝트(돈)를 통한 대학 내 명령체계(지배)에 대해서 대학원생들의 프로젝트 작업 거부 등도 생각해 볼 수 있다(미국에서는 이런 일이 벌어지기도 한다).

군대는 '한번 갔다 와야 어른이 되는' 참혹한 주체성 순화 장치이다. 물론 군대 내부에서의 구타를 참지 못하고 벌어지는 자살, 탈영, 명령거부 등은 흔히 있는 일이다. 더욱이 자신의 뜻에 따라 범법자가 되더라도 입대를 거부하는 양심적 병역거부자들이 존재한다. 이들은 가혹한 처벌 속에서 죄수가 된다.

감옥은 푸코가 판옵티콘(panopticon)이라는 개념을 도출해 낸 지독한 훈육장치이다. 사회의 특정 기준을 위반한 사람들을 감금해서 사회에 순응하도록 만든다고 하는데 오히려 교도소(教盜所)가 되고 있는 것 같다. 죄수들의 식사거부(단식), 징역거부, 통제거부, 탈출 등이 끊이지 않는다.

병원을 비롯한 다양한 보호시설들은 의사의 직업적 전문성(흰옷으로 표상됨)과 보호라는 구실 아래 사회의 많은 주변자들을 수용하고 있다. 시설에 수용된 사람들은 탈출 등뿐만 아니라 집단적 저항을 하기도 한다. 그 외에도 다양한 시설들에서의 은밀한 움직임도 생각할 수 있을 것이다.

더욱 중요한 것은 이러한 시설들을 통한 훈육이 점차 내재적으로 실행된다는 것이다. 점점 더 미세하고 정교한 절차들을 통해서 주체들의 삶을 관리해 간다는 것이다. 때문에 여기서 주체들의 내재적 저항이 분출될 수밖에 없다.

최근 들어서는 각종 시설 안에서의 훈육을 넘어서 어디에서나 훈육이 이루어지고 있다. 훈육시설들을 넘어서 훈육이 확장되며 특히 소통을 통한 훈육이 점차 중요해지고 있다. 소통 네트워크 안에서 훈육에 대한 저항이 최근 인터넷상의 운동으로 종종 나타나고 있다.

물론 이러한 각종 투쟁은 예전부터 다양한 형태로 전개되어 온 것도 있으며 최근에 새로운 형태로 등장하거나 새로운 영역에서 전례 없는 형태로 등장하는 것도 있다. 이러한 주체성 생산 영역의 투쟁들에서 나타나는 특징은 개인의 정체성이 강조되고 개인적 활동이 곧바로 매개 없이 집단적 활동으로 전화할 수 있다는 점이다. 특히 새로운 소통수단(컴퓨터 네트워크, 핸드폰)을 매개로 쉽게 결집되어 저항운동의 형태로 드러난다.

그러나 권력에 압력을 가하는 성격에 머무는 것이 아니라 전혀 다른 주체성을 만들어 낼 수 있는 가능성을 얼마나 가지고 있느냐 하는 것이 중요하다. 임금책정에서 (자본가가 규정한) 생산성이나 물가인상 기준이 아니라 노동자의 재생산비용을 기준으로 삼는 것, 이탈리아의 집세투쟁에서처럼 쫓아내겠다는 위협에 주부들이 자신들이 해온 가사노동이 자신들이 지불하지 않은 몇 달 치의 집세보다 더 많다고 반박하는 것은, 전혀 다른 발전논리, 전혀 다른 삶의 논리를 제출한다. 여기에서 자본의 적분으로서의 권력과의 적대성이, 즉 국가(제국 권력)와의 적대성이 드러난다.

제국 속에서 생체정치적 지배에 대한 생태적 투쟁은 더욱 중요해지게 된다. 즉 생활방식을 둘러싼 투쟁이 중요해지게 된다. 각종 구체적 설비 및 제도 속에서 이루어지는 주체성 생산을 둘러싼 투쟁이 두드러지게 된다. 복종하는 메커니즘을 만들어 내는 각종 주체성 생산 방식에 대해서 "아니오"라고 말하면서 주체들이 자신들의 자율적 자기만들기 방식을 제기할 때, 다양한 권력 메커니즘들은 작동하기 어렵게 된다.

자본의 지배를 거부하고 산노동의 생산적 주체성을 변형시켜 가는 것은 각종 설비 및 제도의 해체로, 장치의 작동 중단으로 이끈다. 미시적이고 일상적인 관계 속에서 자율성을 억압하는 관계방식에 항의해 나가면서 새로운 조직화를 시도해 나가야 한다. 거대한 사업장 파업을 통해서 사회를 움직여 나가는 것은 자본이 아니라 노동임을 밝히는 것도 중요하지만, 대중이 동력이 되는 새로운 관계를 만들어 나가기 위해서는 일상적인 자기변형에 나서야 할 것이다.

더욱이 이러한 운동들보다도 더 보이지 않는, 볼 수 없는 운동들도 있다. 대표제화를 지향하는 권력만들기를 운동으로 포장하는 사람들의 눈에는 보일 수 없는 운동들이 있다. 이러한 구도에서 운동을 보려 할 때는 '국가와 혁명'이라는 틀을 '욕망과 혁명'이라는 틀로 바꾸어 보는 것이 필요하다(윤수종, 2009). 지배장치인 국가를 장악하여 쇄신한다는 문제설정에서 벗어나 대중의 힘[역능]의 근거인 욕망을 해방하는 방향으로 나아가는 혁명을 수행하고자 하는 문제설정으로 바꾸어야 할 것이다. 대중의 적인 전 지구적 권력이나 국가권력 또는 그것을 지니고 있는 초국적 자본가계급이나 일국의 자본가계급을 타파한다는 의도에서 그것을 닮아가는 운동이 아니라 스스로 변형해 가는 운동이 필요한 것이다.

이와 관련하여 가타리의 논의는 많은 것을 이야기해 주고 있다. 가타리의 주장은 서구에서 68혁명 이후 나타난 대중의 욕망 분출을 적극적으로 평가하는 흐름에 서 있다(Guattari, 1972: 215-229). 우리의 경우 아주 다른 역사적 경험을 가지고 있지만, 이미 1987년 노동자·

농민대투쟁 이후 욕망투쟁이 확산되어 오고 있다.

가타리가 제기하는 것은 인식상으로는 변증법에 기운 우리의 통합적, 종합적, 통치적 발상에 대한 비판이다. 또한 욕망하는 기계와 분열분석이란 제안은 집중제와 아나키즘이라는 인식 및 조직 대당을 넘어서려는 것이다. 변증법이 권력을 만들어 가는 논리 및 인식이었다는 반성 위에서, 권력을 만들어 가지 않는 방식을 제기하는 것이다. 특히 위에 있는 권력과 국가, 장치와 구조라는 상에 대한 밑으로부터의 권력 비판과 권력 장악, 새로운 건설이라는 상과 방식이 가져온 현실적 결과들은 또 다른 권력을 만들어 냈었다. 그런데도 여전히 같은 방식으로, 대표를 통해 무언가 해결해 갈 수 있을까?

권력을 만들어 가지 않는, 권력의 방식과는 전혀 다른, 대중의 욕망에 기초한 유연한 기계들을 설립하자는 것이 가타리의 제안이다. 지배와 지배 장치는 우리 위에, 사회의 상층부에, 그렇게 저 멀리 있어서 우리가 그것을 파괴하고 아래를 내려다보면 달라지는 것이 아니다. 또한 지배와 지배 장치는 멀리 있는 것이 아니라 우리 속에 우리와 가까이 있는 각종 기계들과 함께 움직이는 욕망에 붙어 있는 것이다. 이러한 욕망의 흐름을 해방한다는 것은 다수자적인 동일자의 초코드화로, 권력 만들기로 나아가는 것이 아니라, 소수자적인 방향으로, 특이한 개별자들을 전면적으로 발전시키는, 따라서 횡단적이고 분자적인 움직임을 만들어 가는 것이다. 많은 여성들이 피임도구를 사용하여 자신의 욕망을 해방해 가면서 인구의 생체정치를 수행했듯이, 분자적인 움직임이 농축되면서 생각지도 못한 변화를 가져올 수 있다.

욕망의 미시정치에 근거한 욕망투쟁과 인상투쟁을 통해서 욕망에너지를 해방함으로써 권력에서 탈주하는 흐름을 만들어 내 되기(생성)

의 흐름으로 만들어 가자는 것이다. 그 탈주의 방법은 분열분석적이고 탈주의 원칙은 인민의 직접적 책임, 즉 자율성이다.

3절. 서구의 자율운동과 한국의 주거공동체

그러면 본문에서 탐구한 서구의 자율운동과 한국의 주거공동체운동이 어떤 차이점을 지니고, 제국시대의 대중운동에서 어느 지점에 위치하고 어떤 성격을 지니는지 되짚어 보자.

서구의 자율운동은 68혁명 이후 1970년대를 거치면서 활성화되었고 대중적으로 확산되어 왔다. 자율운동은 기존의 노동자운동을 축으로 한 당운동에 대한 비판의 성격을 지니고 있었다. 또한 1980년대 서구에서는 좌파적인 사람들도 다 녹색 옷을 한 번씩 입어 본다. 즉 녹색과 붉은 색이 섞이면서 새로운 문제제기가 나타나게 된다. 유럽에서는 생태적 인식 위에서 대중의 다양한 각성과 욕망투쟁이 일어났고 그 위에서 녹색운동이 나타났다. 그러면서 자율운동은 생태적인 색깔의 옷도 입게 되었다.

그럼에도 불구하고 제일 난감한 문제가 결국은 녹색운동이 대의제 메커니즘으로 빠져 제도화되는 것이다. 녹색 흐름이 엄청난 대중적인 운동을 동반하며 성공적이었던 독일의 녹색당운동처럼 말이다. 서구에서 기존의 양당 체제를 확실하게 변형시켰던 것은 유일하게 독일의 녹색당이었다. 물론 그 녹색당운동이 그렇게 성공적일 수 있었던 것은 무엇보다도 자율운동이 있었기 때문이라고 생각한다. 어쨌든 그 정도로 굉장한 운동이었음에도 불구하고 당 형태에 집중하고 대의제로 기울어 가면서 자율적인 성격이나 대안적 실험으로서의 힘을 잃어 버리게 되었다.

어떻게 하면 대의제에 대한 대안을 찾을 것인가? 선거정치가 아닌 직접 정치? 그렇다면 촛불시위? 이렇게 연결시키는 사람도 있는데 물론 그것도 한 가지 흐름으로 볼 수는 있으나 대의제의 대안이 꼭 촛불시위만 있는 것은 아니다. 지금 대의제에 대해 일반적으로 받아들여지고 있는 대안은 직접행동이다. 그런데 직접행동은 대의제에 대한 대안방식으로는 굉장히 미약한 측면이 있다. 대체로 직접행동하고 끝나고 나면 수습할 때는 대의제 하는 사람들이 '그래 우리가 정리해야지' 하고 들어선다. 서구의 68혁명이 정비된 방식이다. 물론 서구에서는 이런 제도화에 맞서 자율운동이 활성화되어 왔다.

어쨌든 서구의 자율운동은 대의제를 축소시켜 가는 어떤 대안적 기계들, 공간들을 만들어 나갈 수 있는가 하는 문제를 제기한다. 당연히 대안적인 사유가 필요할 것이다. 대안제도, 대안연결망을 만드는 것이다. 또한 서구의 자율운동은 색다른 주체들과 기계들이 얼마나 서로 섞일 수 있는가 하는 문제를 제기한다. 아주 주변적이고 소수적인 주체들을 어떻게 포괄해 갈 수 있는가 하는 쟁점을 제기한다. 단지 대의제 비판과 대안 찾기로 정리하는 것이 아니라, 이질적인 주체들을 어떻게 섞어 나갈 수 있는가, 새로운 기술이나 테크놀로지와 어떤 관계를 맺어 나갈 것인가, 그리고 그 위에서 어떤 새로운 패러다임을 추구할 수 있는가에 관심을 두게 된다.

또한 서구의 자율운동은 전체 운동의 한 부분이면서 국가장치에 포섭되지 않는 운동으로서 남아 있다. 더욱이 자율운동은 새로운 주체성 생산과 문화 형성을 가져왔다. 자율운동을 겪으면서 청년들의 결혼문화나 삶의 방식이 180도 바뀌어 왔다. 전통적인 운동이 추구했던 것처럼 국가장치를 장악하거나 국가장치의 위계제 속에 편입되는 것이 아니라, 국가장치의 다양한 기계들의 작동방식과는 다른 새로운 작동방식들을 만들어 내려고 하였다.

이러한 의미에서 본문에서 탐구한 서구의 자율운동 사례들은 이단적이고 소수적인 운동이었지만, 노동자운동이나 기존의 부문운동이 국가장치화(제도화)되는 상황에서 여전히 변혁운동으로 남아 있고 그 원천으로서 기능하며, 앞으로의 운동 방향을 제시해 준다.

그에 비해 한국의 자율운동의 단초로서 연구한 주거공동체 실험은 점으로서 이루어진 운동 사례라고 할 수 있다. 서구의 자율운동은 운동집단 안의 자율성을 확보하려는 것뿐만 아니라 지역적 · 전국적 · 전 지구적 연대를 형성하면서 횡단성을 실현하려고 하였다. 그에 반해 자율운동이 활성화되지 못한 한국에서 자율운동의 단초인 주거공동체 실험들은 고립된 채 이루어진 것들이다. 물론 빈집의 경우 합법성을 띠고 다양한 연대활동을 통해 횡단성을 실현하려고 하고 있지만, 사회운동으로서는 고립된 섬으로 기능하고 있다고 생각된다.

그럼에도 불구하고 이러한 주거공동체 실험들은 활성화되고 있는 소수자운동과 대안운동에 많은 시사점을 줄 것이라고 생각된다. 물론 주거공동체 실험들 자체가 소수자적이고 대안적인 성격을 지니고 있지만 말이다. 사회에서 배제된, 사회의 가장 주변에 있는 사람들이 스스로 독립적인 삶을 살아가겠다고 인식하고 실천했다는 점에서 앞으로의 운동에 시사하는 바가 크다. 대표제에 휩싸이는 운동 속에서 그래도 대표제화가 그나마 의미 있는 것은 대표화될 수 없는 사람들을 대표화해 내는 것이다. 즉 그동안 정체성을 지닌 주체로서, 정치적 주체로서 드러나지 못한 사람들을 드러내는 것이다. 소수자적인 주체들뿐만 아니라 더 이상 구분[판명]해 낼 수 없는 주체들까지 말하게 하고 드러내게 하는 것이 필요할 것이다. 그렇게 보이지 않는 주체들이 스스로를 드러내는 과정, 즉 코뮌을 실험하면서 자신들을 드러내는 과정이 바로 주거공동체 실험으로 나타났다고 할 수 있다.

그런 의미에서 서구의 자율운동과 한국의 주거공동체 실험은 대의제의 극복과 코뮌 실험이라고 요약할 수 있을 것이다.

4절. 제국시대 사회운동의 방향

국제적 테러와 국내적 테러를 통해 미국은 제국의 작동에 매개들을 통해서가 아니라 직접적으로 지배하려고 한다. 이것은 동시에 대중의 직접적인 공격을 가져온다. 대중은 횡단적으로 연결되어 있고 어느 곳에서든 솟아오를 공격으로 그물망처럼 엮인 (제국과의) 적대전선을 가시화시킬 것이다. 특히 대중이 생성을 가져올 때, 흑인운동에서처럼 대안적인 삶의 형식들을 만들어 낼 때, 제국은 그것을 포획하지 않으면 지배할 수 없다(위기에 빠진다). 노동의 움직임에 대처하는 자본의 재구조화처럼 말이다. 대중이 제국의 관리방식 안에서 새로운 금을 긋고 다르게 움직이는 방식을 만들어 낼 때, 제국의 위계제(지배)는 위기에 처한다.

그러나 대중은 제국의 지배방식과는 다르게 자기구성을 해 나가야 한다. 앞에서 말한 다양한 운동들을 통해서 대중은 제국 권력이 강요하는 삶과는 다른 삶의 방식들을 개척해 간다.

푸코의 권력의 미시물리학은 권력 장악 테제를 확실히 부적합하다고 판정해 주었고 미시정치의 중요성을 강조하였다. 그리고 그러한 물리학 위에서 권력보다는 저항을, 자본보다는 노동을 강조하였던 네그리와 가타리는 미시정치와 거시정치의 결합을 생각한다(가타리, 1998). 권력의 미시적 작동을 파괴하고 욕망의 미시적·분자적 작동을 넓혀 감으로써 권력을 점차적으로 해체해 가는 과정, 대중의 구성권력을 만들어 가는 과정이 필요할 것이다. 권력 장악은 권력 해체 과정의 부산물일 뿐이지 해결책이 아니다. 더욱이 국민국가 권력을 넘어선 제국의 권력은 '장악할 수' 없는 형태로 되어 있다(네트워크 권력). 영원한 개량(분자혁명)을 통해 권력 해체를 가져오는 지난한 과정을 추구하는 대중의 자기구성 과정이 필요할 것이다.

주체와 관련하여 대중이라고 할 때 이는 대표화될 수 있는 사회구성원을 말하는 것은 아니다. 어쨌든 스스로 색다른 것을 만들어 낼 수 있는 힘을 지닌 사람들 및 집단을 말하는 것이다. 예를 들어 다른 사람들 및 집단들이 만들어 내는 창의성을 포획하기만 하는 국가장치나 권력집단들은 대중에 속한다고 할 수 없을 것이다. 네그리의 논의와 『제국』을 전후로 하여 쓴 다른 글들을 보면 '가난한 자'[빈민]에 대한 얘기가 자주 등장한다(Negri, 2003). 대중의 상을 새롭게 정의해 나가면서 '자기 노동에 기초한 가난한 자'에 착목하려고 한다. 근대시기에 가난은 착취를 의미했지만 탈근대 시대에 가난은 공통(적인 것)을 만들어 나가는 것이라고 정의한다. 이쯤 되면 맑스주의의 계급개념과는 상당히 달라진다. 객관적 지위에 따른 계급 개념보다는 공통성을 만들어 가려는 집합체를 의미하는 것으로 전환되는 것이다. 또한 실천 주체들을 한정하거나 경계지으려는 것이 아니라 기존 제도나 체계의 경계나 한정들을 돌파해 나가는 측면(내부의 주변성, 외적으로는 노마드)을 강조하게 된다. 여기서 탈주와 생성 얘기가 나올 수 있을 것이다.

더욱 넓어져 가는 제국의 지배체제에 대항하여 자율적 주체를 만들어 가야 하지 않겠는가? 물론 자율적 주체들의 코뮌들을 만들어가면서 말이다. 대중은 앞서 말한 운동들을 통해서 기존의 제도화된 틀을 넘어서서 제국 권력과 대결해 나가며 제국을 압박함으로써 자신들의 자유의 공간을 확장해 간다. 다양한 욕망을 지닌 이질적인 집합체인 대중은 자율운동을 통해서 자신들의 자유의 공간(코뮌)을 만들고 확장해 나간다고 할 수 있겠다. 제국시대의 사회운동은 바로 이러한 방향으로 나아가야 하지 않을까?

| 참고문헌 |

가세트, 오르테가 이(Gasset, Ortega y), 황보영조 옮김, 2005, 『대중의 반역』, 역사비평사.

가타리, 펠릭스(Guattari, Félix), 윤수종 옮김, 1998, 『분자혁명』, 푸른숲.

가타리, 윤수종 옮김, 2000, 「권력구성체의 적분으로서 자본」, 『진보평론』, 6호, 현장에서 미래를, 2000년 겨울호.

______, 2004a, 『(가타리가 실천하는) 욕망과 혁명』, 문화과학사.

______, 2004b, 『정신분석과 횡단성』, 울력.

______, 2010, 『미시정치』, 도서출판b.

강내영, 2012, 「주거실험 공동체 '빈집'에 대한 연구」, 전남대학교 문하전문대학원 석사논문.

강내영 · 윤수종, 2011, 「빈집」, 『진보평론』, 49호, 메이데이.

강미화, 1998, 「독일 68운동의 의미와 유산」, 『경제와 사회』, 제37호, 1998년 봄호.

강성봉, 2008, 「재활용의 터전 포이동 넝마공동체」, 『살림이야기』, 2008년 겨울호.

강수돌, 2007, 「대안 공동체 운동의 평가와 전망」, 『진보평론』, 32호, 메이데이.

______, 2009, 『살림의 경제학』, 인물과 사상사.

강현수, 2010, 『도시에 대한 권리–도시의 주인은 누구인가』, 책세상.

고길섶, 2000, 「공간의 문화정치: 공간적 세계성의 문화적 배치를 위하여」, 『공간과 사회』, 제14호, 한국공간환경연구회 편, 한울.

구승회 외, 1998, 『아나키 · 환경 · 공동체』, 모색.

김강, 2008, 『삶과 예술의 실험실 Squat!』, 문화과학사.

김남주, 2000, 「차이의 공간을 꿈꾸며: 〈공간의 생산〉과 실천」, 『공간과 사회』, 통권 제14호, 한국공간환경연구회 편, 한울.
김성국, 2000, 「신사회운동의 제도화와 급진화: 영국의 도로건설반대투쟁을 중심으로」, 『한국사회학』, 34호.
김세균, 2003, 「프롤레타리아 국제주의 운동의 궤적과 전망」, 『진보평론』, 17호, 현장에서 미래를.
김윤환, 「예술스쾃 오아시스 동숭동점거의 경과와 전망」, 『충북민족예술 정기웹진』 통권25호.
김춘삼, 1999, 『왕초 1, 2』, 포레스트기획.
넝마공동체, 1986–1991, 『넝마』, 1–5호.
네그리, 안토니오(Negri, Antonio), 윤수종 옮김, 1997a, 『야만적 별종』, 푸른숲.
_____, 영광 옮김, 2004, 『혁명의 만회』, 갈무리.
_____, 윤수종 옮김, 1997b, 「대항권력의 생리학」, 『비판』, 3호, 박종철출판사.
_____, 2010, 『지배와 사보타지』, 중원문화.
네그리 · 하트(Negri, Antonio & Hardt, Michael), 이원영 옮김, 1997, 『디오니소스의 노동 2』, 갈무리.
_______, 윤수종 옮김, 2001, 『제국』, 이학사.
_______, 조정환 외 옮김, 2008, 『다중』, 세종서적.
노직, 로버트(Nozick, Robert), 남경희 옮김, 1997, 『아나키에서 유토피아로』, 문학과 지성사.
다우닝, 존(Dawning, John), 김종철 옮김, 1989, 『변혁과 민중언론: 미국 · 서구 · 동구의 저항매체』, 창작과 비평사.
라 보에티(La Boetie), 박설호 옮김, 2004, 『자발적 복종』, 울력.
라이트, 스티브(Wright, Steve), 1997, 「짐승의 심장에서 살기–이탈리아의 사회센터들」, 이원영 편역, 『이딸리아 자율주의 정치철학』, 갈무리.
라이히, 빌헬름(Reich, Wilhelm), 윤수종 옮김, 2000, 『성혁명』, 새길.
_____, 윤수종 옮김, 2005, 『오르가즘의 기능』, 그린비.
_____, 황선길 옮김, 2006, 『파시즘의 대중심리』, 그린비.

______, 윤수종 옮김, 2011, 『성정치』, 중원문화.

라인골드, 하워드(Howard Rheingold), 이운경 옮김, 2003, 『참여군중』, 황금가지.

룩셈부르크, 로자(Luxemburg, Rosa), 최규진 옮김, 1995, 『대중파업론』, 풀무질.

르봉, 구스타브(Le Bon, Gustave), 이상돈 옮김, 2005, 『군중심리』, 간디서원.

리즈만, 데이비드(Riesman, David), 이상률 옮김, 1999, 『고독한 군중』, 문예출판사.

마르쿠제, 허버트(Marcuse, Herbert), 차인석 옮김, 1983, 『일차원적 인간』, 삼성출판사.

마샬, 필(Marshall, Phil), 이정구 옮김, 2001, 『인티파다』, 책갈피.

마쓰모토 하지메, 2009, 김경원 옮김, 『가난뱅이의 역습』, 이루.

마키아벨리, 니콜로(Machiavelli, Niccolo), 이상두 옮김, 1975, 『군주론·전술론』, 범우사.

______, 강정인·안선재 옮김, 2003, 『로마사 논고』, 한길사.

멜니크, 조지(Melnyk, George R), 김기섭 옮김, 1992, 『공동체 탐구』, 신용협동조합중앙회.

모스코비치, 세르쥬(Moscovici, Serge), 이상률 옮김, 1996, 『군중의 시대』, 문예출판사.

박은진, 2012, 「청년세대의 불안정한 노동과 주거실험: 해방촌 '빈집' 게스츠하우스(guests' house) 사례를 중심으로」, 연세대학교 문화학협동과정 석사논문.

백수남, 1998, 「말콤 엑스와 블랙 파워」, 외국어대학교 대학원 북미지역학과 석사논문.

베칼리(Becalli), 1996, 「이탈리아 노조페미니즘의 신모성」, 장미경 편역, 『오늘의 페미니즘, 세계 여성운동』, 문원.

비르노, 파올로(Virno, Paolo), 김상운 옮김, 2004, 『다중』, 갈무리.

뽀르뚜나띠, 레오뽈디나(Fortunati, Leopoldina), 윤수종 옮김, 1997, 『재

생산의 비밀』, 박종철출판사.
서관모, 1984, 『현대 한국사회의 계급구성과 계급분화—쁘띠부르조아지의 추세를 중심으로』, 한국사회학회, 한울.
_____, 1985, 「한국 사회 계급구성의 사회통계적 연구」, 『산업사회연구』 1집, 한국산업사회연구회.
서영표, 2010, 「영국 노동당 13년 평가: 삶의 질의 후퇴와 소비주의적 주체성」, 『생명연구』, 17, 서강대학교 생명문화연구소.
송경상, 1986, 「내가 줍는 영동 쓰레기」, 『샘이 깊은 물』, 12.
_____, 1990, 「밑바닥 인생을 사랑하는 그분」, 『샘터』, 9월.
송태수, 1993, 「독일 신나찌주의와 반인종주의 대결의 현장」, 『월간 길』, 1월.
스키너 외(Quentin Skinner et al.) 편, 강정인 편역, 1993, 『마키아벨리의 이해』, 문학과 지성사.
스피노자, 바루흐(Baruch Spinoza), 김성근 옮김, 1978, 『국가론』, 서문당.
_____, 강영계 옮김, 1990, 『에티카』, 서광사.
아퀼라 · 론펠트(Arquilla, John and Ronfeldt, David), 한세희 옮김, 2005, 『네트워크 전쟁』, 한울.
안건모, 2006, 「다리 밑의 마르크스 윤팔병 씨」, 『작은 책』, 129호, 2006년 3월호.
안효상, 2003, 「블랙 파워를 향하여」, 『트랜스토리아』, 제3호, 박종철출판사.
_____, 2004, 「블랙팬더당의 유산」, 『반성과 모색』(오세철 교수 명예퇴임 기념논문집), 박종철출판사.
알튀세르, 루이(Althusser, Louis), 오덕근 · 김정한 옮김, 2001, 『마키아벨리의 가면』, 이후.
양연수, 1992, 『여기 새땅 만들 때까지—노점상 · 철거민들의 삶과 투쟁』, 새길.
엥겔스, 프리드리히(Engels, Friedrich), 김경미 옮김, 2010, 『가족, 사적 소유, 국가의 기원』, 책세상.
연구공간, L 엮음, 2012, 『자본의 코뮤니즘, 우리의 코뮤니즘』, 난장.
원영수, 2003, 「반세계화운동의 흐름과 전망」, 『진보평론』, 17호, 현장에서 미래를.
윤소영, 2004, 『역사적 마르크스주의: 이념과 운동』, 공감.
윤수종, 1996, 「이탈리아의 아우토노미아 운동」, 『이론』, 14.
_____, 1998, 「분자혁명과 투쟁방향」, 『비판』, 3호, 박종철출판사.
_____, 1999, 「맑스주의의 확장과 소수자운동의 의의」, 『진보평론』, 창간호, 현장에서 미래를.
_____, 2000, 「파업의 일상성」, 『진보평론』, 3호, 현장에서 미래를.
_____, 2001, 「여성운동과 진보의 방향—1970~80년대 이탈리아의 자율적 여성운동의 전개를 중심으로—」, 『진보평론』, 7호, 2001년 봄호, 현장에서 미래를.
_____, 2002, 『자유의 공간을 찾아서』, 문화과학사.
_____, 2003a, 「넝마공동체의 성격과 그 변화」, 『진보평론』, 15호, 현장에서 미래를.
_____, 2003b. 「독일 자율운동의 전개과정과 그 함의」, 한국산업사회학회 엮음, 『사회이론과 사회변혁』(김신균 교수 정년기념논총 1), 한울.
_____, 2004a, 「소수자운동의 전개과정과 그 특징」, 『진보평론』, 20호, 현장에서 미래를.
_____, 2004b, 「제국시대의 대중운동」, 『마르크스주의 연구』, 창간호, 한울.
_____, 2006, 「포이동 266: 넝마주이마을과 넝마공동체」, 『진보평론』, 29호, 메이데이.
_____, 2007a, 「대안운동의 현황과 방향」, 『사회이론』, 통권 제23호.
_____, 2007b, 「새로운 주체의 등장과 사회운동의 변화」, 『철학연구』, 102호, 대한철학회.
_____, 2008a, 「68혁명과 자율운동: 이탈리아의 점거운동을 중심으로」, 『마르크스주의 연구』, 5권 2호, 한울.
_____, 2008b, 「미국 흑인권력운동의 대안적 성격에 관하여—블랙팬더당의 생존 프로그램을 중심으로」, 『마르크스주의 연구』, 5권 1호, 한울.
_____, 2008c, 「이탈리아의 사회센터운동」, 『지중해연구』, 10권 2호.
_____, 2009, 『욕망과 혁명』, 서강대학교출판부.

______, 2010, 「이탈리아의 자유라디오운동」, 『지중해연구』, 12권 2호.
______, 2011, 「노숙인 점거공동체 '더불어사는집'의 형성과 변화과정」, 『진보평론』, 50호, 메이데이.
______, 2012, 「영국의 사회센터운동」, 『민주주의와 인권』, 12권 1호.
윤수종 외, 2005, 『우리 시대의 소수자운동』, 이학사.
윤팔병, 2000, 「여러분이 꿈꾸는 아름다운 세상, 우리는 실천하고 있습니다」, 『진보평론』, 5호, 2000년 가을호, 현장에서 미래를.
이근행, 2004, 「대안 공동체운동의 오늘과 내일」, 『비평』, 12호, 생각의 나무.
______, 2006, 「한국 공동체운동의 형성과 전개에 관한 연구」, 성공회대 석사논문.
이동철, 1981, 『꼬방동네 사람들』, 현암사.
이상두, 1993, 「미국 흑인들의 민권운동—1950~60년대를 중심으로」, 인하대학교 사학과 석사논문.
이승하, 1988, 「넝마와 함께 넝마 속에서」, 『월간경향』, 3.
이신행, 1994, 「미국의 흑인운동」, 『지역연구』, 3권 1호, 1994년 봄호.
이종회, 2003, 「세계사회포럼」, 『진보평론』, 17호, 현장에서 미래를.
이철용, 1996, 『어둠의 자식들』, 서울미디어.
이현정, 2007, 「노숙인공동체 더불어사는집의 빈민 점거 시도 사례」, 『점거 매뉴얼북, Art of Squat』, 오아시스프로젝트.
장은아, 2003, 『로베르네집』, 시공사.
정병기 편저, 2000, 『이탈리아노동운동사』, 현장에서 미래를.
정채성, 1987, 「난지도주민의 빈곤과 사회적 관계의 성격」, 서울대학교 인류학과 석사논문.
조길성, 1992, '한 넝마주이가 말하는 쓰레기 대책」, 『월간 말』, 9.
조동원, 2006, 「융합미디어 환경에서의 대중주체의 변화」, 『진보평론』, 28호.
조약골, 2005, 「더불어 사는 집—'더불어 사는 넉넉함'」, 『녹색평론』 84호 (2005년 9—10월).
조정환, 2004, 「이탈리아 자율주의 운동의 흐름과 전망」, 『동국대대학원신문』,

2004년 11월호.
최병두, 1999, 「근대에서 탈근대로의 전환과 공간인식의 변화」, 『한국문학』, 26권 2호(여름호).
최일붕·김하영, 2003, 「반전운동의 평가와 과제」, 『진보평론』, 17호, 현장에서 미래를.
카네티, 엘리아스(Canetti, Elias), 강두식·박병덕 옮김, 2002, 『군중과 권력』, 바다출판사.
카치아피카스(Katsiaficas, George), 이재원·이종태 옮김, 1999, 『신좌파의 상상력』, 이후.
_____, 윤수종 옮김, 2000, 『정치의 전복』, 이후.
캐롤, 루이스(Carroll, Lewis), 손영미 옮김, 2003a, 『이상한 나라의 앨리스』, 시공주니어.
_____, 손영미 옮김, 2003b, 『거울 나라의 앨리스』, 시공주니어.
콘, 제임스(Cohn, James), 정철수 옮김, 2005, 『맬컴X vs. 마틴 루터 킹』, 갑인공방.
클리버, 해리(Cleaver, Harry), 1996, 권만학 옮김, 『자본론의 정치적 해석』, 풀빛.
클리버, 이원영·서창현 옮김, 1998, 『사빠띠스따』, 갈무리.
테일러, 마이클(Taylor, Michael), 송재우 옮김, 2006, 『공동체, 아나키, 자유』, 이학사.
트라페세 집합체(The Trapese Collective), 황성원 옮김, 2009, 『혁명을 표절하라』, 이후.
파농, 프란츠(Fanon, Frantz), 성찬성 옮김, 1979, 『몰락하는 식민주의』, 한마당.
푸코, 미셸(Foucault, Michel), 오생근 옮김, 2011, 『감시와 처벌』, 나남.
프레미옹, 이브(Fremion, Yves), 김종원·남기인 옮김, 2003, 『역사의 격정』, 미토.
프레이저, 로널드(Fraster, Ronald), 안효상 옮김, 1999, 『1968년의 목소리』, 박종철출판사.

하먼, 크리스(Harman, Chris), 이수현 옮김, 2004, 『세계를 뒤흔든 1968』, 책갈피.

한국도시연구소, 2003, 『도시공동체론』, 한울.

한상은, 1991, 「의도적 공동체 운동에 대한 연구—남양만 두레마을의 사례를 중심으로」, 연세대학교 석사학위논문.

홀, 스튜어트(Hall, Stuart), 임영호 옮김, 1996, 『문화이론』, 한나래.

황규만, 2006, 「극단적 투영의 인터넷 정치학, 그 너머를 위해」, 『진보평론』, 27호, 현장에서 미래를, 2006년 봄호.

황혜성, 1997, 「흑인민족주의: 역사적 변이」, 『미국학』, 제20집.

Abron, J. M., 1998, "Serving the People: The Survival Programs of The Black Panther Party," (ed.) Jones, Charles, *The Black Panther Party*(reconsidered), Black Classic Press.

Albertani, Claudio, 2002, "Paint It Black: Black Blocks, Tute Bianche and Zapatistas in the Anti-globalisation Movement," *New Political Science*, Vol. 24, No. 4.

Anonymous, 2008, "introduction," *What's this place?: Stories from radical social centres in the UK and Ireland*.

Autonomie-Kongress, 1997, *Autonomie-Kongress der undogmatische linken Bewegungen: Standpunkte-Provokationen- Thesesn*, Unrast Verlag.

Barkan, Joanne, 1984, "The Genesis of Contemporary Italian Feminism," *Radical America*, Vol. 18. No. 5.

_____, 1984, *Visions of Emancipation: The Italian Workers' Movement Since 1945*, Praeger.

Beccalli, Bianca, 1984, "Italy: Working Class Militancy, Feminism and Trade Union Politics," *Radical America*, Vol. 18. No. 5.

_____, 1994, "The Modern Women's Movement in Italy," *New Left Review*, No. 204.

Bey, Hakim, 1991, *TAZ: The Temporary Autonomous Zone, Ontological Anarchy, Poetic Terrorism*, Autonomedia.

Bifo, Franco Berardi, 1980, "Anatomy of Autonomy," Lotringer, Sylvere and Marazzi, Christian ed. *Autonomia: Post-Political Politics*, New York: Semiotext(e).

_____, 1981, "Radio Alice," (Carlos Ordonez's interview with Bifo), ZgPress. www.zgpress.com/read_well/features/radio-alice/by/rosetta-brooks(2009년 10월 20일 검색).

_____, 2001, "Techno-nomadisme et pensée rhizomatique," *Multitudes*, Vol. 5.

_____, 2008, "Jan Brueggemeier's Interview with Franco 'Bifo' Berardi", http://neture.org/diploma/03-interviews/BifoENG01.pdf.(2009년 11월 10일 검색)

Bifo, Berardi, Franco & Jacquemet, Marco & Vitali, Gianfrnco, 2009, *Ethereal Shadows: communications and power in contemporary Italy*, New York: Autonomedia.

Bono, Paola and Kemp, Sandra, 1991, *Italian Feminist Thought*, Oxford: Basil Blackwell.

Bozich-Owens, Kay, "Cheap, Hip, and Not a Tourist in Sight: Raise Your Consciousness While Having Fun at Italy's Social Centers," http://www.fazed.com/travel/social_centers(검색일자 : 2008년 5월 20일).

Bregman, Adam, 2001, "Social Centers, Community Spaces, and Squats From 'Italy's Cultural Underground'," *Alternative Press Review*, Vol. 6. No. 1. http://www.altpr.org/apr14/social_centers.html(2008년 5월 20일 검색).

Breitman, G., (ed.), 1965, *Malcolm X Speaks*, New York: Grove Press.

Brighenti, Andrea, 2007, "Emergent normativities in a crew of graffiti writers," The Law and Society Association *Law and Society in the 21st Century* International Conference, Berlin, 24-28 July 2007.

Celati, Gianni(ed.), 2007, *Alice disambientata*, Lettere.

Chaifetz, A., 2005, "Introducing the American Dream: The Black Panther Party Survival Programs, 1966-1982," Master of Arts Degree in Women's History at Sarah Lawrence College.

Chatterton, Paul and Pickerill, Jenny, 2010, "Everyday activism and transitions towards post-capitalist worlds," *Transactions of the Institute of British Geographers*, 35.

Chatterton, Paul, 2010, "So What Does It Mean to be Anti-capitalist? Conversations with Activists from Urban Social Centres," *Urban Studies*, 47(6).

Cherchi, Eddy & Wieviorka, Michel, 1980, "Autoreduction Movements in Turin," *Autonomia: Post-Political Politics*, New York: Autonomedia.

Christie, Nils, 1989, *Beyond Loneliness and Institutions: Communes for Extra-*

ordinary People, Wipf & Stock.
Collecive A/Traverso, 1980, "Radio Alice-Free Radio," Lotringer, Sylvere and Marazzi, Christian, ed. *Autonomia: Post-Political Politics*, New York: Semiotext(e).
Collin, Claude, 1982, *Ondes de Choc—De L'usage de la Radio en temps de Lutte*, Paris: L'Harmattan.
Corr, Anders, 1999, *No Trepassing!: Squatting, Rent Strikes, and Land Struggles Worldwide*, Cambridge: South End Press.
Cowan, Suzanne, 1977-1978, "The Unhappy Adventures of Alice in Bunderland: Counter-culture, Revolt and Repression in the Heart of Italy's Red Belt," *Radical America*, Vol. 11. No. 6.—Vol. 12. No. 1.
Cuninghame, Patrick Gun, 2007, "A Laughter That Will Bury You All: Irony as Protest and Language as Struggle in the Italian 1977 Movement," *International Review of Social History*, Vol. 52. http://slash.autonomedia.org/node/12611(2009년 7월 12일 검색).
Dalla Costa, Maria, 2002, "The door to the garden," www.generation-online.org/p/fpdallacosta1.htm
Dalle, Matthieu Stephane, 2002, "Unchained airwaves: A cultural analysis of free radio in France, 1977—1981(French text)," Ph. D. dissertation, The Pennsylvania State University.
Debord, Guy, trans. Donald Nicholson-Smith, 1994, *Society of the Spectacle*, Zone Books.
_____, 1990, *Comments on the Society on the Spectacle*, Verso.
Downing, John, 1980, *The Media Machine*, London: Pluto Press.
_____, 1984, *Radical Media—The Political Experience of Alternative Communication*, South End Press.
_____, 2001, *Radical Media—Rebellious Communication and Social Movements*, London: Sage Publication.
Dowson, Ernerst, 1973, "Italian Background," *Radical America*, Vol. 7. No. 2.
Eco, Umberto, (with Grieco, Allen J.), 1978, "Independent Radio in Italy," *Cultures*, Vol. 5 No. 1.
Elsevier, B. V., 2006, "Management and self-activity: Accounting for the crisis in profit-taking," *Critical Perspectives on Accounting*, Vol. 17.

Issue. 7(November 2006).
Finch, Ye Olde, "Squats and Spaces Solidarity Day: The Globe as a Temporary Autonomous Zone," *What's this place?: Stories from radical social centres in the UK and Ireland.*
Gernimo, 1995, *Feuer und Flamme: Zur Geschichte der Autonomen*, Edition ID-Archiv, Berlin.
_____, 1997, *Glut & Asche: Reflexionen zur Politik der autonomen Bewegung*, UNRAST, Münster.
Gruber, Klemens, 2002, "Interview with Alessandro Marucci," *Il Manifesto*, March 9, 2002. http://www.radioalice.org/(2010년 2월 10일 검색)
Guattari, Félix, "Extraits de discussions: fin juin 1968," *Psychanalyse et Transversalité—Essais d'analyse institutionnelle*, Editions de Maspero, 1972.
_____, 1980, "Le Capital comme Intégrale des Formations de Pouvoir," *La Révolution Moléculaire*, 10/18.
Hardt, M. and Negri A., 1994, *Labour of Dionysus*, University of Minnesota Press.
________, 2000, *Empire*, Harvard University Press.
________, 2004, *Multitude*, Cambridge: Harvard University Press.
Hellman, Judith Adler, 1987, *Journeys Among Women: Feminism in five Italian Cities*, New York: Oxford University Press.
Hellman, Stephen, 1976, "The 'New Left' in Italy," Kolinsky & Paterson (eds.), *Social and Political Movements in Western Europe*, New York: St. Martin's Press.
Hodkinson, Stuart and Chatterton, Paul, 2006, "Autonomy in the city?: Reflections on the social centres movement in the UK," *City*, 10 (3).
Hutter, Paolo, 1978, *Piccole Andantenne Crescono*, Roma: Savell.
Johnstone, Charie, 2000, "Housing and class struggles in post-war Glasgow," Michael Lavalette and Gerry Mooney ed., *Class Struggle and Social Welfare*, London: Routledge.
Jones, Charles, 2006, "Recovering the legacy of the Black Panther Party through the photographs of Stephen Shames," *The Black Panthers*, Photography by Stephen Shames.
_____, 2006, "Preface," *The Black Panthers*, Photography by Stephen Shames.
Keating, E. M., 1971, *Free Huey!*, The Ramparts Press.

Kempton, Richard, 2007, *Provo: Amsterdam's Anarchist Revolt*, New York: Autonomedia.

Klein, Naomi, 2002, "Italy's Social Centers," *Fences and Windows*, New York: Picador.

Kolleciv A/Traverso, 1977, *Alice ist der Teufel*, Berlin: Merve Verlag.

L., Alessio, 2008, "The Spring of Social Centres," *Voices of Resistance from Occupied London*, 1.

Lacey, Anita, 2005, "Networked Communities: Social Centers and Activist Spaces in Contemporary Britain," *Space and Culture*, 8(3).

Lavalette, Michael and Mooney, Gerry, 2000, "No poll tax here!: The Tories, social policy and the great poll tax rebellion 1987–1991," Lavalette, Michael and Mooney, Gerry ed., *Class Struggle and Social Welfare*, London: Routledge.

LeBlanc-Ernest, A. D., 1999, "Black Panther Community Programs," The Black Panther Party Research Project, http://www.stanford.edu/group/blackpanthers/programs.shtml(3 October 2004).

Lee, M., 1996, *The Nation of Islam*, New York: Syracuse University Press.

Lefebvre, Thierry, 2008, *La Bataille des Radios Libres 1977–1981*, Paris: Nouveau Monde.

Lewis, Peter, 1984, "Community Radio: The Montreal conference and after," *Media, Culture and Society*, Vol. 6.

Lewis, Peter M. and Booth, Jerry, 1990, *The Invisible Medium—Public, Commercial and Community Radio*, Washington, D.C.: Howard University Press.

Light, I. H., 1972, *Ethnic Enterprise in America*, University of California Press.

Lotta Continua, 1971, "Cultural Revolution," *Radical America*, Vol. 5. No. 5.

_____, 1973, "Take Over the City," *Radical America*, Vol. 7. No. 2.

Lowe, Kathy, 1983, *Opening Eyes and Ears*, Geneva: World Council of Churches.

Lualdi, Massimo, 2005, *Le Radio Locali: Una Esperienza Comunicativa Per Il Pubblico Giovanile(1975–1977)*, Milano: Marzo.

Lumley, Robert, 1990, *States of Emergency: Cultures of Revolt in Italy from 1968 to 1978*, London: Verso.

Maggio, Marvi, 1998, "Urban Movements in Italy: The Struggle for Sociality

and Communication," INURA(ed), *Possible Urban World*, Basel: Birkhauser-Verlag.
Magri, Lucio, 1971, "Italian Communism in the Sixties," *NLR(New Left Review)*, No. 66.
Malcolm X, 1965, *Malcolm X Speaks*, New York: Grove Press.
McKay, George(ed), 1998, *DIY Culture: Party & Protest in Nineties Britain*, London: Verso.
Membretti, Andrea, 1996-97, *Centri Sociali Autogestiti: territori in movemento*, Università degli Studi di Pavia.
_____, 2003, "Centro Sociale Leocavallo, The Social Construction of a Public Space of Proximity," http://www.republicat.net(2008년 5월 20일 검색).
_____, 2007, "Centro Sociale Leocavallo, Building Citizenship as an Innovative Services," *European Urban and Regional Studies*, Vol. 14. No. 3.
Menduni, Enrico & Perrotta, Marta, 2004, "radio broadcasting in Italy," www.iren-info.org/fileadmin/dokumente/country.../Radio_in_Italy.pdf(2009년 11월 15일 검색).
Misuraca, Lorenzo, 2006, *Radio Alice/Bologna 1977*, Web: Zerobook.
Mitchell, Tony, 1995, "Questions of Style: Notes on Italian Hip Hop," *Popular Music*, Vol. 14. No. 3(Oct., 1995).
Montagna, Nicola, 2006, "The de-commodification of urban space and the occupied social centres in Itay," *City*, Vol. 10. No. 3(December 2006).
Mudu, Pierpaolo, 2004, "Resisting and Challenging Neoliberalism: The Development of Italian Social Centers," *Antipode*, Vol. 36. No. 5.
Negri, Antonio, 1978, *Revolution Retrieved*, New York: The Penguin Press.
_____, 1979, "The Workers' Party of Mirafiori(1973-74)," *Working Class Autonomy and the Crisis*, London: Red Notes and CSE Books.
_____, 1992, *Le pouvoir constitant*, puf.
_____, 1994, "The Physiology of Counter-Power", ed., Ryan M. and Gordon A., *Body Politics*, Westview Press.
_____, 2003, *Time for Revolution*, Continuum.
_____, 2007, *Political Descartes: Reason, Ideology and the Bourgeois Project*, Verso.
Newton, H. P., 1996, *War Against the Panthers*, New York: Harlem River

Press.
Occupato, El Passo and Occupato, Barrochio, 1995, "Against the legalization of occupied spaces," http://www.omnipresence.mahost.org/occupied.htm(2008년 5월 20일 검색).
Potere Operaio, 1973, "Italy 1973: Worker's Struggle and the Capitalist Crisis," *Radical America*, Vol. 7. No. 2.
Pruijt, Hans, 2004, "Squatting in Europe," (english version) Lopez and Adell(eds.), *Donde estan las llaves? El movimiento okupa*, Madrid: La Cartarata.
Pusey, Andre, 2010, "Social Centres and the New Cooperativism of the Common," *Culture and Action*, 4(1).
Raboy, Marc, 1993, "Radio as an Emancipatory Cultural Practice, Strauss," Neil ed., *Radio Text(e)*, New York: Semiotext(e).
Radical America, 1971, "Italy: New Tactics and Organization," *Radical America*, Vol. 5. No. 5.
Radio Popolare, 1990, "dichiarazione di intenti", http://www.radiopopolare.it/chisiamo/intenti/(2010년 2월 검색).
_____, 2009, "La storia di (e attraverso) Radio Popolare," http://www.radiopopolare.it/chisiamo/storia/sintesi/sintesi1/(2010년 2월 10일 검색).
Ramirez, Bruno, 1975, "The Working Class Struggle Against The Crisis: Self-reduction of Prices In Italy," *Zerowork*, New York: Autonomedia.
Red Note, 1978, *Italy 1977-8: 'Living with an Earthqake'*, London: a Red Notes pamphlet.
Reich, Wilhelm, 1972, 'What is class consciousness?', *Sex-Pol*, New York: Vintage Books.
Richeri, Giuseppe, 1979, "Local Radio and Television Stations in Italy," *Alternative Experiences(1)*, Unesco: International Commission for the Study of Communication Problems 67.
rogue element, 2004, "You Can't Rent Your Way Out of a Social Relationship," http://theanarchistlibrary.org/HTML/.
Romano, Alessandre, 1998, "Liberated spaces: possibilities for liberating everyday life," INURA(ed), *Possible Urban World*, Basel: Birkhauser-Verlag.
Ruggiero, Vincenzo, 2002, "New social movements and the 'centri sociali' in Milan," *The Sociological Review*, Vol. 48. No. 2.

Sandarg, R., 1986, "Jean Genet and The Black Panther Party," *Journal of Black Studies*, vol. 16. no. 3.

Schultze, Thomas und Gross, Almut, 1997, *Die Autonomen*, Konkret Literatur Verlag.

Seale, Baby, 1991, *Seize the Time*, Baltimore: Black Classic Press.

Shepard & Hayduk ed., 2002, *From ACT UP to the WTO*, London: Verso.

Smith, J. B., 1999, *An International History of the Black Panther Party*, New York: Garland Publishing.

Social Centres, 2008, http://www.affinityproject.org/practices/socialcentres.html(2008년 5월 20일 검색).

Sorfi, Adriano, 1973, "Organizing for Worker's Power," *Radical America*, Vol. 7. No. 2.

Spini, Valdo, 1972, "The New Left in Italy," *Journal of Contemporary History*, Vol. 7. No. 1/2.

The Black Panther Party(Guest Editors), 1974, "Supplement to the Whole Earth Catalog," *The Co-Evolution Quarterly*, no. 3(23, September).

The Red Menace, 1978, "Radio Alice: Radio in action in Italy," *The Red Menace*, Vol. 2. No. 2.

Thompson, Clay, "Street Battles-German Squatters Squeezed to Near Extinction," http://www.pacificnews.org/jinn/.

Traïni, Christophe, 2003, "Les Centres Sociaux Occupés te les forces de l'ordre. Un répertoir d'action italien dans la polyphonie altermondialiste," Colloque "Les mobilisations altermondialistes," 3-5 décembre 2003. http://www.afsp.msh-paris.fr/activite/groupe/germm/collgermm03txt/germm03traini.pdf(2008년 5월 20검색).

Tronti, Mario, 1979, "The Strategy of the Refusal," *Working Class Autonomy and the Crisis*, London: Red Notes and CSE Books.

Ture, K. & Hamilton, C., 1992, *Black Power*, New York: Vintage Books.

Wellbrook, Christopher, 2008, "social centre—a working class history," *What's this place?: Stories from radical social centres in the UK and Ireland*.

Willis, D. J., 1977, "A Critical Analysis of Mass Political Education and Community Organization As Utilized by the Black Panther Party As a Means for Effecting Social Change," B.A., University of Massachusetts M.E.D., Boston University.

Wright, Steve, 2000, "A Love Born of Hate: Autonomous Rap in Italy," *Theory Culture Society*, Vol. 17 No. 3.
_____, 2007, "A Window Onto Italy's Social Centers," *Affinities: A Journal of Radical Theory, Culture and Action*, Vol. 1 No. 1.

언론기사

「강남 비닐하우스촌 주소 생긴다」, 〈한겨레〉, 2004.10.29.
「'강남 비닐하우스촌' 환지 부과금 경감」, 〈한겨레〉, 2004.07.26.
「강남 초고층 건너편엔 '딴 세상' 104가구」, 〈국민일보〉, 2005.07.20.
「강남구여! 우리도 주민등록을 하고 싶다」, 〈오마이뉴스〉, 2005.09.06.
「강남의 작은 섬, 우리 동네에 공부방 들어온대요!」, 〈오마이뉴스〉, 2005.12.02.
「강제이주 25년 포이동은 죽어간다—시민사회단체, 포이동 266번지 강제이주 진상규명 촉구」, 〈오마이뉴스〉, 2006.05.29.
「강제이주시켜 놓고 변상금 물라니—포이동 주민들 강남구청 앞마당에서 시위 …… 강남구 우린 법대로」, 〈오마이뉴스〉, 2004.06.01.
「거리로 쫓겨난 '넝마공동체', "합법적인 거처 마련해달라"—[인터뷰] 넝마공동체 이준형 사무국장」, 〈민중의 소리〉, 2006.02.17.
「계속 지금처럼 살도록 내버려 두면 좋겠어요」, 〈프레시안〉, 2006.05.17.
「고리 변상금에 죽어나는 도시빈민」, 〈한겨레〉, 2004.06.11.
「극우테러에 독일이 떨고 있다」, 〈한겨레〉, 2000.08.11.
「넝마공동체 고문 윤팔병」, 〈월간중앙〉, 1994.8. 478-503쪽.
「넝마공동체 사람들을 아시나요?—[르포] 넝마공동체의 터전 포이동 266번지와 영동5교 밑을 찾아」, 〈민중의 소리〉, 2006.02.17.
「넝마공동체」, 〈함께 걸음〉, 1998.04.
「넝마대장」, 〈ever〉, 1998.02.
「넝마주이 인생 22년 …… '건드리지 마'—강남구 포이동 주민들의 절규 …… "우린 못 나가"」, 〈오마이뉴스〉, 2003.12.17.
「'넝마주이'들의 희망 빼앗긴 절망의 삶 23년 …… 남은 것은 주름과 한숨

뿐」, 〈뉴시스〉, 2003.12.05.
「노동자들의 나눔쌓기: 포이동 266번지 판잣집 도배공사」, 〈사람연대〉, 2006.06.11.
「노숙자들의 빈집점거운동」, 〈시사법률〉, 2005년 5월호.
「다만 여기서 우리 힘으로 살고 싶다—넝마공동체 강남구청 철거 맞서 한겨울 노상 텐트살이 시작」, 〈코리아포커스〉, 2006.02.06.
「대한민국에 없는 주소지 강남구 포이동 200-1번지—[현장] 강남구 판자촌 주거권보장 결의대회 "우리는 불법점유자가 아니다"」, 〈민중의 소리〉, 2005.03.14.
「'더불어사는 집'에 사는 희망」, 〈인권하루소식〉, 2891호, 인권운동사랑방, 2005.09.08.
「"많이 드세요" 희망 퍼준다」, 〈한겨레〉, 2005.08.29.
「'빈마을'에서 살아가기」, 〈프레시안〉 2010.2.24.
「빈민은 강남 살지 말란 얘기—넝마공동체, 한겨울에 또 거리로」, 〈코리아포커스〉, 2006.02.01.
「사는 게 너무 힘들어요—포이동 266번지 주민 잇따라 자살 …… 고리 변상금에 자활의지 꺾여」, 〈오마이뉴스〉, 2004.07.10.
「서울시, 자립하려는 노숙인 다시 거리로 내쫓나」, 〈데일리 서프라이즈〉, 2005.10.07.
「신자유주의 허상이 만들어낸 노숙인, 돌아갈 수 있다」, 〈데일리 서프라이즈〉, 2006.01.29.
「신자유주의 허상이 만들어낸 노숙인, 돌아갈 수 있다」, 〈데일리서프〉, 2006.01.29.
「싸움 없이 얻을 수 있는 것은 없다—양연수 | 빈민운동가」, *EC0N0MY 21*, 2004.11.23.
「아이들의 희망 공간, 포이동 공부방을 가다: 교장 김규남씨, "포이동 공부방은 교육 기회 이상의 의미"」, 〈프로메테우스〉, 2006.02.14.
「양심조차 잃어버린 정부, 이대로 방치하면 천벌 받을 것—[인터뷰] 포이동 공부방 교장 김규남 학생」, 〈민중의 소리〉, 2006.02.17.

「양아치 가문의 마지막 후예」, 〈한겨레21〉, 1977 .5.8. 158호. 94-95쪽.

「MBC PD수첩 '가난 대물림' 고발」, 〈서울신문〉, 2004.02.10.

「옆방 남자 무서워 하는 일, 이곳에선 없어요」, 〈오마이뉴스〉 2011.2.26.

「우리가 그렇게 꼴보기 싫었습니까?—노숙인 자립공동체 강남구청 기습철거로 50여 일째 노숙」, 〈코리아포커스〉, 2006.01.20.

「우리가 당신들 설득집거리요?!」, 〈데일리 서프라이즈〉, 2006.01.28.

「우리는 벌레가 아닙니다'—넝마공동체 사람들 〈본보〉에 보내온 호소문」, 〈코리아포커스〉, 2006.01.22.

「윤팔병」, 〈Queen〉, 1997.06.

「윤팔병」, 〈신동아〉, 1997.11.

「20여 년간 인권유린과 복지사각에서 살아온 '넝마주이'들의 삶」, 〈광주=뉴시스〉, 2003.12.04.

「'2004년판 난·쏘·공' 포이동 판자촌」, 〈한겨레〉, 2004.02.09.

「[인터뷰] 박충석 〈더불어사는집〉 대표」, 〈사회주의정치신문 해방〉, 5호. 2005.10.19.

「자활근로대, 부랑아들을 짓밟다」, 〈한겨레 21〉 보도자료, 2005.08.17.

「'점유'와 '사용'을 통해 배타적 소유에 균열을 내다」, 〈인권하루소식〉 제2842호, 2005.06.30.

「주거권 없는 넝마주이 인생 서럽다」, 〈오마이뉴스〉, 2003.11.17.

「집, 집, 집은 놀라웠다—어느 장애인 노숙자가 아직 철거되지 않은 삼일아파트에 들어가 희망을 품게 되기까지」, 〈한겨레 21〉, 559호, 2005.

「집은 사는 것 아닌 사는 곳, 빈집 문은 언제나 열려있죠」, 〈한국일보〉 2009.12.31.

「'포이동 넝마공동체' 철거민들 텐트로 버티기」, 〈한겨레〉, 2006.02.13.

「포이동 266, "우린 빈곤 없는 세상을 꿈꾼다"」, 〈오마이뉴스〉, 2005.7.5.

「포이동 266, 우리를 주민등록 등재해 달라」, 〈오마이뉴스〉, 2005.10.06.

「포이동 266번지 지키기, 문화제 열려」, 〈오마이뉴스〉, 2005.09.02.

「포이동 266번지, 그 곳에도 사람이 살고 있다」, 〈뉴스앤뉴스〉, 2006.05.30.

「포이동 266번지, 그 곳엔 사람과 희망이 있었다」, 〈경향신문〉, 2006.03.10.

「'포이동 266' 주민들의 명절 "추석은 사치"」, 〈서울신문〉, 2006.08.07.
「포이동 266번지의 '양극화 대물림'」, 〈뷰스앤뉴스〉, 2006.06.10.
「포이동 주민들 주민등록 복구 촉구」, 〈오마이뉴스〉, 2005.07.06.
「포이동 주민들, 강남구청장 출근 저지 시위」, 〈오마이뉴스〉, 2005.11.02.
「포이동 한 넝마주이가 선택한 죽음」, 〈오마이뉴스〉, 2004.06.05.
「포이동 형준이를 아시나요」, 〈민중의 소리〉, 2006.06.28.
「포이동과 강남구청」, 〈프로메테우스〉, 2005.07.05.
「혼자 사는 사람도 품위가 필요하다」, 〈시사인〉 203호, 2011.08.
Tageszetung(TAZ) Nr. 5513, 1998년 4월 22일(〈커리큘럼〉에 실린 번역 자료).
The Black Panther Party, *The Black Panther*(신문자료).

영상자료

EBS 똘레랑스, 〈포이동 266번지에는 사람이 살고 있습니다. 주소 없는 사람들–강남구 포이동 266번지〉, 2006.01.26.
EBS 똘레랑스, 〈스쾃 Squat, 도시의 공간을 다시 생각한다〉, 2006.12.20.
이현정, 〈192-399: 더불어사는집 이야기〉, 2006.

웹사이트

빈집 홈페이지, http://binzib.net/xe
위키피디아, http://house.jinbo.net/xe
초록당 사람들(준) 홈페이지, http://www.koreagreens.org
포이동 266 사수대책위원회, http://myhome.naver.com/kjcjkj/
aam@paxo.nadir.org, The AUTONOME ANTIFA(M), http://www.nadir.org/Gruppen/aam/

| 찾아보기 |

ㄷ

ㄹ

ㅁ

ㅈ

ㅊ

ㅋ

ㅌ

ㅍ

ㅎ

저자 소개

윤수종(尹秀鐘) 서울대학교 사회학과 졸업
서울대학교 대학원 사회학과 졸업(문학 박사)
현재 전남대학교 사회학과 교수

아산재단 연구총서 제344집

자율운동과 주거공동체 값 22,000원

2013년 5월 20일 1판 1쇄
2014년 7월 10일 1판 2쇄

저 자 윤 수 종
발 행 인 임 동 규
발 행 처 **집 문 당**
주 소 110-360 서울특별시 종로구 돈화문로 82
등 록 1971. 3. 23. 제300-2012-69호
영 업 부 (02)743-3192~3 팩스(02)742-4657
전자우편 sale@jipmoon.co.kr
편 집 부 (02)743-3096~7 팩스(02)743-0227
전자우편 edit@jipmoon.co.kr
홈페이지 www.jipmoon.co.kr

ISBN 978-89-303-1588-3
978-89-303-1500-5(세트)

이 도서의 국립중앙도서관 출판시도서목록(CIP)은 e-CIP홈페이지(http://www.nl.go.kr/ecip)와 국가자료공동목록시스템(http://www.nl.go.kr/kolisnet)에서 이용하실 수 있습니다. (CIP제어번호: CIP2013004214)

아 | 산 | 재 | 단 | 연 | 구 | 총 | 서

1 전환기의 중국경제
김윤환 외 | 단국대 경제학과

2 폴란드 경제의 변천 개혁과 그 전망
김광수 | 숭실대 경제학과

3 재소한인
이광규 외 | 서울대 인류학과

4 소련산림과 임업
홍성천 외 | 경북대 임학과

5 아세안의 정치경제
김국진 외 | 외교안보연구원

6 태국의 사회변동과 경제발전
최석만 외 | 전남대 사회학과

7 중국의 사회경제 통계분석
신한풍 외 | 고려대 통계학과

8 중국의 정치와 경제
박두복 외 | 외교안보연구원

9 동유럽의 개혁과 시장경제의 도입
허민 외 | 부산대 사범대학

10 동유럽의 개혁운동
박영신 | 연세대 사회학과

11 현대 러시아 연구
기연수 외 | 한국외대 노어과

12 전략적 선택과 기업의 국제경쟁력
이장호 | 서강대 경영대학

13 협동사회의 정착과 정부의 역할
이종범 외 | 고려대 행정학과

14 한국 제조기업 생산성의 동적 분석
노부호 외 | 중앙대 경영대학

15 분배의 정의
변형윤 외 | 서울대 경제학과

16 도덕적 행동의 강화
이훈구 외 | 연세대 심리학과

17 관료부패와 통제
김해동 외 | 서울대 행정대학원

18 한국경제의 내실 있는 성장
정창영 외 | 연세대 경제학과

19 한국국민정신운동의 역사와 발전방향
박수명 외 | 부산대 사범대학

20 한국대학생의 가치성향과 상담효과
이영희 외 | 숙명여대 교육학과

21 가출청소년과 학교관리체제
안창규 외 | 부산대 교육학과

22 동북아 정세변화와 한 · 일관계
한승조 외 | 고려대 정치외교학과

23 언론과 부정부패
정대철 외 | 한양대 신문방송학과

24 한국의 고등학교 교육
이원호 외 | 부산대 교육학과

25 가족과 방송
김학수 외 | 서강대 신문방송학과

26 재정개혁의 전망과 재산세제의 개편 과제
오연천 | 서울대 행정대학원

27 청소년을 위한 전자게임 프로그램의 규제 및 평가체계 개발
박혜원 외 | 울산대 가정관리학과

28 정신장애자 가족의 사회심리적 특성
이근후 외 | 이화여대 의과대학

29 가족의 관계역동성과 문제인식
이광규 외 | 서울대 인류학과

30 현대인과 한국전통음식
승정자 | 숙명여대 식품영양학과

31 기업의 초고속정보통신망활용
안중호 | 서울대 경영학과

32 지역발전을 위한 교육자치제의 개선방안
김남순 | 조선대 사범대학

33 전환기의 공무원 가치관
조경호 | 울산대 행정학과

34 지방자치와 사회복지의 과제
김영모 | 중앙대 사회복지학과

35 WTO체제하의 지방중소기업 지원정책
최명주 외 | 계명대 통상학부

36 현대한국의 시민운동
이효선 | 중앙대 사회학과

37 기업 세계화의 단계 및 정도의 측정
허영노 외 | 울산대 경영학과

38 가족복지를 위한 가족주치의 시범사업의 효과
이혜리 외 | 연세대 가정의학교실

39 한국대학생의 삶의 만족도
김재은 외 | 이화여대 교육심리학과

40 지역경제와 지역산업구조의 개편방향
정기화 외 | 전남대 경제학부

41 중국기업의 소유형태별 경영특성
노철화 외 | 부산대 무역학과

42 남북한의 인성 · 사상교육
한승조 외 | 고려대 정치외교학과

43 연계적 뇌기능 조언을 위한 의료용 멀티미디어 시스템의 설계
유선국 | 연세대 의용공학교실

44 다민족국가의 민족문제와 한인사회
최협 외 | 전남대 인류학과

45 저소득층지역 청소년 여가문화와 소집단 활성화
박문수 외 | 서강대 사회학과

46 삶의 질의 국제비교와 지역간 비교분석
이재기 외 | 울산대 경제학과

47 21세기 지역주민의 삶의 질
양종회 외 | 성균관대 사회학과

48 삶의 질에 대한 국가간 비교
조명한 외 | 서울대 심리학과

49 외국인 노동자의 노사관계와 사회적 적응
석현호 외 | 성균관대 사회학과

50 한국의 사법제도와 발전 모델
정종섭 | 건국대 법학과

51 고령화사회와 중상층 노인의 사회활동
조성남 외 | 이화여대 사회학과

52 한국의 서비스 시장 개방정책
한홍렬 | 한양대 경제학부

53 한국과 AFTA간의 교역증진 및 경제 협력방안
손일태 외 | 경희대 경제통상학부학

54 물류비 절감을 위한 무역업체의 정보화전략
이영수 외 | 경북대 경제통상학부

55 사회주의 체제전환과 사회정책
오정수 외 | 충남대 사회복지학과

56 남북통일 이후 농업생산체계 개편
홍성규 외 | 건국대 농업경제학과

57 국제화와 세계화
하영선 외 | 서울대 외교학과

58 IMF 개혁정책의 평가와 한국경제의 신(新) 패러다임
조동근 | 명지대 경제학과

59 구조개혁과 실업대책
박동운 | 단국대 경제무역학부

60 21세기 신노사관계
심윤종 외 | 성균관대 사회학과

61 학교에서의 집단 따돌림
이춘재 외 | 가톨릭대 심리학과

62 한국노인의 정신건강실태와 건강증진
조맹제 외 | 서울대 의과대학

63 혁명과 개혁 속의 중국 농민
김광억 | 서울대 인류학과

64 중국의 경제환경과 한국기업의 진출 전략
지용희 외 | 서강대 경영학과

65 김대중 대통령의 시스템 사고
김동환 | 중앙대 공공정책학부

66 실업과 가족해체
최일섭 외 | 서울대 사회복지학과

67 합리적 부채비율 조정방안
오상근 | 동아대 경제학과

68 한국 중산층의 생활문화
문숙재 외 | 이화여대 소비자 · 인간발달학과

69 계층간 갈등상태에서 최적소득세
김진욱 | 건국대 경상학부

70 글로벌 경쟁력 제고를 위한 기업전략과 조직구축
이만우 외 | 고려대 경영학과

71 의료보험과 국민연금의 관리효율화를 위한 통합방안
사공진 외 | 한양대 경제학부

72 정부개혁의 과제와 전략
박우서 외 | 연세대 행정학과

73 책임운영기관 제도에 관한 비교분석
김근세 | 가톨릭대 행정학과

74 새로운 패러다임하에서의 한국기업의 바람직한 지배구조
최운열 외 | 서강대 경영학과

75 현대 한국사회의 계층구조
양춘 외 | 고려대 사회학과

76 한국의 산업정책과 산업구조조정
강인수 | 숙명여대 경제학부

77 기업구조조정
김석진 | 경북대 경영학부

78 지식경영을 위한 인적자원 개발 및 관리체계
장영철 | 경희대 경영학부

79 뉴 비즈니스 모델
전성현 | 국민대 정보관리학부

80 중산층의 정체성과 소비문화
함인희 외 | 이화여대 사회학과

81 외국관광객 유치를 위한 마케팅 전략
박상규 | 강원대 경영학과

82 한국인의 세대별 문학의식
이동순 | 영남대 국문과

83 공공부문의 효율성 평가와 측정
김재홍 외 | 울산대 사회과학부

84 한국 청소년의 정치의식과 형성요인
김광웅 외 | 숙명여대 아동복지학과

85 한국 대학생의 정치의식
배한동 | 경북대 윤리교육과

86 산업의 정보화와 산업발전
이기동 | 계명대 통상학부

87 한국 제조업의 고용조정 분석
이종원 외 | 성균관대 경제학부

88 지식자산에 대한 경영전략적 평가모형 개발
배재학 외 | 울산대 컴퓨터 · 정보통신공학부

89 관광사업을 위한 한국적 이미지의 휴식복 개발
채금석 | 숙명여대 의류학과

90 한국 정치제도의 개혁
신정현 | 경희대 사회과학부

91 e비즈니스와 아웃소싱 전략
정승화 외 | 연세대 경영학과

92 집단 따돌림의 진단 및 치료방안
홍준표 | 중앙대 인간생활환경학과

93 16대 총선과 낙선운동
조기숙 | 이화여대 국제대학원

94 부동층 유권자 행태 분석
진영재 | 연세대 정치외교학과

95 사이버 공동체의 성공요인
이재판 | 숭실대 경영학부

96 온라인 소비자 행동의 이론과 실증
윤성준 | 경기대 경영학부

97 글로벌 시대 정약용 세계관의 가능성과 한계
차성환 | 한일장신대 역사사회학과

98 러시아의 체제전환 과정에서 나타난 국가의 역할과 그 전망
이상민 외 | 부산대 정치외교학과

99 남북한의 경제발전 수준과 산업구조 비교, 그리고 경제교류 협력방향
주성환 | 건국대 경제학과

100 집단따돌림과 교육해체
한준상 | 연세대 교육학과

101 공적연금제도의 효율성과 개선방안
유금록 | 군산대 행정복지학부

102 벤처기업-대기업의 성공적인 협력 모델
나중덕 | 경산대 경영학과

103 북한의 재외동포정책
조정남 외 | 고려대 정치외교학과

104 사이버 공동체 형성의 역동적 모형
장용호 | 서강대 신문방송학과

105 기업이론과 기업의 소유지배구조
김일태 외 | 전남대 경제학부

106 가축분뇨 자원화를 위한 공동이용조직에 대한 농가선호도 분석
유덕기 | 동국대 생명자원경제학과

107 개혁정책과 전문가 집단
이경원 외 | 제주대 행정학과

108 현대 한국사회의 이중가치체계
신수진 외 | 이화여대 가정관리학과

109 한국의 산업구조 변화와 기업집단 다각화 전략
김용학 외 | 연세대 사회학과

110 지식정보사회의 경제적 모형 설정 및 사례 연구
김범환 | 배제대 경영정보학부

111 변호사징계제도
오종근 | 한림대 법학부

112 인터넷 특허법
김순석 | 광운대 법학과

113 e-비즈니스 시대의 금융 및 재정정책의 새로운 패러다임
이종욱 | 서울여대 경제학과

114 청소년의 하위문화와 정체성
조성남 | 이화여대 사회학과

115 디지털금융시대의 금융구조변화와 정부규제 및 정책
이충열 | 고려대 경제학부

116 지식경영을 위한 기업의 조직설계방안
김경수 외 | 전남대 경영학과

117 전자금융의 발달과 경제정책의 새로운 패러다임
이명훈 | 명지대 경제학과

118 동아시아의 안보와 유엔체제
강성학 편저 | 고려대 정치외교학과

119 유료 치매노인 그룹홈의 개발과 관련 정책
최정신 외 | 가톨릭대 소비자·주거학과

120 소비자 지향적 문화산업 정책
홍영준 | 호남대 광고홍보학과

121 국제·국가·지방 환경규제의 연계
정준금 외 | 울산대 행정학과

122 현행 회사 합병·분할제도의 평가와 개선방안
옥무석 외 | 이화여대 법학과

123 배려지향적 도덕성과 정의지향적 도덕성
정옥분 외 | 고려대 사범대학

124 기업구조조정에 대한 채권금융기관 및 금융감독기관의 역할과 책임
이중기 | 한림대 법학과

125 실업대책으로서 한국의 법정기준근로 시간 단축
박영범 | 한성대 경제학과

126 프랑스어의 비분리성 소유개념 표현
노윤채 | 연세대 언어정보연구원

127 지방채의 효율적 관리방안
강태구 | 호원대 법행정학부

128 21세기 산업구조 변화와 과학기술정책
임채성 외 | 그리스도신학대 경영정보학부

129 인터넷 쇼핑몰 이용자의 불평행동
예종석 | 한양대 경영학부

130 한국기업의 성과급제도 현황, 효과 및 개선방안
김성수 | 서울대 경영학과

131 전자상거래와 소비자보호
서민교 외 | 경일대 인터넷국제통상학과

132 평생학습 사회에서의 인적자원개발을 위한 사회적 파트너십 구축
김영화 | 홍익대 교육학과

133 한국 공교육의 새로운 구상과 전략
권대봉 외 | 고려대 교육학과

134 한국의 정부개혁
김태룡 | 상지대 행정학과

135 지방정부 생산성 측정의 이론과 실제
이은국 외 | 연세대 행정학과

136 불가 시문학론
배규범 | 경희대 학술연구 교수

137 남북경제교류의 법적 문제
제성호 | 중앙대 법학과

138 경제위기와 청소년 발달
구인회 | 서울대 사회복지학과

139 생명과학기술의 응용과 기본권보호적 한계
정상기 외 | 한남대 법학과

140 경제발전과 정치환경의 한·일 비교분석
정갑영 외 | 연세대 동서문제연구원

141 한국 공교육의 진단
윤정일 외 | 서울대 교육학과

142 우리나라 지방자치 발전을 위한 자치 단체장의 역할
정성호 외 | 경기대 사회과학부

143 의료보험제도의 개혁방안
권순원 | 덕성여대 경제학과

144 중등 도덕교육의 현실과 문제
손동현 외 | 성균관대 철학과

145 사이버공동체 발전론
이명식 | 상명대 경영학과

146 남북경협 확대에 대비한 북한 담보 제도의 정비방안
박훤일 | 경희대 법과대학

147 한국 공무원 인사제도 개혁
김판석 | 연세대 행정학과

148 교사화법 교육
임칠성 외 | 전남대 국어교육과

149 세계화의 문화정치학
임혁백 외 | 고려대 정치외교학과

150 효과적인 e-SCM을 위한 의사결정 조정 시스템 모형
이원준 | 성균관대 경영학부

151 환경거버넌스
김종순 외 | 건국대 행정학과

152 자동차산업의 인적자원관리
이덕로 | 서원대 경영학부

192 현대 한국인의 세대경험과 문화
박길성 외 | 고려대 사회학과

193 서구의 근로연계복지
김종일 | 건국대 사회복지학과

194 사회복지운동론
현외성 | 경남대 사회복지학과

195 외국의 역모기지 사례
유선종 | 건국대 부동산학과

196 옛이야기와 어린이문학
이지호 | 진주교대 국어교육학과

197 노인사회복지관광의 정책과제와 방안
김창수 | 경기대 관광학부

198 복지서비스의 민간위탁 시스템 분석
김순양 | 영남대 행정학부

199 새로운 빈곤층의 대두와 정부의 정책과제
김진욱 | 건국대 경제학과

200 문화행정론
김정수 | 한양대 행정학과

201 스칸디나비아 노인용 코하우징의 계획과 적용
최정신 외 | 가톨릭대 생활과학부

202 북한의 자연생태계
공우석 | 경희대 지리학과

203 통계로 이해하는 러시아
전홍찬 | 부산대 정치외교학과

204 사회복지법인의 경영과 회계
이동규 | 충남대 회계학과

205 의약분업 정책과정
차흥봉 | 한림대 사회복지학과

206 지역공동체와 평생교육
오혁진 | 동의대 평생교육학부

207 아동보호서비스의 실제
한미현 | 백석대 사회복지학부

208 그린마케팅
박재기 | 충남대 경영학부

209 아동권리와 아동복지
이혜원 | 성공회대 사회복지학과

210 국제 이주와 인도인 디아스포라
김경학 | 전남대 인류학과

211 질병과 의료의 사회학
조병희 | 서울대 보건대학원

212 북한이탈주민의 사회통합을 위한 지역복지실천의 모색
이기영 | 부산대 사회복지학과

213 치매노인케어론
조유향 | 초당대 간호학과

214 노인상담입문
서혜경 외 | 한림대 대학원 사회복지학과

215 '통일 이후 통일과정'으로서의 독일 통일영화
이준서 | 이화여대 독어독문학과

216 중국의 사회보장
오정수 | 충남대 사회복지학과

217 환경자원의 경제적 가치와 환경오염의 사회적 비용
김재홍 | 울산대 사회과학부

218 사회복지프로그램의 경제적 평가방법
박창제 외 | 상주대 사회복지학과

219 자유의지와 결정론
안건훈 | 강원대 철학과

220 심리학자들이 쓴 행복한 결혼의 심리학
채규만 외 | 성신여대 심리학과

221 현대 해석학 강의
양해림 | 충남대 철학과

222 한국인의 주거 빈곤과 공공주택
하성규 | 중앙대 도시 및 지역계획학과

223 IMF 경제위기와 한국 출산력의 변화
김두섭 | 한양대 사회학과

224 동아시아의 영토분쟁과 국제법
이석우 | 인하대 법학부

225 독일 복지국가와 사회복지서비스
정재훈 | 서울여대 사회사업학과

226 사회복지사를 위한 실용 비모수통계
엄명용 | 성균관대 사회복지학과

227 피해자학 연구
이윤호 | 동국대 경찰행정학과

228 광고언어창작론
박영준 외 | 부경대 국어국문학과

229 환경규제 패러다임의 전환
한철 | 한남대 법학과

230 고령사회의 노동환경변화와 고용 시스템의 문제점 및 법적 대응
고준기 | 국립군산대 법학과

231 세계화와 소득불평등
이성균 외 | 울산대 사회과학부

232 유비쿼터스 사회의 이해
안중호 외 | 서울대 경영학과

233 국제환경책임법론
박병도 | 건국대 법학과

234 한국의 선거와 민주주의
윤종빈 | 명지대 정치외교학과

235 한국 시민운동의 구조와 동학
조대엽 외 | 고려대 사회학과

236 또래관계
송영혜 | 대구대 재활심리학과

237 해외 한국기업과 현지인 노동자
석현호 외 | 에스콰이아학술문화재단

238 독일 국가복지에서 민간복지단체의 역할과 의미
차성환 외 | 한일장신대 사회복지학부

239 청정공학
조정호 | 동양대 생명화학공학과

240 한국전통연희론
심상교 | 부산교육대 국어교육학과

241 정신장애와 가족
서미경 | 경상대 사회복지학부

242 빈곤통계의 작성과 활용
김주환 | 동국대 정보통계학과

243 인터넷과 한국정치
강원택 | 숭실대 정치외교학과

244 북한의 시장경제이행
정영화 외 | 서경대 법학과

245 시스템사고로 본 지속가능한 도시
문태훈 | 중앙대 도시및지역계획학과

246 실버산업과 유비쿼터스 컴퓨팅
고일상 | 전남대 경영학부

247 재활상담과 사례관리
나운환 | 대구대 직업재활학과

248 영유아교육기관에서의 장애 이해 교육
유수옥 | 우석대 유아특수교육과

249 장애의 사회적 의미와 사회통합
박수경 | 대진대 사회복지학과

250 경제분석의 수리적 기초
조이성 | 공주대 경제통상학부

251 비영리부문의 비교연구
김승현 | 서울산업대 행정학과

252 고등교육경제학
반상진 | 전북대 교육학과

253 과학윤리교육의 이론과 방법
조희형 | 강원대 과학교육학부

254 결혼이민자가족의 이해
김오남 | 대불대 사회복지학과

255 동아시아 국가의 공공부조
신동면 | 경희대 사회과학부

256 특수아동 진단 및 평가
이나미 | 대불대 특수교육과

257 계약형 사회복지와 권리옹호시스템
이명현 | 경북대 상주캠퍼스 사회복지학과

258 실내공기질 및 위해성 관리
양원호 | 대구가톨릭대 산업보건학과

259 충남 방언 문법
한영목 | 충남대 국어국문학과

260 교육권론
노기호 | 군산대 법학과

261 도시경관계획론
임승빈 | 서울대 조경 · 지역시스템공학부

262 교통의 새로운 패러다임
김형철 | 경원대 도시계획 · 조경학부

263 노인의 삶의 질 향상을 위한 주거환경 디자인
천진희 | 상명대 디자인대학 실내디자인전공

264 사회복지와 문화
박병현 | 부산대 사회복지학과

265 장애인복지의 이론과 실제
이선우 | 인제대 사회복지학과

266 창의성 개발을 위한 디자인교육 콘텐츠
김선영 | 인천가톨릭대 조형예술대학 환경디자인학과

267 구성주의 사회복지 실천 기술론
고미영 | 서울신학대 사회복지학과

268 장애아교육학
김기흥 | 부산교육대 유아교육과

269 지역사회복지와 자원부문
한상진 외 | 울산대 사회학과

270 환경관리회계
육근효 | 부산외국어대 회계학부

271 인권 관점에서 보는 장애인복지
유동철 | 동의대 사회복지학과

272 정신증상
송지영 | 경희대 의과대학병원 신경정신과

273 사이버공간의 사회심리학
이성식 외 | 숭실대 정보사회학과

274 노인에 대한 사회적 돌봄과 돌봄 서비스의 질 보장
최희경 | 신라대 가족노인복지학과

275 아동 심리치료의 실제
신현균 | 전남대 심리학과

276 사회복지와 위험관리
노충래 | 이화여대 사회복지전문대학원

277 국제 탄소시장의 이해
양승룡 | 고려대 식품자원경제학과

278 타자의 초상
신문수 | 서울대 영어교육과

279 한국정치와 환경정치
나정원 | 강원대 정치외교학과

280 북한이주민
윤인진 | 고려대 사회학과

281 음주의 사회경제적 비용
정우진 외 | 연세대 보건대학원

282 지방정치와 동북아 도시거버넌스
박재욱 | 신라대 행정학과

283 노숙인 복지론
남기철 | 동덕여대 사회복지학과

284 유럽통합과정과 지역협력
이규영 | 서강대 국제대학원

285 사회복지재정 연구
지은구 | 계명대 사회과학대학 사회복지학과

286 지역사회 교육개혁을 위한 시민사회 조직의 참여
김영화 | 홍익대 교육학과

287 복지사회를 대비한 국민연금의 구조개혁
박영석 외 | 서강대 경영학부

288 한미 FTA 지재권 협상에 따른 의약품 분야 사회후생 변화
오근엽 | 충남대 무역학과

289 산업입지, 환경 그리고 지역경제
이기동 외 | 계명대 국제통상학과

290 감성지능 개발을 통한 삶의 질 향상
김경수 외 | 전남대 경영학부

291 교육복지론
이용교 외 | 광주대 사회복지학부

292 인간과 행복에 대한 철학적 성찰
박찬국 | 서울대 철학과

293 유럽연합의 사회통합 사례와 교훈
이무성 | 명지대 정치외교학과

294 민영화와 사회후생
이상호 | 전남대 경제학부

295 북한의 교육학 체계 연구
최영표 외 | 동신대 교육대학원

296 한국 지속가능발전의 구조와 변동
정대연 | 제주대 사회학과

297 우리나라의 공익 연계 마케팅에 관한 연구
임승희 | 전주대 경영학부

298 시각장애인복지론
김영일 | 조선대 특수교육과

299 그린에너지와 환경촉매
정석진 | 경희대 화학공학과

300 취약학교 초등학생을 위한 온라인 보건 교육 프로그램
박경옥 | 이화여대 보건관리학과

301 신탁제도를 통한 고령자의 보호와 지원
최수정 | 서강대 법학전문대학원

302 사회적 약자계층에 대한 실태분석 및 정책방안
이은우 외 | 울산대 경제학과

303 한류 문화와 동북아 공동체
최혜실 | 경희대 국어국문학과

304 노동유연화와 해고보호법
권혁 | 부산대 법학전문대학원

305 사회복지 위험관리의 이해
박미은 | 한남대 사회복지학과

306 의료기관의 회계와 세무
노준화 | 충남대 경영학부

307 여성인적자원의 전문성 확보를 위한 경력개발
백지연 | 이화여대 국제사무학과

308 정신병리
강선경 | 서강대 신학대학원

309 바다의 반란 적조
윤양호 | 전남대 해양기술학부

310 한국 장애인 복지 발달사
이성규 | 서울시립대 사회복지학과

311 서양예술 속의 동양 탐색
진상범 | 전북대 독어독문학과

312 한국인의 도덕성 발달 진단
문용린 | 서울대 교육학과

313 영국정치와 국가복지
고세훈 | 고려대 공공행정학부

314 인간학적 사유를 여는 중도·중복장애 교육학
이숙정 | 단국대 특수교육과

315 개별화 교육과정
이소현 | 이화여대 특수교육과

316 인간의 긍정적 성품
권석만 | 서울대 심리학과

317 지방자치와 지역여성의 전망
이혜숙 | 경상대 사회학과

318 한국 현대 노년소설 연구
전흥남 | 한려대 교양학부

319 정보격차 해소를 위한 창의적 정보교육 프로그램
이영준 외 | 한국교원대 컴퓨터교육과

320 한국 가족과 젠더
손승영 | 동덕여대 교양학부

321 한국의 복지혼합
김진욱 | 서강대 신학대학원

322 사회자본과 자원봉사
김태룡 외 | 상지대 행정학과

323 농촌교육복지연구
박삼철 | 단국대 교양학부

324 사회정체성 평가 차원에 대한 국제 비교조사
이명진 | 고려대 사회학과

325 캐나다 복지국가 연구
조영훈 | 동의대 사회복지학과

326 한국의 소수자운동과 인권정책
전영평 외 | 서울대 행정대학원

327 한국과 미국의 보육서비스 전달체계와 품질 비교분석
김근세 외 | 성균관대 국정관리대학원

328 한국사회의 소득불평등과 국민 의료이용
이용재 | 호서대 사회복지학과

329 정보시대의 인간안보
조화순 | 연세대 정치외교학과

330 가족의 사회경제적 특성과 아동발달
김광혁 | 전주대 사회복지학과

331 초·중·고등학생의 학업소진 진행과정 및 경로분석
이상민 | 고려대 교육학과

332 다문화사회의 사법통역
이지은 | 이화여대 통역번역대학원

333 동아시아 지역주의
유현석 | 경희대 정치외교학과

334 환경친화적 공공시설관리와 지역공동체의 삶의 질
이소영 | 중앙대 실내디자인·주거환경학과

335 의료보험의 법정책
김나경 | 성신여대 법과대학

336 양극화 시대 가족해체와 청소년의 적응에 관한 한국과 미국의 비교 연구
오승환 외 | 울산대 사회복지학과

337 기업의 사회적 책임과 지역경제사회발전 연구
허영도 외 | 울산대 경영학부

338 노인의 삶의 질 향상을 위한 온라인 소셜 네트워크 구축 방안
김진우 | 연세대 경영학과

339 청소년 생활역량
윤명희 외 | 동의대 평생교육학과

340 외국인 배우자의 다양성과 국제결혼의 안정성
김두섭 | 한양대 사회학과

341 정보인권의 규범구체화
이민영 | 가톨릭대 법학과

342 한국 사회복지실천의 고유성
최성재 외 | 서울대 사회복지학과

343 스웨덴의 환경책임 실천모형
최희경 | 경북대 행정학부

344 자율운동과 주거공동체
윤수종 | 전남대 사회학과

아 | 산 | 재 | 단 | 연 | 구 | 보 | 고 | 서

1 한국인의 도덕성 연구
배해수 | 고려대 국문학과

2 산업화와 청소년 진로
이원호 | 울산대 교육학과

3 공동체의식과 시민운동
김영섭 | 한양대 행정학과

4 한국청년의 삶의 의미 충족도와 만족적 태도
안정수 | 경희대 철학과

5 중국조선족의 사회발전과 한·중관계의 위상
손장권 | 고려대 사회학과

6 해송림 "솔껍질깍지벌레"의 천적 및 주요 종의 생태
김규진 | 전남대 농생물학과

7 사회정의와 실천윤리
박종대 | 서강대 철학과

8 동구개혁의 영향
김달중 | 연세대 정치외교학과

9 한국청소년의 의식세계
김문조 | 고려대 사회학과

10 고강도 철근 콘크리트 구조의 실용화
정헌수 | 중앙대 건축학과

11 신기술의 연관형태 및 출현예측의 구조모형
권철신 | 성균관대 산업공학과

12 민간기업의 연구개발을 위한 조세정책
권영훈 | 한양대 경제학부

13 기술개발 활성화방안
송승구 | 울산대 화학공학부

14 부패의 현상과 진단
이문조 | 영남대 정치외교학부

15 연구투자의 지역적 편중화와 부산지역의 기초과학연구 활성화방안
윤웅찬 | 부산대 화학과

16 GATT의 신구 덤핑방지협정과 그 대응방안
전창원 | 동국대 무역학과

17 한국사회의 도덕성 제고를 위한 진단과 처방
황경식 | 서울대 철학과

18 새로운 노사관계 방향
이진규 외 | 고려대 경영학과

19 21세기 동북아 정세예측과 한국의 전략적 대응방안
최평길 외 | 연세대 행정학과

20 소련의 한국에 대한 정책목표분석
신승권 | 한양대 정치외교학과

21 메모리 커패시터용 Pb(Zr_xTi_{1-x})O_3 강유전체 박막의 제작과 특성
장지근 외 | 단국대 전자공학과

22 러시아 국제법학의 전통
김용구 | 서울대 외교학과

23 유럽연합의 현황과 전망
김동현 외 | 성균관대 행정학과

24 중국의 정치동원
송영우 외 | 건국대 정치외교학과

25 산업적 활용을 위한 이동로보트 시스템의 개발
박민용 외 | 연세대 전자공학과

26 중국조선족의 정치사회화과정과 동화적 국민통합의 방향
전인영 외 | 이화여대 사회생활학과

27 공적부조의 이론과 실제
최일섭 외 | 서울대 사회복지학과

28 대외통상환경의 변화와 법제개편
서헌제 | 중앙대 법학과

29 기업금융의 국제화
최생림 | 한양대 경영학부

30 자동차부품공업의 노사관계
김호진 외 | 고려대 행정학과

31 산업화 과정에서의 한국가족의 실태와 전망
정창수 외 | 성균관대 사회학과

32 공무원 가치관 실태와 정립방안
배병룡 외 | 경상대 행정학과

33 해외귀국청소년의 국내적응연구
이장영 | 국민대 사회학과

34 초고속정보통신망에서 LAN서비스 제공방안
이재용 | 연세대 전자공학과

35 WTO체제의 정책적 대응
김병진 외 | 경희대 행정학과

36 유럽의 통합정치
최수경 외 | 충남대 정치외교학과

37 유기질폐기물을 이용한 고단백사료원인 조류의 생산공정
최정우 외 | 서강대 화학공학과

38 초고속정보통신망의 수용성과 정책방향
박영상 외 | 한양대 신문방송학과

39 중국의 강남사회와 한중교섭
조영록 외 | 동국대 사학과

40 세계화시대의 사회 · 문화의식
신행철 외 | 제주대 사회학과

41 국내 외국인 노동자의 문제와 대책
성규탁 외 | 연세대 사회복지학과

42 노인인력 활용정책과 프로그램
김정후 외 | 강원대 법과대학

43 한일간 학술교류 현황과 활성화방안
정홍익 외 | 서울대 행정대학원

44 계량모형에 의한 한일 경제관계의 이해
김명직 외 | 한양대 경제학부

45 직장인의 음주행태와 삶의 질
진기남 외 | 연세대 보건행정학과

46 유통정보 시스템의 구조와 설계
정용길 | 충남대 경영학과

47 남북통일 이후 사회통합을 위한 교육의 역할
안기성 외 | 고려대 교육학과

48 대중음악에 심취한 청소년들의 심리적 특성
김인경 외 | 연세대 인간행동연구소

49 멀티미디어 시스템을 활용한 교육환경의 개선방안
김한일 | 제주대 컴퓨터교육학과

50 탈냉전기 한일관계의 쟁점
최상룡 | 고려대 정치외교학과

51 자치시대 새로운 '삶의 질' 지표의 모색
김형기 외 | 경북대 경제통상학부

52 유럽통합의 역내외 협력과 갈등
이호재 외 | 고려대 정치외교학과

53 21세기를 대비한 신노사관계
김재원 | 한양대 경제학부

54 대학의 시간제학생 등록제
안규철 외 | 전남대 교육학과

55 21세기에 대비한 방송통신정책
한진만 외 | 강원대 신문방송학과

56 주민참여를 통한 혐오시설 관리운영방안
박균성 외 | 경희대 법학부

57 여성의 정치적 권리인식과 정치참여
전경옥 외 | 숙명여대 정치외교학과

58 한국인 위장질환과 식생활 · 환경요인 및 *H. pylori* 감염과의 관계
이양자 외 | 연세대 식품영양학과

59 학생과 시민의 자원봉사활동
윤정일 외 | 서울대 교육학과

60 동북아 환경문제와 지역환경협력의 모색
신연재 외 | 울산대 정치외교학과

61 노인 자원봉사활동을 통한 사회통합 프로그램 개발
김동배 | 연세대 사회복지학과

62 물류정보 시스템
김태현 | 연세대 경영학과

63 전자식 문서교환을 이용한 항공화물 운송체계
민재형 | 서강대 경영학과

64 청소년과 성
이근후 | 이화여대 의과대학

65 민족통합과 무궁화호 위성의 남북한 공동활용방안
방정배 | 성균관대 신문방송학과

66 채식주의가 20대 여성의 영양상태와 에스트로겐 대사에 미치는 영향
성미경 | 숙명여대 식품영양학과

67 가상정보공간을 통한 지역개발 활성화 전략
유재천 외 | 한림대 언론정보학부

68 조산아 관리현황 및 정책수립 방안
박상기 외 | 조선대 의과대학

69 남북한관이 의식조사와 통일교육 개선방안
김동규 외 | 고려대 북한학과

70 동양 전통 자연사상 탐구
장동순 | 충남대 환경공학과

71 초고속정보망의 시뮬레이터 구현
한기준 | 경북대 컴퓨터공학과

72 유통원가 시스템의 유효성
정다미 | 명지대 경영학과

73 국악과 문화관광의 만남
정익준 외 | 동아대 국제관광통상학부

74 기업의 지식경영 활용사례
김창은 | 명지대 산업공학과

75 선진국과 한국의 직업교육 · 훈련제도의 특성과 한계
정주연 | 고려대 경제학과

76 제주지역 성인 여성의 자원봉사활동
이상철 외 | 제주대 사회학과

77 M&A와 문화충돌 관리
박원우 | 서울대 경영학과

78 폐금속광산 인근 주민들의 중금속 오염실태
정종학 외 | 영남대 의학과

79 북한 농촌 · 농업실태와 인력자원개발 시스템을 통한 북한 농민의 구호방안
박성열 | 건국대 교육공학과

80 중소 소매점의 경쟁력과 소매성과
채명수 외 | 한국외대 무역학과

81 고령자를 위한 쾌적한 실내온도와 착의량의 설정
정운선 | 안동대 의류학과

82 지역문화 이벤트 PR
박종민 | 경희대 언론정보학부

83 인터넷 지역정보화의 실태와 전략
유평준 외 | 연세대 행정학과

84 여성 삶의 질 향상을 위한 사회교육 활성화 방안
김양희 | 중앙대 가족복지학과

85 벤처기업과 벤처금융
강대석 외 | 충남대 무역학과

86 구조조정기에 있어서 실업대책과 사회안전망 구축
박천익 | 대구대 경제학과

87 한국 유아의 조기교육
이명조 외 | 한국외대 교육대학원

88 남북한 경제공동체 형성전략
이상만 | 중앙대 경제학과

89 지방자치회계의 투명성과 주민의 알 권리
권찬태 외 | 경북대 경영학부

90 정치지도자의 정책리더십
이해영 | 경일대 행정학과

91 경제위기와 한국인의 복지의식
신광영 외 | 중앙대 사회학과

92 북한의 노동
김강식 | 한국항공대 경영학과

93 우리나라 중소기업의 정보기술 활용 현황과 경쟁력 강화를 위한 제안
정승호 | 부산외대 정보시스템학과

94 인간배아복제의 법적 · 윤리적 문제점과 그 해결방안
최병규 | 한경대 법학부

95 가치변화에 따른 투표행태
조찬래 외 | 충남대 정치외교학과

96 인터넷 경매에서의 계약체결과 소비자 보호
이기수 외 | 고려대 법과대학

97 세계화시대 남북한 통합의 방향과 과제
윤민재 | 서울대 사회발전연구소

98 글로벌 시대 지방정부의 문화마케팅 전략
박흥식 | 중앙대 행정학과

99 대졸여성실업의 실태분석 및 대학-노동 시장 간 효율적 연계방안
이은우 외 | 울산대 사회과학부

100 그린 투어리즘의 분석
이응진 | 대구대 관광학부

101 지방자치단체장의 부정부패
오일환 | 한양대 아태지역연구센터

102 산업화가 유교체제하 중국여성의 지위에 미친 영향
천성림 | 배재대 사회과학연구소

103 움직이는 말하기
유혜숙 외 | 나사렛대 교양학부

104 장애학생을 위한 특수교육공학의 활용
김용욱 | 대구대 중등특수교육과

105 지식기반사회의 평생교육 이해와 평생교육 프로그램 개발
박성열 | 건국대 교육공학과

106 N세대의 미술교육
김동철 | 대구교육대 미술교육학과

107 노후계획과 투자
권택호 | 여수대 국제통상학과

108 영화산업
양영철 | 경성대 연극영화학부

109 동유럽의 변혁과 언론의 역활
정대수 | 경남대 정치언론학부

110 환율, 임금, 물가가 국제경쟁력 및 수출입산업에 미치는 영향
하인봉 | 경북대 경제통상학부

111 일본기업의 기술혁신 전략
위정현 | 중앙대 상경학부

112 노후보장정책과 역저당연금제도
조덕호 외 | 대구대 행정학과

113 유비쿼터스 라이프와 미래 사회
김석수 | 한남대 멀티미디어공학과

114 죽음과 관련된 생명윤리적 문제들
구인회 | 가톨릭의과대 인문사회과학교실

115 경제적 세계화와 빈곤문제, 그리고 국가
김준현 | 한일장신대 인문사회과학부

116 한국의 세계불교유산
김종명 | 한국학중앙연구원 한국학대학원

117 복지레저서비스론
고태규 | 한림대 국제학부

118 자생적 철학체계로서 인간중심철학
선우현 | 청주교대 윤리교육과

119 전략적 통합과 한반도 평화체제
김승채 | 고려대 정책대학원

120 환경사법론
전경운 | 경희대 법학부

121 인터넷 자료를 통해 본 한국의 이혼 문화와 사회복지
성정현 외 | 협성대 사회복지학과

122 유럽연합의 사회정책에 관한 연구
문진영 | 서강대 신학대학원 사회복지학과

123 여성건강의 통합적 관점
김혜원 | 관동대 간호학과

124 복잡계 네트워크 과학
강병남 | 서울대 물리천문학부

125 경제적인 3세대 전원주택 개발
박근준 | 호서대 건축공학과

126 사회복지와 인적자원개발
이상일 | 인제대 국제경상학부